合同能源管理项目案例集
（2016—2020）

ENERGY PERFORMANCE CONTRACTING CASES (2016-2020)

中国节能协会节能服务产业委员会（EMCA）编写

·北京·

图书在版编目（CIP）数据

合同能源管理项目案例集：2016—2020／中国节能协会节能服务产业委员会（EMCA）编写；孙小亮主编. -- 北京：中国经济出版社，2021.6

ISBN 978-7-5136-6489-9

Ⅰ.①合… Ⅱ.①中… ②孙… Ⅲ.①节能-能源管理-案例-中国-2016-2020 Ⅳ.①F426.2

中国版本图书馆 CIP 数据核字（2021）第 105166 号

责任编辑	张　巍
责任印制	马小宾
封面设计	原创在线

出版发行	中国经济出版社
印　刷　者	北京富泰印刷有限责任公司
经　销　者	各地新华书店
开　　　本	889mm×1194mm　1/16
印　　　张	35.25
字　　　数	879 千字
版　　　次	2021 年 6 月第 1 版
印　　　次	2021 年 6 月第 1 次
定　　　价	200.00 元

广告经营许可证　京西工商广字第 8179 号

中国经济出版社　网址 www.economyph.com　社址 北京市东城区安定门外大街 58 号　邮编 100011
本版图书如存在印装质量问题，请与本社销售中心联系调换（联系电话：010-57512564）

版权所有　盗版必究（举报电话：010-57512600）
国家版权局反盗版举报中心（举报电话：12390）　　服务热线：010-57512564

编审委员会

主　审：宋忠奎

主　编：孙小亮

副主编：王珏旻　王景雯

委　员：陆天一　唐　洁　胡秋霞　孙媛媛

　　　　张圆明　任新宇　杨笑寒

鸣 谢

国网综合能源服务集团有限公司
北京煦联得节能科技股份有限公司

前言

合同能源管理项目案例集(2016—2020)

随着1998年合同能源管理机制引入我国,节能服务产业迄今已诞生二十余年。节能服务产业在党中央、国务院、各政府部门的关怀和支持下,在全体节能服务从业人员的共同努力下,从无到有、从小到大、由弱变强,已经发展成为全球范围内服务领域最广、商业模式最多、成长速度最快、产业规模最大的服务产业。我国节能服务产业逐步从国际能效领域的参与者成长为引领者,发展成就令世界瞩目。

"十三五"时期,节能服务产业迈上新台阶,硕果累累。截至2020年底,全国从事节能服务业务的企业数量达7046家,行业从业人员76.6万人,节能服务产业总产值5916.53亿元,年节能能力4050.06万吨标准煤,相当于减排10172.27万吨二氧化碳。节能服务公司平均注册资本约6000万元,平均年营业收入8000万元左右。年产值1亿元以上的企业从"十二五"末的4%提高到了9%,产业规模明显提升。"十三五"期间,全国节能服务公司累计新增1620家,行业从业人员数量新增15.9万人,合同能源管理项目投资新增5700多亿元,新增年节能能力近2亿吨标准煤。节能服务产业成为构建经济高质量发展与生态环境保护协同的重要抓手,为我国补短板、扩内需、稳就业、促减排起到了重要的推动作用,无愧于国家赋予的战略性新兴产业光荣使命。

本书是对"十三五"时期合同能源管理项目的回顾,对既有成功的合同能源管理项目案例进行收集和汇编,有利于总结节能服务产业成功经验,推广行业有关节能新技术、新模式和新产品,有利于促进节能服务公司的成长和节能环保市场的培育。

本书汇总了节能服务产业2016—2020年申报的近160个成功实施的合同能源管理项目,所选项目案例具有较强的代表性和可复制性,技术实用性强,投资回报合理,适合在相关行业推广应用。

本书在编写过程中，得到了节能服务产业有关专家、相关机构和节能服务公司的指导与支持，在此一并致谢！鉴于时间和水平所限，本书难免有缺憾和不足，恳请读者提出宝贵意见。

本书编委会

2021年4月于北京

第一篇　工业合同能源管理项目案例

冶金行业

莱钢集团银山型钢有限公司炼钢厂空压机站系统节能项目 003

天津荣程联合钢铁集团有限公司煤气综合利用工程合同能源管理项目 007

承德钢铁集团有限公司70MW煤气资源综合利用发电合同能源管理项目 011

株洲冶炼集团股份有限公司绿色照明合同能源管理项目 015

临沂中盛金属科技有限公司电机系统节能合同能源管理项目 018

包头钢铁西创炼钢焖渣余热暖民工程 021

广东广青金属科技有限公司余热综合利用发电工程 024

武汉钢铁股份有限公司3号烧结环冷机余热回收利用改造项目 027

本溪北营钢铁（集团）股份有限公司风机、水泵变频节能改造项目 030

宣化钢铁集团3号360m^2烧结机发电、脱硫及配套技术改造合同能源管理项目 032

浙江永杰铝业有限公司压缩空气系统合同能源管理节能改造项目 035

化工行业

黄陵矿业煤矸石发电有限公司2×300MW机组大型电机增设高效变频节能装置合同能源管理项目 039

茂名分公司炼油4号柴油加氢余热发电合同能源管理项目 043

安徽华塑股份有限公司氯碱厂循环水系统整体优化节能改造项目 048

瓮福达州化工有限责任公司磷酸浓缩蒸汽余压利用项目 051

江苏奥克化学有限公司疏水阀节能改造项目 054

中国石油化工股份有限公司北京燕山分公司第二苯酚丙酮装置换热网络工艺优化项目 057

中国石油化工股份有限公司北京燕山分公司Ⅱ套常减压装置换热网络优化节能项目 060

中国石油化工股份有限公司北京燕山分公司炼油系统LED照明节能改造项目 065

实友化工（扬州）有限公司催化装置循环水泵透平改造项目 070

河南晋开化工投资控股集团有限责任公司二分公司空分循环水泵节能改造合同能源管理项目 072

河南能源化工集团鹤壁煤化工有限公司气化炉副产蒸汽余压、余热利用合同能源管理项目 …… 074

阿克苏华锦化肥有限责任公司循环冷却水系统节能改造项目 …… 077

电力行业

晋能电力集团有限公司嘉节燃气热电分公司热泵蒸喷真空系统节能改造项目 …… 081

山西漳电大唐塔山发电有限公司 2×600MW 机组 2 号机组电动给水泵节能改造合同能源管理项目 …… 084

山西华泽铝电有限公司 2×300MW 机组 3 号机组电动给水泵节能改造合同能源管理项目 …… 088

晋能长治热电有限公司 1 号机组空预器换热元件改造项目 …… 091

山西漳电国电王坪发电有限公司供热改造工程——基于大型增汽机（热压机）的乏汽供热节能系统 …… 094

华能吉林发电有限公司九台电厂 1~8 号热泵机组循环水余热利用合同能源管理项目 …… 97

山西国锦煤电有限公司一期 2×300MW 发电机组乏汽回收再利用供暖改造项目 …… 101

大唐韩城第二发电有限责任公司一、二期汽轮机冷端联合优化运行改造项目 …… 105

山东海化集团热力电力分公司三电厂 1~3 号炉一二次风机高压电机变频节能改造项目 …… 108

山西阳光发电有限责任公司 1 号炉空预器改造合同能源管理项目 …… 113

建材行业

山东通用玻纤有限公司热风炉节能改造合同能源管理项目 …… 119

萍乡市利升科技有限公司天然气锅炉节能改造蒸汽托管合同能源管理项目 …… 121

机械制造行业

广东鸿图南通压铸有限公司压铸机电机系统电馈伺服节能技改项目 …… 125

内蒙古第一机械集团富成锻造有限责任公司 $5m^2$ 双室锻造加热炉蓄热式节能改造项目 …… 129

东风日产乘用车公司花都地区光伏项目（一期） …… 132

广州风神汽车有限公司郑州分公司郑州整车厂房与东风汽车有限公司郑州发动机厂房 LED 照明节能改造项目 …… 138

内蒙古第一机械集团铸造有限公司合同能源管理项目 …… 140

北方特种能源集团有限公司西安庆华公司火工品生产区供热系统改造项目 …… 146

天津立中集团股份有限公司压缩空气系统能源托管合同能源管理综合节能服务项目 …… 150

上海紫泉标签有限公司压缩空气系统节能改造合同能源管理项目 …… 154

煤炭行业

淄博市王庄煤矿有限公司低品位余热利用节能技改合同能源管理项目 …… 157

汶上义桥煤矿有限责任公司余热综合利用替代燃煤锅炉供热工程 …… 160

湖南煤化新能源有限公司煤气鼓风机系统合同能源管理项目 …… 164

山西高平科兴赵庄煤业有限公司空压机余热高效回收利用节能项目 …… 166

神华宁夏煤业集团有限公司煤炭化学工业分公司甲醇厂富余蒸汽拖动合同能源管理项目 …… 169

义煤集团新义矿业有限公司主通风机和乳化泵站变频节能改造项目 …… 173

轻工行业

金东纸业（江苏）股份有限公司电厂 2 号汽轮机凝汽器节能改造项目	176
山东胜利生物工程有限公司离心空压机节能改造项目	181
四川长虹模塑科技有限公司注塑机综合节能改造项目	183

第二篇　建筑合同能源管理项目案例

公共机构

柳州市公安局空调节能控制改造合同能源管理项目	189
深圳宝安国际机场航站楼照明系统节能改造项目	193
厦门市中医院空调照明节电改造合同能源管理项目	195
北京市阳光校园金太阳整体工程项目	198
青岛大学公共建筑节能改造项目	200
河南省人民医院建筑能耗总包项目	203
深圳市儿童医院 LED 节能改造项目	206
深圳市少年宫综合节能改造项目	208
柳州市柳铁中心医院节能改造项目	211
厦门海关大楼合同能源管理项目	214
江苏省国土资源厅办公楼合同能源管理综合节能改造项目	218
天津大学北洋园校区能源站合同能源管理项目	220
深圳市市场和质量监督管理委员会下属单位 LED 节能改造项目	223
延安新区分布式能源合同能源管理项目	225
上海市江桥镇人民政府办公楼合同能源管理节能改造项目	228
东莞市塘厦镇人民政府办公大楼中央空调系统节能改造及建筑能源监管采购项目	235
深圳市公安局交通警察局交警支队合同能源管理综合节能改造项目	239
广州供电局供电大厦节能改造项目	243
遵义市第一人民医院节能降耗改造项目	247
六安市行政中心合同能源管理节能改造项目	252
临沂市人民医院合同能源管理项目	255
石家庄裕华区政府中央空调系统节能改造项目	257
上海科学会堂合同能源管理综合改造项目	260
大同市第三人民医院供热系统节能改造项目	266
廊坊市中医医院中央空调系统节能改造项目	270
深圳市市场和质量监督管理委员会合同能源管理综合节能改造项目	273
滨州供电公司调度中心大楼空调系统、外墙保温、能耗监测管理系统节能改造项目	277

中国医科大学附属盛京医院滑翔院区节能改造项目 …… 283
兰溪市人民医院中央空调能源管理控制系统节能改造项目 …… 286
镇江市行政中心能源托管项目 …… 289
大连医科大学附属第一医院锅炉房空气源热泵节能改造项目 …… 293
中国石油大学（华东）"热泵清水流量与废水流量1:1"废热梯级利用热水系统建设项目
…… 296
南京市秦淮区人民政府办公室合同能源管理项目 …… 300
中国飞行试验研究院科研楼群冷热源合同能源管理项目 …… 305
青岛大学附属医院（西海岸院区）节能改造项目 …… 308
湖口县行政中心大楼综合节能改造合同能源管理项目 …… 313
福州大学公共建筑节能改造合同能源管理项目 …… 317
郴州市中医医院节能改造项目 …… 320
雄安新区市民服务中心综合能源项目 …… 322
盐城市第三人民医院建筑能耗总包项目 …… 324
青岛宁夏路小学能效提升合同能源管理项目 …… 328
同济大学附属存志青州中学供冷供暖节能改造合同能源管理项目 …… 332
南京新城大厦合同能源管理（托管型）项目 …… 336

商业建筑

京荟通文化产业发展（北京）有限公司建筑中央空调系统项目 …… 339
成都新希望高新皇冠假日酒店综合节能改造合同能源管理项目 …… 343
天津一商股份有限公司友谊商厦供暖通风空调系统改造能源托管项目 …… 346
中泰国际广场中央空调综合节能改造（二期）项目 …… 352
上海外滩三号综合节能改造合同能源管理项目 …… 355
中纺联合国际商贸城水蓄冷蓄热项目 …… 360
中粮·置地广场冷站IBOS项目 …… 363
中关村软件园孵化加速器地源热泵机房空调运营服务项目 …… 367
北京市知春大厦供暖制冷及生活热水系统合同能源管理服务项目 …… 371
西安宏府鸥翔九天区域能源站D、E合同能源管理项目 …… 374
烟台市高新技术产业开发区创业大厦能源托管项目 …… 379
远洋国际中心中央空调合同能源管理改造项目 …… 382
深圳市惠名大厦中央空调节能改造项目 …… 386
天津天诚酒店合同能源管理项目 …… 389
青岛海情大酒店综合节能改造项目 …… 393
青岛广发金融大厦北冰洋冷冻站空调节能合同能源管理项目 …… 399
河北宾馆中央空调节能管控系统项目 …… 401
济宁新城发展大厦节能改造合同能源管理项目 …… 404

北京新兴产业联盟大厦中央空调系统节能与智慧能源管理平台项目 …… 408

广州六元素体验天地中央空调节能优化控制系统项目 …… 411

青岛市黄岛蓝海大饭店燃气蒸汽锅炉替代节能改造项目 …… 415

工业建筑

北京奔驰汽车有限公司节能照明改造项目 …… 418

中航锂电科技有限公司空调系统节能改造合同能源管理项目 …… 421

开发晶照明（厦门）有限公司空调系统节能改造合同能源管理项目 …… 425

苏州璨鸿光电有限公司冰机房节能改造项目 …… 429

上海紫江彩印包装有限公司冷冻水系统综合节能改造项目 …… 433

宁德新能源科技有限公司中央空调冷冻站节能服务项目 …… 436

江苏万邦生化医药集团有限责任公司空调节能改造合同能源管理项目 …… 439

松下冷链（大连）有限公司一工厂节能供暖合同能源管理项目 …… 444

第三篇　公共设施领域合同能源管理项目案例

集中供热

北京北燃热力有限公司观音寺供热厂 3 台 80MW 燃气热水锅炉烟气余热回收项目 …… 449

中国人民解放军军乐团供热系统投资运行管理项目 …… 454

新疆天富能源股份有限公司供热分公司集中供热工程节能改造合同能源管理项目 …… 457

青岛沧海新城燃气锅炉余热回收及消白烟项目 …… 463

菏泽永恒热力有限公司集中供热工程节能改造合同能源管理项目 …… 467

菏泽宁鲁供热有限公司高温水冷分离高低复合式循环流化床集中供热式锅炉项目 …… 470

天津市杨柳青华电供热有限责任公司供热系统合同能源管理节能服务项目 …… 472

通化恒泰热力有限公司能源管理系统及管网系统优化节能改造项目 …… 476

西乌旗富龙热力公司热网节能改造项目 …… 479

葫芦岛锌业股份有限公司余热暖民工程项目 …… 482

军队安置住房北京香山统建项目供热系统投资运营管理 BOT 项目 …… 486

肥城市城市热力有限公司供热系统节能改造智慧供热项目 …… 492

山东滨州鑫诚热力有限公司集中供热节能改造合同能源管理项目 …… 496

市政照明

银川市城市照明节能改造与智慧升级项目 …… 499

宁波市大榭开发区规划建设局路灯合同能源管理项目 …… 502

泰州市路灯管理处泰州城区高效智慧 LED 路灯节能改造项目 …… 505

营口市鲅鱼圈区熊岳市政管理处路灯节能改造项目 …… 507

永安市城市道路 LED 路灯智慧照明节能改造项目（一期工程） …… 510

苏州市吴江区 LED 照明合同能源管理服务项目 …… 513
厦门市市区部分区域 LED 照明合同能源管理服务项目 …… 515
重庆两江新区城市道路照明 LED 路灯节能改造工程 …… 518
湖北省交通运输厅鄂西高速公路管理处沪渝高速鄂西段隧道 LED 照明改造合同能源管理项目
…… 520
河池市凤山县城区 LED 路灯节能改造（PPP）项目 …… 524
四会市 LED 绿色照明合同能源管理项目 …… 527
增城市中心城区荔城街、增江街 LED 路灯节能智能化改造合同能源管理项目 …… 530
九江市城区道路路灯升级节能改造及和中广场亮化提升改造项目 …… 532
福银高速南平段隧道灯具 LED 节能改造合同能源管理项目 …… 535

其他公共设施

深圳地铁线路及所属物业照明和广告灯箱节能改造合同能源管理项目 …… 537
北京地铁 8 号线、9 号线地下车站通风空调系统节能改造项目 …… 540
西气东输一线延川压气站燃机余热利用 1×7.5MW 发电项目 …… 543
雄安高速铁路有限公司北京至雄安城际铁路房屋面分布式光伏发电新建项目 …… 545
基于供热变压器并网的 2.9 兆瓦户用分布式光伏合同能源管理项目 …… 548

第一篇

工业合同能源管理项目案例

冶金行业

莱钢集团银山型钢有限公司炼钢厂空压机站系统节能项目

一、项目名称

莱钢集团银山型钢有限公司炼钢厂空压机站系统节能项目

二、项目业主

莱钢集团银山型钢有限公司炼钢厂位于山东省莱芜市钢城区，其压缩空气系统共有两个压缩站：其中东区空压站有 9 台 450kW 柳富达螺杆机、3 台冷干机、2 台微热吸附干燥机，单台处理量 80m³/min；西区空压站有 5 台 450kW 柳富达螺杆机及 2 台冷干机。压缩空气系统主要设备如表1。

表1 压缩空气系统主要设备

空压机类型	制造商	电压（kV）	额定功率（kW）	额定排气量（m³/min）	台数	说明
LU450W-8	柳富达	10	450	81	9	东区
LU450W-8	柳富达	10	450	81	5	西区

整个压缩空气系统采取集中供气方式，并分为有油有水供气管和无油无水供气管。有油有水压缩空气主要供应 1~4 号连铸设备、钢包间、KR 脱硫搅拌浆冷却；其大部分气量用于 1~4 号连铸设备喷淋，该部分实际用气压力（配水室减压阀后）不高于 0.30MPa。

一般开启 8 台空压机，以空压站出口压力不低于 0.65MPa 向用气单元供气。喷淋实际供气压力远高于实际用气压力，该部分浪费严重。

三、项目实施单位

杭州哲达科技股份有限公司

四、案例内容

1. 技术原理及适用领域

技术名称：基于智能控制的节能空压站系统技术。

技术简介：分析压缩空气系统能量输配效率，采用先进测控技术、智慧阀门技术、工业变频技术、综合热回收技术，对压缩空气系统中的空压机、冷燥设备、过滤设备、储气罐、管网阀门、终端设备等单元进行优化控制，提高压缩空气的系统能效，从而达到综合节能的目的。

适用范围：适用于空压站节能。

2. 节能改造具体内容

经过前期现场测量和分析，该系统的节能改造方案主要包含流体部分改造以及仪控部分改造。

（1）流体部分改造。

①主机设备高效化改造。

采用两级压缩高效离心机组代替螺杆机组，提高主机运行效率，降低能耗。离心机型号：ZH500-4，阿特拉斯；主要技术参数：气量 7793 m^3/h；装机功率 500kW。

②管网优化改造。

将新增的离心机排气管道通过低压母管进行联网。站内在低压母管与高压母管之间加装智能溢流阀组，用于将高压气体减压后补偿低压系统，该阀门接入空压机智能群控系统进行智能调节。设计铺设低压供气管道从空压站到 1~4 号连铸机，同时保留连铸机原有的高压用气管路，管道材质为 20 号无缝钢管，在空压站六根压缩空气出气管道上各安装一套计量装置。

（2）仪控部分改造。

将采用原东站 S7-400 系统作为智能群控系统的主站，将西站 S7-400 作为冗余站，通过原有以太网络进行数据交换。

对原有 S7-400PLC 进行升级改造，通过 Modbus 转 Profibus 模块，将新增的离心空压机、智能电表，通过 Modbus 协议接入系统的通信网络中，压力、溢流阀组等设备通过硬接线方式连接，溢流阀组的控制部分也集成在 S7-400 系统中。

考虑到设备的稳定安全运行，对新增压力信号、溢流阀组信号采取主备冗余的方式，两组信号分别接入两套 S7-400PLC 系统，实现控制系统的冗余，新增画面与现有画面进行合并。

（3）高压电气部分改造。

东站高压配电室进行整体改造，替换为真空断路器型电气柜。改造内容涉及进线柜、PT 柜、联络柜、出线柜等配套设施。技改投入设备清单如表 2。

表 2 技改投入主要设备清单

序号	名称	型号	数量	单位	制造厂
1	离心空压机	ZH500-3.5 含自洁式过滤器	3	套	阿特拉斯
2	高压柜	JXG 含母线桥及直流电源	15	面	山东优宁
3	皮托管流量计	PTF600-D2T11NC11	6	套	科迈捷
4	高压电表	DSSD331-U1	4	块	威胜
5	气动薄膜调节阀	YSIQ30-16K	12	台	永盛科技
6	管道	DN400、DN300 等	1	批	
7	阀门		1	批	上冠
8	压力变送器	EJA	6	套	横河-EJA
9	电缆	KVVP	1	批	中策
10	现场仪表	温度计、压力表	1	批	杭州进财
11	电脑	3020MT+E2214HV	2	台	DELL
12	CAEC 控制软件		1	套	ZETA

3. 项目实施进度

该项目于 2016 年 1 月开始，同年 11 月验收。实施进度如表 3。

表 3　项目实施进度表

序号	项目进度内容	开始时间	结束时间
1	设计方案	2016 年 1 月 18 日	2016 年 1 月 20 日
2	施工准备及设备采购	2016 年 1 月 21 日	2016 年 5 月 1 日
3	技改前基准量测试	2016 年 5 月 31 日	2016 年 6 月 30 日
4	主体施工	2016 年 5 月 2 日	2016 年 8 月 15 日
5	整体调试	2016 年 8 月 16 日	2016 年 9 月 30 日
6	技改后基准量测试	2016 年 10 月 7 日	2016 年 11 月 6 日
7	项目验收	2016 年 11 月 6 日	2016 年 12 月 1 日

该项目实施后设备运行正常，节能量达到预期效果。

五、项目年节能量及年节能效益

1. 年节能量

改造前后节能情况如表 4 所示。

表 4　改造前后实测数据及节能量

技改前数据			技改后数据		
起止时间：2016 年 5 月 31 日 9 时 15 分至 6 月 30 日 9 时 59 分			起止时间：2016 年 10 月 7 日 10 时 0 分至 11 月 6 日 9 时 30 分		
位置	起始数据	结束数据	位置	起始数据	结束数据
东区 DN350 管道气量	15176139	25672433	东区 DN350 管道气量	54450780	61480390
东区 DN150 管道气量	72204	237207	东区 DN150 管道气量	280644	758634
东区 DN100 管道气量	322017	654712	东区 DN100 管道气量	2062647	2376886
西区 DN300 管道气量	7299215	13113610	西区 DN300 管道气量	18690420	22405320
东区 DN250 管道气量	4602635	6663125	东区 DN250 管道气量	25933310	29981250
低压 DN400 管道气量	0	0	低压 DN400 管道气量	16686390	27368630
东区 1 号电表（1015 柜）	2569.42	2862.69	东区 1 号电表（1015 柜）	4007.1	4392.52
西区 1 号电表（1017 柜）	976.61	976.65	西区 1 号电表（1017 柜）	976.78	976.82
东区 2 号电表（1014 柜）	700.27	700.27	东区 2 号电表（1014 柜）	700.3	700.31
西区 2 号电表（1016 柜）	1212.99	1450.84	西区 2 号电表（1016 柜）	2250.53	2462.37
累计气量 Nm^3	18868877		累计气量 Nm^3	26266919	
累计电量 $kW \cdot h$	2124640		累计电量 $kW \cdot h$	2389240	
电单耗 $kW \cdot h/Nm^3$	0.113		电单耗 $kW \cdot h/Nm^3$	0.091	

续表

技改前数据	技改后数据
起止时间：2016年5月31日9时15分至6月30日9时59分	起止时间：2016年10月7日10时0分至11月6日9时30分
节能率%	19.47
说明	①该项目所有高压电表倍率为4000； ②累计气量：各管道流量计结束数据之和与起始数据差值； ③累计电量：各电表结束数据之和与起始数据差值剩余电表倍率； ④电单耗：电单耗＝累计电量/累计气量； ⑤节能率＝（技改前电单耗－技改后电单耗）/技改前电单耗×100%
结论	节能量＝技改后某段时间累计用电量/（1－节能率）×节能率，根据技改后抄表数据，该项目一年累计用电量2917万kW·h； 年节能量＝29170000/（100－19.47）×19.47＝705万kW·h，折合标准煤2326.5吨

2. 年节能效益

年节能量约为705万kW·h，以0.55元/kW·h电价计算，年节约费用为387.75万元。

六、商业模式

该项目采用节能效益分享型合同能源管理模式，项目合同期6年，节能服务公司与用户单位节能分成比例为70%∶30%，项目效益分享期内节能服务公司派驻专人，定期负责对所提供阀组、离心机、能源管控系统进行检查、保养、维护及维修，保证设备运行正常。

七、投资额及融资渠道

该项目投资额共计963.9万元，其中663.9万元为节能服务公司自有资金，300万元来自银行贷款。

天津荣程联合钢铁集团有限公司
煤气综合利用工程合同能源管理项目

一、项目名称

天津荣程联合钢铁集团有限公司煤气综合利用工程合同能源管理项目

二、项目业主

天津荣程联合钢铁集团有限公司是中国大型民营钢铁企业之一,总资产达94亿元,具备年产烧结矿476万吨、生铁342万吨、钢316万吨、材226万吨的综合生产能力。现有1座25MW中温中压煤气发电机组,高炉配有2台汽动鼓风机(鼓风机配套中温中压煤气锅炉蒸发量分别为50t/h和100t/h),同时还有一部分高炉煤气和转炉煤气富余放散。

三、项目实施单位

四川点石能源股份有限公司

四、案例内容

1. 技术原理及适用领域

技术原理:将长流程钢铁生产过程中产生的富余焦炉、高炉或转炉煤气送入煤气锅炉燃烧,将煤气化学能转化为热能以产生蒸汽,蒸汽再通过汽轮机转化为发电机轴旋转的机械能,最后再通过发电机将机械能转化为电能。

适用领域:独立的焦化企业、长流程钢铁生产企业。

2. 节能改造具体内容

天津荣程联合钢铁集团富余煤气回收利用系统配置有1座25MW中温中压煤气发电机组,高炉配有2台汽动鼓风机(鼓风机配套中温中压煤气锅炉蒸发量分别为50t/h和100t/h),同时还有一部分高炉煤气和转炉煤气富余放散。由于中温中压煤气发电及其他煤气用户的煤气使用效率都较低,加之还有一部分高炉煤气和转炉煤气富余放散,故综合高效清洁利用这些富余煤气对企业的降本增效十分必要。

该项目建设主要内容为:1×210t/h超高温超高压煤气锅炉 $+1\times65$MW中间一次再热凝汽式汽轮机 $+1\times70$MW发电机组及公用配套公辅设施;为使65MW机组高效经济运行而实施的包括但不限于全厂所有热风炉、钢包和中间包烘烤器、转炉煤气极限回收及轧钢加热炉煤气节约的技改项目。

3. 项目实施进度

开工时间:2018年8月30日。

并网发电时间：2019 年 7 月 19 日。

运行情况：项目自 2019 年 7 月 19 日并网发电以来，机组运行平稳，设备正常。煤气单耗、蒸汽单耗、各类介质单耗均到达设计要求。项目团队在日常管理工作中主要从安全责任意识、运行规范、机制建设、人员素质四个角度出发，加强发电厂运行管理，增强运行人员的安全责任意识，提高专业技能，加大制度落地工作力度，完善运行管理规范，确保电站安全、稳定、经济运行。

五、项目年节能量及年节能效益

1. 年节能量

（1）改造前后系统（设备）用能情况及主要参数。

该项目实施前后煤气系统情况及主要参数如表1。

表1　项目实施前后煤气系统情况及主要参数

序号	工序	具体装备	改造措施	煤气消耗量（Nm^3/h）改造前	改造后	节省量	净增加功率（kW）	年送电量（万 kW·h）
1	炼铁工序	热风炉	智能控制富氧（或全氧）燃烧	292832	264944	27888	9454	7139
2	转炉工序	3×120 吨转炉	CO 低浓度回收技术	59995	54541	5454	3199	2559
3	轧钢工序	钢包、中间包	智能控制富氧（或全氧）燃烧黑体	11534	8074	3460	1994	1506
4		棒材加热炉		547	492	55	32	24
5		带钢加热炉		2525	2273	252	146	110
6		带钢 1 扎加热炉		38372	34535	3837	1301	982
7		带钢 2 扎加热炉		37235	33512	3723	1262	953
8		1 号高线加热炉		15977	14379	1598	542	409
9		2 号高线加热炉		22055	19850	2205	748	565
10		棒材		24506	22055	2451	831	627
11	现有中温中压锅炉设备及管损	20T 锅炉	建成后停用	6548		6548	3773	3019
12		25T 锅炉		4593		4593	2647	2117
13		25MW 发电	停用、用于调峰	110843		110843	36310	24403
14		管损、放散	回收	8152		8152	2763	2087
总计	—	—	—	635714	454655	181059	65002	46500

高温超高压煤气发电机组设计气耗为 2.95 $Nm^3/kW·h$。

（2）节能量计算方法及项目年节能量。

原 25MW 中温中压煤气发电机组年发电的送电量约 1.55 亿 kW·h，该项目实施后年送电量为4.65亿kW·h，年新增送电量为3.1亿kW·h，按折标系数330gce/kW·h计算，年节能量为102300tce。

2. 年节能效益

该项目电价为0.65元/kW·h，年节能效益2亿元左右。

六、技术方案

该工程利用钢铁生产中伴生的剩余气体燃料，建设了一套超高温超高压煤气发电机组。主机型号及技术参数如下：

①锅炉。

锅炉型号：G210/13.7-1型锅炉

锅炉型式：超高温超高压参数汽包炉、自然循环、单炉膛、一次中间再热

最大连续蒸发量（BMCR）	210t/h
过热器出口蒸汽压力（表压）	13.7MPa
过热蒸汽温度	571℃
汽包压力（表压）	15.3MPa
允许汽包超压压力（表压）	16.0MPa
再热蒸汽（与汽轮机THA工况对应）	
再热蒸汽流量	153.1t/h
再热蒸汽进/出口压力	2.82/2.68MPa
再热蒸汽进/出口温度	360.6/571℃
给水温度（省煤器入口）	250.2℃
锅炉排烟温度（空预器出口）	≤200℃
锅炉排烟温度（煤加出口）	≥145℃

②汽轮机。

型号：N65-13.24/566/566

型式：超高温超高压、中间一次再热、单轴、双缸单排汽、凝汽式

额定参数：

功率	65MW
主汽门前蒸汽压力	13.24MPa（a）
主汽门前蒸汽温度	566℃
主蒸汽流量	189.1t/h
再热蒸汽流量	153.1t/h
再热蒸汽进口压力	2.685MPa（a）
再热蒸汽进口温度	566℃
高压缸排汽压力	2.984MPa（a）
排汽压力	4.9kPa（a）
冷却水温（设计水温）	20℃
给水回热级数（2高加+1除氧+4低加）	7级

| 额定转速 | 3000r/min |

③发电机。

型号：QF-70-2-10.5

额定功率	70MW
冷却方式（空内冷）	
额定功率因数	0.8
额定电压	10.5kV
额定转速	3000r/min
额定频率	50Hz
绝缘等级	F级（按B级考核）

设计条件如下：

①燃料特性：锅炉设计燃料为：高炉煤气+转炉煤气。

②燃料工况：锅炉燃料设计工况为高炉煤气80%+转炉煤气20%，锅炉燃料校核工况为高炉煤气100%。

③锅炉点火按液化石油气设计：锅炉点火装置，配套自动高能电子点火设备。

辅机及其他公共系统包括热力系统、燃烧系统、燃料供应系统、烟气净化系统、电气及仪器仪表控制系统、供水系统、暖通及消防系统等。

七、商业模式

该项目采用节能效益分享型合同能源管理模式，合同期限为10年。项目合同期内，节能服务公司负责项目的运营，项目设备所有权归节能服务公司所有；项目合同期结束，项目资产无偿移交给用能单位。

八、投资额及融资渠道

该项目投资额2.3亿元，其中1.3亿元为公司自有资金，1亿元来自银行贷款。

承德钢铁集团有限公司 70MW 煤气资源综合利用发电合同能源管理项目

一、项目名称

承德钢铁集团有限公司 70MW 煤气资源综合利用发电合同能源管理项目

二、项目业主

承德钢铁集团有限公司始建于 1954 年,是国家"一五"时期苏联援建的 156 项重点工程之一,是一家集焦化、烧结、球团、炼铁、炼钢、轧钢、钒制品为一体的大型钢铁联合企业,位于河北省承德市双滦区滦河镇。公司经过不断的技术改造,目前已形成钢产能 800 万吨/年、钒渣产能 36 万吨/年、钒制品产能 3 万吨/年规模,主体装备实现了大型化、产业化,主要产品有钢、钒、钛三大系列。

三、项目实施单位

九源天能(北京)科技有限公司

四、案例内容

1. 技术原理及适用领域

采用技术成熟的高温超高压燃气锅炉和一次中间再热汽轮发电机组,从实际出发,努力节约用地、节约用水、节约材料、降低造价、缩短工期,提高自动化水平,保证电厂安全、经济和稳定运行。

主接线采用发电机—变压器—线路组接线方式,发电机容量 70MW,发电机端电压 10.5kV,发电机发出的电升压至 35kV 并网。

项目除盐水由业主按节能服务公司所提水质要求供给。

供排水采用双曲线自然通风冷却塔的循环供水系统,由甲方供应中水、生产补充水及生活水,节约工程投资;电厂排水采用生产、生活及雨水合流制系统。

热控采用可靠、实用、先进的控制系统,以满足电厂工艺所必需的运行、控制和监视功能。该控制系统采用集散控制系统 DCS 对锅炉、汽轮发电机组、除氧给水、循环水系统等工艺设施进行热工检测和控制。

认真贯彻执行国家和地方有关节能、环保、生产安全、工业卫生、消防及职业病防治的法令、法规和标准规范。

地震基本烈度:该工程按六度设防。

在甲方拆除原 40 吨水系统场地上配置新建机组,不考虑扩建。

项目充分回收利用承钢公司二次能源，低热值煤气发电，采用技术先进成熟的燃气锅炉和高温超高压汽轮发电机组。

2. 节能改造具体内容

改造前全厂煤气系统调整量稍大时，会出现煤气放散的情况，具体情况如下：

原承钢锅炉系统只有180t/h锅炉和75t/h锅炉，发电机系统25MW发电机、西地抽汽、山下还有部分消耗蒸汽的能力，但除25MW之外，其他机组均为低效机组，发电效率低。锅炉系统在轧线检岗期间提负荷后基本达到满负荷的状态，在1780m³高炉检修的状态下，煤气系统将出现放散，放散量可达到3万~4万m³/h；现有的3号、4号锅炉为原燃煤锅炉改造为煤气锅炉，效率低，煤气单耗（折合高炉煤气）达到1050m³/MW以上，6号锅炉投入运行10年以上，煤气消耗也达到了高压锅炉的水平，这三台中压低效锅炉负荷不高，具备拆除条件。

随着鼓风机滤风室改布袋、轧线提高热装率、小高炉自动燃烧、加热炉强化热辐射技术等项目的逐步投产及2014年底炼铁竖炉系统停产，全厂可用高炉煤气可增加11.4万m³/h，鼓风机减少耗汽量20t/h，全厂蒸汽产量将达到1100t/h，用于发电系统的蒸汽量将达到890t/h。

该项目建设1×220t/h高温超高压煤气锅炉+1×65MW中间一次再热凝汽式汽轮机+1×70MW发电机组及公辅配套设施。主要包括主厂房、循环水系统、供配电系统、仪表控制系统、消防系统、管网、地勘、桩基、热控系统等。

其中转炉煤气≥20000Nm³/h（热值5640kJ/m³）+焦炉煤气≥10000Nm³/h（热值16744kJ/m³）+高炉煤气，转炉煤气压力5~10kPa，焦炉煤气压力5~10kPa，高炉煤气压力5~10kPa。

3. 项目实施进度

该项目于2015年4月20日在承德钢铁集团签订合同，建设期为1年，2015年7月15日正式开工，2016年5月8日项目正式并网发电，并网发电后在2016年6月21日至6月28日进行了电站168小时满负荷连续试运行，连续试运期，电站主机、辅机设备及高低压电气系统、自控系统运行正常，机组运行稳定，累计发电量1088.0184万kW·h，平均发电功率64.763MW，达到设计要求。

该项目自2016年6月28日正式进入节能效益分享期，至今运行稳定。2017年3月，由中国能源建设集团华北电力试验研究院有限公司对项目的主体设备锅炉及汽轮机进行了试验，在额定负荷下锅炉的热效率为90.81%，主蒸汽和再热蒸汽温度满足机组要求，锅炉及各主要辅机运行正常，各主要受热面金属壁温符合设计要求，无超温现象，最大出力工况与额定出力工况下，机组涨差、轴向位移等重要参数皆满足安全稳定运行的要求，机组各项指标合格。

五、项目年节能量及年节能效益

1. 年节能量

（1）改造前后系统（设备）用能情况及主要参数。

该项目共计建设1套70MW凝汽式发电机组，改造前、后用能单位主要生产产品没有发生明显变化，用能系统以及类型没有发生明显变化。

改造后该项目对发电设备、供蒸汽等都安装了计量仪表，依据计量仪表，双方每月确认节能量确认单。审核现场对该部分数据进行了抽样数据核实，对监控系统数据进行了调取，确定双方确认单数据真实有效。

（2）节能量计算方法及项目年节能量。

节能量计算公式：$\Delta E = E_1 - E_2$

其中，ΔE 为项目年节能量；

E_1 为发电机上网电量折标准煤（tce）；

E_2 为设备自用电量折标准煤（tce）；

电力折标系数取 3.3tce/万 kW·h。

表1　2016年6月28日—9月28日发电量统计表

序号	编号	名称	倍率	采集时间	总计（万 kW·h）
1	1571	70MW 发电机出口	120000	2016年6月28日 12：00	455.39
				2016年7月28日 0：00	795.29
				差码	339.9
				电量	40788000
2	1574	70MWⅠ段进线	10000	2016年6月28日 12：00	391.66
				2016年7月28日 0：00	650.97
				差码	259.31
				电量	2593100
3	1571	70MW 发电机出口	120000	2016年7月28日 12：00	801.96
				2016年8月28日 0：00	1201.25
				差码	399.29
				电量	47914800
4	1574	70MWⅠ段进线	10000	2016年7月28日 12：00	655.75
				2016年8月28日 0：00	949.48
				差码	293.73
				电量	2937300
5	1571	70MW 发电机出口	120000	2016年8月28日 12：00	1207.96
				2016年9月28日 0：00	1597.16
				差码	389.2
				电量	46704000
6	1574	70MWⅠ段进线	10000	2016年8月28日 12：00	954.29
				2016年9月28日 0：00	1244.29
				差码	290
				电量	2900000

2016年6月28日到9月28日3个月的发电量为：

$E_1 = 40788000 + 47914800 + 46704000 = 13540.68$ 万 kW·h；

自用电电量为：$E_2 = 2593100 + 2937300 + 2900000 = 843.04$ 万 kW·h；

根据2016年6月28日至9月28日这3个月数据折算到全年，实际运行时节能量为：

$\Delta E = (13540.68 - 843.04) \times 4 \times 3.3 - 64119 = 103490$ tce。

2. 年节能效益

电价 0.52 元/kW·h，年发电收益：(13540.68 - 843.04) × 10000 × 4 × 0.52/10000 = 26411.09 万元；

AV80 风机每小时耗电量 18.6MW，年供电时间按 8400 小时算，消耗：18.6 × 1000 × 8400 × 0.52/10000 = 8124.48 万元；

年可分享收益：26411.09 - 8124.48 = 18286.61 万元。

六、商业模式

该项目属于节能效益分享型合同能源管理项目，在双方合同约定效益分享期内，节能服务公司分享 85% 的项目节能效益，用能单位分享 15% 的项目节能效益。效益分享期为 39 个月，效益分享期内节能服务公司分享效益总额为 40800 万元（当节能服务公司分享总额达到 40800 万元时，效益分享期结束），在分享期内若达不到 40800 万元，分享期限顺延，直至达到分享效益总额 40800 万元结束。收益期满后，合同项下的权利、义务自动转让给业主。

七、投资额及融资渠道

该项目实际完成静态投资 32000 万元，由兴业金融租赁有限责任公司以融资租赁形式贷款 30600 万元，扣除手续费和保证金实际贷款 29070 万元，节能服务公司自有资金投入 2930 万元。

八、优惠政策

该项目属于合同能源管理项目，符合国家规定的减免税政策，已获得了项目所得税三免三减半、增值税全免的税收优惠。该项目取得了 2016 年中央预算内资金大气污染防治项目 1000 万元财政奖励资金。

株洲冶炼集团股份有限公司绿色照明合同能源管理项目

一、项目名称

株洲冶炼集团股份有限公司绿色照明合同能源管理项目

二、项目业主

株洲冶炼集团股份有限公司（简称株冶集团）由1956年建厂的株洲冶炼厂改制而成，公司主要生产铅、锌及其合金产品，并综合回收铜、金、银、铋、镉、铟、碲等多种稀贵金属和硫酸。铅锌产品年生产能力达65万吨，其中铅10万吨、锌55万吨。该企业主要的能源消耗为电力、天然气以及少量的燃煤和生物质柴油，是株洲市及湖南省重点高能耗企业。

三、项目实施单位

北京动力源科技股份有限公司

四、案例内容

株冶集团使用的照明灯具比较老旧，灯具能耗较高，能源利用效率低下，企业生产过程中的照明能耗存在很大浪费。如果将原有灯具改造为LED灯具，可以在保证正常生产需求的情况下大大降低电能的损耗，提高企业的能源利用效率。因此决定采用合同能源管理的方式对株冶全厂照明灯具进行节能改造。

主要建设内容为：节能服务公司全额投资采购新型LED灯替换业主原来的高能耗老旧灯具，以到达节约能源的目的。改造灯具共20461个，分2批安装完成。第1批安装数量为13151个，于2015年12月完成，改造前照明灯具总功率2551.47kW，改造后照明灯具总功率385.13kW；第2批安装数量为7310个，于2016年6月完成，改造前照明灯具总功率为1253.91kW，改造后照明灯具总功率为188.4kW。通过LED照明节能改造，取得了非常好的节电效果，节电率达到84.98%。

该项目于2016年2月开始建设，建设周期6个月，项目于2016年8月竣工验收，目前运行正常。

五、项目年节能量及年节能效益

按照年节能量 =（改造前灯具功率 − 改造后灯具的功率）× 年照明时间统计各部门灯具年节电量（见表1、表2）。

表1 2015年12月各部门LED灯安装前后节电情况统计

单位	改造前总功率（kW）	改造后总功率（kW）	年节电量（kW）	年节电效益（万元）
电自中心	25.8	5.33	74722.8	4.26
动力厂	183.49	28.02	232840.45	13.27
食堂	22.73	11.48	49283.32	2.81
公司办公楼	21.38	11.93	11034.68	0.63
铅冶炼厂	530.53	84.22	2347408.6	133.8
水处理厂	106.61	14.92	366781.02	20.91
稀贵厂	116.59	18.05	388798.7	22.16
锌焙烧厂	569.1	82.15	1772357	101.02
锌成品厂	237.52	25.39	778305.01	44.36
锌电解厂	424.43	58.78	2790748.3	159.07
锌浸出厂	280.5	35.24	862972.02	49.19
质保部	32.8	9.6	19318.72	1.1
总计	2551.47	385.13	9694570.59	552.58

表2 2016年6月各部门LED灯安装前后节电情况统计

单位	改造前总功率（kW）	改造后总功率（kW）	年节电量（kW）	年节电效益（万元）
电自中心	240.93	53.47	469858.11	26.78
动力厂	16.18	2.76	46405.37	2.65
食堂	1.66	0.63	4509.65	0.26
护厂队	2.23	0.71	6652.34	0.38
公司办公楼	9.7	1.65	9397.49	0.54
技术中心	81.34	13.7	185067.56	10.55
铅冶炼厂	115.27	14.83	542911.45	30.95
水处理厂	4.65	0.45	5285.78	0.3
稀贵厂	321.1	36.37	1327683.7	75.68
消防队	2.59	1.48	4872.31	0.28
锌焙烧厂	366.97	46.99	1205461.7	68.71
锌成品厂	55.76	9.78	152657.1	8.7
锌电解厂	23.46	2.05	75775.46	4.32
质保部	12.07	3.52	28079.01	1.6
总计	1253.91	188.4	4064617.06	231.69

年节能量 = 9694570.59 + 4064617.06 = 13759187.65 kW·h，折合标准煤4540吨。

企业核算电价 0.57 元/kW·h，该项目年节能效益 784.27 万元。

六、商业模式

该项目采用节能效益分享型合同能源管理模式,项目合同期为4年,节能效益分享比例为:第一、第二年节能服务公司分享90%,业主分享10%;第三年节能服务公司分享70%,业主分享30%;第四年节能服务公司分享60%,业主分享40%。

在项目合同期内,设备的运营维护等均由节能服务公司提供,合同期内设备所有权归节能服务公司,合同结束后设备所有权移交给用能单位。

七、投资额及融资渠道

该项目投资额629.9万元,全部由节能服务公司自筹。

临沂中盛金属科技有限公司
电机系统节能合同能源管理项目

一、项目名称

临沂中盛金属科技有限公司电机系统节能合同能源管理项目

二、项目业主

临沂中盛金属科技有限公司

三、项目实施单位

北京动力源科技股份有限公司

四、案例内容

1. 技术原理及适用领域

交流变频调速技术是20世纪90年代迅速发展起来的一种新型电力传动调速技术,应用了先进的电力电子技术、计算机控制技术、现代通信技术和电气、电机拖动等综合性领域的学科技术,具有调速效率高、启动能耗低、调速范围宽、可实现无级调速、动态响应速度快、调速精度高、操作简便、保护功能完善等优点,同时易于实现生产工艺控制自动化,安装场地条件比较灵活,应用范围广泛,是电机节能方式的重要手段。

2. 节能改造具体内容

改造前高压风机都采用风门调节方式,能量损失较大,通过变频节能改造后能够产生较大的节能效益。本项目拟对临沂中盛金属科技有限公司17台高压风机电机进行改造,增加适配高压变频器,通过高压变频器调节风机电机,具体改造方案如表1。

表1 电机变频改造项目节能量确认表

设备名称	设备参数	适配变频器	数量	拖动方式
矿槽除尘风机	1400kW/10kV	DHINV-10/115	2	手动一拖一
喷煤主引风机	800 kW/10kV	DHINV-10/80	2	手动一拖一
配料除尘风机	710 kW/10kV	DHINV-10/80	1	手动一拖一
机尾除尘风机	1000 kW/10kV	DHINV-10/80	2	手动一拖一
1号筛分除尘风机	315 kW/10kV	DHINV-10/40	1	手动一拖一
2号筛分除尘风机	355 kW/10kV	DHINV-10/40	1	手动一拖一
成品仓除尘风机	315 kW/10kV	DHINV-10/40	1	手动一拖一

续表

设备名称	设备参数	适配变频器	数量	拖动方式
燃破除尘风机	315 kW/10kV	DHINV-10/40	1	手动一拖一
助燃风机	500kW/10kV	DHINV-10/40	3	手动一拖一
余热发电循环风机	1800kW/10kV	DHINV-10/150	2	手动一拖一
精炼二次除尘风机	3200 kW/10kV	HINV-10/4500BAC	1	手动一拖一

一拖一手动旁路方案如下：

当变频器出现故障或检修时，手动将变频器切换到工频继续生产。其主电路原理如图1。

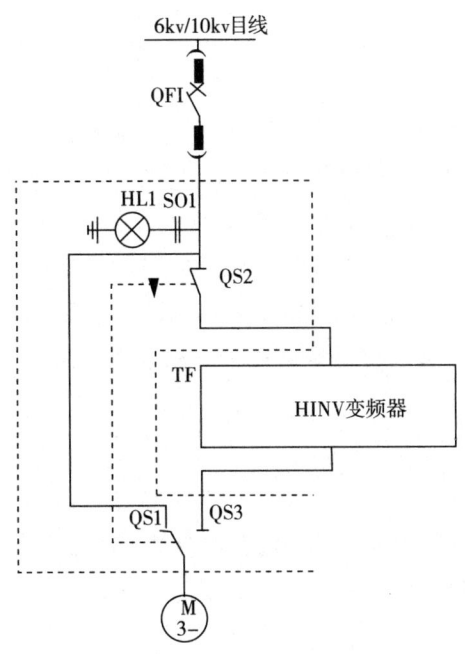

图1 一拖一手动旁路方案

注：TF 为用户图中等效变频系统。

变频系统旁路方案说明：

变频运行时断开 QS_1，闭合 QS_2 和 QS_3；旁路运行时断开 QS_2 和 QS_3，闭合 QS_1。

10kV 电源经用户输入真空开关 QF_1，通过变频装置进线刀闸 QS_2 到变频调速装置，变频装置输出经出线刀闸 QS_3 送至电动机；10kV 电源还可以经旁路刀闸 QS_1 直接起动电动机。变频装置的输出刀闸 QS_3 和旁路刀闸 QS_1 互相闭锁，即 QS_2 和 QS_1 不能同时闭合。

3. 项目实施进度

该项目 2018 年 2 月开始建设，2018 年 5 月 21 日完成竣工验收，2018 年 7 月 25 日完成设备性能验收，基本达到设计标准。

五、项目年节能量及年节能效益

1. 年节能量

单台设备月实际节电量 =（加装变频器前设备双方共同确认的工频小时耗电量 - 加装变频

器后设备双方共同确认的变频小时耗电量)×当月变频器运行时间

单台设备月节电效益=单台设备每月节电量×电价

改造后,实测1个月的节电量为147.89万 kW·h,全年预计节电1774.67万 kW·h,按照电力折标系数330gce/kW·h,项目年节能量预计为5856tce。

2. 年节能效益

该合同电价为0.65元/kW·h(含税),节能效益分享期为五年。

该项目变频改造后,双方约定每日历月内设备运行时间不低于600小时,如果当月运行时间不足600小时,按600小时计算;如果当月运行时间超过600小时,按实际运行时间计算,年节能效益964万元。

六、商业模式

该项目采用节能效益分享型合同能源管理模式,节能效益分享期为五年(60个月),具体的分期分享比例如下:节能效益分享期的第1个月至第36个月甲方分享20%、乙方分享80%的节能效益;节能效益分享期的第37个月至第48个月甲方分享45%、乙方分享55%的节能效益;节能效益分享期的第49个月至第60个月甲方分享50%、乙方分享50%的节能效益;在合同期内,北京动力源科技股份有限公司负责设备安装、调试和工程施工,合同节能效益分享期满后,动力源可继续对改造项目设备提供有偿售后服务,有偿售后服务费用的收取方式与标准,届时由双方另行协商确定。

七、投资额及融资渠道

该项目投资概算预计为900万元,其中设备投资约520万元,工程施工及其他外配约380万元,全部由节能服务公司筹措。

包头钢铁西创炼钢焖渣余热暖民工程

一、项目名称

包头钢铁西创炼钢焖渣余热暖民工程

二、项目业主

包钢冶金渣综合利用有限责任公司位于包头市昆区河西工业园区,注册资本1990万元,总占地面积100万 m^2,企业员工总数706人,专业技术人员61人,是包钢(集团)公司铁渣、钢渣等固体废弃物接收处置的资源化综合开发利用的专业化公司,也是包钢循环经济工业园区的重要成员单位。

包钢年产钢1000万吨,年产钢渣210万吨,每日产钢渣约5500吨以上,从转炉出来的钢渣温度达到1300℃以上,传输到焖渣坑前经自然散热变为800℃~900℃,在焖渣坑内喷洒水降温,热量由产生的蒸汽和冲渣水带走。送入焖渣池喷水降温的钢渣4500吨,用水冷却时产生大量的蒸汽,每日产蒸汽约2680蒸吨以上,平均每小时产蒸汽约115吨以上,显热达到287GJ/h以上。年可回收利用余热约93.8万GJ。

三、项目实施单位

中益能储热技术集团有限公司

四、案例内容

1. 技术原理及适用领域

采用高密度的相变蓄热装置和高效真空换热技术,通过负压罐将无压蒸汽引入相变蓄热装置底部的高效换热盘管进行汽—水换热,热能通过蓄热装置高效储存,蒸汽凝结为水时产生更大负压吸引蒸汽进入换热器,换热后产生的凝结水被重复利用,既回收利用了余热又节约了生产用水。

该技术适用于200℃以下中低品位余热回收,可将放散性的、不稳定的、间断的余废热进行回收储存再利用。

2. 节能改造具体内容

根据一焖车间15个焖渣池和二焖车间10个焖渣池的情况,该项目首期建设2套余热回收系统,该余热回收利用系统由2组放散蒸汽余热回收装置、2台真空系统、2台汽水分离器、3台蓄热装置组成,蓄热装置的总蓄热量400GJ。每小时余热回收量约为200GJ。

炼钢焖渣余废热回收工艺简介:

钢渣传送是间断的,但用户侧热能需求是连续稳定的,因此回收该部分废热时应使用高密度的相变蓄热装置和高效真空换热技术，通过负压罐将无压蒸汽引入相变蓄热装置底部的高效换热盘管进行汽—水换热，蒸汽凝结为水时产生更大负压吸引蒸汽进入换热器，换热后产生的凝结水被重复利用，既回收利用了余热又节约了生产用水。

（1）两端焖渣池余热回收方案。

两端各3个焖渣池，3个一组通过汇集烟道经引风机排入大气。其放散蒸汽余热回收工艺系统如图1所示。

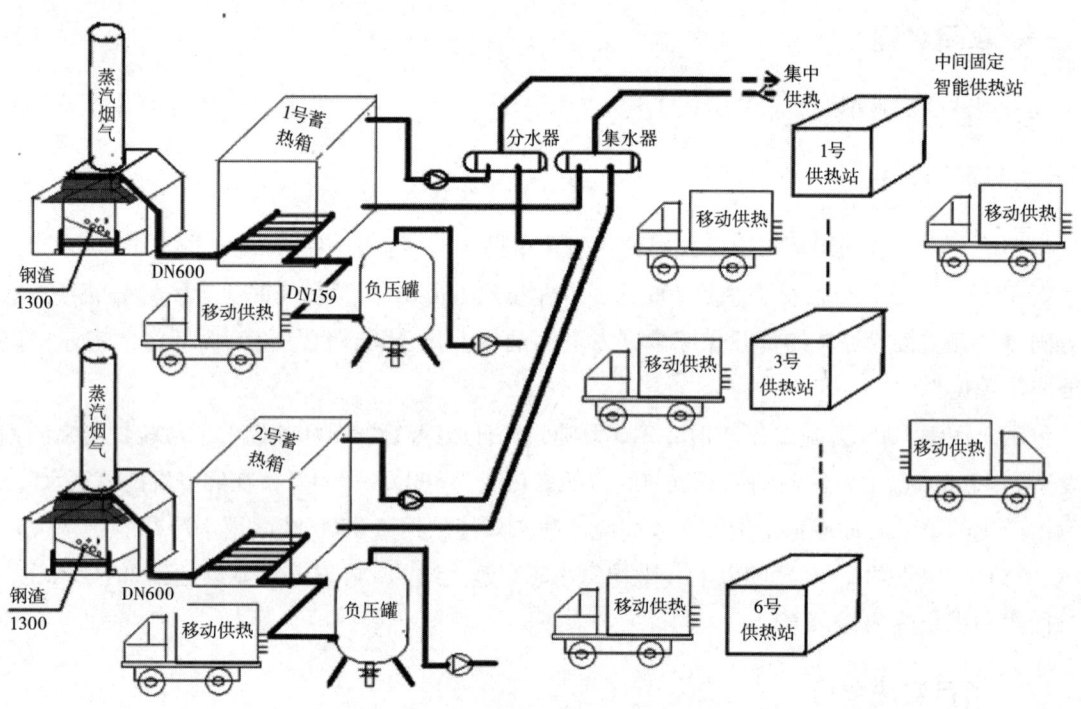

图1　放散蒸汽余热回收工艺系统图

（2）一焖车间和二焖车间焖渣池余热回收方案。

焖渣车间中间9个焖渣池结构相同，每个渣池的2个排汽口分别对应1个上升排汽管穿过车间顶部，通过它们将焖渣时产生的蒸汽排入大气。排气管直径DN300，每个排气管底部设有控制阀。余热回收系统如图2所示。

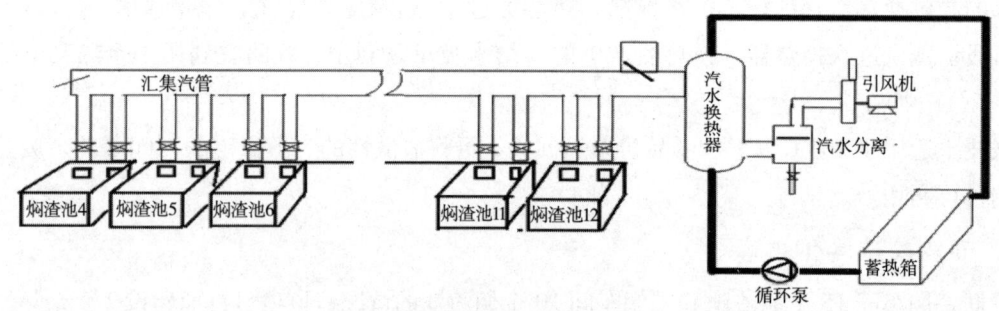

图2　车间焖渣池余热回收系统工艺流程图

3. 项目实施进度

项目于2016年建设完成并稳定运行。

五、项目年节能量及年节能效益

1. 年节能量

年可回收利用余热 93.8 万 GJ，按普通燃煤锅炉效率 70% 计算，该项目相当于每天节约标准煤 235tce。包头市年供暖按 180 天计算，每年利用该余热实现节能量 4.3 万 tce，减排二氧化碳 10.9 万吨，节约水 29 万吨。

2. 年节能效益

项目回收焖渣余废热后替代燃煤，为居民供暖和供生活热水用热。供暖面积 50 万 m^2，供暖费 27 元/m^2，年节能效益为 1350 万元；年供生活热水 7.3 万吨，加热每吨热水为 21 元，年节能收益 152 万元。

六、商业模式

在热源端采用节能效益分享型合同能源管理商业模式。设备由节能服务公司维护和运营，所有权归节能服务公司所有，项目的效益分享期为 30 年，分享比例为节能服务公司 77%，用能单位 23%。在用户端采用能源费用托管型合同能源管理模式，用余热替代燃煤锅炉，节能服务公司收取热费或供暖费。

七、投资额及融资渠道

项目投资额 2600 万元，由节能服务公司自筹。

广东广青金属科技有限公司余热综合利用发电工程

一、项目名称

广东广青金属科技有限公司余热综合利用发电工程

二、项目业主

广东广青金属科技有限公司是由两家全国500强大型企业——广东省广新控股集团和青山控股集团共同投资成立,具有国际领先工艺技术,是全国最大的镍合金生产企业之一。该公司主要用能设备为AOD炉8座、120m^2烧结机1座和还原炉1座。

三、项目实施单位

阳江开能环保能源有限公司

四、案例内容

1. 节能改造具体内容

系统原有AOD炉8座、120m^2烧结机1座和还原炉1座,在冶炼工艺生产中产生大量余热,排放浪费严重且污染环境。改造系统工艺流程及关键参数如下:

(1) AOD炉烟气余热利用。

AOD炉在冶炼期产生大量高温烟气,经过汽化冷却烟道(烟道式余热锅炉)回收部分烟气余热,约产生2.25MPa、4×6+4×5t/h饱和蒸汽。汽化冷却烟道产生的饱和蒸汽进入蒸汽蓄热器内,加热蓄热器中的热水,饱和蒸汽迅速冷凝、放热,AOD炉冶炼周期约为1.5小时,在间歇期,汽化冷却烟道汽包的蒸汽量逐渐减少,调压阀前的蒸汽压力不断下降,蓄热器内的饱和水减压沸腾产生饱和蒸汽,从而克服AOD炉间歇生产导致的饱和蒸汽参数波动剧烈难以工业化利用的难题。

(2) 蓄热器在汽化冷却系统中的利用。

蒸汽蓄热器是炼钢工程的主要热力设备,AOD炉汽化冷却产生间断性、波动性的蒸汽,蒸发量忽高忽低,有着急剧的变化,这样的蒸汽是不易被充分利用的。装设蓄热器后就可以克服上述弊病,当汽化冷却蒸发量出现尖峰时,蓄热器把多余的蒸汽储存起来,平衡了尖峰;在非产汽时间里,它又可以把储存的蒸汽放出来,从而使间断、波动的蒸汽源变成连续、稳定的蒸汽源。通过蒸汽蓄热器,产生较为连续稳定的蒸汽。从而减少对蒸汽管网的冲击。当精炼炉停止冶炼,汽化冷却不产生蒸汽时蓄热器可以平稳地向管网供应蒸汽,从而获得显著的经济效益和社会效益。根据现有的8座70tAOD炉产生的饱和蒸汽,并设计配置两台200m^3蒸汽蓄热器,将8座精炼炉产生的饱和蒸汽通过蓄热器稳压和稳流后,产生的1.2Mpa、40t/h的饱和蒸汽送入煤气过热炉进行过热。

（3）烧结系统余热利用。

目前厂里有一台120m²烧结机、环冷机，经计算，在环冷机一、二段配置一台锅炉，产生饱和蒸汽，环冷机、烧结机、煤气锅炉具体参数分别见表1、表2和表3。

表1 环冷机参数表

项目	单位	计算数据	说明
锅炉	台	1	
进口烟气流量	Nm³/h	170000	
出口烟气流量	Nm³/h	170000	
进口烟气温度	℃	330	
出口烟气温度	℃	150	
水量	t/h	16	
进口水压	Mpa（a）	3.0	
进锅炉水温	℃	42	
饱和蒸汽压力	Mpa（a）	1.05	自产
饱和蒸汽温度	℃	182	自产
饱和蒸汽流量	t/h	13.5	自产
外来饱和蒸汽压力	Mpa（a）	1.05	
外来饱和蒸汽温度	℃	182	
外来饱和蒸汽流量	t/h	4	
过热蒸汽压力	Mpa（a）	0.95	
过热蒸汽温度	℃	310	
过热蒸汽流量	t/h	17.5	

环冷锅炉系统为环冷冷却机的旁路，串联在环冷机上，本烟风系统为烟气再循环，锅炉出口与引风机连接，将热风鼓进环冷机风道里，以提高锅炉的进口温度。

表2 烧结机大烟道参数表

项目	单位	计算数据	说明
过热器	台	1	
进口烟气流量	Nm³/h	70000	
出口烟气流量	Nm³/h	70000	
进口烟气温度	℃	300	
出口烟气温度	℃	250	
饱和蒸汽压力	Mpa（a）	1.05	
饱和蒸汽温度	℃	182	
饱和蒸汽量	t/h	4	

(4) 煤气过热炉。

表3 煤气过热炉参数表

项目	单位	计算数据	说明
过热器	台	1	
高炉煤气量	Nm^3/h	~15000	
进口饱和蒸汽压力	Mpa（a）	1.05	
进口蒸汽温度	℃	~200	
进口饱和蒸汽量	t/h	40	
出口过热蒸汽压力	Mpa（a）	0.95	
出口过热蒸汽温度	℃	330	
出口过热蒸汽量	t/h	60	

2. 工艺系统说明

汽化烟道产生的饱和蒸汽进入蓄热器储能稳压后，进入煤气过热炉进行过热，再与烧结环冷系统产生过热蒸汽，经电动隔离阀、主汽门、调节阀进入汽轮机膨胀做功后排至凝汽器，乏汽在凝汽器中凝结成水，汇入热水井，然后由凝结水泵送往真空除氧器，再经给水泵泵入锅炉循环使用。循环冷却水泵将水池中冷却水打入凝汽器，再排往冷却塔进行冷却，经过冷却的水最后回到水池循环利用。发电机冷却介质为空气，冷却方式为闭式循环通风冷却。

3. 项目实施进度

该项目开工日期为2016年6月1日，于2017年5月9日竣工。在2017年7月12日交付生产运行单位，正式投入运行。

五、项目年节能量及年节能效益

1. 年节能量

利用烟气余热进行发电，实际发电功率按13500kW计算，年发电量达到9720×10^4kW·h，扣除自用电后年供电量达到8553.6×10^4kW·h，折合标准煤28226.88吨。

2. 年节能效益

该项目年供电量达到8553.6×10^4kW·h，当地电价0.6元/kW·h，年节能效益5132万元。

六、商业模式

该项目采用节能效益分享型的合同能源管理模式，项目合同期为长期，节能服务公司与用能单位关于节能效益的分享比例为75%：25%，设备所有权属于节能服务公司，后期运营维护由节能服务公司安排专人负责。

七、投资额及融资渠道

该项目投资额10500万元，其中4200万元为节能服务公司自有资金，6300万元来自北京银行节能贷款。

武汉钢铁股份有限公司 3 号烧结环冷机余热回收利用改造项目

一、项目名称

武汉钢铁股份有限公司 3 号烧结环冷机余热回收利用改造项目

二、项目业主

武汉钢铁股份有限公司由武汉钢铁（集团）公司控股，是国内排名第三的大型钢铁上市公司。目前，公司总资产达 300 多亿元，下辖烧结厂、炼铁厂、一炼钢厂、二炼钢厂、三炼钢厂、大型厂、轧板厂、热轧厂、冷轧厂、硅钢厂、棒材厂、质检中心等 12 个单位，员工 16995 人。

三、项目实施单位

北京动力源科技股份有限公司

四、案例内容

1. 技术原理及适用领域

冶金中烧结炉余热利用技术是一项传统的成熟技术，烧结工艺余热回收主要是烧结矿的显热，占烧结过程总带入热量的 44.5%，环冷机烟气温度在 100℃~420℃ 之间变化，高温段的烟气温度可达 350℃~420℃；烧结生产过程中，余热锅炉吸收环冷机可利用的烟气热能，通过余热锅炉可产蒸汽为企业生产、生活提供便利，并减少额外的能源消耗。该技术适用于工业领域烧结环冷机。

技术原理：来自武钢厂区管网的净环水分两路，一路直接送入软水制备装置，另一路送入软水站现有混凝土净化水箱（30m^3）。设 2 台净环水泵，1 用 1 备，由净环水泵加压后送入软水制备装置，经软水制备装置处理后生成软水送入现有 30m^3 混凝土水箱，作为余热回收装置的补水，低压给水系统采用单母管制。设 2 台软水泵，1 用 1 备，由软水泵加压，经低压省煤器加热后送入低压汽包（兼除氧器）。低压汽包内给水分为两路，一路经下降管进入低压蒸发器产生汽水混合物返回低压汽包，在低压汽包内汽水分离后的低压饱和蒸汽供烧结生产使用，接点位于烧结主车间蒸汽分配室；另一路经高压给水泵（2 台，1 用 1 备）加压，经过中压省煤器加热后，送入中压汽包，中压汽包设有上升、下降管，炉水经下降管进入中压蒸发器，吸收热量产生的汽水混合物由上升管返回中压汽包，在中压汽包内汽水分离后，饱和水进入下一个循环，中压饱和蒸汽经中压过热器吸热后产出中压过热蒸汽，利用现有厂区支架供至厂区中压管网。

2. 节能改造具体内容

该项目所用余热锅炉及辅机体积比较庞大，在原有烧结炉环冷机周围，采用混凝土框架支撑的方法，将余热锅炉及辅属设备竖向布置在环冷机余热收集段的正上方。原有收集罩烟囱进行改造，增加阀门及保温，并引出取风管送至余热锅炉进风口。经余热锅炉利用后的烟气通过循环风机再回到环冷机下风箱内，形成烟气密闭循环。这样布置，缩短了烟风管道的路程，最大限度地降低阻力损失，使循环更加紧凑，充分利用了烟气余热，同时也在很大程度上减少了烟风管道材料的用量，减少了不少的材料费用支出，节约部分投入。施工过程对烧结炉生产的影响也会降低到最小限度。

该项目主要建设内容如下：

烧结烟气余热回收系统1套；

软水制备装置1套；

现场电气室1座；

烧结余热回收系统电器、仪表控制、电讯系统1套；

主要建（构）筑物包括：余热锅炉框架、循环风机基础检修框架、软水制备间、现场电气室。

由武钢厂区提供：冷却水接点、净环水、电源接点。

3. 项目实施进度

该项目2015年11月27日完成72小时试运行并由甲方单位出具验收报告，2016年1月由节能服务公司、总包单位、监理单位三方一同对项目进行全面检查与验收。

五、项目年节能量及年节能效益

1. 年节能量

节能量计算方法：

月节能收益＝月蒸汽总价＋月鼓风机节能总价－月补净环水消耗－月补工业水消耗－月余热回收系统电消耗；

其中：

月蒸汽总价＝月中压蒸汽总价＋月低压蒸汽总价；

月中压蒸汽总价＝月余热锅炉外送中压蒸汽量×中压蒸汽结算单价；

月低压蒸汽总价＝月余热锅炉外送低压蒸汽量×低压蒸汽结算单价；

月鼓风机节能总价＝月鼓风机实际节能量（项目改造前1、2号鼓风机单耗－1、2号鼓风机实际电单耗）×鼓风机月实际运行小时数×上年度平均电价；

月净环水消耗＝月净化水实际消耗量×上年度平均工业补水单价；

月冷却水消耗＝720t/月（按循环水量5%计算）×上年度平均工业补水单价；

年节能量：年产低压蒸汽5.57万吨，中压蒸汽17.6万吨。除去消耗的水、电后，节约2.5万tce/年。

2. 年节能效益

该项目低压蒸汽价112元/吨、中压蒸汽价127元/吨；年节能效益2100万元。

六、商业模式

该项目采用节能效益分享型合同能源管理模式，项目合同期为5年，节能效益分享期的第1

至第 5 年节能服务公司分享的节能效益分别为：90%、90%、80%、80%、70%。

在项目合同期内，设备的运营维护等均由节能服务公司提供，合同期内设备所有权归节能服务公司，合同结束后设备所有权移交给用能单位。

七、投资额及融资渠道

该项目投资额 5022 万元，均由节能服务公司自筹。

本溪北营钢铁（集团）股份有限公司风机、水泵变频节能改造项目

一、项目名称

本溪北营钢铁（集团）股份有限公司风机、水泵变频节能改造项目

二、项目业主

本溪北营钢铁（集团）股份有限公司成立于2002年4月5日，注册资本15亿元，是由北台钢铁（集团）有限责任公司联合营口中板厂等15家企业，以北钢集团公司钢铁业务为基础组建的钢铁联合企业。主要用能设备为风机和水泵的高压电力设备，1号耐热风机功率为720kW，1号主抽风机功率为1120kW，2号耐热风机功率为720kW，2号主抽风机功率为1120kW。

三、项目实施单位

北京乐普四方方圆科技股份有限公司

四、案例内容

1. 技术原理及适用领域

在变频调速技术的基础上，依据计算机模糊控制理论，结合PID控制原理，利用PLC多元化控制功能，开发出了具有自主知识产权的优化软件控制系统。软件可根据实际需求，自动检测并计算系统负荷量的大小，根据负载变化情况实时调整变频器、电机、负载的运行曲线，使三者始终在最佳状态下运行，对原系统进行精细的优化控制，确保在满足系统需求的前提下大幅度地提升系统效率，达到最佳节电效果。

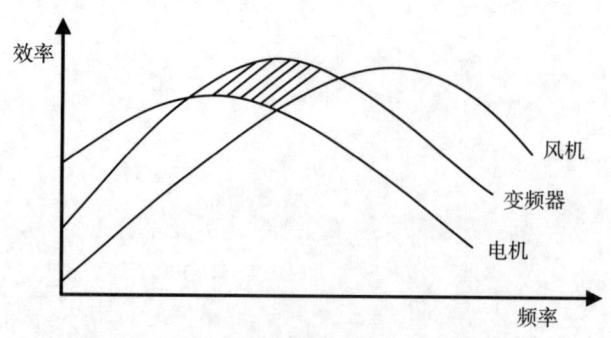

图1 变频器、风机、电机负载与运行效率关系

图1中三条曲线分别代表变频器、电机、风机在某一时刻的运行曲线，通过对三者运行曲线进行优化，让它始终在一个最佳效率区间内运行。同时创建控制算法和控制策略，使优化控

制系统全面地对电网参数、电机参数、负载特性以及它们的变化进行在线的实时的动态检测、跟踪,运用这些数据对变频调速系统的参数进行精确调节,保证提供给电机的电压、电流、频率、波形的精确和稳定,保证电机在最高效率下运行,同时把各种损耗和发热量降到最低。在控制策略上,一方面有效避开电机、负载的低效工况点;另一方面动态学习,在运行中不断优化和调节运行参数。更重要的是,优化控制系统具有趋势预测功能,能够对现场设备系统实施超前控制,能充分考虑温度传递、压力传导等过程并给出精确的控制响应。

2. 节能改造具体内容

该项目采用合同能源管理模式,对炼铁厂现有球团1号、2号主抽风机电机,1号、2号耐热风机电机进行变频节能改造。

3. 项目实施进度

开工时间2016年4月1日,竣工时间:2016年10月11日。

运行情况:2016年10月完成项目验收现已投入正常运行。

五、项目年节能量及年节能效益

1. 年节能量

(1) 改造前后系统(设备)用能情况及主要参数如表1。

表1 节能改造前后设备参数及节能量统计

技改系统名称	技改前功率(kW)	技改后功率(kW)	平均节电率(%)	年运行时间(h)	年节电量(万kW·h)
1号耐热风机	720	533.125	25.95	8000	149.5
1号主抽风机	1120	871	22.23	8000	199.25
2号耐热风机	720	533.125	22.23	8000	149.5
2号主抽风机	1120	871	24.3	8000	199.25

(2) 节能量计算方法及项目年节能量。

节能量 = 单位小时节电量 × 设备年运行小时数 = 679.5 万 kW·h,折合标准煤 2242.35 吨。

2. 年节能效益

当地电价0.56元/kW·h,年节能效益390万元。

六、商业模式

项目采用节能效益分享型合同能源管理模式运作,节能效益分享型项目合同期为31个月,业主与节能服务公司对节能效益分享的比例为2:8,节能效益分享期内,设备归节能服务公司所有并由节能服务公司负责运营维护。

七、投资额及融资渠道

该项目投资额795.4万元,属于节能服务公司自有资金。

宣化钢铁集团3号360m² 烧结机发电、脱硫及配套技术改造合同能源管理项目

一、项目名称

宣化钢铁集团3号360m² 烧结机发电、脱硫及配套技术改造合同能源管理项目

二、项目业主

宣化钢铁集团是一个具有90多年历史的国家重点大型钢铁企业,2012年已基本形成年产生铁、钢材800万吨的生产规模。主要装备有高炉5座(2500m³ 高炉2座、2000m³ 高炉1座、1800m³ 高炉1座、530m³ 高炉1座)、转炉5座(110t 转炉2座、120t 转炉1座、150t 转炉2座)、轧钢生产线10条、焦炉6座(6m 焦炉4座、4.3m 焦炉2座)、发电机组17台(总装机容量24.4万kW),具备年产生铁800万吨、粗钢820万吨、钢材730万吨的能力。主要产品为线材、棒材、型材、带钢。

三、项目实施单位

九源天能(北京)科技有限公司

四、案例内容

1. 技术原理及适用领域

项目配置余热发电装置,回收环冷机余热产生蒸汽并用于发电,其基本原理为:烧结矿在带冷机或环冷机上通过鼓风进行冷却,由底部鼓入的冷风在穿过热烧结矿层时被加热,成为高温废气。将这些高温的废气通过引风机引入锅炉,加热锅炉内的水产生蒸汽,蒸汽推动汽轮机转动带动发电机发电。汽轮机及发电机系统将蒸汽携带的能量转化成电能,最终完成余热能向电能的转化。

2. 节能改造具体内容

根据宣化钢铁集团年产800万吨钢的总体规划,为满足高炉炼铁对原料的需要,烧结厂在淘汰小烧结机的同时新建一台360m² 烧结机,年产370万吨烧结矿。

宣化钢铁集团3号360m² 烧结机发电、脱硫及配套技术改造工程包括系统翻车机、储料场内设施的完善、2号火运受卸系统、配料系统、解冻库扩建、拆迁还建及原料场内旧系统改造等,设计脱硫系统、余热发电系统、烧结本体系统、原料场系统、电控系统、自控、暖通、消防等。

3号360m² 烧结机配套的环冷机规格为415m²,烧结环冷机分5个区段冷却矿料,每段各配置1台风压约4000Pa的鼓风机;上述各鼓风机的送风经环冷机各段与高温烧结矿料换热后,分

别向大气排放120℃~400℃左右的中低温废气,废气中还含有一定数量的矿物粉尘。

为充分利用烧结环冷机废气的余热,在360m² 烧结环冷机附近配置1套双压余热锅炉+1套补汽凝汽式汽轮发电机组,将415m² 环冷机1、2号风机范围内高温烟气通过余热锅炉产生的蒸汽用于汽轮发电机发电。环冷机烟气的利用方案为:采用烟气循环系统即环冷机排出的烟气进入余热锅炉回收热量,余热锅炉排出的烟气再由增设的循环风机送入环冷机冷却矿料。

烧结余热发电工艺流程主要包括三部分:烟气回收及循环系统、锅炉系统、汽轮机及发电机系统。烟气回收系统主要由烟囱、烟气引出管、烟气流量控制阀和烟筒的遮断阀构成,主要功能是利用锅炉引风机产生的负压将带冷机烟罩内温度较高的烟气引到锅炉内,同时避免外界的冷风进入锅炉。锅炉系统是余热回收的核心,在锅炉受热面上,高温烟气将热量逐级传递给受热面内的水,生成蒸汽。汽轮机及发电机系统将蒸汽携带的能量转化成电能,最终完成余热能向电能的转化。

3. 项目实施进度

该项目于2015年竣工并正式投入使用,运行情况稳定,各项参数低于环保指标。根据环保检测部门的在线监测系统(CMS)上传数据,已达到环保部门规定的排放标准。

五、项目年节能量及年节能效益

1. 年节能量

(1) 项目改造前后系统(设备)用能情况及主要参数。

项目实施前,环冷机余热产生蒸汽没有被利用。项目实施后,回收环冷机余热产生蒸汽并用于发电。

该项目为新建余热发电系统,所以基期能耗为零。

改造后,烧结机余热发电系统发电量如表1。

表1 烧结机余热发电系统供电量统计表

月份	运行时间(h)	供电量(万kW·h)
2016年1月	428.5	112.58
2016年2月	650	203.16
2016年3月	733	679.41
2016年4月	720.5	306.50
2016年5月	399.5	220.52
2016年6月	702	682.38
2016年7月	685.5	542.65
2016年8月	710	568.51
2016年9月	653.5	525.20
2016年10月	675	468.46
2016年11月	686	305.48
2016年12月	599	224.50
合计	7642.5	4839.35

(2) 节能量计算方法及项目年节能量。

根据节能量计算公式：

$\triangle E = P \times 3.30 \div 10000$

式中：

$\triangle E$ 为项目节能量，单位为吨标准煤（tce）；

P 为改造后项目供电量，单位为 kW·h；

电力折标系数为 330kgce/kW·h。

结合上述能耗数据分析计算节能量如下：

项目年节能量为：

$\triangle E = 4839.35 \times 10000 \times 3.30 \div 10000 = 15969.86 \text{tce}$

2. 年节能效益

该项目按季度分享节能效益，每季度分享额为 5367.5 万元，年分享节能效益 21470 万元。

六、商业模式

该项目采用节能效益分享型的管理模式，项目建设工期 14 个月，总投资 88000 万元，依据合同能源管理模式双方确定该项目的收益分享期为 28 个季度，双方约定按总节能效益的 1∶9 比例进行分享，实施改造后，28 个季度项目综合节能总效益经计算为 166988 万元，按照分享比例累计分享总额为 150289 万元，每季度按固定分享额为 5367.5 万元。效益分享期的起始日为系统热负荷试车通过 72 小时试运行，各项性能指标达到双方约定的技术指标要求，即进入效益分享期。

七、投资额及融资渠道

项目总投资 88000 万元，其中 85000 万元来自兴业金融租赁贷款，其余资金由节能服务公司自筹。

浙江永杰铝业有限公司压缩空气系统合同能源管理节能改造项目

一、项目名称

浙江永杰铝业有限公司压缩空气系统合同能源管理节能改造项目

二、项目业主

浙江永杰铝业有限公司坐落于杭州江东工业园区,是一家国家重点高新技术企业,主要从事铝及铝合金新材料的研发与生产。公司总投资 16 亿元,占地 26 万 m^2,是国内最具发展潜力的综合铝加工厂之一。

三、项目实施单位

爱景节能科技(上海)有限公司

四、案例内容

1. 技术原理及适用领域

(1)技术原理。

①工业物联网+节能:通过工业物联网对压缩空气系统中设备运行参数、工况变化等数据进行采集,上传至云平台,通过云平台对数据进行分析和智能管理,实现空压站 24h 监测与预测报警,使空压站供气压力在 ±0.01MPa 最小压力带运行。

②设备定制:根据项目用气特点,定制超高效空压机机型;根据后处理需求,采用定制后处理设备(过滤器、冷干机),大量减少气耗与压损,改善循环冷却系统水质,降低排气温度,提升压缩空气系统的整体能效。

③基于云平台的精益运维:以数据为驱动,精细化管理企业能耗;对标管理,预防性维护泄露及排气异常,减少泄漏点;根据足量的历史数据采集、专家数据库建立、历史运行规律,根据生产规律变化对设备的运行进行自动调整。

(2)适用领域。

纺织、冶金、轮毂等各行业工厂压缩空气系统。

2. 节能改造具体内容

用能单位空压站原有 8 台寿力空压机,5 开 3 备。为各车间及制氮系统提供压缩空气。空压机均已完成余热回收系统改造,制备热水供生产使用。空压站改前系统流程如图 1、图 2。

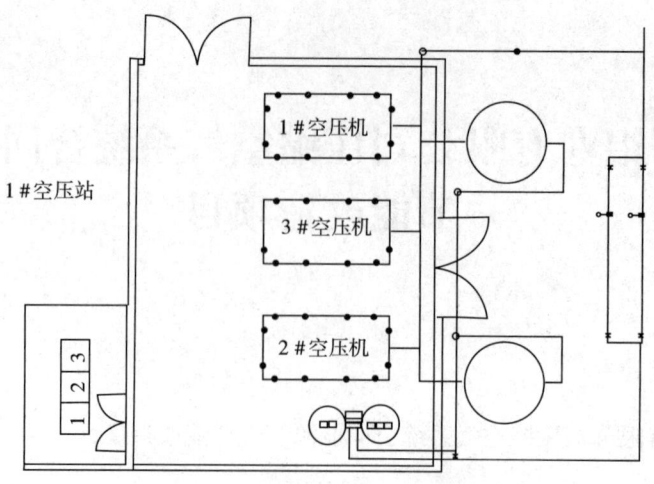

图1　1号空压站改前系统流程

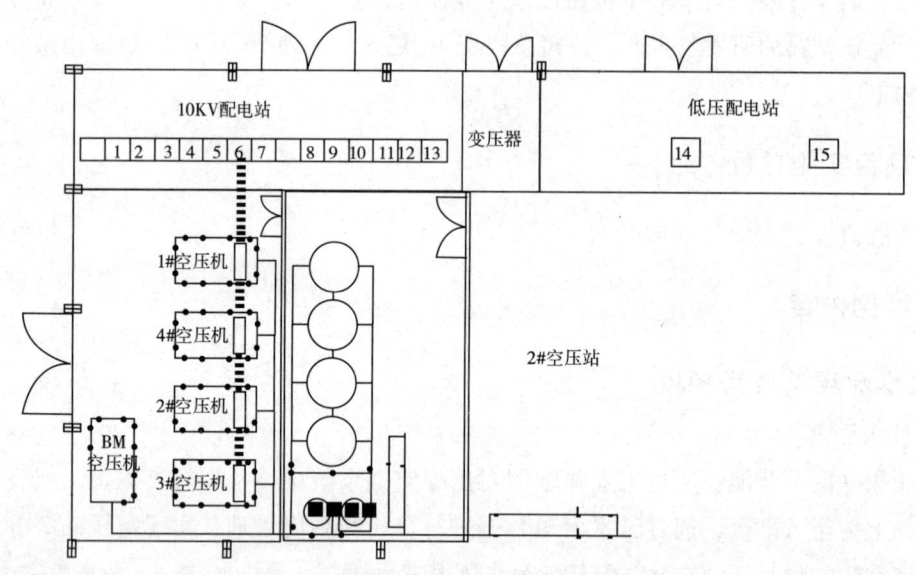

图2　2号空压站改前系统流程

（1）改造前存在的问题。

空压机系统改造前存在问题有：设备能效低，空压站空压机限于出厂时技术因素，设备均为三级能效产品，能耗高。常开设备均为工频机，无根据排气压力进行加卸载控制的容调设备，存在卸载能源浪费。保养工作量大，费用高。吸干机选型大于实际需求，再生耗气量大，且吸附剂失效，导致露点异常。压缩空气系统无智能控制装置，启停与轮换完全依靠人工。压缩空气系统无产气计量设备。

（2）节能改造内容。

新增5台AT系列空压机；新增定制后处理系统；增加空压机联控系统；新增云平台；新增智能恒压溢流控制系统；完善计量系统。

（3）节能改造后取得效果。

完成改造后，用能单位压缩空气系统取得30%以上的节能率。

参照《压缩空气站能效分级指南 T/CGMA 033001—2018》，节能公司选取2020年12月3日当天检测计量数据，进行压缩空气站综合输功效率、压缩空气站输功效率测算。具体测算方法及公式如表 1 所示。

表 1 空压站能效测算表

序号	含义	符号	单位	数据来源与计算公式	数据
1	空气压缩机吸气压力（绝对压力）	P_X	MPa	测量	0.1011
2	压缩空气站供气压力	P_Z	MPa	测量	0.647
3	测量时间段内，压缩空气站供气平均流量（空气压缩机吸气状态）	Q_Z	m³/min	测量	222.80
4	测量周期时间	t	h	测量	24
5	压缩空气站回收利用的热量	E_R	kW·h	测量	11891
6	第 j 台空气压缩机组消耗的电量	E_j	kW·h	测量	29728
7	测量时间段内，压缩空气站用电总量	E_Z	kW·h	测量	30952
8	压缩空气站输功效率	η_w	%	$\eta_w = 16.76 \times \dfrac{P_X \times Q_Z \times t \times \ln\left[\dfrac{P_Z + P_X}{P_X}\right]}{E_Z} \times 100\%$	58.59
9	压缩热能回收利用率	η_R	%	$\eta_R = \dfrac{E_R}{\sum E_j} \times 100\%$	40.00
10	压缩热回收利用修正系数	δ		$\delta = 1 + 0.2 \times \eta_R$	1.08
11	压缩空气站综合输功效率	η	%	$\eta = \delta \times \eta_W$	63.27

测试当天室外平均温度为 10℃，压缩空气站综合输功效率测算为 63.27%，对照《压缩空气站能效分级指南 T/CGMA 033001—2018》，根据表 1 压缩空气站能效等级（供气压力露点≥3℃），得出项目空压站能效等级优于 1 级标准 61%。改造前后空压站如图 3 所示。

改前1号空压站

改前2号空压站

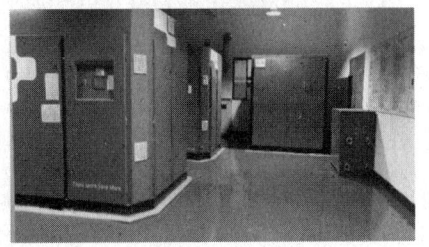
改后1号空压站

改后2号空压站

图 3 改造前后 1、2 号空压站

3. 项目实施进度

项目于 2019 年 7 月 23 日开工，2019 年 9 月 21 日完工，改造后运行稳定。

五、项目年节能量及年节能效益

1. 年节能量

（1）改造前后用能情况及主要参数。

表 2 改造前后单耗及节能率

改前单耗	0.1541 kW·h/m³
改后单耗（年平均）	0.1003 kW·h/m³
节能率	34.92%
用气规律	130~240m³/min

（2）节能量计算方法及项目年节能量。

节能量 = 改前总用电量 − 改后总用电量

根据测试数据，合同能源管理模式年节能量为 549 万 kW·h，根据电力折算系数 0.307kgce/kW·h 得出，项目总年节能量为 1685 吨标煤。

2. 年节能效益

该项目节约能源电力的单价为 0.58 元/kW·h，年节能效益 318 万元。

六、商业模式

该项目采用的合同能源管理模式为节能效益分享型。合同期为 6 年，合同期内设备归节能服务公司，合同期内节能服务公司与用能单位的分享比例为 90%：10%，合同期内由节能服务公司负责项目的运营维护。

七、投资额及融资渠道

该项目投资额约 500 万元，均为节能服务公司自有资金。

化工行业

黄陵矿业煤矸石发电有限公司 2×300MW 机组大型电机增设高效变频节能装置合同能源管理项目

一、项目名称

黄陵矿业煤矸石发电有限公司 2×300MW 机组大型电机（锅炉 A 侧一、二次风机）增设高效变频节能装置合同能源管理项目

二、项目业主

黄陵矿业煤矸石发电有限公司始建于 1989 年 9 月，现已成为煤、电、路、建筑建材、生态农业等产业多元互补、循环发展的大型现代能源化工企业。公司现有四对矿井：总产能 1550 万吨、总装机容量 730MW 的煤矸石电厂；年运输能力 2000 万吨、长 50 公里的铁路专用线；年产 1 亿块粉煤灰制砖厂和参股建设的 100 万吨粉煤灰水泥项目；正在筹建的 2×660MW 燃煤电厂。目前公司总资产 300 亿元，员工 8528 人。

三、项目实施单位

广州智光节能有限公司

四、案例内容

1. 技术原理及适用领域

从流体力学的原理得知，使用感应电动机驱动的风机、水泵负载，轴功率 P 与流量 Q、扬程 H 的关系为：$P \propto Q \times H$

当电动机的转速由 n_1 变化到 n_2 时，Q、H、P 与转速的关系如下：

$Q_2 = Q_1 \times \dfrac{n_2}{n_1}$；

$H_2 = H_1 \times \left(\dfrac{n_2}{n_1}\right)^2$；

$P_2 = P_1 \times \left(\dfrac{n_2}{n_1}\right)^3$；

可见流量 Q 和电机的转速 n 是成正比关系的，而所需的轴功率 P 与转速的立方成正比关系。所以当需要 80% 的额定流量时，通过调节电机的转速至额定转速的 80%，即调节频率到 40Hz 即可，这时所需功率将仅为原来的 51.2%。

从风机、水泵的运行曲线图来分析采用变频调速后的节能效果如图 1。

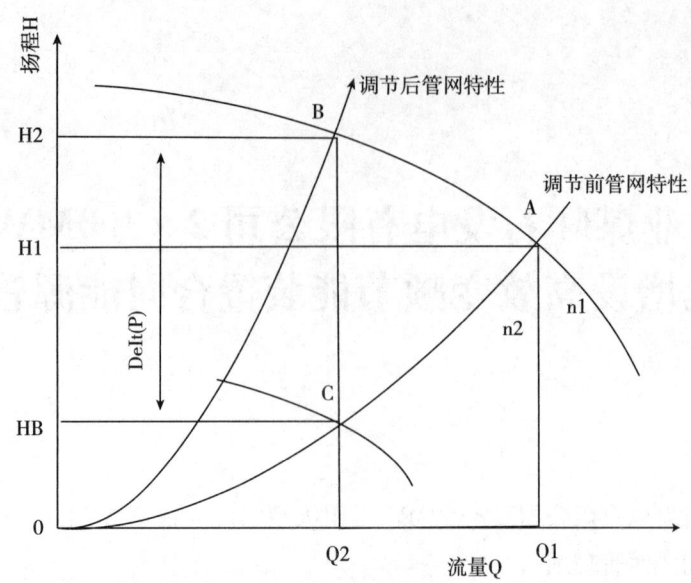

图1 风机、水泵的运行曲线图

当所需风量、流量从 Q_1 减小到 Q_2 时，如果采用调节阀门的办法，管网阻力将会增加，管网特性曲线上移，系统的运行工况点从 A 点变到新的运行工况点 B 点，所需轴功率 P_2 与面积 $H_2 \times Q_2$ 成正比；如果采用调速控制方式，风机、水泵转速由 n_1 下降到 n_2，其管网特性并不发生改变，但风机、水泵的特性曲线将下移，因此其运行工况点 A 点移至 C 点。此时所需轴功率 P_3 与面积 $H_B \times Q_2$ 成正比。从理论上分析，所节约的轴功率 Delt（P）与 $(H_2 - H_B) \times (C - B)$ 的面积成正比。

考虑减速后效率下降和调速装置的附加损耗，通过实践的统计，风机泵类通过调速控制可以节能降耗。

2. 节能改造具体内容

改造前，单台机组配备 2 台一次风机、2 台二次风机，一次、二次风机皆采用液力耦合器进行调节。一次、二次风机的额定容量按机组 MCR 的 1.1 倍选取，配备的电动机在额定工况下运行才有最经济的运行效率，而实际上即便在机组 ECR 负荷下，电动机也会偏离最佳工作点，效率下降而产生额外的电功率损失。

在液耦调速方式下，泵轮与电机的转速始终是恒定的，利用泵轮和涡轮之间的腔室工作油的充满度来调节一次风机的转速，所以是间接液压滑差调速，一次风机轴功率的变化在电动机侧并不遵循"泵与风机的比率定律"，电动机额外产生了功率损耗。

此次改造将 1、2 号机组 A 侧一、二次风机原液力耦合器拆除，电动机前移，加工联轴器连接电动机和风机，通过一、二次风机电动机配备的高压变频器，调节电动机频率控制一、二次风机转速，总体改造内容包括加工新增联轴器、油路系统改造、油泵电源控制系统改造、DCS组态修改、现场系统的布置方式改造，如图2。

为 1、2 号机组 A 侧 2 台一次风机电动机各自增加一台 Zinvert-A6H4500/06Y 高压变频器，2 台二次风机电动机各自增加一台 Zinvert-A5H3500/06Y 高压变频器；拆除 1、2 号机组 A 侧 2 台一次、二次风机原液力耦合器，每台一次、二次风机新增润滑油站（设计两台油泵，电源从

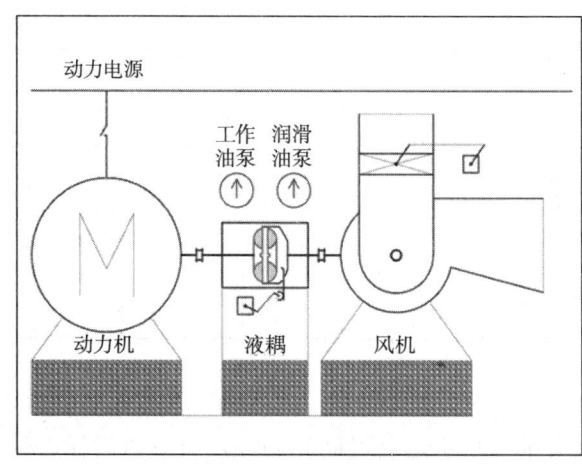
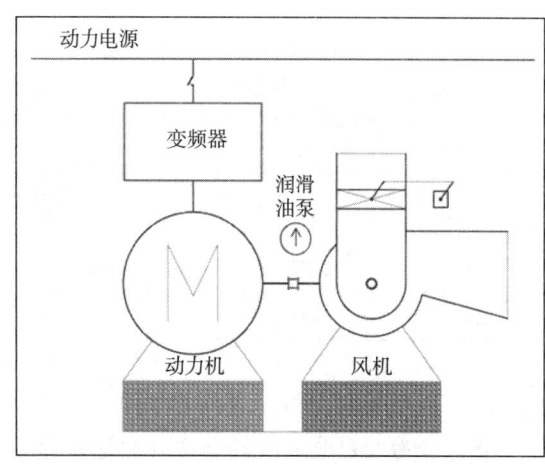

图 2　改造示意图

A、B 段各自取，一用一备），保证改造后一次、二次风机润滑油系统稳定、安全。破拆后新建电动机基础；电动机移近风机；为电动机和风机新配制联轴器。

3. 项目实施进度

项目于 2018 年 5 月 31 日开始进行风机变频改造，2018 年 11 月 14 日竣工。竣工以来，改造后的一次、二次风机运行正常、稳定，风机变频改造项目实现了立项预期。1 号机组年运行时间按 5589 小时，2 号机组年运行时间按 6381 小时，年节能量可达 1189.56 万 kW·h。

五、项目年节能量及年节能效益

1. 年节能量

（1）改造前后系统（设备）用能情况及主要参数。

表 1　改造前后一次、二次风机能耗及节能率情况统计

负荷（MW）	一次风机改造前耗电量（kW·h）	二次风机改造前耗电量（kW·h）	负荷（MW）	一次风机改造后节能率（%）	二次风机改造后节能率（%）
150	1578.195	766.434	150	32.30	41.96
160	1606.118	853.779	165	32.15	40.67
170	1634.264	942.144			
180	1662.633	1031.529	180	32.00	39.38
190	1686.005	1092.134	195	31.51	36.92
200	1709.537	1153.398			
210	1733.230	1215.320	210	31.02	34.47
220	1755.311	1275.884	225	30.03	32.35
230	1777.531	1337.082			
240	1799.890	1398.915	240	29.04	30.23
250	1886.735	1430.935	255	27.85	28.57
260	1974.471	1463.234			

续表

负荷（MW）	一次风机改造前耗电量（kW·h）	二次风机改造前耗电量（kW·h）	负荷（MW）	一次风机改造后节能率（%）	二次风机改造后节能率（%）
270	2063.099	1495.811	270	26.67	26.91
280	2097.562	1568.444	285	26.28	25.70
290	2132.082	1641.813			
300	2166.959	1715.918	300	25.90	24.50

（2）节能量计算方法及项目年节能量。

节电量为项目改造前耗电量（改造前基准电量乘以机组运行时间）减去项目改造后耗电量（通过安装电度表读取），再减去新增设备耗电量。

①改造前基准电量：改造后机组平均负荷［发电量/（机组额定功率×机组运行时间）］对应上表中的基准电耗。

②新增设备耗电量：改造后新增辅助设备由于功率较小，可以按照辅助设备额定功率的0.75计算。

项目年节能量：1189.56万kW·h。

折标准煤为：1189.56万kW·h×3.30tce/万·kW·h＝3925.55tce

2. 年节能效益

年节能效益：1189.56万kW·h×0.26元/kW·h＝309.29万元。

电价：电价0.26元/kW·h，电价不做调整，固定不变。

七、商业模式

项目采用节能效益分享型合同能源管理模式实施，合同期60个月。在节能效益分享期内，节能服务公司（乙方）和用能单位（甲方）共同分享节能效益。第1至24个月，甲方分享10%，乙方分享90%；第25至36个月，甲方分享20%，乙方分享80%；第37至48个月，甲方分享30%，乙方分享70%；第49个月之后，甲方分享70%，乙方分享30%。

该项目节能效益分享期结束后，项目财产的所有权无偿转让给用能单位，且用能单位享有项目后续全部节能效益。

八、投资额及融资渠道

该项目总投资804.88万元，由节能服务公司使用自有资金投资。

茂名分公司炼油 4 号柴油加氢余热发电合同能源管理项目

一、项目名称

中国石油化工股份有限公司茂名分公司炼油 4 号柴油加氢余热发电合同能源管理项目

二、项目业主

中国石油化工股份有限公司茂名分公司（简称茂名石化）创建于 1955 年，是国家"一五"期间 156 项重点项目之一。经过 60 多年的发展，茂名石化已成为我国生产规模最大的炼油化工一体化企业之一。炼油综合配套加工能力达到 2000 万吨/年，乙烯生产能力达到 110 万吨/年，同时拥有动力、港口、铁路运输、原油和成品油输送管道以及 30 万吨级单点系泊海上原油接卸系统等较完善的配套系统。茂名石化现有固定资产原值 470 亿元，在册职工 8372 人，离退休职工 12459 人。2017 年，茂名石化累计加工原油 1855.69 万吨，生产汽煤柴总量 1147.10 万吨，生产乙烯 117.59 万吨，生产化工产品总量 367.36 万吨；累计实现销售收入 1030.46 亿元（含互供收入 147.60 亿元），上缴利税 417.92 亿元（含进口原油增值税 66.77 亿元），同比增加 32.5 亿元。整体盈利创历史同期最好水平，继续位居中国石化炼化企业第二、同规模第一。

其中炼油板块年耗电量为 16.56 亿度电，折合标准煤为 53 万吨；汽油、柴油及航油等加氢装置，干气提纯装置，加裂装置为主要耗能装置。

三、项目实施单位

北京华航盛世能源技术有限公司

四、案例内容

1. 技术原理与适用领域

有机朗肯循环（Organic Rankine Cycle），简称 ORC，是一种新型环保型发电技术。该技术以有机物代替水作为工质，回收低品位热能。有机朗肯循环原理类似于水蒸气朗肯循环，理想朗肯循环过程包括绝热膨胀、定压冷却、绝热加压以及定压加热四个过程。有机朗肯循环发电被认为是一项针对低温热源（包括 250℃ 以下的工艺过程产生的蒸汽、冷凝水、热水，300℃ 以下的气体，450℃ 以下的烟气等）进行有效利用的技术，特别是针对工业余热领域和可再生能源领域，能够有效地节约能源。

有机朗肯循环（ORC）运行原理与火力发电的朗肯循环类似，只不过二者的工质不同。朗肯循环的工质为水，ORC 的工质为有机工质。

该项目采用的向心式 ORC 低温发电机组和运行原理如图 1、图 2。该系统包括三个回路：热水回路、工质回路、冷却水回路。

热源水在图示红色管道内流动,进入机组的蒸发器,将热量传递给机组内的工质,热源水温度降低并离开蒸发器,送入后续工艺。

工质在图示绿色管道内封闭循环流动。液态工质进入蒸发器,吸收热源的热量,成为饱和或过热蒸汽,进入涡轮机,热能转化为机械能,带动发电机向外输出电力。过热工质蒸汽随后进入冷凝器,成为液态工质,进入工质泵。工质泵驱动工质循环流动。

冷却水在图示蓝色管道内流动。冷却水在水泵驱动下,进入机组的冷凝器,对工质流体进行冷却。冷却水温度升高并离开冷凝器,送入冷却塔将热量散至大气环境。

图1 向心式ORC发电机组

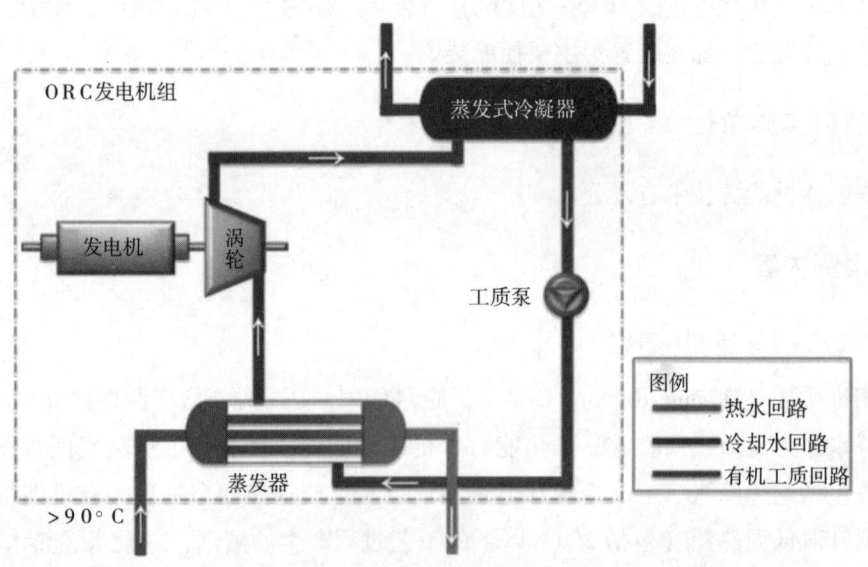

图2 向心式ORC发电机组运行原理

图2所示虚线框内为向心式ORC发电机组,包括涡轮发电机、工质泵、蒸发器、蒸发式冷凝器,为一体化机组,结构简单紧凑,可实现无人值守。

2. 节能改造具体内容

改造前加氢脱硫后的柴油参数范围：温度 130℃ ~ 175℃，流量 200 ~ 390t/h；运行时间为 8400h；经过 10 台单台耗电量为 30kW 的空冷器进行冷却，冷却后的柴油温度为 68℃。（设计参数点为 140℃，流量为 330t/h。）空冷器年耗电量为：30kW × 15 × 8400h/10000 = 378 万 kW·h。

该项目配置一套 HSRT 余热发电系统，包括 3 台向心式 ORC 低温发电机组，总装机容量 1950kW。图 3 为该技术方案示意图。来自供油管道的 200 ~ 390t/h、130℃ ~ 165℃ 高温柴油先后进入余热发电系统的机组蒸发器和预热器，降温至 62℃ 后返回空冷入口。工质在预热器和蒸发器内，被高温柴油加热成为工质蒸汽，推动涡轮机做功，向外输出电力。工质蒸汽随后进入蒸发式冷凝器，冷凝成液态工质，经工质泵驱动，压力升高，送入预热器，完成热力循环。

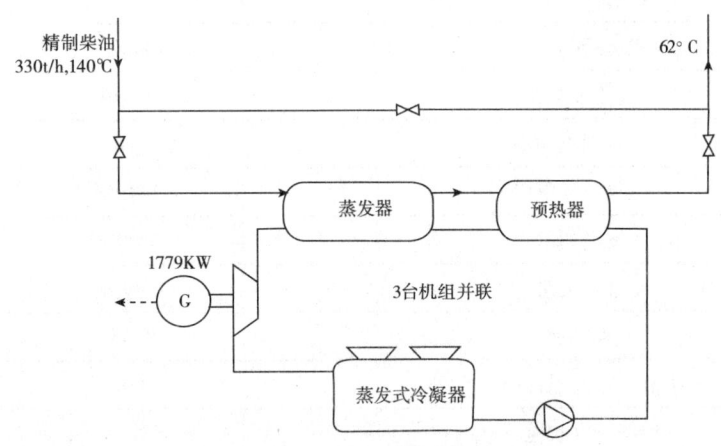

图 3　ORC 低温发电机组技术方案

当其中一台发电机组故障或检修时，该机组的进油阀门自动关闭，该部分柴油经旁通直接送往后续工艺。其他两台发电机组正常工作。

整个发电系统的管路相关阀门采用防爆型电动控制，也可采用气动阀门，根据厂方实际要求进行配置。

3. 项目实施进度

2015 年 12 月签订合同，2016 年 11 月柴油加氢装置停车检修，检修期间对柴油管道进行开口预留，正式开工建设时间为 2016 年 11 月，2018 年 4 月开车调试，2018 年 5 月调试成功，运行良好，并优于设计指标。

五、项目年节能量及年节能效益

1. 年节能量

改造前后系统（设备）用能情况及主要参数如表 1、表 2 所示。

表 1　改造前 4 号柴油加氢装置主要参数

项目	数值	单位
空冷器耗电功率	450	kW
年运行时间	8400	h

续表

项目	数值	单位
空冷器年耗电量	378	万kW·h
核算电价	0.65	元/kW·h
年节约空冷器收益（业主每年支出电费）	245.7	万元/年
耗能指标	1210	吨标煤/年

表2 改造后4号柴油加氢装置主要参数及节能效果

项目	数值	单位
系统发电功率	1779	kW
年运行时间	8400	h
系统年发电量	1494.4	万kW·h
系统自耗电功率	291	kW
系统年自耗电量	244.5	万kW·h
净发电功率	1488	kW
年净发电量	1249.9	万kW·h
核算电价	0.65	元/kW·h
年节约空冷器耗电	378	万kW·h
年净发电收益	812.4	万元
年节约空冷器收益	245.7	万元
项目节能总收益	1058.1	万元/年
项目节能量	5200	吨标煤/年

2. 年节能效益

通过ORC低温余热发电系统，可把柴油废热转化成高品位电能，年净发电量1494.4万kW·h，年节约空冷器耗电量378万kW·h，当地电价0.65元/kW·h，年节能效益1058.1万元，其中净发电收益属于节能分享，空冷器节电收益不分享，全部归属业主所有。

六、商业模式

该项目采用合同能源管理模式，节能效益分享期为60个月。效益分享期内，具体的发电效益分期分享比例如表3。

表3 发电效益分享比例

年份 合同方	第1年	第2年	第3年	第4年	第5年
甲方	2%	2%	2%	2%	2%
乙方	98%	98%	98%	98%	98%

双方约定，若遇需顺延效益分享期的情况，则顺延效益分享期内节能效益分享比例按照2%

（甲方）：98％（乙方）执行。如果在节能效益分享期内甲方设备停产，且无法确定开车时间或确定不再继续生产，则扣除已支付的费用后，余下未支付效益按照以下支付金额一次性支付给乙方：支付金额＝项目总投资×（5－已分享年限）÷5。在节能效益分享期内，乙方项目分享发电收益达到项目总投资的2倍时，节能效益分享终止。

项目总投资以工程结算投资总额为准，投资总额不得超过本阶段项目概算，超出部分甲方不予认可，与项目的节能效益分享无关。

该项目分享期内采用固定能源价格方法计算节能效益，电价为0.65元/kW·h。设备维护费用为30万元/年。

七、投资额和融资渠道

该项目投资额约2000万元，由节能服务公司投资。

安徽华塑股份有限公司氯碱厂循环水系统整体优化节能改造项目

一、项目名称

安徽华塑股份有限公司氯碱厂循环水系统整体优化节能改造项目

二、项目业主

安徽华塑股份有限公司地处皖江经济带,主厂区占地390公顷,具有年产100万吨聚氯乙烯、140万吨电石、76万吨烧碱、250万吨电石渣制水泥的能力。氯碱厂循环水系统供给VCM、烧碱、PVC三个车间使用,设计流量25000m^3/h。

三、项目实施单位

西安格睿能源动力科技有限公司

四、案例内容

1. 技术原理及使用领域

"一种循环冷却水系统的整体优化技术"(专利号:201410058809)是以大型敞开式工业循环水系统为整改对象,将整个循环水系统中的,换热器、管网、冷却塔、机泵阀门装置及调控策略等5个方面作为统一的有机体进行系统优化。在确保系统安全的前提下,提升系统运行的整体性能,同时实现节能降耗。该专利技术目前已经用于中石化、中海油、地方龙头企业等大型炼油、化工企业单位,取得良好的节电效益。

2. 节能改造具体内容

改造前系统存在问题主要有:机泵效率低;系统回水流阻大;自动调节阀门多,存在压力波动;极端工况供水温度高;水量分配不合理。具体改造内容包括:

(1) 水泵效率优化。

根据系统运行的压力与整个循环水系统实际所需的流量,开发"基于三维CAD - CFD联合的叶片泵整体优化专有技术",设计并加工制造高性能循环水泵,其效率可达88%以上。

(2) 系统流阻优化。

以系统运行性能最优为原则,对流量和系统管网阻力建模分析,去除不合理流阻,得到总管网阻力及最优循环水量,进而确定每台水泵的最佳扬程和流量。

(3) 增加变频调速系统,解决水泵配级问题。

利用高压变频技术,可以通过改变水泵转速,调整水泵流量,使水泵供出的流量和系统需要的流量相匹配,达到降低能耗的目的。

（4）供水温度优化。

调整风叶角度，通过系统塔热平衡调整，优化供水温度，提高换热器换热效果。

（5）系统水量合理化分配。

采用带压开孔方式，在换热器进口阀后和出口阀前加装压力和温度监测仪表。合同期内，定期对换热器实际运行规律进行统计，并向甲方提供换热器运行报表。具体统计数据包括：工艺出口温度、循环水进出口温度、循环水进出口压力、换热器流量和换热器运行性能预测，具体需加装监测仪表的换热器在合同签订后由甲乙双方共同确定。

通过定制高效水泵，释放回水流阻，增加变频设备稳压，增加水池温度监控，调整风机叶片角度，合理调节换热器流量，优化流量分配等工作，将系统压差控制到 30 米 H_2O，在保证系统换热器流量的前提下，节能率达到 23.1%，月度节电量达到 105 万 kW·h。

3. 项目实施进度

项目自 2019 年 2 月 15 日签订合同之日起开始进入工程施工阶段，烧碱自动阀已经安装完毕，并投入正常运行；带压开孔和安装检测仪表已安装完毕，并正常投入使用，三台大泵一台小泵已经施工完毕，并正常投入使用，2019 年 10 月改造工作基本完成。目前正在执行节能分享期和技术服务阶段，目前平均月度节能量达到 105 万 kW·h，预计全年节能量 1024 万 kW·h，超过合同预期目标 724 万 kW·h/年。

五、项目年节能量及年节能效益

1. 年节能量

（1）改造前系统（设备）用能情况及用能参数。

改造前四台大泵额定扬程 54.3 米、流量 7700m³/h，配套电机功率 1600kW。一台小泵，额定扬程 55 米、流量 3500m³/h，配套电机功率 800kW。系统年耗电量 5352.26 万 kW·h。

（2）节电量计算方法及项目年节电量。

改造后的节电量按月计算，月节电量计算如下：

月节电量 = 改造前对应月基础耗电量 − 改造后月实际耗电量 + 新增装置月用水量 × 0.2440 度/吨（吨水耗电量）− 因甲方更换风机叶片前后节能的电量

或：

月节电量 = 改造前对应月基础耗电量 − 改造后月实际耗电量 − 停运装置月用水量 × 0.2440 度/吨（吨水耗电量）− 因甲方更换风机叶片前后节能的电量

因甲方更换风机叶片前后节能的电量 =（更换风机叶片前小时耗电量 − 更换风机叶片后小时耗电量）× 风机运行时间 × 开机台数

年节能量：合同约定年节电量不少于 724 万 kW·h（实际预计超过 1000 万 kW·h），折合标准煤 2389.2 吨。

2. 年节能效益

合同约定按照电价 0.5 元/kW·h 进行结算，年节电效益为 362 万元。

六、商业模式

项目采用节能效益分享型的合同能源管理模式，节能服务公司（乙方）全额提供设备和服务，后期产生的节能效益双方按比例分成，项目的合同期是五年，第1至第3年甲方分享比例20%、乙方分享比例80%，第4至第5年甲方分享比例40%、乙方分享比例60%。

七、投资额和融资渠道

项目投资额704万元，由节能服务公司全额投资。

瓮福达州化工有限责任公司磷酸浓缩蒸汽余压利用项目

一、项目名称

瓮福达州化工有限责任公司磷酸浓缩蒸汽余压利用项目

二、项目业主

瓮福达州化工有限责任公司成立于2008年12月,注册资本12亿元人民币,坐落于四川省达州市经开区内,占地3000余亩,总投资50亿元。现有磷酸二铵装置三套,装置关键设备从法国引进,采用二水法R-P双槽工艺和美国霍尼韦尔公司TDC3000集散控制系统,装置技术处于国内先进水平。现有3套磷酸浓缩装置运行,约150t/h的0.55±0.03MPa(a)、185±10℃的蒸汽通过3台减压阀后,降至0.21MPa(a)、122℃后送至各浓缩装置。

三、项目实施单位

安徽节源环保科技有限公司

四、案例内容

1. 技术原理及适用领域

蒸汽在通过减压阀进行减压的过程中,会损失大量做功能力,因此在中高压蒸汽减压到中低压蒸汽的过程中,一般会采用汽轮机组回收该部分能量。但是在磷酸生产过程中,从0.4~0.6MPa左右的低压蒸汽再减压到0.1~0.2MPa的这部分压力能很少被利用。通过系统性的摸索、考察和设计,本项目成功将背压汽轮发电机组应用在磷酸生产领域。

2. 节能改造具体内容

业主单位有3套磷酸浓缩系统装置,低压蒸汽没有利用,白白浪费;根据现场情况,本项目设置3套余热发电机组,每套最大进汽量为55t/h、额定为50t/h蒸汽推动1500kW的汽轮机组发电,额定功率1280kW,额定排气温度为127℃。

改造流程如图1。

(1)技术方案。

①主机方案。

该项目采用3套汽轮发电机组回收3套磷酸浓缩装置蒸汽余热余压。

汽轮机组设计选型:根据现场情况,本项目设置3套余热发电机组,每套最大进汽量为55t/h、额定为50t/h蒸汽推动1500kW的汽轮机组,额定功率1280kW,额定排气温度为127℃。

蒸汽管道流程设计:正常生产期间50t/h、185℃、0.55MPa蒸汽通过单台汽轮机做功后,以127℃、0.25MPa蒸汽状态进入原减温减压器前的低压蒸汽管,经减压后,以合适的蒸汽状态

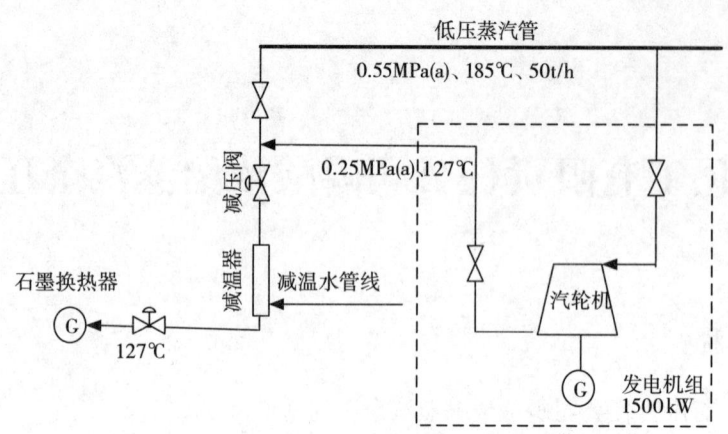

图 1 单套浓缩装置蒸汽管道改造流程

通入磷酸浓缩换热器,当换热器阻力上升时,通过调节减压阀来调节蒸汽压力,做到稳定生产;经汽轮机停运时通过调节阀恢复到原有供汽状态,同时汽轮机进出口蒸汽阀门关闭,以便汽轮机检查、检修。汽轮机排汽管线按 DN500 设计。

发电机并网设计:该项目选用 10kV 异步发电机组,考虑到各高压配电室的容量,并满足电力就近消耗而不上网至其他高压配电室,将 3 台磷酸浓缩发电机(装机容量为 4800kW,额定功率为 3840kW)并入高压配电室备用开关柜,通过自动并网装置接入 10kV 母线。

②装机方案。

结合蒸汽现状,选用背压汽轮发电机组 B1.5-0.55/0.25,参数如表 1 所示。

表 1 汽轮发电机组主要参数

序号	项目	单位	参数
1	汽轮机额定功率	kW	1500
2	发电机额定功率	kW	1600
3	蒸汽压力	MPa	0.55~0.03(a)
4	进汽温度	℃	185±10
5	额定进汽量	t/h	50
6	最大进汽量	t/h	55
7	排汽压力	MPa	0.25(a)
8	排汽温度	℃	127
9	发电机电压	kV	10
10	额定转速	r/min	3000
11	旋转方向		从汽轮机端看顺时针
12	冷却方式		水冷
13	调节系统		Woodward 505

③工程设计指标。

该项目利用现有的 3 套磷酸浓缩装置蒸汽余热余压推动异步电机发电,项目的工程设计指标如表 2。

表2 工程设计指标

指标	单台机组	三台合计	备注
发电机额定容量	1600kW	4800kW	
有效利用小时数	7200h/年	7200h/年	
小时发电量	1280kW	3840kW	平均负荷
年发电量	921.6万kW·h	2764.8万kW·h	
自用电率	≤3.3%	≤3.3%	
年供电量	891.2万kW·h	2673.6万kW·h	
蒸汽量	1t/h	3t/h	新增
年用蒸汽量	0.72万t	2.16万t	

2. 项目实施进度

节能服务公司2017年初开始进行商务对接，前期为客户提供免费节能诊断、项目设计，最终确定以合同能源管理模式进行全额投资建设。项目于2017年9月开工建设，2018年4月竣工，目前运行稳定，每两个月结算一次。

五、项目年节能量及年节能效益

1. 年节能量

（1）改造前后系统（设备）用能情况及主要参数。

改造前低压蒸汽主要参数如表3表示。根据现场情况，该项目设置3套余热发电机组，每套最大进汽量为55t/h、额定为50t/h蒸汽推动1500kW的汽轮机组做功，额定功率为1280kW，额定排气温度为127℃。

表3 改造前低压蒸汽设备参数

热源	进汽参数	排汽要求	蒸汽流量变化情况
磷酸浓缩（3台）	0.55MPa（a），185℃	0.21MPa（a），122℃	单台42~55t/h

（2）节能量计算方法及项目年节能量。

改造后全年发电量为2764.8万kW·h，自用电及其他费用按总发电量的20%计，即全年供电量为2211.84万kW·h，按照折标系数330gce/kW·h计，则项目年节能量为7299.072tce。

2. 年节能效益

该项目合同电价为0.41元/kW·h，扣除自用电等费用后，年节能效益906.8544万元。

六、商业模式

该项目采用节能效益分享型的合同能源管理模式，合同期为49个月，节能效益分享比例为，用能单位：节能服务公司 = 20%：80%，在合同期内，设备所有权及运营维护属于节能服务公司。

七、投资额及融资渠道

该项目投资额2470.77万元，均为节能服务公司自有资金。

江苏奥克化学有限公司疏水阀节能改造项目

一、项目名称

江苏奥克化学有限公司疏水阀节能改造项目

二、项目业主

江苏奥克化学有限公司是奥克股份最大的全资子公司，成立于2009年1月15日，注册资本3亿元，位于江苏省仪征市扬州化学工业园区，占地约600亩。公司致力于乙烯衍生差别化新材料的研究开发与产业经营，并为需求乙烯的客户提供乙烯供应保障，是国内环氧乙烷精深加工龙头企业。

三、项目实施单位

江苏惠泽润尔能源科技有限公司

四、案例内容

1. 技术原理及适用领域

STEAMLOC文丘里式疏水器原理为利用蒸汽和水的密度差，通过高密度的冷凝水将低密度的蒸汽挤开，优先排出凝结水，并在阀的另一端产生闪蒸汽，形成反向压力，从而保证阀两端压力的平衡，排出冷凝水而阻止蒸汽损失。

从层流到湍流闪蒸蒸汽的扩散情况如图1所示。

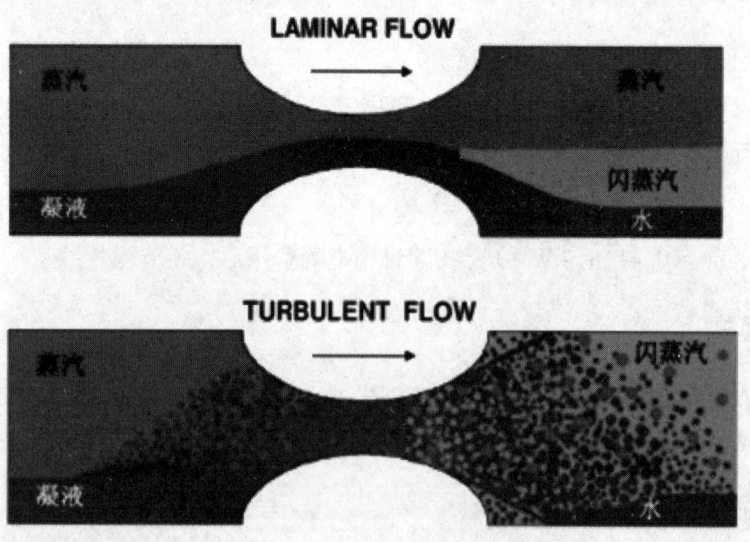

图1　从层流到湍流闪蒸蒸汽的扩散情况

2. 节能改造具体内容

改造前，用能单位 E213、E504 两台换热器上采用的是传统机械式蒸汽疏水阀，用于自动排出凝结水。该疏水阀在生产运行时存在蒸汽泄露情况（部分蒸汽随冷凝水一起排出），蒸汽浪费情况比较严重。

该项目将 E213、E504 换热器原用机械式疏水阀 ST‐2101 及 ST‐5051 更换为两台 STEAMLOC 文丘里式疏水器。改造后，两台换热器蒸汽用量同改造前相比明显减少，疏水器位置再无蒸汽泄露情况，且无须日常维护，系统运行稳定。连接方式为法兰连接。

技术方案如下：

STEAMLOC 文丘里式蒸汽锁工作时其范围调整如图 2，其合适的孔径及弧度设计，使得其工作范围可以在一定的区域内自动运行阻汽功能，运行简单、性能好、易于操作。

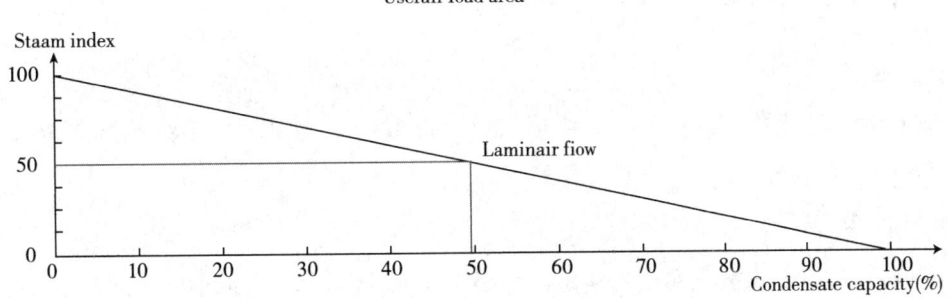

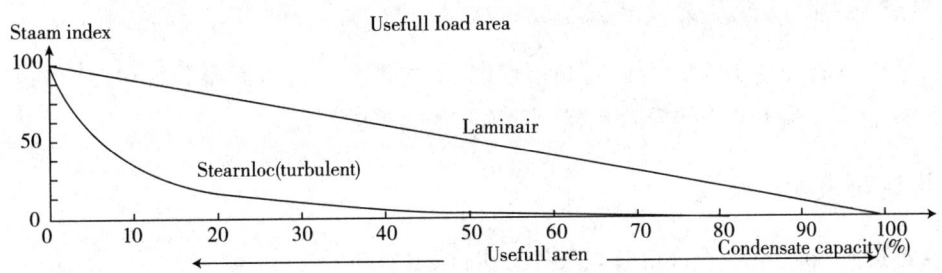

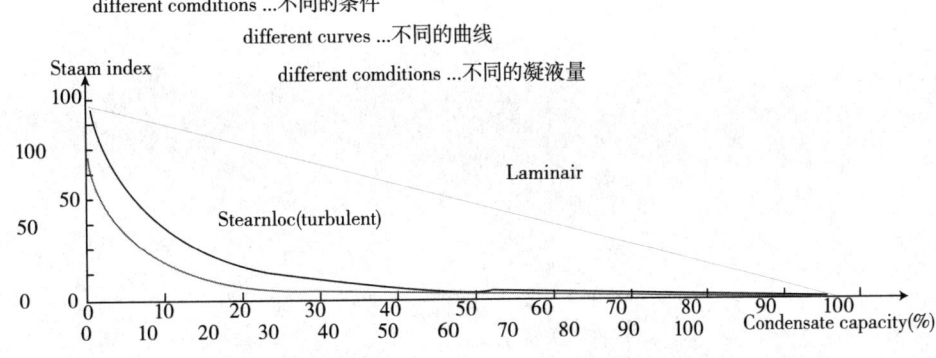

图 2　STEAMLOC 文丘里式蒸汽锁工作时范围调整

STEAMLOC 文丘里式蒸汽锁（如图 3）材质选择不锈钢，根据原疏水阀使用地点的蒸汽压力、温度、汽量等参数对文丘里式蒸汽锁的内孔径及喇叭口弧度进行精确设计，使得蒸汽锁能够很好地起到阻汽疏水功能，同时避免蒸汽锁运行时的侵蚀，其喇叭口设计在套管内，当生产负荷有变化时改变喇叭口即可，改造投资小、简单易行。

图3　STEAMLOC 文丘里式蒸汽锁

3. 项目实施进度

项目实施时间为 2018 年 1 月至 3 月，实施周期 3 个月。项目于 2018 年 7 月 25 日竣工并稳定运行。

五、项目年节能量及年节能效益

1. 年节能量

改造前 E213 蒸汽用量 5.44t/h，E504 蒸汽用量 2.82t/h；改造后年节约蒸汽 9280t，折合标准煤 880.37t。

2. 年节能效益

年节约蒸汽 9280t，该公司目前外购蒸汽价格 180 元/吨，每年节约 167 万元。

六、商业模式

该项目采用节能效益分享型合同能源管理模式。用能单位与节能服务公司的节能效益分享比例各占 50%，分享期五年，自第六年起全部移交用能单位。

八、投资额及融资渠道

该项目投资额 66 万元，全部由节能服务公司自筹。

中国石油化工股份有限公司北京燕山分公司
第二苯酚丙酮装置换热网络工艺优化项目

一、项目名称

中国石油化工股份有限公司北京燕山分公司第二苯酚丙酮装置换热网络工艺优化项目

二、项目业主

中国石油化工股份有限公司北京燕山分公司始建于1967年，成立于1970年，是我国建厂最早、规模最大的现代石油化工联合企业之一。原油加工能力超过1000万吨/年，乙烯生产能力超过80万吨/年，是我国重要的合成橡胶、合成树脂、苯酚丙酮和高品质成品油生产基地。

北京燕山分公司第二苯酚丙酮装置是以苯和丙烯为原料，在YSBH分子筛催化剂作用下，通过烃化反应生产异丙苯，再用空气将异丙苯氧化为过氧化氢异丙苯，然后以硫酸作催化剂将过氧化氢异丙苯分解生产苯酚和丙酮，经精制得到苯酚、丙酮产品，设计年产8万吨苯酚丙酮。

第二苯酚丙酮装置采用3.5MPa蒸汽作为塔釜再沸器及加热器的热源，蒸汽耗量约35.7t/h。

三、项目实施单位

中石化节能技术服务有限公司

四、案例内容

1. 技术原理及适用领域

该项目改造采用能量系统优化技术提出的优化方案为指导实施改造。能量系统优化是按照过程系统三环节能量综合优化方法所揭示的过程工业能量综合优化的相关内容及其间的相互关系进行协同优化，即核心工艺过程节能、装置间热联合、低温热优化利用以及储运和蒸汽动力等辅助系统优化等。通过单元过程与设备、局部子系统及系统全局的分解协调优化，以先进的模拟及系统优化设计软件为辅助，如流程模拟软件PRO/II、ASPEN Plus，换热网络优化合成与选型软件ODHEN、HEDO等，依次对装置的工艺利用环节、能量回收环节及能量转换环节分别进行优化，重点考虑工艺装置用能改进、大范围热联合以及低温位热量的有效利用和蒸汽动力系统优化。

该技术适用于能量密集型的工业领域，特别是炼化行业的用能优化。

2. 节能改造具体内容

改造前第二苯酚丙酮装置混合烃化液进脱苯塔（0133-E）前与侧线抽出的干苯进行换热，降低了混合烃化液进塔温度，造成塔釜再沸器（0107-C）3.5MPa高压蒸汽消耗增加；另一方面，循环烃化液大量高温位的热量通过空气冷却器冷却，未能有效利用。

改造内容为：取消原混合烃化液与脱苯塔侧线抽出干苯间的换热流程，混合烃化液直接进入脱苯塔（0133-E）；增加1台高效单旋式换热器，脱苯塔侧线抽出干苯与循环烃化液在进入空冷（0116-C）前换热，以回收循环烃化液的热量。

通过换热流程改造，可以回收循环烃化液部分热量供脱苯塔侧线抽出干苯预热用，混合烃化液不经换热直接进脱苯塔，提高了混合烃化液进塔温度，降低了脱苯塔塔釜再沸器3.5MPa蒸汽用量。改造前后流程对比如图1。

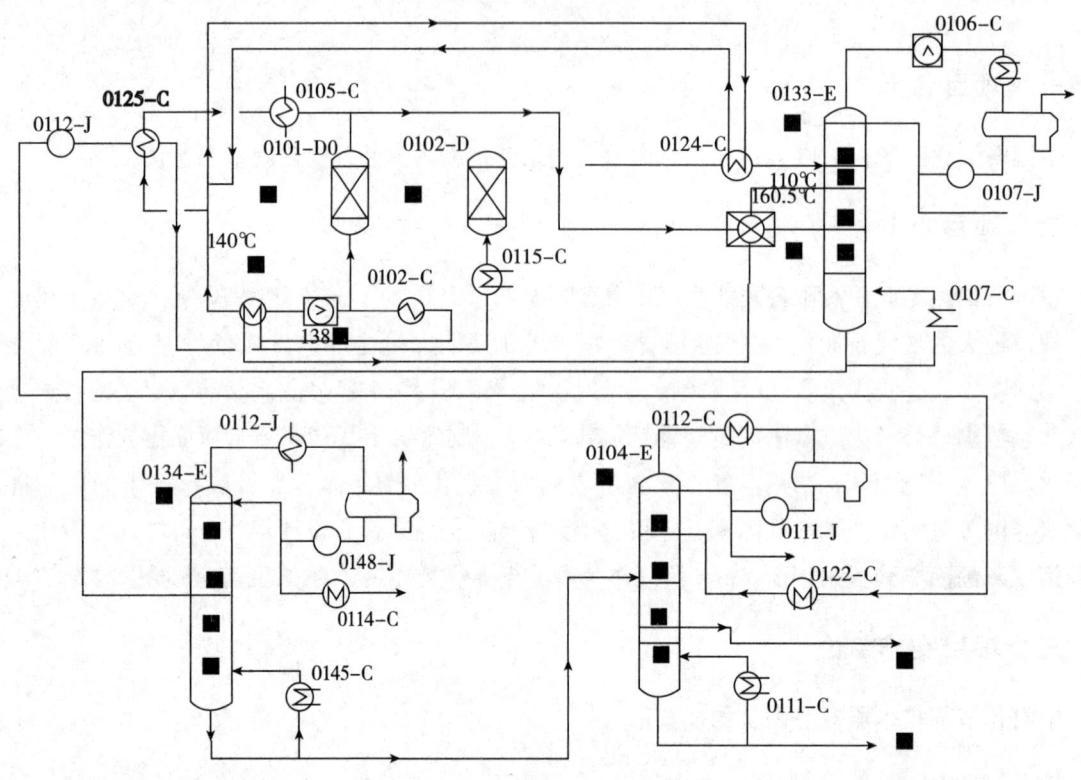

图1 改造前后流程

改造后经标定，每小时可节约3.5MPa蒸汽2.09吨，按年运行8000小时计算，每年可节约3.5MPa蒸汽1.67万吨，折合标准煤约2064吨，节能效果显著。

3. 项目实施进度

该项目2016年3月由节能服务公司提出优化方案，并委托进行设计；2016年4月签订能源管理项目服务合同；2016年6月1日开工建设，7月10日施工完毕；2016年11月完成节能量标定。目前该项目运行平稳，节能效果明显。

五、项目年节能量及年节能效益

1. 年节能量

（1）改造前后系统（设备）用能情况及主要参数。

改造前3.5MPa蒸汽耗量为35.731t/h；

改造后3.5MPa蒸汽耗量为33.641t/h。

（2）节能量计算方法及项目年节能量。

年节约蒸汽量 =（改造前单位蒸汽耗量 - 改造后单位蒸汽耗量）× 年运行时间
 =（35.731 - 33.641）t/h × 8000h = 16720t

蒸汽压力 4.0MPa，温度为 370℃ 时蒸汽焓值为 3140.8 kJ/kg，热力折标系数取 29307kJ/kgce，折合标准煤 16720t × 1000kg/t × 3140.8kJ/kg ÷ 29307kJ/kcge ÷ 1000 = 1792tce。

2. 年节能效益

3.5MPa 蒸汽单价为 171 元/吨，按装置 1 年运行 8000 小时计算，年节能效益 285.91 万元。

六、商业模式

该项目采用节能效益分享型合同能源管理模式，节能效益分享期为 3 年，分享期内节能效益的 80% 归节能服务公司所有，20% 归用能单位所有。合同期内节能服务公司拥有设备所有权，并负责运营维护。

七、投资额及融资渠道

该项目投资额 89.8 万元，全部为节能服务公司自有资金。

八、优惠政策

该项目已获得北京市合同能源管理项目资金奖励。

中国石油化工股份有限公司北京燕山分公司Ⅱ套常减压装置换热网络优化节能项目

一、项目名称

中国石油化工股份有限公司北京燕山分公司Ⅱ套常减压装置换热网络优化节能项目

二、项目业主

中国石油化工股份有限公司北京燕山分公司,地处北京西南,是中国石化直属的特大型石油化工联合企业。目前拥有63套主要生产装置、68套辅助生产装置,原油加工能力超过1000万吨/年,乙烯生产能力超过80万吨/年,可生产94个品种、431个牌号的石油化工产品,是我国最大的合成橡胶、合成树脂、苯酚丙酮和高品质成品油生产基地之一。

Ⅱ套常减压装置是中国石油化工股份有限公司北京燕山分公司四套常减压蒸馏装置之一,由中国石化总公司北京设计院设计,原设计为加工能力250万吨/年的常减压蒸馏装置。装置于1969年9月建成投产,1970年8月扩能改造,成为年加工能力300万吨/年的常减压蒸馏装置,是炼油系统的龙头装置。Ⅱ套常减压是燃料—润滑油—化工型的常减压蒸馏装置,在炼油系统起着重要的作用。

三、项目实施单位

北京中环信科科技股份有限公司

四、案例内容

1. 技术原理及适用领域

该项目采用炼化企业热夹点技术,对常减压装置进行能量系统优化。

夹点分析法从宏观的角度描述和分析过程系统能量沿温度的分布,从中发现系统用能的"瓶颈"(Bottleneck)所在,并给以"脱瓶颈"(Debottleneck)。从诞生的那一天起,夹点技术就得到了工业界的承认并广泛应用,产生了巨大的经济效益,其研究范畴和优化目标也得到迅速发展,已经成为一种用于评价和优化流程候选方案的分析方法。

针对现有设计改造,炼化企业热夹点技术可根据现有换热网络和换热设备模拟当前操作能耗情况,并在优化过程考虑现有塔设备约束条件,对换热网络与精馏塔操作同时优化,这个模式能给出具体的经济有效的改造方案,将换热网络结构改造、操作调整以及精馏塔操作调整将同时进行,最大限度地挖掘现有设备节能降耗的潜力。

目前该技术已在国内外诸多炼化企业及工程公司,如BP、Shell、ExxonMobil、中国石化、中国石油等开展的能量集成优化领域,包括系统、装置设计及改造过程中得到了多次应用,并取得了良好效果。

除炼化企业热夹点技术外，该项目采用的主要技术和设备技术为：对部分换热器采用新型的高效换热设备，如波纹管换热器、螺旋折流板换热器等；加入了换热器强化传热与防垢设施，使改造节能效果更好并保持稳定；采用常压塔顶二级冷凝流程；采取多种措施降低装置的循环水用量；采用多种节能设施、设备稳定装置，提高节能效果；采用多种措施延长装置连续运行周期。

2. 节能改造具体内容

（1）改造前存在问题。

燕山石化Ⅱ套常减压蒸馏装置改造前主要存在以下问题：

①装置换热网络与加工原油不匹配，在装置的多次改造中，换热网络系统由于各种因素限制，仅作局部调整，一直未进行整体换热网络优化。2015年10月11日大庆原油停止供应，Ⅱ套常减压装置改为加工混合外油，加工大庆油与加工外油时期，装置换热终温均较低，与当前先进水平相差较大。

②装置侧线油的热量未充分利用，导致部分热量被水冷浪费。

③电脱盐温度偏低（104℃左右），导致脱盐效果不理想。电脱盐温度缺乏可调节措施，操作灵活性差。

④换热器存在结垢问题，影响整个换热网络传热效率，使换热终温下降，并且换热终温会随着装置运行时间延长而持续下降。

⑤初馏塔进料温度偏低（168℃左右），初馏塔拔出率较低，一部分负荷转移到常压塔，造成常压塔汽液相负荷过大，使装置的整体处理量不足。

⑥装置目前换热网络中高温部位换热设备、仪表等材质等级不足，需根据换热设备流股性质进行相应材质调整。

（2）改造范围及内容。

该项目在当前装置基础上进行改造，改造范围为Ⅱ套常减压装置原油换热系统、脱后原油换热系统、初底油换热系统以及中段回流的优化。由于操作条件的变化，涉及改造相关的工艺、土建、设备、电气、自控、给排水等专业的设计，该项目不新增装置。由于原料变化，经过对换热流程模拟和优化，对装置塔、容器、机泵、加热炉、管线及其他设备的加工能力和材质进行核算和评估后，主要改造内容如下：

①除对高品位热源进行利用外，对低品位热源进行合理利用，提高了侧线产品热量的有效利用率，在可实施的基础上最大限度提高换热终温，降低能耗的同时，减少空冷水冷的负荷。

②对电脱盐的换热流程进行局部优化调整，增加电脱盐温度的可调节手段，提高操作的灵活性。

③对部分易结垢换热设备安装强化传热及防垢设施，保持节能改造效果在稳定的水平。

④对现有换热器布局进行局部优化调整，使换热流程及工艺管线布局更顺畅。

⑤结合换热流程的调整及换热器的配置，新增钢结构平台。

⑥对部分不满足设计条件的管线、机泵、换热器等进行更换，增加部分节能设施。

⑦对换热流程改变造成的部分设备、仪表等材质等级不足的，进行相应的材质升级。

⑧根据生产要求，对精馏系统进行操作优化。

3. 项目实施进度

该项目于2016年4月10日开工建设,2016年10月10日竣工。项目运行至今,装置运行状态良好,节能效果显著。

五、项目年节能量及年节能效益

1. 年节能量

(1) 改造前后系统(设备)用能情况及主要参数。

装置的用能设备主要为加热炉,改造前,常压加热炉的入口温度为255.6℃,装置2016年2月综合能耗如表1所示,综合能耗22.03kgce/t原油(15.42kgEO/t原油),远高于设计能耗14.71kgce/t原油(10.3kgEO/t原油)。

表1 综合能耗表

项目	单位能耗(kgEO/t)		单位能耗(MJ/t)	
	本月实际	累计	本月实际	累计
燃料气	10.19	10.19	426.58	426.58
循环水	0.48	0.48	19.94	19.94
电	1.89	1.89	79.07	79.07
蒸汽	2.45	2.45	102.57	102.57
除氧水	0.32	0.32	13.60	13.60
除盐水	0.10	0.10	3.99	3.99
热输出	0.00	0.00	0.00	0.00
综合能耗	15.42	15.42	645.77	645.77

注:数据来自公司当月技术月报。

燕山分公司于2016年10月9日8:00至10月11日8:00组织对该装置的标定工作,标定能耗如表2,改造后正常开工情况下,装置综合能耗为15.81kgce/t原油(11.072kgEO/t原油),较改造前降低6.29kgce/t原油(4.42kgEO/t原油),换热终温由改造前的255.6℃提高至297℃。二氧化碳排放量降低5.3万吨/年(处理量300万吨/年)。

表2 标定期间能耗表

项目	单位	消耗量	实际能耗
加工量	t/h	262.2	
循环水	t	2199.3	0.84
除盐水	t	0.2	0
电	kW·h	2965	2.6
1.0MPa蒸气(消耗)	t	10.46	3.03
瓦斯	t	1.27	4.6
装置综合能耗	kgEO/t	—	11.07

(2) 节能量计算方法及项目年节能量。

该项目的节能量计算方法来源于节能服务公司与用能单位签署的《合同能源管理合同》和

《合同变更协议书》，节能量计算依照《合同能源管理技术通则》（GB/T 24915—2010）中的规定，项目节能量的确定按照《用能单位节能量计算方法》（GB/T 13234）及相关标准规范执行。

①常压拔头方案（不开减压）能耗基准。

改造前，Ⅱ套常减压装置满负荷工况换热终温：255.6℃。

②常压拔头方案（不开减压）换热终温价格折算系数。即加工1吨原油提高1℃节省的费用。

换热终温价格折算系数（单位：元/（1℃×1吨））

= 节约天然气量/（1℃×1吨）×天然气价格 + 节约循环水量/（1℃×1吨）×循环水价格

= 加热炉节约的热量/吨天然气热值/设计加工量/设计换热温差×吨天然气价格 + 循环水；

冷却负荷节约量/水比热/循环水进出装置温差/设计加工量/设计换热温差×吨循环水价格；

其中加热炉节约的热量（设计值）=（改造前加热炉提供的热量 - 改造后加热炉提供的热量）/加热炉效率；

加热炉节约的热量（设计值）=（36743.5 - 25206.5）/91.43% = 12618.4（kW）；

循环水冷却负荷节约量 = 加热炉节约的热量×加热炉效率 - 结算当期装置热出料流股对应的冷却负荷节约量；

加热炉效率为91.43%；

天然气热值为10524.09kcal/kg，换算成43990.69kJ/kg；

水比热为4.18kJ/（kg·℃）；

循环水进出装置温差 - 6℃；

设计加工量为3000000吨/年；

设计换热温差 = (295 - 255.6) = 39.4（℃）；

吨天然气价格以结算当期燕山石化购入天然气的市场平均价格（不含税）为准；

吨循环水价格以结算当期燕山石化循环水的内部结算平均价格（不含税）为准。

③常压拔头方案（不开减压）换热终温修正。

工况一：全流程标定工况：常压炉出口温度367℃，换热终温297℃；

工况二：减压系统停工、常压系统正常工况：常压炉出口温度365.8℃，换热终温286.3℃；

工况三：减压系统停工、常压炉降负荷工况：常压炉出口温度350.8℃，换热终温276.1℃。

装置按常压拔头方案（不开减压）运行时，改造后实际有效换热终温采用以上三种工况数据进行修正计算，方式如下：

减压系统停工对换热终温的修正值 $T_{修1}$ = 297 - 286.3 = 10.7（℃）；

常压炉降负荷对换热终温的修正值 $T_{修2}$ = (365.8 - $T_{出}$) × △T。

其中：

△T = （工况二换热终温 - 工况三换热终温）/（工况二常压炉出口温度 - 工况三常压炉出口温度）= (286.3 - 276.1) / (365.8 - 350.8) = 0.680；

$T_{出}$为效益结算当期常压炉出口温度平均值；

改造后实际有效换热终温 $T = T_{实} + T_{修1} + T_{修2}$；

其中$T_{实}$为效益结算当期的换热终温平均值。

换热温差 = 改造后实际有效换热终温 - 改造前基准换热终温。

表3 项目改造前后换热终温及节能量

时间	改造后平均换热终温（℃）	改造后经修正的换热终温（℃）	改造前换热终温（℃）	换热终温温差△T换（℃）	处理量（t）	项目节能量（tce）
2016年10月21日—31日	287.99	302.64	255.6	47.04	79838.71	413.69
2016年11月1日—19日	276.28	300.16	255.6	44.56	142500	699.45
2016年11月20日—30日	277.55	298.43	255.6	42.83	82500	389.22
2016年12月	275.22	296.11	255.6	40.51	225000	1004.02
2017年1月	270.30	292.15	255.6	36.55	225000	905.87
2017年2月	268.66	291.3	255.6	35.7	225000	884.81
2017年3月1日—15日	266.74	287.7	255.6	32.10	108870.97	384.96
2017年3月16日—31日	265.10	284.52	255.6	28.92	116129.03	369.94
2017年4月	265.63	284.97	255.6	29.37	225000	727.92

项目年平均节能量10732tce。

2. 年节能效益

该项目节约能源为天然气，单价随市场价浮动如表4所示。

表4 天然气市场价格

统计周期	天然气价格（元/吨）
2016年10月21日至11月19日	2458.33
2016年11月20日至2017年3月15日	2827.08
2017年3月16日至4月	2458.33

该项目年平均节能效益为2017万元。

六、商业模式

该项目采用节能效益分享型合同能源管理模式，项目合同期为6年，节能总效益的90%归节能服务公司，节能总效益的10%归业主。在项目合同期内，节能服务公司拥有设备所有权，并负责项目的运营维护。

七、投资额及融资渠道

该项目投资额5539.26万元，其中1539.26万元为节能服务公司自有资金，4000万元来自银行贷款。

八、优惠政策

该项目获得合同能源管理税收减免。

中国石油化工股份有限公司北京燕山分公司炼油系统 LED 照明节能改造项目

一、项目名称

中国石油化工股份有限公司北京燕山分公司炼油系统 LED 照明节能改造项目

二、项目业主

中国石油化工股份有限公司北京燕山分公司，地处北京西南，是中国石化直属的特大型石油化工联合企业。拥有 63 套主要生产装置、68 套辅助生产装置，原油加工能力超过 1000 万吨/年，乙烯生产能力超过 80 万吨/年，可生产 94 个品种、431 个牌号的石油化工产品，是我国最大的合成橡胶、合成树脂、苯酚丙酮和高品质成品油生产基地之一。

公司炼油板块（包括炼油事业部，储运厂西区）照明系统共有灯具 8892 盏（主要以节能灯、金卤灯、高压钠灯为主），改造前基准能耗为 644.5599 万 kW·h/年，年综合能源消费量 2127.0477tce。

三、项目实施单位

深圳市紫光新能源技术有限公司

四、案例内容

1. 技术原理及适用领域

该项目涉及石化用电器安全、爆炸性环境用电器安全，整体防爆结构、结合点防爆结构、平面防爆结构、各功能防爆结构等需严格符合国家防爆标准，配套的光电、散热系统、灯具整体温度等也要符合国家的相关标准。

灯具采用双腔一体式结构：光源、驱动电源分为独立的腔体，杜绝热量的叠加干扰，保证光源、驱动电源良好的散热。同时防爆安全性更提高 2 倍，结构安全达到防爆通信（Ga）要求级别。

创新的散热解决方案（散热系统可选配）：散热系统（散热片）采用波浪纹设计，散热面积同等质量增大 3 倍以上，余量更加充分，保证 LED 的有效散热。

该项目采用低功率、耗能低的 LED 灯具替代高功率、耗能高的高压钠灯、节能灯和金卤灯等照明灯具。与高压钠灯、节能灯和金卤灯等照明灯具相比，LED 灯具有寿命长、高光效、无频闪、可瞬间启动等优点。

该项技术广泛适用于石化、油田、煤炭、冶金、电力、铁路、大型设备制造等行业。

2. 节能改造具体内容

（1）改造前存在的问题。

①安全问题：现使用灯具不适合生产需要，平均照度低，故障率高，给现场高空维修灯具的维修人员带来了安全隐患。

②节能问题：现场灯具主要以高压钠灯、节能灯和金卤灯为主，灯具功率大，功率因数低，导致年耗电量达 644.56 万 kW·h，年耗电费 481.49 万元。

③维护问题：现有灯具投入使用年限短，防护性能差，现场生产带来的粉尘气体和高温对灯具造成较大影响，故障率高。

④效益问题：改造照明系统现状一次性购买灯具花费资金较多，投入大，且不一定能解决现场的照明和节能问题，风险性高。

（2）改造后取得的效果。

该项目采用低功率、耗能低的 LED 灯具替代高功率、耗能高的高压钠灯、节能灯和金卤灯等照明灯具。改造后所取得的效果如下：

①节能效益：在达到或高于国家标准照度的前提下，使用节能服务公司提供的 LED 灯具高效节能，功率更低，节电效果明显，项目节能率可达 75.86%，单位产值的能耗比大大降低。

②安全运行：使用节能服务公司提供的 LED 灯具后，减少高大厂房的灯具维修，不更换光源、电器，显著降低员工的维护劳动强度和减少灯具的后期维护的配件成本，减少因照明不足、高空灯具维修等带来的安全隐患。

③健康与品质：节能服务公司提供的 LED 高品质产品，通过提供良好的照明均匀度为客户提供良好的照明环境，避免工作人员因照明质量导致的视觉疲劳对工作的影响，降低了废品率和故障率。

④环保减排：改造后灯具耗电量明显减少，项目年综合节能量为 600.95tce，同时节能服务公司在售后服务过程中免费回收坏损配件，避免产品对于环境的污染。

3. 项目实施进度

该项目于 2016 年 5 月 24 日开工实施，2016 年 11 月 20 日竣工，并于 2016 年 12 月 29 日验收完毕。年节能效益为 365.26 万元。改造后节能效果明显，照明设备运行稳定，得到了用能单位的认可。

五、项目年节能量及年节能效益

1. 年节能量

（1）改造前后系统（设备）用能情况及主要参数。

表 1　改造前后灯具用能情况统计

序号	改造位置	改造前			改造后		
		灯具类型	数量（套）	功率（W）	灯具类型	数量（套）	功率（W）
1	焦化	节能灯	406	68	LED	406	15
2	焦化	节能灯	10	68	LED	10	30

续表

序号	改造位置	改造前			改造后		
		灯具类型	数量（套）	功率（W）	灯具类型	数量（套）	功率（W）
3	焦化	节能灯	93	42	LED	93	15
4	四蒸馏	节能灯	260	68	LED	260	15
5	四蒸馏	节能灯	6	68	LED	6	30
6	四蒸馏	节能灯	93	42	LED	93	15
7	蜡油加氢	节能灯	358	68	LED	358	15
8	蜡油加氢	节能灯	22	68	LED	22	30
9	高压加氢2号制氢	节能灯	501	68	LED	501	15
10	高压加氢2号制氢	节能灯	6	68	LED	6	30
11	高压加氢2号制氢	节能灯	51	48	LED	51	15
12	硫磺库	节能灯	75	48	LED	75	15
13	新区三废	节能灯	256	42	LED	256	15
14	1号火炬	节能灯	76	70	LED	76	15
15	丙烷	节能灯	110	42	LED	110	15
16	二蒸馏	节能灯	92	70	LED	92	15
17	电脱盐	节能灯	15	70	LED	15	15
18	重油	节能灯	76	70	LED	76	30
19	联合加氢制氢	节能灯	79	68	LED	79	15
20	联合加氢制氢	节能灯	87	48	LED	87	15
21	联合加氢制氢	节能灯	45	48	LED	45	30
22	联合加氢制氢	节能灯	599	42	LED	599	15
23	联合加氢制氢	节能灯	49	42	LED	49	30
24	连续重整	节能灯	118	48	LED	118	15
25	连续重整	节能灯	24	48	LED	24	15
26	连续重整	节能灯	374	42	LED	374	15
27	气体分馏	节能灯	28	68	LED	28	15
28	气体分馏	节能灯	28	48	LED	28	15
29	气体分馏	节能灯	7	48	LED	7	30
30	气体分馏	节能灯	210	42	LED	210	15
31	烷基化	节能灯	58	48	LED	58	15
32	烷基化	节能灯	146	42	LED	146	15
33	二催化	节能灯	165	48	LED	165	15
34	干气提浓	节能灯	45	42	LED	45	15
35	航煤加氢	节能灯	148	48	LED	148	15

续表

序号	改造位置	改造前			改造后		
		灯具类型	数量（套）	功率（W）	灯具类型	数量（套）	功率（W）
36	汽油脱硫	节能灯	30	48	LED	30	15
37	汽油脱硫	节能灯	229	42	LED	229	15
38	制硫	节能灯	42	42	LED	42	15
39	制硫	节能灯	6	42	LED	6	30
40	原润滑油加氢	节能灯	442	68	LED	442	15
41	三催化	节能灯	26	70	LED	26	15
42	三催化	节能灯	35	70	LED	35	30
43	三催化	节能灯	764	42	LED	764	15
44	一蒸馏	节能灯	113	42	LED	113	15
45	炼二柴油加氢	节能灯	232	42	LED	232	15
46	污油火炬	节能灯	109	42	LED	109	15
47	凤凰亭罐区	节能灯	195	150	LED	195	15
48	凤凰亭罐区	节能灯	8	150	LED	8	30
49	轻油罐区	节能灯	47	70	LED	47	15
50	西装罐区	节能灯	108	42	LED	108	15
51	液化气球罐区	节能灯	23	42	LED	23	15
52	牛口峪罐区	节能灯	96	68	LED	96	15
53	高架灯	金卤灯	1050	400	LED	1150	150
54	高架灯	金卤灯	300	1000	LED	300	150
55	厂区路灯	高压钠灯	71	250	LED	71	120
56	厂区路灯	高压钠灯	250	250	LED	250	80
合计			8892			8992	

（2）节能量计算方法及项目年节能量。

①灯具年运行小时数的确定。

根据燕山石化炼油板块照明系统节能改造项目要求，项目灯具运行全年日平均亮灯时间为12小时，全年亮灯时间为4380小时。

②项目改造前能耗指标的确定。

改造前项目边界年耗电量计算公式如下：

项目灯具年耗电 = $\sum$ [同种灯具平均功率×同种灯具数量×年运行时间]

根据灯具测试结果，改造前灯具能耗为644.56万 kW·h/年。

③项目改造后能耗指标的确定。

改造后项目边界内的不同类型LED灯额定功率的灯具年能耗总量计算如下：

项目灯具年耗电 = $\sum$ [同种灯具平均功率×同种灯具数量×年运行时间]

根据测试结果,改造后灯具能耗为 155.59 万 kW·h/年。

④项目节能量计算方法及结果。

根据以上确定的项目改造前年耗电量和项目改造后年耗电量,可确定项目改造后的年节电量和项目节电率。

项目改造后的年节电量 = 项目改造前年耗电量 - 项目改造后年耗电量 = 644.56 万 kW·h - 155.59 万 kW·h = 488.97 万 kW·h,折合标准煤 1613.6159 tce。

2. 年节能效益

当地电价 0.747 元/kW·h(约定合同期内不变),年节能效益 365.26 万元。

六、商业模式

该项目采用节能效益分享型合同能源管理模式。

项目合同期为 2016 年 2 月 29 日至 2022 年 11 月 30 日。项目节能效益分享期 72 个月(2016 年 12 月 1 日至 2022 年 11 月 30 日)。效益分享期内分享比例为:第 1 至 48 个月节能效益总额 100% 归节能服务公司;第 49 至第 72 个月节能效益总额的 40% 归节能服务公司。

该项目在合同到期且用能单位向节能服务公司付清全部节能款项之前,项目下所有由节能服务公司采购并安装的设备、设施和仪器等财产的所有权均属于节能服务公司。合同履行完毕之后,该项目所有财产的所有权以零资产无偿转让给用能单位。节能服务公司保证项目财产正常运行。

七、投资额及融资渠道

该项目投资额 1302 万元,其中 1002 万元为节能服务公司自有资金,300 万元来自中国邮政储蓄银行流动资金贷款。

八、优惠政策

用能单位(燕山石化)获得北京市发改委节能技改工程第七批节能量奖励资金。

实友化工（扬州）有限公司催化装置循环水泵透平改造项目

一、项目名称

实友化工（扬州）有限公司催化装置循环水泵透平改造项目

二、项目业主

实友化工（扬州）有限公司现有厂区内建有年产100万吨重油催化裂化制烯烃装置、30万吨气体分离装置、1万吨硫磺回收装置、5万吨甲基叔丁基醚（MTBE）装置、32万吨苯酚、丙酮装置、20万吨废弃动植物油氢化生物柴油装置。各生产装置所耗蒸汽由实友化工热力中心2台75t/h锅炉统一供给，年供蒸汽量为104万吨。

三、项目实施单位

江苏惠泽电气有限公司

四、案例内容

1. 技术原理及适用领域

蒸汽透平（或称汽轮机）是用蒸汽做功的旋转式原动机，它将蒸汽的热能转变成透平转子旋转的机械能，这一转变过程需要经过两次能量转换，即蒸汽通过透平喷嘴（静叶片）时将蒸汽的热能转换成蒸汽高速流动的动能，然后高速气流通过工作叶片时将蒸汽的动能转换成透平转子旋转的机械能。

2. 节能改造具体内容

改造前，热力中心供应的蒸汽温度、压力及流量与生产装置用汽温度、压力和流量不匹配，因大量使用了减温减压阀，造成蒸汽热能的大量损失。其中供应给催化装置的蒸汽从3.5Mpa降为0.35Mpa，温度从400℃降到243℃。公司目前循环水系统有3台710kW的循环泵，正常2用1备，年用电量1018万kW·h。通过将1台由电动机驱动的循环水泵改为蒸汽透平驱动，可减少蒸汽减温减压造成的热能损失，直接节约1台电机的用电量。该项目采用B0.71-3.5/0.35背压式汽轮机，将循环水站原有电机驱动的循环水泵改造成汽轮机驱动。技术方案如下：

（1）汽轮机设计参数。

汽轮机设计的基础条件：低压电380V、50Hz和220V、50Hz，直流电24V和220V。蒸汽源：正常压力3.5Mpa，正常温度400℃。汽轮机执行API611标准。设计参数如表1所示。

表1 汽轮机设计参数

汽轮机型号	B0.71-3.5/0.35/400
进汽压力（Mpa）	3.5
进汽温度（℃）	400
排汽压力（Mpa）	0.35
排汽温度（℃）	243
额定汽耗（kg/kW·h）	13.29
用汽量（t/h）	9.5
额定转速（r/min）	3800
跳闸转速（r/min）	4620
额定功率（kW）	710

（2）循环水泵设计参数。

循环水进水压力0.4Mpa，进水温度32℃。循环水泵设计参数见表2。

表2 循环水泵设计参数

设备名称	流量（m³/h）	轴功率（kW）	泵转速（min/r）	泵的转向
循环水泵	4428	642	980	从驱动端看：顺时针

（3）汽轮机的布置。

汽轮机为单层布置，汽轮机与齿轮箱在一个公用底座上，汽轮机、齿轮箱和循环水泵之间用膜片联轴器连接。汽轮机与水泵转速的调节系统采用型号为Woodward TG-17的调速器，调速范围为0.70~1.05倍额定转速。

3. 项目实施进度

工程于2016年10月12日开工，2017年6月15日完工，2017年6月20日完成验收。

五、项目年节能量及年节能效益

1. 年节能量

项目改造前循环水泵年用电量为509万kW·h，折标准煤1681tce（泵实际耗电537kW·h，每年按工作8000小时计）。通过将循环水泵由电动机驱动改为汽轮机驱动，节约了1台电动机驱动循环水泵所消耗的电量509万kW·h/年，折标煤1681tce。

2. 年节能效益

当地电价0.68元/kW·h，年节能效益0.68×509=346万元。

六、商业模式

该项目采用节能效益分享型合同能源管理模式，项目合同期3年，节能效益分享的比例为第1年20%：80%，第2年40%：60%，第3年50%：50%。设备所有权及运营维护在合同期内归项目实施单位，合同结束后归业主。

七、投资额及融资渠道

该项目投资额230万元，全部为节能服务公司自有资金。

河南晋开化工投资控股集团有限责任公司二分公司空分循环水泵节能改造合同能源管理项目

一、项目名称

河南晋开化工投资控股集团有限责任公司二分公司空分循环水泵节能改造合同能源管理项目

二、项目业主

河南晋开化工投资控股集团有限责任公司位于河南开封，注册资本36791万元。公司主要产品有合成氨、尿素、硝酸铵、多孔硝铵、硝酸磷肥、甲醇、氨水、液体二氧化碳、稀硝酸、浓硝酸、硝基复合肥、雨露植物全营养液、植物营养液（UAN液体肥）、腐植酸钾液体肥等。

空分循环水系统供给空分车间使用，设计流量40000m^3/h。

三、项目实施单位

西安格睿能源动力科技有限公司

四、案例内容

1. 技术原理及使用领域

采用专利技术"一种循环冷却水系统的整体优化技术"（专利号：201410058809）。该技术是以在运大型敞开式工业循环水系统为整改对象，将整个循环水系统中的装置换热器、管网、冷却塔、机泵阀门及调控策略等五个方面作为统一的有机体进行系统优化，在确保系统安全的前提下，提升系统运行的整体性能，同时实现节能降耗。该专利技术目前已经用于中石化、中海油、地方龙头企业等大型炼油、化工企业单位，取得良好的节电效益。

2. 节能改造具体内容

改造前，存在机泵效率低、电机有超流风险、系统流阻较大、水泵有汽蚀现象等问题。本项目定制了6台扬程38米、流量12000m^3/h的高效水泵，更换低流阻管力阀6台，在供水母管增加2台超声波流量计，并加装压力、温度变送器及远程监控系统等设备。通过流道设计优化、降低叶片入口阻力、提高水泵叶轮的抗汽蚀能力、冷却塔水平衡调整、风机角度调整等策略，有效降低夏季供水温度，在保证系统换热器流量的前提下，节能率达到25.6%，月度节电量达到210万 kW·h。

3. 项目实施进度

项目于2019年9月10日进入工程施工阶段，2020年4月改造工作全部完成，目前正在执行节能分享期，进行技术服务阶段。

五、项目年节能量及年节能效益

1. 年节能量

(1) 改造前系统(设备)用能情况及用能参数。

改造前大泵 5 台,额定扬程 48 米、流量 12000m^3/h,配套电机功率 2000kW;小泵 2 台,额定扬程 48 米、流量 6000m^3/h,配套电机功率 1000kW;系统万吨水电耗 1803.18kW·h。

(2) 节电量计算方法及项目年节电量。

改造后的节电量按月计算,月节电量计算如下:

当月节电量(kW·h) = (改造前当月万吨水电耗基数 - 改造后当月万吨水电耗) × 当月循环水量(万吨)

根据合同约定,预计年节电量 1557 万 kW·h(实际运行后预计年节电量为 2100 万 kW·h,超过合同预期目标),节能率达 25.6%,此项目的年节电量不低于 4779 吨标准煤。

2. 年节能效益

合同约定按照电价 0.5 元/kW·h(不含税)进行结算,年节电效益为 778.5 万元。

六、商业模式

该项目采用节能效益分享型合同能源管理模式,节能服务公司全额提供设备和服务,后期产生的节能效益双方按比例分成,项目的合同期是八年,第 1 年至第 2 年用能单位分享比例 40%、节能服务公司分享比例 60%,第 3 年至第 5 年用能单位分享比例 50%、节能服务公司分享比例 50%,第 6 年至第 8 年用能单位分享比例 60%、节能服务公司分享比例 40%。

七、投资额和融资渠道

该项目投资额 1480 万元,均为节能服务公司自有资金。

八、优惠政策

增值税优惠政策:实施合同能源管理项目取得的营业税应税收入暂免征收营业税。实施符合条件的合同能源管理项目,将项目中的增值税应税货物转让给用能企业,暂免征收增值税。

企业所得税优惠政策:实施合同能源管理项目,符合企业所得税税法有关规定的,自项目取得第一笔生产经营收入的纳税年度起,第 1 年至第 3 年免征企业所得税,第 4 年至第 6 年按照 25% 的法定税率减半征收企业所得税。实施合同能源管理项目有关资产的企业所得税税务处理按以下规定执行:

①用能企业按照能源管理合同实际支付给节能服务公司的合理支出,均可以在计算当期应纳税所得额时扣除,不再区分服务费用和资产价款进行税务处理。

②能源管理合同期满后,节能服务公司转让给用能企业的因实施合同能源管理项目形成的资产,按折旧或摊销期满的资产进行税务处理,用能企业从节能服务公司接受有关资产的计税基础也应按折旧或摊销期满的资产进行税务处理。

③能源管理合同期满后,节能服务公司与用能企业办理有关资产的权属转移时,用能企业已支付的资产价款,不再另行计入节能服务公司的收入。

暂免征收增值税,企业所得税三免三减半。

河南能源化工集团鹤壁煤化工有限公司气化炉副产蒸汽余压、余热利用合同能源管理项目

一、项目名称

河南能源化工集团鹤壁煤化工有限公司气化炉副产蒸汽余压、余热利用合同能源管理项目

二、项目业主

河南能源化工集团鹤壁煤化工有限公司。全厂主要分9.81MPa、500℃，5.0MPa、264℃，4.5MPa、400℃/259℃，2.2MPa、220℃，1.9MPa、220℃，0.8MPa、180℃，0.5MPa、159℃七种参数等级蒸汽，各管网之间采用减温减压器相互连接。

鹤壁煤化工分公司煤气化装置副产中压蒸汽，鹤壁煤化工有限公司后续建设的精细化工各装置大量热负荷均由此中压蒸汽管网减温减压提供。根据工厂实际运行情况，只运行BDO的工况时约64.72t/h中压蒸汽需减温减压，在BDO和PTG1期、2期均运行的工况约171.52t/h中压蒸汽需减温减压。正常工况下，喷水降温造成能量损失，既不经济也不节能。

三、项目实施单位

北京动力源科技股份有限公司

四、案例内容

1. 技术原理及适用领域

通过建设1×7MW抽汽背压式汽轮发电机组1套，替代原有减温减压阀，采用直接抽取中低压蒸汽背低压蒸汽的方式，在满足原有多种工艺工况需求的前提下，回收蒸汽管网的这部分能量损失。充分利用蒸汽余压、余热发电，进一步提高能源的使用效率。

2. 节能改造具体内容

BDO产线和PTG产线使用的所有中低压蒸汽和低压蒸汽，都是从煤化工甲醇生产线气化炉工艺配套余热锅炉产生的4.8MPa、320℃中压蒸汽通过该压阀减压、喷淋减温水减温后获得，蒸汽所含高品质能源在上述减温减压过程中浪费。该项目依托现有装置，将新建汽轮发电机组布置在BDO装置食堂南侧篮球场位置，蒸汽由厂区南侧管架处接至新建汽轮发电机组厂房进入汽轮发电机组发电。为优化全厂热负荷用汽方案，充分利用低品位热能，该工程新建1×7MW中压抽背式汽轮发电机组，为2.1MPa和0.9MPa等级蒸汽用户提供稳定用汽，此时发电量为5900kW·h。为确保稳定供汽的要求，中压蒸汽管网设置1台4.2~2.1MPa等级的减温减压器，其能力应满足汽轮机最大抽汽量；并且设置1台4.2~0.9MPa等级的减温减压器，其能力应满足汽轮机最大排汽量。当汽轮发电机组跳车时，中压蒸汽可以通过减温减压器来满足供热需求。

3. 项目实施进度

该项目符合《产业结构调整指导目录2011》（2013年修订）鼓励类三十八条23款"节能、节水、节材环保及资源综合利用等技术开发、应用及设备制造"，并且取得鹤壁市宝山循环经济产业聚集区管理委员会的项目备案，项目代号2018-410653-26-03-005929。该项目位于鹤壁煤化工有限公司现有厂区内，用地性质为工业用地，不新增用地，符合鹤壁市宝山循环经济产业集聚区发展规划（2013—2025）调整方案要求。该项目落实各项环境保护及污染防治措施，所产生的污染物均能达标排放，对周围环境影响较小，符合国家环保政策的要求。

该工程进度为：

初步设计及审批：　　　　　　　　　3个月（2018年2月至2018年4月）
1×7MW机组施工图设计：　　　　　4个月（2018年5月至2018年8月）
施工准备（含三通一平）：　　　　　3个月（2018年5月至2018年7月）
主厂房开工至安装开始：　　　　　　8个月（2018年8月至2019年3月）
安装开始至1×7MW机组竣工：　　9个月（2019年4月至2019年12月）

五、项目年节能量及年节能效益

1. 年节能量

（1）改造前后系统（设备）用能情况及主要参数。

用能单位全厂主要分9.81MPa、500℃，5.0MPa、264℃，4.5MPa、400℃/259℃，2.2MPa、220℃，1.9MPa、220℃，0.8MPa、180℃，0.5MPa、159℃七种参数等级蒸汽，各管网之间采用减温减压器相互连接。

全厂蒸汽除26t/h、1.9MPa、220℃以及6t/h、0.5MPa、159℃蒸汽来自化工副产蒸汽外，其余全部来自用能单位9.81MPa、500℃以及4.5MPa、400℃蒸汽管网，在用能单位厂区内减温减压后送至各装置用汽点。本项目汽轮机进出口处待利用蒸汽参数如表1所示。

表1　汽轮机进出口处待利用蒸汽参数

参数	单位	进汽	抽汽	背压
温度	℃	390	225	
流量	t/h	118.12	37.36	80.76
压力	MPa（G）	3.3	2.1	0.9

项目通过新建背压汽轮发电机组替换原减温减压阀的方式，利用蒸汽梯级能源发电，回收浪费的蒸汽热能。

（2）节能量计算方法及项目年节能量。

该项目的节能效益按照以下公式计算：

月供电量 = 月发电量 - 月电站自用电量

月节能效益 = 月供电量 × 双方约定电价

项目年供电量约为4700万kW·h，按照折标系数300gce/kW·h计算，项目年节能量约为14100吨标准煤。

此外，该项目建成后有效控制、削减了供热范围内的烟尘、二氧化硫及氮氧化物排放量，对改善区域大气环境质量起到了积极作用。

2. 年节能效益

每度电结算价格0.61元，项目年节能效益约为2800万元。

六、商业模式

该项目采用节能效益分享型合同能源管理模式，节能效益分享期的第1至第36个月用能单位分享40%、节能服务公司分享60%的节能效益；节能效益分享期的第37至第48个月用能单位分享70%、节能服务公司分享30%的节能效益。节能服务公司负责设备供应或采购、安装、调试、培训、试车投运等建设工作，在本合同到期并且业主方付清本合同约定的全部款项之前，本项目采购并安装的设备、设施和仪器等财产（简称项目财产）的所有权属于节能服务公司。节能服务公司足额收到合同总金额款项之后，该项目财产的所有权将无偿转让给业主方，节能服务公司应保证该项目财产移交时正常运行。双方互相配合办理移交手续。

七、投资额及融资渠道

该项目投资预算3400万元，其中1000万元为节能服务公司自有资金，382万美元来自华夏银行贷款。

八、优惠政策

该项目符合《财政部国家税务总局关于促进节能服务产业发展增值税营业税和企业所得税政策问题的通知》（财税〔2010〕110号）文件要求，暂免征收增值税；第1年至第3年免征企业所得税，第4年至第6年减半征收企业所得税。

阿克苏华锦化肥有限责任公司循环冷却水系统节能改造项目

一、项目名称

阿克苏华锦化肥有限责任公司循环冷却水系统节能改造项目

二、项目业主

阿克苏华锦化肥有限责任公司隶属中国兵器工业集团辽宁北方华锦公司，位于新疆维吾尔自治区阿克苏地区库车县的自治区级化工园区内。装置能力为年产合成氨 30 万吨、尿素 52 万吨。总资产 14.6 亿元。主要产品华锦牌尿素达到国家优级品标准，荣获"中国名牌"产品称号，通过了国家免检产品认证。公司现有职工 459 人。

三、项目实施单位

北京北方节能环保有限公司

四、案例内容

1. 技术原理及适用领域

该项目应用高效流体输送技术，一方面借助三元流理论开发了高效叶轮，提高了水泵的水力效率；另一方面使用先进的参数采集标准和计算机仿真模拟系统应用于系统优化分析，即从影响水泵能耗最根本的三大要素（管路阻抗、输送流量、运行效率）入手，通过合理的管网系统配置优化和变负荷运行优化，求得最佳节能实施方案。同时开发和引进了一系列配套的节能产品。通过该技术改造，可解决循环水系统普遍存在的"低效率、高能耗"的问题。

高效流体输送技术主要由以下三部分组成：

（1）水系统数据采集。

①采集工具。

超声波流量计、带压打孔器、高精度压力表、红外线测温器、多功能电能测量仪、钳形电流表、PDA 分析器、电动机经济运行分析仪、数显卡尺等。

②采集内容。

泵站：水泵型号、流量、扬程、轴功率、生产厂家、泵吸水口高度、泵出口压力表读数、泵出口阀门开度、母管供水压力、底阀、单向阀、阀门类型、电机铭牌参数、电机实际运行功率、电机运行温度、泵的串并联等。

管路：水力走向、管径、管材、管状、管壁厚度、水头损失。

末端设备：入口压力、压力允许变化范围、入口温度、最高用水点、最多用水点、最特殊用水点、最大用水压差点、温差要求、热交换量、传导系数、回水温度、回水压力、工艺要求等。

冷却塔：冷却能力、冷却方式、回水方式、上塔阀开度、喷头高度、水池液位等。

运行模式：运行方式、运行时间、不同方式不同时间下的水系统相关参数等。

（2）水系统诊断技术。

依据与手段：系统水力模型软件、局部实体水力模型。

诊断内容：分析系统是否存在局部环流、高低压混合、管路堵塞等现象；计算沿程水力损失并分析不同流量下的水力损失；根据局部环节分析各节点能量损失，计算冷却器的压力损失，判断这些损失是否处于合理范围。

（3）水系统优化技术。

水池：通过泵口导流肋、底阀、水位及水质对泵入水口进行优化。

管道、阀门：调节或更换阀门与管道，降低系统阻力。

高低压混合系统：通过加阀门或管道泵对高低压进行分区，减少无效能耗。

高效节能泵：量身定做高效节能泵替换原有泵。

自动控制系统：对于循环水系统有特殊要求的末端设备可通过自控系统来满足。通过采集设备前后压力点、温度点、流量点等实时数据进行运算，作用于执行机构，达到控制整体循环系统状态或局部流态的目的，借以最大限度地减少无功损耗，确保最佳匹配流量，使系统实现最佳能量利用率。

该技术的系列配套产品包括：系列高效节能泵、系列高效微阻阀、循环水在线监控与能源管理系统。

2. 节能改造具体内容

本项目对合成氨循环冷却水系统和尿素循环冷却水系统目前的运行数据分析，采用高效节能泵替换原循环泵，并对水泵出口系统阻力优化的方案，可确保工艺生产的安全、稳定运行，达到企业节约电能的目的。

实施具体内容包括：采用循环水流体输送技术专有的数据采集标准对系统技术参数进行测定；采用循环水流体输送技术计算机仿真模拟软件对系统运行工况进行优化分析，准确判断引起高能耗的各种原因并设计出最佳节能实施方案；设计生产、安装高效节能泵，替换原水泵；更换原水泵进出口处的大小头接管，对于阻力损失较大的止回阀等管件进行更换；采用原水泵的动力柜内电能表及计时器对技改前后实耗功率进行计量，根据技改前后电机实际运行功率分别安装相适应的互感器；配套的电机不做改动。

改造后的系统运行参数与改造前保持一致，使化工装置的运行工况没有大的变化，确保化工生产的安全、稳定。合成氨循环水系统出口母管压力 0.40~0.45MPa 左右，流量 20000~22000 m^3/h；尿素循环水系统出口母管压力 0.40~0.45MPa 左右，流量 8000~10000 m^3/h。

3. 项目实施进度

项目于 2020 年 6 月签约实施，10 月完工验收，目前运行稳定。

五、项目年节能量及年节能效益

1. 年节能量

（1）改造前后系统（设备）用能情况及主要参数。

2020年5月节能公司技术人员对用能单位合成氨循环冷却水系统和尿素循环冷却水系统的运行数据进行了现场检测，具体情况见表1、表2。

表1　合成氨循环水系统运行数据

系统名称	水泵运行参数			
	位号	出口压力/标高	出口阀门开度	运行功率
合成氨循环水	A	0.68MPa/1.8m	25%	1460kW
	B	0.68MPa/1.8m	看不清	1450kW
	C	0.61MPa/1.8m	看不清	1450kW
	E	0.71MPa/1.8m	25%	1460kW
	系统运行情况			
	供水压力	0.44MPa/−2m	回水压力	0.32MPa/−2m
	供水温度	24.49℃	回水温度	32.83℃
	供水流量	16200m³/h（DCS）	供回水温差	8.34℃

注：电机运行功率取自电气综保装置；温度、压力、阀门开度等参数取自现场仪器仪表；母管供水流量取自DCS。

表2　尿素循环水系统运行数据

系统名称	水泵运行参数			
	位号	出口压力/标高	出口阀门开度	运行功率
尿素循环水	10P001	0.65MPa/1.2m	15%	953kW
	10P003	0.65MPa/1.2m	19%	1010kW
	系统运行情况			
	供水压力	0.45MPa/−4m	回水压力	0.265MPa/−4m
	供水温度	22.02℃	回水温度	29.51℃
	供水流量	8376m³/h（DCS）	供回水温差	7.49℃

注：电机运行功率取自电气综保装置；温度、压力、阀门开度等参数取自现场仪器仪表；母管供水流量取自DCS。

（2）节能量计算方法及项目年节能量。

①改后节能效果计算方法。

根据双方需求决定配电柜安装电能表和累时器。

改造前双方共同对改造设备的耗电量进行计量，原设备连续运行72小时，对设备运行前和运行后的数据进行采集，双方签字认可。

$Q_{前} = [(Q_2 - Q_1) \times 互感器倍率] / 设备运行时间$；

$Q_{前}$：安装节能设备前单台设备单位能耗；

Q_1：初次统计每台设备电度表显示数据；

Q_2：设备运行 72 小时后二次统计每台设备电度表显示数据。

按改造前能耗测定方法对改造后的设备进行耗电量的计量。

$Q_节 = (Q_前 - Q_后) \times$ 实际运行时间；

$Q_节$：改造后单台设备实际节电量；

$Q_前$：安装节能设备前单台设备单位能耗；

$Q_后$：安装节能设备后单台设备单位能耗。

实际节电率 = $(Q_前 - Q_后) \div Q_前 \times 100\%$。

②项目节能效果估算说明。

改前系统功率为系统正在运行水泵的实际功率总和，根据高压室综保显示的电能数据汇总得出。

改后系统功率为高效泵的轴功率除以电机效率计算得出，计算公式：

$P_后 = P_轴 / \eta_{电机}$；

$P_轴$：根据 DCS 记录的母管扬程、流量及高效节能泵效率按流体力学理论计算得出；

$\eta_{电机}$：电机效率，取值 0.92。

预期节电率 = $(P_前 - P_后) / P_前 \times 100\%$；

年运行时间按照 8000 小时计算，单位电价按照 0.418 元/度计算。

由于工况变化、数据测量时间短等因素，节电率预测存在一定的偏差，见表3。

表3　项目节电效益汇总

序号	系统名称	额定功率（kW）	改前功率（kW）	节电率（%）	年节电量（万 kW·h）	年节电额（万元）	改造台数
1	合成氨循环水	4×1400	5821	37%	1723	689.2	5
2	尿素循环水	2×1120	1888	25%	377	151.8	3
	合计	—	7709	—	2100	877.8	8
	年节约电量			2100 万 kW·h			
	5.5 年效益期节约电量			12600 万 kW·h			
	年节约电费			877.8 万元			
	5.5 年效益期节约电费			4828 万元			
	备注			1. 年运行时间按 8000h 进行核算；2. 电价按 0.418 元/kW·h 核算。			

注：项目年节电量约为 2100 万 kW·h，折合标准煤 7046.49t。

2. 年节能效益

电价按 0.418 元/kW·h 计算，年节电效益约 877.8 万元。

六、商业模式

该项目采用节能效益分享型合同能源管理模式，节能服务公司全额投资实施能源系统改造，并在合同期内负责节能效果，取得的经济效益按照双方约定的期限和比例进行分成，合同期满所有改造设施、设备以 1 元的价格转让给用能单位。

七、投资额及融资渠道

该项目投资额 2282.5 万元，全部为节能服务公司自有资金。

电力行业

晋能电力集团有限公司嘉节燃气热电分公司热泵蒸喷真空系统节能改造项目

一、项目名称

晋能电力集团有限公司嘉节燃气热电分公司热泵蒸喷真空系统节能改造项目

二、项目业主

嘉节燃气热电联产项目工程是山西省规划的全面改善省城环境质量重点工程，总投资31.75亿元，是山西省首个大型燃气热电联产项目，总装机容量为860MW，装机规模为燃气轮发电机组 2×298 MW + 蒸汽轮发电机组 1×264 MW，设计年平均效率可达65.8%，年耗气量约9亿 m^3。作为太原市南部地区的主力热源点，嘉节燃气热电分公司承担南部地区的集中采暖供热，以缓解南部地区冬季严重缺热的状况，解决约1000万 m^2 集中供热面积的热负荷需求，可替代供热区域内62台燃煤锅炉，替代城中村土小锅炉3855台；全年可减少烟尘排放量921吨，减少二氧化硫排放量1594吨，减少二氧化碳排放100万吨。

三、项目实施单位

山西国科节能有限公司

四、案例内容

1. 技术原理及适用领域

采用蒸汽喷射器技术给水泵汽轮机提供汽源，并利用蒸汽喷射器引射大机乏汽供热。蒸汽喷射器的专利由德国公司申请于1871年，起初该装置只是用来抽真空，随后产生了一系列的基于喷射器原理的发明可用于闪蒸、制冷、蒸汽压缩等。其本质上是一种引射式压缩器，它可以利用一部分高压蒸汽引射低压蒸汽，混合而得到较多的中压蒸汽。引射式压缩器的优点是结构简单，没有运动部件。高压蒸汽在经过喷嘴后变成高速射流，根据气动力学的原理，其四周的静压力将随着流速升高急剧降低，形成负压区。

在国内的电厂中，国电集团、华电集团、国华集团、大唐集团等已有十几台机组运行。

2. 节能改造具体内容

嘉节燃气热电分公司空冷岛真空泵采用2BW4 353水环真空泵系统，每台机组一用一备，每台机组共用2台真空泵。真空泵为武汉特种工业泵产品。该真空泵与主机一同投产运行，投产时运行稳定，但是运行过程中噪声较大且厂用电消耗量高（160kW电机）。根据历史数据，真空泵冷却水温常年在30℃~38℃之间。水环真空泵的抽气能力受工作水温的影响非常大。特别是夏天，闭式水温度可到40℃，再加上一定的传热温差，工作液温度有可能达到47℃以上，不仅抽气能力下降且容易气蚀，严重影响了机组的经济性和安全运行。

根据嘉节燃气热电机组的真空系统及真空泵的运行情况，我们采用三级蒸汽喷射器抽真空系统方案。具体改造方案描述如下：

保留电厂原系统的两台真空泵，在系统启动阶段用于预抽系统真空。机组正常工况下，仅投运三级蒸汽喷射器系统，即可满足工况要求。蒸汽喷射器通过动力喷嘴以超音速射流，产生真空来抽吸凝汽器里的不凝气体，其动力蒸汽取自辅汽联箱，蒸汽压力约0.8~0.4Mpa，蒸汽量约800~1000kg/h。凝汽器的不可凝气体和对应压力的饱和水蒸气的混合气体，通过STE蒸汽喷射器后，连同动力蒸汽进入STE冷凝器中冷却，动力蒸汽和凝汽器被抽气体中的水蒸气冷凝成水，回收到热井。不凝气体经过两级喷射器增压后最终排入大气。

蒸汽喷射器抽真空系统的冷凝器冷却水可采用凝结水，用量约为85~150m³/h。动力蒸汽和乏汽热量能充分回收。蒸汽喷射器抽真空系统流程如图1所示。

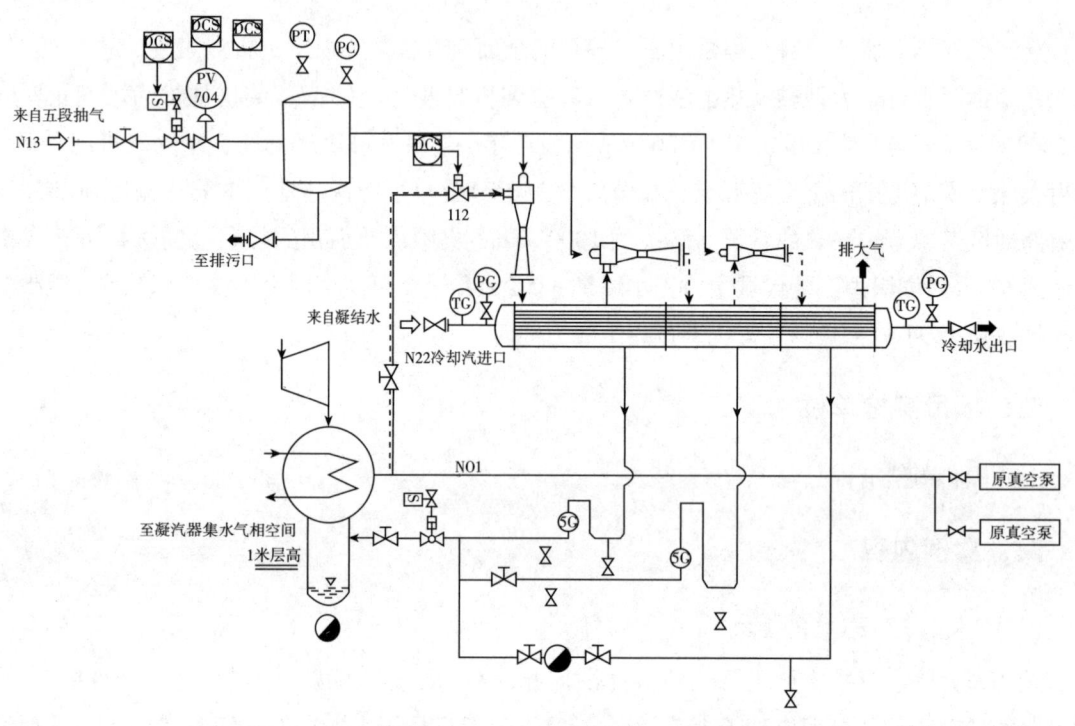

图1　嘉节燃气热电 Koerting STE 蒸汽喷射器抽真空系统流程

流程图说明，系统通过阀门112开关来达到系统的投入和退出。控制信号接入DCS系统，也可就地控制。

3. 项目实施进度

项目于2016年7月开工，2016年9月竣工。2016年12月通过验收。

运行情况：项目已经完全适应机组运行需求，状态良好，节能效果显著。

五、项目年节能量及年节能效益

1. 年节能量

（1）改造前后系统（设备）用能情况及主要参数。

项目改造完成后，确保空冷凝汽器保持相对高真空状态，不受机组严密性和真空泵性能的影响，保证经济节能运行。当真空泵工作水温>30℃，凝汽器严密性>300Pa/min，机组负荷率<70%时，凝汽器真空提高约0.1~0.25kPa，从而提高机组运行效率。

（2）节能量计算方法及项目年节能量。

年节能效益 = 节约燃气费用 + 节约电费 + 节约维护费用

年节约气量 = 提高真空值收益 + 动力蒸汽热值回收 + 抽取乏汽热回收

节约电量 = 真空泵电耗减成本 - 动力蒸汽消耗

节省费用 = 每年设备维护费用

该项目年节能量约为1049.39tce。

2. 年节能效益

合同分享期内天然气单价为2.1元/m^3，电价为0.7元/kW·h，双方约定此能源单价在合同执行期间内不变，年节能效益188.31万元。

六、商业模式

该项目为节能效益分享型合同能源管理项目，合同期内设备所有权归属节能服务公司，合同到期后设备无偿移交业主方。效益分享期内，甲乙双方共同分享项目的节能效益。具体分享比例如下：

第一年　甲方：乙方 = 20%：80%

第二年　甲方：乙方 = 30%：70%

第三年　甲方：乙方 = 30%：70%

第四年　甲方：乙方 = 60%：40%

第五年　甲方：乙方 = 90%：10%

第六年　甲方：乙方 = 90%：10%

七、投资额及融资渠道

该项目投资约300万元，均为节能服务公司自有资金。

山西漳电大唐塔山发电有限公司 2×600MW 机组 2 号机组电动给水泵节能改造合同能源管理项目

一、项目名称

山西漳电大唐塔山发电有限公司 2×600MW 机组 2 号机组电动给水泵节能改造合同能源管理项目

二、项目业主

山西漳电大唐塔山发电有限公司是一座 2×600MW 亚临界直接空冷燃煤坑口电厂,是国家实施"西电东送"战略、优化资源配置的重大工程,也是山西省"十一五"重点项目。

三、项目实施单位

广州智光节能有限公司

四、案例内容

1. 技术原理及适用领域

大型燃煤火力发电机组全配置锅炉电动给水泵大部分采用液力耦合器进行调速,虽然利用转速调节来控制给水流量,但这种调节过程是通过电动机和给水泵之间安装的液力耦合器完成的,液力耦合器属于液力滑差调节,是一种间接的转速调节方式,除了有固定的3%左右的滑差损耗外,液力耦合器工作油因滑差摩擦生热而形成不规则的功率传输损耗,在液力耦合器几个非线性摩擦发热点上产生较大的功率损耗。

从理论上说,根据泵与风机的相似性定律,给水泵的转速与功率的三次方成正比,若将给水泵调节优化成电动机直接变速方式,会产生良好的节能效果,采用变频器控制电动机转速是目前普遍采用的调节方法。

对液力耦合器调速的电动给水泵采用一体化变频调速电动给水泵系统,将给水泵的转速调节方式由液力耦合器调节变为变频调节,消除了液力耦合器的滑差损失,并提高给水泵组的效率,从而减小给水泵的单耗。

该项节能技术主要应用在大型燃煤火力发电机组全配置锅炉液力耦合器调速的电动给水泵上。

2. 节能改造具体内容

山西漳电大唐塔山发电有限公司单台机组采用 3 台 50% 容量的电动给水泵为锅炉供水,正常运行负荷在 450~600MW,两用一备,在 450MW 以下单泵运行;调速为液力耦合器控制,采用 10kV 高压电机同轴驱动电动给水泵和其前置泵。

此次对 2 号机组的两台常用（A 泵、B 泵）给水泵进行变频改造，C 泵仍保持原有状态。给水泵变频改造，要求热控新增加测点信号接入主机 DCS 系统，乙方配套提供相应的 DCS 系统的软、硬件设备，并完成硬件设备安装、控制逻辑组态及整套给水系统调试，提供改造热控测点清单及接线布置图，不得在就地安装 PLC 后通信接入 DCS 系统。

总体改造内容包括液力耦合器改造、前置泵改造、油路系统改造、DCS 控制逻辑组态、现场系统的布置方式改造。

该项目采用自主研发、设计、生产的 14000kVA/10kV 级超大容量高压变频器，是国内首次在 600MW 等级机组上采用的最大容量的国产高压变频器。同时，该项目也是第一次将 600MW 机组给水泵液力偶合器改造为增速箱，整个系统首次安装并实现了远程在线监测，整体改造方案严谨、科学，保障了项目的安全、稳定及节能效果。

3. 项目实施进度

该项目于 2016 年 8 月 1 日签订合同，2016 年 9 月 5 日开始改造，2016 年 12 月 27 日竣工。竣工以来，改造后的液力耦合器和给水前置泵运行正常、稳定，锅炉给水自动调节品质完全满足给水的全程控制，项目实现了立项预期。

五、项目年节能量及年节能效益

1. 年节能量

（1）改造前后系统（设备）用能情况及主要参数。

表 1　改造前后设备参数

负荷（MW）	改造前		改造后		1 号电动给水泵改造前后差值（A）	2 号电动给水泵改造前后差值（A）	1 号电动给水泵改后电流差平均值（A）	2 号电动给水泵改后电流差平均值（A）
	1 号电动给水泵工频电流（A）	2 号电动给水泵工频电流（A）	1 号电动给水泵变频电流（A）	2 号电动给水泵变频电流（A）				
350	356.62	348.56	185.96	188.25	171	160	170	171
360	360.19	354.6	192	193.1	168	162		
370	361.38	361.74	197.96	193.1	163	169		
380	373.28	380.97	199.15	200.24	174	181		
390	381.61	386.92	205.1	207.48	177	179		
400	388.84	392.69	212.23	212.32	177	180		
410	391.22	401.2	214.62	214.71	177	186		
420	400.74	409.63	224.23	226.61	177	183		
430	404.32	414.48	228.99	229.08	175	185		
440	418.69	426.56	235.03	235.03	184	192		
450	423.45	435.9	246.94	248.22	177	188		
460	430.59	444.14	250.51	251.79	180	192		
470	442.58	449.36	256.46	256.65	186	193		
480	452.11	453.85	270.83	269.82	181	184		

续表

负荷（MW）	改造前		改造后		1号电动给水泵改造前后差值（A）	2号电动给水泵改造前后差值（A）	1号电动给水泵改后电流差平均值（A）	2号电动给水泵改后电流差平均值（A）
	1号电动给水泵工频电流（A）	2号电动给水泵工频电流（A）	1号电动给水泵变频电流（A）	2号电动给水泵变频电流（A）				
490	453.2	464.65	277.7	278.25	176	186	170	171
500	457.32	467.21	282.73	284.2	175	183		
510	465.2	470.78	288.78	293.81	176	177		
520	473.62	478.02	297.11	304.61	177	173		
530	481.86	482.59	307.82	310.57	174	172		
540	485.8	484.06	318.62	323.75	167	160		
550	488.45	489	332.99	336.93	155	152		
560	491.47	490.19	346.09	352.5	145	138		
570	491.38	493.4	348.47	354.88	143	139		
580	512.9	508.87	353.23	362.11	160	147		
590	515.28	511.43	361.65	371.45	154	140		
600	521	518	378.31	386.1	143	132		

（2）节能量计算方法及项目年节能量。

能耗基准：改造前对机组的运行工况进行记录，以机组实发负荷作为基点，从50%ECR开始作为第一点，按10%ECR递增至100%ECR，按点分别测取两台计划进行改造的给水泵电动机的单耗（单位kW）分别为：P_1、P_2、……、P_7。

改造后的能耗量：改造完成后按改造前相同对应点进行测试并记录。得出给水泵各点单耗（单位kW）分别为：p_1、p_2、……、p_7。

节能量计算：以机组实发负荷为基点，改造前与改造后给水泵电机的单耗相减：$W_1 = P_1 - p_1$、$W_2 = P_2 - p_2$、……、$W_7 = P_7 - p_7$，作为机组各负荷点下给水泵的单位时间节电量（单位kW）。

在改造完成后的分享期内根据DCS系统的运行记录，取得机组运行中对应各负荷点的运行时间，计时累计时间分别为T_1、T_2、……、T_7（单位换算为小时），则某计量周期内的改造设备运行的节电量（单位：kW·h）W的计算如下：

$W = W_1 \times T_1 + W_2 \times T_2 + \cdots + W_7 \times T_7$；

节电率（单位:%）计算公式如下：

$\eta = W / (P_1 \times T_1 + P_2 \times T_2 + \cdots + P_7 \times T_7)$；

结算基准电价为m（单位：元/kW·h），则分享期节电效益E（单位：元）的计算公式如下：

$E = m \times W$。

另外，节能量的修正还需考虑新增空水冷系统，润滑油泵及新增前置泵电动机耗电量，新增空水冷系统及润滑油电动机功率较小，无须安装电度表，实际运行功率按照其电动机额定功率的75%进行计算，前置泵电动机实际运行功耗按照电度表进行统计。

通过计算，项目年节电量约为1800万 kW·h，折合标准煤为 1800万 kW·h × 3.30tce/万 kW·h = 5940 tce

2. 年节能效益

山西省燃煤机组标杆上网电价为 0.3205 元/kW·h，则年节能效益 576.9 万元。

六、商业模式

该项目采用节能效益分享型合同能源管理模式实施，在节能效益分享期内，节能服务公司与用能单位共同分享节能效益；节能效益分享期结束后，项目财产的所有权将无偿转让给用能单位且用能单位享有项目后续全部节能效益，同时节能服务公司移交该项目继续运行所必需的技术资料。

七、投资额及融资渠道

该项目总投资2850万元，全部由节能服务公司使用自有资金投资。

山西华泽铝电有限公司 2×300MW 机组 3 号机组电动给水泵节能改造合同能源管理项目

一、项目名称

山西华泽铝电有限公司 2×300MW 机组 3 号机组电动给水泵节能改造合同能源管理项目

二、项目业主

山西华泽铝电有限公司地处山西省河津市境内，是由中国铝业股份有限公司按 6：4 比例共同出资组建的大型铝电一体化企业。2003 年 3 月成立，2005 年建成产能为 28 万吨电解铝、16 万吨阳极炭素及 2×300MW 燃煤发电机组。目前已形成产能 35 万吨电解铝、10 万吨铝合金棒、19 万吨阳极炭素及 2×300MW 燃煤发电机组。

三、项目实施单位

广州智光节能有限公司

四、案例内容

1. 技术原理及适用领域

根据泵与风机的相似性定律，给水泵的转速与功率的三次方成正比，若将给水泵调节优化成电动机直接变速方式，会具有良好的节能效果，采用变频器控制电动机转速是目前普遍采用的新型调节方法。液力耦合器调速的电动给水泵采用一体化变频调速电动给水泵系统，将给水泵的转速调节方式由液力耦合器调节变为变频调节，消除了液力耦合器的滑差损失，提高给水泵组的效率，从而减小给水泵的单耗。

此项节能技术主要应用在大型燃煤火力发电机组全配置锅炉液力耦合器调速的电动给水泵。

2. 节能改造具体内容

山西华泽铝电有限公司单台机组配置三台 50% 额定容量电动给水泵，采用液力耦合器调节给水泵转速控制给水流量。给水泵运行方式为两用一备（A 泵由厂用电 6kVA 段供电、B 泵由厂用电 6kVB 段供电、C 泵由厂用电 6kVA、B 段供电）。

此次对山西华泽铝电有限公司 3 号机组的两台常用（A 泵、B 泵）给水泵进行变频改造，C 泵（备用泵）仍保持原有状态不进行改造。给水泵变频改造，要求热控新增加测点信号接入主机 DCS 系统，乙方配套提供相应的 DCS 系统的软、硬件设备，并完成硬件设备安装、控制逻辑组态及整套给水系统调试，提供改造热控测点清单及接线布置图，不得在就地安装 PLC 后通信接入 DCS 系统。

总体改造内容包括液力耦合器改造、前置泵改造、油路系统改造、DCS 控制逻辑组态、现场系统的布置方式改造。

3. 项目实施进度

2016年7月18日签订合同，2016年12月22日竣工。竣工以来，改造后的液力耦合器和给水前置泵运行正常、稳定，锅炉给水自动调节品质完全满足给水的全程控制，锅炉给水泵改造项目实现了立项预期。

五、项目年节能量及年节能效益

1. 年节能量

（1）改造前后系统（设备）用能情况及主要参数。

表1 改造前后设备参数

负荷 (MW)	A泵工频 电流（A）	A泵变频 电流（A）	B泵工频 电流（A）	B泵变频 电流（A）	A泵改造 前后差值 （A）	B泵改造 前后差值 （A）	A泵改后 电流差平 均值（A）	B泵改后 电流差平 均值（A）
210	331.25	165.05	345.15	166.43	166.2	178.72	161.54	165.07
220	345.43	174.91	353.1	171.63	170.52	181.47		
230	373.42	189.93	384.92	185.77	183.49	199.15		
240	376.55	188.58	391.03	183.33	187.97	207.7		
250	410.33	210.74	405.46	205.4	199.59	200.06		
260	423.45	259.52	418.7	254.51	163.93	164.19		
270	437.24	271.3	437.24	278.46	165.94	158.78		
280	442.29	289.6	442.29	299.44	152.69	142.85		
290	454.97	316.97	454.97	330.95	138	124.02		
300	470.7	333.85	491.99	337.07	136.85	154.92		

（2）节能量计算方法及项目年节能量。

能耗基准：改造前对机组的运行工况进行记录，以机组实发负荷作为基点，从50%ECR开始作为第一点，按10%ECR递增至100%ECR，按点分别测取两台计划进行改造的给水泵电动机的单耗（单位：kW）分别为：P_1、P_2、……、P_7。

改造后的能耗量：改造完成后按改造前相同对应点进行测试并记录。得出给水泵各点单耗（单位：kW）分别为：p_1、p_2、……、p_7。

节能量计算：以机组实发符合为基点，改造前与改造后给水泵电机的单耗相减：$W_1 = P_1 - p_1$、$W_2 = P_2 - p_2$、……、$W_7 = P_7 - p_7$，作为机组各负荷点下给水泵的单位时间节电量（单位kW）。

在改造完成后的分享期内根据DCS系统的运行记录，取得机组运行中对应各负荷点的运行时间，计时累计时间分别为T_1、T_2、……、T_7（单位换算为小时），则某计量周期内的改造设备运行的节电量（单位：kW·h）W的计算如下：

$$W = W_1 \times T_1 + W_2 \times T_2 + \cdots + W_7 \times T_7$$

节电率（单位%）计算公式如下：

$$\eta = W/(P_1 \times T_1 + P_2 \times T_2 + \cdots\cdots + P_7 \times T_7)$$

结算基准电价为 m（单位元/kW·h），则分享期节电效益 E（单位：元）的计算公式如下：
E = m × W。

另外，节能量的修正还需考虑新增空水冷系统，润滑油泵及新增前置泵电动机耗电量，新增空水冷系统及润滑油电动机功率较小，无需安装电度表，实际运行功率按照其电动机额定功率的75%计算，前置泵电动机实际运行功耗按照电度表进行统计。

通过计算，项目年节电量约为：1245万 kW·h；

折标准煤为：1245万 kW·h × 3.30tce/万 kW·h = 4108.5tce。

2. 年节能效益

收益计算电价：以山西华泽铝电有限公司累计自发电成本（不含税）0.2957元/kW·h为准，该电价为不变价，市场发生变化不做调整，则年节能效益368.17万元。

六、商业模式

项目采用节能效益分享型合同能源管理模式实施，在节能效益分享期内，双方共同分享节能效益；该项目节能效益分享期结束后，项目财产的所有权将无偿转让给业主并且业主享有项目后续全部节能效益，同时移交该项目继续运行所必需的技术资料。

七、投资额及融资渠道

该项目总投资1299万元，全部由节能服务公司使用自有资金投资。

晋能长治热电有限公司1号机组空预器换热元件改造项目

一、项目名称

晋能长治热电有限公司1号机组空预器换热元件改造项目

二、项目业主

晋能长治热电有限公司于2008年成立，注册资金4.8亿元。公司经营范围包括电源、热源、水资源的投资、开发、建设、经营管理等。

三、项目实施单位

山西国科节能有限公司

四、案例内容

1. 技术原理及适用领域

目前空预器的硫酸氢铵（ABS）凝结区域不能完全被控制在冷端，存在跨界现象。由于硫酸氢铵凝结物呈中度酸性且具有很大的黏性，易黏附在空气预热器的换热元件表面上，当硫酸氢铵凝结物黏附在冷热端的分层区域，表面张力容易引起端面沉积物形成泪珠状，容易成为颗粒沉积物的附着场所，大大增加了压降升高的速率。

为减小或避免在换热元件分层的区域发生堵塞，计划重新布置换热元件使ABS区域集中在一层换热元件上，将冷端换热元件和中间层换热元件合并为一层，确保该层能覆盖整个ABS区域。

预热器冷段板型及材料的选取需充分考虑预热器的防结露、抗腐蚀以及堵灰性：空气预热器换热元件采用大波纹单封闭通道板型，使得换热元件不易积灰且容易吹扫；同时，冷端传热元件的材料采用搪瓷材料元件，对防止预热器低温腐蚀和铵盐的腐蚀及堵塞有很大作用。

为避免二氧化硫造成的酸堵灰，必须保证各个工况下的冷端综合温度达到160℃以上。

该技术适用于火力发电机组空预器节能改造。

2. 节能改造具体内容

（1）空预器改造。

换热元件重新更换，冷端采用大通道封闭波形的搪瓷换热元件；根据空气预热器温度场的分布优化冷端换热元件的高度；其他部件利旧。

（2）设备参数对比。

表1　空预器计算参数

空预器参数	单位	设计煤	校核煤
进口烟气量	kg/s	421	412
出口一次风量	kg/s	67.81	67.81
出口二次风量	kg/s	288	288
进口一次风温	℃	28	28
进口二次风温	℃	28	28
进口烟温	℃	360	360

表2　预期改造后性能计算结果

空预器参数	单位	设计煤	校核煤
发热量	kcal	4500	5000
进口烟气量	kg/s	421	412
出口一次风量	kg/s	67.81	67.81
出口二次风量	kg/s	288	288
进口一次风温	℃	28	28
进口二次风温	℃	38.3	39.4
进口烟温	℃	360	360
出口一次风温	℃	308.3	305.6
出口二次风温	℃	322.8	320.0
未修正排烟温度（计算值）	℃	136.1	132.8
修正后的排烟温度	℃	131.7	128.3
一次风侧压降（计算值）	Pa	794	780
二次风侧压降（计算值）	Pa	1260	1246
烟气侧压降（计算值）	Pa	1500	1493
冷端综合温度	℃	172.9	170

表3　改造后性能要求

温度	空预器烟气出口温度	℃	130~137
阻力	一次风阻力	Pa	≤790
	二次风阻力	Pa	≤1260
	烟气侧阻力	Pa	≤1500

（3）改造后达到的效果。

预热器阻力和排烟温度下降，换热元件堵灰的问题得到解决。可以消除因为换热元件堵灰造成的风机喘振和炉膛负压波动等影响锅炉安全运行的隐患，减少停机冲洗的次数。送、引风机和一次风机功耗有明显下降，机组运行的经济性提高。机组不会因为空预器堵塞影响机组限负荷运行。新换热元件的设计使用寿命会有所增加。针对空气预热器会有硫酸氢铵堵灰的现象，根据空气预热器温度场的分布来优化冷端换热元件的高度，使冷端酸沉积和硫酸氢铵堵灰区（带）完全处在冷端换热元件中，解决空气预热器异常堵灰现象。

3. 项目实施进度

2017年2月编制完成项目建议书并递交业主进行沟通，4月签订项目EPC合同。项目于2017年5月1日开始施工，5月20日竣工，目前运行效果良好。

五、项目年节能量及年节能效益

1. 年节能量

（1）改造前后系统（设备）用能情况及主要参数。

表4 改造前后能耗参数

指标	改造前运行值	改造后运行值	能耗降低
排烟温度（℃）	150	130.9~136.9	13.1~19.1
烟气阻力（Pa）	2500	1300~1500	1000~1200

（2）节能量计算方法及项目年节能量。

年节能量=改造后排烟阻力下降值×能耗系数×年发电利用小时+改造后排烟温度下降值×能耗系数×年发电量，该项目年节能量为2317.95tce。

2. 年节能效益

项目年节能效益为144.66万元。

六、商业模式

该项目为节能效益分享型合同能源管理项目，合同期五年，节能服务公司与业主分享比例为95%：5%；合同期内设备归节能服务公司所有，合同到期后无偿转让给业主方。

七、投资额及融资渠道

该项目投资额470余万元，全部为节能服务公司自有资金。

山西漳电国电王坪发电有限公司供热改造工程
——基于大型增汽机（热压机）的乏汽供热节能系统

一、项目名称

山西漳电国电王坪发电有限公司供热改造工程——基于大型增汽机（热压机）的乏汽供热节能系统

二、项目业主

山西漳电国电王坪发电有限公司装机为两台210MW高温超高压直接空冷抽汽凝汽式汽轮发电机组，配两台725t/h高温超高压循环流化床锅炉。热电联产改造前，纯凝发电机组年发电量约16亿kW·h，年耗标准煤约51万吨。

王坪电厂所在地山西省朔州市怀仁县，冬季常规由分散的燃煤锅炉供热。按照新的规划，对王坪电厂进行热电联产改造后，由王坪电厂向怀仁县供热，替代分散的燃煤锅炉供热。热电联产改造前，怀仁县冬季供热由分散的工业锅炉提供热源，供热面积约850万平方米，年耗标准煤约19万吨。

三、项目实施单位

联合瑞升（北京）科技有限公司

四、案例内容

1. 技术原理及适用领域

火力发电厂的热力基础为朗肯循环，蒸汽经过汽轮机做功发电后的排汽（乏汽）需要被冷却成水，重新打回锅炉才能使朗肯循环形成闭环。乏汽冷却就会产生冷端损失，纯凝机组的冷端损失占总燃料发热量的48%以上。回收乏汽余热，降低冷端损失，节能空间十分巨大。

利用大型VAST蒸汽增汽机（喷射器），引射汽轮机低压缸排汽（乏汽），混合升压升温后的蒸汽作为加热蒸汽，进入热网凝汽器，加热热网水，回收利用乏汽余热。通过热网凝汽器、增汽机排汽凝汽器、热网加热器，阶梯式逐级加热热网水，可以最大限度地利用机组乏汽。

该梯级供热技术可使朗肯循环冷端损失由原来的48%左右降到10%左右，电厂一次能源利用率由原来的40%左右提高到80%左右，极大地减少燃煤量。

该技术适用于热电联产发电厂"汽轮机乏汽余热回收利用"，尤其是空冷机组（如图1所示）。

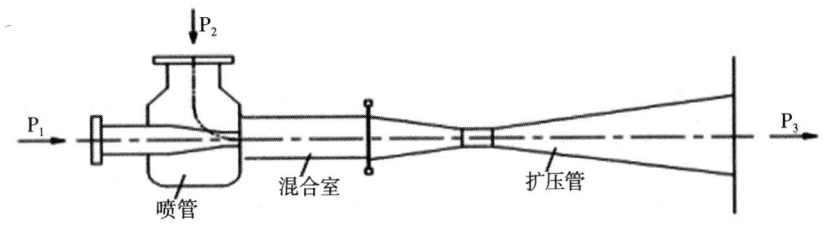

图1 增汽机流程

实际应用中,P_1 取自现有的供热抽汽,抽取 P_2 乏汽,混合后成为压力稍高的 P_3 可用增汽。

2. 节能改造具体内容

(1) 改造前状况。

热电联产改造前,王坪电厂 2 台 210MW 机组为纯凝发电机组,年发电量约 16 亿 kW·h,年耗标准煤约 51 万吨。同时怀仁县(王坪电厂所在地)冬季供热面积约 850 万平方米,年耗标准煤约 19 万吨。

(2) 改造内容。

改造电厂原有的空冷汽轮机乏汽管道,引出汽轮机乏汽;改造热网循环水管道,新增增汽机及其配套凝汽器,用于加热热网循环水;改造原热网加热蒸汽(汽轮机中压缸排汽)管道,为增汽机提供动力蒸汽;改造 DCS(电厂控制系统),将增汽机乏汽供热系统的控制纳入其中。

(3) 关键参数。

大型增汽机升压比 n($n = P_c/P_b$,设计值 1.7);

大型增汽机引射比 μ($\mu = M_b/M_a$,设计值 0.8);

乏汽余热回收供热系统 COP(设计值 > 1.75);

动力蒸汽压力不小于 0.2MPa(a)。

主要考核值:在热网水量 6400t/h 时,增汽机利用乏汽不小于 65t/h。

3. 项目实施进度

项目于 2016 年 9 月开工,2017 年 3 月 15 日竣工验收。该项目投运后经过初步测算,各项性能指标优于设计值,增汽机系统对于动力蒸汽压力过低的耐受性、升压比 n、引射比 μ 值三项关键指标优秀。

五、项目年节能量及年节能效益

1. 年节能量

王坪电厂设计供热量为 496.12 万 GJ/年,其中余热提供的热量为 345.55 万 GJ/年,年供热折算标煤量 19 万 tce。改造后怀仁供热锅炉停运,电厂增加燃煤 3.5 万 tce,故整体项目年节约标煤 15.5 万吨,其中"VAST 大型增汽机系统"占比为 36% 左右,折合 15.5×36% = 5.58 万 tce/年。二氧化碳排放因子取 2.64,增汽机系统减少的碳排放为 14.72 万吨/年。

2. 年节能效益

对电厂而言,VAST 增汽机所产生的收益约 613 万元/年。

六、商业模式

该项目采用节能效益分享型合同能源管理模式,合同期7.5年,节能效益总收益4601.25万元。其中业主方分享总收益的13.94%,共计641.25万元;节能服务公司分享总收益的86.06%,共计3960万元。

节能效益分享期内,节能服务公司负责本系统的运营维护及发生的相关费用;合同期满且业主方付清应付账款之后,项目财产所有权无偿归业主所有。

七、投资额及融资渠道

该项目投资1930万元,其中1000万元为北京中关村科技融资担保有限公司信用贷,930万元为节能服务公司自有资金。

华能吉林发电有限公司九台电厂1~8号热泵机组循环水余热利用合同能源管理项目

一、项目名称

华能吉林发电有限公司九台电厂1~8号热泵机组循环水余热利用合同能源管理项目

二、项目业主

华能九台电厂地处吉林省长春市九台区东南部,由中国华能集团公司下属的华能吉林发电有限公司独资建设,规划总装机容量4×660MW。一期工程建设规模为2×660MW国产超临界燃煤发电机组,一期工程占地20公顷,同步建设烟气脱硫装置。一期工程1号机组于2009年10月24日投产,2号机组于2009年12月6日投产。

2012年4月19日,九台区政府为改善区供热环境,同意由华能九台电厂提供热源。近期供热面积520万平方米。空港新城远期规划供热面积2474万平方米。

三、项目实施单位

北京创时能源有限公司

四、案例内容

1. 技术原理及适用领域

吸收式热泵的主要工作原理是,部分利用驱动能源,回收低品位余热,最终形成大量的中品位能源输出,与相同的中品位能源需求相比,可以节约30%以上为满足此需求而需要消耗的高品位能源。

根据九台区的现有采暖情况,九台电厂存在大量的低品位能源,利用吸收式热泵技术进行采暖,就可以实现增加30%以上的供暖面积,也就是节约30%以上的能源消耗,从而实现采暖的节能运行。

(1) 吸收式热泵系统功能。

在冬季:通过汽轮机抽汽驱动热泵回收电厂冷却循环水中的废热,制出一定温度的热水用于社会供暖。

相比传统热电联产,本系统回收了大量冷却塔内废热,节约了有价的高品位能源。通过闭式循环厂内部分冷却水,节约了冷却塔补水量、水处理费用及冷却塔运行电费,使系统更加环保。

(2) 吸收式热泵机组工作原理。

热泵是一个专业术语,是把处于低温位的热量传输到高温位的机械。

吸收式热泵通过蒸汽驱动将电厂内冷却循环水中的热量搬运到温度更高的供暖水(60℃)中。电厂冷却水循环水经过机组释放热量至热泵机组,热泵机组经过将其品位提高加入至供暖中，使其经过机组由60℃升至更高，用于供暖使用。

吸收式热泵同样遵循热力学第一定律（能量守恒定律）、热力学第二定律（热量由低温搬运到高温不会自发进行，必须消耗其他能量）。吸收式热泵在工作状态下需要输入一定量的蒸汽。

（3）吸收式热泵效率。

采暖 COP = 1.6 ~ 1.8

每输入一个单位的驱动能源，将制取1.8个单位的热量。即使用1MW的高温热能，驱动吸收式热泵可以吸收0.8MW的低温热能，输出1.8MW需要品位的热能。

2. 节能改造具体内容

本项目主要通过改造华能九台电厂2×670MW纯凝机组为抽汽供热机组，在机组冷却塔并联8台相同型号溴化锂吸收式热泵（总热功率300MW），提取循环水余热。同时安装2台高温热网加热器（总热功率200MW），2台低温热网加热器（总热功率24MW）。在厂房西南部建设供暖首站对接对外供热管网，为九台区供暖区域提供集中供暖。供暖首站本期设计供热能力为950万平方米，供热首站厂房按950万平方米供热能力设计。发电系统及吸收式热泵系统工艺流程如图1、图2所示。

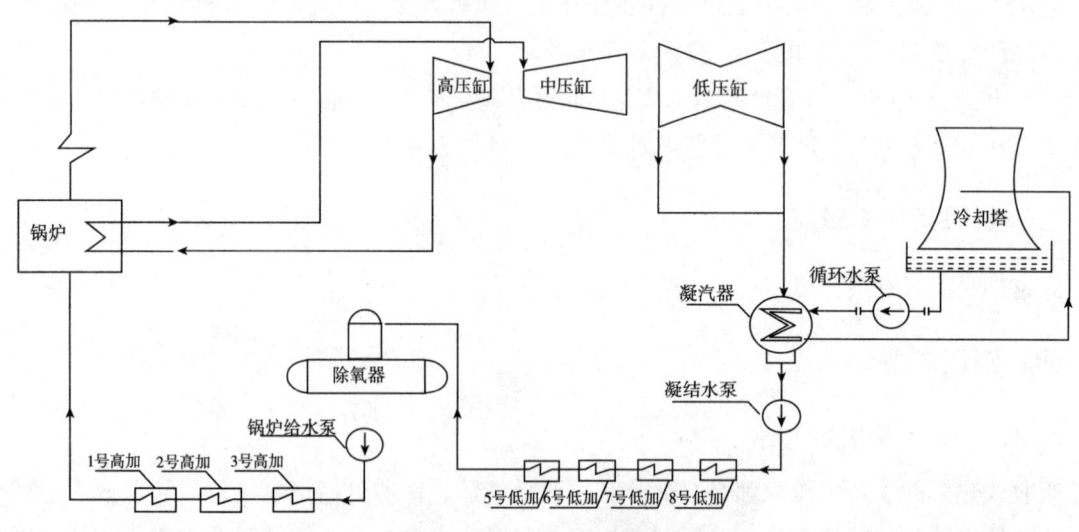

图1　发电系统工艺流程

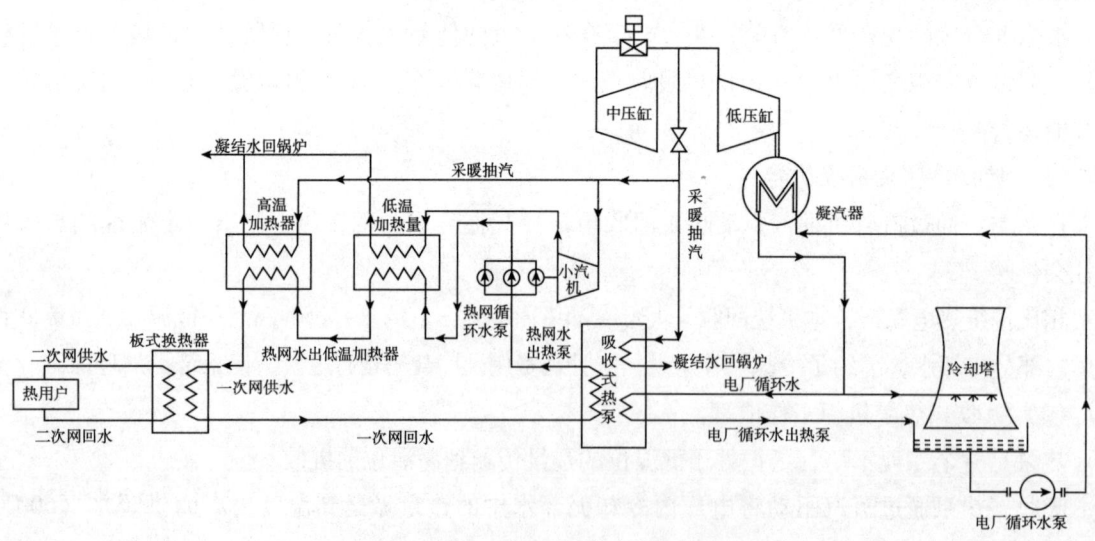

图2　改后安装吸收式热泵工艺流程

五、项目年节能量及年节能效益

1. 年节能量

(1) 项目改造前基准能耗指标核实情况。

项目改造前基准能耗为 445315.9tce。

2×670MW 纯凝机组基期能量利用率 η_1：

$$\eta_1 = \frac{基期上网量 \times 0.1229\text{kgce/kW}\cdot\text{h}}{基期投入原煤折标量} \times 100\%$$

其中：基期上网电量 140766.7×10^4kW·h；

基期投入原煤折标量 445315.9×10^3kgce；

则 $\eta_1 = \dfrac{140766.7\times10^4\text{kW}\cdot\text{h}\times 0.1229\text{kgce/kW}\cdot\text{h}}{445315.9\times10^3\text{kgce}}\times100\% = 38.85\%$

(2) 项目改造后能耗指标核实情况。

2×670MW 纯凝机组改造后能量利用率 η_2：

$$\eta_1 = \frac{改造后上网量 \times \dfrac{0.1229\text{kgce}}{\text{kW}}\cdot\text{h} + 改造后供热量 \times 热力折标系数}{改造后发电耗标煤量 + 供热耗标煤量} \times 100\%$$

其中：改造后上网电量 121033.82×10^4kW·h；

改造后发电耗标煤量 347283.89×10^3kgce；

供热量 1786675×10^3MJ；

供热耗标煤量 75934.15×10^3kgce；

因此：$\eta_2 = \dfrac{121033.82\times10^4\text{kW}\cdot\text{h}\times0.1229\text{kgce/kW}\cdot\text{h} + 1786675\times10^3\text{MJ}\times0.03412\text{kgce/MJ}}{347283.89\times10^3\text{kgce} + 75934.15\times10^3\text{kgce}}\times100\%$

$=49.55\%$

(3) 项目节能量计算方法及结果。

节能量计算方法：项目改造前后企业能量利用率的提高与改前能耗的乘积即为节能量。

计算公式：

$$Q_{直节} = Q_{前能} \times (\eta_2 - \eta_1)$$

式中：

$Q_{直节}$：节能量；

$Q_{前能}$：项目改造前基准能耗；

η_1：项目改造前企业能量利用率；

η_2：项目改造后企业能量利用率；

项目年节能量为 $445315.9\times(49.55\%-38.85\%) = 4764.88$tce。

2. 年节能效益

年回收余热约70万吉焦，产生节能效益1925万元。

六、商业模式

该项目采用节能效益分享型合同能源管理方式运行，全部投资均由节能服务公司承担，项目合同期10年，节能服务公司与用能单位的分享比例为8:2。

七、投资额及融资渠道

该项目总投资1.2亿元，其中申请北京中创融资租赁有限公司融资租赁9180万元，剩余资金由节能服务公司自筹。

山西国锦煤电有限公司一期 2×300MW 发电机组乏汽回收再利用供暖改造项目

一、项目名称

山西国锦煤电有限公司一期 2×300MW 发电机组乏汽回收再利用供暖改造项目

二、项目业主

山西国锦煤电有限公司一期工程由山西国际电力集团公司和美锦能源集团有限公司分别按 51% 和 49% 的比例共同出资组建，山西国锦煤电一期工程地处山西省吕梁市交城县夏家营镇王明寨村西。一期工程建设规模为 2×300MW 亚临界空冷供热机组，配置 2×1070t/h 国产自主开发型循环流化床锅炉，该工程于 2015 年 5 月正式投入商业运行，预计年发电量可达 33 亿 kW·h，可提供采暖供热量 297MJ，供热面积 495×10^{4}m^2，并提供 50t/h（每台机组）工业用汽，替代数十台燃煤小锅炉，改善地区环境污染。

三、项目实施单位

广州智光节能有限公司

四、案例内容

1. 技术原理及适用领域

该项目对供热系统进行改造，供热期在空冷机组上采用高背压热能转换梯级利用技术（空冷机组可以高背压运行），提高背压（如从机组冬季正常背压 9~10KPa 提高到 25~34KPa），实现直接供热，排出的乏汽直接加热热网循环水，实现了蒸汽热量的大部和全部利用，变蒸汽废热为有效供热热量，汽轮机的冷源损失大幅减少，综合煤耗大幅下降。供热改造后单台机组最大年供热能力可达 693.3 万 GJ，一方面可大幅降低供热期的发电煤耗，另一方面可增加机组供热能力，达到向太原市供热 1200 万 m^2 和向交城县供热 300 万 m^2 的供热能力。适用于配置空冷机组的热电联产燃煤火力发电厂。

2. 节能改造具体内容

山西国锦煤电有限公司空冷机组高背压供热改造原理如图 1 所示，改造的具体内容为：将 2×300MW 机组的两台主机各增设一旁路排汽至热网凝汽器，利用通过凝汽器表面换热来加热热网循环水回水。1、2 号热网凝汽器串联运行。在 1 号凝汽器入口蒸汽管道上各新装 1 台 4 米直径的真空电动蝶阀，空冷岛上方原 6 列排汽支管中未装设阀门的 3 列，本次改造在此 3 列处增设 2.4 米直径大口径真空电动蝶阀，确保 1 号机组的全部 6 列排汽支管上均装有了隔离阀，便于机组在供热期运行时利用这些阀门，实现对空冷凝汽器的方便调整和切除。2 号机组同理改造。

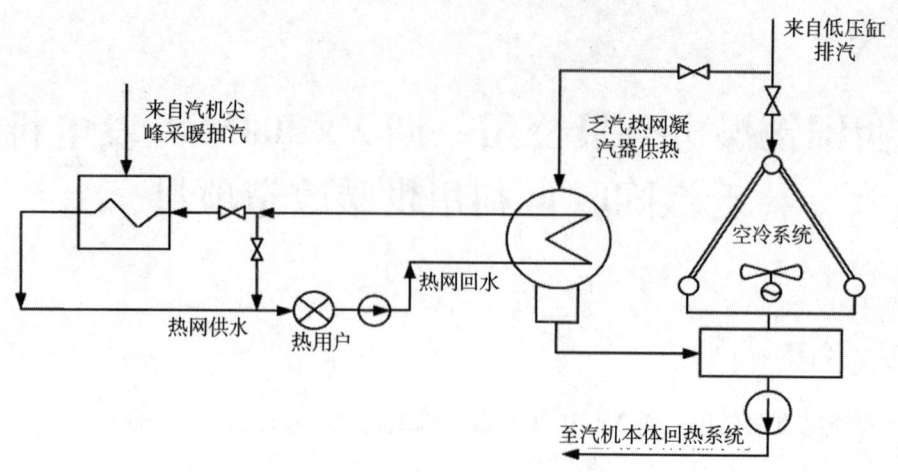

图1 乏汽回收供暖节能改造原理

在采暖季,当热网循环水供水温度要求低于62℃时,仅利用汽轮机排汽通过热网凝汽器加热循环水即可满足供热要求;在供热高峰期,当供水温度要求高于62℃时,除利用汽轮机排汽通过热网凝汽器加热循环水作为基本加热手段外,还需利用原五段抽汽供热系统,提供部分五段抽汽作为尖峰加热手段,继续加热循环水,从而达到外网要求的供水温度。该项目新增主要设备设施为:

增加热网凝汽器进行乏汽回收,并增加热网循环水泵供回水;增加热网加热器进行二次梯级加热,满足尖峰热负荷的供热需求;增加热网疏水泵和排水泵等辅助设施对二次加热蒸汽凝结水进行回收。

3. 项目实施进度

项目于2015年8月3日签订合同,8月8日开始进行。一期供热热网工程改造于2015年10月31日竣工。竣工投运以来,设备运行正常、稳定。

五、项目年节能量及年节能效益

1. 年节能量

(1) 改造前后系统(设备)用能情况及主要参数。

①1、2号机组改造前后发电煤耗、供电煤耗、厂用电率变化对比如表1。

表1 1、2号机组改造前后发电煤耗、供电煤耗、厂用电率变化对比

改造	时间	1号机组			2号机组			全厂		
		发电煤耗(g/kW·h)	供电煤耗(g/kW·h)	发电厂用电率(%)	发电煤耗(g/kW·h)	供电煤耗(g/kW·h)	发电厂用电率(%)	发电煤耗(g/kW·h)	供电煤耗(g/kW·h)	发电厂用电率(%)
前	2015年9月1日—30日	312.20	344.90	9.48	313.2	346.10	9.51	312.7	345.5	9.49

续表

改造	时间	1号机组			2号机组			全厂		
		发电煤耗 (g/kW·h)	供电煤耗 (g/kW·h)	发电厂用电率 (%)	发电煤耗 (g/kW·h)	供电煤耗 (g/kW·h)	发电厂用电率 (%)	发电煤耗 (g/kW·h)	供电煤耗 (g/kW·h)	发电厂用电率 (%)
后	2015年11月1日—30日	278.70	310.26	9.24	311.1	343.64	9.47	294.90	326.95	9.35
煤耗差值		-33.50	-34.64	-0.24	-2.10	-2.46	-0.04	-17.80	-18.55	-0.14

②1、2号机组乏汽回收供暖改造前后情况对比。

改造前，乏汽直接通过空冷凝汽器冷却，乏汽凝结水自流至主机排汽装置。改造后，将汽轮机排汽中的一部分引至热网凝汽器，通过热网凝汽器加热循环水。根据太原热力公司的要求，改造后山西国锦煤电有限公司一期工程热网首站采用大温差供热，近期供回水温度125℃～120℃/50℃，远期管网设计供回水温度125℃/120℃～31.4℃。运行方式采用质调，曲线图如图2所示。

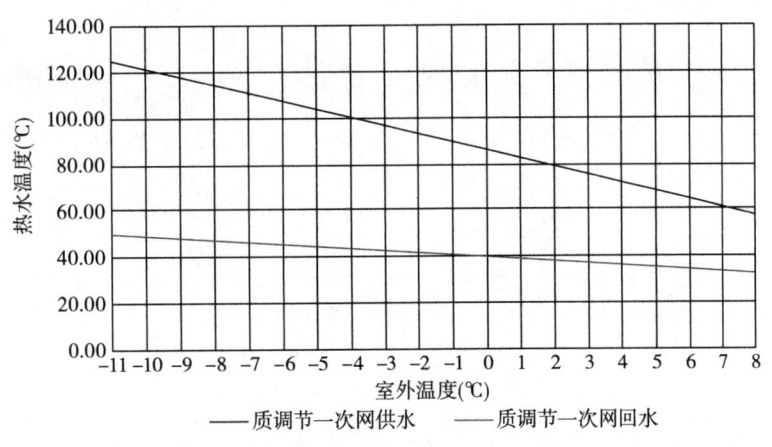

图2 质调节曲线

在供热期间，在供热初末期当热网循环水供水温度要求低于68℃时，仅利用汽轮机排汽通过两级热网凝汽器加热循环水，使其回水水温由50℃提高至62℃即可满足供热要求；在供热高峰期，当供水温度要求高于62℃时，除利用汽轮机排汽通过热网凝汽器加热循环水作为基本加热手段由50℃提高至62℃外，还需利用常规热网站五段抽汽供热系统，继续加热循环水，从而达到外网要求的供水温度。

该项目凝汽器循环水的进水流量10000t/h，空冷岛压力为25～34KPa，排汽焓值在2550～2610kJ/kg变化，则循环水进水温度每升高1℃，对应的排汽量为18t/h左右，所以可以认为循环水流量为10000t/h时，循环水温度每升高1℃，需要的排汽量为18t/h。

(2) 节能量计算方法及项目年节能量。

该项目通过实际运行数据分析得出，改造后发电煤耗、供电煤耗、厂用电率均有所下降，该部分效益归用能单位所有，未纳入本次节能量计算。此次节能量计算范围为增设凝汽器和高背压方式所带来的乏汽供暖收益。在回水管道上装设温度计量装置，同时在热网凝汽器加热后的一级加热供水管道上装设流量和温度计量装置按设计估算流量10000t/h计算，经过乏汽加热平均温度由50℃提高至62℃，太原供暖时间自2015年11月1日至次年3月30日，保暖期运行时间约3600小时。

计算得出年供热量为181.44万GJ，折标准煤为61907t。

2015年11月1日投运，截至2015年12月15日共45天数据，通过计量表读出改造后通过乏汽的供暖量为568320GJ，按年运行时间为3600h，则年供热量为189.44万GJ。

2. 年节能效益

当地供热热价为20元/GJ，按计算值合计年节能效益3628.8万元。通过实际运行数据换算年节能效益3788.8万元。

六、商业模式

该项目采用节能效益分享型合同能源管理模式实施，在节能效益分享期内，节能服务公司和用能企业共同分享节能效益。该项目节能效益分享期结束后，项目资产的所有权及继续运行所必需的技术资料将无偿转让给用能企业，并且用能单位享有项目后续全部节能效益。

七、投资额及融资渠道

该项目总投资9980万元，其中节能服务公司自有资金2994万元，融资6986万元。

大唐韩城第二发电有限责任公司一、二期汽轮机冷端联合优化运行改造项目

一、案例名称

大唐韩城第二发电有限责任公司一、二期汽轮机冷端联合优化运行改造项目

二、案例业主

大唐韩城第二发电有限责任公司位于陕西省韩城市龙门镇,一期工程安装两台600MW亚临界燃煤湿冷机组,汽轮机为日本东芝公司产品,2005年11月投产发电;二期工程安装两台600MW亚临界直接空冷燃煤机组,汽轮机为东方汽轮机厂产品,空冷岛为GEA公司产品,2008年8月建成投产发电。

韩城第二发电有限公司二期工程投产后,夏季气温偏高、环境恶化致使空气中的灰尘含量高等原因导致空冷器冷却能力下降,因而在实际运行中空冷机组背压偏高,机组热耗偏大,难以达到设计值;同时,空冷机组的运行背压也逐年下降,夏季运行时非满发小时数增加。

三、项目实施单位

陕西万方节能科技股份有限公司

四、案例内容

1. 技术原理及适用领域

技术原理:采用湿冷机组的凝结水来冷却空冷机组的部分乏汽。两种类型的机组在夏季工况下排汽温度相差较大(相差20℃左右),如用湿冷机组凝结水冷却部分空冷机组的乏汽,同时将湿冷机组的凝结水温提高,则一方面减轻了空冷岛的负荷,降低空冷机组的背压;另一方面湿冷机组凝结水温度提高,减少回热抽汽量,降低了机组的热耗。因而,采用空湿冷机组冷端联合运行,对湿冷、空冷机组的运行指标均有着好的影响。

适用领域:适用于空湿冷机组并存的火力发电厂。

2. 节能改造内容

在空冷机组2根DN6000mm主排汽管道的联络管上膨胀节两侧引出两路乏汽,乏汽进入凝汽器换热,可吸收空冷机组约3.4%乏汽的热负荷。采用一期工程凝结水泵后的凝结水作为循环冷却水进行冷却,因管道较短且凝汽器阻力较小,凝结水泵的计裕量完全可满足阻力要求,不需要再增设循环泵。空冷机组部分抽真空管道和凝结水均接入原空冷机组真空和凝结水系统。在主排汽管道的联络管膨胀节两侧引出两路乏汽,管道短且联络管上开孔小,同时可有效解决排汽管道的压力平衡和热膨胀问题。

五、项目年节能量及年节能效益

1. 年节能量

（1）湿冷机组计算。

轴封加热器出口至 8 号低加入口凝结水吸热量：

$$G_{nz} = G_n \times (H_8^r - H_z)$$

式中：

Q_{nz}：轴封加热器至 8 号低加入口凝结水吸收热量，kJ；

G_n：凝结水流量，t/h；

H_8^r：8 号低加入口凝结水焓，kJ/kg；

H_z：轴封加热器出口凝结水焓，kJ/kg。

凝结水通过 8 号低加试验吸热量：

$$G_{n8} = G_n \times (H_8^c - H_8^r)$$

式中：

Q_{n8}：凝结水通过 8 号低加试验吸热量，kJ；

G_n：凝结水流量，t/h；

H_8^c：8 号低加出口凝结水焓，kJ/kg；

H_8^r：8 号低加入口凝结水焓，kJ/kg。

凝结水通过 8 号低加吸热量偏差：$Q_O = Q_S - Q_{n8}$

式中：

Q_O：凝结水通过 8 号低加吸热量偏差，kJ；

Q_s：凝结水通过 8 号低加设计吸热量，kJ。

8 号低加抽汽减少量：

$$G_8 = \frac{Q_O}{H_8^p - H_8^s}$$

式中：

G_8：8 号低加抽汽减少量，t/h；

H_8^p：8 号低加抽汽焓，kJ/kg；

H_8^s：8 号低加疏水焓，kJ/kg。

（2）空冷机组计算。

排汽抽汽热量：

$$G_{ca} = Q_{ns}$$

式中：

Q_{ca}：排汽抽汽热量，kJ。

排汽抽汽流量：

$$G_a = \frac{Q_{ca}}{H_a^p - H_a^n}$$

式中：

G_a：排汽抽汽量，t/h；

H_a^p：排汽焓，kJ/kg；

H_a^n：疏水焓，kJ/kg。

在一、二期汽轮机冷端联合优化运行方式下，一期湿冷机组凝结水经过二期空冷机组乏汽加热后，可降低湿冷机组抽汽量 37.47t/h，每小时可多发电 1787.46kW·h，折合到煤耗，可降低机组供电煤耗 0.94g/kW·h。

二期空冷机组部分乏汽被抽走后，进入空冷岛的蒸汽量减少，空冷岛的热负荷降低，按照全部空冷风机定频运行方式下可降低 1.7kPa 的背压，折合到机组的供电煤耗，可降低煤耗 2.44g/kW·h。

在机组满负荷情况下，冷端换热器的端差为 2.86℃，温度升为 17.81℃。

采用冷端联运方式，每年可节约标煤 6100 吨。

2. 年节能效益

当地煤价为 500 元/吨，年节能效益为 305 万元。

六、商业模式

该项目采用节能效益分享型合同能源管理模式，项目合同期 6 年，前三年节能服务公司分享 100% 节能收益，后三年节能服务公司分享 73% 节能收益。

七、投资额及融资渠道

该项目投资 900 万元，其中 400 万元为节能服务公司自有资金，500 万元来自招商银行流动资金贷款。

八、优惠政策

该项目获得西安市高新区国税局批准的增值税全免、所得税三免三减半的税收优惠政策。

山东海化集团热力电力分公司三电厂 1~3 号炉一二次风机高压电机变频节能改造项目

一、案例名称

山东海化集团热力电力分公司三电厂 1~3 号炉一二次风机高压电机变频节能改造项目

二、案例业主

山东海化集团热力电力分公司系海化集团自备热电厂，属中型热电联产企业，主要承担山东海化集团在滨海经济开发区内企业生产和居民的热力、电力供给任务，是集发供电、产供汽于一体的现代化热电联产企业。

热电分公司现有 35t/h 链条炉 3 台（即二电厂 1、2、3 号炉）、130t/h 煤粉炉 3 台（即热电厂 3~5 号炉）、220t/h 流化床锅炉 1 台（即热电厂 6 号炉）、240t/h 流化床锅炉 6 台（即热电厂 7~12 号炉）、600t/h 流化床锅炉 3 台（即三电厂 1~3 号炉）；有 6MW 抽凝机组 2 台（即二电厂 1、2 号机组）、12MW 抽背机组 1 台（即热电厂 4 号机组）、24MW 抽凝机组 1 台（即热电厂 5 号机组）、24MW 抽背机组 1 台（即热电厂 6 号机组）、50MW 抽凝机组 2 台（即热电厂 7、8 号机组）、150MW 抽凝机组 1 台（即三电厂 1 号机组）、30MW 抽背机组 1 台（即三电厂 2 号机组）。

2007—2009 年主要产品单耗如表 1 所示。

表 1 海化集团热力电力分公司 2007—2009 年单耗指标

能耗指标	单位	2007 年	2008 年	2009 年
发电煤耗	gce/kW·h	359.14	356.7	353.04
供电煤耗	gce/kW·h	369.76	375.1	389.84
供汽煤耗	kgce/t	122.51	125.68	123.78

注：数据来源于《山东海化集团有限公司能源审计报告》2010 年版。

三、项目实施单位

中海油节能环保服务有限公司

四、案例内容

1. 技术原理及适用领域

风机作为一种流体机械，流量调节方式通常有风门调节和变频调节。通过调节风门开度即用挡板的形式来调节风机的风量，实际上是改变风道的阻力特性曲线，以达到改变流量的目的。这种方式最简单、最直接，但是浪费能量，操作人员无法调节风机转速，不管负荷如何变化，风机均维持在最高转速运行，大量的能量浪费在了管阻上。

从流体力学的原理得知，风机风量与转速的一次方成正比，压力与转速的平方成正比，功率与转速的三次方成正比。通过改变风机的转速来调节流量，可从根本上消除风机因选型或负荷变化而普遍存在的"大马拉小车"的动力浪费现象，消除挡板节流阻力，使风机始终运行在最佳工作状态，节能潜力非常大，节能效果非常明显。变频器作为国家重点推广的节能技术，在风机、水泵节能改造中具有重要推广价值。

变频调速系统采用一体化设计的理念，包括变压器柜、功率柜、控制柜及工频旁路柜等所有部件及内部连线，用户只需连接高压输入、高压输出、低压控制电源和控制信号线即可。控制系统采用全数字微机控制，具有就地监控和远方监控两种控制方式。

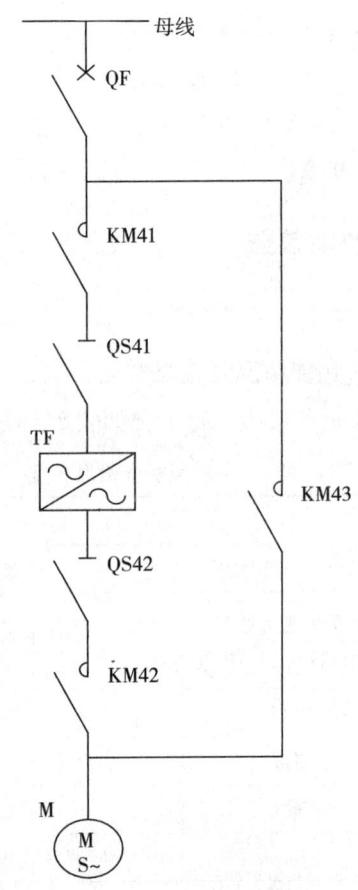

图1　带隔离一拖一自动旁路方案

方案基本原理：由3个高压真空接触器KM41、KM42、KM43和2个高压隔离开关QS41、QS42组成。要求KM41、KM42不能和KM43同时闭合，在电气上实现互锁。变频运行时，KM41和KM42闭合，KM43断开；工频运行时，KM43闭合，KM41和KM42断开。QF及M为现场原有设备。

2. 节能改造具体内容

针对山东海化集团热电分公司三电厂1~3号炉一二次风机高压变频项目，节能服务公司提供最新设计的电压源型高压变频调速装置，通过加装高压变频器实现对电动机转速调节，满足系统运行需要，同时达到节电目的。该项目对热电公司三电厂1~3号炉6台一次风机和6台二次风机高压电机做变频节能改造。其中一次风机额定功率为2400kW，二次风机额定功率为1400kW，拟改造设备总装机容量22800kW。该项目涉及的施工内容有：土建（主要为新作部分电缆沟和墙体拆建）、变频柜安装、电缆敷设、空调安装、地砖地面、涂装工程等。

3. 项目实施进度

项目可研：2014年2月至3月；

工程设计：2014年4月至6月；

中标日期：2014年7月21日；

施工合同签订：2014年7月30日；

开工日期：2014年8月5日；

设备投运时间：3号炉 2014年10月14日；

2号炉 2014年11月25日；

1号炉 2014年12月26日；

全部完工时间：2015年1月9日。

五、项目年节能量及年节能效益

1. 年节能量

（1）改造前后系统（设备）用能情况及主要参数。

12台风机电机具体参数及改造前典型运行工况如表2、表3、表4所示。

表2 一次风机参数及工况

风机铭牌参数		电机铭牌参数	
型号	RJ35-SW2450F	型号	YKK710-4
生产厂家	江苏南通金通灵风机有限公司	生产厂家	上海电气集团上海电机有限公司
类型（离心/轴流）	离心	转子（鼠笼/绕线）	鼠笼
调节方式（挡板）	挡板	启动方式（直起/软起）	直起
挡板位置（前/后）	前	额定功率（kW）	2400
轴功率（kW）		额定电压（kV）	10
额定风量（m³/h）	265000	额定电流（A）	163
挡板门开度	25%	功率因数（cosφ）	0.88
正常运行时的实际风量		额定转速（rpm）	1495
效率（%）	70%~80%	额定频率（Hz）	50
额定风压（kPa）	26	正常运行时的实际电流（A）	107~112
正常运行时的实际风压（kPa）	17	电动机的效率（kW）	
额定转速（rpm）	1495		

注：采集3台炉，每台炉2台一次风机，共6台数据。

表3 二次风机参数及工况

风机铭牌参数		电机铭牌参数	
型号	RJ40-SW2120F	型号	YKK630-4
生产厂家	江苏南通金通灵风机有限公司	生产厂家	上海电气集团上海电机有限公司
类型（离心/轴流）	离心	转子（鼠笼/绕线）	鼠笼
调节方式（挡板）	挡板	启动方式（直起/软起）	直起
挡板位置（前/后）	前	×额定功率（kW）	1400
轴功率（kW）		×额定电压（kV）	10
额定风量（m³/h）	220000	×额定电流（A）	92.1
挡板门开度	35%~90%	×功率因数（cosφ）	0.918
正常运行时的实际风量		额定转速（rpm）	1493
效率（%）	70%~80%	额定频率（Hz）	50
额定风压（kPa）	17	正常运行时的实际电流（A）	75
正常运行时的实际风压（Kpa）	13	电动机的效率（kW）	
额定转速（rpm）	1480		

注：采集3台炉，每台炉2台一次风机，共6台数据。

表4 改造后12台风机电机典型运行工况

项目	一次风机	二次风机
频率（Hz）	38~40	37~44
输入电压（kV）	10.25	10.25
输出电压（kV）	7.9	7.5
输入电流（A）	68	43
输出电流（A）	95	55
功率因数（cosφ）	0.98	0.98
功率（kW）	1190	750

（2）节能量计算方法及项目年节能量。

①节能量计算方法。

根据相似定律，变频前后功率比为：$\frac{P_b}{P_d} = (\frac{n_b}{n_d})^3 / \eta_1 = (\frac{Q_b}{Q_d})^3 / \eta_1$，其中：变频装置效率为0.96，风机效率修正系数为0.8。

变频后达到同等工况时，电机消耗的网侧功率约为：$P_b = Pe \times (\frac{n_b}{n_d})^3 / \eta_1 / \eta_2$，其中Pe为电机额定功率。

风机工频运行时采用风门控制，风量根据经验数据估算，如风门开度在50%左右时，风机的风量大约为风机额定风量的70%左右。则此工况下的变频功耗为：

$$P_b = Pe \times (\frac{n_b}{n_d})^3 / \eta_1 / \eta_2 = Pe \times (70\%)^3 / 0.96 / 0.8；$$

变频后相对于工频节省的电量约为：$\Delta P = P_d - P_b$；

变频前后节电率为：$k = P_d/P_b$；

风机工频时功率 P_d：$P_d = \sqrt{3} \times U \times I \times \cos\varphi$；或由电能表直接计量。

计算中风门开度与风量关系为经验值，因此在节能量计算式存在一定误差。

②项目年节能量。

改造后，企业可实现年节电量 1996.75 万 kW·h，折合 6589 吨标煤，减排 CO_2 16053 吨。

2. 年节能效益

该项目电价 0.4464 元/kW·h，年节能效益 891.35 万元。

六、商业模式

该项目采用节能效益分享型合同能源管理模式实施，建设期为 90 天，节能效益分享期为 5 年。节能效益分享期内，双方按照每季度实测数据确认项目节能量，以固定电价 0.4464 元/kW·h，按表 5 所示分享比例分享节能效益。

表 5　节能效益分配比例

年度	节能效益分配		
	甲方（热电公司）比例（%）	乙方（节能服务公司）比例（%）	小计 比例（%）
第 1 年	25	75	100
第 2 年	25	75	100
第 3 年	25	75	100
第 4 年	50	50	100
第 5 年	75	25	100

该项目于 2015 年 2 月 15 日进入效益分享期，实测节能量高于合同预计节能量 84.76 万 kW·h/年，达到了预计节能效果，获得了可观的经济收益。

七、投资额及融资渠道

该项目投资 1313.14 万元，全部为节能服务公司自筹。

山西阳光发电有限责任公司1号炉空预器改造合同能源管理项目

一、项目名称

山西阳光发电有限责任公司1号炉空预器改造合同能源管理项目

二、项目业主

山西阳光发电有限责任公司位于阳泉市平定县境内,距阳泉市区15公里,前身为山西阳泉第二发电厂,是国家"八五"重点建设工程,总投资约55亿元人民币,总装机容量为4台30万千瓦凝汽式燃煤发电机组。2006年4月18日,公司4台机组脱硫除尘工程正式开工建设,2007年9月4台机组烟气脱硫系统全部投入运行,成为山西省首家一次性完成全部机组脱硫改造的百万千瓦级火力发电厂。

三、项目实施单位

山西国科节能有限公司

四、案例内容

1. 技术原理及适用领域

(1) 技术原理。

该项目应用的主要技术是空气预热器密封改造技术。整个系统由智能调控技术、贴附式弹性密封装置、垂板重力式密封装置构成。该技术根据"漏风控制"原理设计,通过调整扇形板控制间隙,贴附板、垂板式弹性密封装置使扇形板和转子形成双道密封间隙补偿,降低了空预器漏风率,实现空预器长周期稳定运行。

该系统可以实现锅炉不同负荷时的间隙补偿,最大程度降低漏风率。若扇形板不能移动调整,则可采用热端径向密封加装垂板重力式密封装置进行改造。

(2) 适用领域。

该技术适用于火力发电机组节能改造。

2. 节能改造具体内容

(1) 改造前存在的问题。

①空预器漏风严重,导致一次风压降低,为了防止一次风管堵管,只能增大一次风机挡板开度,增加一次风机和送风机的出力,厂用电相应增加。

②一次风和二次风大量漏到烟气中,增加引风机出力,厂用电相应增加。

③由于漏风严重,烟气温度降低,空预器受热面腐蚀和堵塞较严重,锅炉热效率降低,这

些都将影响机组的安全经济运行。

④空预器径向隔板仓存在局部开裂,严重时造成转子下沉,损坏冷端T型钢及环向密封。尽管对开裂处进行了补焊修复,但仍存在开裂。

⑤空预器冷热端T钢损坏严重。

⑥A、B空预器存在围带值串动偏大。

⑦热端弧形板局部冲刷。扇形板局部磨损严重。挡板轴头盘根漏灰;空预器本体及烟道漏灰。

⑧减速机轴封漏油。

(2)各改造系统工艺流程及关键参数。

①热端径向固定式密封片安装。

②将热端径向原有固定式密封片拆除,安装新的密封片,密封片各处间隙如图1所示:

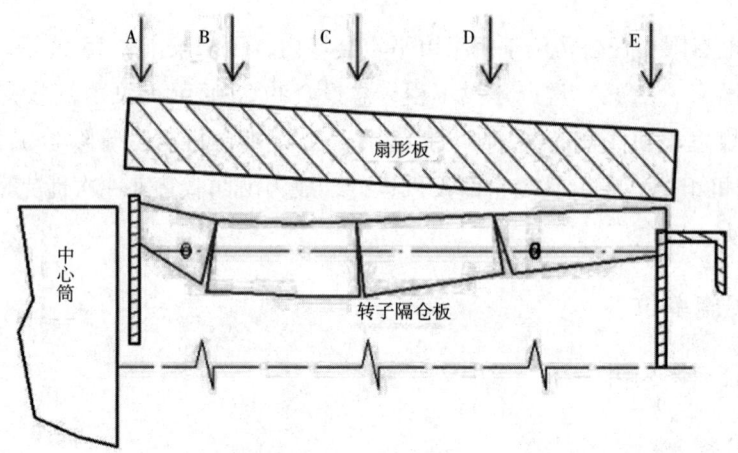

图1 热端径向固定式密封片安装间隙示意图

③热端径向加装贴附式弹性密封组件。

热端径向加装贴附式弹性密封组件如图2、图3所示。

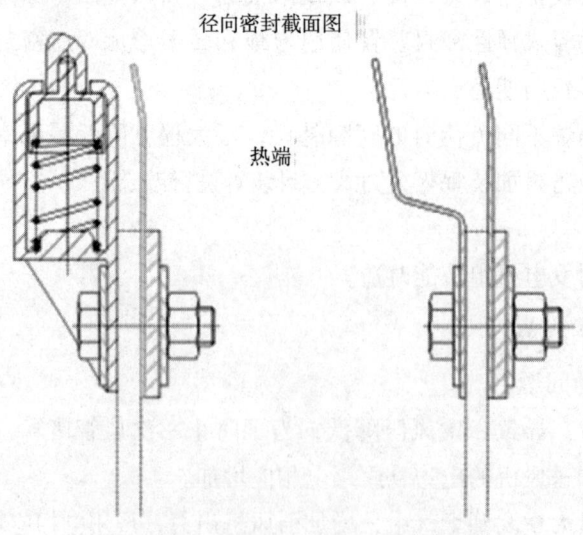

图2 热端径向贴附式密封组件装配图

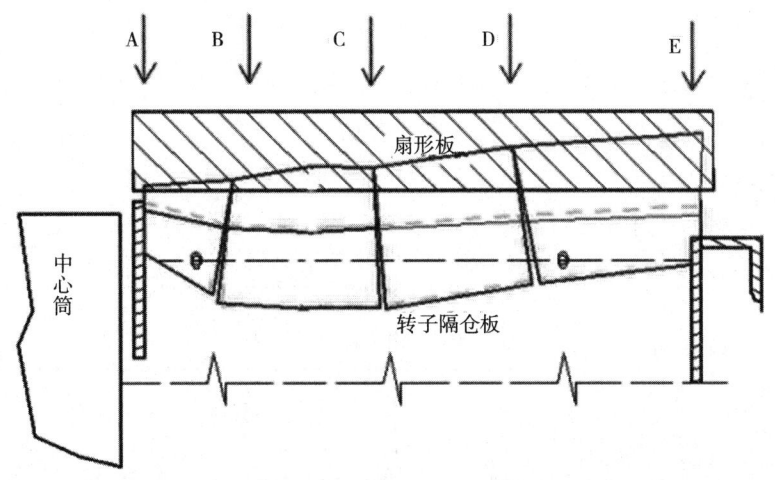

图3　热端径向接触式密封片安装间隙示意图

④冷端径向固定式密封片安装。

冷端径向密封片原密封片拆除，密封片各处间隙如图4所示。

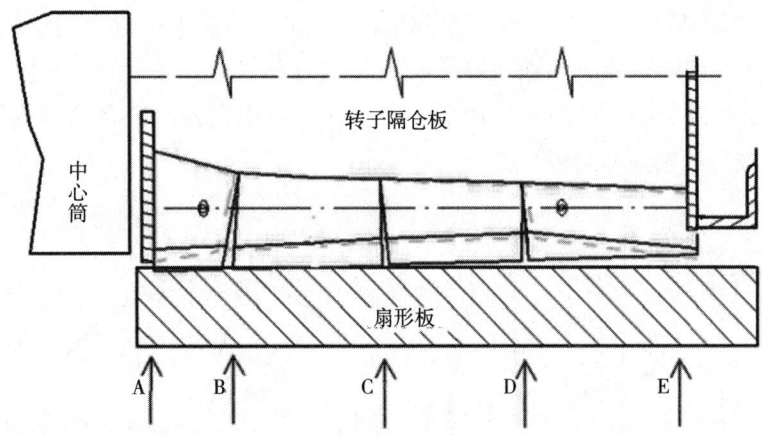

图4　冷端径向固定式密封片安装间隙示意图

⑤冷端径向加装贴附式密封组件。

贴附式密封组件装配如图5，密封片安装间隙如图6。所以，上述各处间隙须待固定密封间隙后确定。在此基础上移动8mm即可，也就是说在运行中贴附式密封的接触器要高出冷端扇形板8mm，相应的有8mm的余量。

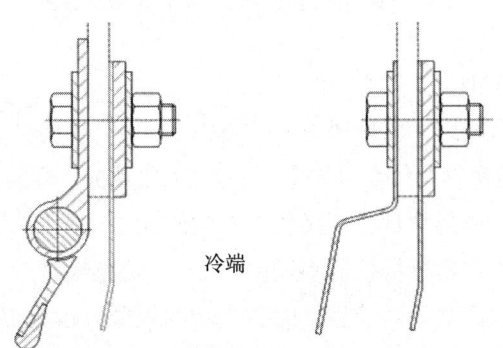

图5　冷端径向接触式密封组件装配图

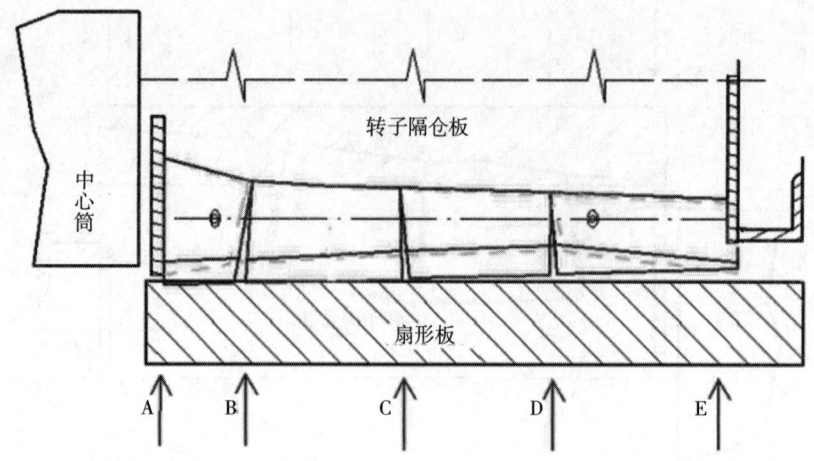

图6 冷端径向接触式密封片安装间隙示意图

⑥轴向密封片更换。

更换轴向密封片,重新调整密封间隙。调整轴向密封片以转子法兰最高点为基准安装轴向密封标尺,保证所有轴向密封片与标尺安装吻合。密封片厚度1.5mm的1Cr18Ni9Ti材质密封片。沿着每个转子径向隔板外侧的轴向边缘安装有轴向密封片。运行时,轴向密封片和静止的轴向密封板之间的间隙最小。轴向密封片上开腰形螺栓孔用螺栓固定在径向隔板上,密封片可沿着径向(靠近或远离轴向密封板)调节。

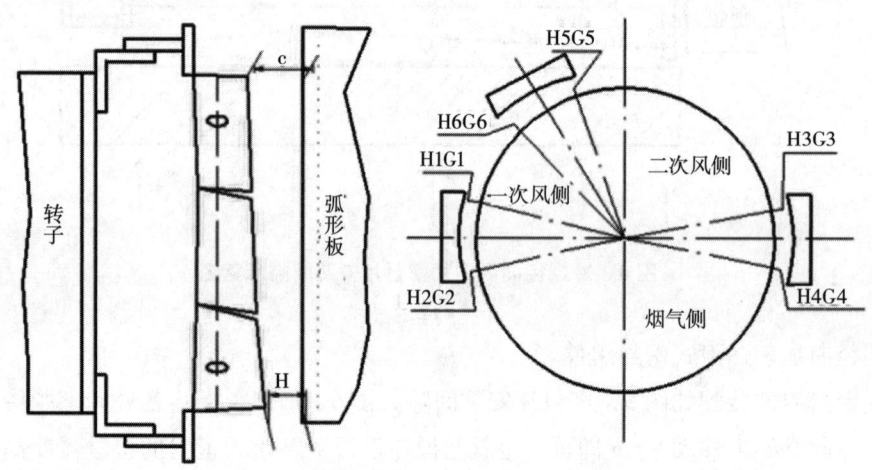

图7 轴向固定式密封片安装间隙示意图

(3) 节能改造后取得的效果。

①满负荷情况下空预器漏风率保证值为:一年内不大于5%,并且保持稳定。第二至第五年不大于6%。所更换的各类密封组件在合同期内不发生因腐蚀、磨损导致漏风增大现象。

②两台空预器热端径向密封片具备了接触式密封性能,密封效果好。

③不同负荷工况下,空预器维持较低漏风率,并长期稳定运行,经济性能好。

④基本消除了不同工况下空预器动静碰磨和卡转的现象,运行更安全。

⑤提升了引风机、送风机、一次风机节电运行能力。

⑥改前改后空预器运行电流基本不变，单位换热电耗下降。
⑦空预器热效率提高。
⑧维护量和维护成本低。
⑨空预器电流运行平稳，不会出现电流波动大现象。

改造前后风机电流参数对比如表1、表2。

表1 改造前风机电流参数

名称	单位	1A	1B	工况标准
送风机电流	A	64.82	62.31	主蒸汽流量955t/h
一次风机电流	A	39.41	35.24	
引风机电流	A	215.12	218.5	
送风机电流	A	44.12	44.52	主蒸汽流量667.91t/h
一次风机电流	A	39.8	42.12	
引风机电流	A	105.33	97.25	

表2 改造后风机电流参数

名称	单位	1A	1B	工况标准
送风机电流	A	55.91	55.68	主蒸汽流量955t/h
一次风机电流	A	36.73	36.51	
引风机电流	A	199.21	188.16	
送风机电流	A	43.95	44.36	主蒸汽流量667.91t/h
一次风机电流	A	37.7	37.87	
引风机电流	A	88.31	78.79	

3. 项目实施进度

在与业主单位业务沟通过程中获悉其有空预器改造需求，节能服务公司市场开发部经多方了解后，于2019年2月初在公司内部进行立项讨论，完成项目建议书并递交业主进行沟通，7月签订合同。项目于2019年9月3日开始施工，11月13日竣工，目前运行效果良好，得到业主的好评。

五、项目年节能量及年节能效益

1. 年节能量

（1）改造前后系统（设备）用能情况及主要参数。

计算条件：

电流下降值 I_1：75A（送风机、引风机、一次风机合计电流下降值）；

电动机电压 U_1：6.0KV 10KV；

机组容量：320MW；

机组年运行小时 H：6000h；

机组年利用小时 H_1：4500h；

机组供电煤耗：340g/kW·h；

标准煤单价：540元/吨；

改造效果：

改造前空预器漏风率：11.5%；

改造后空预器漏风率：5%。

（2）节能量计算方法及项目年节能量。

年节能量＝年节约电量＋年节约煤量；

年节约电量＝改造后排烟阻力下降值×能耗系数×年发电利用小时；

年节约煤量＝改造后排烟温度下降值×能耗系数×年发电量。

①年节约电量：$W = \sqrt{3} \times U_1 \times I_1 \times \cos\varphi \times H = 397.5 \times 10^4 kW·h$，折合标准煤1351.5tce。

②年节约煤量。

空预器漏风率每降低1%，机组供电煤耗可降低0.18g/kW·h；

漏风率由改造前的11.5%降至5%，漏风率下降6.5%；

年节约供电煤耗：0.18g/kW·h×6.5＝1.17g/kW·h；

年节约标煤量：$4500h \times 1.17g/kW·h \times 320 \times 10^3 kW = 1684.8tce$。

③总节能量。

年节能量＝年节电量＋年节煤量＝1351.5＋1684.8＝3036.3tce。

2. 年节能效益

年节电收益：397.5万kW·h×0.32元/kW·h＝127.2万元；

年节煤收益：按标煤单价540元/吨计算，年节约燃料成本90.98万元；

年总收益＝年节电收益＋年节煤收益＝127.2＋90.98＝218.18万元。

六、商业模式

该项目为节能效益分享型合同能源管理项目，合同期五年，分享比例如下：

第1至第24个月，用能单位：节能服务公司＝5%：95%；

第25至第60个月，用能单位：节能服务公司＝10%：90%。

合同期内设备归节能服务公司所有，合同到期后无偿转让给业主方。

七、投资额及融资渠道

该项目投资额650余万元，全部为节能服务公司自有资金。

建材行业

山东通用玻纤有限公司热风炉节能改造合同能源管理项目

一、项目名称

山东通用玻纤有限公司热风炉节能改造合同能源管理项目

二、项目业主

山东通用玻纤有限公司成立于2008年9月26日，地址位于山东莘县张寨工业园，是集玻璃纤维隔板研究、生产、销售为一体的高科技企业，年生产AGM隔板1600吨。公司所使用的热风炉已连续运行近7年时间，据统计，公司热风炉每生产1吨产品约耗煤6.1吨，能源消耗较大。

三、项目实施单位

聊城科创节能设备有限公司

四、案例内容

1. 技术原理及适用领域。

该项目技术改造主要是通过余热回收、增加换热面积，并将炉体、炉顶的耐火砖改为高铝质纤维模块来实现。改造前后工艺流程如图1、图2所示。

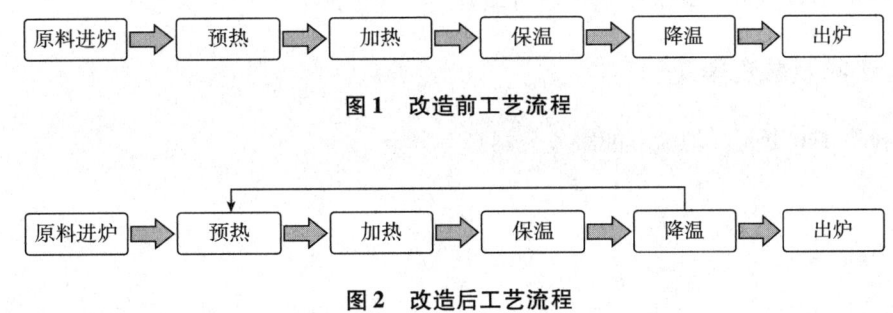

图1　改造前工艺流程

图2　改造后工艺流程

适用领域：该技术适用于退火炉、步进炉、斜底炉等各种工业窑炉，广泛应用于冶金、锻造、钢铁、建材等用户。

2. 节能改造具体内容

改造前用能单位所使用的热风炉已连续运行7年，炉体、炉顶为耐火砖，运行时空气直接进预热器，能源消耗较大；日常运行中升温慢且炉温不均匀，存在换热器面积小、能耗大、热效低等现象,致使能源利用率低,继而造成产品成品率低、生产效率低,直接拉高了生产成本,迫切需要进行节能改造。

主要改造内容:余热回收,热风炉内气体烘干产品后再进入预热器,可有效增加热量利用,该措施可以实现节能率15%;增加换热面积,改造后换热面积由原来的1000平方米,增加到1500平方米,排烟温度不超过100℃,减少了热量损失,该措施可以实现节能率12%;将炉体、炉顶的耐火砖改造为高铝质纤维模块,避免了能量的无谓消耗,该措施可实现节能率15%。

节能技术改造完成后,每生产1吨产品可节煤2.6吨左右,综合节能率超过40%。

3. 项目实施进度

该项目的建设工期从2016年1月1日至2016年1月30日,共计1个月。在建设期内完成项目的前期准备、设计、设备到货及安装调试、人员培训等工作。

五、项目年节能量及年节能效益

1. 年节能量

根据公司2014年12月至2015年12月的生产数据进行计算,该项目实施前,年产量1600吨产品,合计燃煤量为9760吨,折合标煤6971吨,每生产1吨产品需用煤6.1吨。通过节能改造,每吨产品用煤降至3.5吨左右,实现节能率约42%。设备改造后,同样生产1600吨产品预计耗煤5600吨,折合标煤4000吨,项目年节能量2971tce。

2. 年节能效益

按核定的节煤费用单价计算各年份的节煤费用。达产年正常年份新增销售收入(节能效益收入)为120万元。

六、商业模式

项目采用节能效益分享型合同能源管理模式,效益分享期内预计节能率为42%,预计分享期内总节能效益为300万元(年节能效益120万元)。效益分享期内,用能单位分享20%的项目节能效益,节能服务公司分享80%的项目节能效益,双方每半年分享一次。

七、投资额及融资渠道

项目总投资140万元,均为节能服务公司自有资金。

萍乡市利升科技有限公司
天然气锅炉节能改造蒸汽托管合同能源管理项目

一、项目名称

萍乡市利升科技有限公司天然气锅炉节能改造蒸汽托管合同能源管理项目

二、项目业主

萍乡市利升科技有限公司位于江西省萍乡市湘东区陶瓷产业基地，属于竹木加工行业。该企业生产线回水温度为70℃，需求蒸汽压力0.5MPa，整体运行24小时不停机。原有一台6吨天然气锅炉，排烟温度160℃，天然气能耗在92.44立方米/蒸吨蒸汽，蒸汽干度平均约90%。该地区没有氮氧化物排放硬指标，天然气锅炉未做检测。

三、项目实施单位

浙江鼎珅能源科技有限公司（原名浙江蓝鼎节能科技有限公司）

四、案例内容

1. 技术原理及适用领域

贯流式蒸汽热源机通过加热软化水的方式，使水快速变成蒸汽，可用于印染、化工、医药、冶炼、包装、洗涤、供暖、食品等各个需要使用蒸汽热能的行业。

2. 节能改造具体内容

由于天然气锅炉内部设计与制造的问题，从锅炉的能耗、安全运行，每年的年检等情况来分析，建议采用模块化的贯流式蒸汽热源机，使锅炉的单台运行负荷率从60%提高至95%，热效率从85%提升至95%。贯流式蒸汽热源机能够实现低氮排放，符合30mg/Nm^3以下的国家排放标准。

贯流式蒸汽热源机含水量低于30升，为非特种设备，不需年检，安全运行，根据企业用能情况，产品满足企业蒸汽压力需求，排烟温度降低至60℃，蒸汽干度达95%以上。能够将燃料成本降低至75 Nm^3/蒸吨。贯流式蒸汽热源机与改造前普通天然气锅炉对比情况见表1。

表1 贯流式蒸汽热源机与改造前普通天然气锅炉情况对比

对比内容	贯流式蒸汽热源机	改造前普通天然气锅炉
水容积	<30L	>1000L
安全性	水容积小，没有爆炸风险，不属于特种设备监管范围	由于水容量大，爆炸危险系数很大，有安全隐患，属于国家特种设备监管范围

续表

对比内容	贯流式蒸汽热源机	改造前普通天然气锅炉
排烟温度	采用了特殊的从供水、汽化到蒸发全过程专利技术,烟囱排烟温度70℃左右,充分吸收热能。	烟囱排烟温度超过160℃,设备未配置余热回收装置。(安装预热回收装置后烟囱排烟温度一般在110℃~150℃)
热效率	始终保持热能效高达95%以上	热效率最多达到85%左右
模块化	可根据用户蒸汽的需求增设多台机组并联运行集中控制系统;还可分区域布置及在线控制,随开随供,减少管道损耗,提高蒸汽热能利用率	由于是特种设备,无法分开运行,无法调节负荷,运行效率一般较低,甚至低于50%,运行成本大
产蒸汽时间	蒸发器从启动到供应,管道出口处满足压力的蒸汽只需5分钟,节约预热时间和费用。蒸汽温度可控可调、蒸汽压力自动调节控制,节能自己掌握	普通锅炉一般需要提前开机一小时左右把水烧开产生蒸汽
锅炉房要求	放置地点无要求,可放置楼顶、地下室、用蒸汽的设备边上。福鼎机组可以就地摆放,可以避免管道传输损耗	常规蒸气锅炉不能与生产设备一起摆放,会产生很大的管道传输损耗。需专用锅炉房,不能放楼顶、地下室,占地面积大
安装要求	按常规机电设备安装,接通水、电气、燃料即可调试使用	需要有特种设备安装资质的公司安装,安装前需要到质监局备案,安装后需验收合格后才能使用
管理人员要求	无须专人管理、节省人工费用	国家强制要求有持证司炉工值班,一般需2~3人
设备年检	无须年检	每年定期年检
环保排放	专利燃烧技术、排烟温度低、NO含量低于国家最低标准	常规燃烧、排烟温度高、NO含量高。
燃料成本	低:省天然气高达15%~30%	高
远程监控服务	利用物联网+技术在线监控、跟踪蒸发器运行状况、用能情况分析;机组配有计算机集中管理通信接口,方便实现运行报表打印、《贯流式蒸汽发生器》运行参数存档	无

3. 项目实施进度

项目签订日期:2018年11月15日,生产周期:75天(不含安装周期);

实际到货时间:2018年12月6日;

项目安装竣工时间:2019年12月10日。

五、项目年节能量及年节能效益

1. 年节能量

(1)改造前后系统(设备)用能情况及主要参数见表2。

表2 改造前后系统参数及用能情况

项目	改造前数值	改造后数值
蒸汽压力（mPa）	0.5	0.6
回水温度（℃）	70	70
水容积	>1000L	<30L
产气时间（min）	60	5
热效率	85%	95%
负荷率	60%	95%
氮氧化物（mg/Nm³）	未知	22
排烟温度（℃）	160	70
蒸汽干度	90%	95%
能耗（Nm³/蒸吨）	92.66	74.03

（2）节能量计算方法及项目年节能量。

节能量通过以下公式计算：（技改前每蒸吨蒸汽消耗天然气数 – 技改后每蒸吨蒸汽消耗天然气数）×年蒸汽用量×标准煤系数 = 年节能量（kgce）

技改后天然气工况确认数据见表3。

表3 改造后天然气工况确认

序号	抄录日期	蒸汽读数（t/h）	天然气读数（Nm³）	水表读数（t）	每吨蒸汽用量（t）
1	2018年11月7日	55.5	5942.82	57	104.26
2	2018年11月8日	78.8	7534.98	82	91.89
3	2018年11月9日	76.8	7190.04	78	92.18
4	2018年11月10日	89.8	7863.31	91	86.41
5	2018年11月11日	84	7653.39	87	87.97
6	2018年11月12日	71	6806.71	73	93.27
	合计	455.4	42995.25	468	
	确认值	94.41		78	92.66
单位蒸气耗用燃料	天然气用量 42995.25 Nm³ ÷ 进水总量 468t = 92.66 Nm³/t。年用蒸汽量不少于25000t。				
蒸气用量折算（每小时）	最大用气量高峰时段			7t/h	
	平时每小时最大用气量			6t/h	

结合上述技改后，能耗确认年蒸汽用量约为4.5万吨（按实际情况结算），年节能量计算公式为：

$(92.66 - 74.03) \times 45000 \times 1.33 = 1115005.5 \text{kgce} = 1115 \text{tce}$，年节能量约1115吨标准煤。

2. 年节能效益

燃料为管道天然气（热值不低于8500大卡/Nm³），燃料价格以当地管网公司天然气挂牌价格为基准价格，目前为3.07元人民币/立方米。如遇价格波动（上涨或下降），蒸汽结算价格调整幅度按天然气价格调整幅度上下调整，具体价格以协商为准。

节能效益分享：按技改前天然气每蒸吨实际用量减去技改后天然气每蒸吨实际用量，所节约的天然气进行分享，分享比例为甲方（用能企业）40%，乙方（鼎珅能源）60%。即甲方40%为16.58元/蒸吨，乙方60%为24.87元/蒸吨进行分享。

该蒸汽最终结算价格为 75×3.07+24.87=255.12 元/蒸吨结算（实际价格根据天然气上下浮动）。根据年用气量，最终年收益在 255.12×45000=1616 万元。

六、商业模式

该项目采用能源费用托管型模式，以"先投资，再收益"为合作理念，将整个热能系统托管维护，为企业提供良好的运行服务，也为节能服务公司规模化运作提供商业基础。

七、投资额及融资渠道

该项目投资额250万元，由节能服务公司全额投资。

机械制造行业

广东鸿图南通压铸有限公司压铸机电机系统电馈伺服节能技改项目

一、项目名称

广东鸿图南通压铸有限公司压铸机电机系统电馈伺服节能技改项目

二、项目业主

广东鸿图科技股份有限公司是一家铝合金压铸件生产企业、国家汽车零部件出口基地企业。南通压铸有限公司是广东鸿图科技股份有限公司的全资子公司，以压铸业务为主业。该公司共有压铸机 33 台，其中 11 台为小功率伺服机，22 台为传统三相异步电机压铸机，能耗较大，均有节能空间。

三、项目实施单位

江苏亚邦三博节能投资有限公司

四、案例内容

1. 技术原理及适用领域

压铸机、注塑机、热剪机、铝型材挤压机在不同的工艺阶段所需的压力是不同的，电机提供的功率需要通过泄压阀调节来保证各工艺段不同的压力，通过泄压释放的那部分能量就是电能浪费。

智能电馈伺服节能系统通过接驳主电机，取设备实时电流、电压、流量信号回传 CPU 处理器，按各工艺模拟量计算出电机实时所需功率，从而通过 IGBT 功率模块在 0.1 秒内调节电机功率，达到按需提供功率的状态，节约电能。压铸机节能原理如图 1。

该技术适用于压铸机、注塑机、热剪机及铝型材挤压机等设备。

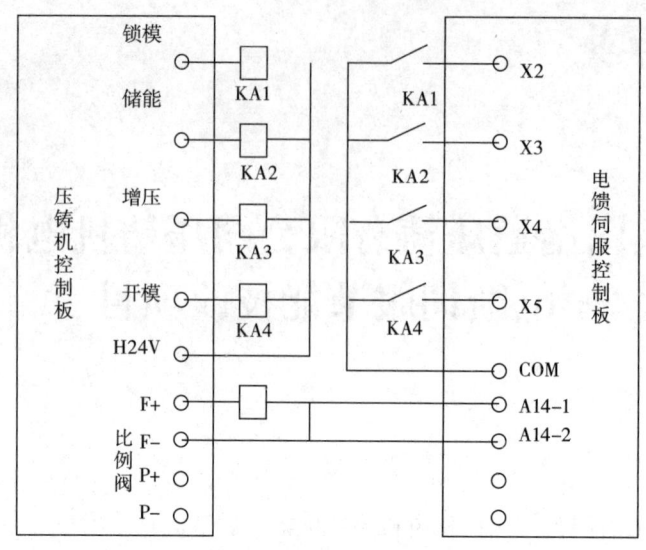

图1 压铸机节能原理

2. 节能改造具体内容

(1) 改造内容。

该公司22台可改造的压铸机功率共1670kW,改造前每小时电量为773.2kW·h,年平均生产约7000 h,年耗电量约541.24万 kW·h。

安装22套电馈伺服节能系统,通过接驳主电机,取压铸机实时电流、电压、流量信号回传CPU处理器,按压铸工艺模拟量计算出电机实时所需功率,从而通过IGBT功率模块在0.1秒内调节电机功率,达到按需提供功率的状态,避免了能源的浪费,节约电能。通过双方测试,平均节电率约为39.6%。

(2) 改造流程。

检测设备原始用电量、记录并分析原始工作数据(包括流量、压力参数、工作节拍、压力点等);

对待改造设备运行工况分析并制订改造计划;

对高能耗点分析诊断;

安装智能电馈伺服节能专用系统,优化工作系统方案,合理分配油泵输出;

通过驱动器内部自整定系统对设备液压泵进行自动匹配;

通过对电气控制系统的分析并结合液压系统选择控制信号并且进行参数设置;

正常生产后对驱动器参数进行精细优化,以达到最佳节能状态。

(3) 关键参数。

动态矢量控制下的加减速特性:压铸机在动态矢量控制下有超强的急加速急减速调节能力,电馈伺服控制器以0.1秒指令加速,稳定无跳闸运行。

200%的额定负载条件下可持续工作0.5秒,180%的额定负载条件下可持续工作10秒,150%的额定负载条件下可持续工作1分钟,反时限特性为间隔10分钟。

动态矢量控制下稳速精度可以达到0.2%,快速精确地响应压铸机的实际速度和压力的变化。

精确的速度辨识和转子磁链定向,在0.25Hz负载突变时转矩也能快速地响应和稳定运行。

启动转矩：0.25Hz 能够达到 180% 额定转矩。

真正实现了交流电机解耦，使运行控制直流化，能实现在无速度传感器控制下的速度控制。

无速度传感器动态矢量控制下电机四象限运行，转矩、电流、转速和直流母线电压快速响应，电机稳定运行。

电机正反转过零速切换时，电流无相位突变和震荡，转速无脉动。

3. 项目实施进度

该项目于2015年9月签订合同，在不影响企业正常生产的情况下，2016年4月完成安装、调试、测试、验收等全部工作，运营至今情况良好。

五、项目年节能量及年节能效益

1. 年节能量

（1）改造前后系统（设备）用能情况及主要参数。

表1 改造前后每小时用电量统计

设备编号	改造前每小时用电量（kW·h）	改造后每小时用电量（kW·h）	每小时节约电量（kW·h）
NY-5号	12	6.2	5.8
NY-8号	14.2	6.4	7.8
NY-11号	27.6	14.4	13.2
NY-12号	27.2	14	13.2
NY-13号	24	12	12
NY-14号	19.2	7.2	12
NY-15号	26.4	13.2	13.2
NY-23号	30	14.8	15.2
NY-27号	20.4	11	9.4
NY-32号	60	33.9	26.1
NY-33号	62.7	33.23	29.47
NY-34号	49.2	25.58	23.62
NY-35号	59.2	40.5	18.7
NY-36号	49.8	39.84	9.96
NY-37号	49.8	30.9	18.9
NY-38号	53.2	36.7	16.5
NY-39号	27.2	16.6	10.6
NY-40号	26.3	14.5	11.8
NY-48号	49.6	31	18.6
NY-49号	43.2	34.1	9.1
NY-50号	42	31	11
合计	773.2	467.05	306.15

（2）项目年节能量。

改造前设备每小时总用电量为 773.2kW·h，每年生产约 7000 h，年耗电量为 541.24 万 kW·h；改造后每小时总用电 467.05kW·h，每年节约电量 214.3 万 kW·h，折合标煤 707.2 吨。

2. 年节能效益

该公司电力单价为 0.725 元/kW·h，年节约电量 214.3 万 kW·h，年节能效益 155.4 万元。

六、商业模式

采用合同能源管理模式中的节能效益分享型模式合作，在合同期内节能服务公司负责合同涉及技改设备的维护，合同期内设备所有权归节能服务公司所有，合同期结束后设备无偿赠送业主。

该项目合同期限为 35000 h，业主与节能服务公司分享比例为 25%:75%，同时签订保底分享时间为每年 4200 h。

七、投资额及融资渠道

该项目投资额 213 万元，均为节能服务公司自有资金。

八、政策优惠

该项目应用的产品获得常州市 2016 年度重大装备和关键部件首台（套）认定，并获得资金奖励。

内蒙古第一机械集团富成锻造有限责任公司 $5m^2$ 双室锻造加热炉蓄热式节能改造项目

一、项目名称

内蒙古一机集团富成锻造有限责任公司 $5m^2$ 双室锻造加热炉蓄热式节能改造项目

二、项目业主

内蒙古一机集团富成锻造有限责任公司是内蒙古第一机械集团有限公司的全资子公司,隶属中国兵器工业集团公司,企业注册资金 39228.68 万元,现有员工 600 余人。公司经营各类锻件、模具、非标机械的设计、制造与销售,并在铁路车辆、工程机械、煤炭机械、船舶等行业拥有稳定的市场。公司主要用能设备为锻造、热处理、下料、机加、焊接、抛丸等机械动力设备 400 余台套,年产锻件 10 万吨,年能源消耗 1.1 万吨标煤。

三、项目实施单位

北京北方节能环保有限公司

四、案例内容

1. 技术原理及适用领域

蓄热式烧嘴一般成对工作,其中一个烧嘴处于燃烧状态,而另一个烧嘴处于排烟状态,一般经过 40~90 秒时间(蜂窝体),换向阀将两个烧嘴的工作状态自动交换。烧嘴在排烟状态时,炉内高温烟气通过烧嘴砖进入蓄热体,将烟气中的热量传给蓄热体,烟气温度可由 800℃~1250℃(视炉温而定)降到 150℃以下,由引风机排出厂房外。蓄热烧嘴经过自动换向后,转入燃烧状态,由鼓风机送出的空气进入蓄热器,这时的空气由 20℃升到 800℃~1150℃(视炉温而定,一般低于炉膛温度 100℃~150℃)后被送入炉膛内与对应高热值燃料边混合边燃烧,就这样循环往复,从而将高温烟气中 90% 以上的热量由空气重新带入炉内参加燃烧,从而达到高效节能的目的。

国内蓄热式燃烧技术发展速度很快,近十年来,随着蓄热材料的突破,同时配合燃烧高速切换控制技术的提高,该技术已广泛应用于钢铁、冶金、机械、建材等工业部门中的各种工业火焰炉。

2. 节能改造具体内容

内蒙古一机集团富成锻造有限责任公司 $5m^2$ 双室锻造加热炉炉体结构老化,排烟温度高达 600℃,烟气余热未能得到充分利用,热能回收率低,能源浪费严重,天然气单耗高达 388.72Nm^3/t(2014 年),企业急需进行技术改造。

炉子性能的优劣对热处理产品的产量、质量、能源消耗、成本等起着重要的作用。根据企业提供的 2014 年实际生产统计数据，3 台锻造加热炉年处理锻件 1264 吨，年消耗天然气 49.13 万 Nm^3，平均单耗高达 388.72Nm^3/t，为行业三等炉水平。

蓄热式燃烧技术的加热速度、空气过剩系数、热效率等热工指标均优于传统的燃烧技术，对于提高产品质量，降低工序能耗都十分有益。改造后炉窑能耗等级可提升至一等炉水平。2013 年 8 月，《国务院关于加快发展节能环保产业的意见》将"发展蓄热式燃烧技术"列入 4 个节能技术推广重点之一，项目改造符合国家政策和企业实际需求。

目前蓄热燃烧技术已非常成熟，在蓄热体材质、构造、蓄热性能等方面都得到了提升，换向阀和控制系统可靠性也得到改善，排烟温度 < 200℃，空气预热温度仅比炉温低 100℃ ~ 150℃，炉子废气余热得到了接近极限的回收，其燃烧热效率可高达 80%。

具体改造内容如下：

蓄热式工业炉由炉体钢结构及炉衬、炉门及升降机构、空/煤气管道系统、蓄热式燃烧及控制系统组成。

（1）炉体钢结构及炉衬。

炉体钢结构为型钢和钢板焊接组成，炉墙钢板采用分离式拼装并与型钢框架间断焊接，避免钢板受热后发生整体变形。耐火炉衬高温层采用超低水泥浇注料，保温层采用高强度轻质漂珠保温砖砌筑 + 耐热纤维板间隔组成，有效地阻隔热量散失。炉顶采用平顶浇注，锚固砖吊挂于型钢之上，可以吸收炉顶受热后向上的膨胀变形，可独立进行维修。炉墙采用钩挂式的锚固方式。使炉墙浇注料层牢固稳定，有效延长了使用寿命。

（2）炉门及升降机构。

炉门材质为 RQTSi5，炉门框导板材质为 ZG3Cr24Ni7Si2NRe。炉门升降由电机、减速机驱动。炉门通过安装在两侧的滚轮沿滑道垂直升降，运行准确、平稳。炉门设有升降限位装置，确保操作安全和运行可靠。炉门升降电机、减速机下部有隔热板，将炉门开启时的热量隔开。

（3）空/燃气管道系统。

主要由组合式换向阀、空/燃气管道及阀门、鼓风机、引风机等组成。

天然气总管设置自动安全阀，如系统掉电，安全阀迅速自动关断。同时天然气总管安全阀与燃气压力安全保护连锁，风机信号连锁。空气总管换向系统采用组合式换向阀，共配有气动快切阀，参与炉子蓄热换向。

炉子配有助燃风机和引风机各一台。根据现场情况，所有风机均放在厂房内。具备排烟超温保护功能，当排烟温度超过 250℃ 时，控制系统发出超温报警，提示操作人员，同时停止整个系统运行。

（4）燃烧系统。

加热炉燃烧器采用蓄热式平焰烧嘴。

烧嘴型号：PXB - Ⅲ - 6 型

烧嘴数量：2 台/室

蓄热式平焰烧嘴燃烧器炉墙布置，减少炉顶承重，每室侧墙、后墙各布置 1 台。烧嘴可独立安装、拆卸，更换方便。蓄热体采用刚玉陶瓷蜂窝体。

采用的全温段换向技术，蓄热式烧嘴在常温点火后必须同时进行蓄热换向；同时烧嘴设有自动点火程序控制及双火焰监测、熄火自动保护、安全切断等安全保护功能。

（5）控制管理系统。

蓄热式燃烧控制分为本地控制和上位控制，上位与本地机之间采用线连接的方式。本地机为分别安装于每个燃烧器前的"烧嘴控制箱"，作为蓄热式烧嘴控制单元，上位机采用触摸屏作为显示及控制终端。

触摸屏具有实时工艺画面显示功能，可显示炉温、烧嘴火焰动画、排烟温度、燃气流量等的瞬时值和运行曲线。同时在出现故障时，在触摸屏上要有故障显示及声光报警功能；用户在触摸屏上，通过改变各个温度段的起始值、目标值以及该温度段需要的时间，对各段炉温的设定温度以及升温速度进行设定，然后下载到 PLC 内部，系统就会自动按照用户所设定的工艺曲线进行升温和保温，来达到精确控温的目的。

3. 项目实施进度

项目于 2015 年 12 月开工，2016 年 3 月改造完毕后，烟气温度由改造前的 600℃降至 98℃，锻件平均单耗由 388.72m³/t 下降至 124.34m³/t，目前运行正常，节能效果显著。

五、项目年节能量及年节能效益

1. 年节能量

改造前加热炉烟气温度 600℃，年处理锻件 1264 吨，平均单耗 388.72Nm³/t，年消耗天然气 491341Nm³；天然气低位发热量为 8410 大卡，折标系数 1.201，天然气价格 2.2826 元/Nm³。

改造前吨钢消耗天然气 388.72 Nm³；

改造前生产成本 = 388.72 × 1264 × 2.2826 = 112.15 万元；

改造后烟气温度平均 98℃，年处理锻件 1600t，平均单耗 124.34 Nm³/t。

年生产成本 = 124.34 × 1600 × 2.2826 = 45.41 万元；

改造后吨钢节约天然气 = 388.72 - 124.34 = 264.38Nm³；

年节约天然气量 = 264.38 × 1600 = 42.30 万 Nm³；

年节约标煤 = 42.30 × 10000 × 1.201 ÷ 1000 = 508.03tce。

2. 年节能效益

年节约天然气 42.30 万 Nm³，天然气单价为 2.2826 元/Nm³，年节约天然气费用：42.30 × 2.2826 = 96.55 万元。

六、商业模式

采用节能效益分享型合同能源管理模式，合同期两年，效益分享期内，第一年节能服务公司分享 65% 的项目节能效益，业主分享 35% 的项目节能效益；第二年节能服务公司分享 90% 的项目节能效益，业主分享 10% 的项目节能效益。节能收益每六个月付一次，直至合同期结束；支付总额为 106.75 万元；项目（设备）所有权在合同期结束后按 1 元资产转交业主。

七、投资额及融资渠道

项目投资额 75 万元，均为节能服务公司自有资金。

东风日产乘用车公司花都地区光伏项目（一期）

一、项目名称

东风日产乘用车公司花都地区光伏项目（一期）

二、项目业主

东风日产乘用车公司由花都和襄阳、郑州、大连四个工厂以及发动机分公司和研发中心组成，年生产能力100万辆，员工近16000人。本项目主要建设在花都工厂（广州风神汽车有限公司），花都工厂位于广州花都汽车城，由一工厂和二工厂组成，占地面积247.5万平方米，是华南地区最大的汽车制造生产基地，也是日产全球最大的海外工厂。花都工厂由冲压、树脂、焊装、涂装、总装五大车间组成，年生产能力67万辆，是东风日产的中级车和入门级车生产基地。

该工厂主要负荷有大型生产机械、照明、空调等，年用电量2亿kW·h以上。

三、项目实施单位

南方电网综合能源有限公司

四、案例内容

1. 技术原理及适用领域

东风日产乘用车公司花都地区光伏项目（一期）装机总容量29.96MW，主要采用高效晶体硅太阳能电池组件安装于车棚作为光电转换装置，采用组串式逆变器，利用逆变器将直流电转换成交流电升压至10kV后，就近接入所在厂区10kV母线，大部分电量厂区消纳，少量多余电量通过110kV线路输送到电网。

（1）光伏组件。

光伏发电是利用半导体界面的光生伏特效应将光能直接转变为电能的一种技术。太阳能电池是由P型和N型半导体组成的光电二极管。太阳能电池吸收光子能量，N区产生非平衡电子和P区产生非平衡空穴。当接通外电路时，即可输出电流，有电能输出，界面层吸收的光能越多，界面层即电池面积越大，在太阳能电池中形成的电流也越大，太阳能电池经过串联后进行封装保护可形成大面积的太阳电池组件，原理见图1。

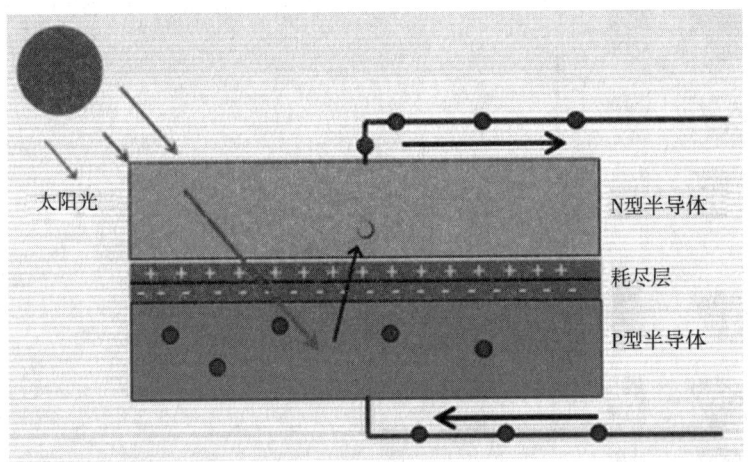

图 1　光伏组件发电原理示意图

(2) 逆变器。

并网逆变器主要由输入直流保护开关、输入直流 EMC 滤波器、MPPT（DC/DC）电路单元、逆变单元（DC/AC）、输出隔离继电器、输出滤波器，如图 2 所示。逆变输出后的交流电能各项指标符合电网要求（与电网同频、同相的正弦交流电流），即可实现接入电网。本项目采用组串式逆变器，组串式逆变器体积小、重量轻、工程应用灵活，同时具有多路 MPPT，对于提高复杂环境下光伏系统发电量有很大的意义。

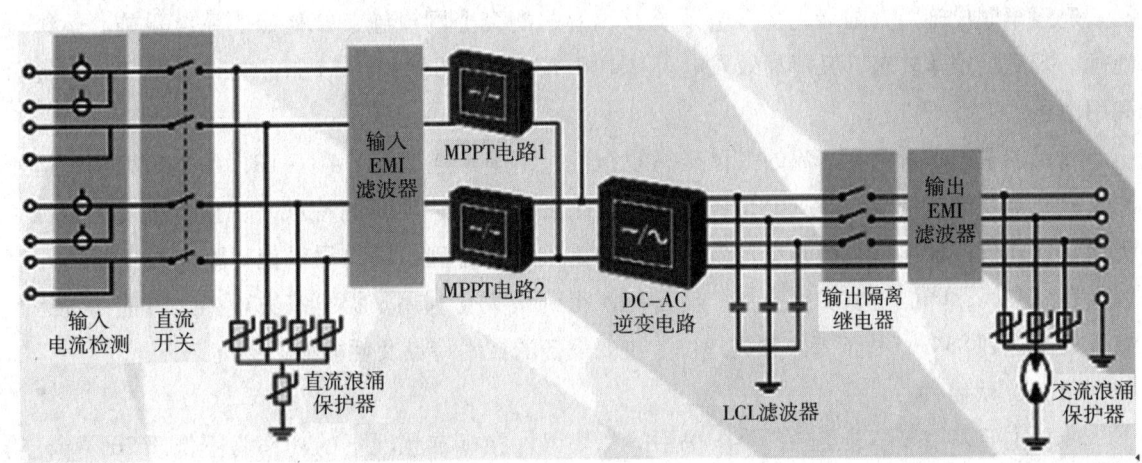

图 2　并网逆变器原理框图

(3) 并网发电系统。

并网光伏发电系统主要由光伏组件、并网逆变器、交流汇流箱、箱式升压变压器、并网柜等设备。光伏组件通过串（22 块为一串）并连接后输出符合要求的电能，输出后的电能通过并网逆变器逆变为交流电能后再通过箱式变压器升压至符合要求的电压，最后通过并网柜并入并网点，具体的实现原理框图见图 2。

分布式光伏发电系统可安装于工业领域厂房、商业建筑、市政等公共建筑物、居民楼等，应用领域广泛。

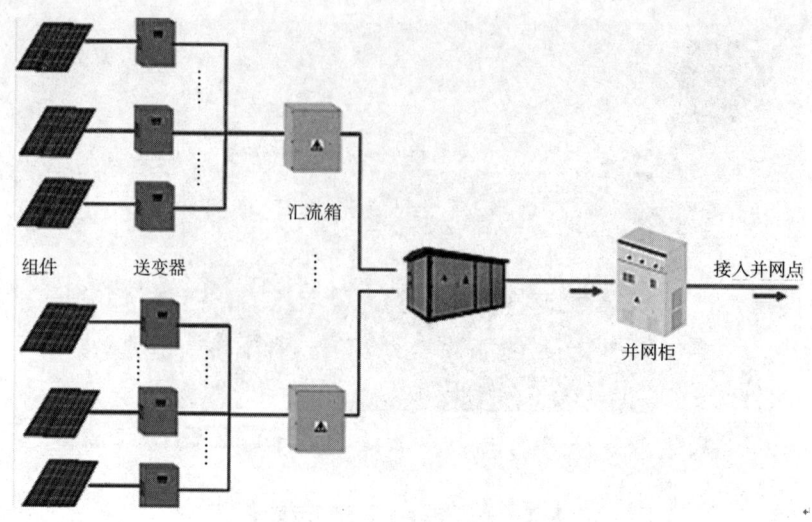

图3　光伏并网系统发电原理

2. 节能改造具体内容

东风日产乘用车有限公司花都工厂是用电大户，每年从电网购电2亿kW·h以上，能耗量大成本高，节能减排指标压力大，且车辆停放在空旷的停车场遭受日晒雨淋，对车辆也是一种损害。

项目主要利用东风日产花都工厂各现有停车场建成29.96MW车棚分布式光伏发电系统，包括新建停车棚设施、太阳能光伏发电系统及相应的配套上网设施、LED照明系统设施、运维设施等，既满足停车要求，又能高效发电。其中停车场可利用面积约34万平方米，员工停车场可利用面积约1万平方米。

项目的主设备采用了一流的晶体硅高效组件、组串式逆变器、4G-LTE的通信架构，运用了反向充电及虚拟接地两种抗PID先进技术，结合东风日产项目的特点，在整体布局上进行了优化，在充分保证项目装机容量及发电效率的基础上，合理布局，尽量使得附属设备不占用厂区内有效空间，降低输电线路损耗，使得能源得到最大化利用。据第三方检测，目前系统运行综合效率达到83%，处于行业领先地位。主要设备的技术特点及性能如下：

（1）光伏组件。

项目主要采用多晶硅组件，要求采用的每块组件在标准状况下的功率为不低于265Wp，功率为正偏差，偏差率0~3%。组件型号获得抗PID认证、抗盐雾腐蚀认证、金太阳产品定型认证以及至少TUV、CSA、UL、ITS、VDE、JET其中之一产品定型认证。光伏组件全光照面积的光电转换效率（含边框面积）不低于16.19%，首年功率衰减≤2.5%，25年功率衰减≤19.3%（逐年衰减不超过0.7%）。

（2）组串式逆变器。

项目采用组串式逆变器。其主要特点有：重量轻，可人工安装，降低用户安装维护成本；集成汇流功能，直流防雷功能，降低用户系统成本；直流关断开关，安全，维护方便，风扇可降低系统温度、提高使用寿命；高转换效率达98.8%；宽直流电压输入范围，最高可达1000V；具有多路MPPT；加装抗PID装置；有功功率连续可调（0~100%）；无功功率可调，功率因数范围0.8超前至0.8滞后。

(3) 箱式升压变压器。

项目开关柜及变压器均采用符合南方电网公司统一招标要求的设备，设备的技术参数要求能够满足电网公司的并网验收标准。本项目采用预装式户外箱式干式升压变压器，采用SCB11节能型干式变压器，干式变压器具有运行维护简单、安全可靠、功率损耗小的优点。采用全密封结构，外壳采用防腐能力强的进口亚光漆面，使用年限长。

停车场车棚光伏发电系统建成后，车棚为车辆遮阳挡雨，所发的电作为工厂的补充电源，既可以降低生产成本，又可以节能降耗，同时获得节能效益。

3. 项目实施进度

项目从2015年6月起陆续开展现场踏勘、项目可研、合同签订、系统设计、设备招标等前期工作。2016年4月正式开工建设，施工进度安排合理、质量管控规范、安全管理到位、风险防范措施得当，2016年11月并网27.3MW，2017年4月全部顺利并网。目前，该项目由专业运维团队负责运维，系统高效稳定运行，关键设备故障率低。据第三方机构检测，系统年综合效率达到83%，处于行业领先水平。

五、项目年节能量及年节能效益

1. 年节能量

根据《GB 50797—2012 光伏发电站设计规范》条文规定，光伏发电站上网电量按式（1）计算：

$$EP = HA \times PAZ \times K / ES \quad \quad (1)$$

其中：

HA：水平面太阳能总辐照量（kW·h/m²）：花都地区取1303.3kW·h/m²；

ES：标准条件下的辐照度（常数 =1kW·h/m²）；

PAZ：组件安装容量（kWp），该项目取值29.96MW；

K：综合效率系数。须综合考虑各种因素影响进行修正，包括以下因素。

光伏组件类型修正系数，晶体硅光伏组件定义为1，非晶硅等薄膜光伏组件定义为1.15；

光伏方阵的倾角、方位角修正系数：光伏方阵的倾角选取10°，方位角正南，倾角系数0°为1，最佳倾角系数不同的纬度选取不同，此处定为1.1，10°趋近于中间倾角，倾角系数选取为1.05；

光伏发电系统可用率，以目前南网能源公司光伏发电项目的实际运行的平均可用率为准：0.996；

光照利用率：考虑到气象局、NASA等数据为水平面的总辐照强度，部分波长无法有效利用，反射及散射等因素，选定为0.95；

逆变器效率：以实际平均效率选取为0.98；

集电线路和升压变压器损耗：以目前行业的设计损耗及变压器行业的实际损耗为准，集电线路损耗系数0.96，变压器损耗系数0.99；

光伏组件表面污染修正系数：考虑到花都地区空气洁净度相对较好，此处选取为0.97。

光伏组件转换效率修正系数，考虑到光伏组件的转换效率受到温度的影响，车棚上组件的安装方式接近实验室户外温度测试方式，因此以名义工作温度45℃为准，目前行业功率损失系

数为 $-0.45\%/℃$，效率修正系数为 0.91；

综上所述综合效率系数 $K = 1.0 \times 1.05 \times 0.996 \times 0.98 \times 0.96 \times 0.97 \times 0.99 \times 0.97 \times 0.91 \approx 0.83$。

EP：光伏系统发电量（$kW \cdot h$）

按照 NASA 水平面太阳辐照总量，光伏系统设计整体转换效率（综合系统效率）取 83%，因此首年发电量为 $EP = HA \times PAZ \times K / ES = 1303.3 \times 29960 \times 0.83/1kW \cdot h = 3241$ 万 $kW \cdot h$，以后逐年衰减 0.8%。预计发电量及节约标煤消耗量如表 1 所示。

表 1　发电量及节能量预测

年份	功率衰减修正因数	年发电量（万 kW·h）	年节约标煤（tce）
第 1 年	—	3241	10694
第 2 年	0.80%	3215	10609
第 3 年	0.80%	3189	10524
第 4 年	0.80%	3164	10440
第 5 年	0.80%	3138	10356
第 6 年	0.80%	3113	10273
第 7 年	0.80%	3088	10191
第 8 年	0.80%	3064	10110
第 9 年	0.80%	3039	10029
第 10 年	0.80%	3015	9949
第 11 年	0.80%	2991	9869
第 12 年	0.80%	2967	9790
第 13 年	0.80%	2943	9712
第 14 年	0.80%	2919	9634
第 15 年	0.80%	2896	9557
第 16 年	0.80%	2873	9480
第 17 年	0.80%	2850	9405
第 18 年	0.80%	2827	9329
第 19 年	0.80%	2804	9255
第 20 年	0.80%	2782	9181
第 21 年	0.80%	2760	9107
第 22 年	0.80%	2738	9034
第 23 年	0.80%	2716	8962
第 24 年	0.80%	2694	8890
第 25 年	0.80%	2673	8819
25 年平均	—	2948	9728
25 年总量	—	73696	243199

2. 年节能效益

该项目首年发电量 3241 万 $kW \cdot h$，25 年累计发电量约 73696 万 $kW \cdot h$，平均每年发电量

2948万kW·h，实际电价收益按照售电电价加国家度电补贴之和等于0.877元/kW·h计算，可得首年节能效益为2842万元，25年预计总节能效益为64631万元，平均每年节能效益为2585万元。

六、商业模式

该项目采用节能效益分享型合同能源管理模式，在25年合同期内，节能服务公司投资建设的光伏发电系统发电量按照实际发电时段市电电价的90%（此值也即电价折扣）计价向东风日产工厂收取电费（市电电价是指物价部门发布并由当地供电部门正在执行的电价价目表中的电价）。

设备所有权：节能服务公司负责光伏发电系统投资、建设及运营维护等，合同期内设备所有权属于节能服务公司，合同期满后光伏设施的拆除工作按照双方友好协商的原则，产生的费用扣减项目残、废料收入后，由双方各承担50%。

运营维护：节能服务公司负责项目运营维护管理，保证项目安全、可靠、高效运行。

七、投资额及融资渠道

该项目总投资规模为23400万元，其中资本金占总投资20%，即需要资本金4680万元，剩余80%的资金从银行贷款。

八、优惠政策

该项目主要有如下政策补贴：

国家分布式光伏发电度电补贴。按照0.42元/kW·h标准补贴，补贴年限20年。

广州市太阳能光伏发电项目补贴。其一，项目总装机容量按0.2元/W的标准确定补贴金额，一次性发放给建筑物权属人，单个项目最高补贴金额为200万元；其二，项目发电量补贴金额，按照0.15元/kW·h的标准，以项目上一年度所发电量为基础计算补贴金额。从2014年计起，单个项目最高享受补贴资金时间为6年。

广州风神汽车有限公司郑州分公司郑州整车厂房与东风汽车有限公司郑州发动机厂房 LED 照明节能改造项目

一、项目名称

广州风神汽车有限公司郑州分公司郑州整车厂房天棚灯、日光灯、路灯及东风汽车有限公司郑州发动机厂房天棚灯日光灯 LED 照明节能改造项目

二、项目业主

广州风神汽车有限公司郑州分公司成立于 1993 年 3 月，是东风与日产合资的整车制造企业，现有员工 4600 余人。具有从产品研发、供应链管理、生产制造到营销服务的全价值链业务体系。工厂主要照明设备包含金卤灯、荧光灯管、筒灯、路灯在内的共约 48206 盏灯具。全年照明耗电量约为 1184 万 kW·h。

三、项目实施单位

深圳万城节能股份有限公司

四、案例内容

1. 技术原理及适用领域

该项目使用高光效 LED 照明灯具，采用了针对企业生产设计的矩阵化透镜模组。通过二次光学设计与高反射率材料的应用，实现了 92% 以上的系统光学效率。散热灯体利用烟囱效应在 EFD 软件最优化设计，实现在保证散热效果要求下的轻量化设计，一体压铸灯体使 LED 焊点温升控制在 40℃ 以内。灯具电源采用了长寿命设计电源，电源转换效率达到了 92%。最终整灯光效达到 140LM/W 以上。

适用于对于照明水平有一定要求，且对产品稳定性要求高的工矿企业。

2. 节能改造具体内容

改造前，项目灯管光源类灯具整灯光效不足 50LM/W，重点区域金卤灯工矿灯整灯光效不足 60LM/W。照明设备整体耗能量巨大。夏季车间因照明设备发热导致的室内局部温度上升对现场员工舒适度产生了影响，增加了空调负荷；原灯具采用传统光源，厂区各部分的灯具光源老化衰减与损坏故障程度不一，且大部分灯具安装位置较高，灯具光源维护需要专门作业车辆，需要产线停工维护。原光源较差的照明效果以及烦琐维护已经直接影响到了正常生产。

项目改造采用了光效高达 140LM/W 的高效灯具替换项目原灯具，根据项目现场的设备安装高度与间距，配光角度经过计算设计控制在 90 度以内，现场炫光水平控制在国家标准要求内。整体照度较原设备提高了 20% 以上。同时为工厂提供了 7 年的灯具免费维护，年故障率控制在

0.3%以内。

项目照明综合节电率达到70.1%。

3. 项目实施进度

项目于2017年2月签约并开工，同年8月竣工验收，项目运行正常。

五、项目年节能量及年节能效益

1. 年节能量

（1）改造前后系统（设备）用能情况及主要参数。

改造前工厂主要照明设备包含金卤灯、荧光灯管、筒灯、路灯在内的共约48206盏灯具。全年照明耗电量约为11839700kW·h。改造后在不增减照明设备数量和形式的情况下全年照明耗电量为3384057kW·h。

（2）节能量计算方法及项目年节能量。

年节约电费计算公式为：

单灯年节约电费 = 单灯节省功率 × 每天开灯时间 × 每年开灯天数/1000 × 电费单价；

年照明节约电费为所有单灯年节约电费之和；

其中开灯时间为双方根据实际生产情况与各种灯具使用特点约定值，年开灯时间为250天。

年节能量计算按照公式：

年节电量 = 月节能效益 × 12/电费单价；年节能量（tce）= 年节电量 × 0.33/1000；

项目年节电8455643 kW·h，折合标准煤2790.36吨。

2. 年节能效益

当地电价0.57元/kW·h，年节能效益481.97万元。

六、商业模式

该项目采用节能效益分享型合同能源管理模式，合同期7年，节能服务公司与用能单位的分享比例为55%∶45%。

七、投资额及融资渠道

投资额763万元，全部为节能服务公司自有资金。

内蒙古第一机械集团铸造有限公司合同能源管理项目

一、项目名称

内蒙古一机集团铸造有限公司小件 2 号台车式热处理炉蓄热式改造，2 台 25 吨冶炼烤包器节能改造，火焰淬火机床天然气替代瓶装火鸟王，连续炉冷却循环水改造合同能源管理项目

二、项目业主

内蒙古一机集团铸造有限公司是内蒙古第一机械集团有限公司全资子公司，隶属中国兵器工业集团公司，企业注册资金 12587 万元。企业占地面积 15 平方公里，现有职工 1400 多人。公司以大中型铸钢件生产为主，经几十年的发展，形成了以冶炼、铸造、热处理为核心的技术体系，产品广泛用于军品、铁路车辆、工程机械等行业。

三、项目实施单位

北京北方节能环保有限公司

四、案例内容

1. 技术原理及适用领域

（1）蓄热燃烧技术。

蓄热式烧嘴一般成对工作，其中一个烧嘴处于燃烧状态，另一个烧嘴处于排烟状态，一般经过 40～90 秒时间（蜂窝体），换向阀将两个烧嘴的工作状态自动交换。烧嘴在排烟状态时，炉内高温烟气通过烧嘴砖进入蓄热体，将烟气中的热量传给蓄热体，烟气温度可由 800℃～1250℃（视炉温而定）降到 150℃ 以下，由引风机排出厂房外。蓄热烧嘴经过自动换向后，转入燃烧状态，由鼓风机送出的空气进入蓄热器，这时的空气由 20℃ 升到 800℃～1150℃（视炉温而定，一般低于炉膛温度 100℃～150℃）后被送入炉膛内与对应高热值燃料边混合边燃烧，就这样循环往复，从而将高温烟气中 90% 以上的热量由空气重新带入炉内参加燃烧，从而达到高效节能的目的。

国内蓄热式燃烧技术发展速度很快，近十年来，随着蓄热材料的突破，同时配合燃烧高速切换控制技术的提高，该技术已广泛应用于钢铁、冶金、机械、建材等工业部门中的各种工业火焰炉。

（2）燃气射流钢包烘烤技术。

燃气射流烘烤器是一种新型燃气燃烧技术，获得国家发明专利技术，该产品具备常温下易点易燃、电子自动点火、不脱火、不熄火及空气和燃气燃烧比例自动调配等优点，不需要人工调解，在燃气管道压力出现波动或是人为控制燃气供应时，该技术能根据燃气量的多少自动调

节助燃空气比例，以达到燃气充分燃烧，消除了风机固定送风引起的配比偏差造成的不完全燃烧现象。钢包烘烤的质量得到了提高，炉龄得到了延长，同时避免了燃气不完全燃烧产生泄露，使安全得到了保障。通过提高燃烧效率，节约了燃气消耗，省去了风机送风节约了风机电耗。

烤包器射流燃烧烘烤技术为国内成熟技术，适用于冶炼、铸造行业钢包、精炼包烘烤领域。

（3）天然气替代瓶装火鸟王。

采用高效、清洁、安全的管道天然气替代瓶装液化气，降低能源费用和人工成本。

（4）逆流密闭式冷却塔的冷却原理。

在盘管中流动，盘管外壁被喷淋水包裹，流体的热量通过盘管壁传递，与水和空气形成饱和湿热蒸汽，热量由风机排入大气，水分被挡回集水槽循环喷淋，消耗量极少，喷淋水在循环过程中通过风机带走热量降低水温，与新鲜入风形成风水同向流动，盘管主要依靠湿热热传导方式，这样的运行原理的重要特点就是尽最大可能抑制盘管外壁的水垢生成。

逆流密闭式冷却塔与开式冷却系统相比，可大幅降低循环水和生产水用量，适用于铸造、热处理、化工等循环水冷却领域。

2. 节能改造内容

（1）改造前情况。

①小件2号台车式热处理炉。

小件2号台车式热处理炉炉体结构老化，排烟温度高达500℃，排烟热损失占炉子总供热负荷的40%~50%，烟气余热未能得到充分利用，热能回收率低，能源浪费严重。

②25吨冶炼烤包器。

冶炼车间使用的2台25吨钢包烘烤器为老式钢包烘烤器，采用风机送风方式，无法调节空气和燃气比例，燃气流通不顺畅，固定式风机送风根本无空燃配比概念，燃气浪费严重，空烧现象较多。

③连续炉冷却水系统。

由于企业所供应的循环水温度较高，无法起到对淬火槽和水冷梁降温的作用，经常需要使用温度相对较低的生产水进行降温，导致生产水的用量居高不下。

④火焰淬火机床瓶装火鸟王（液化石油气）。

改造前采用瓶装火鸟王（液化石油气）作燃料，每年能源成本、人工成本、运输费用13万元，且存在较高的安全隐患。

（2）改造内容。

对业主单位2号台车式热处理炉进行蓄热式改造，2台25吨冶炼烤包器进行节能改造，火焰淬火机床天然气替代瓶装火鸟王（液化石油气），连续炉冷却循环水系统进行节能改造。具体改造内容如下：

①2号台车式热处理炉蓄热式燃烧改造。

基础与轨道：基础由炉体基础，地面轨道基础，台车牵引机构（顿齿轮机构）基础，风机基础等部分组成。基础部分的土建施工的预埋件包括轨道预埋垫板，炉体立柱的预埋垫板。轨道采用43kg重型轨道，顿齿轮的基础，充分考虑了检修维护的空间。基坑用钢盖板覆盖，钢板厚度≥10mm，便于吊运。

炉体钢结构：炉体钢结构为型钢和钢板焊接组成，炉墙钢板按型钢框架的自然分割，采用分离式拼装并与型钢框架间断焊接，避免钢板受热后发生整体变形。炉墙钢板厚度≥4mm，侧墙型钢均按受热情况下强度变形验算，立柱型钢规格设计时确定。

耐火材料炉衬：全纤维炉衬的施工方式采用层铺+预制模块结构。此种纤维炉衬施工方案是：贴靠钢板处铺两层错缝搭接的纤维毯，错缝有利于密封；交错的内层叠铺有利于各个方向的膨胀压紧，增大纤维整体受力强度；在保证纤维回复弹性的情况下采用单向膨胀的折叠模块，弹性好，收缩小，使用寿命长。炉墙纤维总厚度300mm。

台车及牵引机构：台车由耐火砌体、金属车架、耐热铸件、行走和牵引机构组成。

炉门及升降机构：炉门密封压紧采用四轮滑道自力式压紧机构，简单、可靠。炉门开启高度可遥控调节和固定按钮盒调节，并设有极限限位装置，炉门框采用耐热钢导板，保证炉门与门框的密封和承受炉门对炉内纤维的单向压力。炉门升降机构由安装于立柱横梁上部的电机、减速机驱动链轮，重型套筒滚子链链条带动。炉门通过安装在两侧的滚轮沿滑道垂直升降，运行准确、平稳。炉门设有升降限位装置，确保操作安全和运行可靠。

空、燃气管路系统：炉子的主燃气管道安装燃气专用手动截止阀、自动安全快速切断阀、电动执行器、过滤器、气体流量计、压力表及安全压力保护开关等。空气管道分为冷空气管道和热烟气管道两种。

蓄热式燃烧及控制系统：采用的数字化蓄热式高速脉冲燃烧技术和控制技术平台是一种把蓄热式技术与高速燃烧技术结合在一起的新型的蓄热式燃烧技术，蓄热式燃烧器延续采用高速脉冲燃烧技术，该技术主要是利用高速烧嘴的高速喷射特性，强制搅动炉内炉气，强化炉气循环，使炉温更均匀。我们将高速烧嘴和脉冲控制的技术特性相结合并将其技术延伸。强制搅动炉内炉气，强化了炉气循环，使炉温更均匀。

采用的燃烧器有着与常规高速燃烧器完全相同的火焰速度，火焰速度设计为60~120m/s，高速冲击的火焰，形成炉气强烈搅拌效果。特殊的烧嘴孔型设计，将炉膛上部烟气强制回流，进一步强化炉气的搅拌，使炉温更均匀。特殊的烧嘴孔型设计蓄热箱采用外置式倒向放置结构，有效防止蓄热体堵塞和由于蓄热体移动造成的蓄热体损坏，提高了蓄热体的使用寿命。

②钢包应用燃气射流技术。

燃气射流烘烤器主要是由燃烧器和包盖二部分共同组成，二部分为一个整体。燃烧器引进燃气，包盖利用余热加热空气，通过射流装置将燃气和空气混合后开始燃烧，由于设计上是采用以燃气为主配比空气的原理，燃气能够和一定比例的空气充分燃烧，使燃气燃烧效率得到了提高，火焰温度得到提高，燃烧冲击力强，可直达包底。

烘烤器的系统接入如图1所示。

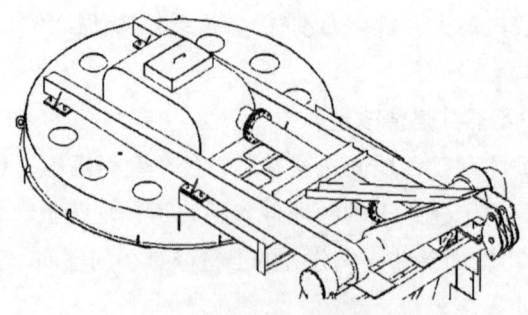

图1　燃气射流烘烤器结构

燃气调节：可分为手动调节和自动调节两种，手动调节通过手轮、调径操纵杆来控制燃气的用量，自动调节则是通过控制系统来控制燃气的用量，一方面能实现最佳的空燃比，另一方面又能减少高热值燃气的流量，既能够调节钢包烘烤温度，又达到了节约燃气的目的。

出口温度曲线图：图 2 为烘烤器出口理论温度图，在空气与燃气配比较好的情况下温度还会上升。现场压力 5kPa 左右，压力更高时烘烤效果会更好。

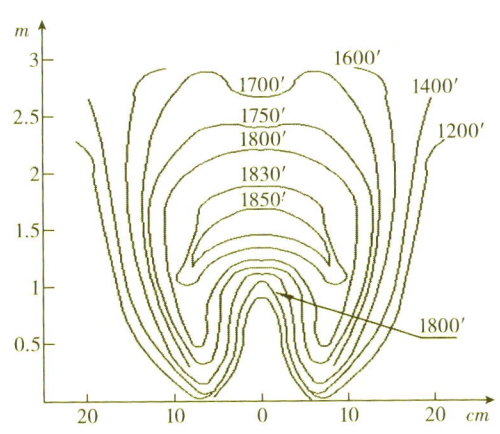

图 2　烘烤器理论出口温度

③压力淬火工序天然气替代液化石油气。

天然气引自企业 4#调压站中压管道，敷设 φ57 无缝钢管，管道架空敷设，支架支撑，进入设备厂房，与原胶管连接，供设备使用。

④密闭式冷却循环技术。

系统状况：为节约用水，更好地满足工艺要求，该项目工艺设备——连续淬火炉及水冷梁需设置闭式冷却循环水系统一套，涉及新增设备包括逆流闭式冷却塔 1 台，辅机（包括水箱 1 台及循环水泵 4 台等）及设备间的工艺管道及阀门、附件等。

工艺流程：采用双系统共用 1 台闭式冷却塔的运行方式，各自的循环水在冷却塔中依靠内置的两套独立盘管运行，降温。

一套盘管供水冷梁使用（作为水冷梁板式换热器的低温侧供水，另一侧的高温水循环为原有系统）：循环水由软水箱到循环泵，经加压后通过 φ76 管道输送至原有板式换热器进行热交换，然后，依靠余压回冷却塔盘管，经逆流闭式冷却塔的风冷和喷淋水冷作用使其降温后，回到软水箱再经泵供出，完成一个循环。

另一套盘管用于连续淬火炉循环水的冷却，其工艺流程为：高温淬火液经循环泵加压，通过 φ159 管道输送到逆流闭式冷却塔第 2 套盘管，经风冷和水冷的作用降温，依靠重力流回淬火槽。同时，在设计中采用原有系统和新系统并联运行的方式，可以降低投资费用，且旧系统可作为备用。

系统布置情况：逆流闭式冷却塔布置于企业 7 号厂房南侧（需占用原有车棚的一部分），循环泵、软水箱及系统的电控柜布置于休息间的地下室，冷却塔至建筑间的管道采用直埋敷设，辅房中管道部分架空、部分需新砌地沟敷设，厂房内管道全部在新砌筑地沟内敷设。

设备选型：选型：YCT-200N 逆流闭式冷却塔。

五、项目年节能量及年节能效益

1. 小件2号台车式热处理炉蓄热式改造项目

（1）能耗基准。

2013年淬火+回火天然气吨单耗230m³。甲方使用天然气低位发热量为8410大卡，折标系数12.01tce/Nm³，天然气价格2.02元/m³。甲乙双方协定，产量按2298吨计算。

（2）改造前成本及节能量预计。

改造前成本：

甲方台车式热处理炉热处理件天然气平均单耗为230Nm³/t；

单位热处理件天然气成本为464.6元/t。

改造后节能量预计：

改造后按装炉量到达最大装炉量的80%以上计算，预计可以达到120Nm³/t；

甲乙双方协定，改造后的年加工量按2298吨计算；

改造后单位热处理件节约天然气=230-120=110Nm³/t；

年节约天然气量=110×2298=25.28万Nm³；

年节约标煤=25.28×12.01=303.61tce。

经济效益：年节约天然气25.28万Nm³，每Nm³天然气价格为2.02元，年节约天然气费用：25.28×2.02=51.07万元。

2. 冶炼烤包器节能改造项目

（1）改造前成本。

甲方单包烤包器天然气平均单耗为340Nm³/台次；

单位热处理件天然气成本为686.8元/t。

（2）改造后节能量预计。

改造后预计单包烘烤天然气耗量可以达到185Nm³/台次；

甲方乙方协定改造后的烘包量按每台1500次计算；

改造后每台次烤包器节约天然气=340-185=155Nm³；

2台烤包器年节约天然气量=155×1500×2=46.5万Nm³；

年节约标煤=46.5×12.01=558.47tce。

（3）经济效益预计。

年节约天然气46.5万Nm³，每Nm³天然气价格为2.02元，年节约天然气费用：46.5×2.02=93.93万元。

3. 火焰淬火机床瓶装火鸟王替代项目

（1）能耗基准。

甲方原使用丙烷（火鸟王）折标系数1.7143 kgce/kg；年使用133瓶火鸟王，每瓶50kg，每瓶500元。管理费、运输费6万元。

甲方拟使用天然气低位发热量为8410大卡，折标系数12.01tce/万Nm³，天然气价格2.02元/m³。

（2）改造前成本。

甲方年使用133瓶火鸟王，每瓶50kg，每瓶500元；

年能源成本为：133×500/10000=6.65万元；

管理费、运输费6.4万元；

改造前总成本=6.65+6.4=13.05万元。

(3) 改造后经济效益预算。

改造后预计使用天然气1.8万 Nm^3，成本为3.64万元；

改造后年节约标煤=1.8×12.01-133×50×1.7143/1000=21.62-11.40=10.22tce；

年节约费用=13.05-3.64=9.41万元。

4. 连续炉冷却循环水改造项目

(1) 改造前成本。

甲方小件清理车间水费为3万/月。

(2) 改造后经济效益预计。

改造后预计水的用量减少90%，水费为0.3万/月；

年节约水费用=(3-0.3)×12=32.4万元。

5. 四个项目节能效益和节能量合计

年节能效益=51.07+93.93+9.41+32.4=186.81万元；

年节能量=303.61+558.47-10.22=851.86tce。

六、商业模式

采用节能效益分享型合同能源管理模式，合同期三年，年节能效益为186.8万元。效益分享期内，第一年乙方分享90%的项目节能效益，甲方分享10%的项目节能效益；第二年乙方分享85%的项目节能效益，甲方分享15%的项目节能效益；第三年乙方分享45%的项目节能效益，甲方分享55%的项目节能效益。节能收益每六个月付一次，直至合同期结束；支付总额为430万元；项目（设备）所有权在合同期结束后按1元资产转交用户。

七、投资额及融资渠道

项目投资额313.9万元，均为节能服务公司自有资金。

北方特种能源集团有限公司西安庆华公司火工品生产区供热系统改造项目

一、项目名称

北方特种能源集团有限公司西安庆华公司火工品生产区供热系统改造项目

二、项目业主

北方特种能源集团有限公司西安庆华公司始建于1953年，是国家"一五"时期156个重点建设项目之一，注册资本为10578万元，资产总额达14亿元，占地面积290万平方米，现有员工2500余名，其中各类工程技术人员500余名。地处陕西省西安市灞桥区田洪正街一号，主要经营火工品、热电池等军品的生产业务。2010年底，按照兵器工业集团战略部署，庆华公司重组并入北方特种能源集团有限公司，军品板块更名为北方特种能源集团西安庆华公司。

三、项目实施单位

北京北方节能环保有限公司

四、案例内容

1. 技术原理及适用领域

结合现有能源品种，从减少投资的角度，结合用户实际情况，拟采用超低温空气源热泵分散改造的方式对有需求的建筑物进行采暖、生活热水改造，具备施工条件的相邻建筑可共用一套热泵系统进行改造。依据各采暖建筑物分布、外部供热管道布置及现场综合因素等情况，目前考虑需建造超低温空气源热泵采暖系统29套，空气源热泵生活热水系统18套，各系统最终划分情况或根据安全要求、施工难度等有所调整。根据企业研讨结果，对非药品烘干工艺拟采用电蒸汽发生器进行分散式改造，末端制热工艺不发生改变；药品烘干工艺采用电热水发生器进行改造（401-1烘干间采用水浴烘箱进行改造），末端散热管路及设备进行适应性替代改造。目前考虑需建造直接电加热供热系统14个，系统设备就近各生产用汽工房动力间主供气管道布置，系统建造于室外，需搭建简易防雨棚。

2. 节能改造具体内容

（1）采暖系统改造。

分析原有燃煤锅炉换热站供回水温度参数，采用能效比更高一级的超低温空气源热水机组，可利用电能驱动，将室外低品位的热能提升至60℃（最高可达65℃），与末端散热系统的采暖热源设计温度相符，末端采用热水暖气片的工房室内不用改造，最大限度地减少改造成本及施工周期。空气源热泵机组在制热运行时，液态制冷剂在风换热器中气化，吸收空气中的热量，低温低压的气态制冷机经压缩机压缩后变为高温高压气体送至水换热器。由于制冷剂的温度高于水温度。制冷机从气体冷却为液体，液体制冷剂经膨胀阀节流后进入风换热器中，低压液态制冷剂再次气化，完成一次循环。在这个循环过程中，随着制冷剂状态的变动，实现了热量从空气侧向水侧的转移。相比纯电加热的方案，采用低温空气源热泵可节能50%~75%以上。

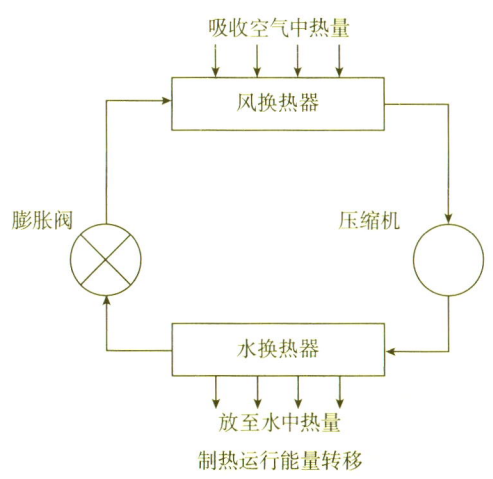

图1 空气源热泵原理

采用空气源热泵热源系统分散式布置，系统靠近采暖建筑物建造，邻近建筑可共建一套系统，不需要利用原有供热管网，解决了供热管网热损失严重、维护成本高、采暖末端效果差等诸多问题。

对各建筑分系统采暖，可根据各建筑用途单独调节机组运行负荷，在非生产时间段可适当降低机组负荷，保证工房采暖满足5℃~10℃的不冻结温度，大大减少采暖运行费用。

（2）生活热水系统改造。

原有生活热水系统采用蒸汽直混式的传统换热方式，热效率差。因企业浴室较为散热，为保证各个车间的生活热水，非采暖季整个蒸汽管网仍需全部投用，浪费极大。使用空气源热泵生活热水机组生产55℃~60℃热水，可直接供应工艺澡堂生活热水，降低大温差供能造成的热量损失。

（3）分散式小规模生产用热系统改造。

根据企业火工区小规模生产用热现状，热源主要用于各车间药品生产及产品存贮过程中的热烘干工艺，大多为间歇性使用，并且各热能使用车间用汽时间段、用气量均不一样，电蒸汽发生器、电热水炉及防爆水浴烘箱正好为小型供热设备，可根据各车间具体的热能使用负荷配置机组，随开随用，开机后几分钟即可满足生产工艺用热需求，彻底避免非生产时间段机组运行造成的热能浪费。设置备用机组，全面保障军工生产。

3. 项目实施进度

该项目于2018年6月签订合同，2018年7月进入现场施工，2018年11月竣工并投入运行。共建造空气源热泵采暖系统28套、空气源热泵冷暖双供系统1套、生活热水系统18套、生产蒸汽供应系统11套、高温热水供应系统3套。安装空气源热泵冷暖型机组73台，空气源热泵生活热水机组26台，蒸汽发生器29台，高温热水发生器6台。

五、项目年节能量及年节能效益

1. 年节能量

(1) 改造前能耗。

根据企业改造前三年（2015年、2016年、2017年）燃煤锅炉的能源消耗量并取平均值，年平均耗煤量20975t，年平均耗电量3150000kW·h。

企业统计数据包括厂内的火工品生产区及厂外的生活福利区两个区域的供热。此次改造仅涉及火工品生产区35个建筑物采暖、15个生活热水工房热水改造、14个生产用热工房用汽改造。

根据该项目改造区域的供暖面积、建筑物采暖耗热量指标等数据分析计算，厂内火工品生产区35个建筑物采暖、15个生活热水工房热水和14个生产用热负荷占总供热负荷的32.5%，故核算基准均按统计数据的32.5%进行折算。

改造前能源消耗量：

燃煤消耗量 = 20975 × 32.5% = 6816.88t；

电消耗量 = 315 × 32.5% = 102.38 万kW·h；

折标准煤为 4869.3 + 102.38 × 3.3 = 5207.154tce。

(2) 改造后能耗。

经过2018年11月15日至2019年11月14日的实际运行，火工区供热系统耗电量为600万kW·h。改造前电消耗量 = 600 万 kW·h × 3.3 = 1980 万tce，项目实施后，年节能量为：5207.154 – 1980 = 3227.154tce。

2. 年节能效益

(1) 原燃煤锅炉供热系统运行费用。

2018年10月30日燃煤锅炉关停，导致2018年锅炉用煤等数据下降，所以用2016年和2017年平均量进行核算见表1。

表1 能源基准

年份	用水量（t）	用电量（kW·h）	用煤量（t）	软水（t）
2016	194057	3010000	22217	194057
2017	234292	3290000	19733	187523
平均值	214175	3150000	20975	190790

费用支出合计后，燃煤锅炉每年支出3165.1万元，按照32.5%折算后为1028.66万元。

(2) 供热系统改造后运行费用。

费用支出合计后，项目实施后每年支出费用为495.59万元。

综上，项目实施后，年节能效益为：1028.66 – 495.59 = 533.07万元。

六、商业模式

项目采用合同能源管理节能效益分享型商业模式，节能服务公司负责项目设计评审、设备采购、安装工程等，效益分享期5年。效益分享期内节能公司分享项目收益合计2691.36万元，用能企业分享节能收益合计 590.79 万元，合同能源管理分享期后节能收益全部归企业所有，质保期 5 年内节能服务公司负责无偿维修正常使用损坏的设备。全寿命期内企业分享总节能收益 5185.80 万元。

七、投资额及融资渠道

项目投资均为节能服务公司自有资金。

天津立中集团股份有限公司压缩空气系统能源托管合同能源管理综合节能服务项目

一、项目名称

天津立中集团股份有限公司压缩空气系统能源托管合同能源管理综合节能服务项目

二、项目业主

天津立中集团股份有限公司成立于1984年，是一家专业研发、制造铸造铝合金、变形铝合金、微纳米级功能母合金、智能金属模具、汽车铝合金车轮和自动化冶金装备的跨国集团公司，产品主要应用于汽车、高铁、电力电子、航天航空、船舶、军工等领域。2005年，立中集团旗下的立中车轮公司在新加坡交易所主板上市。2015年销售收入超150亿元，是国内最大的汽车铝合金车轮制造企业之一。

三、项目实施单位

爱景节能科技（上海）有限公司

四、案例内容

1. 技术原理及适用领域

工业物联网＋节能：通过工业物联网对压缩空气系统中设备运行参数、工况变化等数据进行采集，上传至云平台，通过云平台对数据进行大数据分析和智能管理，实现空压站24h监测与预测报警，使空压站供气压力在±0.01MPa最小压力带运行。

设备定制：根据项目用气特点，定制超高效机型；根据后处理需求，采用定制后处理设备（过滤器、冷干机、吸干机），大量减少气耗与压损，改善循环冷却系统水质，降低排气温度，提升压缩空气系统的整体能效。

基于云平台的精益运维：以数据为驱动，精细化管理企业能耗；对标管理，预防性维护泄露及排气异常，减少泄漏点；根据足量的历史数据采集、专家数据库建立、历史运行规律，根据生产规律变化对设备的运行进行自动调整。

适用领域：纺织、冶金、轮毂等各行业工厂压缩空气系统。

2. 节能改造具体内容

立中集团空压站原有10台空压机，8开2备。母管压力6bar，部分压缩空气经冷干机干燥后使用。空压站改前系统流程如图1所示。

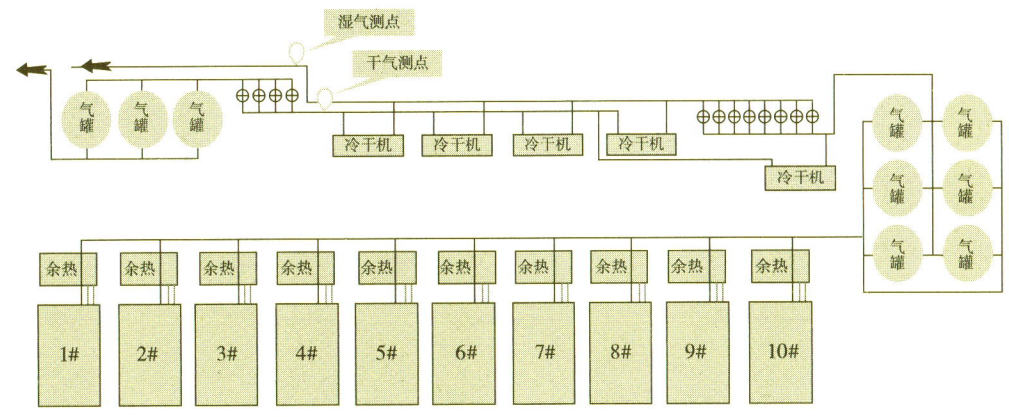

图 1 改造前空压站系统流程

(1) 空压机系统改前存在的问题。

设备能效低：空压站空压机限于出厂时技术因素，设备均为三级能效产品，能耗很高。

常开设备均为工频机，无容调设备，可能会出现开七台设备气量不够，开八台设备气量多余的现象，存在能源浪费。

保养工作量大，并且费用高。

压缩空气系统无智能控制装置，空压机的启停与轮换需要人工调整。

(2) 节能改造内容。

通过对车轮压缩空气系统设备状态、管道布置网络、生产工艺的数据掌握以及其他相关数据，经整理和调研，掌握了压缩空气系统的基本用能情况。并制定改造方案与措施：

①根据现场配电电缆、排气管、循环冷却水管、余热回收循环油管的位置及大小，定制相类似外形布局的节能空压机，采用逐一替换的方式，在不影响生产用气的前提下进行节能改造。

②定制 ATT3000 机型 220kW 两级压缩空压机 6 台，额定排气压力 7bar，额定排气量 $50m^3/min$；其中两台为永磁变频高效电机，可实现系统排气量的整体无级调节，4 台工频电机选用 YE3 系统高效电机，电机效率均高于 96%；剩余原有空压机部分能效较好的作为备机保留，待新设备维保时开启。

③空压站内将所有的排污系统拆除，定制、新建一套自动化集中排污系统，包含但不限于节能排污装置、自动化控制装置、数据分析装置，实现空压站内气体损失降低 90% 以上。

④将原微热式吸干机全部拆除，定制、新建若干套节能型吸干机，在不低于原有露点的前提下，最大化减少设备气损，减少一定幅度吸干机设备能耗。

⑤将原压缩空气管网实施系统性泄露检测，对存在的泄露点及不合适的排污点进行堵漏改造。

⑥采用定制增压设备，将原吸干机后的气体压力提升至 0.8MPa，以满足生产工艺需求。

⑦项目实施时，对立中车轮全厂压缩空气管道逐级排查检漏，发现泄漏点及时标记补漏。

⑧若车间用气量增大，后期根据实际需要增加节能空压机数量。

(3) 节能改造后取得效果。

完成改造后，取得 25% 以上的节能率，后续在运行过程中进一步挖掘节能潜力，优化运行，又取得 14% 的节能率。

参照《压缩空气站能效分级指南 T/CGMA 033001—2018》，选取 2019 年 5 月 15 日当天检测计量数据，进行压缩空气站综合输功效率、压缩空气站输功效率测算。具体测算方法及公式见表 1。

表 1　空压站能效测算

序号	含义	符号	单位	数据来源与计算公式	数据
1	空气压缩机吸气压力（绝对压力）	P_x	MPa	测量	0.1011
2	压缩空气站供气压力	P_z	MPa	测量	0.624
3	测量时间段内，压缩空气站供气平均流量（空气压缩机吸气状态）	Q_z	m³/min	测量	215.5
4	测量周期时间	t	h	测量	24
5	压缩空气站回收利用的热量	E_R	kW·h	测量	10584
6	第 j 台空气压缩机组消耗的电量	E_j	kW·h	测量	26461
7	测量时间段内，压缩空气站用电总量	E_Z	kW·h	测量	27842
8	压缩空气站输功效率	η_w	%	$\eta_w = 16.76 \times \dfrac{P_x \times Q_z \times t \times \ln\left[\dfrac{P_z + P_x}{P_x}\right]}{E_Z} \times 100\%$	62.02
9	压缩热能回收利用率	η_R	%	$\eta_R = \dfrac{E_R}{\sum E_j} \times 100\%$	40.00
10	压缩热回收利用修正系数	δ		$\delta = 1 + 0.2 \times \eta_R$	1.08
11	压缩空气站综合输功效率	η	%	$\eta = \delta \times \eta_w$	66.98

测试当天室外平均温度为 26℃，压缩空气站综合输功效率测算为 66.98%，对照《压缩空气站能效分级指南 T/CGMA 033001—2018》表 1 压缩空气站能效等级（供气压力露点≥3℃），得出项目空压站能效等级优于 1 级标准 61%。

3. 项目实施进度

该项目于 2017 年 11 月 1 日开工，2017 年 11 月 21 日完工，目前稳定运行。

五、项目年节能量及年节能效益

1. 年节能量

对空压站节能项目节能量实施改造前后产气量单耗及改造实施后核定期产气量进行计算，计算公式如下：

节能量 =（改造前产气量单耗 − 改造后产气量单耗）× 核定期产气总量

改前产气量单耗为 0.1244kW·h/m³，改后产气量单耗为 0.0921kW·h/m³。根据节能量计算公式，年节能量为 359.84 万 kW·h，根据电力折算系数 0.000330tce/kW·h 得出，项目节能量为 1187 吨标准煤。后续运行过程中，节能服务公司通过管理和运行优化等手段进一步挖掘节能潜力，实现年节能量 49 万 kW·h，根据电力折算系数 0.000330tce/kW·h 计算，年节能量为

161吨标准煤。

因此，项目总年节能量为1348吨标准煤。

2. 年节能效益

该项目节约能源电力的单价为0.72元/kW·h，年节能效益295万元。

六、商业模式

该项目采用能源费用托管型合同能源管理模式。合同期为5年，合同期内设备归节能服务公司所有，节能服务公司负责项目的运营维护。合同期内，节能服务公司按照约定气价为用能单位提供生产所需压缩空气。

七、投资额及融资渠道

该项目投资额600万元，全部为节能服务公司自有资金。

上海紫泉标签有限公司压缩空气系统节能改造合同能源管理项目

一、项目名称

上海紫泉标签有限公司压缩空气系统节能改造合同能源管理项目

二、项目业主

上海紫泉标签有限公司位于上海市闵行区颛兴路1288号公司1号和2号空压机站房内。原1号空压站房共有4台寿力空压机（其中2台75kW，1台37kW和1台56kW喷油螺杆空压机）及3台冷冻式干燥机和过滤器。原2号站房有1台寿力56kW喷油螺杆空压机及1台冷干机和过滤器，另外还有2个储气罐。

三、实施单位

上海烨圣机械设备有限公司

四、案例内容

1. 技术原理及适用领域

该项目采用高效喷油螺杆空压机作为节能替换的主要设备。该机型采用最佳实践设计方法，采用精细的热力学和流体流动建模，结合统计学的间隙分析，采用最先进的转子型线可显著减少泄漏，从而大幅提升效率；齿轮几何优化，更低的噪声、更高效的动力传输和更低的轴承负荷（带载时）；流线型进气和排气通道，压降更小；喷油过程优化，更低的温度、更高效的压缩过程；多级转子—压缩比分成两级，能够以非常低的速度运行，轴承负荷显著减小，两级主机在同一个铸件壳体中，消除了不必要的连接件；提供内置VSD功能，采用混合永磁电机，压缩机可根据客户需求输出相应的气量，在各种使用条件下实现最高效率和最佳性能，避免由于过宽的压力带或卸载运行导致的能源浪费，可节省最高35%的能耗。高效空气过滤器，特殊设计的管道和管路接口，保证更低的压降；确保主机性能的提升能够切实转化为机组效率的提高；单独的压缩空气吸气通道，与压缩机冷却空气分开，确保在压缩前保持较低的进气温度以提高效率；可实现重复密封、无泄漏连接的V-ShieldTM技术；高效的离心式风扇，以更小的功率供应更多的冷却风；无损电子排污阀，有助于提高效率和减少浪费。

2. 节能改造具体内容

客户原空压系统管路复杂，压降很大，空压机老旧能耗较高，冷干机制冷效果差，导致末端空气系统大量含水，严重影响生产。能源浪费现象严重，压缩空气每年消耗近125万元电费；另外，因设备老旧，每年需要花费大量的财力、物力用于设备的维护保养和大修，客户节能改造的意愿比较强烈。

主要改造措施如下：

采用英格索兰 R 系列高效空压机 + 节能型干燥机的压缩机链替代原系统多台螺杆机组合 + 干燥机的压缩机链；

通过专业软件建模模拟，找到最适合生产用气的管道安装方案，专业施工，可以最大限度地降低目前管道系统的压力降，持续稳定的压力和流量将更好地满足生产用气；

通过对目前系统的冷凝水排放进行改造，达到零气耗排放，并且经过处理的冷凝水可以达到国家环保要求的直接排放标准；

通过专业的泄漏检测工具和软件分析出目前系统的泄漏帕累托图，合理补漏，最大限度地减少空压机负载；

采用合理的维护保养方法，消除了设备的故障停机。

3. 项目实施进度

该项目开工日期 2018 年 2 月 20 日，竣工日期 2019 年 6 月 20 日。目前项目稳定运行，设备状态良好，节能率显著。

五、项目年节能量及年节能效益

1. 年节能量

（1）改造前后系统（设备）用能情况及主要参数。

改造前公司共有 1 号和 2 号空压机站房（如图 1 所示），原 1 号站房（大站房）共有 4 台寿力空压机（其中 2 台 75kW，1 台 37kW 和 1 台 56kW 喷油螺杆空压机）及 3 台冷冻式干燥机和过滤器。原 2 号站房（小站房）有 1 台寿力 56kW 喷油螺杆空压机及 1 台冷干机和过滤器，另外还有 2 个储气罐。客户原空压系统管路复杂，压降很大，空压机老旧能耗较高，同时冷干机制冷效果差，导致末端空气系统大量含水，严重影响生产。

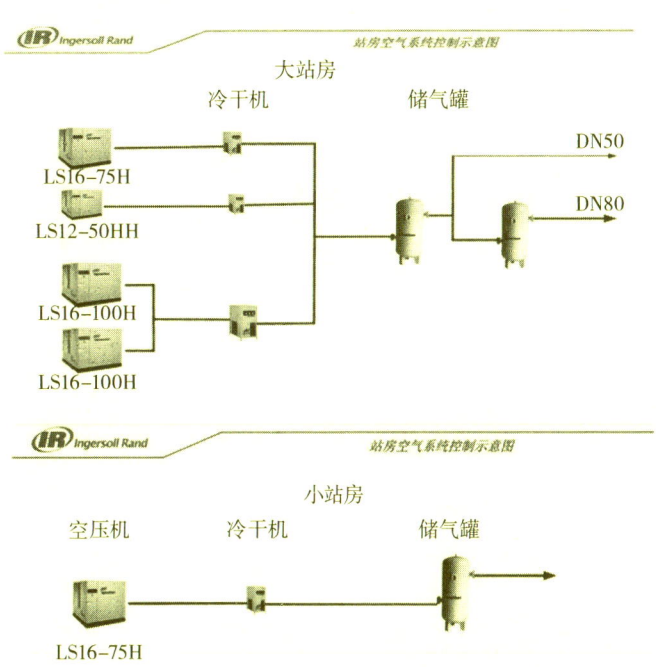

图 1　改造前空压机站房空气系统

（2）节能量计算方法及项目年节能量。

节能量 =（改造前气电比 - 改造后气电比）× 单位分钟平均用气量 × 60min × 8000h/a

= (0.17828 - 0.118) × 19 × 60 × 8000

= 549753 kW·h/a

2. 年节能效益

当地电价 0.76 元/kW·h，年节能效益 51 万元。

六、商业模式

采用节能效益分享型合同能源管理模式。项目合同期三年。三年期内的设备所有权由投资方节能服务公司所有，运营维护由节能服务公司负责。

七、投资额及融资渠道

该项目投资额 110.2857 万元，全部为节能服务公司自有资金。

八、优惠政策

根据《上海市工业节能和合同能源管理项目专项扶持办法》（沪经信法〔2017〕220号）审核要求，核定该项目节能量为 195 吨标准煤，可以获得 800 元/吨标煤的节能补助。

煤炭行业

淄博市王庄煤矿有限公司低品位余热利用节能技改合同能源管理项目

一、项目名称

淄博市王庄煤矿有限公司低品位余热利用节能技改合同能源管理项目

二、项目业主

淄博市王庄煤矿有限公司位于淄博市临淄区西约 3 公里，行政区划隶属淄博市临淄区。现矿区面积为 41.588 平方千米，开采标高为 -60 ~ -700 米。

王庄煤矿采用 1 台 10t/h 燃煤锅炉作为矿区热源，采暖季用于矿区供暖和井口防冻，非采暖季用于制取矿区所需洗浴热水。矿区夏季主要采用分体式空调进行供冷，部分区域采用电风扇。

根据王庄煤矿调研数据，矿区燃煤锅炉年耗煤量为 7848 吨。矿区燃煤主要为焦煤，按 6000kcal/吨热值计算，折合标煤为 6726.86 吨。

三、项目实施单位

山东宜美科节能服务有限责任公司

四、案例内容

1. 技术原理及适用领域

项目主要采用空压机余热回收技术，其技术原理如下：

在螺杆式空气压缩机长期连续的运行过程中，电能首先转换为机械能，然后机械能转换为空气内能。空气压缩过程中，空气得到强烈的高压压缩，温度骤升，这些产生的高热由空压机润滑油、高压空气携带，通过风冷或水冷的方式将热量排出机体。

该项目采用油、气余热双回收机组，空压机产生的油气混合体经油气分离器，把空气和油分离。空压机的热气进入套管式换热器与冷水进行热交换，使冷水初步升温，气体降温后回到原有的气体冷却器，完成气体的热回收；空压机的热油进入钎焊板式换热器与内循环软水进行换热，水温升高到 60℃，然后通过二次循环加热初步升温的冷水供洗浴使用，而热油换热后温度降 15℃ ~ 20℃，降温后的油回到空压机的机头，完成循环。

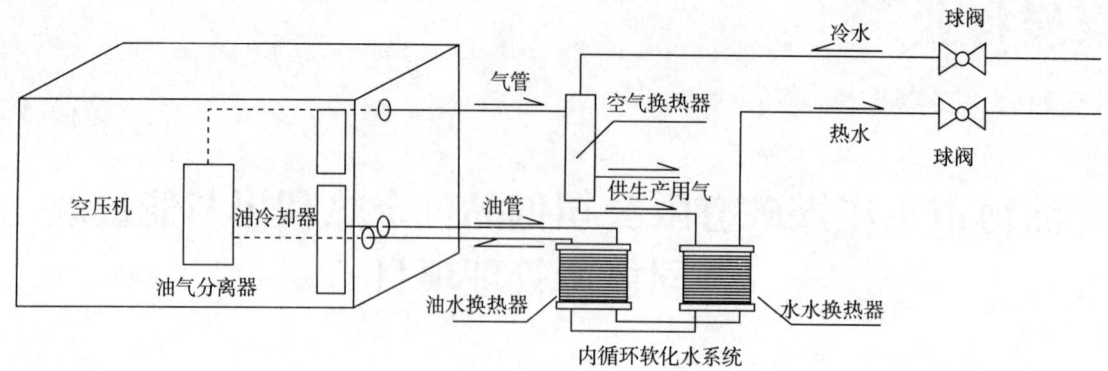

图1 空压机油、气余热双回收技术原理

2. 节能改造具体内容

淄博市王庄煤矿矿区原有热源为1台10t/h燃煤锅炉，采暖季用于矿区供暖、井口防冻以及制取洗浴热水，非采暖季仅用于制取矿区所需洗浴热水。对往年能耗数据分析发现，原有用能方式存在能源利用率低、浪费严重、环境污染严重等突出问题。该项目通过回收利用矿区现有低品位能源，全年使用空压机余热回收系统制取矿区所需洗浴热水，实现对燃煤锅炉的替代，推动绿色矿区建设。

3. 项目实施进度

项目可行性研究报告编制时间：2016年3月；

开工时间：2016年5月；

竣工验收时间：2016年7月；

运行情况：良好。

五、项目年节能量及年节能效益

1. 年节能量

（1）改造前后系统（设备）用能情况及主要参数。

改造前，矿区10t/h燃煤锅炉全年制取洗浴热水耗煤量为2549.0吨；

改造后，空压机余热回收系统耗电量128772kW·h，无燃煤消耗。

（2）节能量计算方法及项目年节能量。

改造前，矿区燃煤主要为自产煤，按6000kcal/吨热值计算，折合标煤为2184.9吨；

改造后，新系统耗电量折合标煤量为42.5吨；

项目年节能量为（2184.9吨－42.5吨）＝2142.4吨。

2. 年节能效益

矿区综合电价0.65元/kW·h，锅炉燃煤煤价540元/吨，年节能效益129.2万元。

六、商业模式

该项目采用节能效益分享型合同能源管理模式，节能服务公司投资70%，业主方投资30%。节能服务公司负责项目的施工、建设、运营、管理、维护，承担运行过程中发生的所有费用。

节能效益分享期的起始日为实施方出具72小时试运行正常的《项目验收证明文件》的次日,试运行期间水、电费由实施方承担。效益分享期为58个月。效益分享期内,节能服务公司分享本项目70%的节能效益,业主方分享项目30%的节能效益。

七、投资额及融资渠道

该项目投资额350万元,节能服务公司投资245万元,业主投资105万元。

八、优惠政策

该项目获得资源节约和环境保护2016年中央预算内投资补助资金奖励。

汶上义桥煤矿有限责任公司余热综合利用替代燃煤锅炉供热工程

一、项目名称

汶上义桥煤矿有限责任公司余热综合利用替代燃煤锅炉供热工程

二、项目业主

汶上义桥煤矿有限责任公司位于山东省汶上县义桥乡境内,井田勘探面积31.4平方千米,地质储量9862万吨,可采储量4200万吨,主采低灰、低硫、高发热的优质三层煤,采用一对立井单水平开拓,设计生产能力为年产45万吨,2008年底由山东省煤炭工业局核定为年产90万吨。

义桥煤矿原供热系统为2台4t/h和1台2t/h燃煤锅炉供热,满足工业广场建筑冬季供暖,副井口保温及防冻,洗浴热水制备、工作服烘干、职工喝水、食堂做汤等提供清洁能源。洗浴热水系统要求耗水量为440m^3/天,而且保证24小时供应42℃恒压恒温热水。

现有建筑冬季供暖总面积53713m^2,供暖周期120天。办公区域要求冬季供暖达到22℃的使用效果,生产车间按照国家标准执行。

副井口冬季保温及防冻,进风量5239m^3/min,冬季要求井口进风混合温度≥2℃,设计最大热负荷需要满足冬季室外近期最低-14℃时的天气状况。

三、项目实施单位

北京中矿博能节能科技有限公司

四、案例内容

1. 技术原理及适用领域

该项目主要回收利用矿井水、生活中水、空压机和矿井回风的余热,技术原理如下:

矿井水、生活中水余热回收利用:借助水源热泵技术对矿井水和生活中余热进行回收利用,从水中提取热量,经过水源热泵的提温,提供50~60℃热水满足供热需要。

空压机余热利用:在空压机长期连续的运行过程中,其输入的电能转换为两部分能量,其一是空气压缩所得到的机械势能(单台压缩机标准输出工况可达65%~70%),由于煤矿压缩空气用量不连续,不稳定,空压机输入的电能转换空气压缩所得到的机械势能实践证明只有35%~30%;其二是为维持压缩空气压力状况与合理的排气温度,压缩机需保持高速旋转,空压机输入的电能大部分成为摩擦消耗转换成热能(占输入电能的65%~70%)。

在空压机长期连续的运行过程中产生的大量高温热能由空压机润滑油排出机体,这部分润滑油中的热量在空压机输入功率中占65%~70%,温度通常在90℃(冬春季)~105℃(夏秋季),这些热能都由于机器运行温度的需求,被无端地废弃排往大气中,即用空压机的散热系统来完成机器运行的温度要求。排气温度太高会导致更多的润滑油处于气相,增加油气分离的难度,降低润滑油的使用寿命及供气品质。

空压机余热回收:将空压机中油引入空压机余热回收机组,通过空压机余热回收机组实现油水换热,实现加热热水的目的。通过实践证明,利用空压机余热制备洗浴热水较好,通常洗浴热水制备成本为0.8元/t,具有较好的经济效益。

乏风余热利用:项目采用直蒸式深焓取热乏风热泵技术,将热泵蒸发器直接设置在乏风通道中,通常称之为"乏风取热箱",利用低温低压制冷剂液体在乏风取热换热中蒸发吸热,直接将乏风中热量提取出来,制冷工质蒸发吸热后变为气态,气态工质进入压缩机中进一步压缩变为高温高压气态工质,气态工质在冷凝器中将热量置换给水用于供热,通常称之为"直蒸式乏风热泵",也就是"乏风余热一次换热"利用技术。为解决取热后乏风温度达到霜点以下时的除霜问题以及要实现大焓差取热,研发了第三代直蒸式深焓取热乏风热泵技术,实现了梯级取热和梯级加热以及连续除霜,大大提高了乏风的取热量,扩展了设备的适用范围。第三代直蒸式深焓取热乏风热泵技术实现的主要技术指标是:乏风取热后温度可低至 -10℃,同时COP≥3.0。

2. 节能改造具体内容

原供热系统为燃煤锅炉,七部委2014年10月29日联合发布的《燃煤锅炉节能环保综合提升工程实施方案》规定,到2017年,地级及以上城市建成区基本淘汰10t/h及以下的燃煤锅炉,所以义桥煤矿需要淘汰3台6t/h燃煤锅炉,改为新的清洁能源供热方式。

义桥煤矿矿区的余热资源分别为矿井涌水余热(生活中水)、矿方乏风余热和空压机余热,总余热量为6139kW;利用低品质余热资源解决的地方分别为建筑采暖(夏季制冷)、井口防冻、生活洗浴热水,总供热需求负荷为5774kW。具体的负荷详见表1。

表1 余热负荷及供热需求统计

序号	余热资源	余热负荷(kW)	末端供热	供热需求(kW)
1	矿井乏风供热	2753	建筑采暖	2935
2	矿井水供热	3134	井口保温	1805
3	空压机供热	252	洗浴热水	1034
4	合计	6139		5774

通过余热资源及供热需求负荷的分析,系统规划设计时采用余热整体规划,由集分水器分别供向各个末端。

乏风热泵机组与矿井漏水热泵机组互为备用,乏风热泵机组设计3台,涌水热泵机组设计2台,共同制取高温热水(55℃)。

热泵机房:热泵机房新建于通风机房附近,规划建筑尺寸为19m×18m,室内设备包括5台热泵机组、2台换热器、2台集分水器、8台热水循环泵及配套补水系统、配电室。

水泵房:水泵房及水箱规划新建于福利楼北侧空地处,建筑尺寸为12m×8m,室内设备包括洗浴热水4台换热器、8台水泵、配电及补水系统。水箱位于泵房外,占地尺寸为21m×5m。

洗浴热水:其中涌水热泵机组设计1台为热回收机组,夏季制冷季在供冷的同时完全免费回收高温的废热,制取高温洗浴热水;同时空压机余热免费制取高温的洗浴热水;在制冷季时实现完全免费热源；其他季节时，优先利用空压机的余热，不足部分利用热泵机组用电谷期制取热水，最大限度地降低运行费用。

井口防冻：热泵机组在制取高温热水的同时，在机组与井口加热器之间设计2台板式换热器，实现二次换热在板式换热器与井口加热器之间形成闭式循环系统。在极寒天气时，因井口加热器加热的是新风，如出现管路过滤器堵塞，短时间内容易冻坏井口加热器，因此公司在设计时考虑在井口循环泵系统内加装防冻液，防止设备冻坏。

建筑末端：热泵机房制取高温热水（55℃）经热水循环泵供热各个建筑；经前期现场了解，原建筑物的采暖系统供热方式均采用上供、下回（顶层供水管、底层回水管），暖气片采用单管串联连接方式。在实现建筑物供冷、供热时，必须将现有的暖气片全部更换成风机盘管，室内管路全部重新更换。

室外管网：原管网系统均有锅炉房供，且管路较细，现有热泵机房供水，热源位置变化，因此现有的外网系统全部重新架空敷设。

3. 项目实施进度

该项目自2016年8月13日开工，2016年11月13日调试运行，整体运行情况良好，满足了义桥煤矿冬季用热与夏季用冷的需求。

五、项目年节能量及年节能效益

1. 年节能量

系统原有2台4吨和1台2吨燃煤蒸汽锅炉，项目改造前三年平均耗煤量为8500t/a（义桥煤矿燃煤发热量约为5500cal/kg），折算成标煤为6678.6tce/a。

乏风热泵综合能效4.34，涌水热泵能效3.85，取平均值能效为4.1。

义桥煤矿每年供热量为17143.4万MW·h，则每年热泵系统耗电量为：

$17143.4 \div 4.1 = 4181 MW \cdot h = 4181000 kW \cdot h$；

电力折算系数选取0.000330tce/kW·h，则消耗标煤量为1380tce/年；

每年节约标煤量为：6678.6 - 1380 = 5298.6tce。

2. 年节能效益

（1）改造前锅炉年运行费用。

燃煤费用：$8500 \times 370 = 318.7$ 万元/年；

锅炉给水化学水处理费：5.34万元/年；

锅炉辅机及供暖、供冷循环泵耗电费用：29.26万元/年；

锅炉维护保养、大修费：20万元/年；

检测费：2万元/年；

排污费：34.8万元/年；

工资：57.16万元/年；

烘干机耗电：4.72万元/年；

改造前系统全年运行费用合计：471.98万元。

（2）改造后余热利用系统电费。

$4181000 kW \cdot h \times 0.68$ 元$/kW \cdot h = 284.3$ 万元。

(3) 年节能效益

471.98 – 284.3 = 187.68 万元。

六、商业模式

该项目采用合同能源管理模式，项目结算金额按季度固定付款方式结算。如按照市场蒸汽价180元/吨、每年运行费用450.5万元计算，双方谈判确定合同能源管理项目期为五年，合同能源管理期内每季度按固定100万元支付，即每年节约400万元。

合同期内系统所有权归节能服务公司所有，运营维护由节能服务公司负责。合同能源管理期结束后，系统所有权归用能单位所有，运营维护由用能单位负责。

七、投资额及融资渠道

该项目总投资1362.75万元，其中272.55万元为节能服务公司自有资金，1090.2万元来自某银行节能贷款。

湖南煤化新能源有限公司煤气鼓风机系统合同能源管理项目

一、项目名称

湖南煤化新能源有限公司煤气鼓风机系统合同能源管理项目

二、项目业主

湖南煤化新能源有限公司是由涟钢集团与安石集团、武汉华菱物质有限公司共同组建的市本级企业。公司于 2007 年 5 月正式成立,注册资本 31166 万元,主要产品为冶金焦炭、城市煤气、煤化工产品。需求原料为洗精煤、硫酸、洗油、液碱等。

三、项目实施单位

长沙瑞泽能源科技股份有限公司

四、案例内容

1. 技术原理及适用领域

技术原理:针对风机实际运行效率不高,风机的调节性能差,运行工况点偏离风机的最高效率点的情况,通过全面系统地检测运行工况参数和设备参数,分析系统各部分的能耗状况,并利用专用分析软件,对当前数据和信息进行分析、模拟计算,对系统进行科学诊断和设计,优化客户的系统运行模式,改造原效率较低的液力耦合器,新增一套高压变频器,重新编制一套鼓风机控制系统软件,使其满足改造后的控制要求,从多方面综合提高系统的运行效率,达到最佳节能效果。

适用领域:该技术广泛应用于电力、钢铁、冶金、石油、化工、自来水、矿山、制药、水泥等行业的风机系统的节能改造。

2. 节能改造具体内容

改造前存在液力耦合器低效运行和回流循环浪费等问题,因此改造的主要内容包括:改造原液力耦合器;拆除原液力耦合调速系统,保留增速齿轮箱及相应的润滑系统;加装一套高压变频器及旁路控制柜;重新编制一套鼓风机控制系统软件,优化鼓风机风门及压力控制。

此方案主要优点有:风机调速反应速度更快,更好地满足工况要求;能耗大大降低,节能效果显著;改造时间短,不影响生产。

3. 项目实施进度

项目实施时间:2016 年 7 月至 2016 年 11 月。

该项目2016年11月通过双方验收，合同约定，每月派双方工作人员对设备运行情况进行检查以及对节能量进行抄表核算，并对所产生的节能效益进行结算。效益分享期间，设备的所有售后问题均由节能服务公司负责。到目前为止，项目运行情况正常。

五、项目年节能量及年节能效益

1. 年节能量

改造前后系统（设备）用能情况及主要参数：

技改前，小时用电量为1001.91kW·h，年用电量为8800771kW·h，折合2772.2吨标准煤；技改后小时用电量为631.23kW·h。

节能量计算方法及项目年节能量：

每小时节电量 = 1001.91 - 631.23 = 370.68kW·h；

年节电量 = 370.68 × 8760 = 324.7万kW·h，折合标准煤1022.8吨。

2. 年节能效益

单位电费为0.62元/kW·h，年节能效益为201万元。

六、商业模式

该项目采用节能效益分享型合同能源管理模式，合同约定的节能效益分享期为3.5年。项目验收后，节能设备运行3.5年内节省的电费，双方按合同约定的比例分享节电效益。

七、投资额及融资渠道

该项目投资额175万元，全部为节能服务公司自有资金。

山西高平科兴赵庄煤业有限公司空压机余热高效回收利用节能项目

一、项目名称

山西高平科兴赵庄煤业有限公司空压机余热高效回收利用节能项目

二、项目业主

山西高平科兴赵庄煤业有限公司系山西科兴能源发展集团有限公司下属子公司,是一座年生产能力120万t的现代化矿井,拥有井田面积19.7555平方千米和3~15号煤层的采矿权。

三、项目实施单位

山西铭鑫隆煤矿机械设备有限公司

四、案例内容

1. 技术原理及适用领域

将空气压缩机的高温润滑油导入空气压缩机余热回收装置,利用余热回收装置进行油水换热,换热后,冷水吸收热量温度提高,油温得到冷却。油水换热不但可以得到热水,还可以降低空气压缩机的冷却负担,兼有节电、增加产气量的效果。

空压机余热回收系统适用于所有工矿企业,只要有运行的空压机,产生的余热都可用余热回收系统高效地回收利用。

2. 节能改造具体内容

系统改造前使用三台双螺杆式250kW的空气压缩机(二开一备)为煤矿井下送风,一台4t燃煤蒸汽锅炉为浴室提供热水。二台空压机一天24小时全天候运转,每天产生1032万kW的余热。余热按80%回收,每天可回收利用825.6万kW的热量。而在空压机每天产生1032万kW的余热白白浪费的同时,矿上又用一台4t燃煤蒸汽锅炉为职工提供洗浴热水,全年耗煤量为1423.5t,一年的用电量为52560kW·h。

该项目经过实地考察、调研和设计,安装了一套空压机余热高效回收系统。主要设备技术参数如下:

余热回收主机:根据空气压缩机大小量身定制3台,外形尺寸1200mm×600mm×120mm,换热量250kW;

二次换热系统2套(双系统):换热量250kW;

可编程控制器(PLC)1套:型号S7-200;

余热回收自动化集控系统（国家专利技术）1 套：型号 MXL - JKZX - N；

软水处理系统 1 套：工作压力 0.15~0.6MP，进水温度：5℃~45℃，产水量 1t/h；

一次循环水泵 2 台：电机功率 0.37~2.2 kW；

二次循环水泵 2 台：电机功率 0.55~2.2 kW；

供热水泵 2 台：电机功率：7.5~22kW；

不锈钢保温水箱 1 个：规格 6m×4m×3m。

利用空压机余热供职工洗浴，取代了专门的供热锅炉，节省了大量的人力、物力，同时节约了资金，取得很好的经济效益，达到了节能减排、开源节流的目标。

3. 项目实施进度

该项目于 2016 年 10 月 20 日开工建设，2016 年 12 月 5 日竣工交付使用。目前，系统各项均运行良好，节能效果显著。

五、项目年节能量及年节能效益

1. 年节能量

改造前使用三台双螺杆式 250kW 的空气压缩机（二开一备）为煤矿井下送风，一台 4t 燃煤蒸汽锅炉为浴室提供热水，全年耗煤量为 1423.5t，4t 燃煤热水锅炉配备 18.5kW 引风机、5.5kW 鼓风机，一年的用电量为 52560kW·h。

年节能量 $= 1423.5 \times \dfrac{5000}{7000} + 52560 \times 0.00033 = 1034.12 tce$。

2. 年节能效益

燃煤费用：每吨煤按 350 元计算，改造后节约燃煤费用 1423.5×350=50 万元。

脱硫除尘用药剂：每吨煤脱硫需要 0.0096 吨氢氧化钠，煤矿每年洗浴燃煤量为 1423.5，1423.5×0.0096=13.67 吨，每吨氢氧化钠 2000 元，则药剂费用为 13.67×2000=2.72 万元。

工业用生石灰：4t 锅炉按照 2 万元/年。

工业用盐：4t 锅炉按照 3 万元/年。

锅炉折旧费：一台 4 吨燃煤热水锅炉设备购买、安装费、烟囱等费用共计 60 万元。锅炉使用寿命为 10 年，以此计算 4 吨锅炉每年的平均折旧费用为 6 万元。

维修费用：4 吨燃煤蒸汽锅炉年维修费用 5 万元。

环境保护费：4t 锅炉排污费 8 万元/年。

净化设备费用：3 万元/年。

工业用电费用：4t 燃煤热水锅炉配备 18.5kW 引风机、5.5kW 鼓风机。全年 365 天，锅炉运行每天按照 6 小时，工业用电价格按平均 1 元/kW·h 计算，每年冬季用电费用为 (18.5+5.5)×6×365=5.26 万元。

培训费：工人每年培训费用为 2 万元。

特种设备检测费及年检费：2 万元/年。

人工工资：人工工资按照每天 3 班，每班 2 人，每人每月工资 2800 元，全年共 12 个月计算：3×2×12×2800=20.16 万元。

项目总效益 109 万元。

六、商业模式

该项目采用节能效益分享型合同能源管理模式,合同期限为4年。前3年,每年节约资金109万元全部归节能公司,第4年五五分成,合同期满后的节约资金全部归业主所有。合同期内余热回收系统设备归节能公司所有,合同期满后系统设备归业主所有。

在质保期内,因产品质量原因(除天灾、人为损坏外)所造成的损坏,将免费负责维修或更换。在质保期后,节能公司和业主签订服务合同,继续跟踪,建立用户档案,并主动向用户提供产品使用和改进信息。

七、投资额及融资渠道

项目共投资381.5万元,全部资金由节能服务公司自主筹集。

神华宁夏煤业集团有限公司煤炭化学工业分公司甲醇厂富余蒸汽拖动合同能源管理项目

一、案例名称

神华宁夏煤业集团有限公司煤炭化学工业分公司甲醇厂富余蒸汽拖动合同能源管理项目

二、案例业主

神华宁夏煤业集团有限公司煤炭化学工业分公司甲醇厂由两个年产 25 万吨甲醇建设项目和 83 万吨二甲醚项目组成，分别生产甲醇 224526.927 吨、631339.27 吨。神华宁夏煤业集团有限公司煤碳化工公司甲醇厂甲醇二套装置产生的 2.5MPa 饱和蒸汽，由于没有合理用途，在夏季以 50t/h、冬季 10t/h 流量进行放空，不但浪费大量的能源，也造成对环境的热污染。

三、项目实施单位

北京神华中机能源环保科技有限公司

四、案例内容

1. 技术原理及适用领域

低压蒸汽在我国化工企业中广泛存在，很多企业选择排空或直接输送至热管网，利用率低，是名副其实的富余蒸汽，造成企业能源无形流失。其实，低压蒸汽可以进行再次利用来冲动汽轮机，驱动压缩机、风机、拖动水泵等，利用汽轮机将低压饱和蒸汽的低品位热能转化为旋转机械能是低品位能源的主要利用途径，可以完全取代电机，不但节约电能，提高企业能源利用率，而且降低产品成本，创造经济效益。

低压饱和蒸汽汽轮机特指蒸汽压力范围为 0.35~2.50MPa、功率范围为 100~6000kW、蒸汽温度为相应压力下的饱和温度、转速为 300~18000r/min 的汽轮机。汽轮机驱动水泵是一种高效的节能解决方式，企业排放掉的蒸汽通过汽轮机，使汽轮机旋转，取代电机来拖动水泵做功。利用项目单位现场的低压饱和蒸汽，通过汽轮机主汽门进入汽缸，带动转子转动，再通过联轴器与水泵相连，带动水泵转动，省去了原来带动水泵的电机，进而节省电能消耗，汽轮机驱动循环水泵流程如图 1。同时汽轮机排出来的蒸汽还可以回收再利用，保证了蒸汽的利用率。这样带动了给水泵的转动，节约了能源，还使蒸汽得到了利用。

汽轮机可根据循环水泵的需要和要求采用变速调节，变速调节可使水泵运行效率提高，可靠性增加。另外，改变给水泵转速调节给水流量比节流调节经济性高，还消除了阀门因长期节流造成的磨损，同时简化了给水调节系统，操作调节方便。而电动机因受电网频率的限制只能以定转速运行，要实现变频调节需要加装变频器，变频器价格昂贵，且操作运行复杂，故障

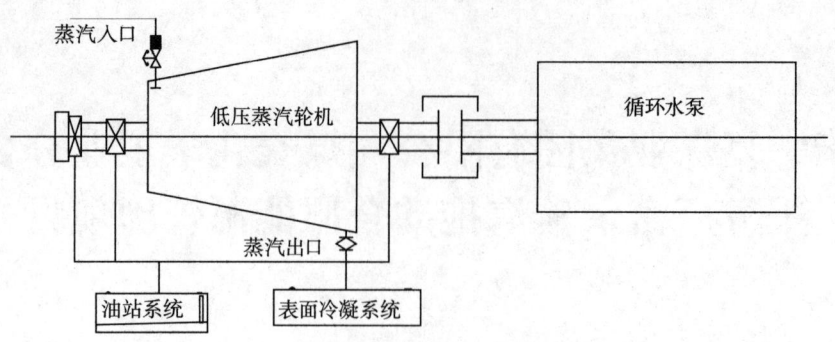

图1 汽轮机驱动循环水泵工艺流程

率高。

另外从机组安全运行角度考虑,大型电动机的启动电流大,在投入和切除运行时,厂用电负荷变化很大,对用电系统运行不利。采用汽轮机拖动给水泵安全性要高于电机拖动水泵。

2. 节能改造具体内容

该项目利用汽轮机将低压饱和蒸汽的低品位热能转化为旋转机械能从而拖动循环水泵,实现能量的梯级利用,达到节能目的。

项目采用一台N1.0-2.5凝汽式汽轮机回收利用12t/h、压力为2.5MPa的低压饱和蒸汽,拖动甲醇一套装置——一台额定功率1250kW循环水泵,另采用一台N2.5-2.5凝汽式汽轮机回收利用18t/h、压力为2.5MPa的低压饱和蒸汽,拖动甲醇二套装置——一台额定功率2500kW循环水泵。低压饱和蒸汽汽轮机在热—电—动力系统中使用工艺如图2。

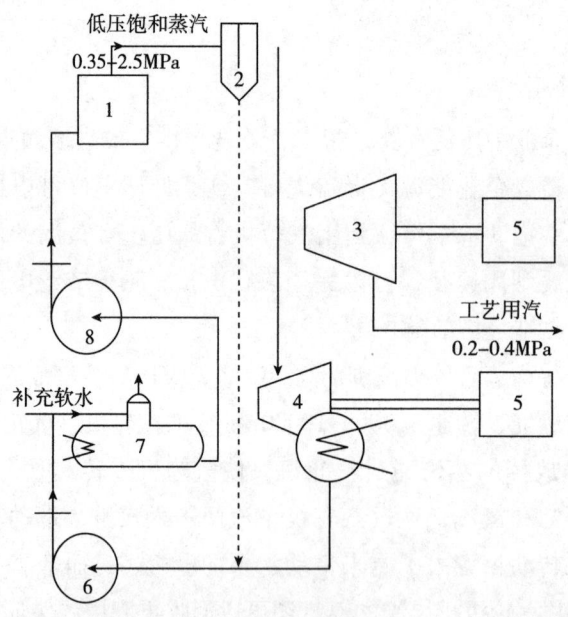

图2 低压饱和蒸汽汽轮机在热—电—动力系统中使用流程

注:1废热回收装置,2高效汽水分离器,3背压式汽轮机,4凝汽式汽轮机,5被驱动机械,6冷凝水泵,7热力除氧器,8除氧水泵。

项目实施后,不改变原生产装置,产品方案保持不变,不影响企业目前的产品工艺和生产规模。

汽轮机最常见机组型式有背压式和凝汽式两种。凝汽式机组，是指进入机组的蒸汽在汽轮机中做完功后进入凝汽器，凝结成水，一般排气相对压力和温度比较低。排汽压力大于大气压力的汽轮机称为背压式汽轮机，其排汽温度和压力都比较高，排汽不进凝汽器，而是引到其他地方进行再次利用。背压式汽轮机的排汽压力高，蒸汽的焓降较小，与排汽压力很低的凝汽式汽轮机相比，发出同样的功率，所需蒸汽量大。从投资方面比较来看，凝汽式汽轮机投资建设成本较背压式汽轮机投资要高，但其运行成本要低于背压式汽轮机，两种汽轮机对比情况如表1。

表1 背压式与凝汽式汽轮机对比

比较项目 \ 汽轮机机型	背压式汽轮机	凝汽式汽轮机
参数范围	进汽 $p \geqslant 0.6$ MPa，功率 3000 kW 以下	进汽 $p0.35 \sim 2.5$ MPa，功率 6000 kW 以下
汽耗率	大	小
热效率	低	高
运行成本	较高	低
一次投资	较低，无需冷凝系统	较高
工质输出	工艺再利用	凝结水循环利用

结合现场调研结果，同时遵循"技术先进，安全可靠，经济合理，管理方便；利用原有能力和设施，节约占地、投资和运行能耗；安装施工熟练，具备实施的可行性"的原则，该项目确定采用凝汽式汽轮机。

根据实际调研情况，结合各汽轮机厂家所供应的汽轮机性能参数，经计算论证，选型如下：

采用一台 N1.0-2.5 凝汽式汽轮机回收利用 12t/h、压力为 2.5MPa 的低压饱和蒸汽，从而拖动甲醇一套装置——一台额定功率 1250kW 循环水泵；采用一台 N2.5-2.5 凝汽式汽轮机回收利用 18t/h、压力为 2.5MPa 的低压饱和蒸汽，从而拖动甲醇二套装置——一台额定功率 2500kW 循环水泵。

3. 项目实施内容

该项目建设工程为改造工程，在原有电动泵基础上改造，具体实施包括：拆除循环水泵原配套电机及电机基础；汽轮机基础施工；凝汽器基础施工；甲醇二套装置至循环水泵蒸汽管道施工及阀门等；凝结水回收管道施工；汽轮机及其附属设备安装；凝汽器安装及其与汽轮机连接；凝汽水泵安装就位及凝结水回收管道接入；蒸汽管道与汽轮机进汽口连接，汽轮机稀油站等附属设备安装就位，并连接汽轮机与油站之间的润滑油管路；汽轮机控制柜就位及仪表连接；汽轮机调试工作前的准备工作，并检查蒸汽管路，将汽轮机透平油注入稀油站；汽轮机本体及蒸汽管道等进行保温；汽轮机行暖管、疏水等；汽轮机运行调试及验收。

五、项目年节能量及年节能效益

1. 年节能量

（1）节约能源消耗。

根据项目单位提供的资料，冬季（5个月）部分蒸汽将用于供热，汽量较少，节能量暂不考虑冬季节能情况,因此计算周期按照每年7个月即210天共计5040小时进行计算。通过项目实施,可节约循环水泵1250kW·h及2500kW·h电机各一台,节约能源(1250+2500)×5040=18900000kW·h,折合标准煤6331.5t。

(2)脱盐水回收。

该项目实施后可回收12+18=30t/h的脱盐水,每年可回收151200t脱盐水。

2. 年节能效益

根据项目单位现有电价0.406元/kW·h测算,每年可节约电费767.34万元。同时,项目实施后可回收12+18=30t/h的脱盐水,每年可回收151200t脱盐水,根据项目单位提供的数据,脱盐水价格甲醇一套装置6.32元/t,甲醇二套装置7.58元/t,则该项目实施后回收脱盐水产生效益为12×5040×6.32+18×5040×7.58=106.99万元。合计年综合效益874.33万元。

六、商业模式

该项目采用节能效益分享型合同能源管理模式,效益分享期28个月14天。在效益分享期内,用能单位分享20%的节能效益,节能服务公司分享80%的节能效益。

自功能性完工之日起,用能单位采取转账汇款方式分3年向乙方支付节能效益额,按年支付。节能服务公司应当开具合格有效的发票,设备设施部分开具17%增值税专用发票,剩余部分为6%服务费增值税发票。

七、投资额及融资渠道

项目投资额1000万元,全部为节能服务公司自有资金。

义煤集团新义矿业有限公司主通风机和乳化泵站变频节能改造项目

一、项目名称

义煤集团新义矿业有限公司主通风机和乳化泵站变频节能改造项目

二、项目业主

义煤集团新义矿业有限公司是义马煤业（集团）股份有限公司与商丘中原腾达商贸有限公司合资建设的矿井，矿井设计生产能力 1.2Mt/a，服务年限 67 年。矿井由郑州煤炭设计研究院设计，主、副井口位于白墙村东南、11013 孔西南 200m 处，主井井口标高 +373m，井筒落底于 −305m 水平，井筒深度 678m，主井采用水平上装载；副井井筒净直径 6m，井口标高 +373m，井筒落底于 −305m 水平。风井井口标高 +372m，井筒净直径 5.0m。通风系统采用中央并列式，即副井进风，中央风井回风，设计 2 个采区、1 个综采面、1 个抽方面保证矿井设计生产能力。

三、项目实施单位

南阳防爆集团电气系统工程有限公司

四、项目内容

1. 技术原理及适用领域

（1）主通风机变频节能设备原理及适用领域。

主通风机变频节能改造从变频调节电机转速和提高风机自身效率两方面进行。一方面通过变频调节电机的转速进而改变风机风量；另一方面对风机工况进行诊断，在保证设备安全的前提下调整风机叶片或风使风机在高效工作区域运行。在保证供风量的同时，最大化地提高风机系统的节能量。改造原风机在线监控系统，增加 PLC 控制系统，在保证设备安全运行的前提下实现两台风机不停风倒机控制功能。

适用范围：煤炭开采。

（2）乳化泵站变频节能改造原理及适用领域。

乳化液泵站变频节能从压力智能控制方面对原乳化液泵系统进行节能改造。压力自动控制是在原系统中增加变频器，采用一拖一控制方式，通过压力在线监测在变频器内实现对转速的 PID 闭环控制，根据实时压力值和压力变化率精确调整电机的工作频率，使泵站输出压力值持续保持 31.5MPa 的设定值，系统响应速度快、调节精度高，且能有效地减少泄压阀工作次数，增加设备使用寿命，节约电能。

适应范围：煤炭开采。

2. 节能改造具体内容

（1）主通风机变频节能改造具体内容。

采用高压变频器调节风机扇叶角度。根据原有 2×630kW 对旋风机的工况，按照矿井风道需要风量和压力，新增1套6KV、1600KVA的高压变频器进行一拖二旁路自动控制，同时根据现有工况调节轴流风机扇叶角度，既能保证矿井下的风量和压力又能使电机和风机运行在高效区，达到节能的目的。

变频装置配备自动旁路柜，在变频器故障或停机检修时能将变频器旁路，系统改由工频驱动。旁路系统由高压隔离开关 QS_1、QS_2、真空接触器（KM_1、KM_2、KM_3、KM_4、KM_5）组成。高压开关 QF_1，电动机 M_1、M_2 为现场原有设备。旁路柜系统满足"五防"联锁要求。进线刀闸 QS_1 和出线刀闸 QS_2 的作用是一旦变频装置出现故障，即可马上手动断开将变频装置隔离，接触器 KM_4 吸合，在工频电源下起动电机运行。变频运行时 QS_1、QS_2、KM_3、KM_5 闭合，KM_4 断开；工频运行时，KM_4 闭合，QS_1、QS_2、KM_3、KM_5 断开。

用变频器对风机进行改造后，配合风机叶片角度的调节，可以提高风机效率，使风机在高效工作区域运行，即风机效率≥80%。

（2）乳化液泵站变频节能改造具体内容。

原系统中乳化泵电机持续运行，当不进行采煤作业时液压支架在一定时间内不需要供液（液压回路具备一定的压力保持能力），乳化泵依靠自动泄压阀来自动卸载（当压力高于31.5时，自动泄压阀打开，液压回路在泵内短路，直接压回乳化液箱），电机处于接近空转的状态，这一过程以10s左右为一个周期，持续进行。

加装变频器工频一体防爆控制装置和压力检测装置，通过变频器的 PID 闭环控制保持乳化泵的标定压力不变。标定压力略小于原系统自动卸载压力（标定压力为30MPa），但保证在工作面入口处的压力不低于 P_1（28.5MPa）的标准值（该值以矿方要求的乳化液管路压损限值为准）；非采煤作业时，当压力保持在30MPa时让电机处于停机休眠状态，一旦检测到 P_1（小于28.5MPa电机自动启动，继续为系统供压，如此循环。在采煤作业时，由于液压支架在持续工作，系统压力一直在变化，电机需持续运行。

乳化液泵站变频改造后可以实现的功能为：泵站出口压力检测，并在变频器内部实现 PID 控制，实现乳化液泵恒压输出，达到节能的目的；启用备用泵时，变频器驱动备用本站电机，并实现与运行泵站相同的控制功能；变频器故障时，旁路变频器，使泵站工频正常运行，保障系统的安全。

3. 项目实施进度

该项目在2015年1月14日签订合同，设备订货、制造需要一定的周期，矿方需要协调生产等事宜，设备安装调试从3月初开始到3月底全部安装施工完毕并进入试生产环节。经过15天的试运行，所有设备运行稳定，节能效果显著，达到预期目的。

五、项目年节能量及年节能效益

1. 年节能量

（1）改造前后系统（设备）用能情况及主要参数。

改造前用能情况：主通风机年用电量9313296kW·h，乳化液泵年用电量587332.8kW·h，合计年用电量 9900628.8kW·h。

改造后用能情况：主通风机一个月用电量 670557kW·h，乳化液泵一个月用电量 23493 kW·h。合计年用电量 8328607kW·h。

（2）节能量计算方法及项目年节能量。

主通风机年节电量 =（改造前一年用电量÷12 - 改造后一个月用电量）×12

乳化液泵年节电量 =（改造前一年用电量÷12 - 改造后一个月用电量）×12

年节能量 = 主通风机年用节电量 + 乳化液泵年用节电量 = 1572021kW·h，折算标煤为 518t。

2. 年节能效益

该项目实施后年节约电能 1572021kW·h，按照义煤集团新义矿业有限公司电价 0.7 元/kW·h计算，年节能效益 110 万元。

六、商业模式

该项目是采用节能效益分享型的合同能源管理模式，合同期限为五年三个月，其中建设期为三个月（含验收期），效益分享期为五年。效益分享期内，节能服务公司分享 56% 的项目节能效益。

七、投资额及融资渠道

该项目总投资额 266.29 万元，节能服务公司通过自有资金进行投资。

轻工行业

金东纸业（江苏）股份有限公司电厂 2 号汽轮机凝汽器节能改造项目

一、项目名称

金东纸业（江苏）股份有限公司电厂 2 号汽轮机凝汽器节能改造项目

二、项目业主

金东纸业（江苏）股份有限公司成立于 1997 年 5 月 18 日，是世界单厂规模最大的铜版纸生产企业，占地 5.33 平方千米，员工 3800 多名，拥有世界上最先进的 3 条纸机生产线和 2 条涂布生产线，年产铜版纸超 200 万 t。

企业主要用能设备包括：两条纸机生产线，由德国 VOITHSULZER 公司提供，抄纸宽度 9.77m，车速 1500m/min，是当今世界上抄纸最宽、车速最快的文化纸机，车速曾两次打破世界纪录。两条涂布生产线，由芬兰 METSO 公司提供，宽幅 9.77 米，车速 1800m/min；三号机生产线，纸幅宽 9.77 米，车速 1800m/min，集造纸涂布于一体；公司还拥有装机容量 29 万 kW 的自备热电站、日处理量 7.5 万 t 的污水处理厂、日处理量 9.95 万 t 的原水处理厂、重质碳酸钙厂、轻质碳酸钙厂等。企业年能源消费量约 98 万 tce。

三、项目实施单位

南京市能源公司

四、案例内容

1. 技术原理及适用领域

该项目凝汽器实时强化换热及在线清洗系统技术和装置，是一项基于流体动力、强化换热及新材料方面的独有技术，更是火电机组凝汽器强化换热及除垢防垢的革新性技术和装置。

该技术和装置的强化换热及除垢防垢的工作原理是：在凝汽器每根换热管内安装本装置，当机组运行时，利用循环水的流速驱动本装置的旋转部件，实现长期在换热管内不停地快速旋转（300~1800r/min），使管内水由层流状态（如图 1）改变为紊流状态（如图 2），达到破坏水垢的形成和强化换热的效果，摆脱了传统的被动清洗除垢做法，变被动除垢为主动防垢，提高凝汽器的换热系数 K 值 20% 以上。

目前凝汽器清洗领域的传统方法有胶球清洗、高压水清洗、毛刷清洗、化学清洗等。在阻垢防垢的机理上，凝汽器强化换热及在线清洗装置与传统机械清洗或化学清洗等比较，有突出的优势（如表 1 所示）。

图1 加装前凝汽器管内水流呈层流状

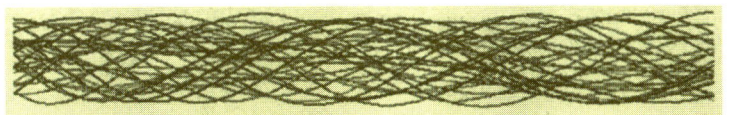

图2 加装后凝汽器管内水流呈紊流状

表1 凝汽器强化换热及在线清洗装置与其他清洗方式的比较

清洗方式	凝汽器强化换热及在线清洗装置	胶球清洗	化学清洗	高压水枪	尼龙刷清洗
在线除垢能力	强	较强	无	无	无
在线强化换热	强	无	无	无	无
硬垢除垢能力	强	较弱	强	较弱	强
软垢除垢能力	强	强	强	强	强
环境污染	无	无	有	无	无
保护氧化膜	是	是	否	是	否
腐蚀换热管	无	无	腐蚀	无	无
维持效果时效	长	较长	短	短	短
需要外力	否	否	是	是	是
发电负荷	增加	维持	增加	增加	增加
发电汽耗	下降	维持	下降	下降	下降
端差	下降	维持	下降	下降	下降
真空度	提高	维持	提高	提高	提高
阻垢剂量	减少	持续	持续	持续	持续
补充水量	减少	持续	持续	持续	持续
操作难度	易	较易	困难	困难	困难

2. 节能改造具体内容

(1) 项目建设背景和必要性。

热电厂的冷却塔、循环水泵和凝汽器共同组成了汽轮机的冷端系统。汽轮机冷端系统工作效率的高低直接影响到汽轮机真空的高低，也直接影响机组的循环效率。其中，尤其以凝汽器换热效率对冷端系统工作效率的影响最大且最为常见。

凝汽器水侧结垢会使换热管传热系数大幅下降。水垢的热导率很低，只有钢材的1/30~1/200，因此水垢的产生和存在会急剧降低凝汽器换热管的传热系数，导致凝汽器真空度下降。

结垢对 $\Phi 20 \times 1.0$ 材质为 307 不锈钢换热管的传热系数 K 值的影响数据见表2。

表2 结垢对K值的影响系数

水垢厚度（mm）		0.0	0.1	0.2	0.3	0.4	0.5	0.6	0.7	0.8	1.0
软垢	K值（kW/.k）	3320	2901	2576	2316	2105	1928	1779	1651	1541	1359
	K值下降（%）	0	12.6	22.4	30.2	36.6	41.9	46.4	50.3	53.6	59.1
硬垢	K值（kW/.k）	3320	2740	2333	2031	1799	1614	1463	1339	1233	1066
	K值下降（%）	0	17.5	29.7	38.8	45.8	51.4	55.9	59.7	62.9	67.9

即使水垢厚度只有零点几毫米，对换热管传热系数也有重大影响。工程设计中清洁系数一般取0.85，大约相当于只考虑了0.1毫米厚度的水垢，在实际运行当中凝汽器即使采取了化学清洗，但若不采取有效措施，清洁系数也只能维持不到25天的时间。

凝汽器真空度、排汽温度、汽轮机背压、凝汽器真空等4个指标都是表达凝汽器设备运行经济性的同一类指标，只是表达方式不同、形态参数不同而已。排汽温度、凝汽器真空在机组运行中由热工测量表计直接显示，为运行操作、调整提供依据；汽轮机背压是机组设计计算用参数；凝汽器真空度（含凝汽器真空）是汽轮机运行经济性的表述参数（指标）。

影响凝汽器真空度的因素很多，但所有的因素都反映在凝汽器循环水入口温度、凝汽器循环水温升、凝汽器端差等3个可定量分析的指标上，循环水入口温度/循环水温升/端差每上升1℃，即意味着汽轮机排汽温度上升1℃，凝汽器压力也相应上升。查饱和蒸汽热力性质图表，可以得到不同温度区间饱和温度每上升1℃时对应的饱和压力增加值，并以此绘出图表曲线，如图3即为在不同的排汽温度下，凝汽器端差每上升1℃时凝汽器压力的变化值。

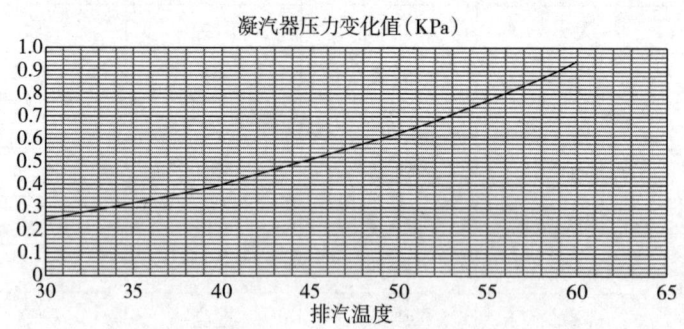

图3 端差每上升1℃时凝汽器压力变化值

综上所述，实施凝汽器强化换热及在线清洗系统项目改造，对实际运行的机组是很有必要的，它可以使凝汽器端差整体降低，真空提高，机组运行水平提高，机组发电量提高。

（2）项目改造前企业机组的基本情况。

金东纸业电厂2号机组（装机容量80MW）是日本三菱重工/法国阿尔斯通生产的汽轮发电机组，由于凝汽器设计换热面积裕量较小，长期未清洗，加上循环水水质较差，凝汽器换热管表面存在结垢，导致其换热效果下降，机组效率下降。通过对金东纸业热电厂凝汽器历史运行数据进行统计并综合其他相关资料，发现机组冷端系统存在以下问题：

①循环水硬度高，水质较差，易造成凝汽器换热管结垢。
②凝汽器换热管存在结垢现象。
③凝汽器设计换热面积裕量较小。

④机组端差较高,真空较低。

这些问题直接导致该机组凝汽器端差较高,真空恶化,影响机组的效率及经济运行。

2号机组2015年11月至2016年10月凝汽器运行相关参数见表3。

表3 2号机组月平均运行数据统计

月份	蒸汽初参数			汽轮机排汽温度℃	循环冷却水出口水温℃	循环水入口水温℃	机组平均负荷（MW）
	进汽压力MPa	进汽温度℃	进汽量t/h				
11月	11.91	531.9	307.9	46.7	36.8	28.8	56.5
12月	11.91	531.9	301.5	51.0	40.7	29.9	51
1月	11.85	530.6	253.3	49.7	39.0	28.9	46.8
2月	11.93	530.1	274.4	46.5	36.2	29.9	59.5
3月	11.99	530.1	315.7	50.8	39.0	28.0	58.1
4月	11.86	532.6	268	47.0	36.0	29.8	57.6
5月	11.6	525.2	316.5	48.8	36.8	29.6	57.2
6月	12.2	520.7	229	54.7	42.0	30.0	52.6
7月	11.65	527.4	293	55.8	46.8	35.8	41.8
8月	12.02	521.1	296.7	56.7	45.8	34.8	43.7
9月	11.59	523.7	305	53.1	42.0	31.0	59.5
10月	12.08	527.6	320.6	52.6	42.0	31.0	48.2
年平均值	11.9	527.7	290.1	51.1	40.3	30.6	52.7

从上述数据可以判断,引起机组凝汽器端差恶化的主要原因在于水侧结垢及换热管存在堵塞等现象,致使换热系数下降,机组效率下降。

(3)项目建设主要内容及效果。

项目改造以实现实时地对凝汽器进行强化换热及在线清洗为目的,通过采用以凝汽器强化换热及在线清洗系统技术、装置为核心的冷端综合治理等措施,降低凝汽器端差,提高凝汽器真空度和机组的效率,实现节能效果和经济效益的提高。

为此,对金东纸业电厂2号汽轮机的凝汽器进行节能改造,项目建设主要内容包括对2号汽轮机的凝汽器换热管的相关参数进行现场调查,实施强化换热及在线清洗装置的设计、制造、检验、运输、安装、验收等。项目实施后共安装了3630根强化换热及在线清洗装置。

项目的实施提升了凝汽器换热能力,降低了凝汽器端差,提高了汽轮机组发电效率,降低了能耗,实现了节能降耗。项目已通过了双方验收,目前设备运转正常,进入效益分享期。

3.项目实施进度

结合实施企业的实际生产检修情况,该项目现场施工从前期准备到设备安装及调试约40天。2017年3月15日正式开机,项目装置投入运行正常。

五、项目年节能量及节能效益

凝汽器真空度的影响因素很多,但所有的因素都反映在凝汽器循环水入口温度、凝汽器循环水温升、凝汽器端差等3个可定量分析的指标上。

根据节能量审核报告的计算结论，项目投运后，根据项目实际运行数据，实施凝汽器强化换热及在线清洗装置后，效益分享期数据记录及统计显示2号机组端差值由10.9℃降至7.5℃，端差下降3.4℃，年可增加发电量为148.55万kW·h×3.4=505.07万kW·h。

该机组改造后运行未满一年，计算项目节能量时采用理论分析计算，以合同验收指标的端差下降值2.5℃来计算全年机组增加的发电量，该机组年可增加发电量148.55万kW·h×2.5=371.38万kW·h。

采用项目年增加发电量折标的方式计算项目节能量。电力折标系数0.319kgce/kW·h（取自企业发电标煤耗平均数据），项目年节能量=年增加发电量×0.319/1000=3713800×0.319/1000=1184tce；项目年节能效益=年增加发电量×电力单价=3713800×0.5=185.69万元。

六、商业模式

该项目采用节能效益分享型合同能源管理模式，效益分享期为3年（2017年5月18日至2020年5月18日），在此期间设备的所有权及后续维护归属节能服务公司。项目投产后，经济效益良好，按照项目合同能源管理合同约定，节能服务公司第一年分享比例为65%，第二年分享比例为58%，第三年分享比例为20.4%。按此预计投资回收期为1.1年（所得税后）。该项目能较快回收投资，有较好的经济效益和社会效益。

七、投资额及融资渠道

项目总投资36万元，由节能服务公司使用自有资金出资完成。项目资金严格按照公司规定，专门用于该项目所需的设备和相关施工维护费用等。

八、优惠政策

该项目获得2017年度江苏省工业和信息产业转型升级专项资金奖励。

山东胜利生物工程有限公司离心空压机节能改造项目

一、项目名称

山东胜利生物工程有限公司离心空压机节能改造项目

二、项目业主

山东胜利生物工程有限公司主要以生物发酵技术为主导，生产动物专用抗生素原料药、制剂和饲料添加剂。目前该企业的动力车间肩负着为全厂的核心工艺（发酵罐）提供充足的压缩空气的任务。

该企业动力厂有 4 台空压机，其中 3 台为 2400kW（10kV），1 台为 1600kW（10kV）。在运行过程中，每台空压机使用独立的电能表进行能耗监测。通过历史数据计算，节能改造前的平均用电单耗为 $0.05296\ kW\cdot h/m^3$ 左右。

三、项目实施单位

北京时代科仪新能源科技有限公司

四、案例内容

1. 技术原理及适用领域

技术原理：节能系统通过测量运行参数，对离心压缩机的运行进行实时分析，将参数规范成为系统标准的格式。同时根据管网气压和流量等参数，进行最大效率估计，并通过前馈控制，对部分参数进行提前观测，与最大效率计算一起形成合理的控制指令。最终，结合防止喘振的特殊算法（发明专利），形成转速指令，并由此指挥转速控制系统，实现合理的转速调节，保证离心压缩机的持续高效运行。

适用领域：适用于绝大部分生产型企业，包括：石化炼化、化学合成、煤化工、高端制造业、制药、半导体等。

2. 节能改造具体内容

该企业的动力车间肩负着为全厂的核心工艺（发酵罐）提供充足的压缩空气的任务。随着企业的发展壮大，发酵罐的数量由原来的 17 个增加至现在的 20 个，为满足不同的菌种发酵，必须提供不同的空气压力，以适应生产需求。

由于不同菌种的发酵罐所需的用气量各不相同，每个发酵罐需单独调节流量，不能统一调节管网的流量，因此只能采取稳定总管管网压力的方式，每台发酵罐各自调节流量，故一般将总管管网压力稳定在 165kPa。改造前，为了实现调节，现场空压机采用入口蝶阀限制流量，开度可调范围较窄。

综合控制台含有全部专家控制算法，用于对离心空压机进行专门的控制，并含有监控系统，对运行数据进行监视。

项目实施后，离心空压机能稳定调节，实现了预期的目标。单耗由原来的 $0.05296\text{kW}\cdot\text{h}/\text{m}^3$ 下降到节能状态下的 $0.04210\text{kW}\cdot\text{h}/\text{m}^3$，一期3号离心空压机节电率达到21.62%，二期2号离心空压机节电率达到23.88%（按最保守方式计算）。

通过节能改造，空压机的排量显著上升，最大排量由原来的 $46000\text{m}^3/\text{h}$ 上升至 $51000\text{m}^3/\text{h}$，机组功率却从2400kW降至1860kW（环境温度20℃时），机组的排气温度下降。改造后机组振动正常，机组定子和轴承温度有所降低，机组噪音降低。

表1 改造前后系统参数

控制模式	工频模式	节能模式	
环境温度（℃）	26.7	27.3	
3号机空气流量（m³/h）	45999	46117	49844
3号机电流（A）	149	110	130
空气排气温度（℃）	180	150	170
空气流量（m³/h）	42511	43287	
油温（℃）	33.5	33.6	
电机定子温度（℃）（南、中、北）	62.8/67.5/68.1	58.5/64.0/64.6	
鼓风机轴承温度（℃）（止推、北、南）	60.4/63.7/53.8	58.7/61.6/51.5	
电机轴承温度（℃）（南、北）	50.3/54.1	48.8/51.0	
增速机轴承温度（℃）（大小齿轮）	65.0/56.4/60.1/57.4	61.1/54.1/57.8/55.8	

3. 项目实施进度

一期项目实施时间：2015年8月25日至2015年10月19日；

二期项目实施时间：2016年5月20日至2016年6月2日；

两期项目运行稳定，客户满意度较高。

五、项目年节能量及年节能效益

节能改造之前平均单位能耗（能耗$_1$）：$0.05296\text{ kW}\cdot\text{h}/\text{m}^3$；

节能改造之后平均单位能耗（能耗$_2$）：$0.04210\text{ kW}\cdot\text{h}/\text{m}^3$；

节电率＝（能耗$_1$－能耗$_2$）/能耗$_1$×100%＝21.62%；

扣除流量偏差1.22%，最终确定一期节电率为20.65%，同理，二期节电率为23.88%。

节电量＝（期间实际耗电量）/（1－节电率）－期间实际耗电量；

节能改造后，平均单耗功率为1800kW左右，计算每小时两台离心空压机节电量为936.8 kW·h，全年节电787万kW·h左右，折合标准煤2597吨。

按照电价0.68元 kW·h计算，年节能效益为535.2万元。

六、商业模式

该项目采用节能效益分享型的合同能源管理模式，分享期5年，设备所有权在分享期结束后归客户方所有，在合同期内，节能设备的运营维护由设备提供方负责。

七、投资额及融资渠道

该项目投资额960万元，均为节能服务公司自有资金。

四川长虹模塑科技有限公司注塑机综合节能改造项目

一、案例名称

四川长虹模塑科技有限公司注塑机综合节能改造项目

二、案例业主

四川长虹模塑科技有限公司隶属长虹集团,是一家集工业设计、塑料模具设计制造、注塑加工、喷涂和技术服务于一体的综合性模塑企业,注册资金1.2亿元,厂房面积11万余平方米,员工2000余人,属国家高新技术企业。业务范围涉及电视产品、视听产品、空调产品、冰箱、电池、遥控器、小家电、玩具、汽摩配件、日用消费品等行业的成套塑料模具开发制造和塑料制品加工。

三、项目实施单位

南方电网综合能源有限公司

四、案例内容

1. 技术原理及适用范围

(1) 注塑机成型工艺流程。

塑料原材料通过干燥机干燥后加入筒内,由电热圈逐渐加热到一定温度后在适当搅拌强度下均匀塑化成溶胶;在一定速度下将溶胶推注到模具内注塑成型;在保持压力情况下冷却(控制冷却速度),当塑料达到合适温度时打开模具(开模),把成品顶出模具(出模);成品通过检查、修除飞边和料柄后包装入库。

(2) 改造前注塑机油泵电机系统工作原理。

通常,在注塑机中油泵电机能耗占整个注塑机用电总量的50%~80%,原有的油泵电机系统采用普通异步电机加定量泵系统,能耗大。定量泵系统的液压部分采用异步电动机加油泵系统,电动机带动油泵从油箱吸油并加压输出,经各种控制阀控制油的压力、流量和方向,以保证工作机构以一定的力(或扭矩)和一定的速度按所要求的方向运动。从而实现注塑的各过程。传统定量泵注塑机通常在需要改变负载流量和压力时,油泵速度不可调,用阀门调节,多余的油经溢流阀排入油箱,大量能量以压力差的形式损耗在阀门上。改造前注塑机油泵电机系统工作原理如图1所示。

根据注塑机的工艺过程,画出系统油压 P 与时间 t 的关系如图2所示。

由图2可见,合模和脱模,开模系统所需油压较低且时间较短;而注射、保压、冷却系统所需油压较高且时间较长,一般为一个工作周期的40%~60%,时间的长短与加工工件有关;间歇期更短,这也与加工工件的情况有关,有时可以不要间歇期。图2只是一种简单的近似表

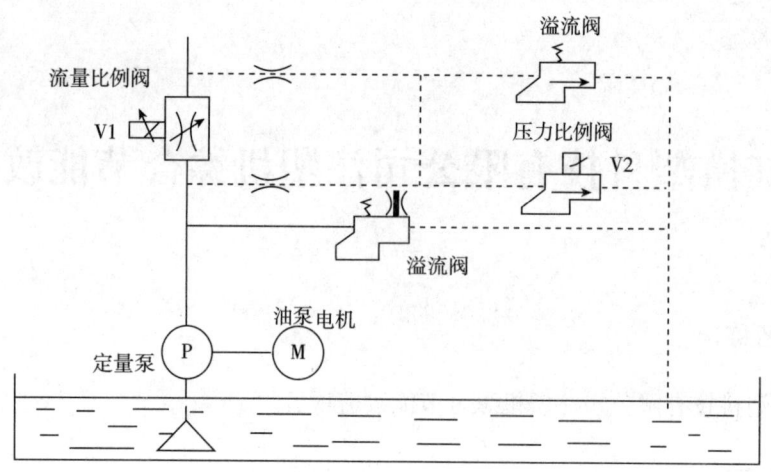

图1 改造前注塑机油泵电机系统工作原理

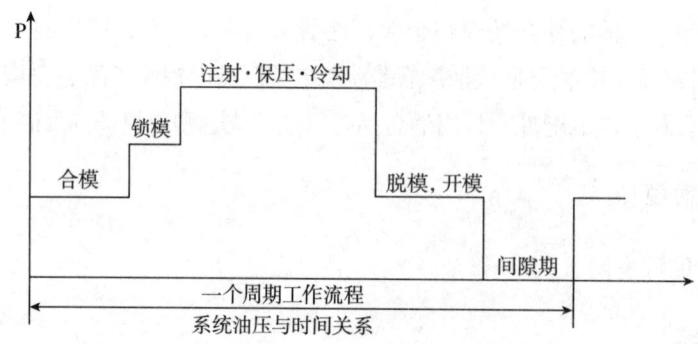

图2 系统油压P与时间t的关系

示,实际上如果注射的螺杆用油电机驱动,注射时的系统油压会高一些。注塑机加工工件的重量,从数十克到数万克不等,注塑机有中、小型和大型之分,加工数十克的小工件和加工数千克的大工件一个周期的时间也是不相同的。同一台注塑机,加工工件的原料不同,各段工艺流程中所需的压力和时间也是变化的。

因此,一个周期工作流程中,负载的变化导致系统压力变化比较大,但油泵仍在50Hz运行,其供油量是恒定不变的,多余的液压油经溢流阀流回油箱,做无用功,白白地浪费了电能。

(3)改造后注塑机电液伺服系统工作原理。

注塑机主要能源消耗在液压部分。我们的节能改造立足于这个耗能点,给出节能解决方案:使用电液伺服系统替换原来的定量泵系统。电液伺服控制系统,是用伺服电机取代原异步电机,用齿轮泵或螺杆泵取代原叶片泵,另外增加伺服驱动器,构成注塑机电液伺服控制系统,电液伺服控制系统取代了传统的PQ阀控制,对生产所需的压力和流量采用闭环控制,按需提供电能,实现节电目的。电液伺服控制系统的结构如图3所示。

如图3所示,使用电液伺服系统后,伺服驱动器与伺服电机一起对注塑机的压力信号形成一个闭环控制,伺服电机具有快速启停的特点,可以在30毫秒之内启动或停止,因此在保压、冷却等阶段,伺服电机几乎没有电耗。伺服节能系统所输出的压力、流量可以闭环控制,所以它的压力重复精度好,在低压力下也可以可靠地工作。伺服节能系统所输出的流量是靠数字信号来控制的,有很好的线性和低速可控性,其流量的重复精度也较高。

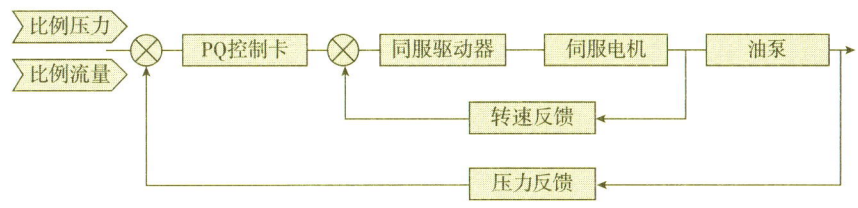

图 3　电液伺服系统原理

根据理论及大量实践数据表明，电液伺服系统有以下多个优点：

节能率高：彻底消除高压节流，比定量泵节能 30%～60%，比变量泵节能 10%～30%；

响应速度快：0～100%升、降速时间≤0.1 秒，0～100%压力变化最快可达 30ms，提高生产效率；

控制精确：PQ 控制卡通过对系统流量、压力的 PID 调整，加强抗扰动能力，使系统重复精度在 0.3%以内，大大提高制品质量和精密；

高过载能力强：伺服的力矩过载倍数≥200%；

状态转换灵活：速度、力矩控制灵活，切换平滑；

降低液压油温：减少冷却水的用量 30%以上，某种场合甚至完全不需水冷；

延长设备使用寿命：减轻开、锁模冲击，延长液压油泵、机械和模具使用寿命；

改善工作环境：降低噪音，一般情况下，动作时声音不超过 68db。

2. 节能改造具体内容

项目实施单位从 2014 年开始先后为四川长虹模塑科技有限公司下属四川长虹模塑科技有限公司（绵阳总部）、四川长虹模塑科技有限公司合肥分公司、中山广虹模塑科技有限公司、广元长虹模塑科技有限公司的注塑机设备进行节能改造，通过更换伺服电机、齿轮油泵和增加伺服驱动系统，对注塑机的动力部分进行了升级改造，相当于给机器换上了更高效的"大心脏"，使注塑机设备更节能，改造后注塑机平均节电率达到 40%以上。

3. 项目实施进度

该项目分 5 个子项目，截至 2016 年已全部完成施工，运行良好。

五、项目年节能量及年节能效益

该项目共改造了大型注塑机 173 台，改造功率共计 1.9111 万千瓦，每年可节约电量 2215 万千瓦时，折合节约标准煤 7309 吨，节约电费约 1550.5 万元。

六、商业模式

该项目采用合同能源管理节能效益分享型模式，通过对每台改造设备加装电表进行计量，按每月实际统计节约电量进行分享，项目设定了一年分享期、两年分享期、三年分享期、四年分享期的合同金额。如在设定的分享期内未收回预定的分享款，合同期顺延，合同金额按新的合同年限对应金额进行支付，这样避免了因企业生产不稳定造成分享金额不确定的风险，降低了资金回收的风险。

七、投资额及融资渠道

项目投资额 1991 万元，全部为节能服务公司自有资金。

第二篇

建筑合同能源管理项目案例

第二篇

民商法與經濟新同合發展

公共机构

柳州市公安局空调节能控制改造合同能源管理项目

一、项目名称

柳州市公安局空调节能控制改造合同能源管理项目

二、项目业主

柳州市公安局位于柳州市学院路与桂柳路交叉处，总建筑面积约 8 万 m^2（其中地下室约 1.2 万 m^2），包含主楼、南楼、北楼、服务南楼、服务北楼和报告厅共 6 栋建筑。

该项目建立的柳州市公安局空调集成优化管理控制系统，可实现柳州市公安局建筑内部 VRV 空调、风冷热泵空调、空调末端设备的运行优化及精细化管理控制。通过对柳州公安局空调系统进行综合节能控制改造，绿色运维的管理思路和互联网+的技术手段相结合，实现空调系统全自动化运行监测和管理，在保障空调舒适性基础上，有效降低空调能耗，所改造空调系统达到全年总电耗下降 20.5% 以上的总体目标。

三、项目实施单位

广州远正智能科技股份有限公司

四、案例内容

1. 技术原理及适用领域

中央空调节能集成优化管理控制系统采用自主研发的荣获 2013 年度广东省专利金奖和第十五届中国专利优秀奖的 i-MEC 专利技术，将科学管理理念（M）、设备优化（E）和先进的控制技术（C）有机融合，实现中央空调冷源能效优化控制、末端精细化管理控制及区域建筑群中央空调集中监控，实现中央空调系统的高效节能运行。

冷源能效优化控制：采用物联网技术以及强化学习、SVM、深度神经网络等预测与控制技术，通对中央空调冷源系统所有运行参数采集和能效分析，依据室外气象参数及冷负荷的动态变化，对制冷主机、冷冻水泵、冷却水泵、冷却塔、各类阀门进行自动优化控制与调节，在保证冷量按需供应和末端舒适性的前提下，实现了冷源系统节能、高效、可靠运行。

末端精细化管理控制：采用物联网技术以及强化学习、SVM、深度神经网络等预测与控制技术，通过对供冷范围内所有独立空间的空调参数和状态实时检测，依据人体热舒适性原理及室外气象参数实时状态，对所有空调机、风机盘管、新风机等空调末端设备进行联网控制与调节，动态调节各末端设备运行参数，实现了数量庞大、位置分散的末端设备全自动、精细化管理控制。

中央空调系统集中监控管理：采用互联网、物联网等多网络数据传输技术以及多协议转换技术，实现城市—区域—建筑—房间的多层次中央空调集中监管及节能优化控制。

适用领域：适用于各类有中央空调节能需求的行政办公建筑、科教建筑、医疗建筑、商业建筑、酒店建筑、场馆建筑、交通建筑、通信建筑等公共建筑以及电子信息业、汽车制造业、精密制造业、生物医药业等工业建筑。

2. 节能改造具体内容

（1）改造前存在的问题。

柳州市公安局空调系统包括多联机空调机组和风冷热泵机组。多联机空调为室内舒适性区域空气内循环提供冷/热源，风冷热泵主要用于处理新风。多联机空调机组安装较为灵活，无须专人管理，但容易造成空调漏关的浪费现象。多联机空调俗称"一拖多"，室外机为变频节能运行，名义工况下能效比一般为3.2左右，部分负荷下能效比可达5.6，节能潜力较大。风冷热泵机组名义工况下能效比一般为3.2左右，风冷热泵机组主要为新风机提供冷/热源，通过科学合理设置运行参数，可有效提高系统整体运行能效，节能潜力较大。柳州市公安局空调系统数量多、用电功率大，是柳州公安局最大的耗能系统设施之一，进行空调系统节能控制改造对降低能耗具有立竿见影的效果。

通过对柳州市公安局空调系统的现场考察，结合相关能耗数据统计资料，对公安局空调系统运行管理及能源消耗进行整体分析，发现公安局空调系统的运行缺乏有效的管控手段，各栋建筑均采用多联机空调及风冷热泵+新风柜系统，空调系统存在一些共性问题。

整体表现如下：

①多联机空调系统存在的主要问题。

多联机空调系统设备多、安装分散，且室外机和室内机对应关系复杂，难以厘清。由于缺乏配套的空调监控系统，为了保障室内每个空调房间的用冷需求，室外机往往只能保持24小时运行状态，难以实现按需供冷，存在较大的浪费。

空调房间的温度由办公室工作人员自由设置，缺乏统一监控手段，无法根据季节气候变化和室外天气温度变化自动调节最舒适的室内温度设定值。

缺乏空调设备维护保养的智能化管理及空调用电计量，不利于空调系统的长期运行维护和空调节能潜力的挖掘。

②风冷热泵机组运行管理主要存在问题。

除报告大厅外所有空调新风机组及落地风柜均采用模块式风冷冷水（热泵）机组提供冷源，管理手段未融合先进的优化控制理念，无法实现精细化的优化管理，无法对空调运行参数进行自动优化控制，风冷热泵机组的效率未充分发挥。

风冷热泵机组的开启和停止需要工作人员现场操作，设备分布较为分散，若同一时间多个系统需要开启，工作人员只能提前开启空调，造成能源浪费。

风冷热泵机组和循环水泵的启停与增减机控制仍需人工判断并操作，设备运行管理过于依赖管理人员的经验与责任感，人工管理精确性不高，难以均衡"满足末端用冷需求"与实现空调节能之间的关系。

③新风机/落地风柜运行管理存在的主要问题。

末端新风机及落地风柜已安装BA控制系统，但没有完善集中控制功能，仅完成了现场接线和现场操控，无法实现集中监管和远程监控，各楼栋楼层新风机均需人工启停控制，由于新风机数量大、安装分散，管理复杂，管理人员工作量大。

（2）具体改造措施。

该节能改造主要从空调设备的自动启停控制、室内温度优化设定、设备故障诊断和能耗统计分析等方面着手，搭建柳州市公安局空调集成优化管理控制系统，实现空调系统高效节能、安全可靠运行。

①空调自动启停控制。

根据室外气候条件、工作日/非工作日、工作时间/非工作时间、加班及执勤安排等方面实现空调自动控制，大幅度降低空调管理人员工作量，提高管理者工作效率，同时也使节能最大化。

②空调温度自动设定。

结合气候补偿、人体舒适性理论、室内温度分布情况、特殊区域温度补偿等方面因素实现空调温度自动、合理设定，最终达到节能且舒适的目的。

③空调设备智能诊断。

查清VRV（多联机）空调系统室外机、室内机通信对应关系，通过通信手段实现设备故障报警、操作日志、运行日志、维护保养提示等功能，从而实现空调设备智能诊断。

④设备能效监测及能耗统计分析。

根据建筑功能、运行设备等方面的能耗分类实现对设备能耗统计、分析及对比，进一步挖掘空调的节能潜力。

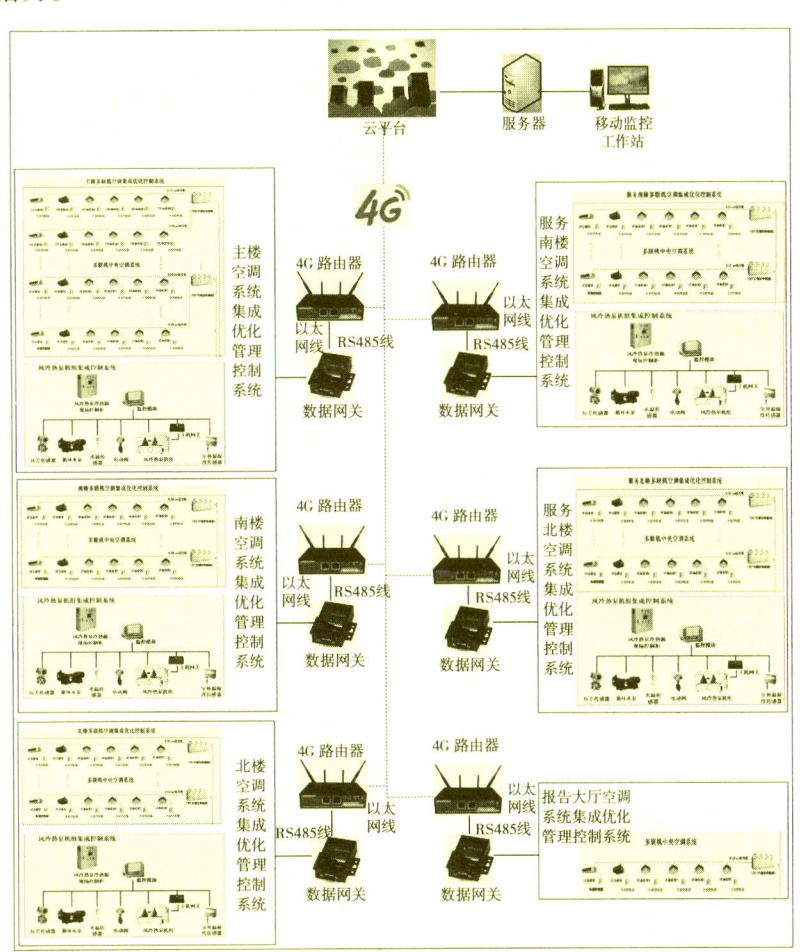

图1 改造工艺流程

(3) 关键参数。

可根据建筑空调负荷动态调节冷量供应,并实现末端设备精细化管理;基于人体动态热舒适性理论进行节能。

节能指标:使所改造空调系统达到全年总电耗下降 20.5% 以上的总体目标。

(4) 改造后效果。

改造后实现了空调系统全自动化运行监测和管理,在保障空调舒适性的基础上,有效地降低了空调能耗,使所改造空调系统达到全年总电耗下降 31.56% 的目标。

3. 项目实施进度

项目开工时间 2018 年 12 月 15 日,项目竣工时间 2018 年 12 月 29 日。

项目实施过程包括招投标阶段及项目建设期、节能效益分享期。2018 年 12 月完成项目招投标工作,确定中标单位;2018 年 12 月 7 日双方签订合同能源管理合同;2018 年 12 月 29 日项目通过验收并确定节能效益分享期。节能效益分享期从 2019 年 1 月 1 日至 2026 年 12 月 31 日共 8 年,这期间双方按约定比例共同分享节能效益,并由节能服务公司提供运行管理、售后维护等。

项目实施完成后达到了预期效果。

五、项目年节能量及年节能效益

1. 年节能量

改造前后系统(设备)用能情况及主要参数。

柳州市公安局空调系统从 2016 年开始逐步投入使用,2016 年全年耗电量约 825 万 kW·h;2017 年全年耗电量约 962.68 万 kW·h。根据第三方检测机构——广西大学设计研究院民用建筑能效测评中心核算,舒适性空调能耗基准即改造前空调系统电耗 487.8236 万 kW·h。

改造后电耗为 333.8615 万 kW·h,改造节电量为 153.962 万 kW·h,折合 477.28 吨标准煤,综合节电率为 31.56%。

2. 年节能效益

根据第三方检测机构——广西大学设计研究院民用建筑能效测评中心核定,改造后节电量为 153.962 万 kW·h,按电价 1 元/kW·h,年节能效益 153 万元。

六、商业模式

项目采用节能效益分享型合同能源管理模式,项目合同期(节能效益分享期)8 年。节能效益分享的比例为前 3 年节能服务公司:业主单位 =90%:10%;后 5 年节能服务公司:业主单位 =70%:30%。合同期内设备所有权属于节能服务公司,并由节能服务公司负责设备的日常运营维护;合同期结束之后,本项目设备所有权将无偿转让给业主单位,节能服务公司保证转让时设备正常运行。

七、投资额及融资渠道

该项目总投资 380.1795 万元,全部为节能服务公司自有资金。

深圳宝安国际机场航站楼照明系统节能改造项目

一、项目名称

深圳宝安国际机场航站楼照明系统节能改造项目

二、项目业主

深圳宝安国际机场是中国境内第一个实现海、陆、空联运的现代化国际空港，也是中国境内第一个采用过境运输方式的国际机场。其中，仅 T3 航站楼内部面积就达到 46 万平方米，国内排名第四。深圳宝安机场航站楼照明系统年能耗约 1622 万 kW·h。

三、项目实施单位

深圳市华慧能节能科技有限公司

四、案例内容

1. 技术原理及适用领域

LED 英文全称 Light Emitting Diode，又称发光二极管。它的基本结构是一块电致发光的固态半导体材料，可以直接把电转化为光。一般将其置于一个有引线的架子上，四周用环氧树脂密封保护内部芯线的同时抗震性好。拟在提高原照明系统照度的前提下，采用光效高、寿命长、光衰小的 LED 光源，不改变原有线路一对一替换原有灯具，不增加设备，以达到节能的目的。

2. 节能改造具体内容

改造对象：航站楼照明系统。将深圳宝安机场 T3 航站楼四、五层主楼大空间，航站楼四层离港平台，三层指廊大空间、东西翼廊，二层行李提取厅、迎客大厅、到达区域、东西翼廊、指廊应急照明、东西翼廊应急照明、一层国际到达、一、三层联检区域，国内远机位出发到达，国际远机位出发，行李系统设备区、登机桥、航站楼一层周边，GTC 连廊及各层洗手间的传统照明灯具更换为高效的 LED 标杆照明产品并安装能耗监测系统。改造灯具 39418 盏，更换 LED 灯具 39418 套。更换 LED 灯具 7 类 12 个型号（LED 六角灯、LED 工矿灯、LED 圆柱筒灯、LED 灯管、LED 筒灯、LED 投光灯、LED 彩灯）。照度及功率测试结果显示，LED 灯具平均照度≥传统灯具平均照度的 110%。

3. 项目实施进度

该项目于 2017 年 9 月 28 日开工，2018 年 8 月 27 日竣工验收，满足合同要求。

五、项目年节能量及年节能效益

1. 年节能量

（1）改造前后系统（设备）用能情况及主要参数。

改造前每月灯具能耗＝改造前单灯功率×该种灯具数量×97%×该种灯具每月开灯时间（即每种灯具能耗求和）；

改造后每月灯具能耗＝改造后单灯功率×该种灯具数量×97%×该种灯具每月开灯时间（即每种灯具能耗求和）；

公式中的97%为灯具完好率；每种灯具开灯时间由招标人提供；灯具单灯功率为第三方检测机构抽样测试得出的平均单灯功率。

月节能效益（即节约的电费）＝（改造前每月灯具能耗－改造后每月灯具能耗）×电费平均单价。

（2）节能量计算方法及项目年节能量。

自项目验收合格交付招标人使用之日起，开始计算节能效益。

能耗监测系统投入使用之后月节能效益（即节约的电费）＝能耗监测系统计量的每个区域单种灯具月能耗×电费平均单价/该种灯具的节能率公式中的i为对每个区域中每种灯具求和。

表1 项目年节能减排量

序号	项目	现有灯具	LED灯具	节能减排量
1	标准煤（吨）	8695.78	2331.43	6364.35
2	碳粉尘排放（吨）	4412.78	1183.11	3229.67
3	二氧化碳排放（吨）	16174.80	4336.63	11838.17
4	二氧化硫排放（吨）	5353.74	1435.39	3918.35
5	氮氧化物排放（吨）	243.35	65.25	178.10

2. 年节能效益

项目改造前后照明系统能源费用及年节能效益如表2所示。

表2 项目改造前后照明系统能源费用及年节能效益

改造前照明系统		改造后照明系统		节能数据			
年能耗费用（万元）	1214	年能耗费用（万元）	325	年节能费用（万元）	888	节能率	73%

六、商业模式

该项目采用节能效益分享型合同能源管理模式，项目合同期63个月，其中节能效益分享期5年，设备所有权归用能单位，节能服务公司负责合同期内的运营维护，合同期满后移交用能单位。前三年节能服务公司分享80%的节能效益；第四年节能服务公司分享38%的节能效益；第五年节能服务公司分享10%的节能效益。

七、投资额及融资渠道

节能服务公司自有资金投资500万元，其余由灯具供应商垫资，在效益分享期内按期支付。

厦门市中医院空调照明节电改造合同能源管理项目

一、项目名称

厦门市中医院空调照明节电改造合同能源管理项目

二、项目业主

厦门市中医院位于厦门市仙岳路 1739 号，建筑面积 7.7 万平方米，共 2 栋建筑，分别为医院大楼（门诊部和住院部）和培训楼。现有职工 2044 名，编制床位 1200 张，是福建省乃至海西经济区中规模最大的中医院之一。

三、项目实施单位

深圳市紫衡技术有限公司

四、案例内容

1. 技术原理及适用领域

（1）能源管理平台。

能源管理平台针对单体建筑进行开发设计，主要考虑单一用户类型的使用。针对建筑业主管理员对系统使用的需要，主要实现数据分析、能耗及能效异常报警、设备故障报警、运行管理报警和节能量评估等功能。

（2）照明 LED 技术。

LED 照明灯具具有以下优点：

高效节能：LED 灯相比节能灯（荧光灯）节电 60% 以上；

超长寿命：半导体芯片发光，无灯丝，无玻璃泡，不怕震动，不易破碎，使用寿命可达五万小时；

健康：光线健康，光线中不含紫外线和红外线，不产生辐射；

绿色环保：不含汞和氙等有害元素，利于回收和再利用，而且不会产生电磁干扰；

光效率高：同等电能转化为可见光的量更大。

（3）空气源热泵系统改造技术。

空气源热泵热水机组是一种可以替代锅炉不受资源限制的节能环保热水供应装置，它采用绿色无污染的冷煤，吸取空气中的热量，通过压缩机做功，生产出 50℃ 以上的生活热水。

2. 节能改造具体内容

（1）搭建能源管理平台。

搭建能源管理平台，将照明、中央空调、信息机房系统统一纳入系统监控，在实现节能管控的同时进一步加强日常运维管理。

(2) 中央空调系统改造。

新增1套中央空调整体优化控制系统,冷冻水泵新增2套75kW变频动力柜,每套变频动力柜可以在2台水泵之间自由切换,在保证2台水泵变频运行的同时,另2台水泵工频备用,实现冷冻水泵变频优化控制;冷却水泵新增2套75kW变频动力柜,每套变频动力柜可以在2台水泵之间自由切换,在保证2台水泵变频运行的同时,另2台水泵工频备用,实现冷却水泵变频优化控制;新增水温传感器4只,分别安装在冷水机组供回水总管,保证冷冻冷却水进出水温度控制;新增压力传感器2只,分别安装在最不利环路末端,保证冷冻水进出水压力控制。

以上水泵、变频动力柜和传感器等装置全部接入新增的整体优化控制系统,结合主机群控、水泵变频、冷却塔风机变频等技术,实现各个设备以及整体系统的节能运行。

(3) 净化空调系统改造。

新增1套空调整体优化控制系统,冷冻水泵新增1套2×22kW变频动力柜,新增水温传感器2只,分别安装在风冷机组供回水总管,保证冷冻水进出水温度控制;新增压力传感器2只,分别安装在最不利末端管道,保证冷冻水进出水压力控制。

以上水泵、变频动力柜和传感器等装置全部接入新增的整体优化控制系统,结合主机群控、水泵变频等技术,实现各个设备以及整体系统的节能运行。

净化空调系统有24台组合式风柜,该改造将重新调试手术室空调系统,将手术室风柜接入新增的空调整体优化控制系统,实现风机的节能运行。

(4) 大楼照明系统改造。

在不降低照明质量、不影响照明需求的前提下,将大楼10504盏以日光灯、筒灯为主的传统灯具全部更换为新一代长寿、高效节能、环保的LED照明灯具产品,更换的灯具功率较之前下降60%以上。将地下停车场部分灯具更换为红外感应LED灯,当车、人在车库活动时,感应灯管呈全亮状态,现场具有充足的照度。当无车无人时,感应灯管熄灭,其他常亮灯具足以满足现场维持安全和监控所需的最低亮度。

(5) 热水系统改造。

医院大楼有一套太阳能+电锅炉热水系统,太阳能已损坏,热水由电锅炉供应。热水锅炉有2台,额定热功率0.23MW,额定出水温度65℃,额定回水温度15℃。配备1台集热水箱,尺寸约4m×4m×2m,1台蓄热水箱,尺寸约4m×4m×2.6m,4台0.75kW热水回水泵,2台2.2kW加热循环泵,2台1.5kW太阳能热水循环泵已暂停使用,所有设备位于屋面锅炉房,现在医院大楼的热水制备全为电热锅炉设备,24小时工作,耗能巨大。根据项目情况,将采用空气源热泵热水机组供应热水,生产出50℃以上的生活热水。不但节能、环保而且运行安全、无须人工管理,也是目前综合运行效益最佳的热水系统。

3. 项目实施进度

2018年4月,项目完成改造并顺利通过竣工验收,年节电量超过200万kW·h,直接经济效益150万元以上。该项目被评为厦门市公共建筑节能改造示范项目。

五、项目年节能量及年节能效益

1. 年节能量

(1) 改造前后系统(设备)用能情况及主要参数。

厦门市中医院2013—2015年度平均用电量为926.67万kW·h,其中各主要用能设备及其用能情况如下：

中央空调系统年用电量约为 320.4 万 kW·h；

净化空调年用电量约为 79.7 万 kW·h；

照明灯具年用电量约为 148.1 万 kW·h；

生活水泵年用电量约为 18.1 万 kW·h；

电热锅炉制备热水，年用电量约为 43.2 万 kW·h；

电梯年用电量约为 29.9 万 kW·h；

开水器年用电量约为 20.1 万 kW·h。

综上可见，医院能耗中中央空调系统占比约 35%，净化空调系统占比约 8%，照明灯具用电占比约 16%，生活水泵用电占比约 2%，热水系统用电占比约 5%，电梯用电占比约 3%，开水器用电占比约 2%，其他用电占比约 29%。

（2）节能量计算方法及项目年节能量。

第三方节能量测评结果显示，改造后厦门市中医院年节电量为 21754 万 kW·h，折合标准煤为 717.9 吨。详见表 1。

表 1 节能改造措施及节能量

序号	改造内容	改造措施	实施量	分项节能量（kW·h）	节能率（%）
1	空调系统	制冷站群控优化控制，水泵、冷却塔风机增加变频控制；净化空调热源风冷热泵机组整体优化控制，水泵增加变频控制；组合式空调机组风机变频优化改造	2 套	1453264	15.7
2	照明系统	LED 灯替代原有照明灯具	10504 盏	537627	5.8
3	生活热水系统	采用空气源热泵热水系统替代电热锅炉热水系统	1 套	184573	2
合计				2175464	23.5

项目年节电量 2175464kW·h，折合标准煤 718tce。

2. 年节能效益

经测评计算，改造后厦门市中医院年总节电量为 2175464kW·h，年总节电费 = 2175464kW·h × 0.7 元/kW·h = 152.28 万元（按电价 0.7 元/kW·h 计算）。

六、商业模式

分享年限为 6 年，分享期间，甲乙双方的节能量分享比例为 3:7。甲方（业主）分享全年总节能量的 30%，乙方（节能服务公司）分享全年总节能量的 70%。

七、投资额及融资渠道

节能服务公司承担全部投资。

北京市阳光校园金太阳整体工程项目

一、项目名称

北京市阳光校园金太阳整体工程项目

二、项目业主

北京市内各区（县）298所中学、小学教学楼及宿舍楼。

三、项目实施单位

北京源深节能技术有限责任公司

四、案例内容

1. 技术原理及适用领域

太阳能电池板在阳光照射下会产生直流电，产生的直流电经过导线进入并网逆变器，并网逆变器会根据当时商业电网的电压、频率、相位自动将接入的直流电转换成与商业电网具有相同电特性的交流电，从而实现并网发电。

太阳能电池是一种大有前途的新型电源，具有持久、清洁和灵活三大优点。太阳能电池寿命长，只要太阳存在，太阳能电池就可以一次投资、长期使用；与火力发电、核能发电相比，太阳能电池不会引起环境污染；太阳能电池安装规模可以大中小并举，大到百万千瓦的中型电站，小到只供一户用的太阳能电池组。

交、直流配电柜对系统的直流输入及交流输出进行合理的分配链接，采用三相低压并入电网。在配电柜中设有二次防雷保护、电计量等装置。

2. 项目技术方案

采用自发自用分布式发电模式，"多个发电单元结合，分散、集中并网相结合"的并网发电方案，采用380V电压等级并网接入模式。考虑到屋面类型及大小的差异性，采取根据建筑物用电负荷的情况，在并网时选择就近并入所在建筑的配电系统。

本项目屋顶形式多样，设计考虑风荷载，且为建筑美观安全和节约空间、节约成本考虑，针对不同屋顶条件制定相应的技术方案。

3. 项目实施进度

自2011年开始，在市教委、各区（县）教委的配合下，确定辖区内拟实施学校名单并召开项目启动会，源深公司向学校介绍项目的背景、意义、实施细则等。2012年设计与施工准备工作均完成后，项目正式开始陆续实施，截至2019年，298所学校已全部建设完成，共计建设安装31兆瓦。

五、项目年节能量及年节能效益

1. 年节能量

该项目年发电量大约为3000万 kW·h，按照每1kW·h 电节约3.30吨标准煤、减少污染排放0.997千克二氧化碳、0.03千克二氧化硫、0.015千克氮氧化物计算，每年可节约标准煤约9900吨、减排二氧化碳约2.991万吨、减排二氧化硫约900千克、减排氮氧化物约450千克。

2. 年节能效益

学校用电量约为总发电量的75%，用电单价为0.5003元，年节能效益为1125.68万元；剩余约25%电量并入电网，电量单价为0.3598元，年节能效益为269.85万元，共计1395.53万元。

六、商业模式

该项目采用节能效益分享型合同能源管理模式。学校自用、余电上网，项目前15年内所有收入及运营维护成本为节能服务公司负责，后续收入及运维将全权交与校方。

七、投资额及融资渠道

该项目投资额25400万元，其中10000万元为节能服务公司自有资金，15400万元来自世界银行节能贷款。

青岛大学公共建筑节能改造项目

一、项目名称

青岛大学公共建筑节能改造（管网分时分区节能技术、燃气锅炉节能改造、照明节能改造、空调磁悬浮机组改造）项目

二、项目业主

青岛大学共3个校区，浮山校区位于青岛市宁夏路308号；松山校区位于青岛市市北区登州路38号；金家岭校区位于青岛市崂山区科大支路62号，建筑性质属于自用，该单位尚未实施过相关节能改造。

三、项目实施单位

青岛国工能源科技有限公司

四、案例内容

1. 技术原理及适用领域

校园原有建筑为非节能建筑，建筑水、暖、电配套设施智能化程度低，能源损耗大，具有很大节能空间。为改善建筑能耗和提高校园配套设施运行效率，通过合同能源管理模式对公共建筑的供暖、空调、照明等一系列配套设施进行综合节能改造，实现智慧供热、高效制冷、LED智能照明、精确能源管控的目标。

2. 节能改造具体内容

（1）照明节能改造。

青岛大学三个校区公共建筑室内照明共有传统灯具（日光灯、白炽灯）43519只，改造采用知名品牌LED灯，按照原有教室照明灯具功率、光效设计，采用不低于原先照明光效对应功率的LED。每个房间详细统计原有灯具的总功率和进行照明节能改造后的房间照明LED灯具总功率，可快速计算出节电效益。

改造目标：提高原有教室照度，为教职工、学生提供更加明亮舒适的照明环境，无有害物质和有害光线，光线柔和、无闪烁。节省能源消耗、使用寿命更长，避免频繁换灯带来的不便。

投资及节能效益分析：以现有统计公共建筑室内照明数量为基础（43519只），更换LED照明灯，不改变原有安装方式（T8玻璃管、吸顶灯、球泡灯），每只灯及安装费用为72元。共需投资43519只×72元/只=3133368元。

因青岛大学公共建筑原有日光灯、白炽灯功率不一，按照最低平均功率30W/只、照明时间5h/d计算，原有34519只照明灯总功率为1305kW。

保守计算每天照明耗电量：1305kW×5h=6525kW·h；

每天照明用电费用：6525kW·h×0.5元/kW·h=3262.5元；

每月照明用电费用（30天计算）：3262.5元×30天=97875元；

每年照明用电费用（10个月计算）：97875元/月×10月=978750元；

安装LED照明灯后的节电率按照最低40%计算，则每年可节省照明电费：978750元×40%=391500元；

若再加以考虑办公楼等行政类建筑的照明工作时间远远大于每天5个小时及寒暑假，电费以0.75元/kW计算，每年节省电费不低于45万元。

（2）制冷系统节能改造。

原有制冷量179kW 螺杆式制冷机组2台（电功率179kW/台），冷冻、冷却水泵各3台（电机功率22kW/台），更换高效磁悬浮空调机组一台（电功率157kW/台），更换高效水泵4台（冷冻、冷却各2台），清洗循环系统。

表1　制冷系统改造前后设备参数及节能量

设备名称	总功率（kW）	年运行时间（h）	使用率（%）	耗电量（kW·h）	节能率（%）	节能量（kW·h）
螺杆式制冷机组	179	720	100	128880	35.411	45637.83
循环泵	88	720	100	76032	35.411	26923.77
合计						72561.6

改造前的总电量：179kW×10h/次×12次/月×6个月+88kW×12h/次×12次/月×6个月=204912kW·h；

改造后的总电量：157kW×10h/次×12次/月×6个月+（88kW×12h/次×12次/月×6个月）×70%=132350.4 kW·h；

总节电量=204912kW·h−132350.4 kW·h=72561.6kW·h；

总节能率=72561.6kW·h÷204912kW·h×100%=35.41%。

（3）供热系统节能改造。

金家岭校区改造前锅炉热效率较低，供暖管网系统存在水利失衡问题，室内温度分布不均，并且青岛大学办公楼和教学楼、图书馆、学生公寓存在不同的供暖运行规律，此前无优化对策。通过对锅炉进行更换，提高了热效率，并增设了供热管网分时分区控制装置。中心校区改造前水泵全天24h满负荷运行，改造后更换高效格兰富水泵满负荷运行每天16h。

五、项目年节能量

项目改造前后用能量及节能量如表2所示。

表2　项目改造前后用能量及节能量

用能类型	折标准煤系数	改造前耗用总量	改造后耗用总量	节能量	节能量折标煤量 kgce
照明电耗（kW·h）	0.3	4826610	1998411	2828199	848459.7
供热热耗（GJ）	34.12	256175.87	203753.86	52422.01	1791349.474

续表

用能类型	折标准煤系数	改造前耗用总量	改造后耗用总量	节能量	节能量折标煤量 kgce
供热电耗（kW·h）	0.3	824040	549360	274680	82404
空调电耗（kW·h）	0.3	204912	132350.4	72561.6	50112
合计					2772325.174

项目总节能率 = $2772325.17 \div 10557133.59 \times 100\% = 26.26\%$。

项目年节能量 2772tce。

六、商业模式

该项目采用节能效益分享型合同能源管理模式。供暖和照明系统效益分享比例分别见表3、表4。

表3　供暖节能效益分享比例

供热年度		2017—2019 年度	2019—2021 年度	2021—2023 年度
期限（年）		2	2	2
收益分配比例	甲方	30%	40%	50%
	乙方	70%	60%	50%

说明：供热改造节能效益返还在每年的供热季结束后10个工作日内出具节能量数据。

表4　照明节能效益分享比例

使用时间		第1年	第2年	第3年	第4年
期限（年）		1	1	1	1
收益返还比例	甲方	30%	30%	30%	30%
	乙方	70%	70%	70%	70%

说明：照明节能效益返还以半年为一个周期，节能量按照双方事先确定的方案执行。

七、投资额及融资渠道

项目投资额1380万元，全部由节能服务公司投资。

河南省人民医院建筑能耗总包项目

一、项目名称

河南省人民医院建筑能耗总包项目

二、项目业主

河南省人民医院是河南省最大的省级综合性医院之一,是原卫生部首批命名的"三级甲等"医院和全国"百佳医院"。医院在2008年引进远大非电空调,2009年11月远大开始负责全院中央空调和采暖系统的合同能源管理,一期供应空调面积17万m^2、暖气面积19万m^2,二期供应空调面积17.9万m^2。为打造新型精细化节能管理模式,携手共创绿色低碳节约型医院,该项目对医院提供电力系统能源费用总包合同能源管理服务。

三、项目实施单位

远大能源利用管理有限公司

四、案例内容

在满足医院公共区域及办公楼宇正常使用的前提下,开展综合节能改造,改造范围包括但不限于生活用水系统、照明系统、分项计量及能耗管理软件平台等,通过实施建筑节能改造技术及增加高效照明系统等节省能源费用。服务期间的节能收益采用效益分享型,持续不断地降低医院整体能耗。

1. 改造内容

(1) 照明系统LED节能灯具改造。

2017年该医院医疗区及科教楼未进行节能灯改造的灯具数量为66743只,分散在1号病房楼南北楼、门诊医技楼、感染科、东院病房楼、科教大厦、2号及3号楼等区域的病房床头、走廊、病房吊顶灯带、卫生间及镜前灯、大厅照明等位置。灯具是大量的普通日光灯、筒灯。

初步估算全院医疗区、科教楼未装修区及2号、3号楼未进行改造的灯具总数量为66743只,总功率为1465897W。

医院原灯具总功率为1465897W,选用LED产品进行替换,改造后的总功率为775621W,减少了690276W,省电率达47%。

表1 照明系统节能效益分析

	总功率(W)	年使用电费(元)	节省电费(元)
改造前	1465897	4815471	2267557
改造后	775621	2547914	

注:每天开灯12小时,每年按365天计算,电费按照0.75元/kW·h。

每天开灯12小时，每年按365天计算，电费按照0.75元/kW·h计算，考虑到医院项目用灯时间和不同部门及科室实际情况，按照0.9的系数计算实际节省电费为204万元。LED灯每年的维护费用极低，而传统节能灯则需频繁更换光源，其使用寿命最高才8000小时，每年可为医院节省现有灯具的日常更换和维修费用约150万元。

（2）建筑能耗监控系统改造。

对接原有计量系统，不重复增加计量设备，更换少部分计量故障表计，并增加未计量监控的用电回路进行用电平衡分析管理，投资较少可无缝对接通信采集；

统一后勤用水、用电、用气信息管理、物业报修维修流程管理等多子系统的管理平台；

实现全院能耗数据采集、传输、使用自动化采集计量，进行节能分析预警；

提高全院用能设备经济运行，提供能源管理手段，挖掘节能潜力。

表2 能耗监测系统改造实施方案

楼宇	改造方案
1号北楼	维修高区22kW变频器
2号楼	增加1台5.5kW变频器
科教楼	增加1台18.5kW变频器
东院病房楼	维修高区18.5kW变频器，维修中区15kW变频器
南高层	增加1台55kW变频器

（3）生活用水水泵变频改造。

医院原有生活用水水泵存在未变频或变频损坏、功能缺失等问题，大部分生活用水水泵都是有控制柜（其中有一台是变频控制），但仍有部分生活用水水泵未实行变频控制或部分变频器损坏无法正常使用。

3. 项目实施进度

（1）照明系统LED节能灯具改造项目。

项目开工时间为2019年1月1日，项目竣工时间为2019年6月30日。

运行情况：改造完成后，灯具维修量明显下降，灯具照度明显提升，在改造过程中已经逐步节电，产生明显的节能效益，使医院用电负荷显著下降。

（2）生活用水水泵变频改造项目。

项目开工时间为2019年8月16日，项目竣工时间为2019年8月20日。

运行情况：改造后，泵组运行稳定，泵组随用水负荷降低而降低，实现节电节能，降低供电负荷。

五、项目年节能量及年节能效益

通过上述各项节能改造，实现医院整体节能降耗，投资及年节能量汇总如表3所示。

表3 项目投资及节能量汇总

序号	项目	投资（万元）	节能量（万元）
1	LED节能灯具改造	550	204

续表

序号	项目	投资（万元）	节能量（万元）
2	建筑能耗监控平台	550	—
3	生活水泵变频改造	25	16
4	合计	1125	220

六、商业模式

该项目采用能源费用托管型合同能源管理模式。项目合同期 10 年。由节能服务公司全额投资进行节能改造，提供能源管理服务，并对医院电费实行包干。

七、投资额及融资渠道

该项目总投资 1125 万元，全部为节能服务公司自有资金。

深圳市儿童医院 LED 节能改造项目

一、项目名称

深圳市儿童医院 LED 节能改造项目

二、项目业主

深圳市儿童医院位于市中心区,1998 年初正式开院,是一家集医疗、保健、科研、教学于一体的现代化综合性儿童医院和儿科急救中心,为深圳及周边十几个地区儿童提供医疗保健服务。医院总建筑面积近 17 万平方米,开放床位 1000 张。项目涉及院内三栋建筑,A 楼(医院老楼)、B 楼(医院新楼)、职工住宿的单身公寓楼。节能改造项目年度基准能耗为 2656388kW·h,该基准为深圳市儿童医院每年灯具用电总和,共计 23399 盏。

三、项目实施单位

深圳市海源节能科技有限公司

四、案例内容

1. 技术原理及适用领域

该项目采用 LED 灯具对荧光灯、节能灯、白炽灯等进行替换。LED 照明即发光二极管照明,是一种半导体固体发光器件。利用固体半导体芯片作为发光材料,在半导体中通过载流子发生复合放出过剩的能量而引起光子发射,直接发出红、黄、蓝、绿色的光,利用三基色原理,添加荧光粉,可以发出红、黄、蓝、绿、青、橙、紫、白等任意颜色的光。LED 灯具就是利用 LED 作为光源制造出来的照明器具。该照明技术可适用于所有照明系统。

2. 节能改造具体内容

该项目主要改造内容为将传统 T5、T8 灯具更换为高效节能的 LED 灯具。改造内容详见表 1。

表 1 改造灯具明细

现有灯具名称	灯具规格	替换灯具名称	灯具规格
T8 灯管	36W、1.2 米;18W、0.6 米	LED-T8 灯管	12W、1.2 米;6W、0.6 米
T5 灯管	28W、1.2 米;14W、0.6 米	T8 转 T5-LED	12W、1.2 米;6W、0.6 米
T5 灯管	28W、1.2 米;14W、0.6 米	T6.5 转 T5-LED	12W、1.2 米;6W、0.6 米
节能灯	7W、9W、11W 等	LED-球泡灯	3W、5W 等
节能灯	9W、11W 等	LED-横插灯	3W、5W 等

3. 项目实施进度

项目开工时间 2016 年 5 月,项目竣工时间 2016 年 7 月。

项目运行状况良好,节能效果达标。

五、项目年节能量及年节能效益

1. 年节能量

(1) 改造前后用能情况对比。

实施节能改造前年平均基准能耗 265.6388 万 kW·h,改造后年能耗为 101.5225 万 kW·h。

(2) 节能量计算方法及项目年节能量。

计算方法:项目年节能量(C) = 改造前年基准能耗(A) - 改造后年能耗(B)

$C = 265.6388 - 101.5225 = 164.1163$ 万 kW·h,折算成标准煤 = $164.1163 \times 3.3 = 541.58$ tce

年综合节能率 = $C/A \times 100\%$ = 61.78%

2. 年节能效益

电价 0.717 元/kW·h,年节能效益 = 164.1163 万 × 0.717 = 117.67 万元。

六、商业模式

该项目采用节能效益分享型合同能源管理模式,效益分享年限为 5 年,由节能服务公司全额投资,节能效益分享比例为节能服务公司占比 80%,项目业主单位占比 20%。

七、投资额及融资渠道

该项目投资额 268.87 万元人民币,全部为节能服务公司自有资金。

深圳市少年宫综合节能改造项目

一、项目名称

深圳市少年宫综合节能改造项目

二、项目业主

深圳市少年宫是共青团深圳市委员会下属财政核拨公益性事业单位,是一个集中型科技馆、剧院、电影院、团队活动和教育培训等功能于一体的综合性多功能服务型社会教育机构。深圳市少年宫占地面积2.64万平方米,建筑面积5.3万平方米。

深圳市少年宫项目主要用能设备包括供配电系统设备、照明设备、空调设备等。年用电量404万kW·h左右,相当于年消耗标煤1300tce。

三、项目实施单位

深圳市嘉力达节能科技股份有限公司

四、案例内容

1. 技术原理及适用领域

(1) 分项计量系统建设。

分项计量系统建设主要技术原理是运用远传电表对用电回路进行实时数据采集,将采集到的数据通过RS-485通信方式发送到数据采集器,数据采集器通过互联网将数据传输到部署在能源管理工作站的数据库软件,同样部署在能源管理工作站的能耗监测软件通过读取数据库软件中的数据实时将能源消耗情况进行展示、统计和分析。能耗的采集、传输原理广泛运用于楼宇数字化领域。

(2) 照明系统节能。

照明系统节能改造运用当前最为节能的LED灯具替换原先传统的荧光灯具。LED光源使用低电压驱动,发光稳定,无污染,没有频闪,没有紫外线B波段,表色/颜体Ra值接近100,色温5000K,最接近太阳色温5500K。光谱中无紫外线和红外线,既没有热量也没有辐射,眩光小,废弃物可回收,没有污染,不含汞元素,冷光源,可以安全触摸,属于典型的绿色照明光源。LED技术已广泛运用于照明领域。

(3) 空调系统节能。

冷却水泵、冷冻水泵改造前以50Hz定频运行,改造后随供回水温差变化而进行变流量运行,即通过电机变频技术将设备工况由定频运行改为根据实际状况进行变频运行。电机变频控制技术广泛应用于通风空调领域和生活给排水领域。变频控制柜可实现输出频率的手/自动控制。自动控制时，温差控制器通过检测供水温差自动调节变频器的频率输出。手动控制时，可人为设定变频器的固定频率。冷冻水泵改造与冷却水泵改造同水泵的功率、转速、频率有如下关系：

$$P_1/P_2 = (N_1/N_2)^3 = (f_1/f_2)^3$$

其中：P 为水泵功率，N 为水泵转速，f 为水泵频率。

（4）维护结构节能。

建筑贴膜夏季可以阻挡 45%～85% 的太阳直射热量进入室内，冬季可以减少 30% 以上热量散失；当玻璃破碎时，碎片能够紧紧粘贴在玻璃贴膜表面，保持原来形状，不飞溅，不变形；同时玻璃贴膜能够耐受高达 500℃ 以上的高温，能够有效防止火灾的发生，避免对人体的伤害，质量较好的建筑贴膜可以阻挡眩光和 99% 的紫外线。建筑贴膜技术广泛应用于写字楼、商场等大型公共建筑。

2. 节能改造具体内容

（1）分项计量系统建设内容。

改造前，能源管理人员无法掌握大楼详细用电情况，更无法对能源消费进行准确拆分。建立能耗分项计量系统后，能源管理人员能够快速按日、月、年统计一段时期的各分类能耗数据以及各分类能耗在每个分项系统的消耗及比例，为决策层进行节能管理提供精确事实依据。能源管理人员可以了解到楼宇能耗的总体情况，知晓建筑每年和每月消耗的总数，同时也可以对不同时期的建筑能耗总量进行对比分析，制定节能目标。

分项计量能耗监测系统主要功能包括实时能耗采集、分类监测、数据报表、分类能耗对比、节能潜力挖掘、能耗超限预警、定期自动生成能源诊断报告等。

（2）照明系统节能改造具体内容。

改造前，照明系统使用的是传统照明灯具，根据项目实际情况对经常使用的区域进行改造，替换为节能高效环保的 LED 灯，灯具更换改造后，年节电量为 25.5 万 kW·h。

（3）空调系统节能改造具体内容。

针对空调系统存在的问题，中央空调改造对象主要定为主机能效控制系统、冷冻水泵、末端风柜。具体改造措施如表 1 所示。

表 1　空调系统节能改造措施

改造对象	技术应用	方案亮点
制冷机房设备 + 末端空气处理机	节能优化控制系统	实现空调主机、水系统、风系统的自动调节控制，达到整体能效最优； 实时监测室内二氧化碳，提升空气品质
冷冻水泵	加装变频调节装置	根据供冷需求自动变频调节运行，结合控制系统，始终保持在最经济运行状态

通过对空调系统的节能改造，年节电量为 19.6 万 kW·h。

（4）维护结构节能改造具体内容。

改造前，深圳市少年宫阳关花园采用玻璃天窗，其导热系数是 6kW/(m²·K)，是《公共建筑节能设计标准》CB 50189—2005 中限制值的 1.71 倍，保温性能差，造成空调能耗高。采用建筑玻璃贴膜的方法进行改造，可以显著减少太阳光通过玻璃天窗的辐射热及室内外热传递。改造后，年节电量为 1.3 万 kW·h。

3. 项目实施进度

该项目于 2015 年 10 月进行公开招标，2015 年 12 月签订合同，随即进行深化方案设计。2016 年 1 月正式开工建设，2016 年 6 月竣工并进行合同能源运行管理。项目运行一年来，节能效果显著，得到业主单位一致好评。

五、项目年节能量及年节能效益

1. 年节能量

节能量 = 改造前基准能耗 - 改造后同期能耗。

改造后同期能耗以改造单位供电局的发票电量为准。

项目年度基准能耗为 404 万 kW·h，年综合节能率为 20.76%，年节电量达 83.68 万 kW·h，相当于年节约标煤 276.14 吨。

2. 年节能效益

该项目节约能源品种为电能，电单价按项目所在地供电部门对项目建筑征收的综合电价计算，即 1 元/kW·h，年节能效益为 83.68 万元。

六、商业模式

该项目采用节能效益分享型合同能源管理模式，节能改造所有投资及售后服务均由节能服务公司完成，项目合同期为 6 年。合同期内，节能服务公司无偿提供项目投资设备的运营维护，成立能源管理办公室，全面负责项目日常能源运营管理工作。合同期满，在业主方单位结清所有节能效益款项后，节能服务公司投入的节能改造设备设施所有权无偿转让给业主单位，同时移交项目的所有技术资料。

七、投资额及融资渠道

项目投资额 240 万元，主要来源于银行贷款。

柳州市柳铁中心医院节能改造项目

一、项目名称

柳州市柳铁中心医院节能改造项目

二、项目业主

柳州市柳铁中心医院创立于1946年,坐落于柳州市飞鹅路利民区14号,占地面积7.1万平方米,建筑面积10.23万平方米,定编床位1000张,开放床位1080张,是一所集医疗、教学、科研、预防、保健、康复、急救于一体的国家三级甲等综合医院。主要用能设备有中央空调系统、分体空调、电梯系统、照明设备、医疗设备等。其中空调系统占整体能耗费用一半左右。

三、项目实施单位

广西中投创新能源科技股份有限公司

四、案例内容

1. 技术原理及适用领域

该项目建设内容包括照明系统、电梯系统、中央空调系统、分体空调系统节能改造以及采用信息化移动APP报修、设备安全巡检系统。

2. 节能改造具体内容

(1) 江水源热泵中央空调系统源水测改造。

该项目中央空调为江水源热泵空调系统,地下室空调机房一共有四台水源热泵机组(制冷量:1441.4kW两台,634.9kW两台)。夏季开一台空调机组制冷(制冷量:1441.4kW),开一台制生活热水(634.9kW),可以满足住院大楼的使用要求。根据供水温度调整开机台数。

原有水源热泵机组采用柳江江水作为冷却方式,地埋管路约3公里,抽水泵功率较大,时耗电较大。夏季柳州雨水较多柳江水上涨且水质浑浊,在使用水源热泵时水泵容易吸入浑浊且带有泥沙颗粒的江水,易造成水泵损坏。

改造后针对夏季使用时冷却侧水源进行改造,江边水源取水泵:电功率90kW(3台),75kW(3台)。水泵并联正常使用时1~2台,运行时间24小时。夏季改造采用开式冷却塔进行系统换热,增加冷却塔,对系统中的冷却水进行冷却。冷却塔水管直接接入原有江水换热供回水管路中。冬季柳州雨水少柳江水温度稳定且清澈,冬季采暖及提供生活热水使用原有的江水源热泵换热方式,对江边取水泵改造为变频节能控制。

(2) 中央空调能源管理控制系统。

该项目采用自主研发的中央空调能源管理控制系统对整个中央空调系统多环节进行能量平

衡调节，控制系统通过对中央空调系统各种变量（温度、压力、流量）的监测，利用设置在现场的智能管理控制器、节能优化控制器及能量均衡控制器，从中央空调的整体能量平衡出发，寻求对主机、水泵、冷却塔、相关阀门的整体协调控制，科学地实现变负荷情况下中央空调系统的高效率运行，达到最佳的节能效果。

(3) 照明系统改造。

医院灯具一共16000支，2017年以前已全部更换为LED节能灯具，此次改造对医技楼715支灯管采用T8/T5LED日光灯替换现有的T8/T5日光灯。地下车库采用LED微波雷达感应灯改造荧光灯管。

(4) 电梯节能改造。

对医院13部电梯进行节能改造，电梯全部为垂直升降电梯，每天平均运行时间10小时，电梯系统年能耗为952650 kW·h，通过增加电梯回馈器达到节能效果。电能回馈装置与电梯制动单元并联，通过自动检测变频器的直流母线电压，将变频器的直流环节的直流电逆变成与电网电压同频同相的交流电，经多重噪声滤波环节后连接到交流电网，达到绿色、环保、节能的目的。因加装回馈装置后，机房散热电阻不再发热，机房温度大大降低，用于降温的空调或散热风机可以不启用或少启用，从而达到间接节能的目的。

3. 项目实施进度

该项目于2017年6月开工，2017年7月竣工验收。改造完成后，中央空调系统运行稳定，空调末端效果好，水源热泵机组一机多用。中央空调系统做到无人值守，出现故障自动报警至维修人员手机端。保证了系统稳定安全运行。

五、项目年节能量及年节能效益

1. 年节能量

(1) 改造前后系统（设备）用能情况及主要参数。

表1 改造前后系统（设备）用能情况及主要参数

系统类型	改造前能耗	改造后能耗	节能量
	电耗（kW·h）	电耗（kW·h）	电耗（kW·h）
空调江边取水泵房节能	738000	374400	363600
中央空调机房节能	1003176	852700	150476
照明系统节能	202356	100915	101441
电梯节能	952650	838332	114318
合计	2896182	2166347	729835

(2) 节能量计算方法及项目年节能量。

效益分享期内项目节电量为729835kW·h/年，折合240.85tce。

2. 年节能效益

电价0.945元/kW·h，年节能效益为689694元/年。

六、商业模式

该项目采用能源费用托管型合同能源管理方式进行合作,由节能服务公司投入资金、人员、技术对该项目进行节能技术改造,项目合同期 8 年。以 2016 年度总能耗 ×0.95 进行能耗包干,包干后的节能收益部分归节能服务公司;合同期间节能服务公司派人驻场对投入的设备和中央空调机房及热水系统、江边取水泵房、照明、电梯等设备进行管理和运营维护,保证医院后勤中央空调、热水、照明系统等的安全、节能、稳定运行。8 年合同期间由节能服务公司投入的设备所有权归节能服务公司所有,合作期限结束后,所有节能设备设施产权归医院所有,并享受全部节能收益。

七、投资额及融资渠道

该项目总投资 584.4 万元。全部为节能服务公司自有资金。

厦门海关大楼合同能源管理项目

一、项目名称

厦门海关大楼合同能源管理项目

二、项目业主

厦门海关直属中华人民共和国海关总署，属于厅局级机构。管辖范围包括厦门、漳州、泉州和龙岩4市，总面积4.42万平方千米，海岸线长1474千米。厦门海关总关大楼于2008年底正式启用，位于厦门市鹭江路269号，建筑面积为5.8万平方米，地上23层，地下1层，办公楼日常用能人数700余人。

据统计，2013年至2016年，总关大楼用电量从531万kW·h攀升至600万kW·h，每年以大约5%的速度增长，大楼配电系统容量趋于饱和，严重影响了设备安全稳定运行，也制约了海关信息技术硬件水平的提升。

三、项目实施单位

深圳市紫衡技术有限公司

四、案例内容

该项目主要是搭建BEC建筑能源管理与控制系统，将照明、中央空调、信息机房系统统一纳入系统监控，在实现节能管控的同时进一步加强日常运维管理。

改造内容：

（1）大楼照明系统。

在不降低照明质量、不影响照明需求的前提下，将大楼10200盏以日光灯、筒灯为主的传统灯具全部更换为新一代长寿、高效节能、环保的LED照明灯具产品，更换的灯具功率较之前下降60%以上。将地下停车场部分灯具更换为红外感应LED灯，当车、人在车库活动时，感应灯管呈全亮状态，现场具有充足的照度。当无车无人时，感应灯管熄灭，其他常亮灯具足以满足现场维持安全和监控所需的最低亮度。

（2）中央空调系统。

冷冻站群控的优化控制，结合智能优化算法对冷冻机房全系统进行建模，可实现不同实时工况下冷冻站各设备的启停优化控制及各设备的协调运行。另外，可根据建筑物人员使用情况，提前开启和关闭空调设备，达到舒适节能目的。提供电力需求控制，在峰值电力需求出现前，通过预设定的原则切换或停止设备，实现峰值电力负荷最大限度减少。冬季和过渡季节利用室外天然冷源，停开或少开制冷主机。主要措施为，海关大楼新增1套中央空调整体优化控制系统，结合主机群控、水泵变频、冷却塔风机变频等技术，实现各个设备以及整体系统的节能运行。

对海关大楼风机盘管进行节能改造，实现空调系统终端设备的联网精细化管理控制。在满足人体冷热舒适性前提下，优化空调能源利用效率，减少冷量浪费，达到降低空调能耗的效果。通过空调远程监控，可提高设备管理水平。

中央空调集中管理系统由室内温控器、集中控制器、监控中心三部分组成。采用电力线载波及微功率无线的双模技术实现对系统内风机盘管的统一配置、集中管理及自动控制，为管理者提供一套高效、低廉、可靠的节能管理方案。

（3）信息机房。

冷通道主要涉及顶板和两侧活动门，顶板与门均采用冷轧钢框架＋透光PC板，防火效果好，且不影响天花板灯具照明效果，从两侧门可直观查看冷通道内各个设备，冷通道内安装了烟雾报警装置，发生紧急状况时，顶板可靠自身重力落下，不影响消防气体喷入。冷热通道安装进口高精度温湿度传感器共14个，可对信息机房空调进行实时监控。现场共计新增14个温湿度传感器，对应7个冷通道，每个冷通道区域的中心位置距离地板高度1.5米处安装1个温湿度传感器，机柜另一侧热通道对称位置同时安装1个温湿度传感器。传感器与原有机房环境监控报警系统进行相互对接（均采用Modbus标准协议），支持温度超限本地报警与报警信息短信实时自动推送。

现场共有5个机房共10列机柜需要对7个冷通道进行封闭，其中单列机柜冷通道4个，双列机柜冷通道3个，机柜个数约为96个。第1列与第10列机柜宽度为81cm，其余机柜为60cm。

为保证系统的冷却效果，还采取了以下几项措施：

对机柜下的穿线孔，机柜内未安装服务器空间，机柜与架空地板区域用专用结构件进行密封，保证低温送风气流全部从冷通道带孔地板流出，并横向穿过各个服务器；

对机柜顶部的孔板进行密封，保证气流组织；

对机柜内未安装设备的空间配备盲板，外观与机柜整体协调，最大限度减少冷热气流直接混合；

对架空地板区域进行引流，送风直接输送至冷通道区域，新增地板架空层垂直挡板，实施后冷池面积约为改造前的50%；

重新布置孔地板，全部置于冷通道区域，远离空调机的冷通道区域可适当增加带孔地板数量或更换为透气面积比更高的栅板，优化各机柜气流组织；

主机房第3、4列机柜中少量服务器建议在原地调整摆放方向，服务器排气侧对应热通道，效果更佳。

2017年6月，项目完成改造并顺利通过竣工验收，经7—9月份初步运行数据显示，大楼用电量较去年同期减少46.79万kW·h，同比下降24.7%，预计全年可实现节电量至少100万kW·h。

五、项目年节能量及年节能效益

1. 年节能量

（1）改造前后系统（设备）用能情况及主要参数。

①中央空调系统。

大楼的中央空调为水冷中央空调系统，采用3台螺杆式冷水机组作为冷源。该设备由人工启停，调节不及时、无法远程启停且人力维护成本高，尤其是大楼办公用房改造后，许多房间存在冷热不均、舒适性差的问题。

业主未对空调系统进行能耗数据统计，为评价空调用能情况，依据空调系统2016年每天的运行记录结合建筑历史能耗值特点对空调系统能耗进行估算。

空调系统各设备的能耗计算方法如下：

计算空调系统每种设备每日运行能耗：

$$E_{i日} = t_{日} \cdot P \cdot N \cdot \varphi_{日}$$

$E_{i日}$——当月i日该设备（冷水机组、冷冻泵、冷却泵、冷却塔或风柜机组）运行能耗（kW·h）；

$t_{日}$——日运行时间（h）；

P——该设备功率（kW）；

N——该设备当日运行台数（台）；

$\varphi_{日}$——该设备当日平均负载电流比（根据该建筑运行记录，抽样选取典型时刻计算）

通过计算出的设备日运行能耗，统计每月运行能耗，并最终统计年运行能耗：

$$E_{m月} = \sum_{i=1}^{k} E_{i日}$$

$E_{m月}$——m月该设备月运行能耗；

k——当月总天数。

$$E_{年} = \sum_{m=1}^{12} E_{m月}$$

$E_{年}$——该设备年运行能耗。

根据运行策略，依据空调系统2016年每天的运行记录结合建筑历史能耗值特点对空调系统能耗进行估算，得到冷冻水泵、冷却水泵、冷却塔的分项能耗，计算结果表明，改造前海关大楼空调冷站系统设备全年用电量为100.7万kW·h。第三方节能量测评结果显示，空调系统年节电量为29.5万kW·h，改造后用电量71.2万kW·h。

海关大楼共有384台风机盘管，年能耗估算约为4.7万kW·h。

②照明系统。

改造前，大楼照明主要采用日光灯和筒灯，共约1万余支灯具，因装修时间较早、节能灯具尚未普及，日常办公使用的灯具存在光效低、寿命短、坏灯率高、维护不方便，部分区域照度不足等问题。改造前照明系统年耗电54万kW·h，改造后，第三方节能量检测机构测评结果显示，照明系统年节电量34万kW·h，改造后用电量20万kW·h。

③信息机房系统。

大楼信息机房用电激增。在科技革新、各种平台系统研发使用后，大楼信息机房中各类型服务器、小型机数量不断增加，用电量增长较快；而信息机房内精密空调的配电容量也越来越不能满足工作需要，发生过多次电流超额定负载的危险情况，存在较严重的安全隐患，也制约了厦门海关信息技术硬件水平的提升。

数据机房内设有10台水冷空调，10台风冷空调，估算全年用电为88.2万kW·h。

信息机房内设有11列机柜，根据UPS负载功率，估算全年用电为88.7万kW·h。

第三方节能量测评结果显示，信息机房系统年节电量26.9万kW·h，改造后用电量150万kW·h。

(2) 年节能量。

第三方节能量测评结果显示，改造后厦门海关大楼年节电量 90.9 万 kW·h，折合标准煤 300 吨。

2. 年节能效益

改造后厦门海关大楼年总节电量为 90.9 万 kW·h，年总节电费为 75.5 万元。

六、商业模式

该项目采用节能效益分享型合同能源管理模式，节能服务公司承担项目全部资金投入。节能收益分享年限为 5 年，分享期间，甲乙双方的节能量分享比例为 3:7。甲方（业主）分享全年总节能量的 30%，乙方（节能公司）分享全年总节能量的 70%。分享期内，节能设备所有权归节能公司；在分享期外，节能设备所有权归业主方，其系统节省效益全部归业主方享有，节能公司不再对节能量进行分成。

七、投资额及融资渠道

项目投资约 270 万元，均为节能服务公司自有资金。

八、优惠政策

根据《厦门市公共建筑节能改造示范项目管理办法》《公共建筑能耗定额》《厦门市绿色建筑财政奖励暂行管理办法》等一系列政策文件，对符合条件的公共建筑节能改造项目给予每平方米 40 元的财政奖励，为推广节能改造提供了良好的宏观政策环境。

江苏省国土资源厅办公楼
合同能源管理综合节能改造项目

一、项目名称

江苏省国土资源厅办公楼合同能源管理综合节能改造项目

二、项目业主

江苏省国土资源厅办公楼主要用能系统有中央空调系统、办公系统、信息机房系统、公共设施等。其中中央空调系统为 VRV 中央空调，办公系统主要有办公设备、照明设备等，信息机房主要有服务器、精密空调等，公共设施主要有公共区域照明、开水炉、电梯等设备。主要用能设备全部依赖于使用人员进行管理，智能化程度偏低。

三、项目实施单位

南京人博科技有限公司

四、案例内容

1. 技术原理及适用领域

建设了"建筑能源管理云系统"，将建筑内重点用能设备全部纳入智能化云系统管理平台，通过计算机对用能设备进行行为监测，并提出最佳的运行策略。"建筑能源管理云系统"广泛适用于公共机构建筑。

2. 节能改造具体内容

对江苏省国土资源厅建筑原有用能设备进行节能改造，建设了中央空调能源管理云系统、照明智能控制系统、开水炉智能控制系统。

（1）中央空调能源管理云系统。

系统可实现对空调内机的联网集中控制，通过对空调内机的联网集中控制，系统会自动监测每层（或区域控制点）空调使用情况，在下班后（或设定时间点），系统会自动关闭对应楼层（或区域控制点）空调，如有人加班，还可自行把空调开启，杜绝下班后由于办公室空调忘记关闭而导致的室外空调主机一直运行情况，节省能源。

（2）公共区域照明智能控制系统。

采用光照度和红外感应相结合的方式，自动控制公共区域照明。如室外天气晴好，公共区域照度达到要求，则相应公共区域的照明不会打开（有人经过时也不会打开），如公共区域照度达不到要求且有人经过该区域时，则自动开启相应区域的灯光，待人走后，延时自动关闭；天黑后系统进入夜间模式，自动关闭全部灯光，进入省电模式，当有人经过时会自动打开相应区域灯光。

开水炉智能控制系统：实现根据开水炉的实际使用情况控制开水炉的开、关时间，同时也可方便地在电脑上远程控制开水炉的开、关。下班后系统会自动按设定时间切断开水炉电源，不会再出现"千滚水"的现象，提高用电的安全性，同时也节省了不必要的电能浪费。

3. 项目实施进度

该项目建设周期为三个月，2017年投入运行。综合节能改造后，项目运行稳定，节能效果良好。

五、项目年节能量及年节能效益

经第三方节能量审核机构论证，建筑节能改造前四年建筑年平均用电约318万 kW·h。采用能耗监测平台、财务发票、第三方能耗认证公司三方结合统计出改造后年节能效果，2017年建筑年用电约290万 kW·h。年可节约38万 kW·h，折合标准煤125.4吨。

六、商业模式

该项目采用节能效益分享型合同能源管理模式，合同期限为八年，节能效益分享比例为用户方20%，投资方80%。

七、投资额及融资渠道

该项目投资额230万元，全部为节能服务公司自有资金。

天津大学北洋园校区能源站合同能源管理项目

一、项目名称

天津大学北洋园校区能源站合同能源管理项目

二、项目业主

天津大学新校区位于天津海河中游天津海河教育园区,总建筑面积155万平方米,一期建设面积90万余平方米,包括主楼、行政楼、综合实验楼、图书馆、体育馆、教职工活动中心、学生活动中心及各学科组团等22个建筑。新校区共建有A、B、C、D四个能源站,A、C站为主要覆盖区域提供冷热服务,B、D站为主要覆盖区域提供热服务。

该项目负责承担A、C能源站的供热、供冷水管路系统的日常运行维护及A、B、C、D四个能源站所覆盖的全部建筑单体内末端系统日常运行维护。

供热期为当年11月15日起至次年3月15日止;供冷期为当年6月15日起至当年9月15日止。

A能源站为东区生活组团、综合体育馆、行政管理中心、主楼、机械教学组团中的机械大楼部分及A能源站等单体建筑提供空调冷、热源及采暖热源,服务面积289001.3m^2,包含未来的预留用地面积。其中,供热面积171779.3m^2,供冷面积152466m^2,最大供冷、供热半径为1045m。A能源站设备清单及用能情况如表1所示。

表1 A能源站设备清单及用能情况

序号	设备名称	数量(台)	功率(kW)	耗气量(Nm³/h)	备注
1	水源热泵机组	6	695	4170	制冷
			689	4134	供热
2	燃气冷凝热水机组	3	6.5/270.9	19.5/812.7	
3	用户侧冷水泵	6	90	540	
4	用户侧热水泵	3	90	270	
5	热水循环泵	3	37	111	
6	地源侧循环泵	3	90	270	
7	冷却水循环泵	4	55	220	
8	玻璃钢冷却塔	4	44	176	

C能源站为学生活动中心,图书馆组团,综合教学实验楼组团,第三、第五学生食堂,第一、第二教学楼、中区生活组团及C能源站等单体建筑提供空调冷、热源及采暖热源,服务面积230357.5m^2,包含未来的预留用地面积。其中,供热面积195357.5m^2,供冷面积

127665.75m²，最大供冷、供热半径为725m。C能源站设备清单及用能情况如表2所示。

表2　C能源站设备清单及用能情况

序号	设备名称	数量	功率（kW）	耗气量（Nm³/h）	备注
1	水源热泵机组	6	695	4170	制冷
			689	4134	供热
2	燃气冷凝热水机组	3	10.5/406.4	31.5/1219.2	
3	用户侧冷水泵	6	75	450	
4	用户侧热水泵	3	90	270	
5	热水循环泵	3	55	165	
6	地源侧循环泵	3	90	270	
7	冷却水循环泵	4	55	220	
8	玻璃钢冷却塔	4	44	176	

B能源站覆盖的建筑单体包括：机械教学组团、南区生活组团、水土建教学组团、博士生公寓组团及未来的预留用地等。

D能源站覆盖的建筑单体包括：硕士生公寓组团、计算机软件教学组团、北区生活组团、化工材料教学组团和西区生活组团及未来的预留用地等。

三、项目实施单位

天津锋尚智慧能源科技发展有限公司

四、案例内容

1. 技术原理及适用领域

通过对末端各建筑单体信息（结构、功能、面积）、气象大数据（温度、湿度、风速及辐照）、设备效率等数据采集，进行分类、归纳、整理及计算，建立标杆能耗。

将实际能耗值与能耗标杆值进行对比，并指导运行，提升能源利用率；对设备运行参数进行分析，全方面诊断设备"健康"状态，及时对"亚健康"状态设备进行维修、维保，以增加设备安全性，提高设备效率，延长设备寿命。

2. 节能改造具体内容

该项目以天津大学新校区能源站初步投资、节能运营管理最优化为出发点，对能源整体规划、能源站分布及优化设计、能源站建设及设备采购安装提供合理化建议。

在此期间，将原热力规划方案地热深井模式+电制冷机组深化设计为地源热泵模式+热水机组，并通过对比分析法对室外气象参数进行分析，设定合理的室外气象参数，确定各类建筑逐时负荷指标，优化冷热负荷；能源站数量由最初的五个变成四个，节省初投资9000万元，高达50%。

3. 项目实施进度

能源费用托管节省服务周期从2015年11月1日至2018年10月31日，能源费用逐年递减。

五、项目年节能量及年节能效益

1. 年节能量

能源站运营费用估算方法：

年运行天数：制冷期共 98 天，其中暑假 30 天；采暖期共 127 天，其中寒假 30 天；

日运行时间：制冷期 16 小时，采暖期 24 小时；

计算公式：

耗电、耗气费用 = 主机/水泵/冷却塔每小时耗电及耗气量×运行负荷系数×年运行天数×日运行小时×能源单价；

耗水费用 = 耗水量×运行负荷系数×年运行天数×日运行小时×能源单价；

天津大学北洋园校区能源站合同能源管理（运营托管）项目前两个供热供冷运营期，能源消耗中标价折合为 940 万 tce，包含 A、C 能源站消耗的燃气、电、水的费用，全年单位面积费用 39.17 元/m^2。

第一年供热供冷运营期结束后实际发生的能源消耗折合为 420 万 tce，相对于中标价节能量为 520 万 tce，全年单位面积费用 17.0 元/m^2；第二年供热供冷运营期结束后实际发生的能源消耗折合为 376 万 tce，相对第一个运营期节省 44 万 tce，相对于中标价节能量为 564 万 tce，全年单位面积费用 17.0 元/m^2。

2. 年节能效益

项目电价 0.505 元/kW·h，燃气单价 2.37 元/Nm^3，水单价 5.55 元/m^3，

以投标报价为基准，项目实施后第一年节能效益 815 万元，第二年节能效益 880 万元。

六、商业模式

采用能源费用托管型合同能源管理模式，节能服务公司为业主提供一条龙专业服务，负责能源站全面的冷热运维托管，包括所有设备维修保养和运维操作以及所有末端设备的维护。能源托管期内，建立健全标准化流程，实施 6S 管理模式；制定高校专属运营管理策略等，具体包含机房日常管理、系统设备日常运维、状态检修、技能操作培训、每季度能耗分析报告及技术指导等。

合同周期为三年（2015 年 11 月 1 日至 2018 年 10 月 31 日），设备所有权始终归用能单位所有。

节能服务公司负责所承担的 A、C 能源站的运营管理以及能源站内设备（包括 A、B、C、D）室外管网系统及各建筑单体末端系统的运行、维护、保养工作。

七、投资额及融资渠道

该项目无设备投资。

深圳市市场和质量监督管理委员会下属单位 LED 节能改造项目

一、项目名称

深圳市市场和质量监督管理委员会下属单位 LED 节能改造项目

二、项目业主

深圳市市场和质量监督管理委员会为市政府工作部门,下设正局级行政机构深圳市市场监督管理局(市质量管理局、市知识产权局)、深圳市食品药品监督管理局,副局级行政机构深圳市市场稽查局,是全国首个正式组建的市场和质量监管机构。

三、项目实施单位

深圳市华慧能节能科技有限公司

四、案例内容

1. 技术原理及适用领域

技术原理:LED 灯具低功率、高光效、长寿命、显色指数高,在降低 50% 功率的同时,提升原有照明效果。

适用领域:室内照明、建筑物外观照明、景观照明、标识与指示性照明、舞台照明、视频屏幕、车辆指示灯照明。

2. 节能改造具体内容

(1) 改造前存在的问题。

改造前灯具型号较多,各类型灯具接口和尺寸不同,维护更换不便,成本高且工作量大。

部分日光灯、节能灯在使用几年后出现严重光衰、频闪等,不能满足国家要求的照明标准,长时间使用容易使人眼产生疲劳;传统日光灯需依靠镇流器启动,自耗功率大,增加额外的电费;启辉器及灯管经常容易损坏,维护频繁,费用高。

(2) 工艺流程。

采用一对一替换的方式,不改变原有线路,拆下旧灯具,换上同类型 LED 灯具;

(3) 关键参数。

LED 灯管:色温 5000~6500k、显色指数≥80、光效≥100LM/W、3000 小时光衰≤4%;

LED 筒灯:色温 5000~6500k、显色指数≥80、光效≥80LM/W、3000 小时光衰≤4%;

驱动电源:灯具耐压≥3750v、功率因数≥0.95、谐波含量≤10%;

光源光生物安全等级:蓝光危害豁免级;

面罩材料：B1 级以上且符合 UL94－V0 等级标准。

3. 项目实施进度

开工时间 2016 年 9 月 1 日，竣工时间 2017 年 4 月 1 日。目前灯具运行稳定，照明效果良好。

五、项目年节能量及年节能效益

1. 年节能量

（1）改造前后系统（设备）用能情况及主要参数。

改造前能耗为 246.5938 万 kW·h/年，改造后能耗为 81.775 万 kW·h/年。

（2）节能量计算方法及项目年节能量。

①节能量计算方法。

项目基准能耗计算是按照业主提供的项目改造明细中改造前项目边界的各功率灯具实际运行功率乘以改造数量以及业主提供的年运行时间得到项目的基准能耗。

项目改造后的能耗计算是按照实际改造明细中改造后项目边界的各功率灯具实际运行功率乘以实际改造数量以及实际年运行时间得到项目的改造后能耗。

项目节能量计算时，将按照改造前的项目基准能耗减去改造后项目能耗得到节能量。

②项目年节能量。

年节约电能 164.8188 万 kW·h，折节约标煤 202tce。

2. 年节能效益

当地电价：1.1 元/kW·h；节能效益：181.3 万元/年。

六、商业模式

该项目采用节能效益分享型合同能源管理模式，项目合同期 5 年，节能服务公司分享比例为 80%。合同期内节能服务公司负责对项目进行维护，建立完善的售后服务小组和服务网络、备品备件库和巡视制度，每六个月整体巡视一次，并且节能服务公司接到各场站的故障电话后，对于 T8、T5 灯管在 48 小时内进行更换处理，对于筒灯、射灯和路灯等灯具在 7 个工作日内进行更换处理。

七、投资额及融资渠道

该项目投资额共 1000 万元，其中 300 万元为节能服务公司自有资金，700 万元来自某银行节能贷款。

延安新区分布式能源合同能源管理项目

一、项目名称

延安新区分布式能源合同能源管理项目

二、项目业主

延安新区按照"依托老城,沿川展开,整流域治理"的原则,确定了新区三大片区,规划控制面积 78.5 平方千米,规划人口 40 万人左右。在建设时序上,确定先行实施北区一期工程,用地规模 10.5 平方千米,建设期为 4 年。工程土方总量 3.63 亿立方米,其中挖方 2.0 亿立方米,填方 1.63 亿立方米。

三、项目实施单位

延安远大能源服务有限公司（由远大能源利用管理有限公司和延安新区综合服务有限责任公司合资成立）

四、案例内容

1. 技术原理及适用领域

区域能源（District Energy Systems）是一种集约化的能源解决方案,指由能源站综合高效利用多类输入能源,向区域内建筑集中供应冷、热、电（或其中之一）的能源系统,它体现了多能源利用与供应协同配合技术的多样性。

输入：工业/发电余热、天然气市电、太阳能、水地源热、沼气等。

输出：空调冷水、采暖热水、生活热水、电力。

适用领域：较大负荷密度区域,通常为高容积率建筑群。供需匹配：根据负荷的多种需求和输入的多种供应之间的匹配关系,选择合适的多样化的能源转化设备,构成恰当的转化机制,以实现整体的最高效率。

2. 节能改造具体内容

（1）负荷预测。

区域能源负荷预测是区域能源规划的先决条件,只有充分掌握区域内全年种类能源需求,才能做出合理的能源规划。远大拥有数万份各气候带、各业态建筑能耗数据库和 80 余国建筑中央空调和区域能源的经验,力助对区域内能源需求做出准确预测,合理控制建设节奏,在保障需求前提下,避免投资浪费。

（2）能源规划。

节能服务公司提供科学合理的能源规划,提前为业主提供完整的、适宜的能源规划,使得区域供冷供热与水、电、气同属市政基础设施提前规划,以确保后期的工程实施及运营。

(3) 模式设计。

区域能源不仅是一个技术系统,同时也是一种长效型的基础服务机制,各国、各城、各区域都各有特点,远大能源因地制宜地设计相适应的商业模式,整合相关优势资源,为业主打造互补互利的投资运营模式。

(4) 能源组合。

区域能源的一大特点是多能互补,根据区域内建筑用能需求及能源条件,集约化组合各类能源,实现最环保、最节能、最安全、最经济的能源供应。

(5) 管网敷设。

区域能源管网是市政基础设施,是输送能量的主动脉。管网的优化及敷设工程质量关系到区域能源系统后期运营的盈亏,如管网在运营期间出现较大故障,远大能源参与管网设计与敷设工程,保证项目质量。

(6) 运营管理。

远大能源提供专业的运营团队及先进的管理机制,能保证区域能源站的稳定高效运行,且具备一定的盈利能力,保证节能环保的可持续性。

3. 项目实施进度

一期分布式能源中心含冷热电联产系统2套,非电空调6台,供能范围覆盖延安新区北区市级行政中心、为民服务中心、公安局、检察院、法院及会议中心等公共建筑,总供能面积38平方千米。

其中延安为民服务中心服务面积26.78万平方米,公安局服务面积2.6万平方米,2016年10月签订入网合同,运营一年获得用户一致好评。延安大剧院是2016年第十一届中国艺术节开幕式的主场馆,也是完善城市公共服务功能的省级和市级重点文化建设项目。项目于2016年投入运营,服务面积3.3万平方米,减少CO_2排放1429吨。延安新区房产置业服务中心位于新区北区一期,该项目服务面积1.3万平方米,减少CO_2排放476吨。

五、项目年节能量及年节能效益

1. 年节能量

年节省电耗108万立方米,年节省气耗115万kW·h,相当于年节省标准煤1820tce。

2. 年节能效益

当地气价2.14元/立方米,当地电价0.85元/kW·h,年节能效益:$2.14 \times 115 + 0.85 \times 108 = 337.9$万元。

六、商业模式

该项目采用的是公私合营(PPP)的商业模式。PPP是指政府与私营组织之间,为了提供某种公共物品和服务,以特许经营权协议为基础,彼此之间形成一种伙伴式的合作关系。并通过签署合同来明确双方的权利和义务,以确保合作的顺利完成,最终使合作各方达到比预期单独行动更为有利的结果。

七、投资额及融资渠道

该项目共投资 1400 万元,全部为节能服务公司自有资金。

八、优惠政策

入网收费单价(冷、热)获得延安市物价局支持,制定建议标准,同时享受企业所得税按 15% 缴纳的减税政策。

上海市江桥镇人民政府办公楼合同能源管理节能改造项目

一、项目名称

上海市江桥镇人民政府办公楼合同能源管理节能改造项目

二、项目业主

该项目业主为上海市江桥镇人民政府,地址位于上海市金沙江西路555号,总建筑面积约为1.56万 m^2,共分为9层。办公楼于2007年投入使用,常年日均用能人数约为260人。主要用能设备及用能系统情况如下:

1. 空调系统

(1) 冷热源。

办公楼主楼配置2台约克活塞式热泵机组,主要负责主楼+裙房1~2层的夏季制冷与冬季采暖。机组放置在主楼9F屋面,平时一用一备,人工启停。

办公楼裙房配置3台模块式风冷热泵机组,负责裙房3~5层的夏季制冷与冬季采暖,机组放置在裙房5层屋面,根据末端负荷需求自动加卸载。

办公室主楼和裙楼的冷热源设备的详细参数见表1:

表1 冷热源主要设备参数

设备名称	品牌	型号规格	数量(台)	制冷量(kW)	制热量(kW)	备注
活塞式风冷热泵	约克	AWHC200	2	683	624	一用一备
模块式风冷热泵	约克	YCAE61RC-B	3	60	64	—

(2) 输配系统。

主楼风冷热泵机组配置3台循环水泵,两大一小,工频运行。通常开1台大泵,负荷较低时使用1台小泵。裙房风冷热泵机组配置2台循环水泵,工频运行。通常开启1台。输配系统的设备参数见表2。

表2 输配系统主要设备参数

设备	品牌	型号规格	数量(台)	额定参数
主楼循环泵	格兰富	TP80-410/4	2	$N=22$ kW; $Q=171 m^3/h$; $H=32.7 m$
主楼循环泵	格兰富	TP80-270/4	1	$N=15$ kW; $Q=151 m^3/h$; $H=25.2 m$
裙房循环泵	格兰富	TP80-270/4	2	$N=7.5$ kW; $Q=78.5 m^3/h$; $H=22.4 m$

(3) 新风系统。

办公楼共计配置 15 台新风机，常年不开启。

(4) 空调末端。

办公楼共配置约 305 台风机盘管，分布于各楼层办公单元内，末端分散自主控制，主要为机械式温控器。

2. 照明系统

办公楼主要灯具类型为格栅荧光灯和嵌入式节能灯，并有部分荧光灯带、蜡烛灯，消防走道采用吸顶灯。总计灯具共约 10000 盏。

3. 给排水系统

办公楼生活用水由科技园区接入，定压直供。大楼未设置热水系统，值班室配置电热水器供值班人员洗浴。办公楼饮用水供应共设置 4 台电开水器，单台 3kW，分布于主楼和厨房，各办公室自主配置电开水壶。

4. 厨房系统

办公楼裙房 1 层有 1 个员工餐厅，厨房主要用能形式为电力和天然气。其中天然气设备有 6 台大锅灶、1 台低汤炉、2 台蒸箱，电气设备有抽油烟机（7.5kW）、冷柜等。

5. 变配电系统

办公楼变配电系统有 2 条 10kV 市电进线，1 个配电室。配电室有两台变压器，单台装机容量 1000kVA，分两个区域供电，办公大楼内共 20 条配电支路。

6. 电梯系统

办公楼共有 3 台电梯，其中含 2 台客梯（11kW）1 台货梯。

三、项目实施单位

上海延华智能科技（集团）股份有限公司

四、案例内容

1. 节能改造内容

（1）空调系统节能改造。

该项目空调系统改造主要包含如下几项：更换主楼主机侧电动阀门、主副楼风冷热泵系统循环水泵的变频改造、更换末端风机盘管温控器。

①更换主楼主机侧电动阀门：原有主机侧电动阀门因常年不启用有生锈腐蚀现象，无法实现启闭功能，导致主机水流出现了旁通现象。该项目更换了原有电动调节阀，并将电动阀的相关控制参数接入 BA 系统中，实现了主机水泵联锁控制。

②主副楼风冷热泵系统循环水泵的变频改造：对主楼和副楼水泵，各新增 1 台变频器，该变频器可供两台水泵切换使用。

③更换末端风机盘管温控器：改造中将末端机械式风盘温控器改为无线联网型温控器（面板+网关），温控器以无线 Zigbee 方式连接，并通过软件统一控制。温控器可以实现联网、定时启停、温度设置等多项功能。

（2）BA 系统。

江桥镇政府办公大楼原先未设置 BA 系统，本次改造新增了一套 BA 系统，接入了主裙楼风冷热泵系统、末端风机盘管、水泵变频、公共区域照明。

主楼空调系统：包含风冷热泵对应电动阀更换、风冷热泵 BA 接入。主要控制内容包括主机启停控制、阀门状态监测、供回水温度、压力监测等。

副楼空调系统：包含风热泵接入 BA 系统，风冷热泵 BA 控制内容同主楼主机控制内容。

水泵变频：对新增的水泵变频控制柜进行统一控制，内容包括水泵的启停状态、启停控制、故障报警、手/自动状态，变频控制、变频反馈等。

末端风盘温控器：将末端机械式风盘温控器改为联网型温控器（面板+网关），温控器通过无线方式相互连接。每层配置 1 个网关，通过"手拉手"方式集成至上位机中通过软件进行集中控制。

公共区域照明：接入地下车库 22 个照明回路（2 个备用）、主楼 1~9 层共 27 个照明回路（每层一个备用回路），接入 BA 后可实现状态显示、启停控制、时间控制。

此次 BA 系统共有监控点 308 个，其中物理点 285 点（AI 点 29 个，AO 点 4 个，DI 点 164 个，DO 点 88 个），接口点 23 个，记录点位 500 个。

（3）照明系统。

江桥镇政府办公楼原有主要灯具类型为格栅荧光灯和嵌入式节能灯，控制方式为人工手动控制。将所有照明灯具改造为 LED 灯具，同时对部分灯具增加合理的智能照明控制措施。LED 灯具改造区域包含办公主楼、裙楼及地下车库等公共区域，在满足各区域照度需求的前提下达到节能的目的。

考虑到人工启停的滞后性，整体照明系统在使用上仍存在一定的节能空间。本项目结合现场状况，经过进一步的深化设计，对以下区域进行智能控制。各改造区域及控制方式如表 3 所示。

表3 改造区域及控制方案

功能区域	楼层	控制方案	备注	远程控制器安装位置
车库	车顶灯 B1 层	微波感应控制	接入 BA	各灯具处
主楼	公共走道 1~9 层	微波感应控制	接入 BA	每隔 4 盏安装
主楼	消防走廊 1~9 层	微波感应控制 照度控制	接入 BA	各灯具处

（4）厨房节能灶具。

节能灶具是基于多孔陶瓷蓄热结构的聚能环，可有效积蓄天然气燃烧所产生的热量，减少烟气带走的余热，提高灶具热效率，一般节能量可达 30%~50%。

江桥镇政府厨房目前所使用的炉灶均为普通炉灶，导致燃料浪费稍大，加上灶具的不断老化造成了维护及维修成本的增加。该方案主要针对厨房炉灶进行节能改造，在保证灶具正常使用的情况下，力求采用最优的节能技术和设备提升炉灶火力，减少燃气使用量，降低厨房的运营成本，达到可观的节能效益。此次改造方案将原有的传统炉灶替换为节能太空炉灶。

(5) 能耗监测系统。

项目改造所选取的能耗监测平台可以实际能耗数据为基础对办公楼的现有用能状况进行分析,可进一步对空调系统、照明系统等进行能耗分析,做出相应节能诊断,得出切实可行的节能办法,包括管理节能、技术节能和公示行为节能,降低办公楼的能源消耗,提高办公楼的运行管理水平,减少办公楼的运行管理费用。

除此之外,系统还包括用户管理、能耗实时告警、需量实时监测、能耗简报、能耗月(年)历、预算管理、论坛功能等多项功能,能够充分满足业主的各项需求。

(6) 节能电热水器。

该项目主要针对江桥镇政府办公大楼卫生间热水系统进行改造,在保证正常用水的前提下,安装节能电热水器提供冬季洗手热水,提高员工舒适度。同时为了达到合理节能的目的,每台节能电热水器配置一个定时器,根据使用时间定时启停设备。

项目中采用的节能电热水器属于半容积式电热水器,具有加热时间短、保温时间长,安装方便的优点;设置高纯度镁棒,可软化内胆水质,延长内胆使用寿命;新增电热水器的定时控制装置,减少不必要的电耗。

定时器结构较简单,操作也不复杂,可手动设置开启及关闭电源的时间程序,且可根据需要随时调整启停时间,从而免去人为管理。根据办公楼人员实际使用习惯,明确电热水器的运行时间,提前设定好开启及关闭时间,以减少待机能耗,达到节约用电的目的。

(7) BIM 技术应用。

BIM 是以三维数字技术为基础,集成了建筑工程项目各种相关信息的工程数据模型,BIM 是对工程项目设施实体与功能特性的数字化表达。一个完善的信息模型,能够连接建筑项目生命期不同阶段的数据、过程和资源,是对工程对象的完整描述,可被建设项目各参与方普遍使用。BIM 具有单一工程数据源,可解决分布式、异构工程数据之间的一致性和全局共享问题,支持建设项目生命期中动态的工程信息创建、管理和共享。建筑信息模型同时又是一种应用于设计、建造、管理的数字化方法,这种方法支持建筑工程的集成管理环境,可以使建筑工程在其整个进程中显著提高效率和大量减少风险。

根据江桥镇政府办公楼的特点,结合现有 BIM 技术发现趋势,该项目的 BIM 技术应用点如表 4 所示。

表 4 BIM 应用内容

序号	应用点	具体描述
1	现状建模	根据办公楼的图纸资料和现场勘查,建立项目改造范围内的现状模型,作为改造方案的实施依据
2	BIM 三维可视化施工方案	三维可视化协调就是利用 BIM 模型进行多专业、多参与方进行沟通与协调。在办公楼改造的过程中,指导项目的改造过程,同时协调各个改造项之间的联系
3	运维管理	将运营管理信息与 BIM 相结合

首先,根据竣工图纸和现场勘查情况,建立现状模型,其主要作用在于进行专业协调配合设计工作,对设计方案进行优化,待设计模型通过设计评审后,再完成施工图设计,结合设计

阶段的 3D 协调，消除各专业设计的碰撞。在建筑、结构、机电各系统建模的基础上，进行各专业内的协调以及各专业之间的协调，除消除碰撞，对建筑空间的净高分析，尽可能消除设计过程中各方协作不一致引起的变更。

3D 协调、4D 模拟均建立在三维模型之上，3D 协调主要应用于设计后期和施工阶段。关于施工阶段，3D 协调主要应用于整体施工方案、关键节点的模拟（如装配式建筑、脚手架工程等）、地下空间机电管线安装的 3D 协调等。4D 模拟主要应用于与进度计划相结合的模型应用，通过 4D 模拟对整体施工方案、预制构件吊装、关键工序等进行验证，通过施工前的模拟解决施工变更、理顺施工顺序、加快施工进度、把控项目最新实施动态，提前应对潜在风险。

在 BIM 技术实施过程中，利用国际先进能耗模拟软件，如 ENERGYPLUS，EQUEST，对节能改造项目进行系统性和整体性的建模和分析，在节能改造方案阶段，结合模型进行方案比选和经济性分析。在实施阶段，利用实际的设备和系统参数对建筑的真实节能效果进行预测。在项目运营阶段，使用项目实际的运营数据进行模拟仿真，结合能耗监测数据，找出运营管理方面的漏洞。

该改造项属于软件设计图纸，可用来指导施工，并对日常管理提供便利，不产生直接节能效益，亦无新增能耗。

（8）节能展示系统。

为充分展示本次节能改造项目的成果，增设了节能改造互动展示平台，L 显示屏安装在镇政府 1 层大厅，同步开发了节能展示网页。展示内容包括动态展示节能改造全过程、各系统节能改造亮点、节能改造综合效益、建筑节能应用技术展示。

该项目属于新增用能设备，不产生节能效益，由于节能展示系统属于小型耗电设备，根据招标文件能耗基准修正的边界条件，暂不考虑对基准能耗进行调整。

(9) 电开水器定时。

通过现场勘查，发现办公楼内的 4 台电开水器目前仍为人工启停，管理上稍有不便，开关时间不及时，因此对其安装定时装置（定时装置同节能电开水器）。

2. 项目实施进度

2015 年 11 月至 2016 年 9 月，完成项目现场勘查、改造方案确定、项目招投标及合同签订；2016 年 10 月，正式进场施工；2017 年 2 月，各改造项施工陆续完成，进入系统调试阶段；2017 年 5 月，项目竣工验收，双方签署竣工验收文件。同时，节能运维团队介入，持续提供合同期内的节能运营管理工作，保证系统安全、可靠、节能运行。

五、项目年节能量及年节能效益

1. 节能量计算方法

该项目选用 2013—2015 年三年平均能耗值作为基准，以改造后每年实际能耗值与基准年作对比，计算出实际年节能量。对于各项改造项，通过提高系统效率、降低功率、优化运行等各项措施，以改造前各系统实际能耗值与改造后各系统实际能耗值的差值，计算出各改造项的实际年节能量。

$E = 电耗量 \times 0.3 + 天然气耗量 \times 1.29971$；

$E_{节约} = E_{基准能耗} - E_{实际能耗}$；

e 节约 = E 实际能耗 ÷ E 基准能耗 × 100%；

式中：电耗量：改造后以每月电费账单值为基准（kW·h）；

天然气耗量：改造后以每月燃气费账单值为基准（m³）；

E 节约：采用节能措施后的建筑年节能量（kgce 标煤）；

e 节约：采用节能措施后的建筑年节能率（%）；

E 基准能耗：改造前基准期的建筑总能耗（kgce 标煤）；

E 实际能耗：改造后完整年度的建筑总能耗（kgce 标煤）。

2. 节能量计算基准

依据上海市电力公司及上海市燃气公司出具的能耗账单，上海市江桥镇政府办公楼 2013—2015 年能耗基准值如下：

耗电量及电价基准：2013 年 1 月至 2015 年 12 月为三个年度，耗电量基准为三个年度耗电量平均值；电价基准为最近一年即 2015 年电力单价 1.05 元/kW·h。

天然气用量及气价基准：2015 年 1 月至 2015 年 12 月为一个年度，天然气的耗量基准为一个年度耗气量；天然气价格基准为最近一年即 2015 年天然气单价 4.29 元/m³。

江桥镇政府办公楼年能耗基准耗电量总计为 1547263kW·h，年天然气总耗量计为 10171m³，共计折合标煤 477.40tce。

3. 节能率

完成各项改造后，预计每年节能量可达 162.73tce，年节能效益 56.88 万元。具体节能率计算如表 5 所示。

表 5　综合节能率计算表

基准能耗	477398kgce				
改造措施	年节约电量（kW·h）	年节约燃气量（m³）	年节约标煤量（kg）	年节省费用（元）	年节能率（折标煤）（%）
空调系统	142999.70	—	42899.91	150149.69	8.99
照明系统	355563.29	—	106668.99	373341.45	22.34
BA 系统	31184.30	—	9355.29	32743.51	1.96
厨房节能灶具	—	2901.30	3770.85	12446.58	0.79
能耗监测平台	—	—	—	—	—
节能电热水器	—	—	—	—	—
BIM 技术应用	—	—	—	—	—
节能展示系统	—	—	—	—	—
电开水器定时	110.00	—	33.00	115.50	0.01
合计	529857.29	2901.30	162728.03	568796.73	34.09

六、商业模式

该项目采用节能效益分享型合同能源管理模式，项目合同期 8 年。

效益分享期内，业主方分享20%的项目节能效益，节能服务公司分享80%的项目节能效益。合同期内，改造所涉及的设备所有权归节能服务公司所有，由节能服务公司承担8年中改造设备所涉及的材料费用、配件更换费用、设备维修费用及人工费用；合同期满后，由节能服务公司向业主方移交全部改造所涉及设备的所有权。

七、投资额及融资渠道

该项目投资额364万元，全部由节能服务公司利用自有资金承担。

东莞市塘厦镇人民政府办公大楼中央空调系统节能改造及建筑能源监管采购项目

一、项目名称

东莞市塘厦镇人民政府办公大楼中央空调系统节能改造及建筑能源监管采购项目

二、项目业主

东莞市塘厦镇人民政府办公大楼位于东莞市塘厦镇迎宾大道9号,实施改造建筑包括行政中心和行政办事服务大楼,建筑面积45550m^2,其中行政中心共11层,包括地下一层,地上10层,建筑面积25790m^2;行政办事服务大楼共15层,建筑面积为19760m^2。

东莞市塘厦镇人民政府办公大楼主要用能为电能,共有用能人员1283人,改造前2014年用电量为257.85万kW·h,单位建筑面积(m^2)耗电量为56.67kW·h/年,人均耗电量为2009.74kW·h/年。

三、项目实施单位

广州远正智能科技股份有限公司

四、案例内容

1. 技术原理、工艺流程及技术参数

该项目建设旨在实现办公大楼用能的精细化科学管理及中央空调系统的节能优化控制,主要应用技术包括中央空调节能集成优化管理控制和建筑能耗监管两大核心技术。

(1) 中央空调节能集成优化管理控制技术。

①技术原理。

采用i-MEC技术,实现中央空调冷源能效优化控制、末端精细化管理控制及区域建筑群中央空调集中监控,实现中央空调系统的高效节能运行。

②关键技术、工艺流程。

关键技术:i-MEC=科学管理(M)+设备优化(E)+先进控制技术(C);

i-MEC技术将科学管理理念、设备优化和先进的控制技术有机融合,结合先进的建模方法和优化技术,实现中央空调系统的高效节能运行。

技术工艺流程:中央空调集成优化管理控制系统由数据服务器及系统软件(包括远程监控软件、能效统计分析软件、室内环境参数优化软件、末端设备管理软件)、现场操作工作站、冷源能效优化控制系统、末端精细化管理控制系统(包括空调机控制子系统与新风机控制子系统)、现场控制通信总线组成,具有自动化程度高、操作方便、运行可靠、便于扩展等优点。主要技术工艺流程如下：

增加智能监控功能，大幅提高中央空调系统的自动化管理水平，减少人工操作的疏忽；

系统自动对制冷主机及其辅助设备的加卸载、运行进行控制，在满足用冷需求的前提下优化各设备的运行参数，提高冷源系统的运行能效，实现空调系统节能；

依据室外温湿度变化动态优化室内空调温度。

③主要技术参数。

可根据建筑空调负荷动态调节冷量供应，并实现末端设备精细化管理；

多接口多协议远程监控维护，采用物联网及无线网络通信，不需要专门布线；

网络管理服务器最多可管理200个末端控制器；

基于人体动态热舒适性理论进行节能；

空调系统节能20%~30%。

（2）建筑能耗监管技术。

①技术原理。

建筑能耗（节能）监管平台主要由能耗采集传输系统、数据中心、能耗监管平台软件、监控中心、客户端、远程服务端六大部分组成。能耗采集传输系统主要由各类具有远传通信接口的计量仪表、数据采集传输网络、网关及协议转换器、交换机等构成，用于实现水、电、燃气、冷（热）量等各类能耗数据的采集，并传输至数据中心；通过数据中心能耗监管平台软件实现能耗数据的存储以及能耗数据在线监测、统计分析、能耗定额管理、节能诊断，发现能源浪费漏洞，挖掘建筑的节能潜力，为节能管理和节能技术改造提供数据支撑。

②关键技术、工艺流程。

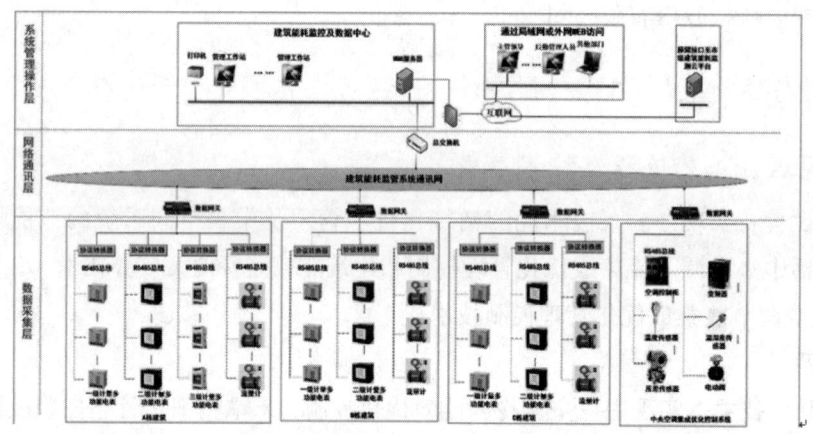

图1 建筑能耗监管平台架构

建筑能耗（节能）监管平台主要由能耗采集传输系统、数据中心、能耗监管平台软件、监控中心、客户端、远程服务端六大部分组成。

（3）主要技术参数。

节能指标：通过与采暖系统和空调系统结合使用，可实现年节能率20%以上。

电能计量表计：精度等级1级/0.5级；水能计量表计：计量精度2级；燃气计量表计：测量精度±1%。

系统MTBF≥5000h。

2. 节能改造具体内容

该项目采用合同能源管理模式，建设旨在实现东莞市塘厦镇人民政府办公大楼用能的精细化科学管理及中央空调系统的节能优化控制系统，实施范围包括行政中心和行政办事服务大楼，具体建设内容包含建筑能耗监管平台建设和中央空调集成优化管理控制系统建设两部分。项目建成后，在能耗设备维持不变、气候条件大致相同的前提下，随着建筑能源监管平台的建成及相关配套管理制度措施的制定和执行，实现本项目办公大楼建筑总电耗下降15%、空调能耗下降30%以上。

（1）建筑能耗监管平台。

建设东莞市塘厦镇政府办公大楼能耗计量监测系统和上位机监控平台，在行政中心和行政办事服务大楼两栋建筑的低压配电回路分别安装分项电能计量装置，并采用远程传输等手段实时采集各分项电能数据，实现建筑各分项电能的远程在线实时监测和动态分析。

（2）中央空调集成优化管理控制系统。

建立东莞市塘厦镇政府办公大楼中央空调集成优化管理控制系统，具体是指对行政中心和行政办事服务大楼两栋建筑的中央空调冷源系统设备进行节能控制改造，包括两栋建筑冷源系统的制冷主机、冷冻水泵、冷却水泵、冷却塔和各类阀门等设备的控制线路改造，信号接入以及加装控制装置、执行器和各类传感器，建立中央空调冷源能效优化管理控制系统，并为之配套中央空调集成优化管理控制系统软件，最终实现中央空调远程智能监控、能效监测与统计分析和冷源能效优化控制。

3. 项目实施进度

2015年8月完成项目招投标工作，2015年9月双方签订合同能源管理合同，9月10日正式开工；2016年2月26日项目通过双方单位验收并确定节能效益分享期，节能效益分享期从2016年4月至2019年3月共3年，其间双方按约定比例共同分享节能效益，并由节能服务公司提供运行管理、售后维护等。

项目实施完成后至今已运行近20个月，实现了能耗分类和用电、用水分项计量监测以及能耗数据的统计分析，为用能科学管理、各部门能耗定额考核、挖掘节能潜力提供数据支撑；实现了冷源设备根据用冷需求动态优化调节和末端设备定时开关控制，提供了环境舒适性，降低了系统运行能耗；实现了远程实时监控和运行管理，减少人力需求，提高系统运行管理水平；提供专职能源管理人员培训及远程技术支持、定期维护保养，保障系统高效运行。达到了预期效果。

东莞市塘厦镇人民政府通过本项目实施完成国家机关事务管理局第二批节约型公共机构示范单位建设验收，成为广东省公共机构节能标杆。

五、项目年节能量及年节能效益

1. 年节能量

（1）改造前后系统（设备）用能情况及主要参数。

改造前2014年行政中心和行政办事服务大楼年用电量为257.85万kW·h，单位建筑面积（m^2）耗电量56.67kW·h/年。

改造后2016年6月经第三方节能量审核机构广州赛宝认证中心服务有限公司审定，行政中心空调系统节能率为32.2%,行政办事服务大楼空调系统节能率为30.8%。

(2)节能量计算方法及项目年节能量。

行政中心和行政办事服务大楼空调用电量约占建筑总用电量的50%,项目年节能量计算如下:

行政中心年节能量 = 单位建筑面积年用电量 × 50% × 建筑面积 × 空调节能率 = 56.67kW·h/m² × 25790 m² × 32.2% = 23.53 万 kW·h;

行政办事服务大楼年节能量 = 单位建筑面积年用电量 × 50% × 建筑面积 × 空调节能率 = 56.67kW·h/m² × 19760m² × 30.8% = 17.24 万 kW·h;

项目总节能量 = 行政中心年节能量 + 行政办事服务大楼年节能量
= 23.53 万 kW·h + 17.24 万 kW·h = 40.77 万 kW·h;

按电力折算标准煤系数 0.000330tce/kW·h 计算,项目总节能量 = 40.77 万 kW·h × 3.3 tce/万 kW·h = 134.54 tce。

2. 年节能效益

每年可节约能耗费用计算如下(按电费单价0.9028元/kW·h计算):

项目年节能效益 = 40.77 万 kW·h × 0.9028 元/kW·h = 36.81 万元。

六、商业模式

该项目采用节能效益分享型合同能源管理模式,项目合同期(节能效益分享期)3年。节能服务公司和业主单位节能效益分享的比例为 = 70%:30%。合同期内设备所有权属于节能服务公司,并由节能服务公司负责设备的日常运营维护;合同期结束之后,该项目设备所有权将无偿转让给业主单位,节能服务公司保证转让时设备正常运行。

七、投资额及融资渠道

该项目总投资132.1118万元,其中业主单位出资92.6818万元,其余39.43万元为节能服务公司自有资金。

深圳市公安局交通警察局交警支队合同能源管理综合节能改造项目

一、项目名称

深圳市公安局交通警察局交警支队合同能源管理综合节能改造项目

二、项目业主

项目业主单位为深圳市公安局交通警察局。交警智能指挥中心、交通监控中心是深圳市交通警察局两个最核心业务单位和最重要的物业,两栋建筑总面积为 $32190m^2$。交警智能指挥中心大楼于 2000 年建成使用,建筑面积为 $23127m^2$,是高效便捷、现代化、智能化的交通指挥中心。交通监控中心大楼投入使用有十多年的时间,建筑面积 $9063m^2$。

业主主要用能设备包括供配电系统设备、照明设备、空调设备、电梯设备、数据机房及其他办公设备。年用电量 542 万 kW·h 左右。

三、项目实施单位

深圳市嘉力达节能科技股份有限公司

四、案例内容

1. 技术原理及适用领域

(1) 空调系统节能改造主要技术原理及适用领域。

冷却水泵、冷冻水泵改造前以 50Hz 定频运行,改造后随供回水温差变化而进行变流量运行,即通过电机变频技术将设备工况由定频运行改为根据实际状况进行变频运行。电机变频控制技术广泛应用于通风空调领域和生活给排水领域。变频控制柜可实现输出频率的手/自动控制。自动控制时,温差控制器通过检测供水温差自动调节变频器的频率输出。手动控制时,可人为设定变频器的固定频率。

冷冻水泵改造与冷却水泵改造同水泵的功率、转速、频率的关系:$P_1/P_2 = (N_1/N_2)^3 = (f_1/f_2)^3$;

其中:P 为水泵功率,N 为水泵转速,f 为水泵频率。

(2) 照明系统节能改造主要技术原理及适用领域。

照明系统节能改造运用 LED 灯具替换原先传统的荧光灯具。LED 光源使用低电压驱动,发光稳定,无污染,没有频闪,没有紫外线 B 波段,表色/颜体 Ra 值接近 100,色温 5000K,最接近太阳色温 5500K。光谱中没有紫外线和红外线,既没有热量,也没有辐射,眩光小,而且废弃物可回收,没有污染不含汞元素,冷光源,可以安全触摸,属于典型的绿色光源。LED 技术已广泛运用于照明领域。

(3) 分项计量系统建设主要技术原理及适用领域。

分项计量系统建设主要技术原理是运用远传电表对用电回路进行实时数据采集,将采集到的数据通过 RS-485 通信方式发送到数据采集器,数据采集器通过互联网将数据传输到部署在能源管理工作站的数据库软件,同样部署在能源管理工作站的能耗监测软件通过读取数据库软件中的数据,实时将能源消耗情况进行展示、统计和分析。能耗的采集、传输原理广泛运用于楼宇数字化领域。

2. 节能改造具体内容

(1) 空调系统节能改造。

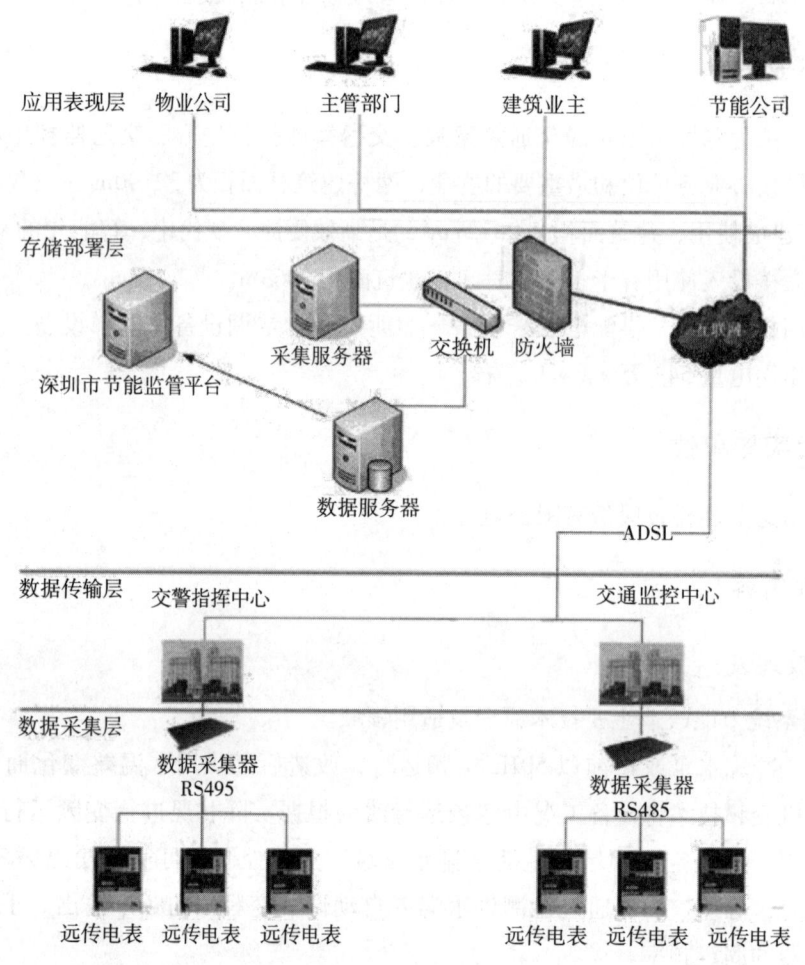

图 1 分项计量能耗监测系统

①交警智能指挥中心空调水泵变频改造。

改造前,空调系统水冷主机、冷却塔、水泵、风柜系统均缺乏先进的控制手段。冷冻水泵和冷却水泵常年都是定频运行,由于空调系统是按照年最高负荷并留有一定余量进行设计的,因此水泵常年工频运行就是对能源的一种浪费。通过节能改造,在原水泵控制房增加水泵变频控制柜,冷却水泵采用二拖四的方式,4 台冷却水泵用 2 台变频器进行控制,根据上位机信息启动对应的水泵,并在管道上增加温度和压力传感器,根据温差和压力进行变频控制。

②交警监控中心更换磁悬浮主机改造。

改造前，主楼办公区中央空调制冷是由一台 125 冷吨的特灵螺杆机提供，螺杆机 COP 为 4.36。改造后，将特灵螺杆机替换为磁悬浮变频离心机，COP 为 5.959。

（2）照明系统节能改造。

改造前，照明系统使用的是传统荧光灯具，改造后全部替换为 LED 灯具。

（3）分项计量系统。

改造前，能源管理人员无法详细掌握大楼用电情况，更无法对能源消费进行准确拆分。建立能耗分项计量系统后，能源管理人员能够快速按日、月、年统计各分类能耗数据，各分类能耗在每个分项系统的消耗及比例，为决策层节能管理提供精确事实依据。分项计量能耗监测系统主要功能包括实时能耗采集、分类监测、数据报表、分类能耗对比、节能潜力挖掘、能耗超限预警、定期自动生成能源诊断报告等。

3. 项目实施进度

该项目 2015 年 1 月进行公开招标，2015 年 10 月签订合同，随即进行深化方案设计。2016 年 2 月正式开工建设，2016 年 9 月竣工并进行合同能源运行管理。合同能源运行管理 6 个月，节能效果显著，节电率达到预期设想，得到业主单位一致好评。

五、项目年节能量及年节能效益

1. 年节能量

（1）照明系统。

交警智能指挥中心照明灯具改造前后对照情况如表 1 所示。交通监控中心照明灯具改造前后对照情况如表 2 所示。

表 1　交警智能指挥中心照明灯具改造前后对照情况

序号	改造前					改造后				
	光源名称	型号	单个功率（W）	数量（支）	总功率（kW）	光源名称	型号	单个功率（W）	数量（支）	总功率（kW）
1	日光灯	T8 1.2M	28	705	197.4	LED 灯	LED 1.2M	14	705	98.7
2	节能灯	U 型	40	300	12	LED 灯	球泡	5	300	1.5
3	日光灯	T8 0.6M	18	6300	113.4	LED 灯	LED 0.6M	7	6300	44
4	节能灯	U 型	26	175	4.55	LED 灯	球泡	5	175	0.88
5	日光灯	T8 0.6M	13	397	5.16	LED 灯	球泡	7	397	2.78
6	节能灯	U 型	19	200	3.8	LED 灯	球泡	5	200	1
7	日光灯	T8 1.2M	150	860	12.9	LED 灯	LED 1.2M	7	860	6.02
8	节能灯	U 型	110	200	2.2	LED 灯	球泡	5	200	1.00
9	金卤灯	/	35	50	1.75	LED 灯	球泡	18	50	0.90
10	LED 灯	球泡	5	100	0.5	LED 灯	球泡	5	100	0.5
11	汇总	/	/	9287	338.4	/	/	/	9287	157.28

表2　交通监控中心照明灯具改造前后对照情况

序号	改造前					改造后				
	光源名称	型号	单个功率（W）	数量（支）	总功率（kW）	光源名称	型号	单个功率（W）	数量（支）	总功率（kW）
1	节能灯	U型	13	143	1.86	LED球泡	球泡	5	143	0.72
2	日光灯	T8 1.2M	40	609	24.36	LED灯管	T8 0.6M	14	609	8.53
3	日光灯	T8 0.6M	20	261	22	LED灯管	T5 1.2M	7	261	7.7
4	日光灯	U型	13	59	0.78	LED球泡	球泡	5	59	0.3
5	汇总			1072	49				1072	17.31

通过对照明系统LED灯更换改造后，年节电量为454386 kW·h。

（2）空调系统。

交警智能指挥中心冷却水泵改造后年均将有约40%的负荷情况可在40Hz以下运行，年节电量达121651kW·h。

交警监控中心将特灵螺杆机替换为磁悬浮变频离心机后，COP提升至5.959，年节电量达219197kW·h。

项目年度基准能耗为5420176kW·h，通过照明系统技术改造、空调系统技术改造以及综合管理节能等手段，年节电量共计1240678.3 kW·h，折合标准煤409.42吨，年综合节能率为22.89%。

2. 年节能效益

该项目节约能源品种为电能，电单价按项目所在地供电部门对项目建筑征收的综合电价计算，即1.025元/kW·h，年节能效益为127.13万元。

六、商业模式

该项目采用节能效益分享型合同能源管理模式实施，节能改造所有投资及售后服务均由节能服务公司投资完成，项目合同期为6年。合同期内，节能服务公司无偿提供项目投资设备的运营维护，成立能源管理办公室，全面负责项目日常能源运营管理工作。合同期满，在业主方单位结清所有节能效益款项后，节能服务公司投入的节能改造设备设施所有权无偿转让给业主单位，同时移交项目的所有技术资料。

七、投资额及融资渠道

该项目投资额321.19万元，项目资金来源于银行贷款。

广州供电局供电大厦节能改造项目

一、项目名称

广州供电局供电大厦节能改造项目

二、项目业主

广州供电局主要业务是电网投资、建设与运营，负责广州市 11 个区的电力供应与服务。供电面积 7434 平方公里，供电客户数 483 万户。广州供电局供电大厦主要用能有数据机房、数据机房精密空调、中央空调、照明插座、电梯、新排风、给排水等。改造前，广州供电局供电大厦年用电量 1475 万 kW·h。其中，中央空调系统（含末端）年耗电量约占 26.3%，约 388 万 kW·h；照明插座系统年耗电量约占 17.6%，约 260 万 kW·h；数据机房年耗电量约占 21.3%，为 314 万 kW·h；数据机房精密空调年耗电量约占 25.7%，为 379 万 kW·h；其他主要包括厨房设备、生活水泵、排风机、电梯等耗电设备年耗电量约占 9.1%，为 134 万 kW·h。

三、项目实施单位

南方电网综合能源有限公司

四、案例内容

1. 技术原理及适用领域

整合优化现有节能技术手段，对项目的空调系统、BA 系统、照明系统、控制系统等进行了系统诊断，提出了节能改造技术方案。高效中央空调系统改造，要充分考虑设备运行与使用需要的搭配，设备与设备间的搭配，设备与管路系统的搭配等方面的问题，最终达到高效冷站和高效中央空调系统的目标。LED 照明灯具改造，在对现有系统运行的各个环节的充分诊断基础上，从整个系统能效最优化的角度制定系统改造方案。

适用领域：适用于大型公共建筑，如医院、办公楼、商场、轻工业建筑等。

2. 节能改造具体内容

该项目具体改造内容如表 1 所示。

表 1　节能改造内容

改造项目	改造子项目
中央空调高效冷站改造	更换螺杆冷机 1 台； 更换冷冻、冷却水泵 18 台； 冷冻站管网改造； 冷却塔及其管路改造（7 层屋面）； 新增空调冷冻站自控一套

改造项目	改造子项目
空调新排风系统改造	新风系统新风量调节
空调设计施工管理、验收调试和运行调适	空调新排风系统改造调适； 新增空调设备含制冷主机、冷冻冷却水泵、冷却塔等一系列设备调试； 改造后空调冷站整体调适，含冷冻站系统调适和冷冻站设备参数设定和调节
空调系统运行策略制定	编制空调系统节能运行策略
照明系统改造	大楼全部照明灯具更换为LED灯
能源管理系统	配电支路加装分项计量和能源管理系统
BMS系统	新建BMS系统，含BA系统改造
信息机房精密空调系统	温度场优化

（1）空调系统节能改造。

通过高效中央空调系统综合改造，中央空调系统能效比（EER）从改造前的2.5提升到改造后的3.7，在中央空调系统年用冷量不变的基础上，预计全年节电量177.6万 kW·h。

（2）照明系统节能改造。

广州供电局供电大厦现有照明灯具有普通筒灯、射灯、蘑菇灯、T8灯管、T5灯管等。将供电大厦原有的照明设备改换成LED节能灯，在满足基本使用的情况下，达到节能效果。具体LED照明配置如表2所示。

表2 照明系统灯具更换明细

现有灯具	总功率（W）	更换灯具	更换灯具功率（W）
T8灯管1.2m	44	T8 LED灯管1.2m	12
T8灯管0.6m	22	T8 LED灯管0.6m	6
T5灯管1.2m	28	T8 LED灯管1.2m	12
T5灯管0.6m	14	T8 LED灯管0.6m	6
射灯	35	LED射灯	5
筒灯	10	4寸筒灯	4
筒灯	25	5寸筒灯	10
双头射灯	100	LED双头射灯	10
射灯	50	LED射灯	5
埋地灯	13	LED埋地灯	4
蘑菇灯	25	LED球泡灯	5
庭院灯	13	LED庭院灯	4

注：改造后根据功率重新设置相关电气保护。

广州供电局供电大厦进行17368盏LED改造后年节能量150.8925万 kW·h。

(3) 能源管理系统建设。

通过建设能源管理系统，对各个主要用电支路进行检测和用能管理，实现用能设备的管理节能，预计实现空调系统和照明系统年用电量4.4%的节能量。

(4) BMS系统建设。

通过建设BMS系统，实现空调系统、照明系统等的运行策略执行，保证节能量的实现。

(5) 数据机房精密空调系统温度场调试。

通过数据机房调高设定温度，调整出风口位置，实现数据机房内温度场的调整，达到降低数据机房精密空调能耗的目的，预计年节电量135万 kW·h。

3. 项目实施进度

项目实施进度如表3所示。

表3 项目实施进度

项目阶段	时间	关键内容安排
项目开发	2013年3月至9月	节能诊断和合同签订
项目开工及竣工	2013年10月	空调、照明系统改造开工
	2014年9月	空调、照明系统完成改造
	2013年10月	BMS系统开工
	2013年12月	空调BA系统开工
	2014年8月	能源管理系统开工
	2015年6月	空调、照明系统竣工验收
	2015年7月	BMS系统竣工验收
	2015年12月	空调BA系统竣工验收
	2016年8月	能源管理系统竣工验收
运行情况	2015年6月至2020年12月	空调、照明系统实现节能运行

五、项目年节能量及年节能效益

1. 年节能量

改造前后系统（设备）用能情况及主要参数如表4所示。

表4 各系统改造措施及改造后节能量

改造内容	改造措施	节能量（kW·h/年）
照明LED改造	照明LED改造	1508925
空调系统改造	空调风柜优化智能控制系统、新风节能改造、冷却塔节能优化控制系统、冷站节能改造	1776033
新建BMS系统	新建BMS系统	286740
排风系统	排风系统分时控制	228330
信息机房精密空调系统	温度场优化	1351100

根据第三方测评报告数据（如图1所示），2016年11月测评结果显示该项目年节电量4607148kW·h，折合标准煤1520.3吨，年节能率31.23%。

2. 年节能效益

改造后，每年节能量4607148kW·h，按电价0.8733元/kW·h计算，每年节能收益402.34万元，项目静态回收期3.8年。

六、商业模式

该项目合同期15年，采用能源费用托管型合同能源管理方式，节能收益全部归节能服务公司，托管期内更换的设备产权归节能服务公司，托管期结束后设备无偿移交业主。

七、投资额及融资渠道

该项目总投资1520万元，由节能服务公司100%使用自有资金投资。

遵义市第一人民医院节能降耗改造项目

一、案例名称

遵义市第一人民医院节能降耗改造项目

二、项目业主

遵义市第一人民医院是贵州省三级甲等综合医院。医院共有建筑 11 栋，总建筑面积 65067m^2，现有标准床位 1500 张。

三、项目实施单位

深圳达实智能股份有限公司

四、案例内容

结合高效设备更新、技术节能、管理节能等多种节能手段，为遵义第一人民医院提供建筑综合节能建设服务，包括综合楼风冷热泵机组更换（2 台）、综合楼冷冻泵电机更换（2 台）、照明灯具更换（9000 支）、中央空调节能控制系统安装（六套，不含末端）、建筑能源监测管理系统建设。

具体改造内容如下：

（1）高效风冷热泵机组更新。

综合住院大楼共 4 台活塞式风冷热泵主机，已使用 10 多年，效率较低，经过检测主机当前制冷工况能效为 2.0 以下。将其中的 2 台活塞式风冷热泵机组替换为高效的螺杆式风冷热泵机组。新空调主机制冷工况 COP 为 3.26，制冷能效提升高达 63.65%；制热工况 COP 为 3.35，制热能效提升达到 15.5% 见表1。

表1　改造前后主机性能对比

	设备参数	制冷工况能效	制热工况能效
原有设备	制冷量：620kW 制热量：680kW 制冷功率：207kW 制热功率：200kW 风机功率：0.9×12kW 活塞式压缩机	1.99	2.90

续表

	设备参数	制冷工况能效	制热工况能效
更换设备	制冷量：649.60kW 制热量：657.9kW 制冷功率：180kW 制热功率：177kW 风机功率：19.2kW 螺杆式压缩机	3.26	3.35
能效提升比		63.65%	15.50%

风冷热泵机组改造后，年节约电量47.6万 kW·h。

（2）高效水泵更新。

改造前综合楼所用的空调系统循环水泵已运行10多年，经过检测评估效率下降达30%。同时，循环水泵所用电机型号Y250M-4在《工信部高耗能落后机电设备（产品）淘汰目录（第二批）》之内。

针对综合楼空调系统循环水泵进行能效提升改造，将原有2台55kW的空调循环水泵电机替换为高能效水泵（能效等级二级及以上）。

经过节能量检测，更换高效水泵后，年节约电量1.8万 kW·h，年减少 CO_2 排放15.7吨。

（3）高效LED灯具更新。

针对照明系统现状，针对医院公共区域及办公区域传统T5、T8灯具进行节能改造，将其替换为LED灯具。照明灯具替换情况如表2所示。

表2 照明系统灯具更新

序号	安装位置	灯具类型	数量	原有功率（W）	LED功率（W）	LED灯类型
1	综合楼	0.6m T8	3842	32	15	LED灯管
2	门诊楼	0.6m T8	337	32	15	LED灯管
3		1.2m T8	926	42	18	LED灯管
4		0.6m T5	953	28	12	LED灯管
5	眼科体检	0.6m T8	546	32	15	LED灯管
6	内科	0.6m T5	1561	28	12	LED灯管
7	急诊	1.2m T8	835	42	18	LED灯管

经过节能量检测，更换高效LED灯具后，年节约电量67.2万 kW·h。

（4）安装中央空调节能控制系统。

根据医院中央空调系统运行现状，在各套空调系统安装中央空调节能控制系统，通过对中央空调系统运行优化（采用负荷随动控制进行群控）、水泵变频调速控制，达到降低中央空调系统整体耗电量的目的。

改造措施为综合大楼、门诊楼安装中央空调节能控制系统（包含变流量、群控）；检验科、手术室、ICU、体检科安装群控系统（包含台数控制、设备联锁启停）。如图1所示。

经过节能量检测，安装中央空调节能控制系统改造后，年节约电量31.3万 kW·h。

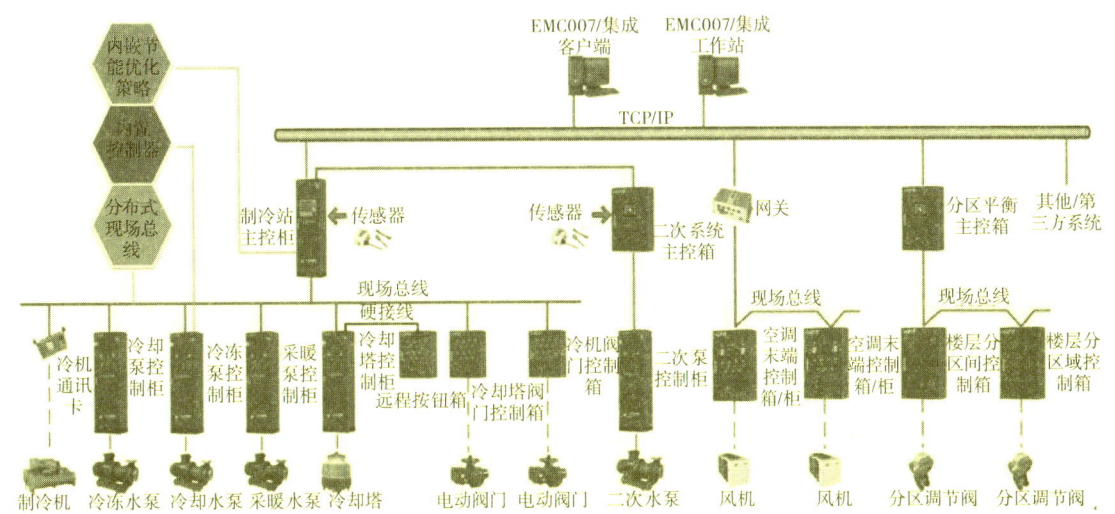

图1 中央空调节能控制系统网络架构

（5）建立能源监测管理信息化系统。

改造前医院水、电消耗统计到各科室，费用由各科室据实承担；空调、电梯等重点耗能设备未计量，有能源用量的原始数据，还需进一步规范，无能源监测管理信息化平台。

为提升医院的能源管理水平，建立一套建筑能源监测管理信息化系统。系统结构示意如图2所示。

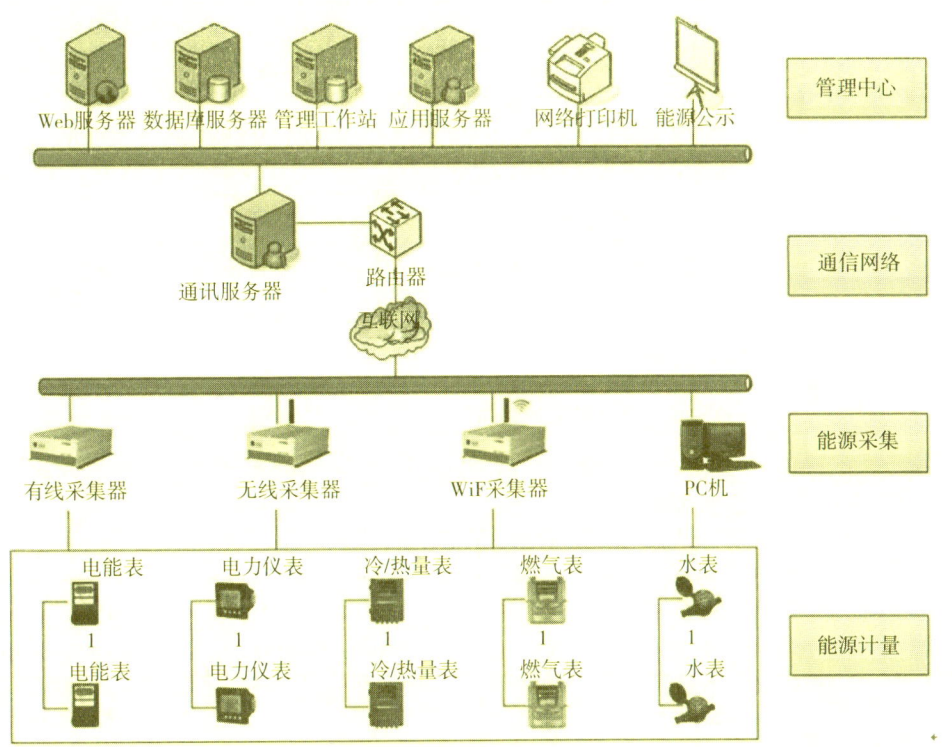

图2 建筑能源监测管理系统

建筑能源监测管理系统主要由四部分组成：能源计量、能源采集、通信网络和管理中心。能源计量主要指电表、水表、热力表、燃气表等计量装置，这些设备分布在使用单位各个建筑、工区或耗能区域,并具有 RS485 通信接口,供能源采集终端进行数据采集。能源采集用于采集能源计量装置的数据,包括有线、无线、WIFI 的硬件采集装置以及运行于 PC 机的采集软件等不同能源采集设备。通信网络包括连接主站和能源采集终端的通信网络以及计量装置与能源采集终端的 RS485 通信线路等。管理中心是对能源信息进行统一存储、集中管理、对任务请求统一管理和调度的计算机系统。包括数据库服务器、通信服务器和 Web 服务器等。

经过节能量检测,建立能源监测管理信息化系统后,年节约电量 52.8 万 kW·h。

该项目于 2015 年 12 月 29 日签订合同,2015 年 12 月 31 日正式进场,2016 年 4 月 15 日竣工验收完成,目前系统运行良好。通过节能改造,业主单位被国管局、国家发展改革委和财政部授予"节约型公共机构示范单位"荣誉称号。

五、项目年节能量及年节能效益

1. 年节能量

改造前以遵义市第一人民医院 2012 年、2013 年、2014 年三年的自然平均年用电量 1056.86 万 kW·h,平均年用电费用 930 万元作为能耗基准;由于医院电费单价变更,行政、后勤部门于 2015 年 7 月前已经搬迁至新区,所以能耗基准有所调整,能耗基准费用从 930 万元/年调整为 752.9 万元/年。

节能改造后,系统总节电量为 2007971.1kW·h,折合标准煤 662.63tce。项目综合节电率为 19.0%。详见表 3。

表 3 节能减排效果汇总

项目		节能减排效果		
		节电量(kW·h/年)	节能效益(万元/年)	系统节能率(%)
A 高效设备更换				
A-1	更换综合住院大楼空调主机	476170.4	33.9	4.5%
A-2	更换综合楼空调水泵	18117.0	1.3	0.2%
A-3	更换 T5、T8 灯具(替换为 LED 灯具)	671925.6	47.9	6.4%
小计		1166213.0	83.1	11.0%
B 技术节能措施				
B-1	安装中央空调节能控制系统	313341.0	22.3	3.0%
小计		313341.0	22.3	3.0%
C 管理节能措施				
C-1	建立能源监测管理信息化系统	528417.1	37.6	5.0%
小计		528417.1	37.6	5.0%
合计		2007971.1	143.05	19.0%

2. 年节能效益

综合电单价为 0.7124 元/kW·h,年节约电费 143.05 万元。

六、商业模式

该项目采用节能效益分享型合同能源管理模式,合同期为 10 年。在合同期内,双方分享的节能效益比例如表 4 所示。

表 4　节能效益分享比例

年限	业主单位享有比例	节能服务公司享有比例
第 1 至第 5 年	15%	85%
第 6 至第 10 年	40%	60%

在合同期内，项目设备设施的所有权归节能服务公司所有，在合同期满后，该项目设备设施无偿移交给业主。

七、投资额及融资渠道

投资金额为 797.62 万元，由节能服务公司采用自有资金投资。

六安市行政中心合同能源管理节能改造项目

一、项目名称

六安市行政中心合同能源管理节能改造项目

二、项目业主

六安市行政中心建筑共分为市委办公楼、人大办公楼、政府办公楼、政协办公楼、南会议中心、北会议中心六大组团。

三、项目实施单位

南京人博科技有限公司

四、案例内容

1. 改造前用能情况

行政中心夏季制冷方式采用中央空调制冷，冬季供暖方式采用电锅炉供暖；其中冷水机组中央空调分别位于南会议中心楼和北会议中心楼。南会中央空调冷冻、冷却水泵各3台（二开一备）；北会水冷中央空调机组冷却、冷冻水泵各2台（一开一备）。中心会堂为热泵中央空调机组。中央空调水泵运行方式恒流量，此种控制方式不能根据主机负荷变化而自动调整，耗电量大，存在能源浪费。冬季供暖方式为电锅炉，能耗较高。

2. 改造内容

（1）建立可视化能源管理云系统。

对六安市行政中心的能耗数据进行计量、采集、传输、存储、处理、分析和展现，为其提供完整的能耗管理与分析系统。能源管控平台实时采集建筑的各种能源的能耗数据，并实时上传到能源管理中心。在能源管理中心建立能耗设备台账，清晰列明设备类型与参数；实时采集各类能耗设备的运行参数；通过能源消耗的实测数据可以科学地分析设备使用效率及能源利用率；并给出最佳的能耗值，通过采取管理措施使能耗保持在合理的范围。

（2）空调系统改造。

增加中央空调节能管理云系统（如图1所示）。采用节能优化控制系统，实现空调制冷主机、冷冻水泵、冷却水泵、冷却塔、新风机的协调运行。根据建筑负荷的变化，自动调整制冷主机运行效率，采用变流量方法控制冷冻水泵、冷却水泵、冷却塔的运行，根据室内空气质量调整新风机运行的数量和风量。

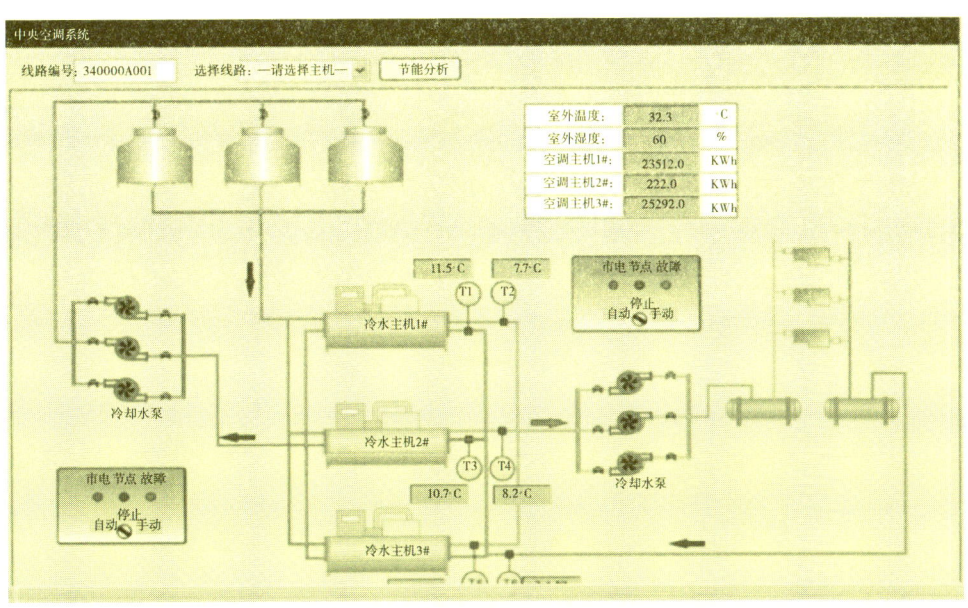

图 1　中央空调能源管理云系统平台软件界面

（3）锅炉智能控制系统。

锅炉智能管理系统（如图 2 所示）可实时监测锅炉的全系统运行参数，实时掌握锅炉的运行状态，并自动根据大楼的用能需求实时调节，对整个系统优化控制，从而提高系统效率，节约能源。

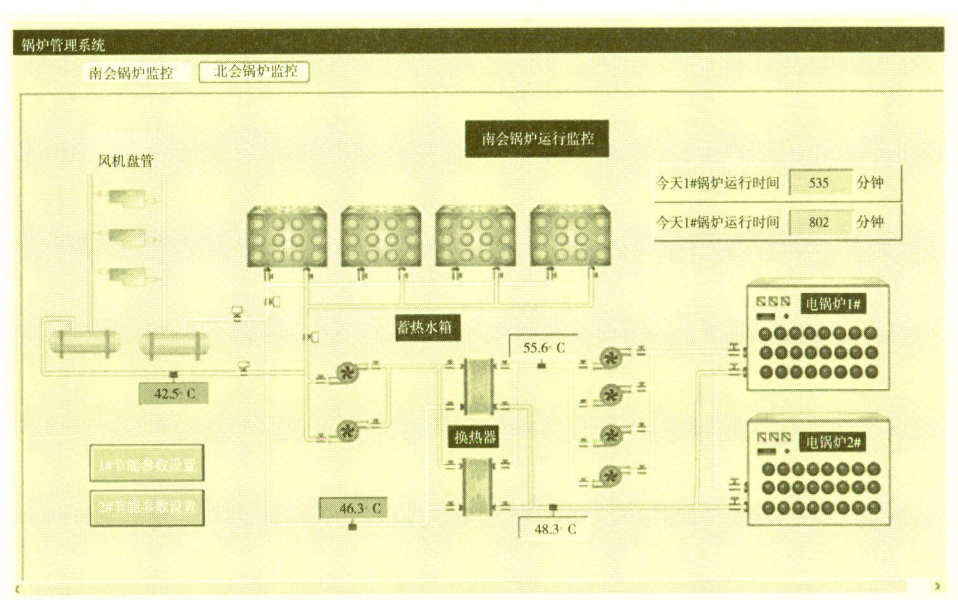

图 2　锅炉智能控制云系统平台软件界面

五、项目年节能量及年节能效益

1. 年节能量

该项目以 2015 年耗电量为基准值，基准值为 503 万 kW·h。2016 年节能改造后六安市行政中心合同年耗电量为 417 万 kW·h，年节电量约 86 万 kW·h，折合标准煤 283.8 吨。改造前后用电量对比如图 3 所示。

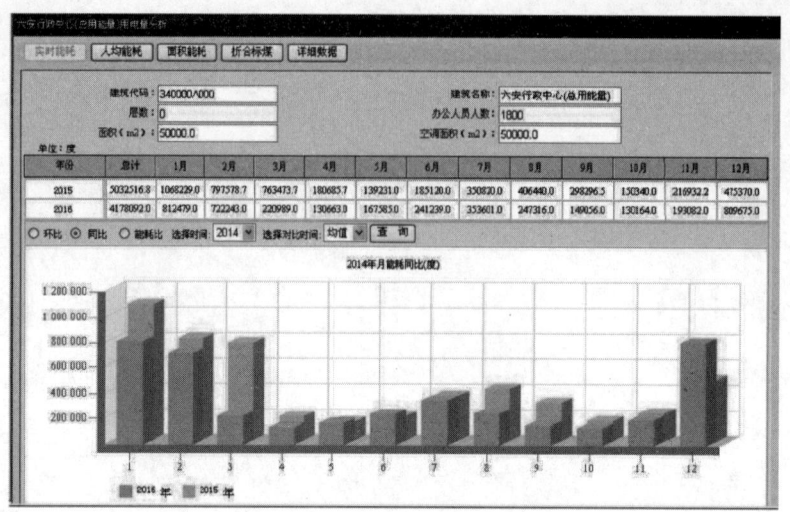

图 3　六安市行政中心节能改造前后用电量对比

2. 年节能效益

该项目年均节电量 86 万 kW·h，当地电价 0.867 元/kW·h，年节能效益 74.52 万元。

六、商业模式

该项目采用节能效益分享型合同能源管理模式，由节能服务公司投资，对六安市行政中心的群楼进行综合节能改造，并承担后期的运行维护，达到预期的节能效益后进行效益分成。合同期限为八年，节能效益分享比例为业主方 20%，投资方 80%。

七、投资额及融资渠道

项目投资额 320 万元，全部为节能服务公司自有资金。

临沂市人民医院合同能源管理项目

一、项目名称

临沂市人民医院合同能源管理项目

二、项目业主

临沂市人民医院开放床位 3600 张，员工 5800 人，年门急诊 246 万人次，业务量在全省医院和全国同级医院中名列前茅。

三、项目实施单位

山东同德信息科技有限公司

四、案例内容

1. 技术原理及适用领域

临沂市人民医院主要针对该院能耗监测平台、主体大楼中央空调系统、老院区中央空调系统、电梯电能回馈装置、电加热热水器、照明系统等进行节能改造。在不影响医院正常工作的情况下，通过更换设备、实时能耗监测以及实施科学用能方案来降低能耗，从而达到节能降费的目的。

2. 节能改造具体内容

（1）照明系统。

临沂市人民医院现有灯具主要为荧光灯，存在耗电高、热辐射大、衰减快等缺点，医院对灯具照明时间有要求，相应的灯具维护成本也大大提高。该项目全部采用 LED 照明进行替换，使照明效果达到最佳。照明系统改造完成后综合节能率为 57%。

（3）空调系统。

对空调系统进行变频控制和智能管理，控制系统借助外界的环境参数和系统运行参数优化组合，形成最佳的运行策略，下发给空调系统自动运行，在保证舒适度的前提下，使空调系统运行在最佳状态，达到节能的目的。

（3）建筑能耗分项计量监管平台。

医院主体建筑电力支路多、相应用电设备也多，管理难度大、工作烦琐，对管理人员的要求也高，运维成本大。针对现有能耗使用情况统一有效管理，实时监控院区能耗使用情况，建立长效机制，降低建筑的能源消耗，提高院区的管理水平，减少建筑的运行管理费用。

能耗监测平台方案设计遵循国家相关技术规范要求，主要对建筑用电实施分项计量，智能电表通过 RS485 接口将数据传输到能耗采集器，采集器将处理后的分类数据通过局域网上传给子系统服务器，子系统服务器安装在值班室（监测控制室）。

3. 项目实施进度

该项目2016年1月开始施工,2016年10月通过验收,改造完成后试运行效果良好。

五、项目年节能量及年节能效益

改造后各系统节能情况如表1所示。

表1 各系统节能情况统计

节能措施		节能量		节省费用（万元/年）	节约标煤量（tce/年）
		电（万kW·h）	气（m³）		
中央空调系统	主体楼	52.1	/	83.856	339.44
	老院区	21.9	24.66		
	小计	74	24.66		
照明系统	地下车库及公共区域	46.26	/	90.304	391.68
	门诊、病房区域	62.54	/		
	小计	108.8	/		
电加热开水器		3.72	/	3.0876	13.392
总计		186.52	24.66	177.2476	744.512

临沂市人民医院节能改造升级结束后,每年可节约电量186.5万kW·h,节约天然气24.66m³,折合标准煤约744吨,年节能效益177万元。

六、商业模式

该项目采用节能效益分享型合同能源管理模式,节能效益由甲方分期支付给乙方,各分项改造项目验收结束,试运行15日,甲方、乙方应当按照《临沂市人民医院建筑节能综合解决方案》及附件五的要求共同对项目节能率进行测量和确认,签字确认《节能量确认单》。双方正式进入八年效益分享期,按照约定比例分享节能效益,如表2所示。

表2 节能效益分享比例

年	月	分享比例	
		甲方	乙方
第1年至第3年	第1月至第36月	10%	90%
第4年至第6年	第37月至第72月	30%	70%
第7年至第8年	第73月至第96月	50%	50%

节能服务公司在节能效益分享期间提供改造工作范围内的维护服务及技术支持。合同期满终止后,设备所有权归业主所有,有关设备的维护、技术支持等,节能服务公司可继续提供有偿维保服务。

七、投资额及融资渠道

该项目投资额697.9万元,全部为节能服务公司自有资金。

石家庄裕华区政府中央空调系统节能改造项目

一、项目名称

石家庄裕华区政府中央空调系统节能改造项目

二、项目业主

裕华区政府位于塔南路与体育南大街交会处，是裕华区政府集中办公综合区域，总建筑面积约 62750m²，主要建筑物为一栋 15 层主楼（建筑面积 36000m²）、两栋 5 层副楼（A/B 副楼，建筑面积各 11400m²）、一栋 2 层建筑物（食堂，建筑面积 2610m²）和一栋 2 层多功能厅（建筑面积 1340m²）。

三、项目实施单位

远大能源利用管理有限公司

四、案例内容

1. 节能改造具体内容

（1）改造前中央空调系统情况。

改造前中央空调系统已使用十余年之久，使用效果逐年下降，年能源消耗和维修维护成本逐年上升。夏季制冷一般正常开机时间为 6：30—18：00，特殊时间（开会）延长开机时间到 21：00，同时 7 月、8 月份热季（含周末）约有 22 天时间为全天 24 小时运行。冬季制热基本为 11 月 8 日试运行，3 月 20 日停暖，全天 24 小时开机。该项目只有冷热负荷需求，无生活热水需求。整个项目（食堂建筑楼除外）近两年实际运行过程中并未开启原设计中的空气处理机组和新风机组，部分机组甚至电源未接或已损坏，空调冷热水管道漏水严重，部分阀门已无法正常开闭操作。

（2）主要改造内容。

①水系统改造。

3 套主机冷温水系统合并改造，改变"一泵一机"，实现"一泵多机"运行模式，同时系统互为安全备用；冷却水系统合并改造，改变过去一塔一系统造成的冷却塔系统闲置，提升冷却系统利用效率，制冷能源利用率大幅提升。

②末端系统改造。

该项目共计约有 62 台空气处理机组或新风机组、1155 台末端风机盘管或卡式风机盘管、221 组散热器；部分的空气处理机组和新风机组甚至连电源线都未接，机组设备及管道的腐蚀、损坏严重；风机盘管、卡式风机盘管、散热器需进行维修保养，比如更换设备、更换电机、故障维修等；室外管道部分的维修和故障漏水处理等。

③主机改造。

改造前直燃机的制冷效率（1.18）和制热效率（0.83）都比较低。经现场调查得知，3台直燃机真空效果存在问题，尤其2号、3号直燃机组真空较差，严重影响机组效率。在夏季热负荷较大时开启2台大直燃机组，部分负荷时开启一大一小直燃机，夜间时开启一台直燃机组。

接管后对直燃机组进行精调改造，包括真空效果改造、密封件的更换、溶液再生、水质管理等等，保障直燃机组的制冷制热效率，降低运行能耗，使设备安全、稳定运行。

④水泵节能改造。

现场运行水泵泵头部分有较大噪声和振动，伴随压力表指针不停抖动，推测水泵有可能发生汽蚀。有部分水泵配电箱电路故障，电流不显示，同时，1号或2号主机在满负荷的时候需要开启2台冷却水泵才能满足流量需求。另外有部分水泵出现故障，无法正常运行，轴承需要更换，此外，所有水泵均未做变频，输配系统存在节能空间。

接管后增加空调水泵1台55kW/430m^3/h，扬程32米，型号TD250-32YA，更换1台75kW，44米扬程水泵，可以满足1台RCDG070运行需要。在运行1号+2号主机时也能满足需求（温差约7℃）。增加1台37kW变频器，用于控制温水泵。将3号机组（RCD6021）空调系统在1号温水泵处并联，便于水泵互为备用（必要时可使用温水泵作为与55kW水泵并联运行，因温水泵34米扬程与更换水泵扬程32米接近，可同时使用）。1号、3号冷却水泵、冷冻水泵现场数据如表1所示。

表1　冷却水泵、冷冻水泵现场调查数据

配套主机	水泵类型	开启台数	前后压力	水泵电流	实际扬程	额定扬程
1号	冷却水泵	1	0.25/0.65MPa	74	40	30.5
	冷冻水泵	1	0.3/0.7MPa	120	40	44
3号	冷却水泵	1		25		36
	冷冻水泵	1	0.55/1MPa	未显示	45	44

⑤冷却塔改造。

改造前原设计共计7台冷却塔布置在主楼屋顶，风机电机、轴承、支架、风扇等已达到使用寿命期限，很多铁屑都直接掉落冷却塔进入水系统中了，甚至导致直燃机冷却水进水过滤器都堵死，无法正常运行。其中一台冷却塔风扇及轴承已完成改造，但实际改造后的效果不佳，且明显可见风扇和角度都无法满足要求。7台冷却塔风机全部手动控制启停。

接管后将原设计共计7台冷却塔（7.5kW）全部更换新的电机、风扇、轴承及支架。冷却风机重做自动控制系统及控制柜，按冷却水入口温度进行自动控制。

⑥直燃机排烟节能改造。

3台直燃机的烟囱共用主烟囱，一般直接排烟温度120℃~180℃左右，在直燃机房门口的共用主烟囱位置增加烟气板式换热器（BRE500）进行烟气余热回收，将烟气温度降至60℃左右，提高天然气利用率。

⑦中央空调系统自动控制系统改造。

增设中央空调系统直燃机房集中自动控制系统，根据末端室内温湿度和室外温湿度情况，实现直燃机组、各输配水泵系统间自动调节，保证系统节能运行。

2. 项目实施进度

合同于 2016 年 5 月 5 日签订，2016 年 5 月 15 日制冷运营。

五、项目年节能量及年节能效益

1. 年节能量

该项目改造前后耗量及对比如表 2 所示。

表 2　改造前后节约耗量统计

项目	改造前耗量	改造后耗量	节约耗量
电耗	393073kW·h	313073kW·h	80000kW·h
气耗	591979m³	378979m³	213000m³

项目实施后，年节省天然气 21.3 万 m^3（天然气低位发热量 8600 大卡），节省电 8 万 kW·h。折合标准煤 $213000 \times \dfrac{8600}{7000} \div 1000 + 80000 \times 0.00033 = 261.69 + 26.40 = 288.09$ 吨。

2. 年节能效益

当地电价：0.7032 元/kW·h，当地气价：3.02 元/m³；

年节能效益 $= 213000 \times 3.02 + 80000 \times 0.7032 = 699516$ 元。

六、商业模式

该项目采用节能量保证型模式，由节能服务公司进行中央空调系统的运行管理和节能改造，对节能效益进行保证。

七、投资及融资渠道

该项目投资约 50 万元，资金来源均为节能服务公司自有资金。

上海科学会堂合同能源管理综合改造项目

一、项目名称

上海科学会堂合同能源管理综合改造项目

二、项目业主

上海科学会堂总建筑面积约为3万m^2;其中科学会堂思南楼位于南昌路59号,高16层,建筑面积为17800m^2;国际会议厅位于南昌路57号,建筑面积约为3300m^2;其余保护性改造修护建筑约为5200m^2。

改造内容:

(1)中央空调系统。

中央空调系统采用2台直燃式溴化锂机组、1台螺杆式冷水机组。溴化锂机组的单台制热量为800kW、制冷量为985kW;螺杆机组的制冷量为464kW,夏季提供7℃~12℃的冷水。

直燃式溴化锂机组的冷冻水系统配置3台N4.125-315B(意大利科沛达)的冷水水泵;冷却水系统配置3台N100-200D的冷却水泵。另螺杆机组配备2台的冷冻水泵、1台冷却水泵,参数不详。中央空调系统配备3台冷却塔,其中2台流量为230m^3/h、1台流量为100m^3/h。

(2)热水系统。

热水系统主要服务区域为思南楼酒店客房、厨房以及办公区等区域。其热水系统主要采用燃气锅炉制取生活热水,通过容积式换热器以及板式换热后,供末端用水点使用。

热水系统采用2台燃气锅炉(一用一备),锅炉的型号为CWNS0.93-95/70-YQ,功率为0.95MW,供回水温度为95℃/70℃。2台热水循环泵,功率为4kW;2台热水回水泵,功率为1.2kW。

(3)照明系统。

科学会堂思南楼的照明灯具主要有双管荧光灯、单管荧光灯、节能灯、筒灯、射灯、玉米灯、球泡灯以及蜡烛灯等。

三、项目实施单位

上海碳索能源环境服务有限公司

四、案例内容

1. 技术原理及适用领域

(1)空气源热泵空调/热水系统。

技术原理:空气源热泵空调系统通过电能将室外空气源中大量的免费热能转移到室内,达到 1 份电能产生 3.2 份以上热量的节能效益。在本项目中采用模块化空气源热泵空调系统/热水器替代原有冷水机组/蒸汽锅炉,即可实现制冷、制热功能的转换以及酒店所需热水量,达到降低能耗、节约费用的效果,实现空调系统的经济节能运行。

适用领域:办公楼、商场、酒店以及医院等新(改)建项目。

(2) LED 照明系统。

技术原理:LED 即半导体发光二极管,是新一代固体冷光源,具有光效高、耗电少、寿命长、易控制、免维护、安全环保、低损耗、低能耗等优点;因此在该项目中采用 LED 光源/灯具替换目前传统光源/灯具,达到降低能耗、节约费用的效果。

适用领域:办公楼、家庭、商场、酒店、医院等新(改)建项目。

2. 节能改造具体内容

(1) 空调系统设计方案。

①空调主机。

思南楼原采用"溴化锂机组 + 螺杆冷水机组"提供夏季制冷;冬季采暖采用"直燃式溴化锂机组",溴化锂机组以及螺杆冷水机组已经运行多年,系统的能效降低,且所采用的天然气价格较高。因此,采用风冷热泵替代原"溴化锂机组 + 螺杆冷水机组",主机位置摆放于思南楼原冷却塔的位置,同时承担思南楼夏/冬季的冷/热负荷。

新空调系统采用 10 台全新模块式约克风冷热泵机组(其中 1 台模块机组为备用机组),系统额定制热量达到 $10 \times 132 = 1320$ kW,制冷量达到 $10 \times 130 = 1300$ kW。新系统冬季采暖容量和夏季制冷容量充足,可完全替代"溴化锂机组 + 螺杆冷水机组"系统。

表 1 冷、热负荷计算与机组容量配置

热指标	冷指标	空调面积	同时使用率	热负荷	冷负荷	风冷热泵系统
(W/m²)	(W/m²)	(m²)	(n.d.)	(kW)	(kW)	(kW)
45	90	17800	0.8	641	1282	1300/1320

注:①热指标和机组制热量按 -3℃计算,原空调系统无新风;
②冷/热负荷 = 冷/热指标×空调面积×同时使用率,同时使用率指同时使用空调的面积比。

表 2 模块式风冷热泵空调机组主要技术参数

参数	数值
型号	约克 YCAE130
制冷剂	R410A
制冷量	130kW
制冷功率	38.8kW
制热量	132 kW
制热功率	40.6 kW
尺寸(宽×高×深)	2030×1930×2100 mm
运行重量	1550 kg
运输重量	1430kg

续表

参数	数值
电源	380 V/50 Hz
额定电流（制冷/制热）	73A/75A
最大电流	105A
水流量	22.4m³/h

风冷热泵系统接入原空调系统的原理如图1所示：在集水器之后的主管及分水器之前的主管上开口，将风冷热泵系统的进出水管道对接至这两个开口即可，改造完成之后，风冷热泵系统和原空调系统并联，可分别独立运行。

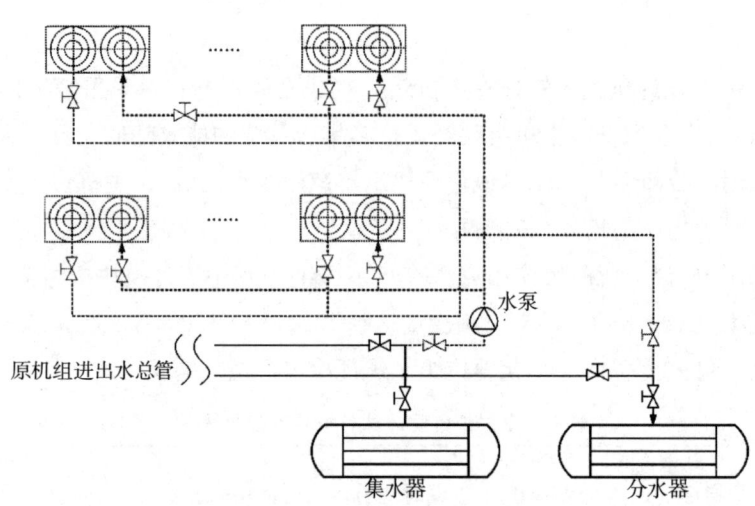

图1　空调系统改造原理（虚线为新增设备和管道）

②辅助设备选型。

根据《约克模块式风冷冷水/热泵机组样册》，每台YCAE130R×E机组规定水流量为22.4m³/h，按10台机组设计，总循环水量为224m³/h。按两用一备的方案选型，即选用3台120m³/h的空调循环泵（20%的富裕量）。循环水泵扬程H参考原冷冻水泵扬程36m，并通过核算得到水泵扬程为36m。

在末端电磁阀可用的情况下，考虑到采暖季节与制冷季节末端负荷的变化，空调循环泵采用变频控制，实现输配系统与末端负荷的联动，最大程度地降低泵系统电耗。

（2）热水系统设计方案。

①空气源热泵热水器。

原生活热水系统采用燃气锅炉，燃气锅炉能效低、能耗大，且燃气价格昂贵，采用空气源热泵热水器替代原燃气锅炉。按照供水费清单30%的给水量（共28t/天，在本项目实际设计中选30t/天）作为参考实际水量（按照原热水系统天然气消耗量计算其热水用量约21t/天），选择2台美的RSJ-800型循环式空气能热泵热水机组，能够完全覆盖思南楼对生活热水的需求。RSJ-800机组主要技术参数如表3所示。

表3 模块式空气源热泵热水机组主要技术参数

参数	数值
型号	美的 RSJ-800
制冷剂	R22
热量	80kW
功率	20.25 kW
热水温度	55℃
最高供水温度	60℃
循环水流量	15.5m³/h
工作环境温度	-15℃~46℃
尺寸（宽×高×深）	2505mm×1860mm×900mm
重量	660kg
运行噪音	67 dB
电源	380 V/50 Hz

如图2所示，空气源热泵热水器系统与原系统对接方式较简单。除增加空气源热泵热水器、蓄热水箱、热水回水管道以及将原屋顶给水管道改为热水管道外，其余原供水系统作为备用。在原水箱的给水管道上开口或安装三通，接出一支路连接至蓄热水箱供水接口。

系统主机选用美的RSJ-800空气源热泵热水机组，热泵热水器产生的热水存入蓄热水箱中。当水箱内水温过低时，机组将开启循环加热模式，启动循环泵和主机，再次加热蓄水，由此能够保证水箱内的水始终保持在设定温度。在冷水管进水管上加电辅助加热器，如当天用水量极端大或天气严寒导致热泵产水速度很低时，可以手动/自动开启此辅助加热器，加大机组产水量。

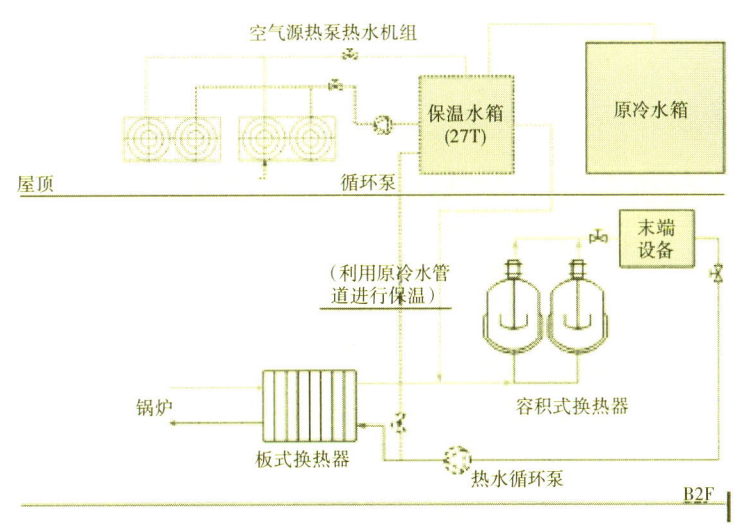

图2 热水系统改造示意图（虚线为新增设备和管道）

②热水设计校核。

表4 热水设计校核

Step1. 以过渡季节为设计工况。4月，参考气温15℃，自来水温度10℃，水温设定55℃

参数	数值	单位	备注
设计用量	30	t/天	
参考设计工况	15	℃	过渡季节室外温度
进水温度	10	℃	自来水温
出水温度	55	℃	设定点
RSJ-800制热量	75	kW	15℃室外温度下性能
机组台数	2	n.d.	选择合适的机组台数（设计目标）
系统总制热量	150	kW	机组制热量×机组台数
总热量需求	3969	MJ	用量×温差×比热
系统运行时间	10.5	hrs	总热量需求/机组总制热量，目标9~11hrs

Step2. 以冬季为校核工况并选定辅助热源。2月，参考气温-5℃，自来水温度5℃，水温设定55℃

参数	数值	单位	备注
设计用量	30	t/天	
参考设计工况	-5	℃	冬季（严寒）室外温度
进水温度	5	℃	自来水温
出水温度	55	℃	设定点
RSJ-800制热量	36	kW	-5℃室外温度下性能
机组台数	2	n.d.	同上
辅助热源	20	kW	选择合适的辅助热源（设计目标）
系统总制热量	92	kW	机组制热量×机组台数+辅助热源
总热量需求	6300	MJ	用量×温差×比热
系统运行时间	19	hrs	总热量需求/机组总制热量，目标不超过20hrs

经计算，选配2台美的RSJ-800机组，在过渡季节工况下，生产30吨热水总计需要10.5小时；按照冬季最冷工况校核热泵热水器系统的容量，参考环境温度-5℃，机组制热量衰减为36kW，补充辅助热源20kW，经计算冬季严寒工况下，生产30吨热水总计需要19小时，系统容量足够。

③辅助设备选型。

根据《美的空气能热泵热水器技术手册》和《建筑给排水设计规范》（GB 50015—2003），每台RSJ-800机组规定循环水量为15.5m^3/h，按2台RSJ-800机组设计，总循环水量为31m^3/h。按二用一备的方案选型，选用3台16m^3/h的循环水泵。循环水泵扬程H=（机组压降+沿程阻力）×1.15。其中机组压降阻力为6m，沿程阻力按管道长度为40m和0.05Pa/m的沿程阻力降计算，可知循环水泵扬程H为12m。

3. 项目实施进度

空调系统实施开竣工日期：2016年4月2日开工，2016年5月20日竣工。

热水系统的实施开竣工日期：2016年4月2日开工，2016年5月20日竣工。

照明灯具的实施开竣工日期：2016年4月15日开工，2016年4月30日竣工。

五、项目年节能量及年节能效益

1. 年节能量

该项目改造涉及空调系统、热水系统以及照明系统，综合节能率统计得到21.54%。改造后建筑总能耗由843.1tce下降至661.53tce，单位面积能耗指标从0.047tce/m^2下降至0.037/m^2（此数据为理论计算，实际节能量、节能率要大于上述数据）。

表5 综合节能量统计

序号	系统		原系统		节能措施		节能量	节能率
			设备组成	费用（万元）	设备组成	费用（万元）	（tce）	（%）
1	空调系统	夏季制冷	冷水机组+溴化锂机组	73.83	风冷热泵	51.67	65.55	
		冬季采暖	溴化锂机组					
		夏季制冷	螺杆主机	16.56	风冷热泵	16.56	——	
		辅助设备	水泵+冷却塔	33.66	循环泵	21.82	35.69	
2	热水系统	酒店热水	燃气锅炉	18.92	热泵热水器+电辅热	12.57	18.83	
3	照明系统	照明灯具	普通灯具	34.71	LED照明	13.94	61.5	
	小计			177.68		116.56	181.57	

2. 年节能效益

项目年节能效益61万元/年，公司分享的年收益约48.8万元/年。

六、商业模式

该项目采用节能效益分享型合同能源管理模式实施。节能效益分享期为2016年5月20日至2026年5月20日，总计效益分享期为10年。在合同约定的节能效益分享期内，第1至3年甲方分享节能效益的10%，乙方分享节能效益的90%；第4至7年甲方分享节能效益的20%，乙方分享节能效益的80%；第8至10年甲方分享节能效益的30%，乙方分享节能效益的70%。效益分享期结束之后，节能效益完全归甲方享有。

七、投资额及融资渠道

项目投资额约200万元，融资渠道为节能服务公司自筹及银行未来收益权质押贷款筹资。

大同市第三人民医院供热系统节能改造项目

一、项目名称

大同市第三人民医院供热系统节能改造项目

二、项目业主

大同市第三人民医院是全国500所大型医院之一，位于南郊区医卫街1号，国家卫生部授予"三级甲等医院"和"爱婴医院"称号。占地面积54000m^2，建筑面积10万m^2，主要建筑物是外科楼、内科楼、门诊楼、办公楼。

三、项目实施单位

中惠元景能源科技（北京）股份有限公司

四、案例内容

1. 节能改造具体内容

根据现场采集的数据及了解的情况发现，换热系统一次供蒸汽阀门独立运行，且都基本为手动控制，缺乏科学性运行模式；管理性较差，无法实时监控设备的运行，数据抄录不完善，查看不直观。

根据以上问题提供综合解决方案：

在换热站建立一套WESTAR能效管理系统，对供暖换热系统进行有效的计算机管理，实现系统的数字化运行；

在锅炉烟囱上加装烟气余热回收装置，回收的热量加热锅炉给水；

通过增加换热器二次供回水温度传感器，实时检测供回水温度信号并送入WESTAR能效管理系统，对末端负荷进行分析并建立曲线模型；

在换热器一次侧增加比例调节阀，实现换热效率优化控制及与能效管理系统的网络连接；

建立系统的历史和实时数据库，对采集的系统数据进行分析和存储，通过安装末端区域温湿度传感器，实时监测室内舒适度变化，并根据末端负荷变化对热源进行综合分析控制，实时调节供热量，保证按需供热；为了准确了解室内温度情况，末端传感器布置原则是按照建筑高度和面积选择安装数量和地点，一般安装在公共区域远离门口或者窗户的地方；安装高度一般在1.7~2米。

改造后取得效果：自动化控制、节约了人力、精细化管理、节能效果显著，节能率达15%~20%。

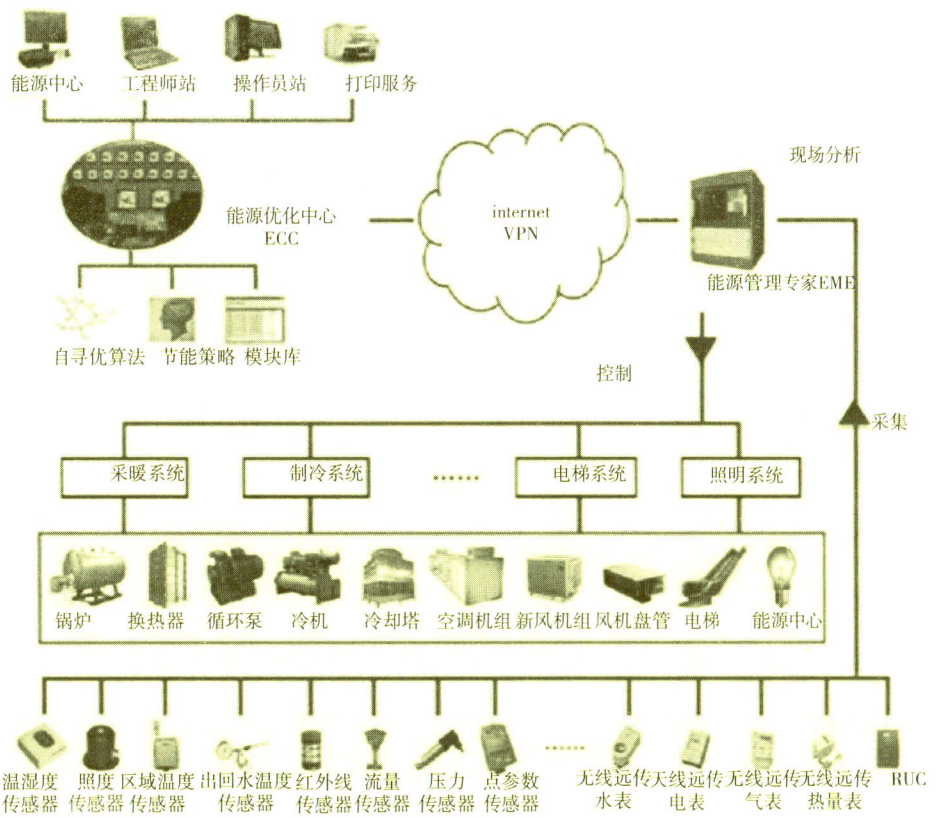

图1 能效管理系统架构图

2. 项目实施进度

项目实施时间：2016年10月至2016年12月。

运行情况：在不改变末端舒适度及要求的情况下实现了节能效益，降低了二氧化氮排放。

五、项目年节能量及年节能效益

1. 年节能量

改造前后系统(设备)用能情况及主要参数。

表 1 改造前后系统能源使用情况

序号	月份	1月份	2月份	3月份	4月份	5月份	6月份	7月份	8月份	9月份	10月份	11月份	12月份	全年累计
1	2014年天然气用量(m³)	406500	310500	363200	162400	89800	64000	63000	60600	64500	146600	254200	372600	2357900
2	2015年天然气用量(m³)	366700	361200	278900	196400	99100	62800	79000	69400	66200	107700	259100	408700	2355200
3	月均天然气用量(m³)	386600	335850	321050	179400	94450	63400	71000	65000	65350	127150	256650	390650	2356550
综合	小计用量(m³)		1222900			293850				839800				2356550
	燃气费用(元) 单价:3.16元		3864364			928566				2653768				7446698
运行预测	月均用量(m³)	386600	335850	321050	179400	94450	63400	71000	65000	65350	127150	256650	390650	2356550
	月均费用(元)	1221656	1061286	1014518	56,904	298462	200344	224360	205400	206506	401794	811014	1234454	7446698
	节能实施后燃气用量(m³)	328610	285473	272893	152490	80283	53890	60350	55250	55548	108078	218153	332053	2073764
	支出费用(元)	1038408	9020935	862342	481868	253694	170292	190706	174590	175532	341527	689364	1049287	6329704
	每月甲方应支付金额(元)	1160573	1008222	963792	538559	283539	190327	213142	195130	196181	381704	770463	1172731	7074363

注:支出天然气费用以节能 15%计算得出。

2. 年节能效益

节约燃气 35 万 m^3，燃气单价为 3.75 元/m^3，年节能效益 112.5 万元。

六、商业模式

该项目采用能源费用托管型合同模式签订，合同期限为 5 年，节能效益为近 3 年平均年能源费用的 5% 作为客户效益，设备所有权 5 年内归节能服务公司拥有及运营。

七、投资额及融资渠道

该项目前期投资 183 万元，均为节能服务公司自有资金。

廊坊市中医医院中央空调系统节能改造项目

一、项目名称

廊坊市中医医院中央空调系统节能改造项目

二、项目业主

廊坊市中医医院是廊坊市唯一一所三级甲等的综合性中医院。该医院建筑面积25000m^2。其中门诊大楼建筑面积约18000m^2。

门诊大楼冷站系统主要采用溴化锂直燃机中央空调形式，实现冬季采暖和夏季空调的功能。空调主机共有3台，其中2台为开利直燃机组，单台机组额定制冷量958kW，额定制热量826kW；另外1台为开利螺杆机组，机组制冷量539kW，额定功率98kW；冷冻泵3台，功率22kW，其中1台为备用；冷却泵3台，功率30kW，其中1台备用。

三、项目实施单位

北京启能科技发展有限公司

四、案例内容

1. 技术原理及适用领域

中央空调管控系统是以中央空调优化控制技术为基础，采用DeST仿真手段动态模拟中央空调各部分的工作状况和性能，以及信息辅助计算当前需求侧负荷水平和趋势，在此基础上，并在保证舒适度的前提下，采用动态优化技术生成最安全、经济的中央空调运行方案。

中央空调管控系统适用于酒店、医院、教学楼、商业楼、大型厂房等采用中央空调系统的建筑。

2. 节能改造具体内容

改造前中央空调系统由现场人员自行开启关闭，系统未做任何节能改造措施，系统无法达到设计流量与温差。安装室内外温湿度传感器，在空调机房安装温度传感器、压力传感器、流量计、电量表等数据采集、计量、统计设备，同时安装电动执行器、变频装置、智能群控系统柜等进行远程集中控制、管理，实现中央空调系统节能。

通过节能管控系统，实现空调系统的高效管理与精准控制，在满足系统冷量需求的条件下，大温差输送冷水。管控系统安装完成后，根据现阶段节能率测定，中央空调系统燃气节能率为29.96%，耗电设备节能率10.23%。

3. 项目实施进度

该项目中央空调冷站系统已完成节能改造，并达到预期效果。项目于2016年10月3日进场施工，工期20天，2016年10月23日竣工，目前运行良好。

五、项目年节能量及年节能效益

1. 年节能量

（1）改造前后系统用能情况及主要参数。

根据系统运行记录统计，改造前后系统运行耗电量见表1，耗气量见表2。

表1　系统运行耗电统计表

设备名称	节能前年耗电量（kW·h）	节能后年耗电量（kW·h）	年节能电量（kW·h）
用电空调机组	299880	234206.3	65673.7
冷、热水泵	139392	106774.3	32617.7
冷却水泵	64800	48081.6	16718.4
冷却塔	55440	41635.4	13804.6
合计	559512	430697.6	128814.4

表2　系统运行耗燃气统计表

项目名称	节能前年耗燃气（Nm^3）	节能后年耗燃气（Nm^3）	年节约燃气（Nm^3）
夏季空调	332928	263013.1	69914.9
冬季采暖	352512	280599.6	71912.4
合计	685440	543612.7	141827.3

（2）节能量计算方法及项目年节能量。

采用交叉对比法，即第一、三、五天采用直通模式。第二、四、六天采用节能模式。

节能率 = 1 - （直通能耗/节能能耗）×100%

根据节能率计算公式，可得中央空调系统中燃气系统年综合节能率为20.7%，耗电设备年综合节能率为23%。

项目年节电量为128814kW·h，节约燃气量为141827Nm^3，折合标准煤241吨。

2. 年节能效益

廊坊市电价0.72元/kW·h，燃气费按3.94元/m^3计算，年节约电费9.3万元，年节约燃气费用55.9万元，项目总年节能效益65.2万元。

六、商业模式

采用节能效益分享型模式由节能公司全额投资实施。业主以节能项目产生的节能效益，按合同约定向节能服务公司支付投资费用和利润。合同履行完毕，将项目产权移交业主单位，移交之前系统维护由节能服务公司负责。分享比例如表3所示。

表3　节能效益分享比例

分享年度	分享比例（甲:乙）	节能金额（万元/年）			
		甲方		乙方	
		节约分享	累计节约分享	投资回报	累计投资回报
第一年	2:8	13	13	52	52
第二年	2:8	13	26	52	104
第三年	2:8	13	39	52	156
第四年	2:8	13	52	52	208
第五年	5:5	32.5	84.5	32.5	240.5
第六年	5:5	32.5	117	32.5	273
第七年	6:4	39	156	26	299
第八年	6:4	39	195	26	325

七、投资额及融资渠道

该项目投资额178万元，资金来源为节能服务公司自有资金。

深圳市市场和质量监督管理委员会合同能源管理综合节能改造项目

一、项目名称

深圳市市场和质量监督管理委员会合同能源管理综合节能改造项目

二、项目业主

项目业主为深圳市市场和质量监督管理委员会，总建筑面积156920m²，共计7个单位（市局、福田分局、罗湖分局、盐田分局、宝安分局、龙岗分局、龙华分局），该项目针对7个单位的建筑实施合同能源管理节能改造，改造前年平均基准能耗数据如图1、图2所示。

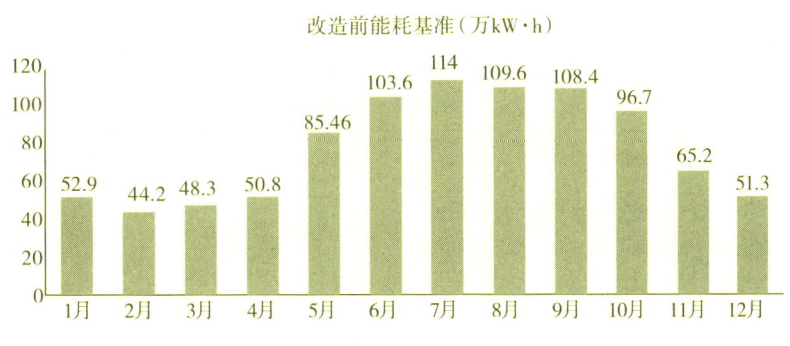

图1　年能耗分布情况

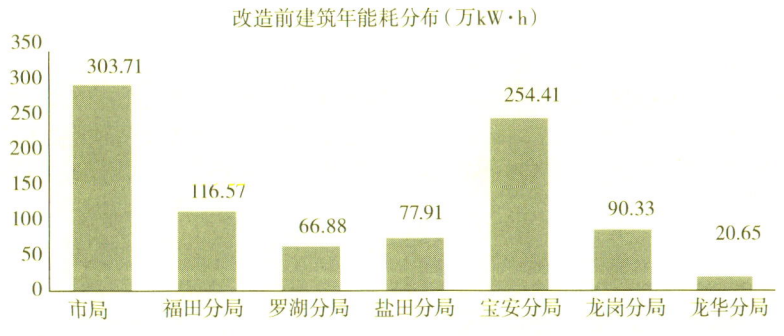

图2　各单位能耗情况

总能耗为930.46万kW·h，单位建筑面积电耗59.3kW·h。

改造前能耗构成见图3。其中照明系统年平均能耗为209.5万kW·h，空调系统年平均能耗为388.37万kW·h，分别占基准能耗比为22.5%、41.7%，是本次项目改造的重点区域。其他项如围护结构、电梯、电开水器、日常用水等也均存在一定的节能空间，依实际情况开展节能改造。

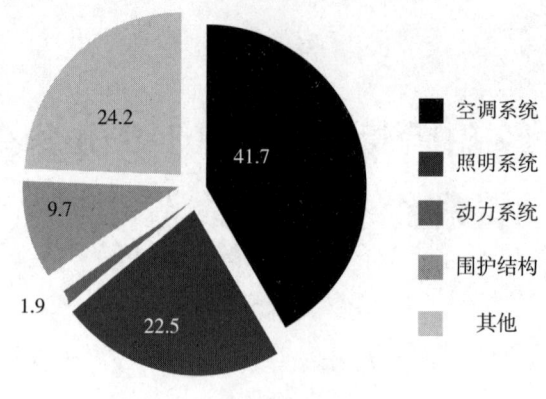

图3 改造前能耗构成

三、项目实施单位

深圳市海源节能科技有限公司

四、案例内容

1. 节能改造具体内容

表1 节能改造具体内容

改造内容	项目诊断	改造方法
综合照明系统	①现有照明系统仍采用传统的日光灯管、节能灯等灯具，光效与显色性低，能耗较大，发热量较高； ②灯管内含汞，对人体危害较大； ③无进行区域集中智能控制，没有实现人走灯灭的功能	①对约36200盏日光灯管、节能灯、筒灯等传统灯具采用LED高效节能灯替代，在不低于现有照度的基础上，功率大大降低，节能效益显著； ②公共与办公区域和走廊安装智能照明管理控制系统，做到定时控制和自动调光控制，降低照明系统能耗
中央空调系统	①中央空调机组系统存在设计余量浪费，且不能实现主机按需输出，存在节能空间； ②主机水泵、风机、冷却塔运转控制效果粗略	通过中央空调优化控制系统，建立模糊控制模型与运算规则，经运算得出最优参数，通过光纤通信实现冷冻水子系统和冷却塔子系统的综合协调配合，改变空调系统循环流体的流量和温度，使控制更精确，对盐田分局、罗湖分局、龙岗分局、宝安分局、福田分局、市局共计安装6套智能控制系统，保证系统在各种负荷条件下均处于最佳工作状态，从而达到整体节能的目的
维护结构	①市局、福田分局现有的围护结构设计不合理，未考虑节能，部分门窗隔热率不高，增加了中央空调集中制冷的冷量消耗； ②窗户玻璃是非节能环保型的，易碎不安全，隔热率不高； ③每栋楼的屋顶未采取隔热措施，增加了室内的温度，消耗了空调冷负荷	覆盖玻璃贴膜进行保温隔热处理。保温隔热膜夏季可阻挡太阳的直射热量进入室内，冬季可减少热量散失。在开启中央空调制冷的情况下，室内环境温度由于建筑保温隔热膜受外界传递的热量减少而降低，从而降低中央空调的负荷，减少电力消耗，达到节能的目的

续表

改造内容	项目诊断	改造方法
电开水器系统	①传统电开水器烧开水时耗电量较大且保温效果差；②控制策略简单，开水反复加热，易产生有害物质，饮用后不利于人体健康	将现有普通的电开水器替换成环保节能型的即热式开水器。采用分层加热技术，减少热水反复加热，该开水器具有定时自动开关，温度自动调节，保温隔热效果好，水质过滤处理，节能效果明显
用水系统	用水末端设计不合理，水流量较大，存在一定的浪费	通过安装变流量节水装置，有效避免水资源的浪费，从而达到节约用水的效果
能耗监测系统	仅对数据进行简单计量，但没有对数据进行分类，分项分析、监管	对楼宇内主要用能设备加装能耗计量装置，实现分类、分项计量，对龙华分局、罗湖分局、宝安分局分别安装楼宇能耗分项计量系统3套，并将系统纳入海源能源监测管理平台，对7个单位分别安装楼宇能耗监管平台软件7套，实现精细化、可视化管理
管理节能	①节能管理制度不够完善，管理形式粗放，节能管理技术手段简单；②部分人员节能意识淡薄，存在浪费现象	①设立节能办公室，派驻专业节能工程师现场办公，实地监测各项设备运转情况，24小时不间断响应，快速解决各项故障及疑难问题；②定期对相关设备进行维护保养，确保各项设备正常、安全、高效运转；③对相关能耗设备操作人员进行专业培训，确保节能管理工作的稳步推行；④协助用能单位制定各项节能措施，开设专业节能技术公开课，免费为用能单位员工普及成熟节能技术与节约理念

2. 项目实施进度

项目开工时间2016年4月，竣工时间2016年8月。

项目运行状况：整体状况良好。各项设备运转正常，节能效果达到预期目标。

五、项目年节能量及年节能效益

1. 年节能量

（1）改造前后系统用能情况对比。

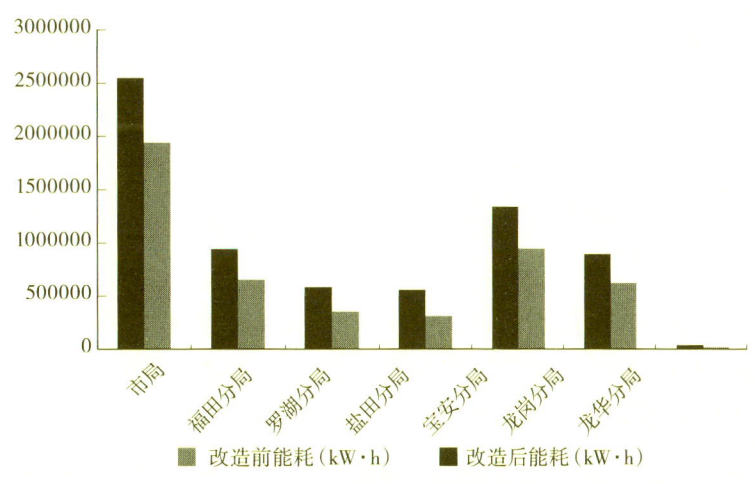

图4 改造前后各单位能耗对比

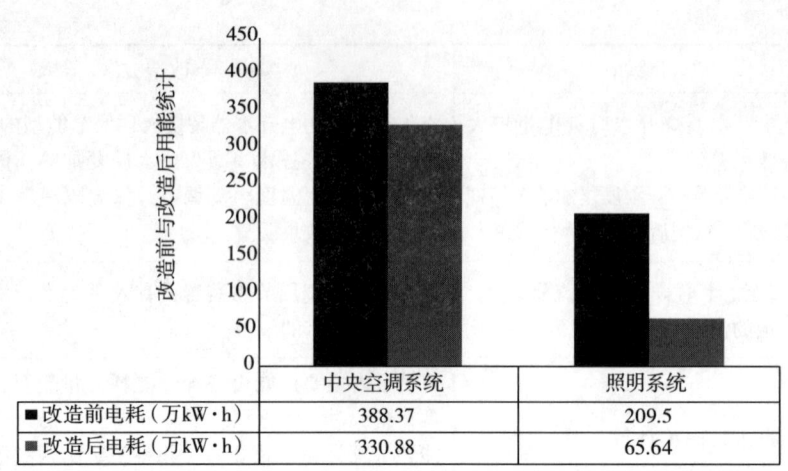

图5 改造前后各系统能耗对比

实施节能改造前年平均基准能耗930.46万kW·h，改造后年能耗为723.68万kW·h。节能改造前，照明系统电耗约209.5万kW·h，中央空调系统电耗约388.37万kW·h；节能改造后，照明系统电耗65.64万kW·h，中央空调系统电耗约330.88万kW·h。

（2）节能量计算方法及项目节能量。

计算方法：项目年节能量（C）=改造前年基准能耗（A）-改造后年能耗（B）

C = 9304600 - 7236800 = 2067800 kW·h

年综合节能率 = C/A × 100% = 22.22%

折算成标准煤 = 206.78 × 3.3 = 682.374 吨

2. 年节能效益

平均电价1.163元/kW·h，年节能效益 = 206.78万 × 1.163 = 240.49万元。

六、商业模式

该项目采用"节能效益分享型 + 节能量保证型"合同能源管理模式，合同效益分享年限为6年，由节能服务公司全额投资。实施合同能源管理项目期间，设备投入全部由节能服务公司出资，产生的节能效益按比例分享，双方约定合同执行期间，项目年综合节能率不低于20.16%。节能效益分享比例为节能服务公司占比80%，项目业主单位占比20%。

改造完成后，节能服务公司承担后期整个项目的运营管理，充分发挥专业节能管理师、规划师的作用，实地监测各项能耗设备运转，定期进行实时数据统计分析，在合同期内逐步深挖节能空间。合同能源管理服务期满后，设备无偿移交给业主，产生的节能效益全部归业主所有，节能服务公司提供设备终生有偿服务。

七、投资额及融资渠道

该项目投资额936.92万元人民币。其中636.92万元为节能服务公司自有资金，300万元为浦发银行应收账款抵押贷款。

滨州供电公司调度中心大楼空调系统、外墙保温、能耗监测管理系统节能改造项目

一、项目名称

滨州供电公司调度中心大楼空调系统、外墙保温、能耗监测管理系统节能改造项目

二、项目业主

滨州供电公司是国网山东省电力公司直属的大型供电企业，其调度中心大楼建筑面积逾20000平方米，大楼的采暖及制冷能耗都较突出，3台冷水机组的年耗电量为17.58万kW·h，3台电锅炉的年耗电量为855.9万kW·h；输配系统年能耗21.2万kW·h；外墙结构为普通混凝土，导热系数高，门窗及外墙周边气密性也不好，改造前采暖耗电量873.4万kW·h。

三、项目实施单位

上海东方延华节能技术服务股份有限公司

四、案例内容

1. 技术原理及适用领域

该项目采用自主研发的建筑节能改造综合评估模型，对国网山东省电力公司滨州供电公司调度中心大楼空调系统、外墙保温、能耗监测管理系统进行节能改造。该技术基于层次分析法的权重系数判定数学模型，从节能效果、经济效益、系统协调性等方面分析并确定最优的节能综合解决方案。

2. 节能改造具体内容

滨州供电公司建筑主要分为办公建筑和生活建筑。其中办公建筑的总建筑面积为20523平方米，生活建筑的总建筑面积约22404平方米。改造内容主要包括空调系统（制冷及采暖）、围护结构系统、能耗监测管理系统。

空调制冷系统：冷源采用高效的螺杆机组替换原冷水机组。

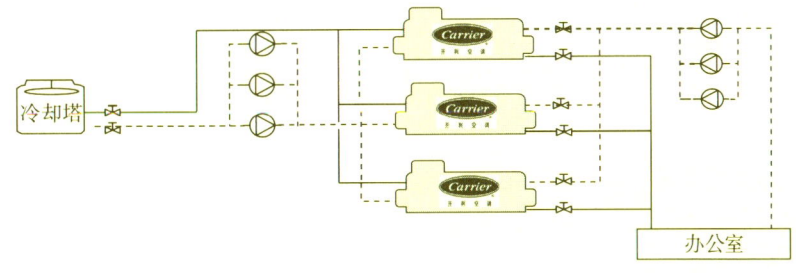

图1　原冷水机组

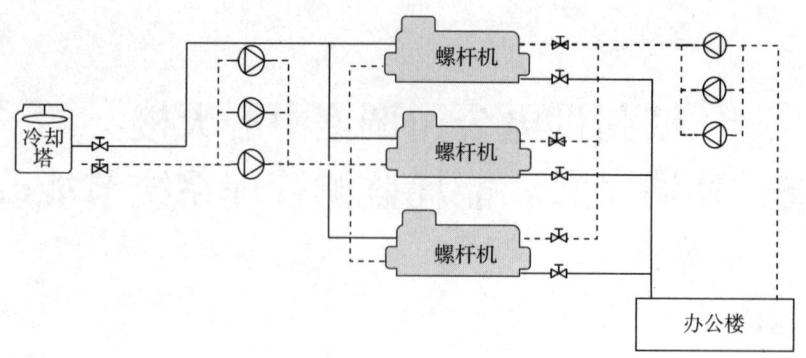

图 2　改造后螺杆机组

空调供暖系统：采用 2 台涡旋空气源热泵机组替换原向办公楼供暖的 1 台电锅炉提高效率，电锅炉可不拆除，作为空气源热泵系统的辅助热源，保障办公楼供热安全。

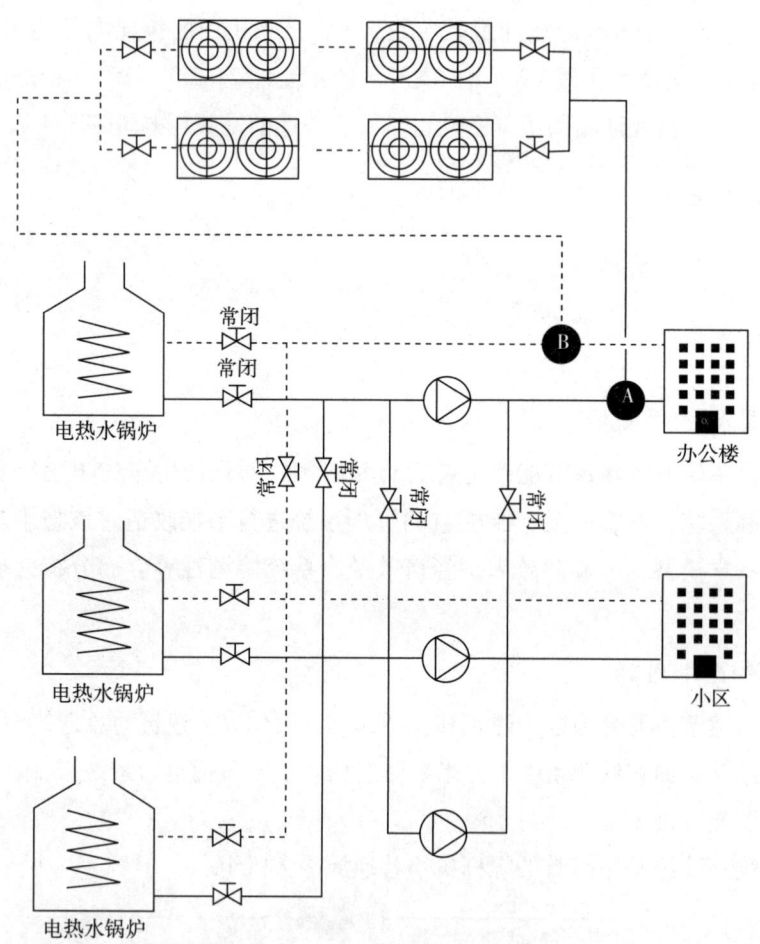

图 3　改造后办公楼采暖系统

增加空调机房群控系统：对冷源系统和输配系统进行监控，并实现联动、变频等优化控制

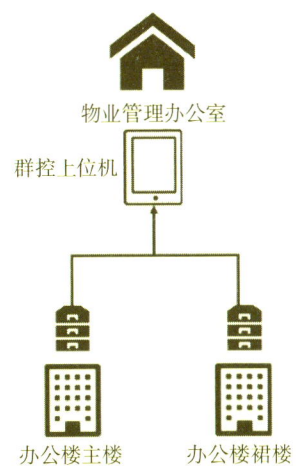

图 4　机房群控改造系统

输配及水处理系统：更换平衡阀降低输送管路的散热损失和阻力损失。

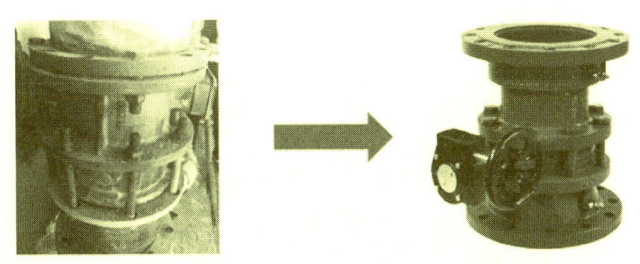

图 5　空调管路平衡阀改造

增加水处理装置以保证冷却水水质满足相关标准要求。

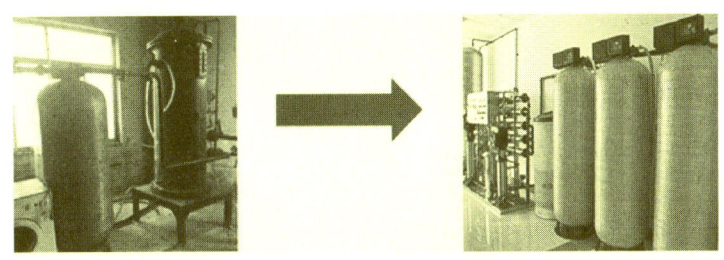

图 6　水处理装置改造

对冷却塔填料进行更换，强化冷却塔换热，提升主机运行效率，降低制冷系统能耗。

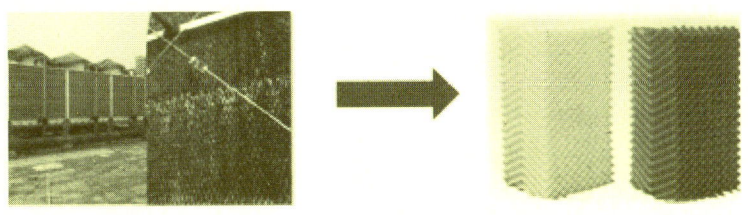

图 7　冷却塔填料更换改造

制冷机组增加小球清洗装置,保持机组能效维持在较高水平。

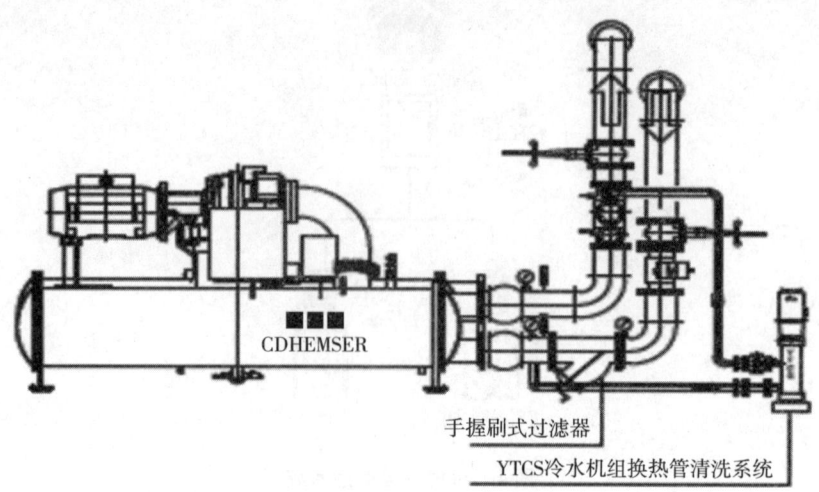

图8 小球清洗装置

图9 球清洗设备安装前后对比

维护结构改造:增强保温效果。加装能耗监测管理系统:监控配电支路能耗,实现管理节能。

3. 项目实施进度

项目于2015年5月1日开工,2015年6月16日竣工并投入使用,运行情况良好,节能效益显著。

五、项目年节能量及年节能效益

1. 年节能量

(1) 改造前后系统(设备)用能情况及主要参数。

①空调系统冷热源。

改造前:中心大楼冷源为3台制冷量680.5kW的开利活塞式冷水机组,热源为3台750kW电锅炉。改造前冷水机组年能耗17.58万kW·h,单台电锅炉年能耗285.3万kW·h。

改造后:采用2台制热量527kW的约克空气源热泵机组对1台电锅炉进行替换,并用2台720kW的新电锅炉替换原有2台电锅炉。采用3台制冷量596kW的约克螺杆式冷水机组替换原有3台活塞式冷水机组。改造后热泵系统年能耗83.4万kW·h,螺杆式冷水机组年能耗9.1万

kW·h。

②空调输配系统及冷却系统。

改造前：输配系统共有 3 台 45kW 主楼冷（热）水泵、3 台 30kW 冷却水泵、3 台 45kW 住宅采暖泵，系统配有 1 台 22.5kW 冷却塔，目前冷却塔填料有明显结垢现象。改造前输配系统年能耗 21.2 万 kW·h。

改造后：对 3 台冷冻泵、3 台冷却泵和冷却塔风机安装变频调速装置，实现根据供回水温度和压力变化调节设备运行频率，大幅降低设备能耗。对空调冷却水系统安装水处理装置，同时更换高效冷却塔填料，提高设备运行效率。对制冷机房内输送管路、阀门、保温进行翻新改造，避免水的跑冒滴漏，降低输送管路的散热损失和阻力损失。改造后输配系统年能耗 11.2 万 kW·h。

③外墙保温。

改造前：外墙结构为普通混凝土，导热系数高，门窗及外墙周边气密性也不好，存在很大的冷热量损耗。

改造后：采用外墙外保温的方式对原建筑改造。建筑外墙内外保温均可使用，施工方便，且保温效果和隔声性、防火性较好。

④能耗监测管理系统。

改造前：未安装能耗监测管理系统，电力公司配电间共设置了 3 台变压器。现场发现调度中心配电室共有 25 条支路，第三配电室共有 37 条支路（包括冷热水泵、冷却水泵、冷却塔和住宅采暖泵）。

改造后：除了实现直接对公司各条常规电力支路的能耗监控外，还实现了对被改造设备用电支路的计量，反映设备改造前与改造后的能耗状况；同时帮助公司管理人员提高对目标设备的日常管理，依据平台提供的监测数据做出相应节能诊断。

（2）节能量计算方法及项目年节能量。

空调冷源：改造前活塞冷水机组年耗电量为 17.58 万 kW·h，改造后的螺杆机组年耗电量为 9.1 万 kW·h。改造后年可节电 8.5 万 kW·h。

空调热源：改造前单台电锅炉的耗电量为 285.3 万 kW·h，改为空气源热泵后，热泵的年耗电量为 83.4 万 kW·h。改造后供热系统可节电 201.9 万 kW·h。

空调输配及冷却系统：改造前的年总耗电量为 21.2 万 kW·h，改造后的年总耗电量为 11.2 万 kW·h，年可节电 10 万 kW·h。

围护结构：改造前采暖耗电量为 873.4 万 kW·h，改造后负荷减少了 3%，每年节电量 26.2 万 kW·h。

能耗监测系统：改造前未安装能耗监测系统，改造后通过加强运行管理，预计节电量为 35.16 万 kW·h。

项目针对冷热源、围护结构、能耗监管三个系统，采取相应节能措施对供电公司进行综合性节能改造。预计总共年节省电量 281.7 万 kW·h，折合节约标煤 929.61tce，预计节能率为 24.04%。

3. 年节能效益

该项目年节约电量 281.7 万 kW·h，当地电价 0.7988 元/kW·h，年节约电费 225.02 万元。

六、商业模式

该项目采用能源费用托管型模式,项目期限5年,自2015年5月1日至次年2020年5月1日,其中供暖时间为11月中旬至次年3月中旬(共4个月),供冷时间为7月上旬至9月下旬(共3个月)。

能源托管期内,项目业主单位按供暖服务费34元/(平方米·年)(参照当地商业集中供暖现行价格标准)及供冷服务费32元/(平方米·年)的收费标准向节能服务公司支付供冷热费用135万元/年。

为确保合同期内设备运营效果,业主单位向节能服务公司支付运营管理服务费205万元,该费用包含设备日常运维、状态检修、设备操作培训、每季度能耗分析报告及技术指导等。实际支付能源托管费合计340万元。

七、投资额及融资渠道

该项目投资额1200万元,全部为节能服务公司自有资金。

中国医科大学附属盛京医院滑翔院区节能改造项目

一、项目名称

中国医科大学附属盛京医院滑翔院区节能改造项目

二、项目业主

附属盛京医院滑翔院区坐落于沈阳市铁西区滑翔路39号,占地面积6万 m^2,建筑面积近25万 m^2,共有6栋建筑。项目共有三个空调机房,使用水源热泵系统为6栋建筑供暖供冷,空调末端为风机盘管加新风系统。

三、项目实施单位

北京世纪微熵科技股份有限公司

四、案例内容

1. 节能改造技术方案

(1) 建筑能源管理平台。

提供完整的能耗管理功能:方便地管理建筑能耗和相关测量设备;具备深入分析数据的能力;提供比较全面的统计报表功能;具备远程实时传输数据的能力;具备趋势、饼图等多种展示方式;自动实现数据的存储和备份;能够实现能耗管理和设备控制。

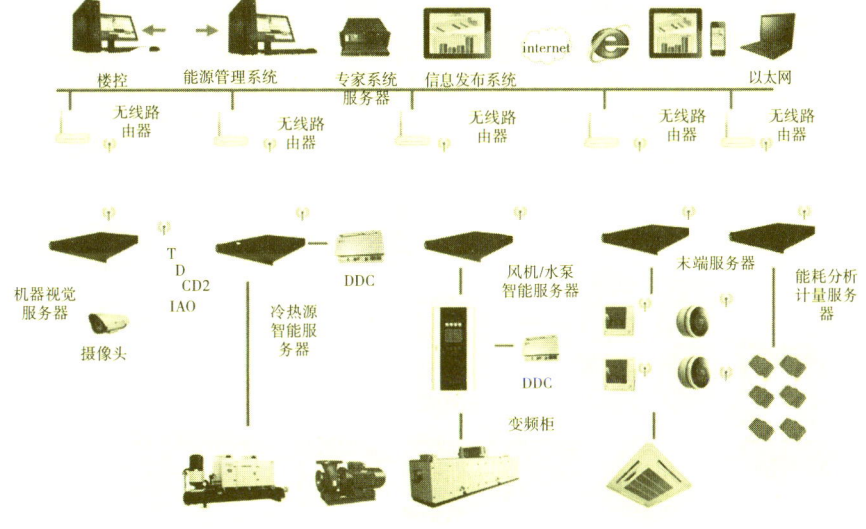

图1 微熵建筑能源管理系统

(2) 冷热源智能控制系统。

冷热源智能控制系统主要包括水源热泵机组智能控制柜、冷机智能控制柜、锅炉智能控制柜和直燃机智能控制柜等，可根据多个传感器（包括室外温湿度传感器、室外照度传感器、室内温度传感器和微视觉传感器）输入信息，将大楼内的人员活动信息作为空调主机负荷预测算法的重要输入参数，通过机器学习专家系统精确预测设备出力需求，并根据多目标多参数优化要求，根据在线辨识的设备模型进行预测控制，根据负荷变化优化空调主机运行策略，提高效率，降低能耗。

(3) 水泵智能控制系统。

根据不同末端分枝的空调要求，动态监控以实现按需供给；实现对水系统各支路基本参数的监测（包括温度、压力），对重点区域同时监测水流量。

对水系统实现自动调节，根据各支路的所需冷热量，各自按照一定的控制策略实现自动控制；自动调节循环水泵的出力，以匹配末端负荷变化。

实现动态显示各设备运行状态、统计运行时间、故障报警等各项功能；根据气候条件及用户端所需的冷热量，自动控制供暖系统输配系统的出力。

2. 主要改造内容

(1) 能源监管系统。

建立数据分析系统和能源分项计量系统，针对院区的用水、用电、热量等使用现有情况，合理加装计量表计，并且实时、可靠地采集数据。

(2) 中央空调监控系统。

针对院区中央空调系统水源热泵机组和循环水泵系统分别加装了冷热源智能控制柜和水泵变频智能控制柜，可在工作站实时监控其运行参数，并可根据监测参数优化其控制策略，实现其节能运行。

(3) 水力平衡。

在门诊楼各层水管主要分支回水处加装平衡阀并进行水力平衡调试，解决水力失衡问题。

(4) 舒适度监测。

在典型房间和重要区域加装温湿度传感器，对其舒适度进行有效监测和调控。

3. 项目实施概况

项目实施计划根据客户现场具体情况可以调整，在不影响客户正常工作需求的前提下进行项目的安装实施，对于涉及停电、停水等设备仪表的安装，项目实施单位会与医院科创相关部门提前沟通协调，具体时间双方协调确定，项目实施单位保证项目的顺利进行。

五、项目年节能量及年节能效益

1. 年节能量

该项目通过详细现场勘查后，确认节能改造范围及节能量如表1、表2所示。

表1 改造范围

建筑名称	设备名称	设备数量（台）
中国医科大学附属盛京医院滑翔院区	热泵机组	18
	冷暖水泵	12

表2　年节能量

建筑名称	设备名称	设备数量	年能耗（万 kW·h）	预计节能率	年节能量（万 kW·h）
中国医科大学附属盛京医院	水源热泵机组	18	1112.9	14%	155.8
	冷暖水泵	12	202.1	37%	74.8
年能耗共计（万 kW·h）			1315		
年节约能耗共计（万 kW·h）			232.5		
年节约能耗共计（万元）			202.3		
年节约标煤量（吨）			767.25		
年节约碳排量（吨）			2101.8		
综合节能率（%）			18		

2. 节能效益

全年共可节约电量232.5万 kW·h。平均电价以0.87元/kW·h 计算，则全年可节约202.3万元。

六、商业模式

该项目采用的合同能源管理模式为节能效益分享型，具体的分享比例见表3。

表3　节能效益分享比例

总投资额（万元）	611.00			
预期每年节能效益（万元）	202.00			
项目节能收益分享年数（年）	6			
项目用户节能收益年平均值（万元）	67.33			
项目节能分项的年限	分享比例			
	甲方		乙方	
	比例	金额（万元）	比例	金额（万元）
第一年	15%	30.3	85%	171.7
第二年	25%	50.5	75%	151.5
第三年	35%	70.7	65%	131.3
第四年	35%	70.7	65%	131.3
第五年	45%	90.9	55%	111.1
第六年	45%	90.9	55%	111.1

七、投资额及融资渠道

该项目投资额611万元，全部来自节能服务公司自有资金。

兰溪市人民医院中央空调能源管理控制系统节能改造项目

一、项目名称

兰溪市人民医院中央空调能源管理控制系统节能改造项目

二、项目业主

兰溪市人民医院（浙医二院兰溪分院）创建于 1931 年，是集医疗、保健、科研、教学和急救为一体的综合性二级甲等医院。该院中央空调制冷冷气由设置于住院楼地下室的制冷机房 3 台冷水机组提供，可以为整个大楼提供空调用冷气。中央空调采暖由锅炉房提供热水，可以为整个大楼提供空调暖气。中央空调夏季耗电 215 万 kW·h，冬季天然气能耗 40 万 m^3。

改造前暴露出的突出问题：

大楼刚启用，设计与实际应用的差异；中央空调管路长，能耗大；缺少自动化控制，管理不便；负荷区域冷热量不平衡，因传统空调机房系统各负荷区域无冷热量均衡控制，区域和区域之间的冷热量以及每个区域冷热量供需不平衡，造成较大的能源浪费。

三、项目实施单位

浙江力德节能科技有限公司

四、案例内容

1. 技术原理及适用领域

该项目采用智能控制系统对中央空调系统设备进行管理及节能优化控制，通过安装西门子 DDC 专用控制器，配上远程系统专用智能操作平台，实现中央空调冷冻机房设备的智能管理和节能优化。

该系统在冷冻机房现场设立的每台智能工作站设备全部具有独立控制功能，与现场配电箱及外围传感器等进行连接和通信，控制器通过 OPC 协议解析，与各控制柜进行通信，所有的连锁及协调自动在控制器内完成，在系统实行自动控制、远程和就地三种方式的情况下实现对冷水机组、循环水泵、冷却塔风机的连锁控制，并与远程设立的专用能源管理中心实现互相通信，实现远程控制。

控制系统预留了与 BAS 系统的开放式通信接口，可以轻松地集成到 BMS 系统，BMS 系统可通过此 OPC 技术非常方便地完成对整个冷冻机房的远程监视。

中央空调能源管理及控制系统主要对冷冻机房内的耗能设备进行节能运行管理，由于冷冻机房设备能耗约占商业建筑能耗的 50%，故在商业建筑中应用该技术非常有价值。

2. 节能改造具体内容

在工程部值班室设置一套能源管理控制中心 DC—PC，分别与设置在冷冻机房、锅炉机房、冷却塔、模块式风冷热泵、食堂风冷热泵、组合式空调机组现场的模糊能效柜进行远程通信，实现空调冷热源系统所有设备的远程智能管理和节能优化控制。同时可以通过网络实现 Web 发布。

医院中央空调末端通过总管分出五个主支管供于冷冻水，有 5 个明显的供应环路。由于流体的管路特性及空调的负荷特性造成区域间的冷量分配不均，当负荷区域得不到足够的流量时便需要把总流量加大，造成总流量的浪费。利用 DCU SCADA800 中央空调能源管理控制系统多区域冷量均衡分配节能控制技术及中央空调冷热量模糊预判断节能控制技术进行冷量平衡分配控制，从而实现中央空调的节能控制。

出、回水总管路及环路间的负荷随时变化，通过旁通阀节能效果不明显，存在着冷量的浪费，建议利用 DCU SCADA800 中央空调能源管理控制系统旁通阀控制策略技术，实现节能控制。

在冷却、冷冻水系统相应位置设置温度传感器、压力传感器。结合 DCU SCADA800 中央空调能源管理控制系统专业技术，对二次冷冻泵及冷却泵等水泵进行变流量控制，从而控制冷冻水的变流量，并控制冷却水的最佳温度，达到节能的目的。

在空调冷冻水系统相应位置设置温度传感器和流量传感器。对冷水机组阀门进行现场控制，结合 DCU SCADA800 中央空调能源管理控制系统基于主机高能效的主机群控技术实现主机工况优化及主机加减机节能控制。

在空调冷冻水系统盈亏管设置双向流量计，在空调二次泵系统中，运用我公司的动态双向变流量控制技术，DCU SCADA800 中央空调能源管理控制系统通过动态的调节一次循环侧和二次循环侧流量，达到冷量平衡，消除加减机产生的梯度流量，避免平衡管产生正向或逆向流量，在保证空调使用效果的同时达到最佳节能效果。

在冷却塔现场设置模糊能效柜 DCU SCADA800T，在室外并设置温湿度传感器，根据室外天气情况，结合 DCU SCADA800 中央空调能源管理控制系统冷却塔变风量专利技术，控制系统自动计算冷却塔冷却能力，根据空调系统实际需求的冷却风量，实现冷却塔高效节能。

在冷冻机房现场设置模糊能效柜 DCU SCADA800D，实现冷源部分温度、压力及流量、冷量等参数的监测，利用专用数据库及相关智能数学模型、专用节能控制软件实现空调主机、一次冷冻泵、二次冷冻泵、冷却泵、电动碟阀以及电动调节阀的智能管理及节能优化控制。

在动力中心锅炉机房现场设置模糊能效柜 DCU SCADA800G，实现热源部分温度、压力等参数的监测，利用专用数据库及相关智能数学模型、专用节能控制软件实现热水锅炉、热水循环泵、电动碟阀以及电动调节阀的智能管理及节能优化控制。

在机房板式换热器一次侧加装电动调节阀，通过阀门的调节来控制二次侧的出水温度。

在模块式风冷热泵现场设置模糊能效柜 DCU SCADA800M，实现该系统冷热源部分温度、压力等参数的监测，利用专用数据库及相关智能数学模型、专用节能控制软件实现风冷热泵机组、冷（热）水循环泵以及电动阀的智能管理及节能优化控制。

在食堂风冷螺杆式冷热水机组现场设置模糊能效柜 DCU SCADA800B，实现对该系统冷热源部分温度、压力等参数的监测，利用专用数据库及相关智能数学模型、专用节能控制软件实现风冷螺杆式冷热水机组、冷（热）水循环泵以及压差旁通阀的智能管理及节能优化控制。

在食堂组合式空调机组现场设置模糊能效柜 DCU SCADA800Z，实现对送回风温度、过滤网压差等参数的监测，利用专用数据库及相关智能数学模型、专用节能控制软件实现组合式空调机组以及表冷阀的智能管理及节能优化控制。

五、项目年节能量及年节能效益

1. 年节能量

改造前，该院中央空调夏季耗电215万 kW·h，冬季消耗天然气40万 m^3；实施节能改造后，每年中央空调系统总共可以节电52万 kW·h，节省天然气6.6万立方米。项目每年可以节省472吨标煤（火电煤耗按335g/kW·h，天然气热值8400Kcal/m^3），减少1260吨 CO_2 排放。

2. 年节能效益

系统改造后，该院以平均电费1.0元/kW·h，天然气费用5元/m^3 计算，预计改造后中央空调整体年节约电费约50万元，节约燃气费用约30万元。

六、商业模式

采用节能效益分享型合同能源管理模式。合同期限为6年。该项目预计每年可产生节能量80万元，6年共计480万元，综合节约率23%。

投资效益及分享比例为：

夏季用能单位分享合同期内节能效益占比30%；节能服务公司分享合同期内节能效益占比70%。冬季用能单位分享合同期内节能效益占比50%；节能服务公司分享合同期内节能效益占比50%。

投资风险约定：节能服务公司以实际节能量按分享比例收取节能改造成本及利润。当节能量高于预估值时按实际数值计算分享额，若节能量低于预估值时，所有风险由节能服务公司承担。

七、投资额及融资渠道

该项目投资额92万元，资金来源为节能服务公司自有资金。

镇江市行政中心能源托管项目

一、项目名称

镇江市行政中心能源托管项目

二、项目业主

镇江市行政中心是镇江市人民政府所在地，建筑于2011年投入使用，共包含9栋楼宇，建筑面积16.5万平方米，办公人员约2800人。中心用能设备包括中央空调、VRV空调、电梯、照明系统、常压燃气真空热水锅炉等。

2018年镇江市行政中心用电量1114.5万千瓦时，用水量16.8万吨，用气量49.4万立方米。按2018年用能数据分析，其中空调年度用电量约为579万千瓦时（估算），占年总用电量的55%；照明系统耗电占总耗电比例为20%，估算照明年用电量约210.6万千瓦时。

三、项目实施单位

国网江苏综合能源服务有限公司

四、案例内容

1. 技术原理及适用领域

该项目为公共建筑领域合同能源管理项目，是针对既有公共建筑实施节能改造，由综合能源服务公司以总价包干的形式向用户收取能源托管费，同时代缴用户的水、电、气等能源费用，投资对用户的能源设备进行节能改造，培训和指导用户能源管理团队提高运行水平，从而完成既定节能目标，实现盈利。

该项目针对镇江行政中心办公楼实施综合能源服务，应用的主要技术包括冰蓄冷中央空调冷热站改造、VRV空调系统节能改造、末端空调集中管控改造、电梯系统节能改造、高效照明系统改造、综合能源管理平台建设及供热锅炉系统改造。

2. 节能改造具体内容

项目改造分为两期，一期改造以电能节约为中心，包括冰蓄冷中央空调冷热站改造、VRV空调系统节能改造、末端空调集中管控改造、电梯系统节能改造、照明灯具节能改造。二期改造包括综合能源管理平台建设及供热锅炉系统改造。如表1所示。

表1 节能改造内容

序号	用能系统	改造方案	改造关键流程	预期改造效果
1	1号楼冰蓄冷中央空调系统	中央空调全局优化系统	全面分析系统中设备的状态参数（制冷机组COP、进出口温度、流量、压力、系统COP、制冷效率、冷却效率），根据当前的环境状态，动态平衡子系统的控制参数，在提高服务质量的同时，确保全系统能耗最低，能效利用效率最高	实现输送泵组的高效节能；实现中央空调系统整体能效提升
2	1~8号楼VRV空调	VRV中央空调节能改造系统	通过国际先进的多联共振节能装置将冷冻机油充分融合形成聚合物溶液，大幅度降低配管阻力，提高蒸发压力，从而减少压缩机能耗	提高VRV空调压缩机运行效率；减少制冷剂长距离输送阻力，提高系统COP
3	老式末端空调面板	建筑末端空调集中管理系统	通过集中控制对各区域所属空调的开关状态、设定温度、运行风向、节能命令、遥控开关等进行批量远程操作，统一管理	实现空调系统的区域管控、集中管理，提高管理节能指标
4	电梯系统	电梯回馈节能系统	采用电梯回馈节能系统，有效节省能耗	系统效率提高，机房环境温度降低，运行更安全可靠
5	照明灯具	高效照明优化控制系统（LED）	采用定制LED光源对原建筑内高能耗荧光灯、节能灯等灯具进行更换；对LED灯具实施感应式自动开关优化控制改造	实现同等照度下用电能耗大幅度降低，同时避免高防护等级的光源在潮湿环境中的腐蚀性损毁
6	供热真空热水锅炉	高效空燃热水锅炉改造	用自带完整嵌入式控制系统的高效空燃比常压式低氮免检锅炉代替原老式真空锅炉	可实现超低氮排放量达到国家标准，燃烧效率大幅度提升，实现高效节能
7	能耗监测节能管理系统	能耗分项计量、能源管理系统建设	按楼宇或区域及重点能耗部位管理要求，安装智能远传电表和智能远传水表、天然气，建立综合能效分析系统，搭建智慧建筑能源管理平台	通过数据实时监测和对比，发现用能系统缺陷，指导下一步改造，提升能耗管理方法，促进节能降耗

该节能改造方案兼顾了技术节能与管理节能，在节电、节气、节水方面进行了综合性设计，一期以电能节约为中心的改造已取得了较好的实施效果；二期以燃气节约为中心的供热锅炉改造目前已施工完成，通过调适可在前期节能的基础上进一步降低能耗费用。

3. 项目实施进度

用能单位能源托管项目合同于2019年7月1日生效，一期改造于2019年12月完成，二期改造于2020年11月完成，已进入正常运营阶段。

五、项目年节能量及年节能效益

1. 年节能量

(1) 改造前系统（设备）用能情况。

行政中心1号楼采用冰蓄冷中央空调系统集中供冷，系统共配置3台双工况螺杆式冷水机组搭配冰蓄冷装置作为冷源，另有3台真空热水锅炉供主楼1号楼及会议楼冬季供热使用，末端则采用风机盘管形式。其余建筑包括行政中心1~7号楼及市民中心大楼采用多联机空调设备供冷供热。行政中心现有27台电梯，使用率较高。另有未更换为LED高效照明灯具的常规光源共10650支。

(2) 节能量计算方法及项目年节能量。

根据用能单位电量数据统计，自2018年7月合同生效至2019年6月底，行政中心累计用电量918.089万千瓦时，上一年同期为1175.1万千瓦时，节约电量257万千瓦时，节约电量比例21.8%。若电力等价折标系数取0.307kgce/kW·h，项目运行1年共计节约标准煤（11751005 − 9180890）×0.307/1000 = 789.03tce。

表2　2018年7月至2020年6月用电量统计

时间	用电量（kW·h）	时间	用电量（kW·h）
2018年7月	1021595	2019年7月	1235855
2018年8月	1439170	2019年8月	1283395
2018年9月	1427330	2019年9月	826785
2018年10月	967480	2019年10月	416750
2018年11月	508370	2019年11月	497530
2018年12月	618690	2019年12月	928510
2019年1月	1048280	2020年1月	967445
2019年2月	1168105	2020年2月	749940
2019年3月	980125	2020年3月	576625
2019年4月	748340	2020年4月	356815
2019年5月	1012165	2020年5月	467025
2019年6月	811355	2020年6月	874215
合计	11751005	合计	9180890

若考虑到疫情影响，采用2018年7月至12月和2019年7月至12月用电数据同比分析，则同期用电量下降比例为13.27%。

表3　镇江市行政中心2018年与2019年同比用电量（kW·h）

月份	7月	8月	9月	10月	11月	12月	合计
2018年	1021595	1439170	1427330	967480	508370	618690	5982635
2019年	1235855	1283395	826785	416750	497530	928510	5188825

用水因暂未采取直接节能措施，用量相对平稳。考虑到疫情影响，该项目节水量暂不做具

体分析。

燃气节能的锅炉改造于 2020 年 8 月开始实施，11 月 19 日正式完成，由于 2020 年采暖季尚未结束，目前的燃气数据不具备参考价值，燃气节能量暂不做具体测算分析。

综上所述，用能单位一期以电能节约为中心的改造项目运行一年来共计节约电量 257 万千瓦时，折算成标煤约 789 吨。二期以燃气节约为中心的供热锅炉改造目前已施工完成，预计可在前期节能的基础上进一步降低能耗费用。

2. 年节能效益

根据江苏省 2020 年一般工商业电价 0.6465 元/kW·h 计算，镇江市行政中心一期节能改造项目已实现年电费节能效益 166.15 万元。二期高效锅炉系统节能改造后，年节约燃气量约 6.86 万 m^3，节能率约 26.6%，综合节费约 23.19 万元。

六、商业模式

该项目采用能源费用托管型合同能源管理商务模式，项目合同期六年。由节能服务公司以总价包干的形式向用能单位收取能源托管费，同时代缴用户的水、电、气等能源费用，投资对用户的能源设备进行节能改造，培训和指导用户能源管理团队提高运行水平，从而完成既定节能目标，实现盈利。

七、投资额及融资渠道

该项目建设投资总额 592.95 万元，全部投资资金由节能服务公司自筹。

八、优惠政策

该项目成功申请 2019 年度镇江市建筑节能与绿色建筑专项引导资金。

大连医科大学附属第一医院锅炉房空气源热泵节能改造项目

一、项目名称

大连医科大学附属第一医院锅炉房空气源热泵节能改造项目

二、项目业主

大连医科大学附属第一医院始建于1930年，经过80余年的发展，已成为集医疗、教学、科研为一体的综合性现代化三级甲等医院。医院建筑面积18.2万平方米，由一部、二部、三部及泉涌部四个疗区组成。现编制床位3700张，年门急诊量216万人次，是辽宁地区综合实力最强、百姓最信赖的三级甲等医疗研究型大学附属医院之一。

三、项目实施单位

北京奥天奇科技发展有限公司

四、案例内容

1. 技术原理及适用领域

热泵原理：应用卡诺原理，利用电能通过吸收空气中的低温热能，经过压缩机的压缩变为高温热能，把水加热。整个过程是一种能量转移过程（从空气中转移到水中）。如图1所示。

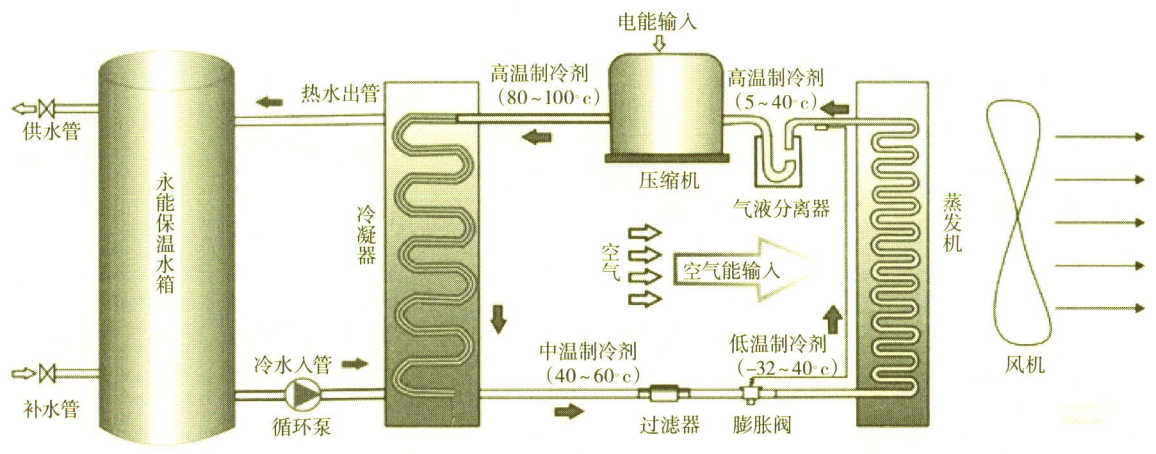

图1 热泵系统

运行原理：热泵机组与不锈钢保温水箱连接循环加热，各热泵机组独立运行。系统初始运行时，手动补水至水箱溢流水位后，停止补水转由系统自动控制。水箱补水根据水箱液位和水温控制,当低液位信号和水箱内部高温信号同时送至电磁阀时,补水电磁阀打开进行补水;当高液位信号或水箱内部温度开关低温信号任一送至电磁阀时,补水电磁阀关闭停止补水。水箱液位、温度的设定可根据实际情况调整。热泵的启停受水箱温度控制,也可以手动控制。当水箱温度低于设定温度时,热泵启动加热;当水箱温度高于设定温度时,热泵关闭。水箱出水接入原有供水系统中浮动盘管式换热器的进水,若热泵机组全部运行仍达不到供水温度将由原有蒸汽系统进行再热温度补偿来保证供水温度。

适用领域:空气源热泵技术和产品已经非常成熟,适用于制备生活热水或者集中供热。

2. 节能改造具体内容

(1) 改造前存在的问题。

医院一部采用燃油锅炉制备蒸汽,再通过蒸汽二次加热制备生活热水,生活热水温度为65℃。由于蒸汽由柴油锅炉制备,根据医院年耗油量和各部蒸汽锅炉型号及运行状态可计算出单位产蒸汽量将消耗柴油73L,大量高品位能源被转化为热水,造成能源浪费。生活热水系统采用浮动盘管容积式热交换器进行汽水交换,供水无蓄水水箱,不能保证院区热水24小时供应,热水循环泵不能正常工作导致末端用户若长时间不使用水温将过低,出现长时间放水才能供应热水的现象,形成浪费。凝结水无自动回收装置,大量的凝结水排放至地沟,造成蒸汽中的15%汽化潜热被直接浪费。

(2) 改造系统工艺流程及关键参数。

结合项目原有工艺与大连地区的气象参数,决定采用空气源热泵代替现有医院燃油锅炉制备生活热水,原蒸汽加热系统保留,作为备用热源。

根据锅炉型号及运行状态及加热生活热水所用蒸汽量估算可得医院一部日生活热水量约为80t,根据大连地区的全年环境情况和该医院一部日生活热水消耗量,结合空气源热泵机组的产出能力,该方案拟采用4台制热量为86kW的空气源热泵机组组合运行制备55℃生活热水。

(3) 改造后取得的效果。

医院一部锅炉房节能改造后,医院热水使用情况得到明显改善,热水供应得到医护人员的好评,第一年节约燃油160.95吨,热泵机组用电量为18.35万kW·h。

3. 项目实施进度

该项目于2019年1月签订合同,同年5月完工验收。

五、项目年节能量及年节能效益

1. 年节能量

改造前,锅炉房前三年的年均柴油使用量为268.47t,2019年5月至2020年4月,柴油使用量为107.52t,柴油年节约量为160.95t,折合标准煤233.4tce,空气源热泵耗电量为18.35万kW·h,折合标准煤55tce。

项目年节能量 = 233.4 − 55 = 178.4tce。

2. 年节能效益

2019年5月至2020年4月的柴油平均单价为7159.81元/t,用电单价为0.86元/kW·h。

年节能效益 = 160.95t × 7159.81元/t − 183500 kW·h × 0.86元/kW·h

= 115.2 万元 − 15.8 万元
= 99.4 万元

六、商业模式

该项目采用节能效益分享型合同能源管理，项目合同期为 10 年，前三年用能单位与节能服务公司的分享比例为 3:7，第 4 年至第 6 年为 4:6，第 7 年至第 9 年为 5:5，第 10 年为 6:4。合同期内设备所有权归节能服务公司所有，合同期结束后，节能服务公司无偿将设备移交给用能单位。合同期内设备的运行维护由节能服务公司负责。

七、投资额及融资渠道

该项目投资 236 万元，资金来源为节能服务公司自有资金。

中国石油大学（华东）"热泵清水流量与废水流量1:1"废热梯级利用热水系统建设项目

一、项目名称

中国石油大学（华东）"热泵清水流量与废水流量1:1"废热梯级利用热水系统建设项目

二、项目业主

中国石油大学是教育部直属全国重点大学，是国家重点建设和开展"211工程""985工程优势学科创新平台"并建有研究生院的高校之一。

项目一、二期为进楼层小集中洗浴模式，三期为进寝室洗浴模式，一、二、三期均采用1:1水源热泵废热梯级利用热水系统供应热水。

三、项目实施单位

江苏恒信诺金科技股份有限公司

四、案例内容

1. 技术原理及适用领域

该项目采用实施单位自主知识产权的"1:1水源热泵废热梯级利用热水机组"制备洗浴热水。该技术既利用空气源热泵技术，又利用水源热泵技术将热能梯度循环利用，解决了太阳能热水器、空气源热泵机组冬季难以正常运行的缺陷，具有良好的经济性。

1:1水源热泵废热梯级利用热水机组（以下简称水源热泵）运行原理：在用户洗浴的过程中会产生大量33℃～36℃的废热水，目前这些废热水中的热量的收大多是采用水源热泵来实现，传统的水源热泵为了稳定运行和保证效率，蒸发器的进出口温差设计不高，废热水温降较小、热量回收不彻底、热回收率低，同时为了保证热水供应，还必须使用电加热或空气源热泵辅助设备。

针对技术中存在的问题，采用一种热泵废热双路梯级利用热水装置及其控制方法，该技术采用逆卡诺原理，通过换热器和热泵对洗浴废水中的热能进行逐级回收，使洗浴废水的排放温度只有3℃左右，使得在大流量运行的情况下废水流量与清水流量仍能达到1:1，最大限度利用洗浴废热水中的热能。

实际效果：热泵废热双路梯级利用热水装置中，废热水依次经过换热器、第一蒸发器和第二蒸发器三级热能回收，经换热器的热能回收后，36℃左右的废热水能够降到17℃左右，经第一蒸发器的热能回收后，17℃左右的废热水能够降到10℃左右，最后经第二蒸发器的热能回收后，10℃左右的废热水能够降到3℃左右；相反，清水依次经过换热器、第一冷凝器和第二冷凝器三级加热，经换热器换热后,8℃左右的清水能够升温到27℃左右,经第一冷凝器加热后,27℃左右的清水能够升温到36℃左右,经第二冷凝器加热后,36℃左右的清水能够升温到45℃左右;而且,通过热泵废热双路梯级利用热水装置的控制方法,在清水流量、废水流量均在2.8~3.5t/h的情况下,能实现废水最低3℃低温排放,实现了清水流量与废水流量1:1。

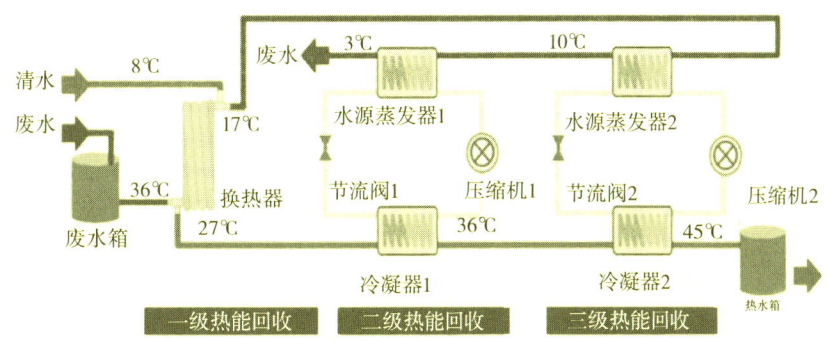

说明:1.蓝色线为废水,红色线为清水,橙色线为冷制剂。2.清水与废水流量之比为1:1(指定工况下)。

图1 机组工作原理

2. 节能改造具体内容

(1) 改造前存在的问题。

改造前,学校主要分为天然气锅炉提供热水的公共浴室和电热水器提供热水的卫生间洗浴两种方式,这两种方式主要存在以下问题:

天然气锅炉烧水一般都是高温水,每次洗浴时都需要对水温进行调节,容易发生烫伤事件;

一般天然气锅炉供水都没办法进行定温回水,导致每天洗浴时都会有大量的管道冷水需要排放,白白浪费水资源;

电热水器烧水能耗巨大,还可能出现供水能力不足的情况,必须错峰洗浴;

最关键的一点:洗浴后废热水直接排放,没有利用余热资源。

(2) 各改造系统工艺流程及关键参数。

①系统的工艺流程。

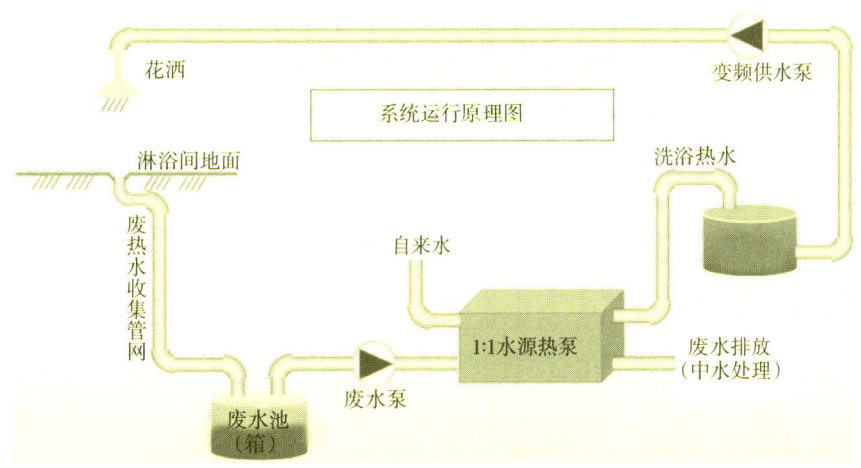

图2 系统运行原理

通过布置废热水管网将学生洗浴后的废热水全部收集起来，储存到废热水箱或废水池中，然后废热水经过1:1水源热泵机组进行余热回收并加热产生合适温度的热水储存在热水箱中，最后通过变频水泵恒温、恒压供向不同位置的淋浴间。

②设备参数。

表1 热泵设备参数

机组型号		SRS100
额定输入功率	kW	17.9
额定输出功率	kW	106.35
电源形式		380V/3N/50Hz
额定水温		45℃
进/出水接口		DN32
废水/清水流量		2.8t/h
外形尺寸	mm	1730/930/1300
净重	kg	750

经国家级检测所合肥通用机电产品检测院检测，产品制热性能系数（COP）值为7.33。

3. 项目实施进度

该项目共分为三期，一期项目于2018年7月开工，10月竣工；二期项目于2019年4月竣工；三期项目于2020年11月竣工，目前已经完成了全部的三期改造工程。

三期工程一共分成10个能源站，每个能源站均能独立运行，为实时获取运行数据，每一个能源站都配备了4G无线联网模块，用户在客户端（手机APP或PC客户端软件）可以按日按周按月进行同比、环比等汇总分析、能耗分析。

五、项目年节能量及年节能效益

根据实际运营情况，该项目一期、二期、三期工程每天的用水量大约分别为250吨、85吨、140吨。

1. 年节能量

改造前后系统（设备）用能情况及主要参数如表2所示。

表2 改造前后一、二、三期工程每日用能量

项目/类型	改造前			改造后		
	一期	二期	三期	一期	二期	三期
每日用水量（吨）	250	85	140	250	85	140
每日消耗天然气（m³）	1332.5	0	0	0	0	0
每日用电量（kW·h）	0	3513.9	5787.6	2210	751.4	1237.6
折合标准煤（tce/日）	1.62	1.07	1.77	0.68	0.23	0.38
每日用能量（tce/日）	4.46	1.29				

注：①每度电折0.307千克标准煤作为电力折算标准煤系数。
②每立方米天然气折0.0012143千克标准煤作为天然气折算标准煤系数。
每天节约标准煤使用量为5.38-1.693=3.17tce，每年按照270天来计算，则年节能量为855.9tce。

2. 年节能效益

根据之前的数据可知一期、二期、三期改造前后每天的能源费用（见表3）。

表3 改造前后一、二、三期工程能源成本

项目/类型	改造胶			改造后		
	一期	二期	三期	一期	二期	三期
每日用水量（吨）	250	85	140	250	85	140
每日消耗天然气（m^3）	1332.5	0	0	0	0	0
每日用电量（$kW \cdot h$）	0	3513.9	5787.6	2210	751.4	1237.6
能源单价（元/$kW \cdot h$、元/m^3）	4.41	0.55	0.55	0.55	0.55	0.55
合计每日成本（元）	5876.3	1932.6	3183.2	1215.5	413.3	680.7
	10992.1			2309.5		

每天节约能源成本8682.6元，每年按照270天来计算，则年节约能源费用234.4万元。

六、商业模式

该项目采用能源费用托管型合同能源管理模式，学校提供洗浴场地、水电接入等条件，节能服务公司全额投资改造、建设并经营，为学生提供洗浴服务。节能服务公司完成投资改造后取得该项目的经营权，所有建设和运行成本均由节能服务公司承担。合同到期后，所有相关设备全部转让给校方。

七、投资额及融资渠道

该项目投资额1775万元，其中1067万元为节能服务公司自有资金，708万元来自银行流动资金贷款。

南京市秦淮区人民政府办公室合同能源管理项目

一、项目名称

南京市秦淮区人民政府办公室合同能源管理项目

二、项目业主

南京市秦淮区政府节能改造方案包含太平南路69号新办公楼、秦虹路1号旧办公楼、首蓓园112号社区服务中心、综治中心办公楼等四个项目，总建筑面积为86450平方米，能耗种类主要有电力、自来水、天然气、汽油。电力主要用于大楼基础设施设备，自来水用于生活、卫生、绿化；天然气主要用于机关食堂；汽油主要用于机关公务用车。该方案主要针对电力与水两种资源进行统计分析并对其用能系统进行改造。

三、项目实施单位

深圳市紫衡技术有限公司

四、案例内容

1. 技术原理及适用领域

（1）建筑设备智能管控平台。

建筑设备智能管控平台针对建筑业主管理员对系统使用的需要，主要实现如下表1功能。

表1　建筑设备智能管控平台功能

首页	查看所有监控建筑当日能耗、环比、总功率、采集器状态、空调状态、联系人、节能报警
冷站	建筑冷站设备示意图，显示设备功率、开启情况、负载率、频率、设备当日运行状况记录、控制参数值、系统参数值
能耗	提供分项查询、支路查询、能耗分析等与能耗数据相关的功能
运维	管理设备、维修、维保等
环境	根据客户需求，对建筑分楼层、分区域或分户进行环境监控
风盘	根据客户需求，对建筑分楼层、分区域或分户进行风盘监控
参数	冷站系统设定点、系统参数、系统性能、设备数据的历史数据查询
配电	主要对变压器的各个低压配电进线和低压配电出线进行监管，低压配电安全监管主要用于电压异常、过载时报警
报警	提供实时及历史的报警信息查看、处理及报警优先级、报警提示的设置
报表	单栋或多栋建筑能耗综合使用情况日报表、周报表、月报表、年报表

空调系统优化技术包括对冷冻机群控及水阀优化控制、冷冻水出水温度优化、冷冻水泵台数及频率控制、冷却水泵台数控制、冷却水塔群控及风机变风量优化控制等，其相当于为系统装上一个智能"大脑"，追求系统整体的优化节能，从而解决常见系统有"骨"无"脑"、节能效果不佳等问题。

在中央空调系统的运行过程中，当室内末端负荷发生变化时，冷站节能控制器根据采集到的各种运行参数值，如室内温度、系统供回水温度、供回水压力以及流量等，经诊断分析控制器计算后，输出各设备最优化的控制参数，再经过全局优化控制器对系统各设备参数进行动态调整，确保空调系统保持高效运行，从而最大限度地降低能源消耗。

（2）照明LED技术。

LED照明灯具主要优势：

高效节能：LED灯相比节能灯（荧光灯）节电60%以上；

超长寿命：半导体芯片发光，无灯丝，无玻璃泡，不怕震动，不易破碎，使用寿命可达五万小时；

健康：光线健康，光线中不含紫外线和红外线，不产生辐射；

绿色环保：不含汞和氙等有害元素，利于回收和再利用，而且不会产生电磁干扰；

光效率高：同等电能转化为可见光的量更大。

（3）空气源热泵系统改造技术。

空气源热泵热水机组是一种可以替代锅炉不受资源限制的节能环保热水供应装置，它采用绿色无污染的冷煤，吸取空气中的热量，通过压缩机做功，生产出50℃以上的生活热水。

2. 节能改造具体内容

表2　节能改造内容汇总

序号	改造方面	改造内容	改造范围
1	照明系统改造	将原有普通照明灯具更换为节能LED照明灯具	太平南路69号 秦虹路21号
2	空调系统改造	在更换16、17层多联机的基础上，加装空调集中控制系统	太平南路69号
3	太阳能路灯系统改造	加装太阳能LED路灯	秦虹路21号
4	热水系统改造	更换原有电热水器	太平南路69号
5	数据中心节能改造	使用热通道技术改造数据机房	太平南路69号
6	节水器具改造	对原有普通水龙头加装节水起泡器	太平南路69号 秦虹路21号

（1）空调系统。

改造前：用能单位办公楼（太平南路69号）的27层屋面安装了12台多联机，供应16、17层，机组于2003年开始使用。使用年限过长，能效低；故障频繁，压缩机损坏；没有集中控制系统，室内各用户控制随意。秦虹路1号办公区域空调采用风冷模块机组，水泵采用定频的方式运行，且机组未设置群控系统。首蓿园112号分体式空调无集中式管理，存在运行时间过长、空调温度过高/低，导致空调能耗偏高。

改造后：太平南路 69 号空调系统更换了主机，空调主机接入智慧机电管理平台，可集中控制。由于原系统使用的制冷剂为 R407C，而目前市场主流的商用多联机使用的制冷剂为 R410A，两种制冷剂最大的区别就是工作压力，R410A 的工作压力约为 R407C 的 1.5 倍。因此，在更换整个机组，更换内外机的同时，管道与保温也需要更换。秦虹路 1 号屋顶 4 台 22kW 冷冻水泵没有安装变频控制系统。改造后新增了 1 套冷冻水泵变频控制柜，并接入中央空调系统能源监测平台。

表3　空调机组更换设备

项目	规格型号	单位	数量	备注
外机	30HP（8HP+2HP）	台	4	共两层，每层 2 个系统
超薄小巧风管机	制冷量 6.3kW	台	56	
新风室内机	1080CHM	台	2	与风管机共用外机

现场采取的措施：屋顶位置新增 1 套 4×22kW 变频动力柜，可根据负荷变化变频运行。

屋顶空调各新增水温传感器 2 只，分别安装在冷冻水供回水的最不利环路上，保证室内末端设备有足够的冷冻水供应。屋顶空调新增 2 只冷却水温度传感器，保证冷冻水供回水温度的控制。以上水泵、变频动力柜和传感器等装置全部接入新增的整体优化控制系统，实现整体优化控制。

表4　冷冻水系统改造投入设备

名称	单位	数量
冷冻水泵变频智能控制柜	套	1
变频器	套	4
压力传感器	只	2
水温度传感器	只	2

苜蓿园 112 号增加分体空调智能集中控制系统。采用电力载波和微功率无线双模技术建立分体空调远程监控系统，对学校教学区拟改造的 1251 台分体空调实现远程监控与管理，系统由空调控制器、智能路由器、监控中心组成。通过系统能够实时监测分体空调的运行状态、温度等参数；具备按遥控模式控制机组、实现机组定时开关机、温度设定等功能。

（2）照明系统。

太平南路 69 号空调系统：采用新型 LED 灯合理替代现有灯具，其中办公室现有格栅灯全部更换为平板灯。

秦虹路 1 号空调系统：室内照明采用新型 LED 灯替代现有灯具，其中办公室全部改为平板灯；公共区域新增智能照明控制系统；地下停车场照明灯具更换为节能灯，并且安装了红外感应装置。

苜蓿园 112 号：采用新型 LED 灯替代现有灯具。

表5　照明系统灯具更换明细

区域	灯具类型	数量（支）	功率（W）	改造灯具类型	改造后功率（W）
太平南路69号办公楼	已改/LED灯	1820	14	LED灯	14
	T8 0.6m格栅灯	10299	18	T8 0.6m LED灯管	11
	筒灯	939	18	LED筒灯	8
	T8 1.2m日光灯	57	40	T8 1.2m LED灯管	14
	T5 1.2m日光灯	336	280	T5 1.2m LED灯管	12
秦虹路1号办公楼	已改/LED灯	300	14	LED灯	14
	T8 0.6m格栅灯	5280	18	T8 0.6m LED灯管	11
	筒灯	3192	9	LED球泡	4
	T8 1.2m日光灯	80	40	T8 1.2m LED灯管	14
	T5 1.2m日光灯	20	28	T5 1.2m LED灯管	12
	地下室雷达灯	180	40	LED灯	14
苜蓿园112号	筒灯	829	18	LED球泡	8
	T8 1.2m日光灯	350	40	T8 1.2m LED灯管	14
	T8 0.6m日光灯	200	28	T5 1.2m LED灯管	12
	LED筒灯	2650	9	LED筒灯	9
	LED日光灯	1545	14	LED日光灯	14

（3）热水系统。

太平南路69号的生活热水系统存在的问题有：洗浴热水主要采用电热水器供应热水，设备年限久，占用空间大，预热待机时间长，用水量供应有限，能耗费用高；食堂热水占用空间大，就餐高峰期热水需求量大，用水量供应能力不足，能耗费用高。

针对太平南路69号的生活热水系统，设置两套空气源热泵热水器，分别替代25-27楼洗浴的电热水系统和4楼食堂热水的电热水器。

表6　热水系统改造投入设备

设备名称	型号	功率（kW）	制热量（kW）	数量（台）
空气能热水器	LKF75/200-BDII	0.852	3.45	6

3. 项目实施进度

项目于2020年9月通过验收，年节电量108.51万度，节能率15.48%，年均直接经济效益超过69万元。

五、项目年节能量及年节能效益

1. 年节能量

该项目采用美国能源部认可的eQUEST软件进行了模拟。模拟结果表明：

模拟年能耗基准值为694.79万kW·h，与业主提供年基准能耗值（700.75万kW·h）基本一致,误差率仅0.85%,此基准建筑模型可信。

将节能改造措施代入模型,对能耗重新模拟,得出节能改造后全年总用电量约为592.23万kW·h,相较于项目基准能耗,节电量为1085102 kW·h,综合节能率为15.48%。

年节能量 = 1085102kW·h × 0.000330tce/kW·h = 358.08吨标准煤。

2. 年节能效益

表7 年节能效益表

用能系统	节能量（kW·h）	节能收益（万元）	节能率（%）
智慧运维平台及空调优化	137500	8.80	1.96
照明系统	697515	44.64	9.95
空调系统	174634	11.18	2.49
热水系统	37949	2.43	0.54
食堂风机	22004	1.41	0.31
数据机房	15500	0.99	0.22
节水系统	1105	0.42	0.04
能耗基准	电:700.75万kW·h;水:800603m^3		
总节能率	电:15.48%;水:0.04%		
综合水费单价（元/m^3）	3.82		
综合电费单价（元/kW·h）	0.64		
年节省费用（万元）	69.87		

六、商业模式

该项目采用节能分享型合同能源管理模式。节能服务公司承担节能改造服务整个项目资金投入,用能单位免费获得节能收益。

节能收益分享比例与年限:分享年限为8年,分享期间甲乙双方的节能量分享比例为3:7,用能单位分享全年总节能量的30%,节能服务公司分享全年总节能量的70%。

节能设备所有权:分享期内,节能设备所有权归节能服务公司;分享期满,节能设备所有权归业主方,其系统节省效益全部归业主方享有,节能服务公司不再对节能量进行分成。

七、投资额及融资渠道

项目总投资约150万元,全部由节能服务公司自行承担。

八、优惠政策

根据《南京市公共建筑能效提升重点城市建设项目和资金管理办法》《南京市建筑节能示范项目管理办法》等文件,改造后平均节能率超过15%（含）的,按改造建筑面积每平方米30元进行奖补,改造后平均节能率超过20%（含）的,按改造建筑面积每平方米40元进行奖补,采用合同能源管理模式实施改造的,每平方米建筑面积增加5元奖补。

中国飞行试验研究院科研楼群冷热源合同能源管理项目

一、项目名称

中国飞行试验研究院科研楼群冷热源合同能源管理项目

二、项目业主

中国飞行试验研究院（简称试飞院）位于人称"飞机城"的西安市阎良区，创建于1959年，是我国唯一经国家授权的军民用飞机、航空发动机、机载设备等航空产品鉴定试飞单位；是国家飞行试验技术研究机构，是国家授权的"飞机适航认可实验室"。试飞院占地490余万平方米，职工4000余人。主要用能设备有冷水机组、蒸汽发生器等。

改造范围涉及院区内401科研大楼、315楼、学术报告厅，是行政办公核心地点，总建筑面积23178m²。制冷的使用时间段为7:00—19:00，每年运行四个月，供暖的使用时间段为6:00—20:00，每年运行四个半月。这三栋建筑现有冷热源采用设置在厂区内的蒸汽发生器和制冷站，但随着院区内建筑规模的不断扩大，蒸汽发生器供暖能力已不能满足新增建筑面积的需求，制冷站已经超期服役（22年），为满足这3栋建筑的供暖供冷需求，急需对现有的冷热源进行改造。针对冷热源的改造，项目采用空气源热泵系统实现冷热双供，电力资源稳定性优于燃气供应，空气源热泵机组的设备使用率也高于冷热分供的系统。

三、项目实施单位

中国航空工业新能源投资有限公司

四、案例内容

1. 技术原理及适用领域

项目改造的冷热源采用模块式空气源热泵机组，考虑到阎良区冬季极端气候条件下稳定供热的需求，项目采用超低温形式的模块机组。超低温空气源热泵（图1）是以空气作为低品位热源来进行供暖或供热水的装置，同时也可以进行夏季制冷。其特点是以准二级压缩喷气增焓热泵系统保证机组在-25℃能正常制热，实现了空气源热泵在寒冷地区供暖的可能。机组在环境温度大幅下降时制热量衰减极小，在低温下制热能效比比常规机组高50%~80%，机组在环境温度大幅下降时而制热量衰减很少，充分保证制热效果。在-25℃可以正常制热，-25℃能效比达1.8以上，充分保证低温工况下制热效果。

图1 超低温空气源模块机组

2. 节能改造具体内容

改造前，随着试飞院内建筑面积的扩大，科研楼群原有系统供热出力不足；制冷站内的制冷机组已服役22年，超出设备使用年限；科研楼1～4层风管、保温及阀门老化造成末端供热效果不好。

针对以上问题，本次改造拆除原有3台螺杆式冷水机组及配套设备，新安装16台超低温空气源热泵，建立自控系统，实现冷热源系统的自动运行控制、能耗（电、水、热、冷）自动计量与统计。改造后联合调试，冬季满足人员办公房间内温度20±2℃，夏季满足人员办公房间温度26～28℃。

3. 项目实施进度

该项目于2019年11月开工建设，2020年5月底投入试运行，7月15日顺利通过项目竣工验收，移交试飞院使用，正式进入运营期。通过一年度制冷季运行，干部职工普遍反映效果良好，科研楼群的环境温度舒适度较往年有大幅度提升。

五、项目年节能量及年节能效益

1. 年节能量

（1）改造前后系统（设备）用能情况及主要参数。

改造前，2019年制冷季（2019年6月3日至9月6日，共14周）的冷源设备为3台WCFX27A型螺杆式冷水机组，主要耗能为设备机组运转所需的电力能源，有少量耗能工质新水，经过汇总，2019年制冷季的综合能耗为33915.90 kgce。2019/2020供暖期（2019年11月15日至2020年3月15日，共18周）的供暖热源接410C供暖站高压区系统，利用天然气为能源，经蒸汽发生器转换为饱和蒸汽，再通过热交换器进行汽水换热后将高温热水输送至用户空调末端装置，主要能耗为蒸汽发生器天然气消耗、工艺系统、控制系统及循环泵等设备电耗、软化水消耗，经过汇总，2019年/2020年供暖期的综合能耗为141167.22kgce。

改造后，2020年制冷季（2020年6月1日至9月4日，共14周）和2020/2021供暖季（2020年11月15日至2021年3月15日，共18周）的冷热源设备均为新安装的16台空气源热泵，能源介质主要为电力和少量软化水。经过汇总，2020年制冷季的综合能耗为22579.78 kgce；因2020/2021供暖季才刚刚开始，故能耗数据是依据空气源热泵的制热工况，参考2019/

2020 供暖季周平均温度，采用理论计算得来，此理论计算先在制冷季上进行了应用，并与实测值进行了对比，结果差异不大，故可以作为理论依据，经过推算 2020/2021 供暖季综合能耗 45662.89 kgce。

（2）节能量计算方法及项目年节能量。

制冷季期间，环境温度的变化是影响综合能耗的关键因素，温度越高，能源消耗越大。周平均温度为相关变量，为了达到满足同等条件的要求，采用后推校准法进行了归一化处理，校准后的 2019 年制冷季的综合能耗为 32753.045 kgce，与 2020 年制冷季的综合能耗 22579.78 kgce 相比，节能量为 10173.27kgce，折合 10.17 吨标准煤，节能 31%。

供暖季期间，同样受环境温度的影响，与制冷系统相反，温度越低，能耗越大。2019/2020 供暖期的实测综合能耗为 141167.22kgce，2020/2021 供暖季理论推算综合能耗 45662.89 kgce，节能量为 95504.33kgce，折合 95.5 吨标准煤，节能 68%。

2. 年节能效益

根据上述制冷系统及供暖系统的对比分析，每年合计节能量 105677.6 kgce，折合 105.68 吨标准煤，占试飞院同期电力消耗的 8%，每年可节约电力、天然气等能源费用约 30 万元。

改造前为两个系统运转，需投入运行人员 9~11 人；改造后合并为一个系统，自动化程度高，只需 2~3 人运行管理即可，富余的人员通过自然减员或者转岗。单位每年可减少近 50 万元的人员工资支出。

两项合计，每年实际可节约费用 80 余万元。

六、商业模式

该项目采用节能效益分享型合同能源管理模式，能源服务公司与试飞院签订合同能源管理合同，负责该项目节能方案编制、投融资、工程建设、运行调试，确保改造后供暖供冷效果达到试飞院要求，试飞院作为用户按期向节能服务公司支付服务费。

该项目合同期为 6 年 4 个月，含建设期 4 个月。根据合同约定，该项目对改造前后供冷、供暖系统每年节省费用进行了技术性推算，保守估算每年节省 654579.63 元，6 年节省费用合计为 3927477.78 元。节能效益试飞院年分享 20%（每年分享 130579.63 元，6 年分享 783477.78），节能服务公司年分享 80%（每年分享 524000 元，6 年分享 3144000 元）。

七、投资额及融资渠道

该项目由节能服务公司全额投资。

青岛大学附属医院（西海岸院区）节能改造项目

一、项目名称

青岛大学附属医院（西海岸院区）公共建筑节能改造项目

二、项目业主

青岛大学附属医院西海岸院区位于青岛市黄岛区五台山路1677号，是由青岛市政府、开发区管委会、青岛大学附属医院按照三级甲等水平共同建设的一所综合性医院，于2011年5月建成并投入使用，一期总建筑面积约24万平方米，目前开放床位1800余张。

院区主要使用的能源种类包括电、蒸汽、水，主要用能系统分为空调系统、照明系统、生活热水系统、其他动力系统，全年能耗费用约2800万元。

三、项目实施单位

青岛国工能源科技有限公司

四、案例内容

1. 节能改造具体内容

改造内容包括：照明系统、空调能源站集控系统、空调末端集控系统、生活热水系统、余热利用系统、能耗监测平台等。院区通过节能技术改造和精细化能源管理，有利于提高能源利用效率，减少能源浪费，降低能耗费用，最终达到医院节能运行、低碳环保的目的。

（1）照明系统节能改造。

在改造前，院区内的照明灯具绝大部分采用荧光灯管，而荧光灯在使用过程中不仅耗电量较高，而且发光质量较差，使用寿命低。针对这种情况，根据各区域灯具的使用特点，将荧光灯具全部更换为LED灯具，比原荧光灯具节电一半以上，使用寿命更长，且照明环境更好。

根据地下车库灯具的使用特点，将原有荧光灯管更换为微波感应双亮度LED灯管：光线暗时，智能检测到有人或有车活动时，启动18W的全亮灯状态；光线暗时，智能检测到无人或无车活动时，进入3W的微亮灯节能状态；光线亮时，即使智能检测到有人或有车活动，仍然维持3W的微亮灯节能状态。

图1　部分区域现场LED灯具

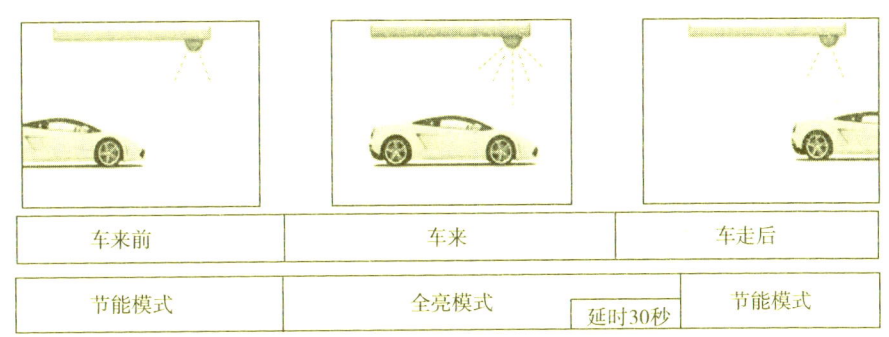

图 2　地下车库智能照明系统

(2) 空调能源站集控系统。

原有空调能源站运行控制时，冷冻水泵、热水泵、冷却水泵以及冷却塔风机都是工频运行，不能随负荷的变化而调节流量，使空调系统存在小温差大流量现象，导致水泵耗电量较高。冷水机组、采暖换热器一次侧电动调节阀、水泵等设备依靠人工就地手动控制且设备之间缺乏关联性，使系统运行匹配差，综合运行效率较低。

针对空调能源站的控制情况，对机房内的冷热水管道增设各类远传仪表，如流量计、温度传感器、压力传感器、压差传感器、室外温湿度传感器等，并将原有系统控制柜统一更换为PLC变频控制柜，在物业班搭建集中控制平台，以便集中监控。

新增的空调能源站集控系统能够实时监测各环路管网与设备的运行状态，并将数据汇集到监控中心；根据当前用户的负荷需求等条件，实时确定冷、热水系统最低能耗运行工况下主机运行台数及设定温度，循环水泵的运行台数及频率，冷却塔的运行台数及风机频率，同时根据确定后的各环节运行参数，实现系统的自动化运行。

空调能源站集控系统可实现按需供能，提高空调采暖与制冷的系统能效，降低运行能耗，节省能源费用。

图 3　新增变频控制柜

(3) 空调末端集控系统。

门诊区域大部分科室使用时间为白天，非开诊时间无须供暖或供冷，依靠个人管理不能保证下班时都能关闭房间及公共区域相应的空调末端，会导致夜间不必要能源浪费。另外也存在空调末端温度设定过高或过低的现象，使供暖或供冷系统能耗较高。

针对以上情况，将门诊楼内原就地控制温控器更换为智能远传温控器，并通过集中控制平台，对空调末端系统分区域按用能特点制定供能策略集中控制与管理。

该空调末端集中控制平台可远程设定该区域空调末端机组自动启停时间，实现上班前开启，下班后自动关停；设置空调末端机组温度高低限值，避免现场温度设定过高或过低，导致室温达到使用要求后仍高风速供热或供冷；并且远传集中控制并不影响现场使用人员的就地控制，若空调末端机组自动关停后，使用人员可通过现场温控器开启运行。

该集中控制平台使末端用能需求与供能负荷匹配合理，并杜绝不必要的浪费，以降低空调末端风机盘管机组以及供能机组侧的运行能耗。

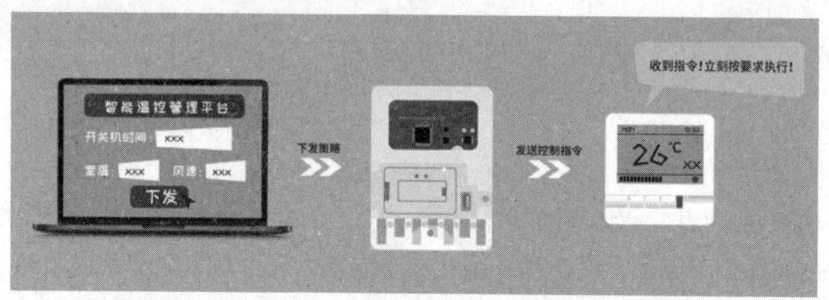

图4　空调末端集控

（4）冷水机组配置冷凝器胶球清洗装置。

机房内冷水机组使用年限已久，冷凝器受冷却水水质的影响内部存在大量污垢，不仅会增大运行阻力，还会导致换热效率降低，增加能耗。

针对冷水机组冷凝器内部污垢情况，设置冷凝器胶球清洗装置。该装置综合过滤、流体力学、发泡纳米橡胶球、微电脑控制等技术，达成最简单的冷水机组循环水系统一站式解决方法。

工作原理为：发球机将胶球发入冷凝器中，胶球依靠水压差擦洗掉换热管内壁的污垢，在冷却水出口端通过捕球器回收胶球至发球机形成一个清洗循环，通过微电脑控制程序设置清洗频率和次数，达到自动在线清洗功能。可保持冷凝器内壁洁净，换热效率提高，冷水机组制冷效率提高，降低能耗。

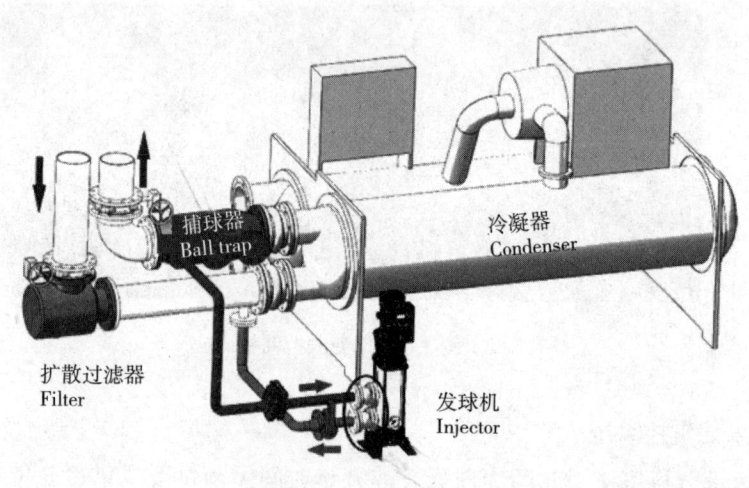

图5　胶球清洗装置示意图

（5）生活热水系统节能改造。

院区原生活热水系统采用市政蒸汽为热源，通过半即热式汽水换热器换热提供生活热水。

蒸汽热源价格较高，且汽水换热器使用年限已久，换热效率下降，凝结水温度较高并最后直接排放，使生活热水的制备成本较高。

根据现场情况，新增空气源热泵热水系统在室外温度大于0℃时为中、低区提供生活热水，其余时间利用原蒸汽热源提供生活热水。

项目所选热泵热水机具有行业创新技术直热循环双模式热水系统功能。冷水直接通过机组产出高温热水储存到保温水箱内供应用户用热水，30秒即可输出设定温度的热水，在用户不使用热水情况下热水温度下降了可转换为循环模式进行恒温加热，弥补行业循环式热水系统由于冷水直接补进水箱具有冷热水混水现象而导致出热水温度不稳定的缺点。

该空气源热泵热水机具有模块化集中控制系统技术，多机组热水系统可实现远程联网集中控制，自动化运行，方便运行管理。

图6　直热型空气源热泵热水机现场

（6）余热利用系统。

门诊楼蒸汽使用过程中的凝结水集中回收至凝结水箱中但未被利用，直接由水泵排至室外湖中。通过设置板式换热器将原直接排放的凝结水用来加热采暖回水，可降低采暖蒸汽耗量，节约能源。

科教楼蒸汽使用过程中的凝结水就近直排，凝结水热量未被利用。通过设置凝结水箱集中回收科教楼蒸汽使用过程中的凝结水，然后利用凝结水箱中的内置换热盘管预热生活热水，可降低生活热水蒸气耗量，节约能源。

（7）能耗监测平台。

院区内电、蒸汽、水等能源数据每月依靠人工统计，无法实时发现耗能异常及掌控用能状态，更没有能耗分级统计、能耗分析、定额管理等功能。针对这种情况，根据院区各能源系统的分支情况，设置相应的远传电表、远传水表、远传蒸汽积分仪，然后按照能源的分类对电、蒸汽、水等计量数据实时远程采集；其中水和蒸汽实现二级计量，用电实现三级计量。

通过搭建能耗监测平台实现建筑能耗的分项、分区计量和实时监测，建筑分项能耗统计和分析、重点用能设备能耗统计和分析、能耗定额管理、能耗异常报警、能效公示等功能；通过对各分类、分项能耗数据的合理采集，掌握不同医疗功能区域能耗及重点用能区域的能耗，有效指导医院能源管理，实现管理节能。

2. 项目实施进度

项目开工时间为2020年4月23日，项目竣工时间为2020年9月10日。项目节能效益分享期从 2020 年 9 月 11 日至 2026 年 9 月 10 日。项目目前正常运行，初步达到了预期效果。

五、项目年节能量及年节能效益

1. 年节能量

表 1　项目年节能量

用能系统	改造前能耗	改造后能耗	节能量	节能量折标准煤	节能率
照明系统	2895012kW·h	1149242kW·h	1745770kW·h	536tce	4.8%
空调系统（含门诊余热利用）	10008407kW·h	7678636kW·h	2329771kW·h	715tce	6.4%
	89517GJ	59395GJ	30122GJ	1028tce	9.2%
生活热水系统（含科教余热利用）	9077GJ	769006kW·h	/	74tce	0.7%
	/	/	1077GJ	37tce	0.3%
能耗监测平台	/	/	/	/	/
合计				2389tce	21.4%

项目年总节能量为 2389 吨标准煤，年节能率为 21.4%。

2. 年节能效益

项目总节约用电量 3306535kW·h，按平均电价 0.60 元/kW·h 计算，共节省电费 198.80 万元；项目总节约用热量 40276GJ，按平均热价 87.73 元/GJ 计算，共节省热费 353.32 万元；项目年总节省用能费用 552.12 万元。

六、商业模式

该项目采用节能效益分享型合同能源管理模式。项目节能效益分享期为 6 年，用能单位与节能服务公司的节能量分享比例为 3∶7。合同期满后，节能服务公司所投节能设备和软件等无偿移交用能单位，此后产生的节能收益归用能单位所有。

七、投资额及融资渠道

该项目投资额 1717 万元，全部为节能服务公司自有资金。

湖口县行政中心大楼综合节能改造合同能源管理项目

一、项目名称

湖口县行政中心大楼综合节能改造合同能源管理项目

二、项目业主

江西省九江市湖口县位于江西、湖北、安徽三省交界处，因地处中国第一大淡水湖——鄱阳湖入长江之口而得名。县行政中心坐落于九江市湖口县双钟镇石钟山大道16号，2009年10月建成，2011年1月正式投入使用，包括行政大楼、艺术中心、文博中心、石钟广场和台山公园等，总占地面积约24万平方米，建筑面积4.2万平方米，其中行政中心大楼主体建筑面积2.2万平方米，地上9层地下1层，主要用于机关办公、大型会务等，共约460人在行政大楼办公。

三、项目实施单位

江西需求侧能源管理有限公司

四、案例内容

1. 改造方案

行政大楼于2011年1月正式投入使用，各项能源设备相对陈旧，2019年引进合同能源管理方式对大院实行综合节能改造，由节能公司全额投资150万元，将大楼所有灯具换成LED设备，用水设备全部采用节水器具，把机房IT设备、空调、照明等用电量进行分项计量，将公共区域原有的E27灯泡庭院路灯替换成太阳能光伏庭院路灯，对大楼建设雨水收集系统及高效灌溉系统；搭建物联网能耗监测监控系统平台，实现每个台式计算机的远程监测（开/关）和远程正常关闭；实现每个房间空调的远程监测（开/关）和远程开关；一键实现远程对个人用电设备关闭；完成能耗及节能相关数据的报表和查询功能；用手机远程管理办公室用电设备；通过对大楼综合节能改造，年节电量约35.34万度、年节水量约800吨、年节约标准煤109.17吨。

2. 节能改造具体内容

（1）物联网能耗监测监控系统平台搭建。

物联网能耗管控平台是集能耗监测与能耗管控于一体的智能化节能管理系统。系统在对所有监测点进行实时数据监测的同时，亦可对关键位置进行远程控制，根据系统算法判断数据异常，并做出相应管控动作，管理员可通过手机收取异常信息及建议处理意见，根据处理意见通过手机APP远程控制相应设备，系统对重要异常信息进行自动判断，自动执行管控动作，无须等待人为介入,更及时有效地阻止了资源浪费。

物联网节能新理念:人人节能(节能不再只是管理者的事)。

物联网节能新模式:主被动节能(上下班都可以全方位节能)。

物联网节能新行为:能耗及节能数据监测到个人(个人节能排名激励加考核培养主动节能习惯)。

被动节能:下班后对办公室计算机、中央空调、热水器、照明灯等用电设备进行能耗监测及远程集中定时管控实现节能,物联网技术彻底解决了加班问题。

主动节能:用户上班外出办事通过手机远程一键关闭自己所有办公电器实现节能。

行政中心办公大楼物联网能耗监测与节能减排管控平台包含办公大楼照明、空调、计算机及相关用电设备的能耗监测及0待机功耗节能管控,平台能够用手机远程实现每个房间照明设备、台式计算机及空调等用电设备的远程监测(开/关)和远程开关控制,完成个人主动节能次数(节能量)的统计和排名,促使人们养成主动节能习惯,还能够实现能耗及节能相关数据的报表和查询功能。

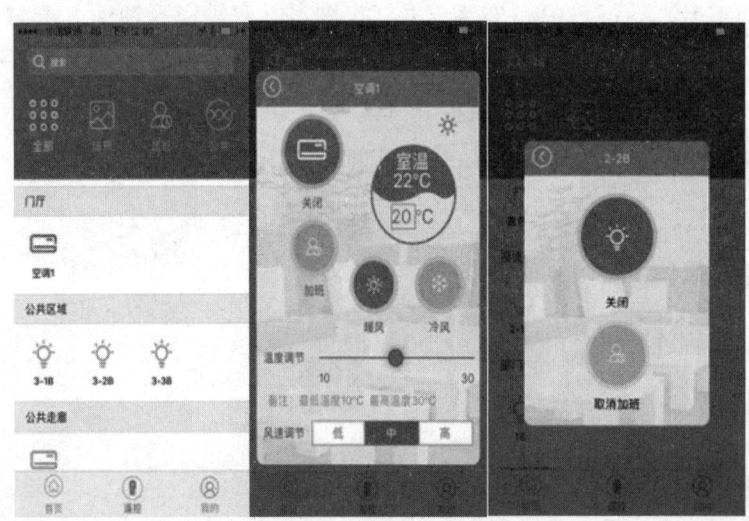

图1 用户手机远程控制界面

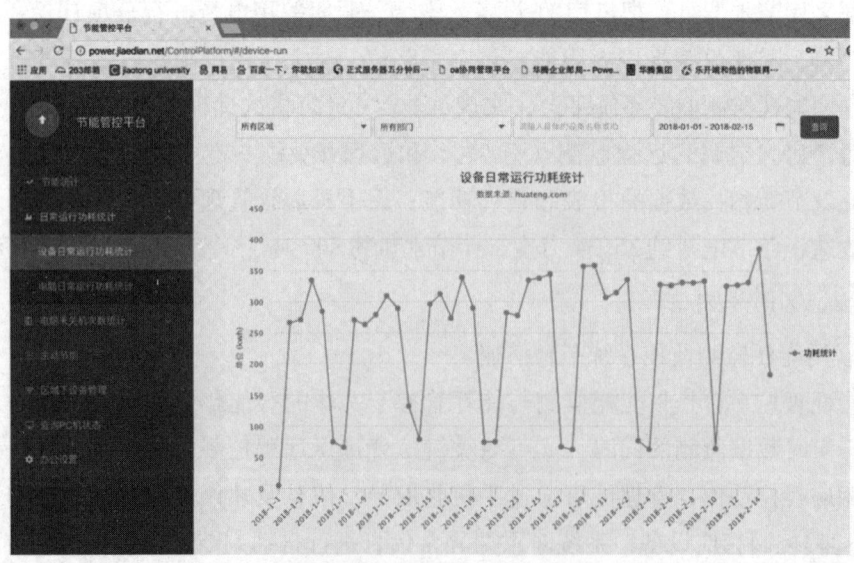

图2 设备的日常运行功耗统计

（2）照明设备改造。

LED是一种能够将电能转化为光能的半导体，具有使用低压电源、能耗少、实用性强、稳定性高、响应时间短、对环境无污染、多色发光等优点，已成为世界公认的第四代照明光源，成了引领照明节能环保的主流。它能满足室内外各种环境照明需求。通过合同能源管理节能改造将用能单位所有灯具更换成LED灯具。

将地下停车场中所有荧光灯管改为微波感应LED日光管，实现如下功能：

智能检测周边环境，自动调整工作，状态静止时超低照明功耗3瓦，并且根据环境可调。

有移动物体进入时，自动感应满负荷工作16瓦，满载工作时间2~60秒，可根据环境可调。

无须人工控制，灯具自动感应、自动调整，节电率高达80%~90%，响应快，实现了人来灯亮，人去转暗。

（3）节水器具改造。

单冷水龙头在使用过程中，用水量较大，人为浪费较多。针对当前城市用水浪费严重、水资源日渐减少、很多城市存在严重缺水的现象，国家倡导公共场所采用高效节水器具替代单冷水龙头。本项目对节水效果一般的用水器具进行改造，将单冷水龙头更换为节能产品政府采购目录中的产品。

（4）绿色机房改造。

根据绿色机房对PUE值的要求，机房内照明全部采用LED灯具，空调机组能效比已达到了能耗等级要求，但机房内的IT设备、空调、照明等用电量没有进行分项计量。因此，为了整体达到绿色机房的要求，本次改造方案需对IT设备、空调、照明等用电量进行分项计量。

将机房微孔铝扣板全部更换为PVC铝箔贴面石膏板，较之前者，PVC铝箔贴面石膏板具有优良的耐久性，隔音、隔热、保温、防火、防紫外线性能优越。隔离机房与吊顶区域，从而降低冷热量供应，降低设备工作时间。

对玻璃门加装密封条，防止机房冷热量散失，降低设备工作时间。

（5）太阳能光伏路灯建设。

太阳能是取之不尽、用之不竭、清洁无污染并可再生的绿色环保能源。光伏能源被认为是21世纪最重要的新能源。太阳能路灯无须铺设线缆、无需交流供电、不产生电费；采用直流供电、控制；具有稳定性好、寿命长、发光效率高、安装维护简便、安全性能高、节能环保、经济实用等优点。

该节能改造项目使用太阳能光伏庭院路灯替换公共区域原有的E27灯泡庭院路灯。

（6）雨水收集及高效灌溉系统建设。

随着水资源供需矛盾的日益加剧，越来越多的国家认识到雨水资源的价值，并采取了相应的雨水回收利用措施。科学、合理、高效地利用雨水资源，不仅可以缓解城市缺水，还能涵养与保护水资源、控制城市水土流失，减少水涝，控制城市地下水超采带来的漏斗效应与沉降，减轻水体污染以及改善城市生态环境，符合我国可持续发展战略。

项目通过建设雨水收集系统用于浇灌绿化景观及一些其他非生活用水用途，对现有绿化灌溉设施进行改造，采用高效喷灌系统替换原有灌溉设施，预计节水量可达500吨。

五、节能量与综合效益

1. 年节能量

通过对用能单位大楼综合节能改造,其中照明灯具改造预计年节电量约 16.04 万 kW·h;能耗监测监控系统平台预计年节电量约 19.30 万 kW·h。总计节电量为 35.34 万 kW·h,折合标准煤 108.5tce。

2. 年综合效益

按照本单位用电 0.7652 元/kW·h 计算,此项目产生的直接经济效益为:年节电效益 = 35.34 万 kW·h×0.7652 元/kW·h = 27.04 万元。

通过对用能单位大楼综合节能改造,可实现节水 800 吨,其中用水器具改造预计年节水量约 300 吨;雨水收集及高效灌溉系统建设预计年节水量约 500 吨。按照用能单位用水 3.17 元/吨计算,该项目产生的直接经济效益为:年节水效益 = 800 吨×3.17 元/吨 = 0.25 万元。

综上所述,该项目年总经济效益为 27.29 万元。

六、商务模式

该项目采用节能效益分享型合同能源管理模式,节能服务公司为用能单位提供全流程节能服务,保证项目实施效果。根据用能单位招标文件,共对 7 年的节能效益进行分享,用能单位与节能服务公司的分享比例为 1:9。项目分两笔支付,在项目建设完工并验收合格后,支付第一笔(前六年分享效益);项目使用后对应的第七年当日支付第二笔(第七年的分享效益)。

七、投资额及融资模式

项目总投资约 150 万元,由节能服务公司全额投资。

福州大学公共建筑节能改造合同能源管理项目

一、项目名称

福州大学公共建筑节能改造合同能源管理项目

二、项目业主

福州大学创建于 1958 年，位于福州市大学新区学园路 2 号，是国家"211 工程"重点建设高校、福建省人民政府与教育部共建高校，现已发展成为一所以工为主、理工结合，理、工、经等多学科协调发展的重点大学。

中央空调系统包括冷水机组、冷却塔及空调末端、主机、冷却水泵、潜水泵等耗能较高；照明系统主要采用吸顶灯、节能灯和 T5、T8 型普通荧光灯等灯具；其他用电包括电脑、投影仪、打印机、LED 显示屏、风扇、电热水壶等用品。

三、项目实施单位

厦门金名节能科技有限公司

四、案例内容

1. 技术原理及适用领域

基于云技术开发的能源管控云平台可将不同的中央空调集成优化控制系统进行集中管理。在一个系统层面对所有中央空调进行远程监测及控制。针对不同空调系统，在管理中心的中央空调集成优化控制系统可以独立进行控制。系统可根据末端制冷需求的不同制定不同的运行策略、不同的运行时间。

为实现室内人员密度的判断，采用图像识别技术进行判断。在每个教室前端新增高清网络摄像头，所有摄像头通过交换机将视频数据集中发送至硬盘录像机。能源管控平台内置图像识别算法，平台可根据课程表或定时方式，周期性地读取各个教室的监控视频图像。根据图像识别算法分析教室内的人员数量。根据图像识别结果来控制相应教室的照明或分体空调。

该技术适用于各大医院、学校、办公楼等大量使用空调、照明等系统且能源管理系统简单薄弱的公共场所。

2. 节能改造具体内容

（1）改造前存在的问题。

校区的能源管理系统较简单薄弱，主要有以下问题：

中央空调系统未设置相应的集中监测和控制系统，设备均是人工操作；分体空调系统缺乏有效管理控制，使用不规范，缺乏计量手段；照明系统使用传统光源，光效低、寿命短且用电量高,在无人无课且光照度充足的情况下灯具未关闭;虽然校区针对空调系统、照明插座、动力系统以及特殊能耗采取一定的能耗计量设施,但是计量装置存在较大的缺陷和问题,不能够及时对坏点进行纠偏管理,导致能耗数据误差较大;校区的分项计量分项不够齐全,相关分项不够准确。

(2)改造措施。

新增硬件设施分为两类,一类是直接节能型设备,为提升节能效率,采用高效LED灯具;另一类是间接节能型设备,主要为智能控制设备、传感设备、新增水泵及现场控制器等。

新增控制软件主要是中央空调集成优化管理系统、节能公司管控平台。三个中央空调的管理中心分别安装一套中央空调集成优化管理系统,用于对整个中央空调系统的独立控制。

(3)改造后取得的成果

通过用能设备能效监管系统建设,最大程度提供后勤系统用能设备管理的信息化、集约化,提高设备的管控效能,把原来通过人工干预管理的大量灯具、空调系统等调整为在一个中控室集中管控,节省人力。此外,高校作为社会影响力巨大的社会单元,在节能减排方面率先垂范,具有良好的示范效应。

此公共建筑综合节能改造项目可作为厦门市乃至省内高校能源管理的典范,树立节能管理工作的样板;公共建筑综合节能改造可以更好促进节约型校园建设,节约型校园建设是国家的重要战略部署,也是学校坚持和落实科学发展观的必然要求。

3. 项目实施进度

根据工程基本情况和项目需求,主要对能源管理系统及分项能耗监测项目、中央空调、分体空调集中控制、照明等设施进行节能改造。

为配合学校需要,所有需断水断电的施工项目均在学校放假期间完成,据此排定施工周期约70天,开工时间为2018年3月1日,竣工时间为2018年6月5日,各改造项目同时进行。

该项目成立了合同能源管理项目部,配备专职负责人及服务人员驻点进行设备运行管理。对改造所涉及的用能设备每天对其运行状态及参数进行巡查,确保设备运行正常。设立24小时服务电话,接到服务电话后立即响应,一般故障2小时内处理完成,如需更换设备,2天内完成。

五、项目年节能量及年节能效益

1. 年节能量

通过对用能单位的综合节能改造,年节能量约为162.11万kW·h,综合节能率约为23.5%。

表1 年节能量　　　　　　　　　　　　　　　　单位:kW·h

基准能耗	6897092.4			
改造项目	中央空调	分体空调	照明	合计
改造前年耗电量	2226813.8	796057.9	1429691.9	4452563.6
改造后年耗电量	1566859.4	541319.4	723331.5	2831510.3
节能量	659954.4	254738.5	706360.3	1621053.3

续表

基准能耗	6897092.4			
改造项目	中央空调	分体空调	照明	合计
节能率	9.57%	3.69%	10.24%	23.50%

注：基准能耗包括中央空调、分体空调、照明、插座、办公用电、动力用电、消防用电、电梯用电、通风系统用电等。

节能量测量与验证：参照《国际节能效果测量和验证规程（IPMVP)》选项 C 进行节能效果测量方法与验证：

E saving = E baseline − E measured + E adjusted = E baseline adjusted − E measured；

R saving = E saving/E baseline adjusted；

其中：

E saving 为节省的能耗（kW·h）；

E baseline 为改造前基准总能耗（kW·h）；

E measured 为改造后对应基准时间段内的能耗（kW·h）；

E adjusted 为能耗调整量（因用能的各种变更及环境因素的变化所产生增加或减少的用电量，变更包括但不限于设施更换、运行时间调整、建筑内功能区域变化、气候变化、人员负荷变化等）；

E baseline adjusted 为调整后的基准总能耗；

R saving 为节能率。

2. 年节能效益

电价按 0.533 元/kW·h，年节能效益 86.40 万元。

六、商业模式

该项目采用节能效益分享型合同能源管理项目，项目合同期为 5 年，节能效益分享比例为节能服务公司分享 50%，业主分享 50%。在合同期内设备所有权均归属于节能服务公司，业主仅享有使用权，合同期满后无偿赠给学校。

七、投资额及融资渠道

该项目投资额 524.3 万元，全部来自节能服务公司自有资金。

郴州市中医医院节能改造项目

一、项目名称

郴州市中医医院节能改造项目

二、项目业主

郴州市中医医院成立于1957年6月，是郴州市唯一综合性三级甲等中医医院，全院在职职工600余人。医院设备先进。主要用能设备中央空调系统有4台中央空调主机，8台循环水泵，其中55 kW 4台、45kW 4台，能源塔5.5kW电机14个；热水系统为3组30kW的电辅加热，功率合计90kW。照明采用传统日光灯。

改造前人均225千克标准煤，单位面积10.72千克标准煤。

三、项目实施单位

湖南瑞兴综合能源管理有限公司

四、案例内容

1. 技术原理及适用领域

主要应用的节能技术包括：中央空调系统运行节能控制技术、水泵自动变频技术、空气源热泵+热回收技术、LED光源+声光双控。

2. 节能改造具体内容

（1）中央空调机房节能控制系统建设及改造。

中央空调系统有四台中央空调主机，8台循环水泵，其中55 kW 4台、45kW 4台，能源塔5.5kW电机14个。改造前控制柜为传统的开关式控制柜，仅有开和关的功能，全是依靠人工凭经验操作，控制方式简单、需要人工凭经验操作。对此加装了一套中央空调节能控制系统，对主要水泵、风机加装变频控制柜，改造后，由控制系统根据环境温度、用能需求控制空调主机及水泵、风机的启停及运行模式，系统运行由人工控制改为全自动运行模式，提高工作效率和系统运行效率。经过改造，中央空调系统由开放式管理模式升级为智能化管理。

（2）照明系统节能改造。

对整个医院的照明系统进行节能升级改造，在达到国家相关标准和原照度的条件下，主要是采用LED灯具替换原荧光灯具。在楼梯间采用照明声光双控模式，做到人来灯亮、人走灯熄，亲切方便，安全节能。地下室采用红外感应灯，做到了车来灯亮，车走微亮的效果。

（3）热水系统节能改造。

原热水系统为3组30kW的电辅加热，功率合计90kW。改造后，用3台9kW的空气源热泵主机替代电辅加热。夏季采用中央空调热水回收系统对热水进行一次加热到40℃以上，然后再用空气源热泵二次升温。其他季节用空气源热水主机对生活热水进行加热。

3. 项目实施进度

项目于2020年9月份开工，2020年10月份完工。

五、项目年节能量及年节能效益

1. 年节能量

改造前人均225千克标准煤，单位面积10.72千克标准煤；改造后年人均121.42千克标准煤，单位面积9.46千克标准煤。经第三方评估机构评估节能量，每年节约241万吨标准煤。

2. 年节能效益

改造后平均每年节约电1962000kW·h，按当地电价0.6803元/kW·h，年节能效益约133万元。

六、商业模式

该项目采用能源托管型合同能源管理模式，合同期为10年，分享比例按总能耗费用4.5%优惠率，优先给院方。合同期内设备运营维护费用均由节能服务公司承担。

七、投资额及融资渠道

该项目投资额252万元，全部为节能服务公司自有资金。

雄安新区市民服务中心综合能源项目

一、项目名称

雄安新区市民服务中心综合能源项目

二、项目业主

雄安新区市民服务中心综合能源项目占地面积 24.24 公顷，总建筑面积约 9.96 万平方米，主要用能设备为项目供暖制冷和制热水所需要的主机、水泵等设备的用电。

三、项目实施单位

恒有源科技发展集团有限公司

四、案例内容

1. 技术原理及适用领域

雄安新区市民服务中心综合能源项目采用"浅层地温能＋再生水源＋冷热双蓄"的复合能源供应系统，充分利用中水等可利用能源，结合低谷电进行冷热双蓄，实现为整个市民服务中心提供冬季供暖、夏季供冷和全年生活热水一体化服务。形成了利用地热能、不燃烧化石燃料为建筑物供暖（冷）的系统，实现建筑物供暖（冷）总能耗的 60% 以上是浅层地能等清洁能源，建设节能低碳的示范建筑，为新区建设起好带头作用。

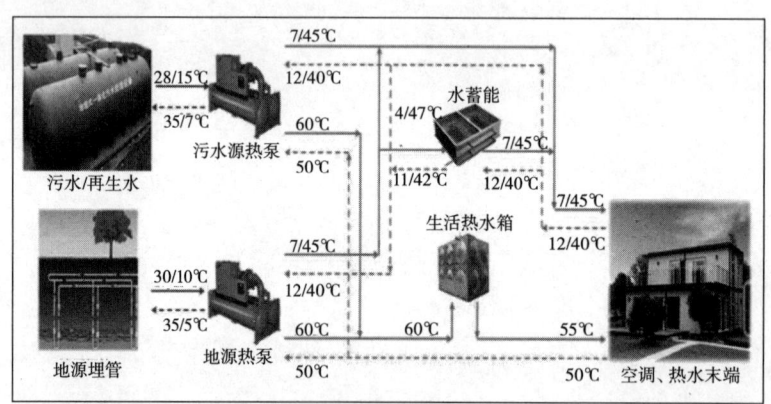

图 1 系统流程示意图

该系统适用于大型的有大量中水可以利用的项目，且当地实行峰谷电价，谷电价格较为便宜，适合使用蓄能方式的项目。

2. 节能改造具体内容

市民中心为新建项目，项目常规供暖冷系统（燃气锅炉供暖＋电制冷）能耗高，投资大，也不利于节能环保。本系统采用"浅层地温能＋再生水源＋冷热双蓄"的复合能源供应系统为市民服务中心提供冬季供暖、夏季供冷和全年生活热水一体化服务。

系统在园区内设置一个集中能源站，采用热泵技术，从土壤以及处理后的生活污水中提取能量，并结合蓄能水池，在夜间低谷电时段，将能源储存在蓄能水池里，白天峰电时段使用，削峰填谷。利用先进的智能化自控系统，通过负荷模拟、负荷预测，对运行效率、运行能耗进行分析，实现系统自适应调节、智能预警、无人值守和远程管理，达到节能降耗的目的。

浅层地温能采集系统采用地埋管系统，根据负荷设计1510个地埋管。地能热泵机房系统设计采用四台螺杆式地源热泵冷热水机组（每台机组由两个独立模块组成，两个独立水系统循环回路，两套独立的自控系统，四个独立制冷剂回路，其中两台为全热回收机组）和一台螺杆式地源热泵冷热水机组（机组采用两个独立制冷剂回路），冷热双蓄系统设置一个1500立方米双蓄水池。

夏季优先运行蓄能系统和地源热泵机组，提供13/6℃的冷水满足建筑空调需求，其中温湿度独立控制空调由一台机组提供16/21℃高温冷冻水满足干式风盘运行，并提供4/9℃冷冻水满足除湿机组需求。冬季先运行蓄能系统和地源热泵机组，提供40/50℃的热水满足建筑空调需求。

生活热水系统采用全热回收热泵主机进行制备，设置两台热水水箱，热水温度为55℃。

3. 项目实施进度

项目于2017年12月开始开工，3个月竣工。自2018年5月运行至今。

项目冬季运行时，夜间利用谷电结合热泵系统对项目供暖的同时，将热量储存在蓄能水池中，白天峰电期间优先利用蓄能水池供暖；夏季运行时，夜间利用谷电结合热泵系统对项目供冷的同时将冷量储存在蓄能水池中，白天峰电期间优先利用蓄能水池供冷，降低系统装机容量的同时节约系统的运行费用。

五、项目年节能量及年节能效益

1. 年节能量

该项目为新建项目，项目采用常规供暖供冷系统（燃气锅炉供暖＋电制冷），主要用燃气和电能，每年节约的电量和燃气量可折合为大约1000吨标煤。自2018年5月开始运行到2019年3月20日，制冷季累计用电232万kW·h，折合23.2kW·h电/平方米；取暖季累计用电384万kW·h，折合38.4kW·h电/平方米，节能效果显著。

2. 年节能效益

当地峰段电价0.9174元/kW·h，平段电价0.6631元/kW·h，谷段电价0.4088元/kW·h，蓄能电价0.3453元/kW·h，本项目年节能效益约200万元。

六、商业模式

该项目采用工程总承包模式，节能效益归甲方所有，设备所有权归甲方，建设单位免费承担项目设备运营维护两年。

七、投资额及融资渠道

该项目投资额共4700万元，均为节能服务公司自有资金。

盐城市第三人民医院建筑能耗总包项目

一、项目名称

盐城市第三人民医院建筑能耗总包项目

二、项目业主

盐城市第三人民医院共分为南院区和北院区两个区域。南院区位于盐城市新都西路2号，建筑面积为94376m^2，含地下室面积约8000m^2。其中，门诊楼35779m^2、病房楼49398m^2、放疗中心4883m^2、其他4316m^2，门诊和病房楼采用中央空调系统，冷热源设备为溴化锂蒸汽机、螺杆机组、磁悬浮离心式冷水机组、蒸汽水板式热交换器。北院区位于盐城市剧场路75号，建筑面积为35280m^2。其中，门诊楼4442m^2、病房楼19191m^2、老三层病房楼4772m^2、药剂楼1500m^2、其他5375m^2，病房楼采用中央空调系统，冷热源设备为溴化锂蒸汽机、磁悬浮离心式冷水机组、蒸汽水板式热交换器。

三、项目实施单位

远大能源利用管理有限公司

四、案例内容

1. 技术原理及适用领域

（1）LED节能灯具改造技术。

LED节能灯具有高效节能、超长寿命、光效率高的优势。

（2）建筑能耗监控系统。

实现能源监管与节能运维一体化的技术路线，总体思想体现了"统一管理、分散监控、灵活构建、高度集中"的设计思路。主要目的是掌握系统能源消耗情况、能效情况，实现能源监测管理和节能运行管理。

能源监控系统由多子功能系统集成：包含基础平台管理功能，具有子系统管理、建筑管理、设备管理、用户与权限管理、统一消息管理等功能并具备良好的系统模块扩展功能，方便后期功能扩展与开发。

（3）水泵变频改造。

水泵电机耗电与转速成3次方的关系，当系统负荷减少时，通过控制变频器降低电机转速实现降低流量或散热量，此时电机的耗电以频率减少百分量的3次方降低，实现大幅节电，变频改造后，节电率可达40%~70%。

2. 节能改造具体内容

该项目采用的节能技术主要有中央空调系统改造、能耗监控平台、LED 照明节能改造。

（1）冷热源设备改造。

南区：新增 C240 磁悬浮节电空调替换原有蒸汽溴化锂机组一台，改造完成后共包含 C240 磁悬浮节电空调一台（制冷量 2800kW）、蒸汽型溴化锂机组一台（制冷量 2910kW）、螺杆式冷水机组两台（单台制冷量 903kW）。原冷冻水系统采用分/集水器分配流量，各冷冻水泵与机组独立管道一一对应，冷却水泵与机组一一对应。另外，将螺杆机以及洁净区的支管进行连接，达到独立供冷的目的。其他设备不做改动。

北区：新增 C120 磁悬浮节电空调，改造后系统共包含蒸汽型溴化锂机组（制冷量 1160kW）两台，C120 磁悬浮节电空调一台（制冷量 1400kW）。该项目的冷冻水泵与机组为一一对应。新增节电空调对应的冷冻、冷却泵予以更换。其他设备不做改动。

（2）水泵变频改造。

南院区：空调系统使用原有的冷水泵，更换冷却水泵，并增加冷却水泵的变频。适时适量地控制水泵电机转速来调节水泵的流量、压力工况，以满足空调系统的要求，使电机在整个负荷变化过程中的能量消耗降到最小。

北院区：原有水泵已运行 15 年以上，增加 1 台 C120 的节电空调后，对应增加冷却水泵一台，安装位置为原有水泵位置，且冷却水泵增加变频控制。

（3）能耗监控平台。

用能单位分南院和北院两个独立院区，相隔约 7km 距离。北院年代较长，而南院运营仅十余年。经与医院协商，监控平台需采集南北院电、气数据，并做出相应能耗数据的显示、分析及汇总。主要实现实时监测、数据采集、统计分析、预警管理、数据查询、报表生成、界面显示等功能。

（4）LED 照明。

针对公共区域各种灯具备货，灯具损坏后由水电班领取灯具并更换。

3. 项目实施进度

项目于 2019 年 4 月 10 日开工建设，2019 年 7 月 15 日结束，运行良好。

五、项目年节能量及年节能效益

1. 年节能量

（1）改造前后系统（设备）用能情况及主要参数。

表 1　南院改造前后设备及参数

	设备名称	规格型号	数量
既有设备	溴化锂	制冷机组，型号：SX26-291KHZ，制冷量：2910kW	2 台
	螺杆机组	制冷机组，型号：RTHDC2D4E4，制冷量：902.9kW	2 台
	板式热交换器	采暖机组，换热面：$6m^2$	3 台
	冷水泵	型号：SLW300-315，扬程：39m，功率：90kW，流量：$500m^3/h$	2 台
	冷水泵	型号：SLW125-160，扬程：28m，功率：22kW，流量：$165m^3/h$	2 台
	热水泵	型号：HBG125-80-160/161，功率：22kW，流量：$199.7m^3/h$	3 台

续表

	设备名称	规格型号	数量
既有设备	冷却水泵	型号：SLW300-315，扬程：30m，功率：90kW，流量：735m³/h	1台
	冷却水泵	型号：SLW300-315，扬程：30m，功率：90kW，流量：735m³/h	1台
	冷却水泵	型号：SLW125-160，扬程：28m，功率：22kW，流量：185m³/h	2台
	冷却塔	型号：KFT-1200RT 400RTC3，电机：10.5kW，水量：828m³	6组
新增设备	冷却塔	型号：KFT-600RT 200RTC3，电机：7kW，水量：414m³	2组
	节电空调	制冷机组，型号：C240，制冷量：2800kW	1台

表2 北院改造前后设备及参数

	设备名称	规格型号	数量
既有设备	×	制冷机组，型号：SG-14MT，制冷量：1164kW	2台
	溴化锂	制冷机组，型号：SG-3MT，制冷量：584kW	1台
	板式热交换器	采暖设备，换热面：2m²	1台
	板式热交换器	采暖设备，换热面：3.8m²	2台
	冷水泵	型号：DFG150-315，扬程：34m，功率：30kW，流量：220m³/h	2台
	冷水泵	型号：DFG125-160，扬程：32m，功率：22kW，流量：160m³/h	1台
	热水泵	型号：DFG81-160A，扬程：28m，功率：5.5kW，流量：44m³/h	1台
	热水泵	型号：DFG100-160A，扬程：28m，功率：11kW，流量：88m³/h	2台
	冷却水泵	型号：DFG150-200B，扬程：38m，功率：22kW，流量：140m³/h	1台
	冷却水泵	型号：DFG200-3.5A，扬程：32m，功率：45kW，流量：300m³/h	1台
	冷却水泵	型号：DFG200-3.5A，扬程：32m，功率：45kW，流量：300m³/h	1台
	冷却塔	型号：KFT-750RT 200RTC3，电机：7.5kW	6组
新增设备	节电空调	制冷机组，型号：C120，制冷量：1400kW	1台
	冷水泵	TD150-33/4（N=30kW，h=33m，L=200m³/h）	2台
	热水泵	TD65-30/2（N=5.5kW，h=28m，L=44m³/h）	1台
	热水泵	TD80-30/2（N=11kW，h=30m，L=80m³/h）	2台
	冷却水泵	TD200-23/4（N=37kW，h=25m，L=330m³/h）	1台

注：带×的为系统改造后取消的设备。

（2）节能量计算方法及项目年节能量。

表3 项目节能量

	电（年）	蒸汽（年）	说明
基准能耗	12721128kW·h	26840.85t	2016年、2017年平均值
系统改造后能耗	12810000kW·h	20297t	统计期：2019年2月至2020年1月
节能量	88872 kW·h	6543.85 t	
折合标煤	28883.4kgce	658441.4216kgce	
总节能量	629.558tce		

2. 年节能效益

如按当地电价 0.68 元/kW·h 计算,年节能效益 68 万元。

表4 年节能效益

	电(年)	蒸汽(年)
基准能耗	12721128kW·h	26840.85t
系统改造后能耗	12810000kW·h	20297t
能源单价	0.6947 元/kW·h	199.5 元/t
节省能源成本	158.17 万元	

六、商业模式

该项目采用能源费用托管型合同能源管理模式,合同期9年。节能服务公司全额投资开展节能改造,负责提供全院的能源供应,代缴实际产生的能源费用、能源系统的运行和设备维护保养及人员成本等日常运营成本。医院按固定的综合能源服务费用定期支付给节能服务公司。

七、投资额及融资渠道

项目总投资 696.45 万元,含制冷系统改造,加装磁悬浮离心式冷水机组、管路水量平衡并加装零阻力过滤器、部分水泵变频、设备及管路保温、建立能耗监控平台、部分照明灯具 LED 改造等,全部为节能服务公司自有资金。

青岛宁夏路小学能效提升合同能源管理项目

一、项目名称

青岛宁夏路小学能效提升合同能源管理项目

二、项目业主

宁夏路小学位于青岛市南区宁夏路173号，始建于1986年，新校区于2014年9月开工，2015年8月竣工。总建筑面积29058m^2，地上4层局部5层，地下1层，建筑高度为23.9m。地下一层为车库、设备间、机房、泳池、报告厅等，地下一层东南侧为教室办公区；一层为厨房、餐厅、教室及办公区；二层为风雨操场、教室以及办公区；三层至五层为教室以及办公区域。外墙材料为加气混凝土，保温使用150mm厚岩棉板，外窗三玻两腔LOW E/隔热塑钢窗。

用能设备及用能情况：该项目暖通设计系统复杂，有空气源热泵系统、地源热泵系统、太阳能生活热水系统、光伏发电等，且各系统互相关联。机房内安装两台螺杆式地源热泵，一台夏季供冷、冬季供暖，通过转换阀门实现冬季、夏季功能转换；一台为厨房、淋浴热水及泳池供热，通过储热水箱实现与泳池板换间接换热；楼顶安装10台空气源风冷热泵作为辅助热源，过渡季节或办公人员加班时开启。屋顶安装太阳能热水集热器，给热水系统供热以及地源热泵补充地下热量。水系统为两管制，报告厅、餐厅、篮球场采用定风量全空气系统，教室、办公室采用风机盘管加新风的形式。另外楼顶安装光伏发电系统，通过逆变器接入学校配电系统，发电为自发自用模式。

项目改造前，学校没有专业运维人员，原有的自控系统没有完善和利用。供暖、供冷期间主机、水泵24小时开机，电能耗较高，2017年用电186.4万kW·h，2018年185.3万kW·h。

表1 地源热泵机组设备表

编号	型号	品牌	制冷剂	额定制冷/热量	制冷/热耗电量	数量（台）	制冷性能系数COP
1	PSRHH1651C-R-Y	克莱门特	R134a	605.6kW/606.4kW	101.8kW/132.3kW	2	5.95/4.58

表2 空气源热泵机组设备表

编号	型号	品牌	制冷剂	额定制冷/热量	制冷/热耗电量	数量（台）	制冷性能系数COP
1	AQS065S-N	克莱门特	R134a	65.0kW/67.0kW	21.3kW/21.0kW	10	3.05/3.09

表3 空调水泵设备表

编号	设备类型	品牌	流量（m^3/h）	扬程（m）	输入功率（kW）	转速（rpm）	数量（台）
1	空调侧循环泵	格兰富	160	32	22	2950	3
2	地源侧循环泵	格兰富	160	32	22	2950	3

表4 太阳能光热

编号	设备类型	品牌	数量（块）	面积（m^2）	热水产量（t）
1	太阳能板	荣事达	300	600	22

三、项目实施单位

青岛立信达能源服务有限公司

四、案例内容

1. 技术原理及适用领域

项目能效提升方案原则：不做大的设备更换，主要是对原有能源系统进行优化补充，增加自控系统和能管平台，进行能效提升。不仅是设备能效提升，对建筑的环境也进行改善，提高建筑环境的舒服度、健康性。该项目的节能改造措施对具有中央空调的学校尤其适用，也适用于普通的公共建筑能源系统节能改造。

2. 节能改造具体内容

（1）改造前存在的问题。

①室内环境品质难以得到保障。冬季部分房间温度过高，部分出入口冷风直侵，热量大量散失。夏季部分区域冷热不均，湿度较大，有墙体发霉现象。夏季空调机房内温度及湿度过高，闷热。

②设备本身效率高，但系统能效较低。系统设备本身运行情况较好，机组效率较高，水泵效率接近额定效率。但是整个系统运行效率较低，系统搭配耦合不佳。

③地源热泵系统冬夏冷热不均。青岛中小学夏季制冷需求较小，最热季节学校放假近2个月，制冷负荷低；冬季采暖负荷高，而且学校有生活热水需求，其中一台制热水的热泵全年取热运行，取热多，放热少，长期运行会导致地源侧无热可取。

④系统缺少整体验收，自控设备系统无法正常运行。由于缺乏专业的机电顾问参与验收，学校的机电系统缺少整体验收资料，没有实现系统的综合调试，自控系统也不能完全投入使用，整个系统无法按照设计方案高效运行。

⑤系统运维复杂，专业性较强，缺少专业运维人员。整个系统较复杂，地源热泵、空气源热泵、太阳能热水一应俱全，且各自关联，各个子系统之间错综复杂。目前学校委托别的公司进行运维，由于系统复杂，运维人员专业能力不足，仅能保证系统正常运转，不能保证系统高效运行，能耗较高。整个系统运行策略混乱，而且系统水力平衡失调，浪费大量能源。

(2) 具体改造内容。

①空调风系统维护及室内环境提升。

对空调系统末端出风口及回风口进行高温杀毒清洗,在学生食堂内安装2台美国百屋纯空气净化器,增加室内空气流动,同时起到杀毒灭菌作用,对学生在疫情期间起到保护作用。末端风机盘管维护,检查面板温度和环境场实际温度,对风管破裂处、保温脱落处、软连接处进行修复。清洗空调箱回风过滤器、风机盘管回风过滤器,降低风系统阻力,降低风机能耗。共计完成5台空调箱维护,110套回风口、送风口高温清洗。

②循环管道及机组维护保养。

清洗主机冷凝器、蒸发器,降低换热端差。清洗系统过滤器,包括主机入口过滤器,水泵入口过滤器、空调末端过滤器,减少系统不必要的阻力,提高水泵效率。水泵、蒸发器、综合水处理器增加保温,减少过程能耗损失。委托厂家对地源热泵主机、空气源热泵主机进行维护保养。

③系统调试及调适。

调节水力平衡,根据各个支路共回水温差调节流量,达到按需分配,使各个支路的温差趋向一致。减少系统能耗。清洗主机,调试主机性能参数,提高机组COP。空调机房增加空气源热泵,增加了余热回收—除湿功能。空调机房增加地面排水系统,减少了机房湿度。

④完善及增加自控系统,大大降低能耗。

增加空气源热泵通信模块,使机组与循环泵、地源热泵系统联动。获得地源热泵主机通信协议,实现主机与循环泵联动,并根据使用时间调整出水温度。水泵增加变频器,根据供回水温差调节频率,降低水泵能耗,同时设置水泵最低频率,满足主机最少流量要求。空调箱增加电动调节阀,根据出风温度,调节电动阀开度,并根据空调箱的使用时间开关电动阀。增加两套自控系统,生活热水自控系统及空调系统自控系统。其中生活热水自控系统包含了太阳能光热系统、空气源热泵余热回收系统、地源热泵热水系统、泳池换热系统。空调系统包含了室外空气源热泵系统、地源热泵系统。根据学校的工作特性,制定运行策略,实现主机与水泵联动,非工作时间主机停止运行,并联动水泵停止;根据不同的室外温度或使用时间调整出水温度。根据各个系统的能效,在不同的时间和天气情况下,采用空气源热泵系统和地源热泵系统互相切换来供冷和供热。恢复原有的自控系统,实现了对机电系统末端设备和环境监控。

⑤增加学校能源管理平台。

修复部分原有的计量仪表,更换了远传水表。根据自控系统需要和能耗监测需要增加了6块计量电表。平台包含了能耗监测、能源管理、设备监控三大模块。对重要的用能指标如能耗总量、单位面积能耗、单位面积耗冷耗热量、机电设备能效等进行计算分析。对各个重要机电系统的设备状态、能耗进行监测,可远程查看设备的运行状态、能耗数据,并可远程设置机组的关键参数。

⑥其他改造措施。

对光伏发电系统进行检修,恢复正常发电。对太阳能光热系统进行维护,增加一个6吨预热水箱。在教室内增加3M节水阀,节水率在40%以上。

3. 项目实施进度

该项目于2019年9月开工,2020年9月竣工,改造后系统已投入正式使用,通过实际运行情况分析,达到了改造前的既定目标。

五、项目年节能量及年节能效益

表5 节能量统计

序号	改造内容	改造措施	节能量（年）
1	暖通空调系统	增加自动控制系统，清洗管路及主机，调整运行策略	22.5万kW·h
2	光热系统	夏季、过渡季生活热水用太阳能及余热回收空气源热泵代替地源热泵	12.2万kW·h
3	光伏系统	恢复太阳能光伏系统	4.0万kW·h
4	室内末端	增加2台美国百屋纯空气净化器；对空调箱及风机盘管进行清洗	2.2万kW·h
5	3M节水阀	更换50套3M可调式节水阀	5.0万元
6	能耗管理平台	增加能耗管理平台，加强行为节能	5.4万kW·h

暖通空调系统：提高机组及循环泵能效，调整地源热泵设定参数及运行策略，按需供冷供热，实现节约能耗13.2万kW·h；提高输配系统能效，增加自动控制系统，实现阀门的切换、水泵运行、空调箱运行策略调整，实现主机与水泵联动，空调箱与电动调节阀联动，降低输配电耗9.3万kW·h。

光热系统：修复光热系统，安装太阳能光热板300块，约596平方米，采用间接换热系统，乙二醇溶液作为载体，维护各管道支路，增加预热水箱，配合空气源余热回收系统，过渡季节和夏季学校生活热水基本由太阳能光热系统解决，年节能量12.2万kW·h。

光伏系统：屋顶安装光伏系统140块太阳能光伏板，装机容量为38.5kW，恢复发电系统，年发电量约为4万kW·h，15年寿命周期内预计可发电60万kW·h。

室内末端：餐厅内配置2台美国百屋纯空气净化器，过滤等级初效G4，中效F7，处理新风量2000m³/h。对学校教室及办公室末端风机盘管进行清洗，共计110台风机盘管、5台空调箱，清洗采用高温热水、高温高压蒸汽，不仅提升了室内环境品质，还降低水泵、风机输配能耗，节约电量2.2万kW·h。

3M节水阀：教室内更换50套3M可调式节水阀，在水柱中打入空气，形成独特的气泡式出水效果，水花细腻舒适不喷溅，可根据需求调节水量，节水率在40%左右，年节约水费5.0万元。

能耗管理平台：实现了对地源热泵、空气源热泵、循环水泵、光伏系统、光热系统等重要机电设备状态监测、能耗监测，通过远程查看设备的运行状态，分析能耗数据，实现地源、空气源、光热多能互补，统一调度，系统提高能源效率，可实现节能量5.4万kW·h。

总计节约电量46.3万kW·h，水费5.0万元，经济效益30.5万元，折算标准煤138.9tce，节能率25.0%。

六、商业模式

该项目采用节能量保证型合同能源管理模式。

七、投资额及融资渠道

该项目总投资额100万元，全部为节能公司自筹资金，投资回收期3.3年。

同济大学附属存志青州中学
供冷供暖节能改造合同能源管理项目

一、项目名称

同济大学附属存志青州中学供冷供暖节能改造合同能源管理项目

二、项目业主

同济大学附属存志青州中学是青州市政府引进的一所集幼、小、初、高中于一体的全日制高品质中西合璧民办学校，学校占地220亩，投资5.6亿元，建筑面积12万平方米，主要分为教学楼、单人教师公寓、男生宿舍、女生宿舍及餐厅等区域。为落实国家节能减排政策及树立新型智能绿色校园样板工程，该项目冷热源采用空气源热泵机组，末端采用高效节能风机盘管系统，结合东方电子自主研发的节能控制系统、室内微环境监测系统及智慧云平台，最终实现"绿色节能、智能高效、健康环保"。

表1 主要用能设备及用能情况

序号	设备名称	单台用电功率（kW）	台数（台）	总用电功率（kW）
1	低温型空气源热泵机组	44	28	1232
2	循环水泵	55	2	110
	合计	99	30	1342

三、项目实施单位

东方电子集团烟台东方智能技术有限公司

四、案例内容

1. 技术原理及适用领域

（1）空气源热泵技术原理。

空气源热泵机组运行主要依据工质相变，即蒸发吸热、冷凝放热原理。制热时，液态制冷剂在蒸发器中汽化，吸收室外空气中的热量，低温低压的气态制冷剂经压缩机压缩后变为高温高压气体送至冷凝器中冷凝，制冷剂从气态冷却为液态，将室外空气中吸收的热量及压缩机的电能输入一并转移到需要供热的室内。液体制冷剂经膨胀阀节流后，再次进入蒸发器汽化，完成一次循环。在这个循环中，随着制冷剂状态的变动，实现了热量从空气侧向水侧的转移。机组制热能效比为3，即1kW的电能输入可以吸收2kW的大气热量，最后将3kW的热量输送至室内。制冷时，液态制冷剂在蒸发器中汽化，使水温降低，低温低压的气态制冷剂经压缩机压缩后变为高温高压气体送至冷凝器中冷凝，制冷剂从气态冷却为液态，将室内热量排入室外大气中。液体制冷剂经膨胀阀节流后，再次进入蒸发器汽化，完成一次循环。在这个循环中，随着制冷剂状态的变动，实现了热量从水侧向空气侧的转移。

（2）适用领域。

煤改电家庭采暖领域、分布式集中供暖领域、畜牧业养殖供暖领域、家庭或大型建筑冷暖领域、农业大棚恒温领域、商用热水领域、校园热水BOT领域、工农业/服务业烘干领域、工业高温应用领域、恒温保存领域等。

2. 节能改造具体内容

该项目为空气源新建项目，末端为风机盘管。空气源热泵机组降低了运行成本，减少了有害气体排放，保护了环境；末端风机盘管系统既解决了冬季采暖问题，又解决了夏季制冷问题。智能节能控制技术及云平台系统使系统运行更加稳定、节能。技术方案内容如下：

（1）冷热负荷估算及主机选型。

根据该项目实际运行情况，空调系统可分为三个区域：教学楼为区域一，公寓及宿舍为区域二，餐厅为区域三。三个区域间歇运行：白天主要为教学楼区域运行，晚上主要为宿舍区域运行，餐厅间歇运行。

表2　学校各区域冷暖负荷

区域	建筑类型	建筑面积（m²）	冷/热负荷指标（W/m²）	冷/热负荷（kW）	区域总冷/热负荷（kW）
区域一	教学楼	56929.28	74/56	4212.77/3188.04	4212.77/3188.04
区域二	单人教师公寓	11525.8	74/56	852.91/645.44	3263.12/2469.39
	男生宿舍	12773.02	74/56	945.20/715.29	
	女生宿舍	19797.41	74/56	1465.01/1108.65	
区域三	餐厅	16822.57	80/50	1345.81/841.13	1345.81/841.13
总计		117848.08	—	—	—

根据项目资源条件，该项目供冷、供暖采用高效超低温型模块化空气源热泵机组。机组数量按最大负荷区域进行选型，冷负荷需求为3643.47kW，热负荷需求为2334.1kW。单台机组标况下制冷量为150kW，制热量为160kW（-10℃、出水温度45℃工况下，实际制热量为113.6kW）。机组共选择28台，满足项目冷暖负荷需求。

（2）系统关键参数。

空调主机形式：高效超低温型空气源热泵机组，主机数量：28台；

主机总制冷量：4200kW，主机总制热量：3180.8kW。

表3　主机技术参数

机组型号	TCA401XHE
额定制冷量/输入电功率（kW）	150/43.8
额定制热量/输入电功率（kW）	160/44
出水温度	45℃以上
额定电压（V）	380

表4 室内温度保证

区域	夏季	冬季
幼儿园及小学	24℃以下	22℃以上
初中及高中	26℃以下	18℃以上
宿舍区域	26℃以下	20℃以上

（3）实施后达到的效果。

供热供冷时间可自行调节，供冷更加舒适，人体体感好，控制灵活简单。

3. 项目实施进度

项目开工时间为2019年6月1日，项目竣工时间为2019年12月1日。

项目运行情况：运行效果良好，冬季室内温度达到合同中约定的使用舒适温度，用户反馈良好。

五、项目年节能量及年节能效益

1. 年节能量

该项目为新建项目，节能量用燃煤锅炉与空气源热泵机组用能情况对比来估算。

（1）项目采用燃煤锅炉用能情况预估。

锅炉每小时耗煤量 = 锅炉热功率 × 860/煤的燃烧值/锅炉效率。根据项目的热量需求及锅炉情况，需要采用7000kW的燃煤锅炉，煤的热值为7000Kcal/kg，锅炉效率为80%。将数值代入公式得出锅炉每小时的耗煤量为1075kg。

（2）项目采用空气源热泵机组用能情况。

单台模块空气源热泵机组的功率为44kW，单台循环水泵的功率为55kW；项目的小时运行总功率为1342kW。

（3）年节能量。

该项目节能量为改造前后耗煤量的差值；采暖季为90天，每天按照24小时计算；

燃煤锅炉的年耗煤量为 $1075 \times 24 \times 90 = 2322000$ kg = 2322 吨标准煤；

空气源热泵的每年总功率为 $1342 \times 24 \times 0.6 \times 90 = 1739232$ kW，转换为耗煤量为232545kg，即232.55吨标准煤；

项目年节能量为 $2322 - 232.55 = 2089.45$ 吨标准煤。

燃煤锅炉排放废气成为大气的主要污染物之一，因此燃煤锅炉的改造势在必行。该项目改造后每年可减少有害气体的排放量如下：已知锅炉每燃烧一吨标准煤产生烟尘81kg、二氧化碳2620kg、二氧化硫8.5kg、氮氧化物7.4kg。该项目年节能量为2089.45吨标准煤，一年减少排放烟尘169.25吨、二氧化碳5474.4吨、二氧化硫17.76吨、氮氧化物15.46吨，环境效益显著。

2. 年节能效益

年节能效益 = 年节能量 × 能源单价，标准煤炭的价格按1000元/吨计算，

即：$2089.45 \times 1000 = 2089450$ 元 = 208.95万元。

六、商业模式

项目采用融资租赁型的合同能源管理模式。租赁期限为5年，融资租赁率为6.5%，模式约定由乙方根据甲方对供冷供热系统的特定要求进行出资建设，并租给甲方使用，甲方分期向乙方支付租金，在租赁期内冷暖系统的所有权归乙方所有，甲方拥有使用权。租期期届满，租金支付结束后，整个冷暖系统全部移交给甲方。

七、投资额及融资渠道

项目总投资930万元，最终收益为1050万元。投资范围包括：教学楼、单人教室公寓、男生宿舍、女生宿舍及餐厅供冷供暖系统（包括空气源热泵主机及机房设备及安装、全自动节能控制系统）、供冷供暖室外管网系统及室内风机盘管系统的建设安装。

融资渠道为内源融资，由节能服务公司母公司提供。

南京新城大厦合同能源管理（托管型）项目

一、项目名称

南京新城大厦合同能源管理（托管型）项目

二、项目业主

南京新城大厦业主为南京市机关事务管理局。南京新城大厦由南京市河西新城区国有资产经营控股（集团）有限责任公司建设，入住机关包括南京市政务服务中心、市公共资源交易中心，南京市市级机关各部门等，是南京河西地区的重点建设项目，也是南京市级机关重要的办公场所。

该项目节能改造范围为新城大厦一期 E 座和二期项目，包括中央空调系统、照明系统、供配电系统智能化控制、新城大厦综合能源管理平台、一期能耗分项计量、食堂节能改造、数据机房空调改造等。总改造面积约 26.6 万平方米。其中，E 座建筑面积约 60000 平方米，二期项目分为主楼与附楼，主楼由 A、B、C、D 四座 19 层高空中相连的办公塔楼组成，二期总建筑面积 20.6 万 m^2，地上 19 层，地下 2 层。

三、项目实施单位

国联江森自控绿色科技（无锡）有限公司

四、案例内容

1. 技术原理及适用领域

（1）技术原理。

中央空调系统：将原有空调机房自控系统采用 OPC 方式接入至新增综合能源管理平台中，将新增远传温控器一并接入新增综合能源管理平台中，实现统一管理。

照明系统：将传统灯具更换为 LED 灯具，同时对部分区域加装感应控制器，实现照度控制。

供配电系统：新增供配电室智能化监测，通过新增远传电表、传感器等装置，实现水浸烟感报警等多项功能，打造"无人值守"供配电室。

综合能源管理平台：新增综合能源管理平台，采用各种对接方式，将原有空调自控系统、分项计量系统、温控器系统、供配电智能监测系统等统一集成至平台中。

能耗分项计量：新增智能水、电、天然气远传表具，通过 RS485 通信，实现远程计量监测。实现分楼层分科室计量，便于未来考核。

食堂节能改造：采用节能炉灶替换原有传统炉灶，燃烧更充分、更加高效。

公共建筑、工业建筑。

数据机房空调节能：对数据机房室外机新增冷凝喷雾装置+导流风扇，降低室外机循环温度，间接提升空调系统效率。

（2）适用领域。

上述技术适用于公共建筑、工业建筑节能。

2. 节能改造具体内容

该项目节能改造内容如表1所示。

表1 节能改造具体内容

项目名称	改造前情况	改造措施	改造后情况
照明系统	灯具普遍为传统灯具，由人工控制启停	采用高效LED灯具对原有传统灯具进行更换，增设部分公共区域感应控制装置	所有灯具基本更新为高效LED灯具，公共区域实现照度、微波双感应，实现无人时灯灭，照度充足时灯灭
供配电系统	A、B、C、D座原有供配电系统无远传功能，仅有本地控制，且功能不完善，数据缺失；E座未安装电表，现有电表部分损坏	新增ABCD座和E座远传电表新增数据远传功能，完善整合配电间电力情况	ABCD座和E座配电间实现连锁控制，实现远程抄表、异常告警等多项功能
食堂系统	原有炉灶为传统灶具	采用高效节能炉灶进行替换	更新炉灶使用效果良好，单项测试节能率达到25%
数据中心	原有数据中心室外机存在气流不畅、排风温度过高等现象	新增高效冷凝喷雾装置进行降温；新增导流风扇优化气流组织	室外机运行温度明显降低；间接提升室内机效率，降低整体运行能耗
分项计量	ABCD座原有分项计量系统不完善，存在部分区域缺失、数据丢失等现象；E座未安装分项计量系统	ABCD座原有分项计量系统修复，并接入到新的平台中；E座新增楼层分项计量系统	ABCD座和E座分项计量系统实现连锁控制；实现水、电、气全计量；实现分楼层分户计量，便于后期精细化管理
空调系统	ABCD座和E座原各有一套空调控制系统，独立运行，部分功能待完善；ABCD座末端温控器无远控制功能，由人员自行开关	将空调控制系统接入综合能源管理平台中，实现统一管理；将ABCD座更新后的末端温控器纳入综合能源管理平台中	可通过同一平台对两套系统进行查看，方便快捷；可在平台内实现末端温控器统一管理，实现温度上下限控制、统一启停控制、时间控制等多项功能
综合能源管理平台	原有大厦未安装综合能源管理平台	将分项计量系统、空调控制系统、末端温控器系统统一集成至综合能源管理平台中	可在同一平台内实现分项计量（水电气）数据查看、空调系统运行监测、末端温控器系统远程控制等多项功能

3. 项目实施进度

项目于2019年12月13日开工，2020年8月6日竣工，项目运行正常。

五、项目年节能量及年节能效益

1. 年节能量

根据建科院核算，该项目 2019 年能耗基准为 7236.7tce，项目改造后实际节能量为 1117.6tce。经过计算，项目节能率约为 15.35%。

各项节能量如 2 表所示。

表 2　项目实际节能量

序号	改造项	节能量（tce）
1	中央空调系统节能（含人工运维管理）	402.2
2	照明系统改造	470.2
3	冬季锅炉系统节能（含人工运维管理）	86.8
4	其他管理节能	158.4
合计		1117.6

注：电折标煤系数为 0.298kgce/kW·h，天然气折标煤系数为 1.2143kgce/m³。

2. 年节能效益

该项目节能效益以每年实际电价及天然气价格进行结算。以 2020 年实际电价 0.6465 元/kW·h 和天然气价格 3.12 元/m³ 结算，通过以上节能改造项，本项目年节能效益为 246 万元。

六、商业模式

该项目采用能源费用托管型合同能源管理模式。项目合同期 8 年。节能服务公司承担项目的技术设计、工程实施以及后期的设备维护。合同期结束后，项目节能设备产权以赠予的形式归业主方所有。

七、投资额及融资渠道

该项目合同期内共投资 889 万元，均为节能服务公司自有资金。

八、优惠政策

按照 2018 年底出台的《南京市公共建筑能效提升重点城市建设项目和资金管理办法》，公共建筑能效提升以社会投资为主、政府补贴为辅，鼓励公共建筑采用合同能源管理模式综合改造。改造后平均节能率超过 15% 的，市财政对每平方米改造建筑面积奖补 30 元；节能率超过 20% 的，每平方米奖补 40 元。如果采用合同能源管理模式，每平方米增加 5 元奖补；未达到 15% 节能率的，不予奖补。单个项目奖补最高不超过 500 万元。

商业建筑

京荟通文化产业发展（北京）有限公司建筑中央空调系统项目

一、项目名称

京荟通文化产业发展（北京）有限公司建筑中央空调系统项目

二、项目业主

该项目位于北京市丰台区梅市口路北侧133号，地下一层为停车场、管理用房、厨房和设备电气用房，一至四层为商铺、办公、幼儿园和公寓等配套用房。工程总建筑面积55945.74m^2。地上建筑面积41547.6m^2，地下建筑面积14248.14m^2。地上建筑高度16m。

原系统主要耗能设备是2台300万大卡的燃气溴化锂直燃机组（供热及制冷）和2台0.5t燃气蒸汽锅炉（供生活热水）。

三、项目实施单位

思达新能（北京）节能技术有限公司

四、案例内容

1. 技术原理及适用领域

（1）制冷系统采用分体式无油蒸发冷磁悬浮变频离心机组。

采用板片式蒸发冷凝器和磁悬浮变频离心机组提高系统整体COP。其主要原因为，一方面直接蒸发冷凝方式较传统水冷却和风冷却系统冷凝温度低，效率高，且较传统水冷却系统省掉了大功率的冷却水泵；另一方面磁悬浮系统是无油系统，较传统有油氟系统传热效率高，且磁悬浮离心机组部分负荷能效远远高于传统的螺杆机组和离心机组。二者结合将充分挖掘出整个系统高COP值。

（2）配套冷冻水泵采用智能变频控制系统。

冷冻水泵采用加拿大阿姆斯壮无传感器智能变频泵及阀组，泵控制器内储存有水泵的性能特性曲线和控制曲线。目前许多系统中水泵仍为定频运行状态，最初系统设计时，水泵容量选择较大，系统匹配不合理，往往是"大马拉小车"，最终造成大量的能源浪费。而智能变频泵通过系统动态的需求来控制水泵电机的转速从而调节水泵的流量、压力工况来满足系统负荷要求，这就使电机在整个负荷变化过程当中的能量消耗降到最小，达到最节能运行工况。

（3）空调末端采用动态智能变流量控制系统。

空调末端主供回管路增加有动态和静态平衡阀组，通过水力平衡技术实现系统变流量控制，根据末端负荷适时调节。最终反馈到智能变频泵，从整体上解决了系统动态变流量的最佳节能运行。

老旧的空调末端系统由于设计、施工、设备和材料等方面存在的问题，使许多系统的阻力特性与设计要求的管道阻力特性不匹配，且大多数在开始运行时，没有很好地进行初调节，从而导致系统水力不平衡，引起水力失调。只有在调查管网的实际运行情况后，根据管网存在的问题进行全面分析，综合运用调节手段制定方案，才能使管网处在相对平衡的状态下，提高系统运行品质。

（4）气候补偿技术。

气候补偿技术是根据本地的气候条件以及采暖项目的特性，设计出一条室外温度与供水温度之间的对应运行调节曲线。控制器可以通过这条曲线根据室外温度传感器测量的室外温度对流量进行控制，达到对供水温度的自动控制，从而使系统始终保持在高能效比的工况下运行。

（5）机组综合能效管控平台。

综合能效管控系统平台是基于量化模型管理的持续优化分析平台，通过采集前端系统动态数据信息，且结合后台建模分析软件进行运行优化，反馈最优化节能策略。通过智能控制实现最节能运行模式，并计量各能耗点的情况，按月输出能耗分析表。

2. 节能改造具体内容

制冷系统增加2台无油磁悬浮变频离心机组，总制冷量4220kW，取代了原系统的溴化锂直燃机组。采暖系统增加3台超低氮燃气真空热水锅炉，总制热量3500kW。热水系统增加1套冷热双效热泵系统、2台80kW空气源热泵和1台燃气真空锅炉组合式加热，确保项目全年生活热水正常供应。冷冻水泵采用2台智能变频泵，功率45kW。增加1套综合能效管控系统。

3. 项目实施进度

项目于2017年6月签订合同，组织人员进场施工，施工期5个月，2017年10月底前完成供暖系统施工。系统主要设备均按思达新能公司高于国标的要求进行配置。供暖系统于2017年11月15日正式启动，供暖120天；制冷系统于2018年5月15日竣工，2018年5月31日正式运行，制冷135天。日平均运行时间10小时。

五、项目年节能量及年节能效益

1. 年节能量

（1）改造前后系统（设备）用能情况及主要参数。

表1 改造前设备用能情况及主要参数

序号	名称	规格	单位	数量	总能耗	备注
1	溴化锂直燃机组	额定制冷量3489kW 额定制热量3766kW 功率21.7kW 制冷燃气耗量254Nm³/h 制热燃气耗量403Nm³/h	台	2	年制冷燃气耗量：254×10h×135天=34.29万Nm³	日运行10小时，运行天数135天
					年制热燃气耗量：403×12h×120天×0.93=53.97万Nm³	日运行12小时，运行天数120天
					年电能耗：21.7×10h×135+21.7×12h×120=6.05万kW·h	

续表

序号	名称	规格	单位	数量	总能耗	备注
2	燃气蒸汽锅炉	额定蒸发量0.5t/h，输出功率350kW，电输入功率1.1kW	台	2	年燃气耗量：$40Nm^3/h \times 12 \times 650 \times (55-15) \times 1.163/350 = 4.147$ 万 Nm^3 年电耗量：$1.1 \times 86.39h \times 12 = 0.11 kW \cdot h$	平均每月热水用量按650吨 初始水温15℃，加热水温55℃ 全年运行
3	方型横流式冷却塔	水量1000m^3/h，功率5×5.5kW	台	2	年电能耗：$27.5 \times 10h \times 135 = 3.71$ 万 $kW \cdot h$	
4	冷却水泵	功率75kW	台	4	年电能耗：$150 \times 10h \times 135$ 天 $= 20.25$ 万 $kW \cdot h$	
5	冷冻水泵	功率45kW	台	3	年电能耗：$90 \times 10h \times 135 + 90 \times 12h \times 120 = 25.11$ 万 $kW \cdot h$	两用一备
6		改造前能耗汇总			年燃气耗量：96.47 万 Nm^3 年电能耗量：55.24 万 $kW \cdot h$	

表2　改造后设备用能情况及主要参数

序号	名称	规格	单位	数量	总能耗	备注
1	蒸发冷磁悬浮变频离心机组	额定制冷量2110kW，功率388kW	台	2	年电能耗：$4220 \times 0.83/6.5 \times 10h \times 135$ 天 $= 72.75$ 万 $kW \cdot h$	
2	燃气真空热水锅炉	额定蒸发量2t/h，输出功率1400kW，燃气耗量134.2Nm^3，电输入功率5.5kW	台	2	年采暖燃气耗量：$134.2 \times 2 \times 12h \times 120$ 天 $= 38.65$ 万 Nm^3 年电能耗：$2 \times 5.5 \times 12h \times 120$ 天 $= 1.58$ 万 $kW \cdot h$	
3	燃气真空热水锅炉	额定蒸发量1t/h，输出功率700kW，燃气耗量67.1Nm^3，电输入功率2.2kW	台	1	年采暖燃气耗量：$67.1 \times 12h \times 120$ 天 $= 9.66$ 万 Nm^3 年热水燃气耗量：$650 \times 40 \times 1.163/700 \times 67.1 \times 4 = 1.16$ Nm^3 年电能耗：$2.2 \times 12h \times 120 + 30238/700 \times 2.2 \times 4 = 0.36$ 万 $kW \cdot h$	平均每月热水用量650t 初始水温15℃，加热水温55℃
4	双效热泵	制热量150kW，输入功率37.5kW	台	1	年电能耗：$30238/150 \times 37.5 \times 4 = 3.02$ 万 $kW \cdot h$	平均每月热水用量650t 初始水温15℃，加热水温55℃

续表

序号	名称	规格	单位	数量	总能耗	备注
5	空气源热泵	制热量 80kW，输入功率 20kW	台	2	年电能耗：30238/160×20×2×4＝3.02 万 kW·h	平均每月热水用量 650t 初始水温 15℃，加热水温 55℃
6	冷冻水泵	功率 37kW	台	3	年电能耗：74×10h×135＋74×12h×120＝20.65 万 kW·h	两用一备
7	改造后能耗汇总				年燃气耗量：49.47 万 Nm^3 年电能耗量：101.38 万 kW·h	

（2）节能量计算方法及项目年节能量。

天然气热值 34.47 MJ/m^3（8207 千卡/m^3），改造前，天然气消耗 96.47 万 Nm^3，电消耗 55.24 万 kW·h，总能耗折合标准煤 1199t。改造后，预计电消耗 87.739 万 kW·h，天然气消耗 49.47 万 Nm^3，总能耗折合标煤为 688t。

2. 年节能效益

改造后比改造前每年节约标煤 51.1 万吨，每年 CO_2 减排量约 1273.9t，按 20 年推算，可节约 1.022 万吨标煤，CO_2 减排量 2.548 万吨。

六、商业模式

该项目合作方式采用能源费用托管型合同能源管理模式，用能单位采用费用包干的形式交与节能服务公司运营管理，依照双方约定费用由用能方支付给节能服务公司。项目合作年限 20 年。

七、投资额及融资渠道

项目总投资 1300 万元，全部由节能服务公司自筹。

成都新希望高新皇冠假日酒店综合节能改造合同能源管理项目

一、项目名称

成都新希望高新皇冠假日酒店综合节能改造合同能源管理项目

二、项目业主

成都新希望高新皇冠假日酒店系中国著名企业新希望集团旗下产业,由洲际酒店集团经营管理,2013年开业,拥有客房663间,建筑面积达10万平方米,是集宴会、会务、餐饮、住宿于一体的国际高端品牌酒店,也是能源消耗集中的大型公共建筑。

皇冠假日酒店日常运行中能源消耗主要为电和天然气。用电设备主要包括空调系统、冷站系统、照明系统、电梯及其他动力系统;天然气消耗主要为蒸汽锅炉、热水锅炉和厨房区域。对项目能耗分析发现,酒店能源消耗主要集中在空调系统和热水系统。

表1 改造前酒店能源消耗情况

电(万 kW·h)				天然气(万 m³)				
空调末端	冷站	照明	其他用电	采暖	皇冠酒店生活热水	假日酒店生活热水	洗衣房	厨房
120	200	110	354.3	27.2	33	15	40	8.5
784.3				123.7				

三、项目实施单位

北京煦联得节能科技股份有限公司

四、案例内容

该项目技术原理及适用领域:

(1) Warmland 智能冷站节能系统。

Warmland 智能冷站节能系统,主要原理是通过实时采集流量计、温差传感器、压力传感器和电表等的数据,实时计算末端需求的冷量;并通过系统内置的节能控制算法,以冷冻站最优效率为目标,自动分析出冷冻站最佳运行方式,动态调节水泵流量、开机台数及出水温度等参数,并将相关运行数据进行累计分析,根据不同空调负荷下的实测效率值,自动修正不同工况下的节能运行策略。Warmland 智能冷站节能系统能在满足末端实际供冷需求时,对机房各设备实施群控,使整个机房运行在最佳效率范围内。

(2) 智能水力平衡系统改造。

智能水力平衡技术通过对空调冷冻水系统的主要分区支路安装水力平衡装置,并依据各支路设计流量值对整个管网的水力工况进行调节,解决冷冻水在传输过程中系统水力压力不一致的流量失衡问题，保证冷冻水能按照供冷需求同压送至末端，使整个空调系统水力及热力效果达到平衡。

对现有冷冻水系统进行智能化自适应水力平衡改造，改善酒店不同功能分区之间、不同楼层之间的温湿度均衡状况，尽量消除客房区域不同楼层之间以及同一楼层不同区域之间的温湿度差异，达到一个舒适均衡的温湿度环境。

（3）风平衡优化改造。

在空调系统中，因设计或运行等原因，大部分风管管路存在不平衡问题，经过风道及机组的风量与设计风量不符，加上风机选型偏大的因数，风机往往运行在不合适的工作点处，导致系统处于大流量、小温差的运行工况。同时风机运行效率、冷量输送效率低。

排查酒店大厅、厨房、过道等大空间通风情况，根据实际勘查结果解决或缓解因风压失衡造成的如大堂负压、厨房油烟串味、吹风感过于强烈等通风现象。

（4）自由板交系统。

自由板交系统即冷却塔免费供冷技术，是一种降低空调能耗的有效方法，它充分利用自然冷源，在过渡季节和冬季室外空气温度低于某一温度值时，关闭制冷机组，利用冷却水直接或间接地向空调系统提供冷量，以达到节省空调能耗的目的。

（5）冷却水电化学处理系统。

电化学水处理设备兼具除垢、阻垢、节水、节能和杀菌、灭藻等功能，其主要作用机理是在极板两端加载直流电从而在水体中发生系列电解反应，在半透膜和电吸附的作用下达到快速改变水体局部区域酸碱性，促使 $Ca2+$、$Mg2+$ 在阴极区域完成结垢析出以降低水体硬度，$Cl-$ 在阳极区域转变为强氧化性的 $HClO$ 以达到杀菌灭藻且缓蚀的作用。

（6）Warmland 智能化太阳能+热泵热水系统。

太阳能集热器和空气源热泵都是成熟的热水生产设备。太阳能清洁、经济，但受天气和昼夜的限制，必须辅以其他能源才能保障热水供应；空气源热泵能效较高，工作不受天气限制（极寒地区除外），但仍然需要消耗电能，且气温越低能效越低，年均运行成本较高。二者结合使用，可以实现优势互补，达到最低能耗，同时保证热水供应的可靠性。煦联得节能热水系统采用国内最优品质的干式真空管集热器和空气源热泵，设备安全可靠、能效高、使用寿命长、维修率低。

节能热水系统的最大特点在于智能化。每一套热水系统都安装大量传感器和控制设备，通过数据通信系统与服务中心连接，实现故障预警、远程监控、无人值守，可靠性高达100%。强大的智能分析软件能够为系统设定最合理的运行参数，通过不断地学习和优化，实现系统能效最大化，系统节能率高达80%。该系统模块化组成，安装简便，且有良好的扩展兼容性。结合洗衣房节能改造措施、空调余热回收和锅炉烟气余热回收等技术，可进一步降低热水能耗。

（7）冷机余热回收系统恢复/冷却水余热回收系统。

制冷主机在夏季制冷时期，冷却水中含有大量的余热，将其中部分热量回收并结合制冷主机的余热回收系统回收的热量，用于加热生活热水或对生活热水系统的补水进行余热。

（8）空气源热泵泳池恒温系统。

改变酒店现有的泳池加温热源，使用专用的"泳池型"恒温空气源热泵代替酒店的原始热源。太阳能+热泵热水系统中的空气源热泵具有能效高、便于管理的特点；"泳池型"恒温空气源热泵是专门针对泳池使用特点进行设计的产品，具有宽温、高效、抗腐蚀及环保的功能。

（9）洗衣房空气源热泵回收系统。

酒店洗衣房工作期间会产生大量的余热，并不能及时排出。在洗衣房中安装空气源热泵，对洗衣房内散失在空气中的余热进行回收，空气源热泵产生的热水可分担部分洗衣房最高50℃热水的需求。

（10）增加采暖专用常压热水锅炉。

增加采暖专用的常压锅炉以替代原有的蒸汽锅炉。原有的采暖换热站系统为蒸汽锅炉＋板换模式，现场考察发，蒸汽锅炉选型偏大，加间歇的加热方式与板换的二次换热会产生不必要的能耗浪费。并且在对生活热水系统进行Warmland智能化太阳能＋热泵热水系统改造后，蒸汽锅炉的能源浪费情况会更加凸显。

（11）剩余照明灯具LED替代改造和控制升级。

对酒店灯具进行排查，将可改造的灯具进行LED灯具替代，在满足现有照明系统的照度、显色指数、色温、配光曲线、功率因数的基础上，降低照明系统的能耗。同时，在部分公共区域和后勤区域增加人体传感器，当区域无人时自动关闭相应的照明系统。针对宴会区域，增加宴会模式及非宴会模式，非宴会模式下若参观或清扫打开所有的照明，开启一定时间后照明系统自动关闭。

（12）节能燃气灶。

对现有的燃气灶进行评估，将可改造的燃气灶进行节能燃气灶替代改造。低碳节能灶，集目前市面上最畅销节能灶的优点，克服了碳排放量超标的难题，充分运用碰撞发热，增加中心2次供氧，引氧助燃。悬浮式感应燃烧方式，直接加热，避免了传统燃烧方式二次传热造成的热量散失，全面提高热效率。

（13）厨房安装小型蒸汽机。

在厨房安装小型的电蒸汽机，给厨房蒸煮类灶具提供蒸汽源。此改造进一步避免了以往蒸汽供气的弊端，并能做到即用即取按量使用的功能。每吨蒸汽消耗燃气约70m^3，可节能20%。

（14）Warmland智慧能源管控平台。

煦联得智慧能源监测平台包括硬件系统和软件系统。硬件系统包括各种计量表具、采集器、通讯设备、监控主站等，软件系统包括通讯、数据存储、分析、报表、展示以及控制等。

五、项目年节能量及年节能效益

1. 年节能量

该项目通过空调系统和热水系统的上述改造，年节能量1050tce，节能率25%。

2. 年节能效益

每年可产生节能效益260万元。

六、商业模式

项目采用节能效益分享型＋能源费用托管型的合同能源管理模式，节能服务公司提供整个项目的设计、施工及运维管理，并托管能源费用。项目合同期自2018年10月至2028年9月，节能效益分享比例为业主分享30%，节能服务公司分享70%。

七、投资额及融资渠道

该项目投资额共560万元，由节能服务公司承担全部投资。

天津一商股份有限公司友谊商厦供暖通风空调系统改造能源托管项目

一、项目名称

天津一商股份有限公司友谊商厦供暖通风空调系统改造能源托管项目

二、项目业主

天津友谊商厦以经营国内外高档名牌商品为主,是天津百货零售领域的龙头企业,被誉为"津门商业第一厦"。坐落于天津市涉外金融区河西区友谊路21号。主体建筑高度21.5米,建筑层数为4层,总建筑面积近3万平方米。

商场的供冷系统冷源采用螺杆式冷水机组,办公楼供冷系统冷源由活塞式冷水机组提供。供热系统均采用电热水锅炉,通过板式换热器换热后供给商场末端组合式空调机组和风机盘管。2018年度基准年建筑能耗:耗电量9701350kW·h,耗水量35240吨。

三、项目实施单位

天津锋尚智慧能源科技发展有限公司

四、案例内容

1. 技术原理及适用领域

(1)空气源热泵技术。

空气源热泵技术:通过从空气中获取低温热源,经设备高效集热整合后成为高温热源,用以供冷、供暖和供生活热水,是一种可以替代锅炉且不受资源限制的装置。

影响空气源热泵运行的主要因素为室外温湿度。冬季供热工况:室外温度越高用户需要供水温度越低,机组供热量越大,其能效越高;夏季供冷工况:室外温度越低用户需要供水温度越高,机组供冷量越大,其能效越高。

空气源热泵相较于常规能源系统,适用于有峰平谷电价的地区,具有较好的经济效益。

(2)电驱动制冷技术。

一般制冷机的制冷原理:压缩机的作用是把压力较低的蒸汽压缩成压力较高的蒸汽,使蒸汽的体积减小,压力升高。

压缩机吸入从蒸发器出来的较低压力的工质蒸汽,使之压力升高后送入冷凝器,在冷凝器中冷凝成压力较高的液体,经节流阀节流成为压力较低的液体后,送入蒸发器,在蒸发器中吸热蒸发而成为压力较低的蒸汽,再送入压缩机的入口,从而完成制冷循环。

据统计95%以上的空调用户选用电制冷方式,使用电制冷方式是大势所趋。

2. 节能改造具体内容

（1）改造前存在的问题。

北侧能源站冷水机组出厂日期均为 2005 年，已接近使用年限，机组老化严重，效率低下，维修保养费用逐年增加。

能源站内部分水泵选型偏大，水泵自身耗电功率偏大，能源浪费；水泵电机效率较低。

屋顶冷却塔为圆形逆流玻璃钢冷却塔，基本属于淘汰塔形，漂水严重，水资源浪费较大；塔体老化严重，冷却效果衰减严重，导致机组能耗较高。

电热水锅炉自身热效率低下，耗电功率较大，能耗较高；通过低谷电价储热，节钱不节能。

末端系统管路锈蚀情况严重、室外管路保温层破坏严重；目前部分冷热管路系统还处于中断状态，导致部分商铺无法供冷供热。

末端系统水力平衡失调，四层部分区域，商户反映温度较高，无法满足正常冷热需求。

（2）技术方案。

①冷源系统改造。

供冷系统北侧能源站内将现有 1 台日立品牌多机头螺杆式冷水机组改造为 1 台开利品牌变频螺杆式冷水机组（制冷量：1625kW，输入功率：256.4kW），另 1 台约克螺杆式冷水机组保留。南侧冷源站现有 2 台日立螺杆式冷水机组保留。

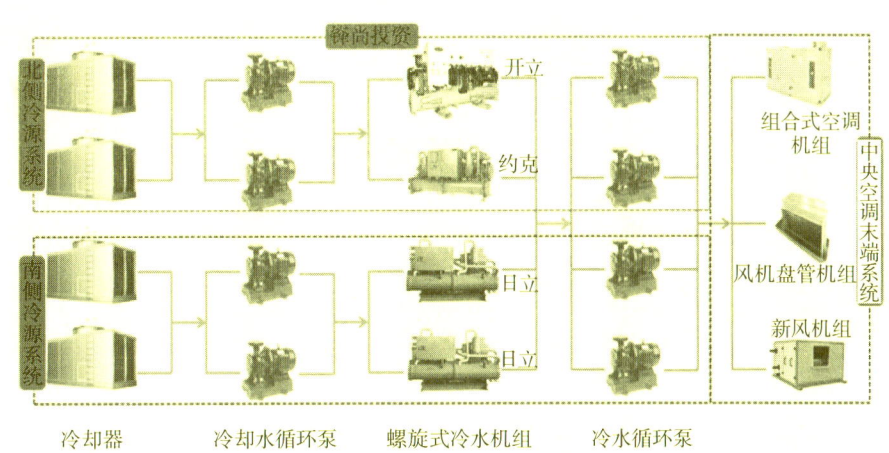

图 1　冷源系统工艺流程

变频螺杆式冷水机组采用机载变频驱动技术，满负荷能效比为 6.34、部分负荷效率比传统定频机组高 30% 以上，因此 IPLV（AHRI）高达 10.1，可满足各种负荷情况下的冷量需求，为双一级能效机组。

将能源站内现有的其中 2 台老旧冷水循环泵更换为 2 台荏原冷水循环泵（流量：300m³/h，扬程：30m，功率：30kW）；现有的其中 2 台老旧冷却水循环泵更换 2 台荏原冷却水循环泵（流量：380m³/h，扬程：20m，功率：30kW）；冷水和冷却水循环泵均采用国标二级能效电机，保证设备高效节能。

将屋顶现有 2 台圆形逆流玻璃钢冷却塔（处理水量：400m³/h，功率：11kW）改造为 2 台元亨方形横流玻璃钢冷却塔（处理水量：400m³/h，功率：11kW），改造后冷却塔漂水率小于 3‰。

将两个能源站内管路进行改造整合，保证 4 台机组可以同时给商场所有区域供冷，加强系统调节性和设备备用性。

②热源系统改造。

保留商场供热系统的现有 3 台电热水锅炉系统和储热系统,继续充分利用低谷电价储热,降低能源费用。

供热系统在屋顶增加 10 台空气源热泵机组(单台供热量为:146kW,制热输入功率:44kW),增加部分总供热量为 1460kW,总耗电功率为 440kW。

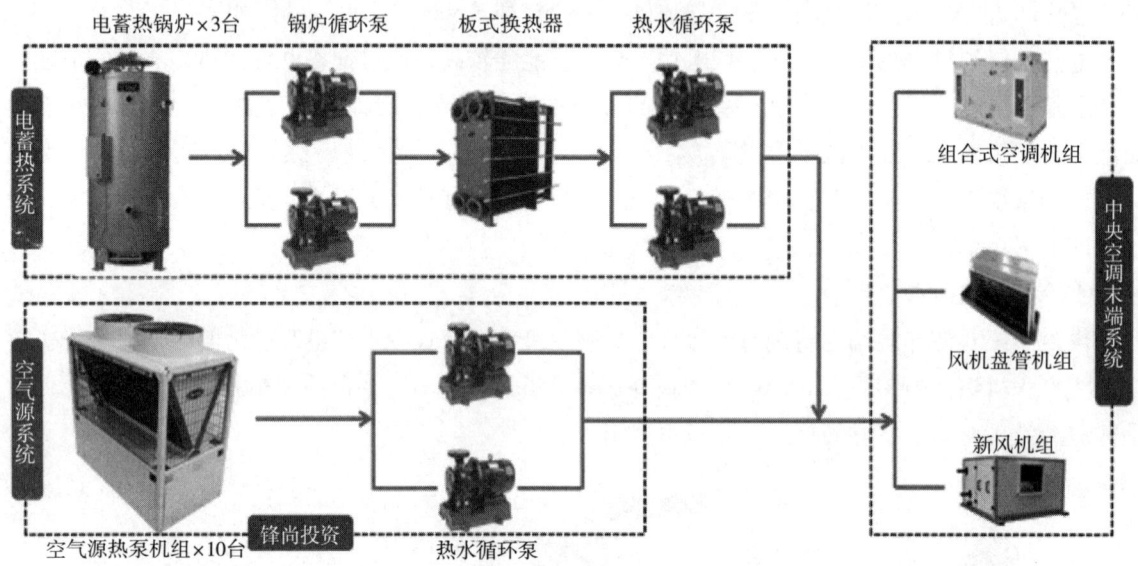

图 2　热源系统工艺流程

空气源热泵机组适用环境温度为 -30℃ ~48℃,最高出水温度可达 65℃,完全可以满足商厦的供暖要求;该机组单台重量为 1070kg,单机外形尺寸为 2185mm × 1260mm × 2317mm,完全可以放置于商厦屋顶。

热水输配系统增加 2 台荏原品牌热水循环泵(流量:200m³/h,扬程:24m,功率:22kW);热水循环泵采用国标二级能效电机,保证设备高效节能。

外墙增加热水供回水管路(DN200),连接屋顶空气源热泵系统和热源能源站内电锅炉储热系统。

③末端系统改造。

针对末端系统管路锈蚀情况严重、室外管路保温层破坏严重,且目前部分冷热管路系统还处于中断状态,导致部分商铺无法供冷供热现状,锋尚公司组织专业技术团队入驻现场,加强末端及室外管路修缮,保证各商铺的供冷系统正常运行。

四层商业区域夏季温湿度较高,无法满足商铺的供冷需求,考虑对空调机房进行改造,加大组合式空调机组的冷量输出及湿度处理,尽量降低环境相对湿度,最终满足商铺供冷需求。

加强末端系统水力平衡调节,保证整个空调系统供需平衡;加强日常维护保养工作,保证在现有条件下组合式空调机组将足够的冷量输送至各需求区域。

④智慧运营平台。

针对项目供冷供热情况,搭建"智慧能源运营平台"。智能管控,优化运行,科学调度降能耗，减少用能安全隐患，促进节能降耗，建立与建筑相应的能耗标杆。"智慧能源运营平台"能够对建筑冷、暖系统的能源消耗（水、电、气等）进行在线能源监测，实时掌控能耗水平和能源使用效率，使能源系统时刻处于高效节能运行状态。

软件系统模块搭建：能源监测平台、数据分析模型、节能操作指令、设备巡检中心等；利用物联网＋大数据驱动实现智能化运营管理，实现了建筑能源从过程导向性管理到结果导向的定量型管理，数据分析结果实现从客户到客户的最直接利用。

硬件系统搭建：安装采集装置对能源站内制冷机组和空气源热泵机组、水泵、冷却塔等设备相关运行参数及运行状态采集；配电柜上安装数字电能表，自来水补水管路上安装智能化水表，满足水、电能耗的数据采集；其他温度传感器、压力传感器、超声波流量计、DTU、气象站等装置的安装，满足各项温度、压力、流量等其他所需参数采集。

⑤标准化能源站建设。

能源站标准化是企业文化建设的重要组成部分，为规范化标识应用、提高标准化管理水平、提升医院形象，按照7S管理模式建设标准化能源站，主要包括地面贴砖或自流平，管道刷漆，设备设施标牌标识，制度上墙，安全标识，标准化办公区、员工休息区、学习区等。

3．项目实施进度

改造工期：2019年5月13日至2019年6月28日；

能源托管运营期：2019年7月1日至2029年7月1日；

目前项目稳定运行，效果良好。

五、项目年节能量及年节能效益

1．年节能量

（1）改造前后系统（设备）用能情况及主要参数。

表1　改造前设备参数

机房位置	设备名称	参数	数量
南侧机房	日立螺杆式冷水机组	$Q=1944kW$，$N=379kW$	1台
	日立螺杆式冷水机组	$Q=972kW$，$N=189.5kW$	1台
	大日立冷冻水泵	$N=45kW$	1台
	大日立冷却水泵	$N=45kW$	1台
	小日立冷冻水泵	$N=30kW$	1台
	小日立冷却水泵	$N=22kW$	1台
北侧机房	约克螺杆式冷水机组	$Q=1519kW$，$N=269kW$	1台
	日立螺杆式冷水机组	$N=75kW\times5$	1台
	约克冷冻水泵	$N=37kW$	1台
	约克冷却水泵	$N=37kW$	1台
	日立冷冻水泵	$N=37kW$	1台
	日立冷却水泵	$N=45kW$	1台
	补水泵	$N=4kW$	2台

续表

机房位置	设备名称	参数	数量
屋顶	方形冷却塔	$N=4kW\times3$	1台
	圆形冷却塔	$Q=600m^3/h$，$N=15kW$	1台
	圆形冷却塔	$Q=400m^3/h$，$N=11kW$	2台
	活塞式冷水机组	$Q=223.6kW$，$N=58.4kW$	1台
	冷冻水泵	$N=4kW$	1台
	冷却水泵	$N=4kW$	1台
	冷却塔	$N=3kW$	1台
锅炉房	商厦电锅炉	$Q=0.7MW$，$N=756kW$	3台
	一次侧循环泵	$N=5.5kW$	2台
	B座二次侧循环泵	$N=15kW$	2台
	办公楼电锅炉	$Q=0.29MW$，$N=294kW$	1台
	一次侧循环泵	$N=2.2kW$	2台
	二次侧循环泵	$N=4kW$	2台

表2　改造后设备参数

机房位置	设备名称	参数	数量
南侧机房	日立螺杆式冷水机组	$Q=1944kW$，$N=379kW$	1台
	日立螺杆式冷水机组	$Q=972kW$，$N=189.5kW$	1台
	大日立冷冻水泵	$N=45kW$	1台
	大日立冷却水泵	$N=45kW$	1台
	小日立冷冻水泵	$N=30kW$	1台
	小日立冷却水泵	$N=22kW$	1台
北侧机房	开利螺杆式冷水机组	$Q=1625kW$，$N=256.4kW$	1台
	日立螺杆式冷水机组	$N=75kW\times5$	1台
	冷水循环泵	$L=300m^3/h$，$H=28m$，$N=30kW$	2台
	冷却水循环泵	$L=380m^3/h$，$H=20m$，$N=30kW$	2台
	补水泵	$N=4kW$	2台
屋顶	方形冷却塔	$N=4kW\times3$	1台
	方形冷却塔	$Q=450m^3/h$，$N=11kW$	2台
	空气源热泵机组	$Q_r=146kW$，$N=44kW$	10台
	热水循环泵	$L=200m^3/h$，$H=24m$，$N=22kW$	2台
锅炉房	商厦电锅炉	$Q=0.7MW$，$N=756kW$	3台
	一次侧循环泵	$N=5.5kW$	2台
	B座二次侧循环泵	$N=15kW$	2台

（2）节能量计算方法及项目年节能量。

项目基准年建筑电耗970万kW·h，改造后可实现节电量163万kW·h，折合标准煤537吨。

2. 年节能效益

该项目电价0.81元/kW·h，年节能效益130万元。

六、商业模式

能源费用托管型，托管期限10年。合同期内设备所有权及运营维护归节能服务公司所有，并由节能服务公司负责运营管理及维护保养。

七、投资额及融资渠道

该项目投资额387万元，全部为节能服务公司自有资金。

中泰国际广场中央空调综合节能改造（二期）项目

一、项目名称

中泰国际广场中央空调综合节能改造（二期）项目

二、项目业主

广州中泰物业服务有限公司。项目实施地点为广州中泰国际广场，中泰国际广场于2001年正式投入使用，总建筑面积近20万平方米，空调供冷面积约18万平方米，楼高46层。

三、项目实施单位

广州远正智能科技股份有限公司

四、案例内容

1. 技术原理及适用领域

技术原理：采用物联网技术以及强化学习SVM、深度神经网络等预测与控制技术，通过分时分区控温的节能优化控制、室内动态热舒适性优化调节，对供冷范围内所有独立空间的空调参数和状态实时检测；依据人体热舒适性原理及室外气象参数实时状态，对所有空调机、风机盘管、新风机等空调末端设备进行无线联网控制与调节，动态调节各末端设备运行参数；实现数量庞大、位置分散的末端设备全自动、精细化管理控制。

适用领域：适用于各类有中央空调节能需求的行政办公建筑、科教建筑、医疗建筑、商业建筑、酒店建筑、场馆建筑、交通建筑、通信建筑等公共建筑以及电子信息业、汽车制造业、精密制造业、生物医药业等工业建筑。

2. 节能改造具体内容

（1）建设中央空调末端精细化管理控制系统。

对中泰广场裙楼内末端设备实施精细化管理控制，实现冷源系统和末端空调设备的协调运行，动态优化调节各类末端设备的运行参数，合理管控冷量输出，在保障室内热舒适性前提下减少冷量浪费；并对裙楼内末端空调机组进行调研测试、优化。

（2）更换制冷主机。

根据对中泰广场空调运行记录分析，冬季、过渡期及工作日夜间空调负荷在675RT以下，根据现场了解和沟通，并进行耗电量分析计算后，结合变频磁悬浮主机的性能特性，将4号1100RT麦克维尔主机更换为800RT变频磁悬浮主机，提高低负荷时制冷机组的COP，可有效减少耗电量。新主机制冷范围大（25%~100%），部分负荷下运行效率更高，可提高综合运行效率。

图1　主机更换现场照片

（3）制冷主机配电改造。

根据中泰国际广场中央空调系统节能改造需求，将2号约克主机的配电改到原5号小麦克维尔主机变压器上，对母排额定电流进行改造以适合2号约克主机。完成后可以通过运行1、2号两台约克主机来满足夏季最大负荷的供冷，空调系统能耗将会有较大幅度下降。

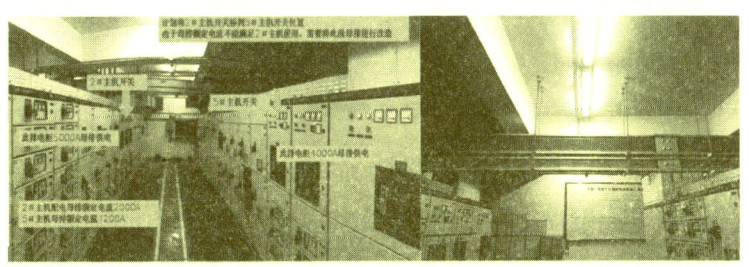

图2　主机配电改造现场照片

改造完成后的运行方案：一台约克主机、一台大麦克维尔主机和一台麦克维尔小主机改为两台约克主机。一方面系统能效将得到很大的提高，将获得一定的节能量。另一方面，2台大约克主机可同时开启运行，中央空调供冷保障能力提升，大大提高了整个中央空调系统的可靠性。

3. 项目实施进度

项目开工时间2017年12月12日，竣工时间2018年6月27日。

运行情况：项目2018年7月进入节能效益分享期，节能系统运行情况良好。

五、项目年节能量及年节能效益

1. 年节能量

（1）改造前后系统（设备）用能情况及主要参数。

1、2号两台运行效率较高的约克主机从同一变压器取电，而夏季高峰时变压器无法提供两台主机同时投入使用，导致高峰期需要开一台约克、一台大麦克维尔和一台小麦克维尔主机，从而总体效率降低，耗电量增加。

娱乐场所的营业时间与主体建筑有差异，商场停业后，主要靠5、6号两台小麦克维尔主机供冷，但该两台主机运行不稳定，发生故障时需要用大主机顶替，效率降低从而增加能耗。

裙楼风柜机的电动阀基本损坏，温控系统失效，导致冷冻水分配给低楼层的量不受控制，使得高层板换二次出水温度偏高，而一次供回水温差很大，板换的一次供水不足，不但影响高楼层舒适性，还限制了冷源内冷冻泵的变频空间，造成不必要的能耗。

末端空调机组实际运行功率远低于额定功率，可能存在皮带松弛等问题，严重影响末端空调机组工作效率,造成能耗浪费。

中央空调末端设备缺乏统一精细化调控技术手段,尤其是无法与冷源进行联动调节。

(2)节能量计算方法及项目年节能量。

项目于2018年7月进入节能效益分享期,节能系统运行情况良好,截至2018年12月累计实现节电101.09万元,空调系统整体节电率达到31.90%,具体节能情况如表1所示。

表1 项目节能效果及效益分享

月份	实际用电量(kW·h)	节约电量(kW·h)	节约电费(元)	节电率	甲方分享金额(元)	乙方分享金额(元)
7月至9月	1989000.00	814196.00	610809.84	29.05%	122161.97	488647.87
10月至12月	887500.00	533298.00	400080.16	37.54%	80016.03	320064.13
小计	2876500.00	1347494.00	1010890.00	31.90%	202178.00	808712.00

按中央空调冷源系统年用电量642.09万kW·h作为改造前能耗基准值,项目完成后空调系统整体节电率31.90%计算,年节电量为204.83万kW·h,折合节约标准煤675.94吨。

2. 年节能效益

按中央空调冷源系统年用电量642.09万kW·h作为改造前能耗基准值,项目完成后空调系统整体节电率31.90%计算,年节电量为204.83万kW·h,节能效益为153.66万元/年(按电费单价0.7502元/kW·h计算)。

六、商业模式

该项目采用节能效益分享型合同能源管理模式。

项目周期:包括建设期和节能效益分享期,其中2017年12月至2018年6月为建设期,包括项目合同签订、设计、施工安装、系统调试及试运行、验收等;2018年7月至2025年6月为节能效益分享期,包括项目运行管理、售后维护及节能效益分享等。

项目建设单位与节能服务单位的节能效益分享比例为2:8。

七、投资额及融资渠道

项目总投资384.3万元,全部由节能服务公司采用合同能源管理模式投资。

上海外滩三号综合节能改造合同能源管理项目

一、项目名称

上海外滩三号综合节能改造合同能源管理项目

二、项目业主

外滩三号为上海市优秀历史建筑,始建于1916年,建筑面积共计1.2万m^2。业主空调系统由2台溴化锂+2台风冷热泵组成,夏季主要开启溴化锂机组,高温月份需满载开启风冷热泵进行补充,风冷热泵翅片已严重结垢,系统效率低下,且制冷系统、采暖系统的输配系统均为工频控制。

现有热水系统由2台真空热水锅炉+容积式换热器的结构进行热水的供应,因热水系统使用时间长,效率衰减,排放超标。

建筑内空调系统采用空调箱集中送风,共有20台AHU+PAU,且均为工频运行,末端未配置变频装置。

三、项目实施单位

国联江森自控绿色科技(无锡)有限公司

四、案例内容

1. 技术原理及适用领域

项目改造的主要手段:首先,采用高效节能设备,替换其原有老旧设备,实现设备节能;其次,针对业主用能特点,降低费用较高的一次能源的使用,转为更为经济、清洁的电力能源作为主要消耗能源,从而实现费用的降低;最后,对原有粗放管理甚至不管理的用能设备进行改造,通过自控手段实现系统高效节能的运行。

2. 节能改造具体内容

该项目为针对上海外滩三号的建筑进行空调系统、热水系统、空调末端、厨房排油烟风机及照明系统等专项节能服务,建议采用的主要节能的技术手段和措施如下所述:

(1)空调系统。

原有空调系统由2台985kW溴化锂+2台600kW风冷热泵组成,夏季主要开启溴化锂机组,因一台溴化锂机组已使用多年(现在基本不使用),高温月份需满载开启风冷热泵进行补充,风冷热泵使用喷雾系统,翅片已严重结垢,系统效率低下,且制冷系统、采暖系统的输配系统均为工频控制。

利用超高效设备,采用约克高效磁悬浮冷水机组替代溴化锂机组提供夏季制冷负荷;新增磁悬浮系统水泵采用全变频控制，并对冷却塔进行变频改造；对原有溴化锂机组的输配系统进行高效水泵的替代，并加装变频控制；采用冷冻机房智能群控系统，对原有空调设备进行智能控制，采用江森自控机房群控系统，实现机房的智能化管理和高效运行。

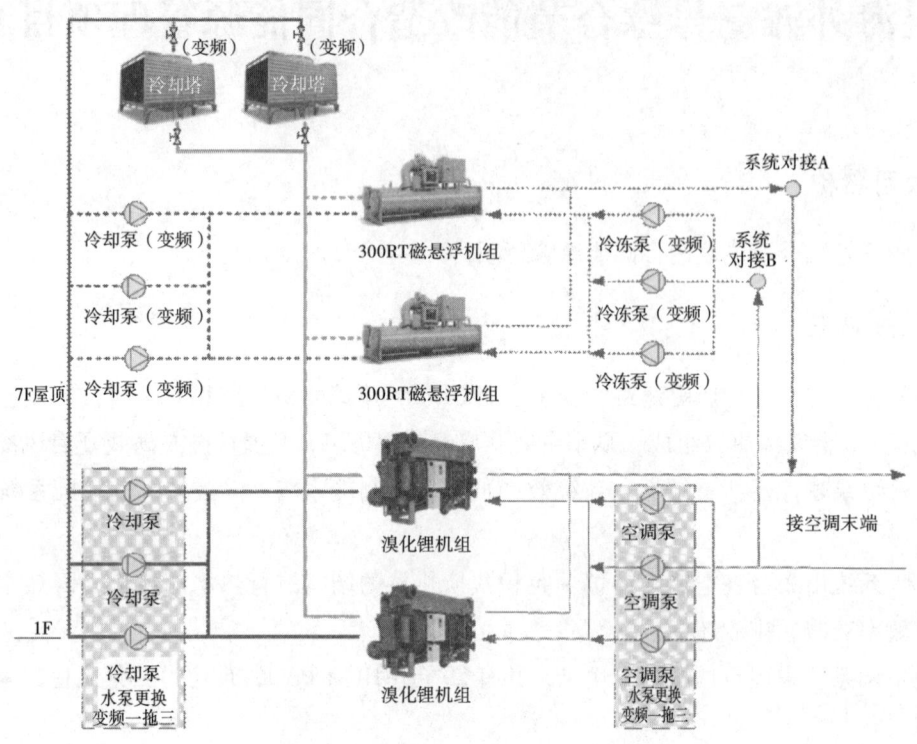

图1　空调系统

（2）热水系统。

原有热水系统由2台460kW真空热水锅炉+容积式换热器的结构进行热水的供应，因热水系统使用时间长，具有效率衰减，且氮氧化物排放无法满足最新上海市标准，需更换设备进行改造。

节能设计：利用超高效设备，采用约克空气源热泵热水机组替代原锅炉作为热水主热源；在屋顶新增20t蓄热水箱，结合业态进行谷电蓄热；在锅炉房新增低氮冷凝热水锅炉，作为补充热源和应急热源，以充分保障热水系统的供应稳定和解决系统排放的合规性。

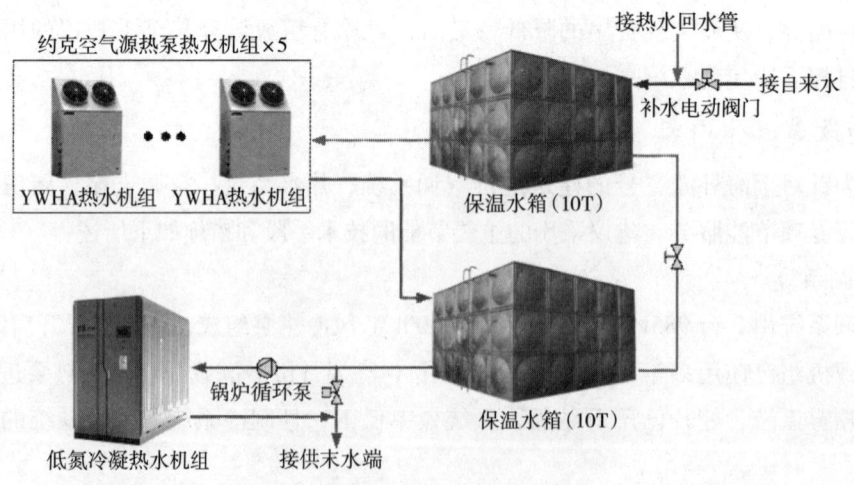

图2　热水系统

(3) 空调末端。

建筑内空调系统采用空调箱集中送风，共有 20 台 AHU + PAU，且均为工频运行，末端未配置变频装置，BA 采用江森最早期系统，空调箱无法根据末端需求和业态变化，智能控制运行风量，造成冷/热量及风机的电量浪费。现有 BA 的大部分原件均已停产，系统维护成本大。

节能设计：对通风系统进行节能改造，对电机功率在 5kW 以上的空调箱进行变频控制，其他进行定时控制；对通风系统的 BA 控制进行升级改造，实现智能化控制。

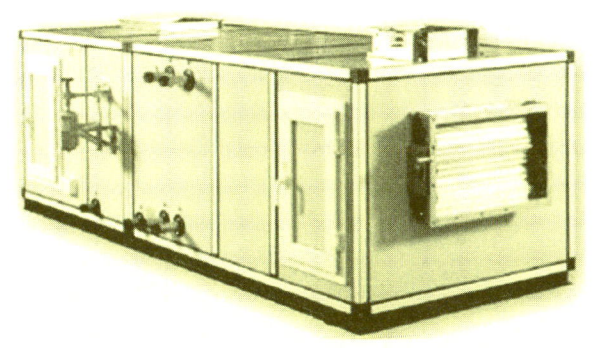

图 3　空调箱

(4) 厨房排烟风机。

厨房的油烟大，且油烟需要经由长管道，但在一般设计时，厨房风机是按照所有灶具满负荷运行时的排风量加安全系数选型的，且工作在定速状态。而实际工作时，哪怕是一台灶具运行，也要将抽排风系统定频定速开启。据统计，大型厨房的满负荷运行时间只占厨房工作时间的 1/3 左右，这就造成了电能的浪费。

节能设计：对厨房排油烟风机系统进行变频控制 + 时间控制，并在厨房间更换控制面板，增加停止和智能运行功能，以便厨房运行人员本地控制。

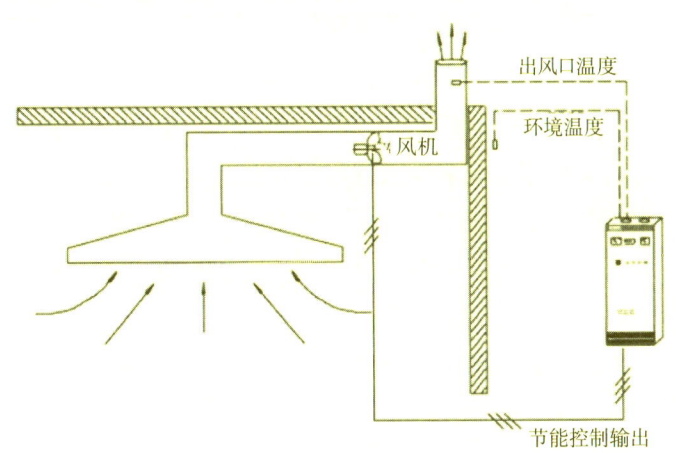

图 4　厨房风机系统节能示意图

(5) LED 高效照明。

原厨房、后勤办公区、设备间等公共区域仍然采用传统荧光灯，其单灯功率大，且使用寿命短，需更换。

节能设计：采用高效 LED 光源进行替代，以降低照明系统使用电量，提高灯具的使用寿命，减少灯具的更换次数,节约电费支出。

3. 项目实施进度

项目自 2019 年 4 月 30 日开始进场施工,2019 年 6 月 28 日竣工验收。

五、项目年节能量及年节能效益

1. 年节能量

(1) 改造前后系统(设备)用能情况及主要参数。

表 1　改造前后设备情况

系统		原有系统	节能设计方案	品牌
空调系统	夏季制冷	溴化锂机组+风冷热泵	磁悬浮冷水机组	约克
	冬季采暖	溴化锂机组	溴化锂机组	
	输配系统	定频	高效水泵更换+变频	格兰富/威乐
	控制系统		机房群控	江森自控
生活热水		天然气热水锅炉	空气源热泵+高效冷凝锅炉+蓄热水箱	约克+力聚
空调末端	MAU	定频	大功率,长时间运行设备变频控制	ABB/施耐德/丹佛斯
	PAU	定频	时间设置功能	
	控制系统	江森 NETWORK 系统	最新 BA 控制系统升级	
排油烟风机		定频+手动控制	变频+定时控制+手动复位	ABB/施耐德/丹佛斯
照明系统		传统灯具	LED 高效光源	飞利浦
其他		保温结构	局部保温修复	

(2) 节能量计算方法及项目年节能量。

项目实施后,其节能效益的验证为在同等营业面积、用能结构下的验证,办法如下:

项目节能效益 = [(基准年用电量+基准年用气量) -(改造后年用电量+改造后年用气量)] ×能源单价+调整量

其中:基准年用电量为 2017 年用电量;基准年用气量为 2017 年用气量(不含厨房用气量,2017 年个别月份因装修需修正后作为基准值)。

该项目节能改造部分的年节能效益为 183.6 万元、实现节能量 583.7 吨标准煤。

2. 年节能效益

每月支付节能效益分享时,以当月各种能源账单(电费和燃气费)的不含税单价作为应付金额的计算依据。该项目的年节能效益为 183.6 万元。

六、商业模式

该项目采用节能效益分享型,节能服务公司还承担项目的技术设计、工程实施以及后期的设备维护。合同期结束后,项目节能设备的产权以赠予的形式归业主方所有。项目实施完成后,按照合同约定的分享模式和分享年限，在分享期内业主按月/季支付能源服务费。

改造项目分享模式：

第1年至第8年：节能公司80%，业主20%；

第9年至第10年：节能公司75%，业主25%；

第11年以后：节能系统免费移交业主，节能公司退出分享及运维。

七、投资额及融资渠道

该项目投资额868.9万元，均为节能服务公司自有资金。

中纺联合国际商贸城水蓄冷蓄热项目

一、项目名称

中纺联合国际商贸城水蓄冷蓄热项目

二、项目业主

中纺联合国际商贸城由青岛市中纺四季青实业股份有限公司投资兴建，位于青岛即墨区鹤山路1617号，其中一期中纺国际服装城占地面积158亩，建筑面积38万平方米，以多首层MALL式市场、环绕式体验性商业街、国际化的时尚建筑形象等设计规划理念，打造一个复合型、创新型、国际型、时尚型的纺织服装商贸综合体。

三、项目实施单位

青岛海之新能源有限公司

四、案例内容

1. 技术原理及适用领域

该项目采用水蓄冷（热）中央空调系统。水蓄冷（热）中央空调系统是采用水为介质，利用离心式冷水机组（电极锅炉）将夜间电网多余的谷段电力与水的显热相结合来蓄冷（热），以低/高温水形式储存冷（热）量，并在用电高峰时段使用储存的低（高）温水作为冷（热）源的空调系统。

根据中纺国际商贸城中央空调系统运行特点，在参考当前国家及地区相关政策的前提下，本能源站夏季采用离心式冷水机组蓄冷，冬季电极锅炉蓄热的复合式系统。在满足用户使用需求的同时，最大程度地降低运行成本，达到节能减排的效果。

2. 节能改造具体内容

该项目于2017年7月份开始建设，包括离心式冷水机组、电极锅炉、蓄能水池等设备及辅助设备的建设，于2017年12月完成施工验收，并于2018年1月正式投入使用。

设计原则：冬季供热采用全量蓄热模式，即夜间蓄能水池蓄热量可满足日间商场供热需求；夏季供冷时，优先使用夜间蓄冷用于削峰，不足部分由离心式冷水机组供冷。

供热设计：根据商场日总热负荷需求，采用2台6MW电极锅炉，谷电时段全负荷蓄热，次日由蓄热水池为商场供热。

制冷设计：根据商场日总冷负荷需求，夜间采用2台1000RT离心式冷水机组，谷电时段将蓄能水池水温降低至4~5℃，次日为商场供冷（优先削峰），冷量不足部分，开启离心式冷水机组供冷。

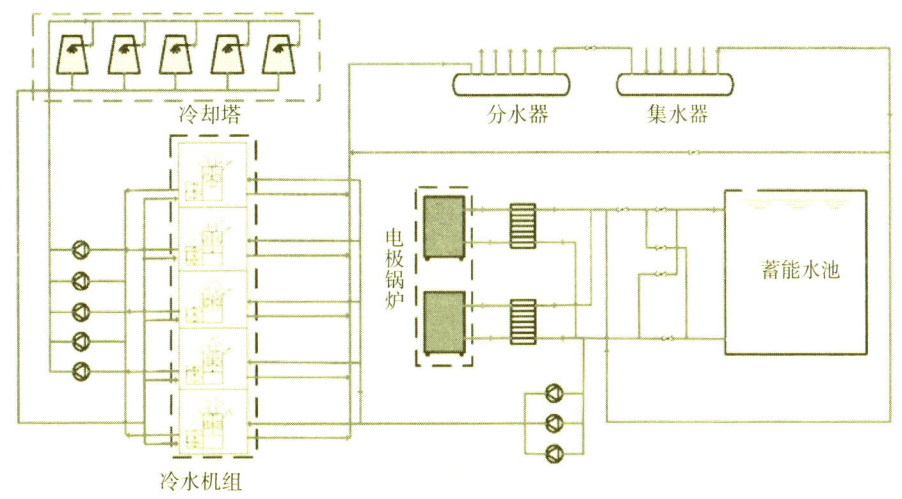

图 1　水蓄冷蓄热中央空调系统流程

五、项目年节能量及年节能效益

1. 年节能量

（1）主要用能设备（如表 1 所示）。

表 1　能源站主要用能设备

序号	设备名称	规格	单位	数量
1	电极锅炉	6MW 10kV	台	2
2	离心式冷水机组	制冷量 1000RT	台	5
3	蓄放热水泵	$Q=260m^3/h\ H=42m\ W=45kW$	台	4
4	冷却水循环泵	$Q=550m^3/h\ H=55m\ W=90kW$	台	5
5	冷冻水一次泵	$Q=705m^3/h\ H=20m\ W=75kW$	台	5
6	冷冻水二次泵	$Q=720m^3/h\ H=28m\ W=75kW$	台	6

（2）节能量。

该项目采用蓄热供暖方案，年耗电（谷电）量约 1344 万 kW·h，相当于 4435.2 吨标准煤。

2. 年节能效益

冬季供暖：与市政供暖相比，采用谷电蓄热方式进行采暖，年节省费用约 360 万元。

夏季制冷：与传统冷水机组直接供冷相比，采用谷电蓄冷方式，该项目年节省费用约 140 万元。

山东省电网销售电价表
（工商业及其他用电）

用电分类		电压等级	电度电价(元/千瓦时)				基本电价	
			尖峰电价	高峰电价	平段电价	低谷电价	最大需量 元/千瓦·月	变压器容量 元/千伏安·月
工商业及其他用电	单一制电价	不满1千伏	1.0394	0.9203	0.6226	0.3249		
		1-10 千伏	1.0161	0.8998	0.6089	0.3180		
		35 千伏及以上	0.9927	0.8791	0.5951	0.3111		
	两部制电价	1-10 千伏	1.0289	0.9113	0.6172	0.3232	38	28
		35-110 千伏以下	1.0034	0.8888	0.6022	0.3157	38	28
		110-220 千伏以下	0.9779	0.8663	0.5872	0.3082	38	28
		220 千伏及以上	0.9524	0.8438	0.5722	0.3007	38	28

备注：
1. 上表所列价格，含国家重大水利工程建设基金 0.196875 分钱、大中型水库移民后期扶持资金 0.62 分钱、可再生能源电价附加 1.9 分钱。
2. 高峰时段：8:30-11:30，16:00-21:00；低谷时段：23:00-7:00；其余时段为平时段。尖峰电价在 6-8 月实施（为便于操作，按 7-9 月抄见电量执行）。尖峰时段：10:30-11:30，19:00-21:00。

图 2　项目所在地能源价格表

该项目用电价格取"单一制电价"中"35 千伏及以上"用电价格。

六、商业模式

该项目采用 BOT + 节能效益分享型模式进行操作。项目合同期 15 年，前 5 年为项目投资回收期，用能单位不分享节能效益；待投资方收回项目初投资后，用能单位、节能服务公司按照 3:7 的比例进行节能效益分享。合同期内，项目设备资产归属节能服务公司所有，待合同期满后，投资方将设备无偿转让给用能单位。

七、投资额及融资渠道

该项目投资金额 2440 万元，其中 800 万元为节能服务公司自有资金，1640 万元来自浦发银行项目贷款。

中粮·置地广场冷站 IBOS 项目

一、项目名称

三利大厦改扩建工程——中粮·置地广场冷站 IBOS 项目 [制冷机房（含冷却塔、蓄水池）投资、建设及全空调系统十年运维服务，能源费包干形式下的能源托管]。

二、项目业主

中粮置地是中粮集团旗下从事房地产开发的专业化公司，秉承"奉献高品质的绿色生活空间和服务，引领时尚潮流的生活方式，全心全意使客户、股东、员工价值最大化"的企业使命，以发展大悦城为品牌的城市综合体为战略主线，坚持"持有经营"和"开发销售"有机结合的"双轮驱动"商业模式，建立"大资管"发展模式，致力成为最具持续发展能力的品牌地产引领者。

该项目为三利大厦改扩建项目，即将原有三利百货及中土蓄大厦建筑全部拆除，原运行 10 年以上的系统设备经评估不予保留，项目受建筑红线、容积率、限高等限制，按政府审批的新规划方案建设。新项目建筑节能规划中要实现绿色建筑三星和美国 LEED 预认证铂金级标准。在全空调系统投资、建设、运营上有创新需求，故诞生本 IBOS 项目。

三、项目实施单位

深圳达实智能股份有限公司

四、案例内容

1. 技术原理及适用领域

项目技术方案主要针对此建筑群的制冷机房内制冷设备及制冷系统冷却塔，采用以下节能技术降低制冷系统能耗。

基于气候特性初步设计时拟定使用：水蓄冷节能技术、自然冷源利用节能技术、自然冷源蓄冷节能技术、低冷却水进水温度设计等节能技术。

基于高效冷站概念初步设计时还使用节能技术：大温差输送系统设计、低阻力设备设计、高效设备应用、冷却塔优化通风效果设计、中央空调节能控制系统应用、基于 IBM 的能源监测管理系统应用等。

适用领域：公共建筑空调节能领域。

2. 节能改造具体内容

（1）改造范围。

冷冻机房内主机、水泵、冷却塔及相关配电系统和水系统管道等材料设备的采购及安装；

水蓄冷结构水池内的防水、保温及水蓄冷布水系统的深化设计及施工。

（2）具体节能技术应用。

①中央空调水蓄冷技术替代冰蓄冷。

利用电网的峰谷电价差，夜间采用空余冷水机组进行蓄冷，白天峰平电价时段则进行放冷，使得空调系统避峰运行，从而节省运行费用。看似只节钱不节能，实则平衡了整个电网的电能，使发出来的电能得以充分利用。且减少装机容量，降低了初投资。此类建筑常规冷源设计峰值负荷为1800RT，年用冷量预计为166.36万RTh。

采用水蓄冷技术后，本项目冷源选取2台600RT的水冷离心式冷水机组和1台275RT的变频水冷螺杆式冷水机组，总装机容量为1475RT，夏季高峰用冷日不足负荷由水蓄冷补充。

将大厦负三层蓄冰槽既定安装位置腾出来，增加隔墙、防水及保温制作为蓄冷水池。利用制冷系统空余主机夜间蓄冷，在冷水系统制冷运行期内白天放冷运行。蓄冷温度为4℃，放冷回水温度为12℃，蓄放冷温差为8℃。此方案蓄冷水池占地面积为290m²，长19.25 m，宽15.25 m，液位高度5.35m（梁下0.3m），有效容积1551m³。蓄冷水池采用自然分层布水方式，蓄放冷采用直接蓄冷间接放冷。

②中央空调节能控制系统。

安装中央空调节能控制系统，通过对中央空调系统运行优化（采用负荷随动控制）、水泵变频调速控制，达到降低中央空调系统整体耗电量的目的。

该系统采用计算机控制技术、模糊控制技术、变频调速技术和专家控制系统，实现了中央空调系统在运行中的高效节能和安全舒适。

③能源监测管理系统。

对制冷机房空调冷源系统运行状态参数（如水温、压力、流量、电压、电流等）及各主要设备（冷水主机、冷冻水泵、冷却水泵、冷却塔风机）进行远程监测、统计、分析、监管，可实现制冷机房空调冷源系统的智能管理、能耗公示、能耗分析、能耗对标、能耗报表和能耗计量等功能，为能源管理提供有力依据，从而实现系统的管理节能。

④优化制冷机房管路设计。

常规系统冷冻、冷却水泵占制冷机房总耗能的40%~60%，利用BIM技术及管路优化经验进行管路低阻力设计，减少不必要阀门，降低系统压力损失，从而降低水泵能耗。

⑤冷水机组冷却水采用大温差低进水温度设计。

通过利用北京全年室外平均湿球温度较低特性，采用冷却水大温差低进水温度，重新合理分配冷水机组与冷却水泵之间的运行能耗，达到系统设计最佳平衡点。

3. 项目实施进度

该项目采用2台600RT双工况离心式冷水主机及1台275RT双工况变频螺杆式冷水主机，用于白天供冷及夜间蓄冷。工程于2017年5月4日开工，2018年4月19日竣工；2018年8月1日正式投入运营。

五、项目年节能量及年节能效益

1. 年节能量

根据美国采暖制冷与空调工程师学会制冷能效标识（如图1所示），常规建筑大部分制冷系统能效比处于3.5W/W以下，项目高效水冷制冷系统结合水蓄冷节能系统制冷系统能效比高达4.55W/W。与常规系统相比节能量预测如表1所示。

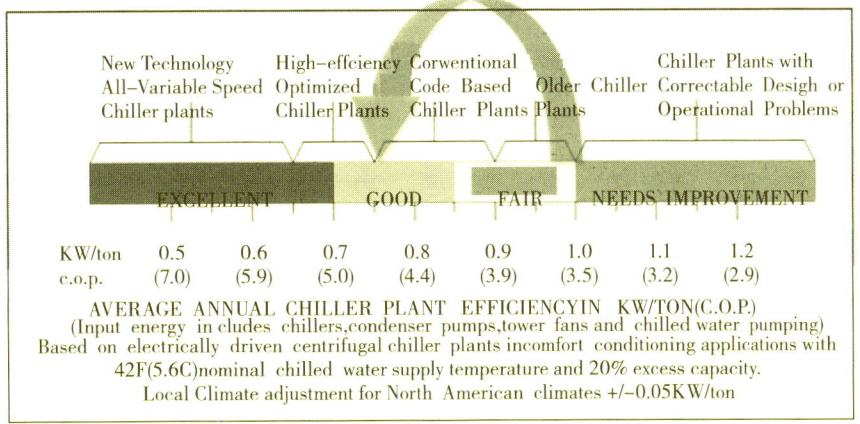

图1　美国采暖制冷与空调工程师学会制冷能效标识

表1　与常规系统相比年节能量预测

项目	项目高效水冷制冷系统结合水蓄冷节能系统	常规水冷制冷系统
年用冷量（万RTh）	164.5	164.5
系统能效比（W/W）	4.55	3.5
年用电量（万kW·h）	127.2	165.3
年节省电量（万kW·h）	38.1	
年节省标准煤（吨）	121.5	
节电率（%）	23.0	

注：标准煤换算按319gce/kW·h计算。

2. 年节能效益

表2　预计年节能效益

项目	项目高效水冷制冷系统结合水蓄冷节能系统	常规水冷制冷系统
年用冷量（万RTh）	164.5	164.5
系统能效比（W/W）	4.55	3.5
年用电量（万kW·h）	127.2	165.3
年用能费用（万元）	109.9	190.1
年节省费用（万元）	80.2	
节费率（%）	42.2	

六、商业模式

商务模式为节能量保证型+能源费用托管型。节能服务公司投资并建设中央制冷机房（包含冷却塔、蓄水池），业主方将在项目建成后的指定时间内回购这一重要资产，并承诺运营服务费按每月每平方米固定支付,服务费包含人工、维修维护及冷、热站的所有能源开支。

该项目是首个央企自持建筑物采用IBOS商业模式的中央空调系统节能服务项目(IBOS即:Investment Build Operate Share 的英文缩写,简称:投资—建设—运营—分享),运营期合作期限为10年。

七、投资额及融资渠道

项目投资1048万元,全部资金由节能服务公司自筹。

中关村软件园孵化加速器地源热泵机房空调运营服务项目

一、项目名称

中关村软件园孵化加速器地源热泵机房空调运营服务项目

二、项目业主

北京中关村鸿嘉物业服务有限公司成立于2004年,隶属北京中关村发展集团旗下的北京中关村软件园发展有限责任公司。中关村鸿嘉是国家自主创新示范区领导小组批复的第一家、也是目前唯一一家可以冠名"中关村"的物业公司,总部设在中关村软件园内,是一家高科技园区物业全过程服务提供商。

该项目供暖制冷系统采用地源热泵系统,选用清华同方422kW两台、98.5kW一台热泵机组为项目提供供暖、制冷和生活热水服务。

夏季供冷从5月1日至9月30日共120天,每天运行14小时,冬季供热从11月1日至次年3月30日共150天,每天运行24小时。

三、项目实施单位

北京合创三众能源科技股份有限公司

四、案例内容

1. 技术原理及适用领域

采集并远传地源热泵系统、末端系统设备相关运行数据,使该自动控制及远传操作系统可根据室外温度和作息时间独立调整每一个点运行情况,实现分时分区控制自动气候补偿的功能,从而做到冷热量分配均匀,实现按需供冷(热)的需要。

适用于各类公共建筑供冷供热系统的新建及改造。

2. 节能改造具体内容

采用能源集中控制器。可以对多台能源主机的启停及运行状态进行精细、合理的控制。由于兼容云计算系统合理的气候补偿等功能特别适合对环境品质要求高的项目,在延长的供冷(暖)期内控制器将根据室外温度和实际供暖需求精确地控制热泵机组系统的工作,达到按需供冷(热)的效果,最大限度地节约能源。

控制器还可以通过特有的备用延时轮换模式等设置合理协调分配系统中各台能源主机的运行时间,以达到使各台地源主机均匀磨损的目的。

当有任意一台能源主机需要启动时,控制器将控制冷却侧水泵启动,如果系统中设计有水流开关,当开关检测到符合要求的水流量时主机才能被启动。当室外温度高于室外切断温度,所有的机组都停止运行后,冷却侧水泵将延时一段时间后关闭(延时长度可调),空调侧水泵依据设定模式自动启停。具体性能介绍如下:

(1)能源机组、水泵、阀门连锁运行控制。

当有任意一台能源主机需要启动时,控制器将自动打开对应主机的阀门,并控制一台地源侧水泵启动,控制空调侧水泵启动,启动正常后主机启动。当有一台能源主机停止时,地源侧水泵经过延时一段时间(延时时间可调)后停止一台,但会保证至少一台运行,空调侧水泵按照定压差控制保证管网平稳运行。

(2)机组群控策略。

累计每台主机运行时间,自动选择运行时间最短的主机先启动,自动选择运行时间最长的主机先停止。使每台主机均匀磨损,以延长机组整体使用寿命。

(3)泵组优选。

累计每台水泵运行时间,自动选择运行时间最短的水泵先启动,自动选择运行时间最长的水泵先停止。使每台水泵均匀磨损,以延长水泵整体使用寿命。

(4)水泵变频控制。

根据空调侧供回水压差对循环水泵进行变频控制,使管网保持定压差运行。在保证空调系统负荷使用的前提下,合理降低水泵频率,节约能耗,实现按需供给能源的目标。采集回水压力调节补水泵频率保证所有用户都可以得到冷热。

(5)气候补偿。

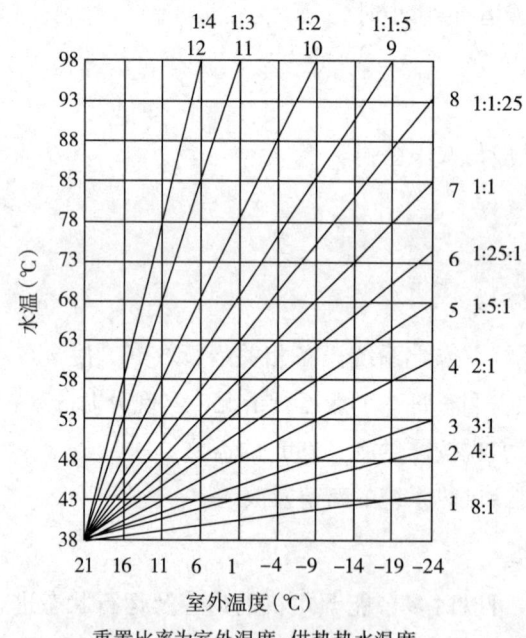

图1 重置比率曲线

室外温度的变化决定了建筑物所需热(冷)量的大小,同时也决定了供暖(冷)水温的高低,供冷(热)运行曲线即用来反映室外温度变化引起供冷(热)温度变化的程度,每个能源机房都应该有一个合适的最佳运行曲线。气候补偿系统即是给能源机房提供最佳运行曲线的系统。气候补偿控制按照预先确定的供冷(热)曲线,根据室外温度的变化,随时计算系统所需的供冷（热）水温。根据多年的控制经验，根据建筑物的保温结构及热辐射方式，推荐运行曲线以供选择，另外，还提供了用户自己定义曲线的可能性，在保证舒适性的前提下，最大程度节省能源消耗。

（6）自定义补偿。

可根据客户输入的两个历史经验值，自动弥合一条符合供暖（冷）要求的控制曲线，以达到精确且方便地控制。

（7）负荷分配功能。

依据用户用冷（热）要求的不同可以分别控制各分区阀门以实现按需供热（冷）的目的，在保证用户使用的前提下降低能源浪费。

（8）负荷预测。

依据运行历史数据以及各项参数，预测第二天系统可能的负荷情况，为系统实现按需供冷、供热提供负荷参考。此功能在供冷（热）系统运行1个周期后可使用。

（9）7天4段时间及温度调整。

云平台设计有每周7天每天4个时段时间表功能，可以对供冷（暖）时段和各时段的温度预先定义，使用户按照用冷（热）规律，在不同时间段采用不同的温度，在满足供热（冷）舒适性的前提下，最大限度地节省能源。此功能可通过云端服务由用户远程控制。

（10）系统运行监控显示。

用户通过云计算系统可以实时监测项目运行情况，云平台能源管控系统提供给拥有相应权利的用户查看或改变控制器的运行参数设置的权限。对于拥有多台带有因特网通信的不同型号的集中控制器的用户，只需几次简单地点击即可对不同控制器进行参数修改。可以远程监控而又不排斥本地对控制器的调控：带有因特网通信功能的集中控制器具有独立性，这意味着当网络断开时，控制器依旧可以按照设置运行。在有密码授权的情况下，控制参数可以本地调节，同时，本地所做的调节在网络通信连接上后，又可自动上传到云平台能源管控系统的控制服务器上，对服务器数据做及时更新。

（11）参数曲线显示。

云计算系统提供参数曲线显示功能，用户依据自身项目关注的运行参数进行设定，可以显示此参数在运行过程中变化的趋势，方便用户对系统运行状态进行分析，见图2。

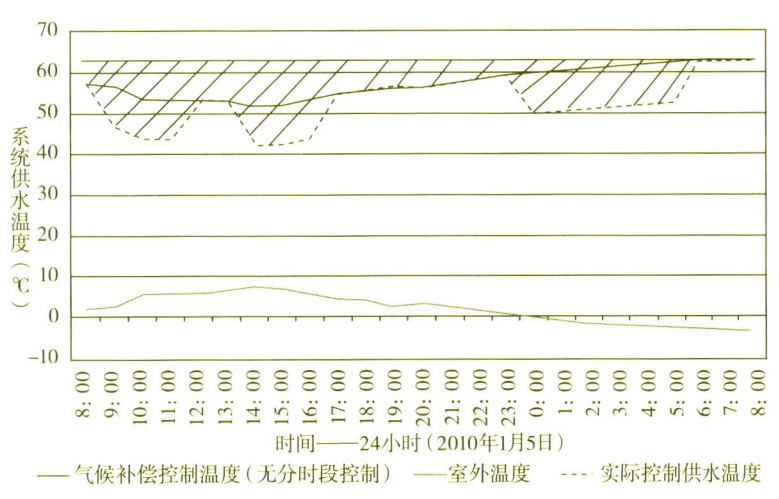

图2　参数曲线

（12）故障报警记录及提示。

报警功能可以激活也可关闭。报警发生时，按预先设置既可以从网页上查看，也可以发送多个电子邮件，如果手机具有短信功能，报警邮件还可以传送到手机。所有报警都将作为历史事件被记录。

（13）云平台监控及云计算。

云平台通过控制器采集的数据及运行的状态，计算出系统的负荷水平，合理地分配能源，计算运行消耗量，为用户提供能耗分析数据。

3. 项目实施进度

项目自2017年运行至今。

五、项目年节能量及年节能效益

1. 年节能量

该项目年节能量如表1所示。

表1 项目年节能量

建筑面积（平方米）	53800		节能率		23%
名称	电能（kW·h）	电费（元）	CO_2（kg）	标煤（kg）	减排可吸入颗粒物（kg）
改造前	1737173.91	1737173.91	1944036.583	701818.2609	5614.546087
改造后	1337623.91	1337623.91	1496908.169	540400.0609	4323.200487
年节约（减少）	399550.00	399550.00	447128.414	161418.2	1291.3456

2. 年节能效益

当地电价1元/kW·h，年节能效益39.95万元。

六、商业模式

该项目采用能源费用托管型，因物业公司与产权单位的合同是一年一签，所以节能服务公司与物业公司的托管运营合同也是每年签一次。节能改造所增加设备的所有权归物业服务有限公司所有，节能服务公司负责地源热泵机组日常运行管理的安全生产、消防安全、卫生环保、人员安全等工作，并对新增能源管理系统和能源控制系统进行管护，排查安全隐患，按甲方要求提供制冷、制热和生活热水的供应。

该项目2018年收费标准为73.88元/平方米，项目用能使用面积约44955平方米，能源托管费用共计3321101.49元，双方估算约定地源热泵机房能源总费用不得超过2042083.5元，此电费和超出部分由节能服务公司承担，如低于约定费用，甲乙双方按4:6比例分成。

七、投资额及融资渠道

该项目节能改造投资90万元，全部为节能服务公司自有资金。

北京市知春大厦供暖制冷及生活热水系统合同能源管理服务项目

一、项目名称

北京市知春大厦供暖制冷及生活热水系统合同能源管理服务项目

二、项目业主

知春大厦位于北京市海淀区知春路118号，建筑面积约30374平方米，其中商业面积26452平方米，居住面积3922平方米。主要业态为办公，地下二层，地上14层，还有一小部分面积作为居住建筑使用。统一由北京市知春大厦物业管理委员会进行管理和维护。

三、项目实施单位

同方泰德国际科技（北京）有限公司

四、案例内容

1. 技术原理及适用领域

溴化锂直燃式机组是通过燃气或燃油提供热能，制取5℃以上冷水和70℃以下热水的冷热水机组。它是由高压发生器、低压发生器、冷凝器、蒸发器、吸收器等主要设备组成，始终处于负压状态下运行，属于真空设备。

直燃式溴化锂机组，可同时满足供冷和供暖的需求，相比电制冷机组+锅炉的组合，电力增容需求小，初始投资较小，系统相对简单。直燃式溴化锂机组已经广泛应用在全国各地建筑供冷供暖领域，尤其适用于用电紧张或电力增容困难、燃气资源充足的地区。

空气源热泵热水机，它可以实现多倍的能源利用效率，是目前最经济、最节能、最安全、最环保的新一代热水制造设备。接通电源后，从环境热源（如水、空气）中吸取较低温热能，然后转换为较高温热能释放至循环介质（如水、空气）中成为高温热源输出。在此因压缩机的运转做功而消耗了电能，压缩机的运转使不断循环的制冷剂在不同的系统中产生的不同的变化状态和不同的效果（即蒸发吸热和冷凝放热），从而达到了回收低温热源制取高温热源的目的。

中央空调冷热源群控技术，采用节能专家控制系统实现对主辅机的综合节能控制，可实现无人值守自动节能运行，设备采用强弱电一体化技术，简化现场实施，同时也极大地方便了后期运维，广泛适用于各类型建筑中央空调的自动控制及节能改造。

电化学水处理技术，采用全效电化学水处理系统，该系统利用水及其中离子的电化学特性，通过电解过程调节水中各种离子的平衡，系统地解决了循环冷却水领域面临的结垢、腐蚀、菌藻滋生三大难题，完全替代了化学加药处理方法。

2. 节能改造具体内容

知春大厦原供冷、供暖和生活热水供应均采用附近锅炉房蒸汽作为热源，由于锅炉房搬迁不能再为大厦提供热源，业主急需替代办法解决大厦的供冷、供暖和生活热水供应问题，另外原有中央空调主要设备均运行15年以上，故障多，效率低，供暖供冷效果差，运行能耗惊人。

此次改造，结合大厦的实际情况，采用直燃型吸收式冷机替换原蒸汽式吸收冷机，同时替换了原有低效率的冷冻、冷却、采暖泵以及冷却塔，既满足大厦夏季供冷需求又满足大厦冬季供暖需求。同时，增加空气源热泵机组解决公寓生活热水供应问题。

3. 项目实施进度

项目前期，节能服务公司对知春大厦进行了详细的调研，包括大厦冷热源站原能耗情况、管理情况，直燃机组安装位置，燃气管道铺设线路，大厦楼顶承重情况等。

经过调研和前期洽商，双方于2017年2月24日签订了合同能源管理服务合同，并于3月入场施工。节能改造主体工作于5月底完成，并在6月初通过业主验收。

供冷季运行阶段，系统运行良好，节能效果显著。

五、项目年节能量及年节能效益

1. 年节能量

（1）改造前后系统（设备）用能情况及主要参数。

改造前，知春大厦利用临近锅炉房蒸汽作为热源保证大厦供冷、供暖以及生活热水的供应。据统计，大厦年用蒸汽量为10908吨，折标煤981.72tce（按中压蒸汽折标系数0.09tce/t计算）。改造前主要设备清单如表1所示。

表1 主要设备清单

序号	设备名称	型号	技术参数	数量
1	吸收式冷机	ZXQ11-145H3D	制冷量1454kW，供热量1163kW	2台
2	冷冻水泵	NISO125-100-200/37SWJZ	流量200m³/h，扬程41m，37kW	2台
3	冷却水泵	200-16/4SWHC8	流量300m³/h，扬程16m，18.5kW	2台
4	冷却塔	—	3×7.5kW	1组

改造后，采用直燃机和空气源热泵为大厦提供冷热源和生活热水。消耗能源主要为天然气。根据夏季实际运行数据，夏季供冷用燃气量为15.4万立方米。冬季工况数据尚不全面，需要根据已有数据进行估计，一般直燃型吸收式冷水机组供热工况COP略低于制冷工况COP，且冬季系统需24小时运行。同时，根据《实用供热空调设计手册》（第二版），估测知春大厦冷负荷为100w/m²，热负荷为70w/m²。综合考虑冬季天然气用量比夏季要略高，按1.5倍估算，冬季供暖用燃气量为23.1万立方米。

另外，知春大厦采用空气源热泵为用户提供生活热水，额定功率为8.5kW，粗略估计年用电量为30000kW·h。

（2）节能量计算方法及项目年节能量。

项目只对知春大厦冷热源站进行了改造，系统末端基本未做改动，因此节能量计算时只考虑冷热源部分的能耗量,不再考虑大厦照明、办公等其他能耗,同时默认改造前后冷热源站用电量不变。

改造前年能耗量为蒸汽10908吨,折标煤981.72tce;改造后年能耗量为天然气38.5万立方米,折标煤512.05tce,电力30000kW·h,折标煤9.99tce,共计522.04tce。

年节能量为981.72 - 522.04 = 459.68tce。

2. 年节能效益

改造前后,知春大厦采暖和供冷费按面积收费,具体标准及费用分别如表2、表3所示。

表2 采暖供冷收费计算表

功能分类	建筑面积（m²）	收费标准（元/m²）	供暖费（元）	制冷费（元）	总费用（元）
商业办公区	26452	42	1110984	1110984	2221968
住宅区	3922	30	117660	117660	235320
合计	30374	—	1228644	1228644	2457288

表3 改造后能源费用表

能耗种类	能耗量	能源单价	能源费用（元）
天然气	385000m³	2.6元/m³	1001000
电	30000kW·h	1.1元/kW·h	33000
合计	—	—	1034000

由表2和表3的数据可知,项目实施后年节能效益为145.33万元。

六、商业模式

该项目采用能源费用托管型的合同能源管理模式。节能服务公司负责项目的施工建设,效益分享期为25年,分享期内节能服务公司具备设备所有权并负责设备的运行和维护;分享期前5年,节能收益均归节能服务公司,即业主按原供暖、供冷和生活热水费用向节能服务公司缴费;5年后,业主享有2元/平方米的节能收益;分享期后,相应设备所有权及运行维护工作移交给业主。

七、投资额及融资渠道

该项目投资额647万元,全部为节能服务公司自有资金。

西安宏府鹂翔九天区域能源站 D、E 合同能源管理项目

一、项目名称

西安宏府鹂翔九天区域能源站 D、E 合同能源管理项目

二、项目业主

项目位于西安市昆明路以北,红光路以南,汉城南路以西区域内。该项目共分为五个区域(A~E),本次项目针对 D 区和 E 区。D 区和 E 区均为燃气锅炉供热项目,主要用能设备有燃气锅炉、水泵,主要用能设备如表 1 所示:

表 1 主要用能设备

区域	序号	设备名称	规格型号	设备参数	数量
D 区	1	燃气真空锅炉	ZKS300	$Q=3500kW$;进水、出水温度 60/77℃;燃料消耗量 385.0Nm/h	2
	2	低区循环泵	W160M1-2	Q: 96 m^3/h; H: 23.6m; N: 15kW	3
	3	高区循环泵	W160M1-2	Q: 96 m^3/h; H: 23.6m; N: 15kW	3
E 区	1	燃气真空锅炉	ZRQ-360N	$Q=4200kW$;进水、出水温度 60/80℃;燃料消耗量 462.5Nm/h	1
	2	燃气真空锅炉	ZRQ-360NW	$Q=4200kW$;进水、出水温度 60/80℃;燃料消耗量 462.6Nm/h	2
	3	低区燃气锅炉二次侧循环泵	W280M-4	Q: 795m^3/h; H: 28m; N: 90kW	2
	4	高区燃气锅炉二次侧循环泵	W225M-4	Q: 397m^3/h; H: 28m; N: 55kW	2
	5	低高区燃气锅炉一次侧循环泵	W160-M1-2	Q: 199m^3/h; H: 15m; N: 15kW	4

三、项目实施单位

中节能唯绿(北京)科技股份有限公司

四、案例内容

1. 技术、服务介绍及适用领域

(1)能源站托管运维。

项目从以下几方面着手提供专业的运维和技术服务:

①组建专业的运维服务团队。根据项目的实际情况,抽调和选派综合能力强的管理人员、技术人员、运维人员和安全人员,组建适合项目运维的专业团队,并针对服务团队实施培训,提高人员的业务素质、技术能力和管理水平。

②完成能源站的标准化建设。结合其他项目的经验和实施项目的特点,将项目的安全管理、日常管理、运行维护、供能服务、制度建设均纳入标准化建设工作中,从而规范能源站的管理。

③强化设备管理。设备是能源站运维的"心脏",将加强设备的管理,关注设备的运行状态,完善设备的档案建设,按时完成设备的维修和维护,及时消除安全隐患,提升设备的运行效率,延长设备的使用寿命。

④采用专业的节能技术手段。根据能源站实际情况,制定多种控制策略,满足能源站的控制需求,使能源站实现按需供能,减少能源消耗。对管网进行水力平衡调节,并加强末端设备的管理,满足用户用能需求,使能源合理分配,避免能源浪费。

⑤引进先进的技术措施。将利用我公司的技术优势,为项目提供专业的节能技术服务,根据项目需要引进先进的节能技术措施,提升能源站的管理水平,挖掘能源站的节能潜力。

适用领域:供冷、供热项目的托管运维。

(2)能源站计量平台——建筑能源管理系统。

基于"节能可视、节能可控、节能可管"的思路,按照"环境监测、智慧节能、能效管理"三个功能逻辑,自主研发了第三代系列产品——建筑能源管理系统。该系统基于分项计量,得到建筑的总能耗和不同能源种类、不同功能系统的能耗量,并进行数据分析和用能评价。

能源管理系统软件是能源管理系统的核心组成部分,采集整合能源消耗数据、环境参数数据、物业运行操作、设备运行参数等各种数据信息,提供基于管理需求的数据处理、计算分析、图表展示、安全预警等,通过良好的人机交互界面供各级管理人员使用。

该产品基于物联网、移动互联和云计算,综合了数据采集、数据智能处理与人机交互等技术。软件采用 BS + CS 架构,前端语言采用 HTML5 和 CSS3,支持现代主流 Web 浏览器访问,保证良好的兼容性;使用 Ajax 技术保证良好的用户体验;统一的开放软件平台,支持多种协议和接口,TCP/OPC/WebService/API,同第三方系统进行能耗数据交换;多维度的数据分析模型,支持用户自定义的分类分项能耗计算模型;国际主流大型关系型系统数据库,支持 ANSI/ISO SQL-92 标准,具备 OLAP、KPI 等报表功能。

建筑能源管理系统分为数据采集、数据传输、数据管理、数据应用四个层次结构。数据采集层包括计量器具、数据网关设备、现场总线等;数据传输层指数据传输网络;数据管理层包括数据存储与处理、服务器、网络设备、存储设备等;数据应用层包括监管平台软件、数据上传接口软件、终端设备等。

适用领域:供冷、供热机房以及政府机构、大型商业综合体、大学、中小学、医院、酒店、生态园区等建筑能源计量和监测。

(3)烟气余热回收。

$1m^3$ 天然气燃烧后会放出 9450kcal 的热量,其中显热为 8500kcal,水蒸气含有的热量(潜热)为 950kcal。对于传统燃气锅炉可利用的热能就是 8500kcal 的显热,供热行业中常规计算天然气热值一般以 $8500kcal/Nm^3$ 为基础计算。这样,天然气的实际总发热量 9450kcal 与天然气的显热 8500kcal 比例关系以百分数表示为 111%,其中显热部分占 100%,潜热部分占 11%,所以对于传统燃气锅炉来说还是有很多热量白白浪费掉。

普通天然气锅炉的排烟温度一般在120℃～250℃之间，这些烟气含有8%～15%的显热和11%的水蒸气潜热。加装烟气冷凝器的主要目的就是通过冷凝器把烟气中的水蒸气变成凝结水，最大限度地回收烟气中含有的潜热和显热，使回收热量后排烟温度可降至60℃左右，同时烟气冷却后产生的凝结水得到及时有效地排出（1m³天然气完全燃烧后，可产生1.66kg水），并且大大减少了CO_2、CO、NO_x等有害物质向大气的排放，起到了明显的节能、降耗、减排及保护锅炉设备的作用。

适用领域：烟气余热回收适用于燃气锅炉供热项目。

2. 节能改造具体内容

（1）能源站计量平台。

改造前存在的问题：能源站用能系统复杂，用能设备多，涉及水、电、气等多种能源消耗，能耗的记录采用手工抄表模式，能耗的统计和分析全靠人工进行，缺乏有效的实时能耗分项计量和能耗统计分析工具，无法准确把握能源站实时能耗数据，对数据进行汇总统计和分析难度大，很难挖掘节能潜力。

计量平台建设工程实施内容：通过加装计量远程表，实现D区及E区能源站内的用电能耗分项计量、用水能耗总计量、用热能耗总计量。燃气能耗已有计量远程表，利用手工录入的方式定期录入计量平台中，数据采集保存与上传、网络传输、计量平台搭建及其辅助工程。

改造后实现的功能：可实时监测和显示系统的能耗数据，了解能耗数据的动态变化，支持能源站各设备用能数据计量统计和储存，实现能耗数据的查询、统计和分析，并可根据用能情况绘制图表和各类型报表及导出功能。简化了能源站运维人员的工作流程，提高了人员的工作效率。能源站运维人员可实时监测系统用能异常和重点用能设备设施运行故障等情况，保证系统的安全运行。

（2）烟气余热回收。

改造前存在的问题：改造前D区和E区能源站锅炉排烟温度高达到110℃左右，且在锅炉尾部均未加装对烟气余热回收装置，导致大量的热量直接通过烟气排放到空气中，不仅造成大量的能源浪费，而且造成了环境污染。

改造内容：在D区和E区锅炉房各安装两台烟气余热回收装置，二次网用户侧部分回水首先进入烟气余热回收装置，与烟气进行逆向冲刷换热，利用烟气余热吸热升温后再回到供水管，从水路上看，设备与板换并联，利用阀门预先调整进入烟气余热回收装置的水流量，有利于降低水泵的能耗。

改造后效果：改造后锅炉排烟温度由110℃降低到60℃以下，回收烟气中大量的余热，提高了锅炉效率，减少了锅炉能源消耗，同时减少了锅炉污染物的排放。

3. 项目实施进度

实施进度见表2。

表 2　项目实施进度

供能准备	2016年9月—2016年11月	系统调研	2016年9月—2016年10月
		标准化制度建设	2016年9月—2016年11月
		设备维保	2016年10月—2016年11月
能源站计量平台安装	2016年9月—2017年1月	施工及安装	2016年9月—2016年11月
		系统调试	2016年11月—2016年12月
		竣工验收	2017年1月
烟气余热回收改造	2016年9月—2016年12月	施工及安装	2016年9月—2016年11月
		系统调试	2016年11月
		竣工验收	2016年12月
供能期	2016年11月—2017年3月	锅炉调试	2016年11月
		水力平衡调试	2016年11月—2016年12月

五、项目年节能量及年节能效益

1. 年节能量

（1）系统用能情况及主要参数（见表3）。

表 3　改造前后系统用能情况

供暖季	区域	入住面积 (m^2)	燃气量 (m^3)	每平方米气耗 (m^3/m^2)	电量 ($kW \cdot h$)	每平方米电耗 ($kW \cdot h/m^2$)
2015—2016	D区	129853.56	1374889	10.59	261530	2.01
	E区	141442.61	1765673	12.48	368220	2.60
	总计	271296.17	3140562	11.58	629750	2.32
2016—2017	D区	140930.64	1288960	9.15	250656	1.78
	E区	203460.45	1878596	9.23	425346	2.09
	总计	344391.09	3167556	9.20	676002	1.96

2015—2016年供暖季的数据为托管运维前的能耗，2016—2017年供暖季的数据为托管运维后的能耗。通过对比可以看出，2016—2017年供暖季的总能耗虽然比2015—2016年供暖季有所增加，但2016—2017年供暖季的供能面积较2015—2016年供暖季明显增多，从单位面积能耗数据可以看出，2016—2017年供暖季的每平方米气耗和电耗较2015—2016年供暖季明显降低。

（2）节能量计算方法及项目年节能量。

节能量计算方法如下：

①基准能耗计算。

采用2015—2016年供暖季的单位面积气耗和电耗作为能耗基准指标，根据如下公式计算得到2016—2017年供暖季的基准能耗。

2016—2017年供暖季用气基准量（m^3）= 2015—2016年供暖季每平方米气耗（m^3/m^2）× 2016—2017年供暖季实收供暖面积（m^2）；

2016—2017年供暖季用电基准量（kW·h）= 2015—2016年供暖季每电耗（kW·h/m²）×2016—2017年供暖季实收供暖面积（m²）。

②节能量计算。

2016—2017年供暖季节气量（m³）= 2016—2017年供暖季用气基准量（m³）- 2016—2017年供暖季实际气耗（m³）；

2016—2017年供暖季节电量（kW·h）= 2016—2017年供暖季用电基准量（kW·h）- 2016—2017年供暖季实际电耗（kW·h）；

总节能量 = D区节能量 + E区节能量。节能量如表4所示。

表4 节能量计算表

区域	入住面积（m²）	基准气耗指标（m³/m²）	基准电耗指标（kW·h/m²）	基准气耗（m³）	基准电耗（kW·h）	实际气耗（m³）	实际电耗（kW·h）	节气量（m³）	节电量（kW·h）
D区	140930.64	10.59	2.01	1492174	283840	1288960	250656	203214	33184
E区	203460.45	12.48	2.60	2539861	529672	1878596	425346	661265	104326
总计	344391.09	-	-	4032035	813512	3167556	676002	864480	137510

从节能量计算表可以看出，2016—2017年供暖季累计节约天然气864480m³，节约电137510kW·h，总节能量（天然气+电）折合标煤1195吨，节能率21.2%。

2. 年节能效益

2016—2017年供能季燃气单价1.98元/m³，综合电价0.7874元/kW·h，年节能收益182万元。

六、商业模式

该项目采用合同能源管理能源费用托管型模式，执行"供暖包干单价"模式，整体承包D、E两个能源站的直接能源费、运行维护费用、设备维修保养费用及相关支出，并提供运行维护和设备维修保养服务，项目合同期10年。该项目供暖期结束后，项目的供能成本，低于合同中约定的单价标准，将作为项目实施公司收益。能源站托管运维服务期间，所有设备的所有权归业主所有，运营服务权归项目实施公司。

七、投资额及融资渠道

该项目投资分为能源站节能技术改造和托管运维每年人工成本两个部分，其中能源站节能技术改造投资80万元，能源站托管运维每年人工成本共92.4万元，所有投资全部为节能服务公司自有资金。

烟台市高新技术产业开发区创业大厦能源托管项目

一、项目名称

烟台市高新技术产业开发区创业大厦能源托管项目

二、项目业主

烟台市高新技术产业开发区创业大厦位于烟台市高新区科技大道69号,于2013年底投入使用,建筑高133米,共33层,其中地上30层、地下3层,建筑面积149331.5平方米。创业大厦主要为企业办公使用,同时配套有商业超市、餐饮等功能。

创业大厦主要的用能系统包括:供暖及制冷中央空调系统、办公照明用电等,每年用电量约600万 $kW \cdot h$,配电容量12000kVA。

三、项目实施单位

烟台东方能源科技有限公司

四、案例内容

1. 技术原理及适用领域

通过中央空调的分时、分区控制,解决区域不平衡问题,改善部分区域中央空调效果差、用户满意度低的情况。

通过能源监测云平台以及能源计量系统对能耗情况进行摸底,使能耗可视化,找出能耗高的原因,从而采取管理措施、技术措施进行解决。

2. 节能改造具体内容

在实施能源托管前,能源管理工作存在的主要问题如下:

(1) 能源统计分析问题。

依据对标数据,创业大厦当前公共能耗偏高,但由于当前没有对用电数据进行统一的监控计量,缺少基础数据,无法确认公共能耗高的原因,无法针对性地进行节能技术改造,导致公共能耗居高不下。

(2) 能源计量计费问题。

在当前能源计量计费配置下,东塔每层设置有一块计量表(实际是多功能显示仪表,具备计量功能),在同一层有多个用电主体时,按实际使用面积进行分摊电费。当前电费分摊方式,无法准确计量各用电主体的用电情况,在与用电主体进行费用结算时缺少科学的依据,各用电主体缺少节能意识,不具备事业单位推进节能工作的基础数据依据,同时也无法实现下一步事业单位的用能节能考核。

(3) 制冷效果及成本问题。

通过调研往年夏季制冷情况，用户反馈夏季空调制冷效果较差，经调研分析，当前夏季空调冷却水为从热力公司通过管网传输至换热站，实际冷却水供水温度在9℃以上，很难达到设计的7℃标准，因此导致夏季制冷效果较差的问题。同时，当前与热力公司签订的用冷成本为0.73元/kW·h，而依据运行经验数据及设计数据，采用冷水机组实际运营成本约为0.213元/kW·h（在当前电价下），可将当前用冷成本降低70%（在当前制冷效果下），具有巨大的节约成本潜力，同时中央空调区域不平衡问题严重。

针对当前能源管理存在的问题，能源服务中心进行了广泛的调研，进行了如下节能改造：

(1) 建设能源监控云平台系统，实现能源数据监测分析。

针对能源数据采集、统计分析问题，拟建设大厦能源监控云平台系统，主要建设内容及实现功能如下：

完善当前用能采集表计，实现每层或每区域用能数据的采集、监控和远传（当前仅考虑用电系统，包括各楼层用电及配电室，空调系统依据与供热公司沟通情况再行实施）。

搭建数据传输网络，将各区域用能数据上传至监控中心及云平台，实现自动集抄功能，减少当前的人工抄表工作量和误差率，减少人力资源，大大提高大厦能源管理水平和效率。

建设能源监控中心及能源管理系统，拟在能源服务中心建设能源监控后台及大屏幕显示系统，实现用能数据的可视化，自动生成能源分析报表，实现自动能耗异常报警，为能源数据统计分析、针对性制定节能改造方案提供基础数据依据。同时建设大屏幕显示系统，提升大厦能源管理水平和形象。

建设能源系统云平台，实现远程"随时、随地"监控能源系统运行状态，通过统计报表，可横向、纵向进行电能数据比对，分析电能使用信息，及时发现电量使用异常情况，为排查电量损失隐患提供数据支持，保障能源系统的稳定。

(2) 改造东塔计量表计，实现各用电主体独立计量。

针对东塔能源计量计费不科学的问题，拟参照西塔的计费电表模式，在每层安装预付费电表，改造配电箱内的供电线路，使东塔的用电主体实现"一户一表，按表缴费"，真正做到"谁耗能谁缴费"，为管委后续节能工作开展提供技术基础和数据基础。该部分改造方案主要内容及实现功能如下：

每层依据用电主体数量及用电情况，配置安装预付费电表（与西塔采用同一品牌及型号，便于统一管理）。

对用电主体采取预付费方式收取电费，解决电费结算问题。

(3) 建设中央空调节能运营系统。

建设中央空调节能控制系统，对中央空调实现分区、分时控制，解决中央空调的区域不平衡问题，同时大幅降低中央空调运行成本。

3. 项目实施进度

能源服务公司自2016年7月开始对创业大厦能耗情况进行调研，2016年8月签订能源托管合同，2016年9月开始相关技术改造。

2017年9月，经各方共同对中央空调运行效果、年度能耗情况进行统计，项目达到了预期目的。

五、项目年节能量及年节能效益

通过对2016年9月至2017年8月采用能源托管模式后的能耗情况统计，与2015年9月至2016年8月的能耗情况进行比较，两个年度的能耗情况如表1所示。

表1 改造前后能耗情况对比

	2015年9月至2016年8月			2016年9月至2017年8月			节能率
	用能量（GJ）	负荷面积（m^2）	单位面积能耗（GJ/m^2）	用能量（GJ）	负荷面积（m^2）	单位面积能耗（GJ/m^2）	
供暖	38187	65473	0.5832	27079	67527	0.4010	31%
供冷	4413	46800	0.0943	6015	71912	0.0836	11%

通过能源托管模式以及分时分区控制，在空调效果有所改善的情况下，采暖季单位面积能耗降低31%，制冷季单位面积能耗降低11%，按2016年9月至2017年8月制冷和采暖面积核算，年度共计节省热量12302GJ、冷量766GJ，折合节省标准煤446吨。

六、商业模式

该项目以合同能源管理能源费用托管型模式运作，合同期为4年。

七、投资额及融资渠道

项目总投资额200万元，为节能服务公司自有资金。

远洋国际中心中央空调合同能源管理改造项目

一、项目名称

远洋国际中心中央空调合同能源管理改造项目

二、项目业主

远洋国际中心位于北京市 CBD 东区，朝阳路与东四环交会处，为北京市朝阳区东四环沿线最高建筑物。远洋国际中心写字楼为国际 5A 甲级纯写字楼。远洋国际中心写字楼总建筑面积 23 万平方米，楼高 130 米。

远洋国际中心每年制冷中央空调系统机房能耗约 163.45 万元（电费按谷值每 0.37 元/kW·h、均价 1 元/kW·h 计算），每年采暖中央空调系统机房能耗约 340 万元（电费按每 1 元/度、市政流量按每 69 元/GJ 计算）。

三、项目实施单位

浙江大冲能源科技有限公司

四、案例内容

1. 技术原理及适用领域

（1）负荷动态预判断控制技术。

中央空调的负荷随着气候及外界温湿度变化波动明显，在中央空调冷冻（热）水系统的节能控制中采用先进的冷冻（热）水负荷模糊预判断控制技术能有效地解决中央空调冷冻（热）水系统的时滞性和大惰性问题，使控制系统节能控制更加准确，节能效果更好。

（2）区域冷（热）量均衡控制技术。

以满足各区域的冷（热）量需求平衡为控制目标，通过监测各区域的实际冷（热）量需求，动态调整相应地调节装置，使各区域获得所需求的冷（热）量，达到一种动态的能量平衡，极大地提高了节能效果。

（3）泵组的优选组合控制技术。

在多台水泵并联运行中，以控制系统实时监测计算的负荷所需的水流量为控制目标，建立智能数学模型，推算出满足该流量及压力等条件下所需运行的水泵台数及输出流量，使泵组消耗的功率达到最低，实现最佳的节能效果。

（4）主机小温差补偿节能优化控制技术。

当空调系统在运行过程中，冷水机组可能会随着负荷的变化而偏离其最佳运行工况，此时主机的运行 COP 值会大幅度降低，控制系统的主机小温差补偿节能优化控制技术可以确保主机在任何负荷条件下都有一个优化的运行环境，始终处于最佳运行工况，从而保持效率（COP）

最高、能耗最低,实现主机和水系统的节能优化。

(5) 动态双向变流量控制技术。

在空调二次泵系统中,通过动态的调节一次循环侧和二次循环侧流量,达到冷量平衡,消除加减机产生的梯度流量,避免平衡管产生正向或逆向流量,在保证空调使用效果的同时达到最佳节能效果。

(6) 基于 COP 优化的主机群控技术。

在多台冷水机组运行中,通过建立智能数学模型,监测实际负荷值、冷冻水温度、设定的约束时间以及主机的效率特性等参数,自动地选择最佳的主机运行台数,在控制主机所供冷量和空调实际负荷相平衡的同时保证主机的高效率运行。

(7) 冷却水最佳温度控制技术。

以提高空调整体 COP 值为目的,利用冷却水最佳回水温度模糊控制技术,自动寻找某一负荷、某一环境下最佳空调工况时所对应的冷却水回水温度作为控制目标,通过变流量控制达到冷却水系统节能的效果。

(8) 冷却塔变风量梯级控制技术。

以最佳冷却水回水温度和冷却水出水温度的差值为控制目标,通过调节冷却塔风机的风量和冷却塔风机的台数达到节能的要求。

适用领域:主要应用于甲级医院、高星级酒店、高端写字楼、交通枢纽、商业综合体、恒温恒湿工厂、集中供暖、冷住宅等中央空调节能项目。

2. 节能改造具体内容

(1) 完善中央空调系统能耗计量。

为中央空调系统制冷冷水机组、双工况冷水机组、冷冻水泵、冷却水泵、高区冷冻水泵、冷却塔风机、热水泵、高区热水泵等耗电设备设置能量检测系统,远程能源管理中心能直接读取各设备年、月、日的能耗情况。使用户实时掌握空调设备的实际耗电量、市政流量、节电量、节约流量、查询实时及历史数据,了解当前整体空调能效情况及节省能耗情况。

(2) 设置能量平衡装置。

利用中央空调能源管理控制系统多区域冷热量均衡分配节能控制技术及中央空调冷热量模糊预判断节能控制技术进行冷热量平衡分配控制,从而实现中央空调的节能控制。

(3) 设置模糊能效柜。

设置模糊能效柜,实现空调系统冷热源部分温度、压力、流量、室外环境温度及负荷冷热量等参数的监测,结合大冲能源专用节能控制软件实现冷水机组、冷冻水泵、高区冷冻水泵、冷却水泵、冷却塔风机、低区热水泵、高区热水泵的智能管理及节能优化控制。

(4) 设置能源管理中心。

在空调系统管理人员值班室设置各一套能源管理控制中心 DC-PC,分别与设置在机房现场的模糊能效柜远程通信,实现空调冷热源系统所有设备的远程智能管理和节能优化控制。同时可以通过 Internet 网络实现 Web 发布。

(5) 对原水泵变频柜进行自适应节流改造。

在各负荷区域冷热量均衡分配控制的基础上,结合大冲能源模糊预判断控制技术、循环水泵节能控制计算模型、泵组优选控制技术,配置自适应节流仪,实现冷冻水泵、高区板换侧冷冻水泵、冷却水泵、低区热水泵、高区热水泵的变流量控制。在实现水泵自身节能的同时，提高冷水机组和板换效率。

（6）冷水机组匹配优化控制。

在区域冷热量均衡分配控制、循环泵变流量控制的基础上，结合基于 COP 优化的主机群控技术、中央空调主机优化控制数学模型控制技术，根据末端实际负荷量，天气情况，实现中央空调冷水机组匹配优化控制，达到末端实时负荷与冷源所提供冷量的匹配。

（7）对冷却水系统增加自适应节流仪。

冷却水循环泵变流量控制，在冷水机组匹配优化控制的基础上，结合模糊预判断控制技术、最佳冷却水回水温度控制技术、冷却水变流量控制技术、循环水泵节能控制计算模型，实现冷却水变流量控制，达到中央空调系统整体 COP 最高；使中央空调系统整体效率最高，能耗最低。

（8）冷却塔梯级控制。

根据室外环境湿球温度，结合大冲能源冷却塔变风量梯级控制技术，实现冷却塔风机节能优化控制。使冷却塔实时冷却量与冷水机组所需冷却量保持平衡，在达到冷却塔自身高效节能目标的同时，提高空调系统整体 COP，使空调系统整体节能。

（9）实现无人值守自动运行。

业主可以根据空调系统运行规律，预先设定空调运行时间段，实现空调系统自动投入运行与停止运行，达到真正无人值守的节能控制。

3. 项目实施进度

初步意向阶段：2016 年 6 月，远洋国际中心业主方、物业管理方、节能服务公司进行中央空调节能改造初次交流，达成节能改造初步意向，并安排进行现场调研。

可行性分析阶段：2016 年 6 月，出具节能改造初步报告，预计年节能 21% 以上。

方案论证：多次论证后于 2016 年 9 月确定最终深化方案。

商务谈判：确定本项目采用合同能源管理模式，于 2017 年 3 月签订节能改造合同。

施工调试及验收：2017 年 4 月停止采暖后进场施工，5 月进行调试、培训，6 月系统正式运行，7 月完成验收。

第三方节能量检测：2017 年 7 月 18—19 日中国质量认证中心进场检测，经过测试节能率为 22.02%。

效益分享：2017 年 7 月 19 日检测完毕，达到合同约定节能率不低于 16% 的保底承诺，合同即时生效，项目正式进入节能效益分享期。

五、项目年节能量及年节能效益

1. 年节能量

根据国家标准《中央空调水系统节能控制装置技术规范本》（GB/T 26759—2011），节能检测方案由改造双方之间或邀请具有检测资质的第三方检测单位确定节能效果。

节能率测试对象：远洋国际中心中央空调系统的整体节能率。

节能率测试方法：可采用能耗比较法，即在中央空调使用的历年制冷期与采暖期加权平均外界环境湿球温度条件下，将空调系统采用与不采用能源管理控制系统交替运行相同的时间，通过能耗监测装置，分别对其能耗进行测试、记录和对比，通过对比计算得出节能率，然后根据其节能率算出节能量。

2. 年节能效益

经检测，远洋中心空调机房全年可节约电 51.5 万 kW·h（蓄冰节电 15 万 kW·h、制冷节电 25.99 万 kW·h、采暖节电 10.51 万 kW·h）、节约市政流量 0.89 万 GJ，每年可节省电费 42.05 万元、节约市政流量 79.21 万元，共计 121.26 万元（电费按谷值每 0.37 元/kW·h、均价 1 元/kW·h、市政流量 69 元/GJ 计算）。预计每年可节省标准煤 473.6tce。

六、商业模式

该项目采用节能效益分享型 + 节能量保证型模式。由节能服务公司投资实施并维护管理，在保证节能率的前提下与用能单位分享节能收益。

七、投资额及融资渠道

该项目投资额 290 万元，均为节能服务公司自有资金。

深圳市惠名大厦中央空调节能改造项目

一、项目名称

深圳市大众物业管理有限公司惠名大厦中央空调主机置换及水泵变频智能控制节能改造项目

二、项目业主

深圳市大众物业管理有限公司惠名大厦的中央空调主机为4台开利水冷机组，型号为30GT-230B，制冷剂为R22，制冷量为801kW。

1号和2号机组配套3台18.5kW冷冻泵，水泵流量为135 m^3/h，扬程40米；3号和4号机组配套3台18.5kW冷冻泵，水泵流量为135 m^3/h，扬程40米。惠名大厦1楼至8楼使用1号和2号机组，运行1台冷冻泵，每天运行16小时，9楼至16楼使用3号和4号机组，运行1台冷冻泵，每天运行10小时。该大厦全年制冷开机7个月，每月运行300小时，共计运行2100小时。

三、项目实施单位

深圳市大众新源节能科技有限公司

四、案例内容

1. 技术原理及适用领域

（1）系统的智能模糊控制原理。

核心技术就是智能模糊控制器和实现智能模糊运算的软件系统，利用智能模糊控制理论，把人的控制策略的自然语言描述转化为计算机能接受的算法语言。它不仅能实现数字控制，而且能模拟人的思维方式，对一些无法构造数学模型的被控对象进行有效的控制；智能模糊控制不会出现如PID的超调现象；当系统有干扰信号时，又能快速响应外部扰动，因此智能模糊系统抗干扰能力很强；中央空调系统运行采用智能模糊数字控制后，具有程序编制灵活、现场调试方便、自动化程度高、运行安全可靠、易实现控制、抗干扰能力很强、节能效果非常突出、空调运行效率大幅提高等特点。

（2）系统的全数字多变量采集。

全数字多变量中央空调节能专家系统中的智能模糊控制器能采集各种运行数字量参数或状态如温度、温差、冷却泵功耗、主机功耗等多种变量。

（3）系统主机的节电原理。

采用全数字多变量中央空调节能系统进行中央空调的智能模糊系统控制，当中央空调的制冷量需求减少或增加时，全数字多变量中央空调节能专家系统中的智能模糊控制器根据采集的各种运行数字量参数如温度、温差、冷却水流量、冷却泵功耗、主机功耗等经过系统的智能模糊控制器智能演算，得出最优化的控制参量，对系统运行的数字量参数进行动态的随动调整，能优化循环水系统的运行工况，保证中央空调系统在制冷负荷变化时，满足末端所需的制冷量，使系统综合COP提高。

（4）中央空调系统变频自动化控制节能改造技术方案（见图1）。

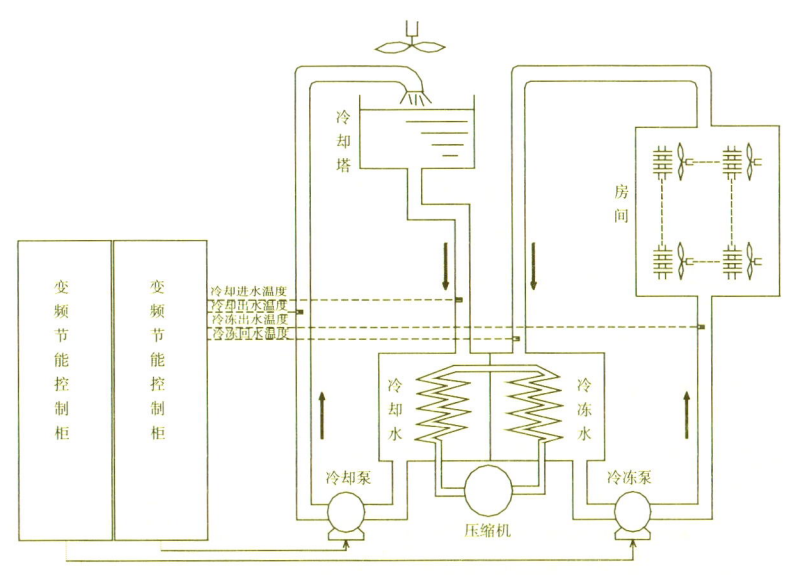

图1　中央空调系统构成及变频节能改造示意图

节能系统主要配置：E5系列变频器、人机界面、KC智能模糊控制器、电度表计量系统等。

实现功能：采用智能模糊控制，根据冷冻出回水的温差和温度进行自动变频运行，在满足冷气量需求的同时，实现最大限度的节电率；采用RS485通信控制，能在人机界面上显示电动机的实时电参数，如：电动机的功率、电流、电压、运行频率、节电率等，使节能效果一目了然。

2. 节能改造具体内容

根据有关资料统计，空调设备97%的时间运行在70%负荷以下波动，所以实际负荷总不能达到满负荷，特别是冷气需求量少的情况下，主机负荷量低，为了保证有较好的运行状态和较高的运行效率，主机能在一定范围根据负载的变化加载和卸载，但与之相配套的冷却水泵和冷冻水泵却仍在高负荷状态下运行，（泵功率是按峰值冷负荷对应水流量的1.2倍选配）这样会带来以下一系列问题：

主机老化严重，COP下降严重，造成系统在高负载低效率情形下运行。

水流量过大使冷水系统进水和回水温差降低，恶化了主机的工作条件，引起主机热交换效率下降，造成额外的电能损失。

由于水泵压力过大，通常都是通过调整管道上的阀门开度来调节冷却水和冷冻水流量，因此阀门上存在着很大的能量损失。

传统的水泵和电机起停控制不能实现软启、软停、水泵启动和停止时，会出现水锤现象，对管网造成较大冲击，增加管网阀门的跑冒滴漏现象。

由于中央空调冷却水、冷冻水系统运行效率低，能耗较大且属长期运行，进行节能技术改造是完全必要的。

3. 项目实施进度

该项目于2015年3月21日开始施工，2015年4月19日投入机组运行，整体安装工程于5月15日竣工，根据机组一段时间的运行状况和制冷效果，施工单位6月12日进行初验，初验结果认为冷水机组的运行状况与制冷效果达到相关技术要求，末端正常供冷。

五、项目年节能量及年节能效益

1. 年节能量

改造后系统从每日用电量3977kW·h下降为2064kW·h，节能量为1913kW·h。

根据业主单位提供近4年来平均用电量均值为1375471kW·h，根据测算后节电率为48%，改造后节电量为660226kW·h/年，折算为216.55吨标煤/年。

2. 节能效益

当地电价为1.06元，年节能收益为70万元。

六、商业模式

节能改造工程的全部投入和风险由节能服务公司承担，项目实施完毕，经双方共同确认节能率后，在项目合同期内，双方按比例分享节能效益。

七、投资额及融资渠道

该项目共投资249万元，均为节能服务公司自有资金。

八、优惠政策

该项目获政府财政补贴59万元。

天津天诚酒店合同能源管理项目

一、项目名称

天津天诚酒店合同能源管理项目

二、项目业主

天诚酒店位于天津市河东区新开路66号,五星级酒店。该酒店建筑面积约30771m^2,空调面积23400m^2。设有餐厅、健身中心、SPA等娱乐设施,酒店共有客房270间。酒店的1~4层为整个酒店的裙楼楼层,主要以大宴会厅、会议室为主。5~22层为酒店客房层。设有3个餐厅、健身中心、SPA等娱乐设施等。

三、项目实施单位

远大低碳技术(天津)有限公司

四、案例内容

1. 改造前问题

酒店原有SL直燃机效率低,空调系统能耗极高,照明没有进行节能改造,酒店能耗费用较高,且设备保养"欠账"较多,系统整体老化严重,已无法满足酒店空调需求,运行存在一定的安全隐患,如表1所示。

表1 改造前主要问题

项目	存在问题
空调系统	空调主机使用年限较长,效率低下
	空调系统的冷却水泵无变频控制
	空调主机运行策略人为控制,控制不精确
	直燃机烟气预热未回收
	直燃机冷凝热未回收
照明系统	大部分空间仍使用传统的非LED,耗电量大
	照明系统没有合理地控制
生活热水系统	锅炉烟气余热未回收
	生活热水成本较高,系统设计不合理
给水系统	给水系统无节能控制措施

2. 主要改造内容

对中央空调系统设备节能技术改造,照明LED改造,输配系统蒸汽系统、自来水系统、卫生热水系统、泳池循环加热系统改造。包括中央空调主机的替换施工、机房内管道重新优化布局、楼内老化空调管线翻新/更新维护、蒸汽锅炉替换改造施工、已老化的蒸汽管线翻新/更新维护、自来水系统高/中/低区恒压供水节能改造、卫生热水系统无压热水炉替换改造、卫生热水高/中/低区重新布局增加调峰热水罐和管线改造、卫生热水水源热泵机组改造、泳池蒸汽加热系统改造。改造后工艺流程如图1所示。

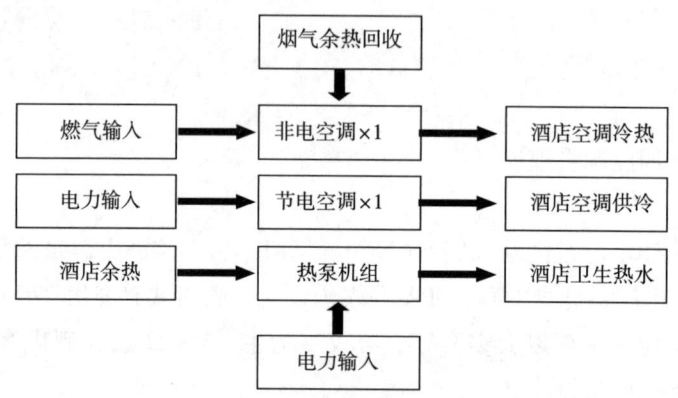

图1 改造后工艺流程

改造后取得的效果如表2所示。

表2 改造后取得的效果

序号	对比项目	节能改造前	节能改造后	对比效应
1	能源消耗	先天设计不足导致运行能源消耗居高不下	依靠技术，结合实际，采取各种节能措施降低空调能耗，强化系统管理，提高能源利用率	节省能耗20%以上
2	维护费用	各厂家多头服务难于协调，"救火式"或"抢修式"服务抬高维护费用	所有维护工作由节能服务公司承担，无须客户另行付费	节省费用15%
3	设备管理	增加额外管理人员，增加人力成本，管理麻烦不断	由经专业培训、经验丰富的节能服务公司工程师管理，免除用户管理麻烦	省却人力成本，节约时间和精力
4	空调效果	不可预知，难以保证	专业化运营并以合同形式保障空调效果	避免停机和名誉损失
5	机组寿命	维护保养不当可能导致提前报废	定期保养，不间断监控，延长机组寿命50%	节省主机二次投资50%
6	风险衡量	产品风险、商务风险、道德风险、能源价格风险	风险转移到节能服务公司，节能服务公司承担全部责任	用户零风险
7	社会效益	能源浪费，增加环境压力	提高能效，促进环保	社会效益高

3. 项目实施进度

项目于 2017 年 4 月 1 日实施，2017 年 6 月 15 日竣工。

五、项目年节能量及年节能效益

1. 年节能量

（1）改造前后系统（设备）用能情况及主要参数如表 3 所示。

表 3 改造前后用能情况

	改造前 2016 年用能情况					改造后 2017 年用能情况				
月份	电 (kW·h)	折标煤 (tce)	燃气 (m³)	燃气折标煤 (tce)	合计标准煤 (tce)	月份	电 (kW·h)	折标煤 (tce)	燃气 (m³)	燃气折标煤 (tce)	合计标准煤 (tce)
1	300360	95	129679	157	252	1	—	—	—	—	—
2	245260	77	94531	115	192	2	—	—	—	—	—
3	254680	80	60312	73	153	3	—	—	—	—	—
4	241540	76	34288	42	118	4	—	—	—	—	—
5	304080	96	58216	71	166	5	358400	113	25960	32	144
6	310060	98	66902	81	179	6	348500	110	22260	27	137
7	354660	112	78776	96	207	7	416920	131	21127	26	157
8	367040	116	77764	94	210	8	362560	114	42631	52	166
9	314920	99	54643	66	166	9	345600	109	14982	18	127
10	266460	84	42426	52	136	10	254600	80	20811	25	105
11	274380	86	71645	87	173	11	250664	79	40334	49	128
12	288840	91	95682	116	207	12	—	—	—	—	—
合计	3522280	1110	864864	1050	2160	合计	2337244	736	188105	228	965

（2）项目节能量计算方法和过程。

因项目为五星级酒店，不能中断酒店空调、蒸汽、热水、照明等使用，为确保运行需要边运行边改造，全部改造于 2017 年 6 月 15 日完毕。改造后空调于 2017 年 4 月底投入使用，因此选取 2017 年 5 月至 11 月能耗进行节能量核算。

改造前，2016 年 5 月至 11 月能耗为 1237tce；改造后，2017 年 5 月至 11 月能耗合计为 965tce，降低能耗量为 1237tce − 965tce = 272tce。

改造后，2017 年 10 月与改造前 2016 年 10 月的能耗费用相比，节能率为（136tce − 105tce）÷136tce = 22.8%。因为每年的 10 月份和 4 月份室外气象参数相近，都无须空调，耗能部分相差不大，所以改造后 2018 年 4 月份的节能率参照 10 月份的节能率计算。因此 2018 年 4 月份节能量为（241540kW·h × 3.15kgce/kW·h + 34288m³ × 1.2143kgce/m³）× 22.8% = 27tce。

改造后 2017 年 11 月与改造前 2016 年 11 月的能耗费用相比，节能率为（173tce − 128tce）÷173tce = 26%。因为每年的 11 月至次年 3 月为酒店的采暖季，耗能部分相近，所以改造后

2017年12月至2018年3月的节能率参照改造后2017年11月份的节能率计算。因此2017年12月至2018年3月节能量为805tce×26% = 209tce。

经过改造前后实际运行数据对比计算，该项目年节约标煤量为27 + 272 + 209 = 508tce。

2. 年节能效益

以天津能源价格电价1.05元/kW·h、天然气2.66元/m^3为基准，天然气每年节省约256648m^3，折合68.27万元；电力每年节省约1045236 kW·h，折合109.75万元。以上合计每年能耗节省约178万元。

六、商业模式

该项目采取节能效益分享型+节能量保证型+能源费用托管型模式运作。合同期从2017年2月15日至2023年2月14日，共计6年。

服务内容包括：工程改造，对中央空调系统设备节能技术改造，照明LED改造，输配系统蒸汽系统、自来水系统、卫生热水系统、泳池循环加热系统改造。能源运营管理服务，对酒店中央空调及相关系统的日常运行、能源采购、维修、维保、水质管理、人工服务等。

节能效果验证：以实际运行酒店整体能耗节省作为验证方法。

效益分享的比例和方式：以酒店自行运营期间总费用713.14万元作为基准费用，节能服务公司接手运营后年能源管理费为680万元，酒店每年节省运营费用33.14万元作为节能效益分享。该合同能源管理项目预计节能率为25%，即每年节省费用178.29万元，酒店节能效益分享33.14万元，分享比例为18.6%。节能服务公司分享145.15万，分享比例为81.4%。

节能量保证：以酒店往年自行管理期间能耗作为费用依据，节能服务公司承诺在此基础上以低于自管费用每年33.14万元作为运营价格，若达不到相应节能指标和数据，节能服务公司将自行承担能耗上升带来的损失，以此作为节能动力和压力，对节能效果做相关保证。

款项支付的方法、数量及时间：款项依照双方合同，每年支付6次，即每两月支付1次相关费用。

项目（设备）所有权归属/转移：在双方合同执行期间，相关投资的节能改造设备产权归节能服务公司所有。在合同期满且用能单位应付款项全部支付完毕、合同解除后节能改造设备无偿归用能单位所有，节能服务公司配合用能单位获得设备的所有权。

七、投资额及融资渠道

投资额729万元，全部为节能服务公司自有资金。

八、优惠政策

该项目符合财税〔2010〕110号等文件规定的减免税条件，并通过天津市税务部门审核，已享受"三免三减半"等税收优惠政策。

青岛海情大酒店综合节能改造项目

一、项目名称

青岛海情大酒店综合节能改造项目

二、项目业主

青岛海情大酒店是四星级酒店,坐落于青岛著名的海滨大道——东海路上,拥有 A、B、C 三个独立建筑,1998 年投入使用,至 2016 年已连续运营 18 年,设备老旧,能源费用高昂,供冷供热效果差。主要用能设备及其用能情况如下:

照明系统:B 座室内共有灯具 3573 套。

空调系统:B 座空调系统冷热源由 2 台远大 VI 型溴化锂直燃机组提供,单台制冷量 281RT;空调末端为暗藏式风机盘管。

围护结构:B 座大堂部分主要为玻璃幕墙结构,采用单层玻璃(12mm)。客房外窗框为铝合金材质,采用单层玻璃。B 座外墙和外窗均未采取保温措施,围护结构热阻大幅低于现有建筑节能设计的标准。冬季部分房间(主要位于角落,外围护结构面积较大的区域)的采暖效果不能满足设计要求,另外,外窗漏风现象普遍比较严重,造成冬季采暖和夏季制冷能耗的大幅浪费。B 座屋面包括上人屋面、非上人屋面(彩钢板屋面)、自然采光顶棚和瓦楞部分。其中,上人屋面部分在 5 年前已进行过加强防水处理,结构整体完整,可继续利用;现有彩钢板屋面部分未采取保温措施,造成该区域热损失居高不下,增加了空调负荷,应进一步考虑进行加强保温;自然采光顶棚部分已有多处破损,漏风和渗水较为严重,应尽快处理,以避免漏风造成对流热损失和渗水引起各种安全问题;瓦楞部分结构破损比较严重,应及时更新和改造。

表 1 2015 年青岛海清大酒店 B 座用能情况汇总表

年份	用水量(吨)	用电量(kW·h)	天然气量(m³)
2015 年	59557	714400	254412

三、项目实施单位

国网山东节能服务有限公司

四、案例内容

1. 技术原理及适用领域

青岛海情大酒店综合节能改造项目属于酒店行业既有建筑的节能改造,主要采取了以下几点综合节能改造措施:

增强围护结构的保温隔热性能，将门窗更换为节能门窗，增加外墙保温，对外窗幕墙玻璃进行玻璃贴膜。

根据酒店的实际用能情况，冷源系统将燃气溴化锂机组替换为高效电制冷机组，重新匹配冷热源系统的水泵、冷却塔等附属设备，并更新水系统管路，节约输送系统能耗。

热源系统用高效燃气真空热水炉替换原有燃气溴化锂机组供热，对冷冻（热水）水泵加设变频控制器以满足空调采暖设计需求。

加设的 PLC 控制系统，实现对冷热源系统的基本监控。

采用高效节能的 LED 灯具替换现有旧型荧光灯具。

更新并增大 B 座配电系统容量，为高效冷水机组替代溴化锂提供条件，采用高效配电设备，提高配电系统效率。

2. 节能改造具体内容

（1）维护结构。

B 座外窗设计为普通铝合金窗框，且采用单层薄玻璃，单层玻璃的传热系数 U 值高达 $5.8W/(m^2·K)$，隔热效果很差，冷桥热损失现象明显。客房外窗由于已经使用了 16 年以上，部分月牙锁已经损坏，窗体密闭不严。B 座为老旧建筑，外墙墙体没有做过保温处理，墙体隔热保温性能差。

改造措施：更换为断桥隔热铝合金门窗型材，6+12+6Low-e 中空玻璃；采用 12cm 厚度的硅酸钙复合岩棉一体化板对 B 座外墙进行保温改造；对 A、B 座大堂幕墙和 A、B 座玻璃连廊进行贴膜改造，减少 A、B 座大堂的紫外线辐射，提高舒适性，并且在炎热的夏季可减少太阳辐射，节约空调能耗。

（2）空调系统。

B 座为 1998 年开业的一期工程，客房内舒适性较差，尤其是在冬季北面房间无法达到设定温度。经分析这与 B 座空调系统及围护结构有关，其中空调系统存在以下问题：溴化锂机组效率衰减；空调供回水管道老化腐蚀严重，外保温层脱落，管路热损失较大；空调末端系统水力失调等问题。

改造措施：

对 B 座冷源系统进行全面优化改造。拆除原溴化锂主机、水泵、冷却塔等设备以及水系统管路；采用 2 台高效螺杆式制冷主机替代原溴化锂机组，高效螺杆式制冷机组 COP 高达 5.5 以上，原溴化锂机组制冷 COP 保守估计在 0.98 左右，制冷效率提升显著；重新匹配水泵、冷却塔等附属设备，并更新水系统管路，节约输送系统能耗；加设 PLC 控制系统（冷热源系统共用），实现基本监控功能，制冷系统的日常操作由人工手动完成。

对 B 座热源系统进行整体优化改造。拆除原生活热水箱等热源附属设备以及水系统管路至各管道井，在管道井处预留进房间管口并加装阀门；采用 2 台高效真空燃气热水炉替代现有溴化锂机组供热；更新附属设备、排烟烟道和水系统管路；对冷冻水泵加设 1 台变频器（一拖三配置），冬季通过变频器调频，使冷冻水泵流量满足空调采暖设计需求；对 B 座空调末端系统进行整体优化改造，拆除原风机盘管及水管路系统；采用新型低噪音风机盘管替换原风机盘管，并更新水系统管路、强弱电线路；更新空调系统温控器，提高空调系统舒适性。

(3) 照明系统。

酒店原有照明灯具采用传统筒灯和卤素灯，原有灯具光效差，耗电量大。

改造措施：使用节能高效的 LED 灯具对 B 座室内外照明灯具进行优化改造。

(4) 配电系统。

改造前变压器已服务超过 20 年，已接近设计使用寿命，且旧设备的设计效率较低，应考虑进行更新改造。

改造措施：更新 B 座配电系统设备，在原设计基础上进行扩容，为高效冷水机组替代溴化锂提供条件。更新改造区域配电系统，采用高效配电设备，提高配电系统效率。

五、项目年节能量及年节能效益

1. 年节能量

酒店 B 座空调系统改造前后用能情况及设备参数如表 1、表 2、表 3、表 4、表 5、表 6 所示。

表 1　B 座空调系统制冷工况改造前后用能情况

月份	改造前消耗燃气（m³）	改造后消耗燃气（m³）	改造后增加耗电（kW·h）	改造后水泵节能量（kW·h）
1 月	0	0	0	0
2 月	0	0	0	0
3 月	0	0	0	0
4 月	0	0	0	0
5 月	0	0	0	0
6 月	6582	0	11010	6993
7 月	22673	0	37926	7226
8 月	32201	0	53863	7226
9 月	15370	0	25710	6993
10 月	0	0	0	0
11 月	0	0	0	0
12 月	0	0	0	0
合计	76826	0	128509	28438

表 2　B 座空调系统制热（空调 + 热水）工况改造前后用能情况

月份	改造前消耗燃气（m³）	改造后消耗燃气（m³）	改造后水泵节能量（kW·h）
1 月	38903	36855	7226
2 月	29452	27902	6527
3 月	23248	22024	7226
4 月	11307	10712	6993
5 月	4748	4498	0
6 月	4161	3942	0

续表

月份	改造前消耗燃气（m³）	改造后消耗燃气（m³）	改造后水泵节能量（kW·h）
7月	3573	3385	0
8月	3472	3289	0
9月	3447	3266	0
10月	3977	3768	0
11月	21500	20368	6993
12月	30327	28731	7226
合计	178115	168741	42191

表3　改造后冷热源系统主要设备参数表

序号	名称	规格参数	数量	单位
冷源系统主要设备				
1	水冷螺杆式冷水机组	制冷量735.4kW；蒸发器进出口12℃/7℃；冷凝器进出口30℃/35℃；输入功率134.5kW；COP=5.5	2	台
2	方形横流式低噪音冷却塔	Q=175m³/h，进水出口温度37℃/32℃，湿球温度28℃，N=5.5kW	2	台
3	冷冻水泵	Q=135m³/h，H=21m，n=1480rpm，N=15kW	3	台
4	冷却水泵	Q=170m³/h，H=18m，n=1480rpm，N=11kW	2	台
热源系统主要设备				
1	燃气真空热水锅炉（两回程）	额定输出热量930kW，冬季空调进出水温度50℃/60℃，生活热水进出水温度40℃/65℃。天然气耗量102.2m³/h，配电参数380V/3P/50Hz，耗电功率2.2kW	2	台
2	热水泵（冷冻水泵）	135CMH；21m；15kW	3	台
3	热水箱	2~4m³	1	台

表4　照明灯具改造前设备参数及用能情况

序号	使用区域	原有灯型	功率(W)	数量(盏)	日点亮时间(h)	全部灯具能耗（kW·h）	
						日耗电	年耗电
1	A座会议室	3寸节能筒灯	13	486	8	50.54	18448.56
		5寸节能筒灯	24	117	8	22.46	8199.36
		6寸节能筒灯	35	150	8	42.00	15330.00
2	A座大堂	大投光灯	250	28	8	56.00	20440.00
		小投光灯	60	27	8	12.96	4730.40
3	A座大堂会议室	大投光灯	250	32	8	64.00	23360.00
		小投光灯	60	246	8	118.08	43099.20
		日光灯管	40	2650	8	848.00	309520.00

续表

序号	使用区域	原有灯型	功率(W)	数量(盏)	日点亮时间(h)	全部灯具能耗 (kW·h) 日耗电	全部灯具能耗 (kW·h) 年耗电
4	B座门口	4寸节能筒灯	15	344	8	41.28	15067.20
5	B座大堂	小投光灯	60	156	8	74.88	27331.20
		5寸节能筒灯	24	209	8	40.13	14646.72
6	B座走廊	4寸节能筒灯	15	736	8	88.32	32236.80
合计				5181		1458.66	532409.44

表5 照明灯具改造后设备参数及用能情况

序号	使用区域	改造后灯型	功率(W)	数量(盏)	日点亮时间(h)	全部灯具能耗 (kW·h) 日耗电	全部灯具能耗 (kW·h) 年耗电
1	A座会议室	3寸LED筒灯	7	486	8	27.22	9933.84
		5寸LED筒灯	12	117	8	11.23	4099.68
		6寸LED筒灯	18	150	8	21.60	7884.00
2	A座大堂	LED大投光灯	120	28	8	26.88	9811.20
		LED小投光灯	30	27	8	6.48	2365.20
3	A座大堂会议室	LED大投光灯	120	32	8	30.72	11212.80
		LED小投光灯	30	246	8	59.04	21549.60
		1.2米LED灯管	18	2650	8	381.60	139284.00
4	B座门口	4寸LED筒灯	9	344	8	24.77	9040.32
5	B座大堂	LED小投光灯	30	156	8	37.44	13665.60
		5寸LED筒灯	12	209	8	20.06	7323.36
6	B座走廊	4寸LED筒灯	9	736	8	52.99	19342.08
合计				5181		700.03	255511.68

注：照明灯具日点亮时间是根据酒店实际照明时间综合考虑的计算值。

表6 酒店综合节能改造项目年节能量

序号	节能措施	年节能量 天然气(m^3)	年节能量 电(kW·h)	节约标煤量(tce/年)
1	B座冷源优化改造	76826.0	-100070.7	66.3
2	B座热源优化改造	9374.5	42191.1	26.3
3	A座灯具优化改造	0.0	61541.0	20.6
4	B座照明系统优化更新	0.0	107160.0	35.9
5	B座外窗更换	16684.4	19276.3	28.1
6	B座外墙保温改造			
7	B座幕墙贴膜			
总计		102884.9	130097.7	177.3

青岛海情大酒店综合节能改造项目的年节能量为177.3tce。

2. 年节能效益

青岛海情大酒店实行峰平谷的阶梯电价，所以酒店节能效益计算取综合电价0.89元/kW·h作为基准计算电价，天然气价格为3.23元/m³，该项目年节能效益为44.8万元。

六、商业模式

该项目采用节能量保证型合同能源管理模式进行综合节能改造服务，项目合同期为五年。项目建设的所有资金投入由节能服务公司先期投资，业主方无须投入资金，项目完成后，经过双方验收达到合同规定的节能量，业主方支付节能改造工程费用。

项目竣工投运且稳定运行后，酒店的冷热供应稳定，节能效果达到预期，业主方开始支付节能服务费用，节能服务费分五年支付。

项目合同期内合同中所投运的设备所有权归投资方节能服务公司所有，合同期满后，合同中所投运设备的所有权转交给业主。合同期内设备的运营维护由节能服务公司提供，合同期满后业主方接管项目的运营维护。

七、投资额及融资渠道

项目投资金额2104.4万元，全部来自节能服务公司的自有资金。

青岛广发金融大厦北冰洋冷冻站空调节能合同能源管理项目

一、案例名称

青岛广发金融大厦北冰洋冷冻站空调节能合同能源管理项目

二、案例业主

青岛广发金融大厦位于山东路40号,建设完成于2001年。建筑总面积约为4.2万平方米。写字楼共有28层,总建筑面积34483平方米,大厦采用5A智能化配置。

项目原有供冷设备采用荏原蒸汽单效吸收式空调机组,设备出厂时间为2004年,溶液结晶导致效率衰减严重,整个溴化锂空调满载能效约为1.14,年消耗冷量42冷吨,需要支付费用116.5万元,制冷成本高且溴化锂水溶液具有极高的腐蚀性,机器受损严重,维修保养费用不断增加。

三、项目实施单位

山东新力拓节能服务工程科技有限公司

四、案例内容

1. 技术原理及适用领域

采用全变频高效融合控制技术及自适应前馈负荷控制技术;适用于民用建筑领域,目标客户不限于星级酒店、高档写字楼、展览馆、博物馆、音乐厅、剧场、机场、车站、地铁、医院、学校、政府办公楼、城市综合体等;适用于工业建筑领域,目标客户不限于0℃以上的高温保鲜冷库、恒温恒湿的车间、数据机房、制药、钢铁、造纸、电路板生产、电子芯片制造行业、高炉除水等均适用。

2. 节能改造具体内容

拆除原有的溴化锂机组一台,利用此空间安装2台北冰洋磁悬浮冷水机组,总制冷量为720RT,保留另外两台溴化锂机组的使用功能;更换2台冷冻水泵和冷却水泵,增加水泵变频控制。安装Actuary智能控制系统、观海能源管理物联网服务平台。实现北冰洋磁悬浮冷冻站的智能自动运行和远程云端管理。改造完成后磁悬浮冷水机组总用电线路处均设置一个监测点,并加装电子式电能表、流量计及数据采集器,监测本设备的实际耗电数量及实际冷量消耗数。实际耗电总数量(单位:度)数据均由加装的数据采集器采集,并通过GPRS数据采集器将实时数据通过网络传输至项目实施单位,改造后用能设备的电子式电能表可进行现场数据保存,业主可进行现场抄表对项目实施单位提供数据进行复核。

3. 项目实施进度

项目实施单位提供该节能项目的方案设计、全套设备及设备的安装、施工、调试及整个合同期内全套设备的维护、检修;建设期为3个半月,自2015年3月至2015年6月14日止,运行时间为每年度6月15日至9月15日,共92天,项目运行正常,业务无投诉。

五、项目年节能量及年节能效益

1. 年节能量

(1)改造前后系统(设备)用能情况及主要参数。

改造前,项目采用3台600RT荏原蒸汽单效吸收式空调机组,机组的出厂时间为2004年。夏季供冷时间约为76天,周末和节假日不供冷;日供冷时间平均为10h左右(早8点至下午5点),年供冷时间不足600h。年蒸汽费用为85万元,电费单价0.99元/kW·h,水泵(110kW2台+75kW2台+10kW主机2台)和冷塔(15kW2台)运行费用约为31.5元/年。合计年总运行费用为85+31.5=116.5万元。

改造后,采用2台360RT的北冰洋磁悬浮满液式变频离心冷水机组更换原有的溴化锂空调机组作为空调制冷主机,更换水泵并加上变频控制,安装机房集控系统1套和改造冷却塔。

(2)节能量计算方法及项目年节能量。

项目每年节约电能95.62万kW·h,折合标煤315.55吨。

2. 年节能效益

改造后年制冷消耗电量222632kW·h,折合电费22.04万元,年节能效益为116.5-22.04=94.46万元。

六、商业模式

项目采用节能效益分享方式,合同期限为10年,自2015年6月15日始,至合同能源管理效益分享期结束。根据业主提供的原溴化锂中央空调系统的技术运行记录及财务数据,溴化锂机组在整个制冷季,即每年6月15日至9月15日为期92天的耗能总费用为116.5万元。

合同期内,按照116.5万元的固定费用进行节能效益分享。具体的分期分享比例见表1。

表1 节能效益分享比例

合同周期	1年	2年	3年	4年	5年	6年	7年	8年	9年	10年
业主分成比例	8%	8%	8%	10%	10%	10%	15%	15%	15%	15%
业主收益(万元)	9.32	9.32	9.32	11.65	11.65	11.65	17.475	17.475	17.475	17.475
业主总收益	132.81万元(10年合同期)									

七、投资额及融资渠道

投资额约267万元,全部为节能服务公司自有资金。

河北宾馆中央空调节能管控系统项目

一、案例名称

河北宾馆中央空调节能管控系统项目

二、案例业主

河北宾馆是中宏企业投资建设的国际化五星级标准的商务酒店，总占地面积 31300 平方米，建筑面积 89356 平方米，钢筋混凝土结构，地上 30 层、地下 3 层。

中央空调系统具有开立冷机 4 台，其中制冷量 2000kW 的 3 台，1392kW 的 1 台；冷冻泵 4 台，其中功率 75kW 的 3 台，45kW 的 1 台；冷冻泵 5 台，其中功率 75kW 的 4 台，45kW 的 1 台；冷却塔四台，每台冷塔有一个风机。

三、项目实施单位

北京启能科技发展有限公司

四、案例内容

1. 技术原理及适用领域

中央空调管控系统是以中央空调优化控制技术为基础，采用仿真手段动态模拟中央空调各部分的工作状况和性能，以及需求侧信息辅助计算当前负荷水平和趋势，并在此基础上采用动

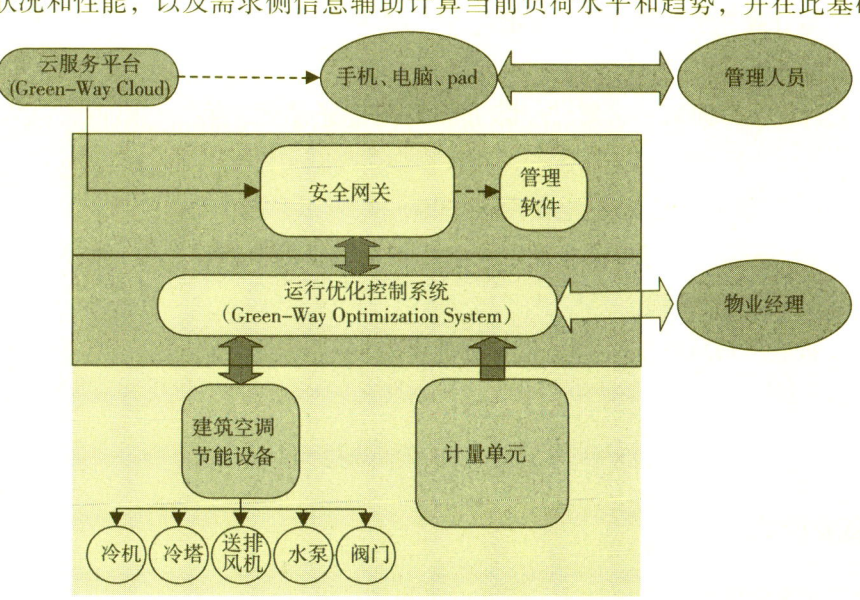

图 1 节能管控系统

态优化技术在兼顾各种因素的同时生成最安全、经济的中央空调运行方案。该技术是将舒适度与节能目标放在同等重要位置上的节能技术。中央空调管控系统适用于酒店、医院、教学楼、商业楼、大型厂房等采用中央空调系统的建筑。

2. 节能改造具体内容

在末端安装温度传感器、湿度传感器，中央空调机房安装温度传感器、压力传感器、流量计等利用网络进行数据采集、计量、统计。通过节能管控系统进行建模分析、诊断，提出解决方案，并通过电动执行器、变频装置、智能群控系统等进行远程集中控制、管理，实现中央空调系统节能。

3. 项目实施进度

项目于2015年3月19日进场施工，工期20天，2015年4月8日竣工，运行良好。

五、项目年节能量及年节能效益

1. 年节能量

（1）改造前后系统（设备）用能情况及主要参数。

根据系统运行记录统计，改造前后系统运行耗电量如表1所示。

表1 系统运行情况统计

设备名称	改造前年耗电量（kW·h）	改造后年耗电量（kW·h）	年节电量（kW·h）
空调机组	3678819	3016631	662188
冷冻水泵	728442	521564.5	206877.5
冷却水泵	728442	491698.4	236743.6
冷却塔	61740	55566	6174
合计	5197443	4085460	1111983

（2）节能量计算方法及项目年节能量。

项目节能率计算：

采用交叉对比法，即第一、第三、第五天采用直通模式，第二、第四、第六天采用节能模式；

节能率 = 1 − （直通能耗/节能能耗）×100%；

根据节能率计算公式，可得该项目中央空调主要设备的节能率。中央空调系统的综合节能率为21.39%。

项目年节能量为1111983kW·h，折合标准煤为367吨。

2. 年节能效益

根据石家庄电价每1.0元/kW·h计算，年节能效益111.2万元。

六、商业模式

该项目采用节能效益分享型模式，节能分享比例见表2。

表 2　节能效益分享比例

	第一年	第二年	第三年	第四年	第五年	第六年
甲方分享比例（%）	10	10	20	20	50	50
乙方分享比例（%）	90	90	80	80	50	50
甲方分享金额（万元）	112.1	112.1	22.24	22.24	55.6	55.6
乙方分享金额（万元）	100.08	100.08	88.96	88.96	55.6	55.6

七、投资额及融资渠道

该项目投资额约 160 万元，全部由节能服务公司自筹。

济宁新城发展大厦节能改造合同能源管理项目

一、项目名称

济宁新城发展大厦节能改造合同能源管理项目

二、项目业主

业主单位为济宁市新城发展投资有限责任公司,项目位于太白湖新区的中部,地块西侧紧邻规划景观河,东临运河路,北靠京杭路,南侧与奥体路相连。项目占地168亩,总建筑面积177400m^2,建筑高度99米。地下1层,建筑面积40782m^2,主要为各类机电机房、厨房、餐厅等功能用房以及地下车库。地上建筑面积136618 m^2,22层,主要为办公区。新城发展大厦于2011年开工建设,2016年6月竣工验收,2017年陆续入住,到2018年后入住率上升且基本稳定,约为80%。目前固定办公人数约3000人。

三、项目实施单位

同方泰德国际科技(北京)有限公司

四、案例内容

1. 技术原理及适用领域

(1) 技术原理。

①中央空调系统冷热源改造技术。

中央空调系统是一个较复杂的系统工程,主要包括冷机、输配系统、冷却塔、阀门等部分。要实现中央空调系统的最佳运行和节能,从局部去解决问题(如采用通用变频器PID控制)是不可能办到的,必须针对空调系统的各个环节统一考虑,全面控制,使整个系统协同运行,才能实现最佳综合节能。

项目改造后的节能专家控制系统采用"集中管理、分散控制"的先进控制思想,采用计算机技术、智能控制技术、系统集成技术和变频调速技术,通过专家级节能优化策略,保障空调系统设备在变负荷工况下能高效运行,从而降低空调系统的能耗成本,提高系统运营效益。

②换热站改造技术。

针对大厦供暖期间并非连续使用,可以通过分时分区控制,降低这些楼非采暖需求时间内的耗热量。具体方案:根据不同楼宇对空调采暖不同间歇性需求的特点,在室内设置温度传感器,在回水管上设置电动调节阀,根据供回水温度以及室温实测值智能设定空调、供热策略,根据此供热策略调节电动调节阀门的开度,主动减少供热量,以实现节能。

③空调末端改造技术。

风机均采用定频,空调机组只通过调节电动水阀来调整送风温度,风机能耗巨大。实际运行过程中,大部分时间空调并没有运行在最大负荷,而对于输送相同冷量到室内,完全可以通过降低送风温度来减少送风量,从而大大降低风机能耗。控制系统采用串级控制、焓差控制、夜间通风等逻辑,将节能效果达到最优。

④照明改造技术。

随着 LED 固体照明技术的突飞猛进,LED 灯具已经大量应用于室内照明领域,其中 LED 荧光灯是由长条形的 LED 发光点阵,通过混光罩和导光板作用形成舒适环保的照明光源。LED 光源为半导体固态芯片直接发光,光谱窄,色纯好,无闪烁,发热低,寿命长,无汞污染,是目前最理想的节能环保光源。将 LED 与普通白炽灯、螺旋节能灯及 T8、T5 三基色荧光灯进行对比,结果显示:LED 以绝对的光学参数和电学参数领先于这些传统灯具,并且 LED 灯具免维护、寿命长。因此本项目将节能灯具改为 LED 灯具。

⑤热水器改造技术。

在热水器回路增设测控设备,测控设备连接至网络控制器,通过网络控制器的智能控制功能,对热水器用电回路进行自动切断与闭合,从而实现热水器的开关。减少待机电耗及反复烧开的浪费。

(2) 适用领域。

以上改造技术适用于商业办公、居住、工业车间等领域。

2. 节能改造具体内容

(1) 节能诊断。

①采暖通风空调系统诊断。

大厦采用中央空调供冷供热,冷冻站、换热站,改造前存在的问题有:冷站没有优化控制策略,冷机无群控,靠人工进行台数调节;冷冻泵虽然有变频,但基本运行在定频;在部分负荷时,无节能运行控制策略,导致大马拉小车,系统效率不高;冷站缺少能耗、能效等参数的监测,使得系统的运行效率、运行问题、机组健康状况等不能及时反映,影响了运维工作,不能有效提升系统的能效;换热站目前无优化控制策略。整个供暖季无气候补偿控制,存在一定浪费;采暖循环泵虽然有变频,但基本运行在定频;大厦晚上不运行,但供暖温度仍保持白天 20℃左右的水平,存在较大浪费。

空调末端改造前存在的问题有:空调箱风机无变频,在部分负荷时无法通过改变风量来调节供冷供热量,风机电耗浪费较大;空调箱控制策略较常规,无焓差、CO_2 浓度等优化控制策略。

②生活热水系统诊断。

大厦 49 台电热水器给办公人员提供生活开水,改造前无控制,存在反复烧开等现象,同时夜间不关闭,存在较大的浪费。

③供配电系统诊断。

改造前大厦无分项计量系统,无法对用能系统进行监测、分析、报警预警和科学管理,存在一定的用能浪费。

④照明系统诊断。

新城发展大厦照明改造前大部分仍采用 T5 节能灯,虽然比 T8 荧光灯光效有较大的提升,但仍不是最节能的灯具。由于大楼体量大，公共区域照明时间长，有较大的节能空间。

根据"JGJ 176—2009标准"，公共建筑未采用节能灯具或采用的灯具效率及光源等不符合国家现行有关标准的规定，且改造静态投资回收期小于或等于2年或节能率达到20%以上时，宜进行相应的改造。

（2）改造内容。

①对暖通空调冷站进行节能控制改造，通过增设冷冻站节能专家控制系统，实现对冷站主要设备（冷机、冷却塔风机、冷冻水泵、冷却水泵、电动阀等）的台数控制、冷冻水泵节能优化控制、冷却水侧节能优化控制、低负荷下节能控制等，按需供冷，保障最佳输出工况和最节能运行；增设冷站精准能效管理系统，实现冷冻站的用能监测、能效计算分析、问题诊断、节能管理、设备运维、个性化报警报表等功能，在保证冷站安全、舒适运行的前提下，大大提高管理水平，科学地、有效地提升冷站能效。

②对暖通空调系统换热站进行节能控制改造，通过增设换热站节能专家控制系统，实现采暖分时分区控制、气候补偿控制、采暖泵优化变频控制等，有效减少耗热量，并降低水泵运行电耗。

③对暖通空调系统的空调箱进行节能控制改造，通过增设风机变频装置、节能控制柜等，实现空调箱风机变频、串级控制、焓值控制、夜间通风等节能控制策略，有效降低风机能耗、减少冷量消耗。

④将大厦地下车库、公共区域T5荧光灯、紧凑型节能灯全部更换为更节能的LED灯具。

⑤增设热水器回路测控装置、网络控制器，对热水器进行时间控制、远程控制，减少反复烧开及待机等浪费现象。

⑥监测与控制系统。

3．项目实施进度

项目开工日期2019年6月18日，竣工日期2019年8月25日，软硬件运行良好。

五、项目年节能量及年节能效益

通过上述节能改造，大厦年节省电量88.72万kW·h，折合标煤276809.02kg。节省热量12895GJ，折合标煤257902kg。总节能率约为20.2%。电平均单价0.9元/kW·h，热单价62.5元/GJ，合计年节省160.4万元运行费。如表1所示。

表1　项目节能效果

	电		热		合计
	电（kW·h）	标煤（kg）	热（GJ）	标煤（kg）	标煤（kg）
改造前	6205920	1936247.0	35734.0	714680.0	2650927.0
节能量	887209.1	276809.2	12895	257901.6	534710.9
节能率	14.3%		36.1%		20.2%

六、商业模式

该项目采用节能效益分享型合同能源管理模式，节能服务公司提供能源审计、项目设计、项目融资、设备采购、工程施工、设备安装调试、人员培训、节能量确认和保证等一整套的节能服务，投入改造所需的全部技术和设备，并负责在合同年限内进行改造设备及系统的保养、维护和紧急维修，其间和新城发展大厦业主共享节能收益。合同期满后节能服务公司仍可继续提供有偿维护服务。

七、投资额及融资渠道

该项目总投资额420.5万元，采用节能服务公司自融资的模式。

北京新兴产业联盟大厦中央空调系统节能与智慧能源管理平台项目

一、项目名称

北京空中的士航空科技服务有限公司新兴产业联盟大厦中央空调系统节能与智慧能源管理平台项目

二、项目业主

北京空中的士航空科技服务有限公司于2016年1月25日成立。大厦有水、电、气总表，大厦各楼层有水、电分表。厨房由水、电、气表。直燃机房，水、电、气单独计量。业主单位2018年度综合能耗及能源消费结构见表1。

表1　业主单位2018年度综合能耗及能源消费结构

用能设备区域、种类		实物量	折合标煤（tce）	能耗占比（%）		
区域	能源种类			分项	区域	综合
直燃机房	电（kW·h）	453577	139.25	13.9	直燃机房 47.6	电 61.7
	天然气（Nm³）	254116	337.97	33.7		
	水	3950	/			
大楼	电（kW·h）	1559956	478.91	47.8	大楼 52.4	气 38.3
	天然气（Nm³）	34577	45.99	4.6		
	水	12795	/			

注：表中综合能耗占比不含水折算标煤量。

三、项目实施单位

中瑞恒（北京）科技有限公司

四、案例内容

1. 技术原理及适用领域

该项目采用智慧能源管理云平台。平台针对现代公共建筑能源运营发展趋势，基于物联网、大数据、云计算、边缘计算、人工智能等科学技术，自下而上地对各种用能设备进行可视化运行监测、分析诊断与智慧调控，结合多年的优化运行及节能改造最佳实践，形成公共建筑的能源监控—分析—优化—管理的闭环，以提升用户满意度、提升能源管理水平、提升设备运行效率和寿命、降低建筑能耗和运营成本。

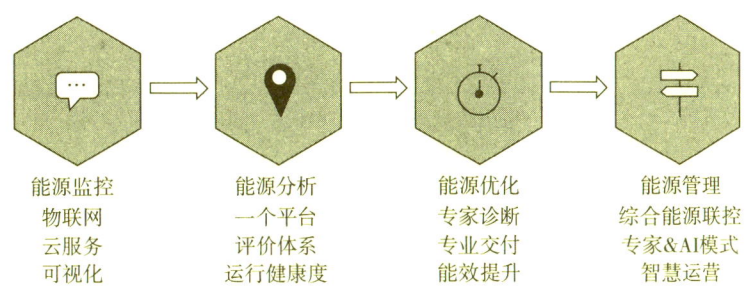

图 1　能源管理平台

平台适用于建筑节能、工业节能、综合能源服务等领域。

2. 节能改造具体内容

改造前存在的主要问题有：

机组真空不良、内腐蚀严重，多处锈蚀，部分保温损坏，长期如此将影响机组寿命。冷凝器管道锈蚀严重，铜管管壁附着约 0.5mm 厚度水垢，影响空调使用效果。冷却塔结垢较为严重，填料脱落破损严重。水箱浮漂已失效，内水位已经超过浮漂上线，经常从溢流口排出。压力表锈蚀严重、大部分指示失灵。排污泵手自动无法控制，只能切换电源送电启动断电关闭。无中央空调节能系统、无能源分项计量、无能源管理平台。

该项目改造主要内容包括：中央空调设备全面检修、调适，尤其是直燃机能效提升。水系统变频：依据负荷量跟踪、空调区域的改变，调整频率、选择频段，冷温水泵变频、冷却水泵变频节电效果显著，同时给机组可靠性提供保证。空调系统分时、分区控制。智慧能源管理平台建立：主机与水泵、塔联动控制，冷、热负荷追踪控制，故障报警。气候参数补偿，日常报表自动生成等。冬天与主机联控，控制方式与制冷类同。云平台功能包含温度采集、机房热量表、传感器、能耗计量、中央空调能效分析系统、专家分析系统、报表分析统计系统、能耗数据分析、WEB 访问、手机 APP、大屏可视化。

3. 项目实施进度

施工时间为 2019 年 10 月至 2020 年 6 月。

五、项目年节能量及年节能效益

1. 年节能量

（1）改造前后系统（设备）用能情况及主要参数。

①用能情况。

空调面积共计 22800 平方米，以下按 2.28 万平方米。现有机房位于地下二层，两台直燃机给大厦提供制冷、制热。

采暖季：11 月 15 日至次年 3 月 15 日，共 121 天；

制冷期：5 月 8 日至 9 月 30 日（周六、周日不开机），共 105 天。

夏季：早上 6 点至晚上 6 点，周六、周日不开机。

冬季：早上 6 至晚 6 点正常运行，晚上 6 点至第二天早上 6 点低温运行，周六、周日不开机。正常运行时间之外为加时，需收取加时费。

② 主要设备信息（见表2）。

表2 主要用能设备参数

直燃型吸收式冷（温）水机组 2台			
型号	ZXQII-116H3Dm^3	冷却水温度	32℃
功率（冷、热）	1160kW/928kW	冷却水流量	283m^3/h
冷水出口温度	7℃	燃料热值	35169KJ/Nm^3
冷、热水流量	200m^3/h	燃料耗量	99.7Nm^3/H
热水出口温度	60℃	出厂编号	ZXQD1044/1045
热水流量	200 m^3/h	出厂日期	2015.05

（2）节能量计算方法及项目年节能量。

① 夏季制冷变频节电（制冷季148天，每天12小时运行）：

冷水泵37kW两台、冷却泵45kW两台。冷冻泵、冷却泵平均功率40Hz。两台同时开启系数0.7，每天12小时，共148天。夏天制冷变频节能节省电耗：

$(45+37)$ kW $\times 2 \times 0.7 \times 0.4 \times 12h \times 148 = 81553$ kW·h；

夏天制冷天然气节省15%，节约天然气 $109006 \times 0.15 = 16351 m^3$。

② 冬天采暖节电（运行频率40Hz）：

37kW $\times 2 \times 0.4 \times 24h \times 121d = 85958$ kW·h；

供热天然气耗量节省30%，节约天然气 $145110 \times 0.3 = 43533 m^3$。

③ 年节能量。

电量节省：$81553 + 85958 = 167551$ kW·h；

天然气节省：$16351 + 43533 = 59884 m^3$；

电量节省折标煤：$167551 \times 0.307 = 51438$ kgce；

天然气节省折标煤：$59885 \times 1.33 = 79647$ kgce；

全年总节省标煤：$51438 + 79647 = 131085$ kgce，计131.1tce。

2. 年节能效益

能源单价分别为：燃气均价2.6元/m^3，电费1.2元/kW·h；

年节约电费：$167551 \times 1.2 = 201061$ 元；

年节约天然气费用：$53951 \times 2.6 = 140272$ 元；

年节能效益：34.1万元。

六、商业模式

该项目采用能源费用托管型合同能源管理模式。节能服务公司负责投资设备、实施工程与运行维护，合同期15年，承包费用包括机房设备维保、运营管理，水、电、气费用，人工及末端巡检等。2018年中央空调机房运营费用154.85万元，托管后包干收费149万元。

七、投资额及融资渠道

项目总投资336.54万元，全部由节能服务公司负责。

广州六元素体验天地中央空调节能优化控制系统项目

一、项目名称

广州六元素体验天地中央空调节能优化控制系统项目

二、项目业主

广州六元素体验天地是目前琶洲商圈体量最大、业态最全的购物中心，总建筑面积约 11 万 m^2，其中裙楼商业建筑分为地下 2 层、地上 6 层。建筑采用一套中央空调系统进行集中供冷，2018 年 1 月投入使用，供冷楼层为 -1 至 5 层，建筑面积 6 万余 m^2。空调系统配备 3 台制冷主机、5 台冷冻水泵、5 台冷却水泵和 3 组冷却塔（8 台风机），中央空调末端设备包括约 200 台吊顶风柜。

三、项目实施单位

广州远正智能科技股份有限公司

四、案例内容

1. 技术原理及适用领域

中央空调节能集成优化管理控制系统采用节能服务公司自主研发的荣获 2013 年度广东省专利金奖和第十五届中国专利优秀奖的 i-MEC 专利技术，将科学管理理念（M）、设备优化（E）和先进的控制技术（C）有机融合，实现中央空调冷源能效优化控制、末端精细化管理控制及区域建筑群中央空调集中监控，实现中央空调系统的高效节能运行。

（1）冷源能效优化控制。

采用物联网技术以及强化学习、SVM、深度神经网络等预测与控制技术，通过对中央空调冷源系统所有运行参数采集和能效分析，依据室外气象参数及冷负荷的动态变化，对制冷主机、冷冻水泵、冷却水泵、冷却塔、各类阀门进行自动优化控制与调节，在保证冷量按需供应和末端舒适性的前提下，实现了冷源系统节能、高效、可靠运行。

（2）末端精细化管理控制。

采用物联网技术以及强化学习、SVM、深度神经网络等预测与控制技术，通过对供冷范围内所有独立空间的空调参数和状态实时检测，依据人体热舒适性原理及室外气象参数实时状态，对所有空调机、风机盘管、新风机等空调末端设备进行联网控制与调节，动态调节各末端设备运行参数，实现了数量庞大、位置分散的末端设备全自动、精细化管理控制。

（3）中央空调系统集中监控管理。

采用互联网、物联网等多网络数据传输技术以及多协议转换技术，实现从城市→区域→建筑→房间的多层次中央空调集中监管及节能优化控制。

技术适用于各类有中央空调节能需求的行政办公建筑、科教建筑、医疗建筑、商业建筑、酒店建筑、场馆建筑、交通建筑、通信建筑等公共建筑以及电子信息业、汽车制造业、精密制造业、生物医药业等工业建筑。

2. 节能改造具体内容

（1）改造前存在的问题。

受用能单位委托，节能服务公司对用能单位中央空调系统进行详细的调研，进一步挖掘空调节能潜力，主要发现以下问题：

①现有冷源系统缺乏自动优化控制系统，无法进行远程启停操作，需依靠人工现场操作和定期巡视完成空调系统的运行管理。

②水泵缺乏自动变频装置，冷源设备缺乏整体性协调联动控制，无法对主机出水温度、水泵频率及冷却水泵大台数进行自动优化调节，出现大流量、小温差运行状态。

③控制系统无法适应建筑使用面积增加引起的用冷量增加需求。

④冷源系统无法根据室外温湿度进行优化调节，不能实现系统供冷量与末端实际冷量需求的精确匹配，不可避免存在冷量供给过剩，能耗浪费明显。

⑤末端风柜系统缺失温度调节功能，无法根据负荷波动进行优化调节，室内存在冷热不均现象。

⑥未对各空调区域环境温度进行多点监测，难以准确判断和分析空调实际供冷效果及区域间的冷热不均现象。

⑦空调系统缺乏故障报警及维保监控手段，无法对空调运行操作、维保情况进行自动记录和保养提醒。

⑧空调系统缺乏能耗自动统计分析，不利于空调系统用电的实时监测和用能分析，也无法为空调的节能管理决策提供数据支撑。

改造前中央空调系统依靠人工现场手动操作，由于缺乏匹配的节能监控系统，能效系数偏低、运行能耗较大，设备维护、保养及节能管理工作难度极大；裙楼空调末端系统前期按照展览馆大开间格局设计和安装，后期调整为商铺与儿童主题的商业建筑，由于建筑各楼层区域功能重新分隔调整，存在末端供冷量与实际需求量不匹配现象。

（2）改造系统工艺流程。

改造系统工艺流程如图1所示。

（3）关键参数。

可根据建筑空调负荷动态调节冷量供应，并实现末端设备精细化管理；基于人体动态热舒适性理论进行节能；节能指标：所改造空调系统达到全年总电耗下降24%以上的总体目标。

（4）改造后取得的效果。

实现了空调系统全自动化运行监测和管理，在保障空调舒适性基础上，有效地降低了空调能耗，所改造空调系统达到全年总电耗下降24%以上。

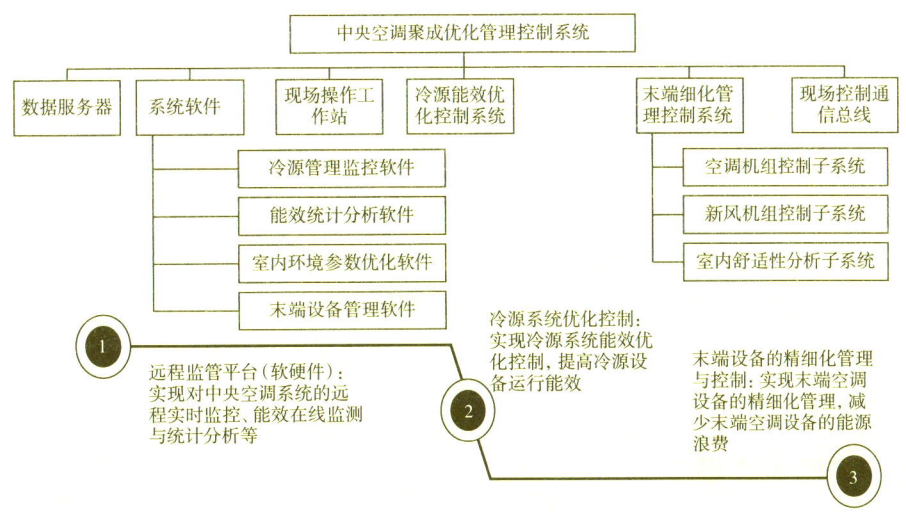

图 1 改造系统工艺流程

3. 项目实施进度

项目开工时间 2019 年 1 月 4 日,项目竣工时间 2019 年 6 月 28 日。

项目实施过程包括招投标阶段及项目建设期、节能效益分享期。2018 年 11 月 30 日双方签订合同能源管理合同;2019 年 6 月 28 日项目通过验收并确定节能效益分享期,节能效益分享期为 2019 年 7 月 1 日至 2025 年 6 月 30 日共 6 年,这期间双方按约定比例共同分享节能效益,并由节能服务公司提供运行管理、售后维护等。

项目达到了预期效果。

五、项目年节能量及年节能效益

1. 年节能量

(1) 改造前后系统用能情况及主要参数。

用能单位建筑采用一套中央空调系统进行集中供冷,2018 年 1 月投入使用,供冷楼层为 -1 至 5 层,建筑面积约 6 万余 m^2。空调系统配备 3 台制冷主机、5 台冷冻水泵、5 台冷却水泵和 3 组冷却塔(8 台风机),中央空调末端设备包括约 200 台吊顶风柜。改造前,按冷源系统占空调系统 80% 计算,中央空调系统年电耗 380.44 万 kW·h,全年空调系统能耗占建筑总能耗 48.5%。

(2) 节能量计算方法及项目年节能量。

按中央空调系统年用电量 380.44 万 kW·h 作为改造前基准年总电量,项目完成后全年空调节能率为 24% 计算,年节电量为 91.3 万 kW·h,项目减排量按火力发电每生产 1kW·h 电产生的 CO_2 为 906g,SO_2 为 9g,预计项目完成后每年可减少 CO_2 排放量约 827 吨,减少 SO_2 排放量约 8 吨,折合节约标准煤约 301 吨。

2. 年节能效益

按中央空调系统年用电量 380.44 万 kW·h 作为改造前基准年总电量,项目完成后全年空调节能率 24% 计算,年节电量为 91.3 万 kW·h,节能效益为 68.49 万元/年(按电费单价 0.7502 元/kW·h 计算)。

六、商业模式

该项目采用节能效益分享型合同能源管理模式,项目合同期(节能效益分享期)为6年。

节能效益分享的比例:

前3年:节能服务公司与业主单位分享的比例为80%:20%

后3年:节能服务公司与业主单位分享的比例为60%:40%

设备所有权及运营维护等:合同期内设备所有权属于节能服务公司,并由节能服务公司负责设备的日常运营维护;合同期结束之后,该项目设备所有权将无偿转让给业主单位,节能服务公司保证转让时设备正常运行。

七、投资额及融资渠道

该项目总投资223.17万元,全部为节能服务公司自有资金。

青岛市黄岛蓝海大饭店燃气蒸汽锅炉替代节能改造项目

一、项目名称

青岛市黄岛蓝海大饭店燃气蒸汽锅炉替代节能改造项目

二、项目业主

黄岛蓝海大饭店地处青岛市经济技术开发区长江西路66号,毗邻中国石油大学(华东),是集休闲、餐饮、住宿为一体的综合性建筑,总建筑面积约3.8万m^2,地上11层,地下1层,裙房3层,于2003年建成开业。地下1层主要功能为仓库及设备房,裙房3层,主要功能为厨房、包间、会议室、多功能厅,4~11层,主要为客房。酒店采用集中供冷、供暖;设置两台燃气蒸汽锅炉1.7t/1.0t,分别供给酒店高低区热水换热系统、厨房蒸车系统、SPA及洗衣房。

三、项目实施单位

青岛立信达能源服务有限公司

四、案例内容

1. 技术原理及适用领域

(1) 空气源热水机。

空气源热水系统主要由压缩机、热交换器、轴流风扇、保温水箱、水泵、储液罐、过滤器、电子膨胀阀和电子自动控制器等组成。接通电源后,轴流风扇开始运转,室外空气通过蒸发器进行热交换,温度降低后的空气被风扇排出系统,同时,蒸发器内部的工质吸热汽化被吸入压缩机,压缩机将这种低压工质气体压缩成高温、高压气体送入冷凝器,被水泵强制循环的水也通过冷凝器,被工质加热后送去供用户使用,而工质被冷却成液体,该液体经膨胀阀节流降温后再次流入蒸发器,如此反复循环工作,空气中的热能被不断"泵"送到水中,使保温水箱里的水温逐渐升高,变频供水设备通过水箱吸水,分别送到末端使用。空气源热水机适用与所有建筑生活热水系统。

(2) 燃气蒸车。

新型环保燃气厨房蒸车就地安装,无输送能耗损失。全自动电脑监控,无须专人看管,自动恒温,防止干烧;定时功能,保温、环保、高效、节能。燃气整车适用于所有餐饮行业。

(3) 小型蒸汽发生器。

燃气锅炉取消使用后,洗衣房及SPA蒸汽由蒸汽发生器制取,就近安装,减少输送。燃气蒸汽发生器是利用天然气的热能把水加热成为蒸汽的机械设备,容积<30L(容积≥30L则属于《特种设备安全监察条例》中锅炉的范畴),不归技术监督部门监管,节省使用费用。适合与蒸

汽需求量较小且有天然气的建筑。

(4) 自动感应猛火灶。

高效节能型灶具使燃气与空气在腔体中混合充分后再喷出燃烧，燃烧效率大大提高；并自动感应锅具，自动点火关火。自动感应猛火灶适合所有餐饮行业。

2. 节能改造具体内容

(1) 拆除燃气蒸汽锅炉。

锅炉房设有两台燃气蒸汽锅炉，蒸发量分别为 1.7t/h、1.0t/h，白天负荷高峰时开启 1.7t 蒸汽锅炉，夜间低负荷时开启 1.0t 蒸汽锅炉。排烟管道没有安装冷凝器，排烟温度达到 130°C，浪费能源；蒸汽锅炉属于压力容器，每年维护、运行都需要高昂费用。

(2) 安装空气源热水机。

安装空气源热水机、保温水箱及变频供水设备，替换原有热水换热设备。生活热水系统分高低区，高区为 4~11 层，主要服务客房，-1~3 层为低区，主要服务餐饮。高区采用两台容积式换热器，冷水引自高区冷水系统，换热器已使用 16 年，从未清洗过，换热效率降低，冷凝水直接排放掉。低区采用两台即热式换热器，冷水引自低区冷水系统，换热器无缓冲容积，出水温度波动较大，换热器从未清洗过，换热效率降低，冷凝水直接排放掉。

(3) 洗衣房、SPA 安装蒸汽发生器。

SPA 机房远离锅炉房，管道室外架空、地沟敷设，接入 SPA 机房，蒸汽管道保温破损严重，输送能耗大，能源利用率低，末端使用时，需要先要放出大量冷凝水。

(4) 安装燃气蒸车。

酒店设有五个厨房，且比较分散，远离锅炉房，管道地沟敷设，接入厨房，蒸汽管道保温破损严重，输送能耗大。末端设备蒸汽蒸车使用压力低，锅炉房蒸汽先经过减压，再输入蒸车。蒸车使用年数较长，密封条破损严重，使用过程中存在漏气现象，并存在安全隐患。

(5) 更换猛火灶。

酒店内设有职工食堂、零点餐厅、西餐、渔歌舫、钟鼎楼厨房，共计 22 个猛火灶，使用年限较长，效率低，浪费能源。老式灶头，无充分混合燃烧装置及自动控制装置，用气量大，且需经常更换耐火砖，维修量大。

3. 项目实施进度

该项目于 2019 年 10 月开工，2019 年 12 月竣工，节能改造工作已完成。目前，改造后系统已投入正式使用，通过实际运行情况分析，完全达到了改造前的既定目标。

五、项目年节能量及年节能效益

1. 年节能量

(1) 改造前后系统（设备）用能情况及主要参数（见表1、表2）。

表 1　燃气蒸汽锅炉参数

名称	型式/型号	参数	数量
蒸汽锅炉	CZP1000GS-1.0	额定蒸发量 1.0t/h，额定蒸汽温度 184℃	1 台
蒸汽锅炉	CZP1000GS-1.7	额定蒸发量 1.7t/h，额定蒸汽温度 184℃	1 台

表 2　2016—2018 年能耗统计

能源种类	2016 年总能耗	2017 年总能耗	2018 年总能耗
电（kW·h）	3638314	3885407	3370466
天然气（m³）	658556	594468	598422
采暖（GJ）	10318	8507	8772
总能耗（tce）	2299.9	2228.9	2088.6

（2）节能量计算方法及项目年节能量。

以 2016—2018 年三年的平均总能耗 2249.5tce 为基准，改造后电增加 35 万 kW·h，燃气节约 40.6 万 m³，市政热增加 650GJ，改造后总能耗为 1703tce，节能量 546.5tce。

2. 年节能效益

该项目年节能效益如表 3 所示。

表 3　项目年节能效益

序号	名称	节约能源	能源单价	费用万元
1	节约燃气（m³）	40.6	3.2	130.0
2	增加电量万（kW·h）	35	0.60	21.0
3	增加市政热（GJ）	650	95	6.2
4	能源节约费用（万元）	—	—	102.8

六、商业模式

该项目采用节能效益分享型合同能源管理模式，合同期 7 年，合同期内设备由节能服务公司运营维护；在效益分享期结束后，设备产权归甲方所有，如表 4 所示。

表 4　节能效益分享比例

序号	分期	甲方分享比例	乙方分享比例
1	验收后第一年（第 1 至第 12 个月）	30%	70%
2	验收后第二年（第 13 至第 24 个月）	30%	70%
3	验收后第三年（第 25 至第 36 个月）	40%	60%
4	验收后第四年（第 37 至第 48 个月）	40%	60%
5	验收后第五年（第 49 至第 60 个月）	40%	60%
6	验收后第六年（第 61 至第 72 个月）	40%	60%
7	验收后第七年（第 73 至第 84 个月）	50%	50%

七、投资额及融资渠道

该项目总投资额 219 万元，静态投资回收期 3 年。部分设备采用融资租赁模式。

工业建筑

北京奔驰汽车有限公司节能照明改造项目

一、项目名称

北京奔驰汽车有限公司节能照明改造项目

二、项目业主

北京奔驰汽车有限公司成立于2005年8月8日，是集研发、发动机与整车生产、销售和售后服务于一体的中德合资企业。北京奔驰MRA厂区的入户电压是110kV，目前是两块计量电能表高进高量。厂区内有冲压车间、焊装车间、涂装车间、总装车间及其他附属生产设施。2015年耗电约2231万kW·h。厂区内涂装车间、锅炉房、食堂，涂装车间一年四季均使用天然气，锅炉房冬季供应厂区采暖、夏季提供淋浴热水。天然气入户均有贸易结算流量计。2015年能耗约32040.28吨标煤。

三、项目实施单位

英智特（北京）科技发展有限公司

四、案例内容

1. 技术原理及适用领域

低频无极灯是以电磁耦合为原理，可以形成无电极化的放电特性，从而使感应无极灯的产生成为可能，进而通过环形感应电场耦合形成等离子体放电为基础，激发Hg原子253.7nm谱线辐射，进而激发荧光粉发出可见光的。

低频无极灯适用于工矿企业车间、办公区、仓库、机场、车站、加油站、展览馆、大型超市等公共场所的室内照明及各种道路照明、隧道照明等泛光照明。

2. 节能改造具体内容

业主厂区原有的照明系统采用大功率金卤灯，耗电量大，具有较大的节能潜力。主要存在的问题包括：照明昏暗，常有频闪现象发生，视觉效果差；金卤灯光衰严重，光源寿命短，目前已达不到车间照明使用标准；金卤灯的使用寿命为8千小时，后期更换费用较高，且在更换光源过程中会对场地内的正常工作造成很大影响；因车间后期维修频繁，更换灯具很困难，造成后期维护成本增大；金卤灯功率因数比较低，补偿后在0.85左右，而且尤其产生的谐波含量比较大，对电网影响较为严重，也是电网中三次五次谐波的主要来源之一；金卤灯光源功率较大，耗电成本较高。

现改用低频无极灯,其主要特点为:高光效,每瓦流明大于80,平均照度可达25LX以上;可随时立即启动;可低温启动(零下26℃);发光平稳无频闪;可用于直流电源,用于应急照明;无电级,故不受频繁开关限制;几何形状可满足不同灯具设计的需求;所用材料99.6%都可循环再利用,符合环保的需求;寿命一般可达到10万小时以上;高功率因数:大于等于0.98;高显色指数:大于等于85;谐波低,小于8%,达到国家L级标准;采用最新IC芯片,实现智能化调光。

3. 项目实施进度

项目开工时间2016年2月,竣工时间2016年5月,改造后运行情况良好。

五、项目年节能量及年节能效益

1. 年节能量

(1) 改造前后系统(设备)用能情况及主要参数(如表1所示)。

表1 北京奔驰汽车有限公司照明改造效益对比表

序号	比较项目	金卤灯	无极灯	运算过程
A	电费支出比较			
A1	使用光源	400W	200W	实际数字
A2	每套灯系统功率(kW)	0.42	0.2	实际功率
A3	每套灯每小时耗电(kW·h)	0.42	0.2	实际功率
A4	用灯数量(套)	1680	1680	实际使用套数
A5	每天点灯时间(小时)	22	22	实际点灯时间
A6	照明系统每天总耗电(kW·h)	15523.2	7392	=每套灯每小时耗电×用灯数量×每天点灯时间
A7	每天支出电费(元)	12108.096	5765.76	=照明系统每天总耗电×电费
A8	每年支出电费(元)	3390266.88	1614412.8	=每天支出电费×280
A9	8年支出电费(元)	27122135	12915302.4	=每年支出电费×8
A10	每年多支出电费(元)	1775854.08	/	=金卤灯每年支出电费-无极灯每年支出电费
A11	8年多支出电费(元)	14206832.6	/	8年金卤灯电费-8年无极灯电费
B	照明系统运行维护费用			
B1	灯管价格(元/支)	90	0	市场价格
B2	电器价格(元/个)	360	0	市场价格
B3	8年更换4次灯管的费用(元)	604800	0	=灯管价格×4×用灯数量
B4	8年更换2次电器的费用(元)	1209600	0	=电器价格×2×用灯数量
B5	8年内维护人工费(元)(20元/次、套)	134400	0	=4×用灯数量×20

续表

序号	比较项目	金卤灯	无极灯	运算过程
B6	运行维护总费用（元）（人工+电器+灯泡）	1948800	8年内免费	=8年更换4次灯泡的费用+8年更换2次电器的费用+8年内维护人工费
C		8年照明运行支出费用比较		
C1	电费+维护费（元）	29070935	12915302.4	
C2	8年共节约费用（元）	/	16155632.6	

（2）节能量计算方法及项目年节能量。

节能量=每套灯每小时节约用电量×用灯数量×每天点灯时间×每年使用时间×折标系数=（15523.2-7392）×280×0.00033=751.32吨标准煤。

2. 年节能效益

当地电价0.78元/kW·h，年节能效益202万元。

六、商业模式

该项目采用节能效益分享型合同能源管理模式，项目合同期为8年，分享年限为7年。节能效益分享从2017年开始，2017年和2018年节能服务公司与用能单位效益分享比例为90∶10，2019年分享比例85∶15，2020年分享比例80∶20，2021年分享比例70∶30，2022年分享比例55∶45，2023年分享比例45∶55，合同到期后设备所有权和使用权转给业主，节能服务公司对设备实施终身维护。

七、投资额及融资渠道

该项目投资额879万元，融资渠道为银行贷款。

中航锂电科技有限公司
空调系统节能改造合同能源管理项目

一、项目名称

中航锂电科技有限公司空调系统节能改造合同能源管理项目

二、项目业主

中航锂电科技有限公司是专业从事新能源电池、电源系统研发、生产及销售的高科技企业，致力于为全球客户提供完整的产品解决方案和完善的全生命周期服务。目前，公司已设立常州、洛阳、厦门三大产业基地，未来，公司年产能将超过100GWh，成为全球领先的动力电池制造商和全球优秀汽车公司战略供应商。2017年中航锂电在空调、空压、除湿等三大能源供应系统上的电力消耗为4300万 kW·h，折合标准煤量为12900吨。

三、项目实施单位

上海碳索能源服务股份有限公司

四、案例内容

1. 技术原理及适用领域

该项目采用"水源热泵机组"替代原"溴化锂双效冷热水机组"提供非工艺空调热源，新系统的制热能效远高于双效溴化锂机组的制热能效、供热成本远低于溴化锂冷水机组，并且可为工艺空调系统提供免费冷源，因此比双效溴化锂系统供热更节能、节费；在冬季极端天气下，可采用溴化锂双效冷热水机组作为水源热泵的补充热源。

项目采用"水源热泵机组+高效离心机组"（简称"新系统"）提供工艺和非工艺空调冷源；该"水源热泵机组+高效离心机组"组合式系统与J01、J02、J03建筑周边分散的风冷螺杆系统联合使用，在极端情况下，联合供冷；考虑冬季冷水负载较低、室外湿球温度较低，采用自由冷却供冷，大大降低冬季工艺空调冷水系统的能耗；另外，新系统的制冷能效远高于"溴化锂冷水机组+分散风冷螺杆冷水机组"的能效，供冷成本远低于"溴化锂冷水机组+分散的风冷螺杆冷水机组"系统，因此新系统比原工艺/非工艺空调冷水系统更节能、节费。

该项目改造原理及管道对接位置如图1所示。

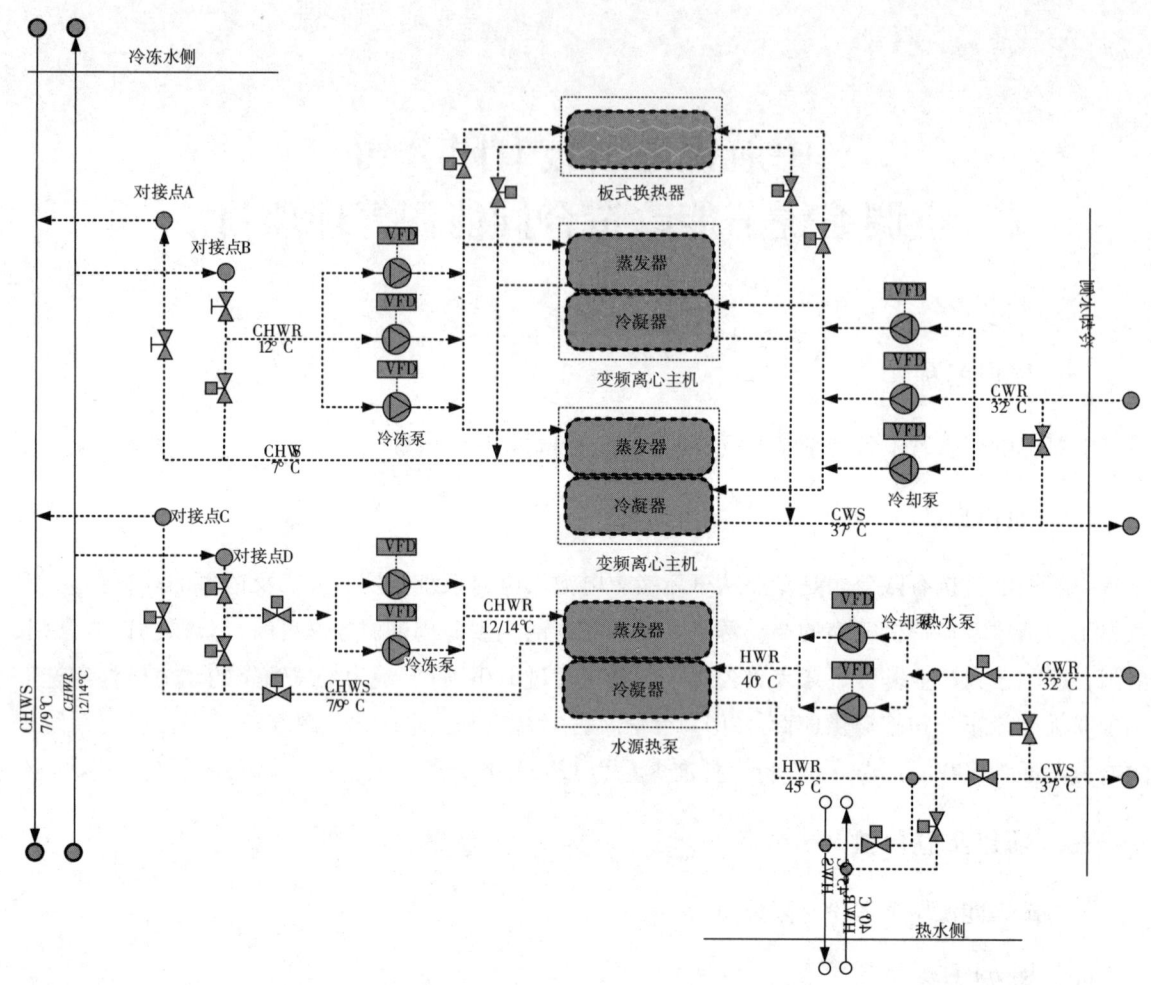

图1 改造系统原理

2. 节能改造具体内容

根据项目现场实际情况，J01 电池生产厂房、J02 办公+电池生产厂房、J03 电池化成和装配车间共15套（冷量在 800~1600kW）分散风冷螺杆系统和 J04 溴化锂机房 2 台 3500kW 直燃式溴化机组，年电力消耗量为 1040 万 kW·h、燃气消耗量为 23.24 万 Nm^3。现通过采用高温水源热泵机组、高效变频离心机组、自由冷却系统等多项节能技术进行冷热源替代，在集中化/智能化增高的基础上降低运行能耗。

技术方案如下：

在原有直燃机溴化锂机房内，新增两台超高效的变频离心式冷水机组、一台高温水源热泵机组以及对应的水泵等辅助设备设施，并且匹配以精细化运行控制策略的机房群控系统；原直燃式溴化锂机组、分散的风冷螺杆式冷水机组保持不变作为该中心能源供应系统的备用机组，在极端天气条件下予以补充末端对冷热源的需求；将分散式的能源供应系统改造为集中式的能源供应系统，使得运维管理集中化/智能化程度较高，而且对比于原能源供应系统能耗可大幅度降低。新增设备设施的布置情况如图2所示；各生产车间管道的对接方案如图3所示。

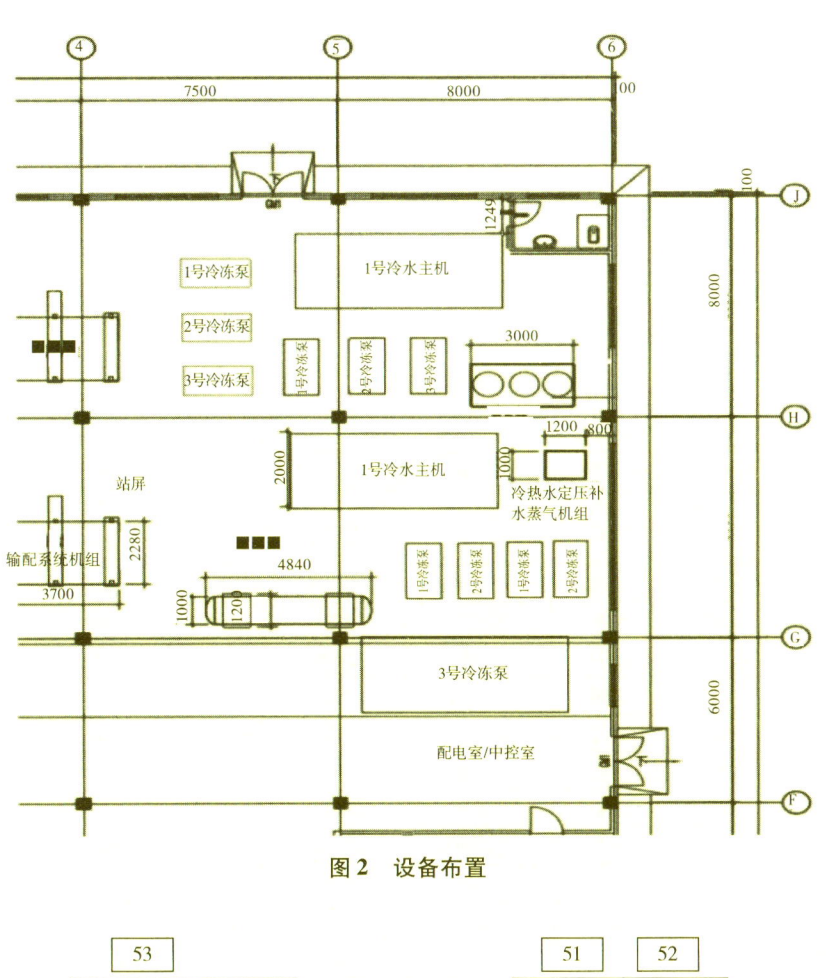

图 2　设备布置

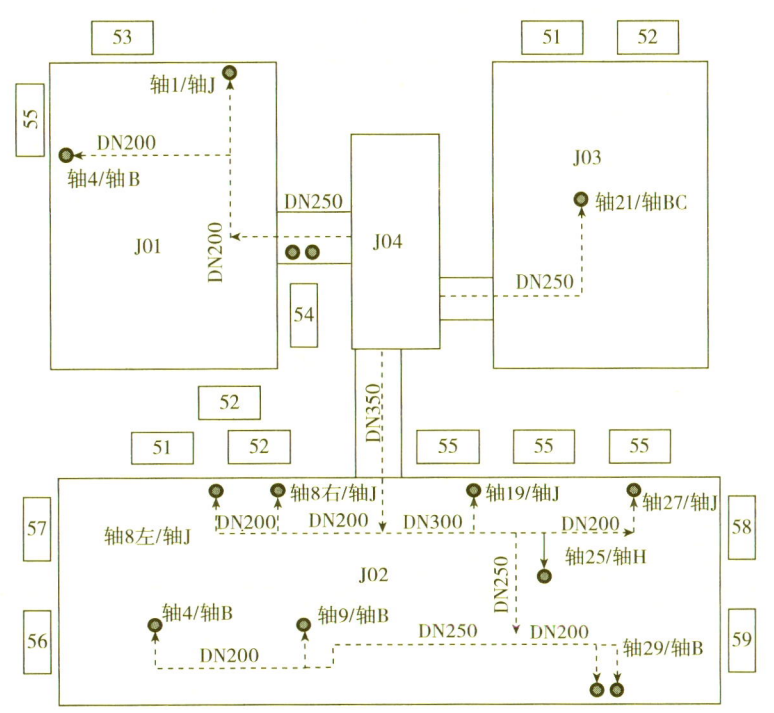

图 3　管道对接方案

3. 项目实施进度

该项目开工时间为 2019 年 6 月 24 日，竣工时间为 2019 年 11 月 20 日；高温水源热泵的制热工况的运行时间为每年的11月至次年3月,制冷工况随末端工艺和办公需求实时调整;高效变频冷水机组全年运行制冷工况,而自由冷却则在每年的12月至次年1月;系统运行情况良好,节能显著。

五、项目年节能量及年节能效益

1. 年节能量

(1)改造前后系统(设备)用能情况及主要参数及节能效果如表1所示。

表1 改造前后系统用能情况、主要参数及节能效果

月份	天数	原非工艺系统		原工艺系统		新系统		节能量	节费
		溴化锂主机	辅机	主机	辅机	主机	辅机		
	天	Nm3	kWh	kWh	kWh	kWh	kWh	tce	万元
1	31	90378	52022	181844	211226	320089	63736	136	33.51
2	28	40995	34705	98911	157338	145191	16209	92	21.76
3	31	16569	31963	420784	217972	304187	87410	105	23.43
4	30	1071	779	527494	220906	297604	90293	110	23.66
5	31	74701	66867	695233	224421	523423	144093	193	45.01
6	30	83977	80729	439257	175767	398248	86196	172	41.09
7	31	213990	180857	1260632	217399	1093326	628689	259	65.90
8	31	198362	189137	1240896	204647	1053663	583901	257	64.68
9	30	98890	107739	767484	203948	607983	200891	210	49.77
10	31	75816	76477	532837	214923	435251	99636	185	43.46
11	30	11440	16151	392233	199556	266527	84590	92	20.31
12	31	50951	48198	316554	223131	292466	63754	136	31.61
合计	365	957140	885623	6874158	2850039	5737959	2149396	1946	464.18

(2)节能量计算方法及项目年节能量。

项目采用2017年空调系统的耗电量、燃气消耗数据为基准,根据改造前后空调设备、系统的能效、负载情况进行节能量测算,由表1可知,改造后项目的年节能量为1946吨标准煤。

2. 年节能效益

当地企业平均电力单价为0.65元/kW·h、燃气单价为3.27元/Nm^3,年节能效益为464.18万元。

六、商业模式

该项目采用节能效益分享型合同能源管理模式,项目合同期为5年,用能单位与节能服务公司的分享比例为20%:80%,在节能款项收至1856.72万元时合同终止,节能效益和项目投资设备完全归用能单位所有;在合同服务期限内,节能服务公司新投资设备设施所有权归节能服务公司,运营维护由节能服务公司承担,合同期满后设备所有权转由用能单位所有并由用能单位承担新增设备设施的运营维护。

七、投资额及融资渠道

该项目总投资额950万元,全部来自节能服务公司。

开发晶照明（厦门）有限公司空调系统节能改造合同能源管理项目

一、项目名称

开发晶照明（厦门）有限公司空调系统节能改造合同能源管理项目

二、项目业主

开发晶照明（厦门）有限公司成立于 2011 年 4 月，是福建省政府确认的 LED 行业龙头企业之一。公司定位为"LED 整体解决方案提供商"，业务范围涵盖 LED 外延片、芯片、封装模组、照明应用、汽车照明光源等产业链环节，具有上下游协同开发、快速响应、整体供应链成本低、为客户提供 LED 整体解决方案的能力。

原有设备机组能效较低，工频运行，并且系统控制逻辑较为落后，停留在手动控制的阶段，无法实现系统的高效运行。并且未进行分项计量，信息化程度较低。

三、项目实施单位

国联江森自控绿色科技（无锡）有限公司

四、案例内容

1. 技术原理及适用领域

该项目根据现有机房空调系统的设备配置情况和运行的实际需求，对现有机房空调系统进行专项节能改造，主要包含以下三个方面：

（1）低温冷冻系统。

采用新增变频离心式冷水机组替代原有冷水机组，拆除现 CH-04 机组，利用其冷冻水泵及管路系统，并更换现冷却水泵为变频冷却水泵，同时增加相应变频配电柜；拆除原有 3 号冰机，并对其水管增加固定支架。

（2）中温冷冻系统。

采用新增变频离心式冷水机组替代部分原有冷水机组，并相应增加对应的变频冷冻水泵及变频冷却水泵，同时对现有运行参数进行合理调整；同时拆除现热泵机组。

（3）机房群控系统优化。

对现有机房群控进行优化，将新增加冷水机组接入机房群控，并增加相应的计量系统。

该方案在不影响客户用能模式的情况下，对机房整体进行能效提升，不对客户的用能模式及用能情况造成过大影响，却能有效提升能源的利用率，降低用能成本。

2. 节能改造具体内容

改造后，低温系统以约克主机供冷，其余机组作为备机；中温系统以约克主机作为主冷源，在约克主机供冷量不足的情况下开启特灵主机作为补充。且低温系统供水温度为8±1℃，与目前运行保持一致；中温系统供水温度为14±2℃，与设计值保持一致。

该项目改造前后，其末端供冷量和末端供冷范围应保持基本一致，机房空调系统的主要用途和运行规律如下：

低温冷冻系统：主要为一般空调及空调箱冷却盘管用，全年稳定运行一台，其冷水机组出水温度设定为8±1℃。

中温冷冻系统：主要为PCW冷却及空调箱预冷盘管用，全年稳定运行1~2台，其冷水机组出水温度设定为14±2℃。

中温热水系统：主要为空调冬季加热负荷用，热源为热回收冰机热回收水，因厦门天气全年较暖，全年基本不使用。

3. 项目实施进度

项目2019年2月18日开始进场施工，2019年4月30日竣工验收。

五、项目年节能量及年节能效益

1. 年节能量

（1）改造前后系统（设备）用能情况及主要参数（如表1、表2、表3、表4所示）。

表1 原系统主机设备清单

序号	项目	品牌	制冷量(kW)	输入功率(kW)	名义COP	数量(台)	备注
1	离心式冷水机组	McQuay	3516	642.7	5.47	1	定频，带热回收
2	离心式冷水机组	McQuay	1758	312.6	5.62	1	定频，带热回收
3	离心式冷水机组	McQuay	3516	629.1	5.59	1	定频
4	离心式冷水机组	TRANE	3516	531	6.62	1	定频
5	离心式冷水机组	TRANE	3516	462	7.61	1	定频，带热回收

表2 新增主机设备清单

序号	名称	型号	制冷量(kW)	输入功率(kW)	NPLV	COP
1	变频离心式冷水机组（低温）	YKK3K0H95EWH+VSD	3516	656.1	9.583	5.359
2	变频离心式冷水机组（中温）	YKH3F9P95ESH+VSD	3516	484.5	13.58	7.256

表3 原系统水泵设备清单

序号	项目	品牌	流量(m³/h)	扬程(m)	功率(kW)	数量(台)	备注
1	热回收水泵	Acme	628	15	37	1	CH-02

续表

序号	项目	品牌	流量（m³/h）	扬程（m）	功率（kW）	数量（台）	备注
2	冷却泵	Acme	728	30	90	1	CH-02
3	冷冻泵	Acme	430	50	90	1	CH-02
4	热回收水泵	Acme	437	15	30	1	CH-03
5	冷却泵	Acme	364	30	45	1	CH-03
6	冷冻泵	Acme	215	50	55	1	CH-03
7	冷却泵	Acme	728	30	90	1	CH-04
8	冷冻泵	Acme	430	50	90	1	CH-04
9	热回收水泵	Acme	628	15	37	1	CH-05
10	冷却泵	Acme	728	30	90	1	CH-05
11	冷冻泵	Acme	430	50	90	1	CH-05
12	冷却泵	Acme	728	30	90	1	CH-06
13	冷冻泵	Acme	430	50	90	1	CH-06
14	热回收二次泵	Acme	645	40	110	2	

表4 新增水泵设备清单

序号	名称	流量（m³/h）	扬程（m）	功率（kW）	数量（台）	参考品牌
1	中温冷冻水泵	432	50	75	1	格兰富、威乐、ACME
2	中温冷却水泵	686	30	75	1	
3	低温冷却水泵	728	30	90	1	

（2）节能量计算方法及项目年节能量。

在效益分享的第一年内，按季度选取室外温度基本一致的测量验证日4天，按原系统和节能系统分别连续运行2天，记录末端供应冷量和耗电量，并分别计算原系统和节能系统的机房空调系统能效，节能系统的机房空调系统能效相比原系统的机房空调系统能效的下降率即为当季节能率。

计算公式如下：

节能率＝节能系统机房空调系统能效/原系统机房空调系统能效－1＝（节能系统供冷量/节能系统机房空调系统耗电量）/（原系统供冷量/原系统机房空调系统耗电量）－1

则改造后机房空调系统的节能效益为：

机房空调系统节能效益＝当季机房空调系统实际运行电费/（1－节能率）－当季机房空调系统实际运行电费。

通过专项节能改造后，预计可提升机房运行能效20.47%，节约电量251.16万kW·h，降低运行成本约164.09万元。

2. 年节能效益

该项目结算能源价格采用浮动单价制，即与结算期甲方实际支付的能源含税单价一致。年节约电量 251.16 万 kW·h，折合降低运行成本约 164.09 万元。

六、商业模式

该项目采用节能效益分享型，节能服务公司还承担项目的技术设计、工程实施以及后期的设备维护。合同期结束后，项目节能设备的产权以赠予的形式归业主方所有。项目实施完成后，按照合同约定的分享模式和分享年限，在分享期内业主按月/季支付能源服务费。

在分享期 8 年内，总分享额度不超过 1033.8 万元；若因其他因素（节能率、产能电价等）的变化，带来节能效益的减少，则顺延项目分享期（顺延后的分享比例为业主分享 30%，节能服务公司分享 70%），且顺延时间不超过 2 年，即总体分享期不超过 10 年，在 10 年内总分享额度达到 1033.8 万元时，合同分享结束；若总分享期达到 10 年，且分享额度不足 1033.8 万元时，10 年分享期满则合同分享结束。

七、投资额及融资渠道

该项目投资额 450 万元，均为节能服务公司自有资金。

苏州璨鸿光电有限公司冰机房节能改造项目

一、项目名称

苏州璨鸿光电有限公司冰机房节能改造项目

二、项目业主

苏州璨鸿光电有限公司位于苏州市吴江区经济开发区庞金路 668 号，主要生产显示器所需的背光板、LGP 印刷，是全球最大专业液晶显示器光学零组件生产制造厂商，产品远销东南亚及欧美地区。

三、项目实施单位

江苏心日源建筑节能科技股份有限公司

四、案例内容

1. 技术原理及适用领域

原空调机组从 2005 年开始投入运行，设备老化，效率低下，不能满足服务需求，且空调系统运行和维护成本较高，应更换为更先进高效的设备。随着技术的不断进步，目前效率最高的是磁悬浮离心式冷水机组，其轴与轴承之间采用磁悬浮的原理，轴完全悬空，与轴承之间无接触，无摩擦，无须润滑油等，消除机械摩擦的同时，提高换热效率，提高能效。磁悬浮冰机的压缩机采用全变频设计，可在 2%～100% 负荷区间无极调节，负荷率越低，效率越高，全年平均能效可达 9 以上，较现有的普通离心机能效可提高一倍以上。

2. 节能改造具体内容

（1）高效磁悬浮离心式冷水机组替换。

700RT 离心式冷水机组，效率低下，维保费用高，本方案采用一台磁悬浮机组代替其中一台冷水机组，旧冷水机组拆卸，作为新建厂房备用机。

磁悬浮离心机利用磁悬浮的原理，电机的轴始终处于悬浮状态，与轴承之间没有接触，在运行过程中不存在机械摩擦，并且不需要润滑油，电机采用全变频设计，使得机组在运行过程中，可以按照实际负荷的大小自动调节输出，因此，机组在部分负荷时，能效特别高。

空调新风系统是运行环境的保障，磁悬浮离心式冷水机组是将先进的磁悬浮技术应用于制冷压缩机，从而大幅提升制冷主机的性能。

（2）增设管理及能源管理系统。

监控管理系统是整体机房的神经中枢。机房控制室要求以最少的维护人员，运用最优化的运营维护手段，来实时监控每一个机房中设备所处的物理环境。其中，门禁系统、安保系统等要对整个机房进行无死角的全方位监控。此外，整体机房集中监控系统，包括了对机房内各种设备（配电盘、发电机、UPS、空调机组、门禁、消防探头、监视图像等）及环境参数的监测。为此，建议增设管理及能源管理系统，包括：空调能源管理、室内机柜温度湿度布点收集、室外环境温度湿度收集、所有能源设施的集中管理、运维。

该项目此次节能改造，根据项目的实际需要，安装分项计量装置、监测和控制系统，从而有效实现系统能耗监测与统计，该系统对整体管理有利。同时磁悬浮离心机实现单独自动控制，用PLC计算机自动控制水泵和主机投入的台数，并能实时监测换热器温度变化，通过软件分析诊断提供系统综合效率。

分项计量方面主要进行各楼层的能耗监测与统计，同时对空调系统实现自动控制。

整个系统由数据采集装置（仪表）、数据采集器、数据采集总站、数据中心机房服务器、用户端能耗采集管理系统软件和各种通信网络组成。能耗数据由各类智能仪表实时采集到数据采集器上，然后将实时数据汇总到工作总站（工控机），同时实时数据上报。

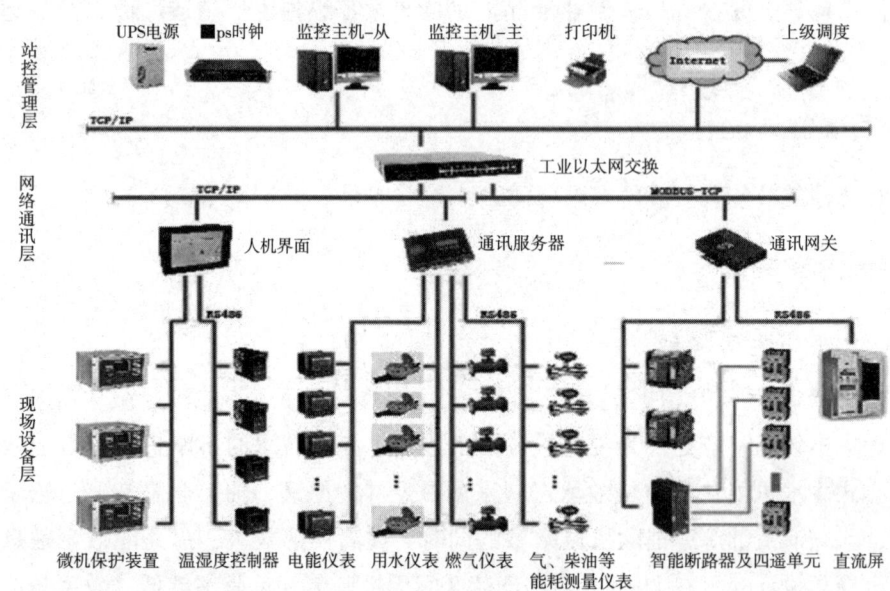

图1 机房监控系统

（3）增设冷冻、冷却水泵变流量控制系统。

原项目中所有冷冻、冷却水泵均由工作人员根据使用情况手动启停，运行中，水泵处于工频状态，无法实现变流量调节功能，不能随空调负荷的变化做出相应的调节，存在能量浪费问题。本次改造拟增加变频器，以达到最大化的系统节能。

拟对冷冻、冷却水泵增设基于负荷随动的变流量控制系统，其核心控制策略是温差结合压差控制，同时确保主机流量保护。即通过现场测试找出系统中最不利工况点所需的压力；设定主机的冷冻/冷却水流量保护值，并以同时满足最不利工况点所需的压力以及主机冷冻/冷却水流量保护值这两个条件作为冷冻/冷却水泵变频的下限值。在两个条件都满足的情况下，以冷冻/冷却水实际供回水温差与设计供回水温差的偏离值作为依据，实时调整水泵的运行参数，使实际供回水温差与设计供回水温差趋于一致，实现在系统安全运行、满足使用要求的前提下，输配系统能耗最低的目的。

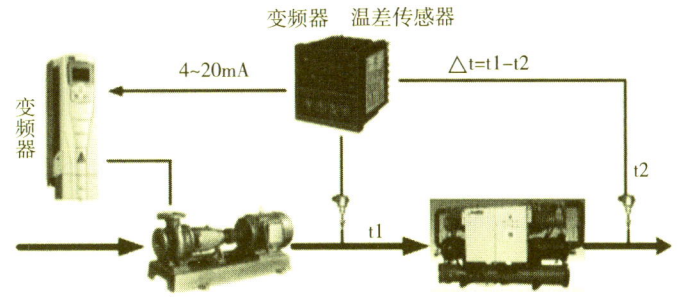

图 2　水泵等流量控制系统

3. 项目实施进度

项目建设期：2018 年 10 月至 2018 年 12 月。

工程改造完成并交付业主使用，满足业主对制冷冰机的使用要求，验收当日，机组运行平均能效为 6.5。

五、项目年节能量及年节能效益

1. 年节能量

（1）改造前后系统（设备）用能情况及主要参数。

项目建筑功能包括无尘生产车间、办公用房和宿舍等，能源需求主要是水、电和燃油，本次方案主要针对空调系统和生活热水系统考虑节电和节省燃油。空调系统电能主要用作驱动压缩机制冷、水泵输送能耗、冷却塔风扇散热能耗、空调箱风机等，生活热水采用燃油锅炉加热，主要能耗为燃油。

空调冷源采用三台 700RT 离心式冷水机组，冷却端依靠冷却塔散热，冷冻侧采用二次泵系统，一次泵工频运行并与各台离心机对应，二次泵工频运行；冬季空调热源采用锅炉，锅炉参数不详。空调末端设备主要是 AHU、MAU 和 FCU，根据设计图纸，空调末端设备回水管上安装有电动三通阀。空调冷源部分，目前采用的是工频的常规离心式冷水机组，使用年限较长，效率衰减，且维护费用较高。原有离心冷水机组：每年运行 240 天，每天运行 16 小时，平均负荷率 60%，总运行时间为 3840 小时，详见表 1。

表 1　改造前运行费用

序号	项　次	普通离心机
1	总负荷（kW）	2462
2	运行时间（h）	3840
3	总制冷量（kW·h）	5672448
4	综合效率 IPLV	4.5
5	主机总耗电量（kW·h）	1260544.00
6	费用（万元）	108.41

如表 1 所示，原有机组每年运行费用为 108.41 万元。

(2) 节能量计算方法及项目年节能量。

项目的能耗计算基于以下条件：

空调系统每年运行240天，每天运行16小时，平均负荷率60%，总运行时间为3840小时；室外气温低于20℃的时间为180天。

按照上述节能量计算方法，确认本次节能改造前后运行费用对比如表2。

表2 改造前后运行费用对比

序号	项次	普通离心机	磁悬浮离心机
1	总负荷（kW）	2462	2462
2	运行时间（h）	3840	3840
3	总制冷量（kW·h）	5672448	5672448
4	综合效率IPLV	4.5	9
5	主机总耗电量（kW·h）	1260544.00	630272.00
6	费用（万元）	108.41	54.20
7	每年费用差值（万元）	54.20	
8	能源单价差值（元/kW·h）	0.10	

2. 年节能效益

原有机组每年运行费用为108.41万元，磁悬浮机组运行费用为54.20元，每年费用差值为54.20元，节费率为54.20/108.41=50%。

六、商业模式

该项目采取合同能源管理模式。合同期限为8年，合同中可约定每年的用冷量不低于550万kW·h，若各年度总用量低于550万kW·h，也按照550万kW·h来计费；若用量高于550万kW·h，则节能服务单位总计收费金额达到390万元时，合同提前终止，后续的节能收益全部归用能单位。

七、投资额及融资渠道

该项目总投资约236万元，其中磁悬浮系统212万元，水泵变频及能源监测系统24万元。全部投资由节能服务公司自筹。

上海紫江彩印包装有限公司冷冻水系统综合节能改造项目

一、项目名称

上海紫江彩印包装有限公司冷冻水系统综合节能改造项目

二、项目业主

上海紫江彩印包装有限公司是紫江企业集团（600210）旗下公司，始建于1983年，注册资本26762万元，占地面积近10万平方米，年实现销售收入超过8亿元人民币。紫江彩印是上海市高新技术企业，也是目前国内自动化程度和科技含量较高的大型塑料彩印包装企业，主要从事各种软包材料技术与产品的研究、开发、生产与销售，专门为食品、医药、日化、农药等行业提供软包装解决方案。

改造前冷冻机房内有1台2003年的溴化锂机组，2台2009年阿尔西冷水机组。

三、项目实施单位

上海碳索能源环境服务有限公司

四、案例内容

1. 技术原理及适用领域

采用更加高效节能的冷水机组替代现有耗能较高的溴化锂及阿尔西机组。提高单位用电制冷量，降低企业的用能成本。

2. 节能改造具体内容

厂区1台2003年的溴化锂机组年耗蒸汽用量3555t，年耗电量26022.6kW·h；2台2009年阿尔西冷水机组，年耗电量2263097kW·h。现替换原有冷水机组，替换能效比更高的磁悬浮冷水机组，提高机组制冷效率，减少运行能耗。系统改造后，预计可降低冷水机组运行费用约54.7%（在末端总冷负荷不显著变化下，保证值为45%），年节省标煤量558吨。

3. 项目实施进度

该项目于2016年4月开始现场调研，经过多次技术方案交流和修改，于2016年6月签订合同，6月底完成主设备订货，8月初施工队进入现场，对管道、冷却塔和电气部分进行施工，8月底主设备进场，9月中旬调试完毕完成试运行，从试运行以来系统运行稳定，节能效果明显，得到了业主的肯定和认可。

五、项目年节能量及年节能效益

1. 年节能量

（1）改造前系统（设备）用能情况及主要参数。

厂区1台2003年的溴化锂机组年耗蒸汽用量3555t，年耗电量26022.6kW·h；2台09年阿尔西冷水机组，年耗电量2263097kW·h。

（2）节能量计算方法及项目年节能量。

计算依据：

①冷冻水送回水温度13/20℃。

②在整个制冷季，一个月使用一台冷水机，其余时间原有两台阿尔西机组均开启使用；在制冷的7个月，均为全天24小时运行。

以此计算出的节能效益如表1所示

表1 节能效益计算表

参数	单位	时间					
		5月	6月	7月	8月	9月	10月
运行天数	天	31	30	31	31	30	31
每天运行时长	h	24	24	24	24	24	24
溴化锂机组全年供冷核算							
月用汽量	t	33	77	255	1452	1537	201
机组单位蒸汽产冷量	kW/(kg/h)	0.77					
工质泵功率	kW	11.85					
溴化锂机组供冷量	kW	34.16	82.37	263.98	1503.15	1644.18	208.08
溴化锂机组全年蒸汽用量	t	3555					
溴化锂机组全年用电量	kW·h	26164.8					
溴化锂机组全年能源费	元	1207946					
溴化锂机组运行核算标煤量	t	365					
阿尔西全年供冷量核算							
机组冷负荷	kW	1792	1792	2240	2240	2240	2240
机组COP	kW/kW	4.6	4.4	3.7	3.03	3.03	3.7
机组输入功率	kW	400.00	400.00	400.00	739.27	739.27	400.00
机组月用电量	kW·h	297600	288000	297600	550020	532277	297600
机组全年用电量	kW·h	2263097					
机组运行核算标煤量	tce	792					
设备更改后全年供冷量核算							
机组负荷量	kW	1826.16	1874.37	2503.98	3743.15	3884.18	2448.08
新换机组COP	kW/kW	9.05	8.8	7.33	6.18	6.18	7.33
机组运行功率	kW	201.79	213.00	341.61	605.69	628.51	333.98

续表

参数	单位	时间					
		5月	6月	7月	8月	9月	10月
机组月用电量	kW·h	150129	153358	254156	450631	452526	248482
机组全年用电量	kW·h	1709281					
改造后机组运行核算标煤量	tce	598					
设备更改后全年节省标煤量							
原系统标煤耗量	tce	1156.74					
改造后系统标煤耗量	tce	598.25					
年节省标煤量	tce	558.49					

系统改造后，预计可降低冷水机组运行费用约54.7%（在末端总冷负荷不显著变化下，保证值为45%），年节省标煤量558吨。

2. 年节能效益

全年平均节约运行费用130万元。改造后不仅可以有效节约工厂的运行费用，降低生产成本，还可以减少厂区用电，缓解用电压力。

六、商业模式

该项目为节能效益分享型项目，效益分享期为5年，在约定的节能效益分享期内，业主分享节能效益的5%，节能服务公司分享节能效益的95%。

七、投资额及融资渠道

该项目投资额280万元，全部为节能服务公司自有资金。

宁德新能源科技有限公司
中央空调冷冻站节能服务项目

一、项目名称

宁德新能源科技有限公司中央空调冷冻站节能服务项目

二、项目业主

宁德新能源科技有限公司，项目总建筑面积为 397138 m^2，分为生产区和生活区。生产区主要建筑功能为生产厂房、立体仓、成品仓、电解液仓、FE加工区、动力站和配套功能房等，合计建筑面积为 318591 m^2。生活区主要建筑功能为宿舍、餐厅和配套功能房等，合计建筑面积为 78547 m^2。

三、项目实施单位

深圳达实智能股份有限公司

四、案例内容

1. 技术原理及节能改造具体内容

结合中低温双冷源温湿度独立控制技术、高效设备应用、节能控制和管理节能等多种节能手段，为业主提供能源站投资、建设、运营的节能服务，包括中央空调系统能源站系统设计、设备、管道及相关附件采购安装、中央空调节能控制系统安装、建筑能源监测管理系统建设、后期中央空调系统能源站运营。

（1）设计安装中低温双冷源温湿度独立控制技术。

消除室内显热仅需要低于室内干球温度的冷冻水就可以消除室内显热量，但由于一般系统采用冷冻除湿手段处理室内潜热，而冷冻除湿需要将空气处理到室内露点温度以下才能进行除湿，所以冷冻水就需要低于除湿所需要的送风状态温度。传统中央空调制冷系统采用单一冷源对室内温湿度进行处理，冷水机组出水温度需满足冷冻除湿的供水温度要求，导致高品位冷水的能源使用浪费。该项目采用中低温双冷源温湿度独立控制技术，设置两套冷源系统，分别提供中温冷水和低温冷水。中温冷水供至末端室内循环系统，末端室内循环系统负荷消除室内围护结构、人员和设备等散发出来的显热负荷。低温冷水供至新风末端系统，将新风处理到低于室内露点温度后供入室内，负责维持室内正压、人员卫生和室内除湿除热。本系统中温冷水系统设计采用10℃供水，低温冷水系统设计采用5℃供水。中温冷水系统因为冷水供水温度的提高，使冷水机组能效提升，从而达到节能的目的。冷源系统概况如下：

①低温冷冻水系统。

选择900RT的冷冻机（设计工况下能效比：5.40W/W，国标工况下能效比：6.30W/W）1台，1680RT的冷冻机（设计工况下能效比：5.50W/W，国标工况下能效比：6.31W/W）4台（其中一台作为中低温冷冻水系统的备用机），冷冻水供/回水温度5℃/13℃的高压（10kV）水冷离心式冷水机组，冷水泵采用一、二次泵变流量控制。低温冷冻一次水泵（变频卧式双吸泵）6台，5用2备；1、2号厂房低温二次水泵（变频卧式端吸泵）5台，4用1备。3号厂房、仓库低温二次水泵（变频卧式端吸泵）5台，4用1备；低温冷冻水系统定压补水装置1套及加药装置1套。

②中温冷冻水系统。

选择2210RT的冷冻机（设计工况下能效比：6.50W/W，国标工况下能效比：6.97W/W）5台，冷冻水供/回水温度10℃/17℃的高压（10kV）水冷离心式冷水机组，冷水泵采用一、二次泵变流量控制。中温冷冻一次水泵（变频卧式双吸泵）6台，5用1备；1、2号厂房中温二次水泵（变频卧式端吸泵）4台。3号厂房中温二次水泵（变频卧式端吸泵）2台，1、2、3号厂房中温二次水泵合用1台备用水泵，合计7台中温二次水泵；中温冷冻水系统定压补水装置1套及加药装置1套。

经过节能量检测，安装中央空调节能控制系统改造后，年节约电量512.3万kW·h，年节省标准煤1690.6tce。

（2）安装高效设备。

该项目冷水机组均采用一级能效等级，冷水机组设计工况下满负载下能效比高。所有空调水泵均采用卧式双吸式泵体结构，电机能效等级采用二级及以上。

经过节能量检测，安装中央空调节能控制系统改造后，年节约电量219.0万kW·h，年节省标准煤722.7tce。

（3）安装中央空调节能控制系统。

该项目应用了中央空调节能控制系统，以保证系统安全运行为核心，在保证空调供应区域环境品质的前提下，通过全面采集影响空调系统运行的各种参数，传送至节能控制系统，控制系统根据系统运行规则，通过对中央空调系统运行优化（采用负荷随动控制进行群控）、水泵变频调速控制，达到降低中央空调系统整体耗电量的目的。

经过节能量检测，安装中央空调节能控制系统后，年节约电量816.4万kW·h，年节省标准煤2694.1tce。

（4）建立能源监测管理信息化系统。

传统中央空调系统无能源监测管理信息化系统，对用能大小、重点用能设备不清晰，能源历史运行数据大多数进行手工抄写，容易丢失，数据统计分析困难。因此，本项目中为了提升能源站的能源管理水平，建立了一套建筑能源监测管理信息化系统，为用户建立了能源监测管理信息化平台，实现精细化节能降耗管理。通过安装能源监测管理系统平台，增加电远程采集装置，把动力站中央空调系统的主要能耗进行智能化集中监管，实现能源三级管理节能，以达到自动化监控与管理的目的。

建筑能源监测管理系统主要由四部分组成：能源计量、能源采集、通信网络和管理中心。

能源计量：主要指电表、水表、冷量表等计量装置，这些设备分布在使用单位各个工区或耗能区域,并具有 RS485 通信接口,供能源采集终端进行数据采集。

能源采集:能源采集用于采集能源计量装置的数据,包括有线、无线、WIFI 的硬件采集装置以及运行于 PC 机的采集软件等不同能源采集设备。

通信网络:包括连接主站和能源采集终端的通信网络以及计量装置与能源采集终端的 RS485 通信线路等。

管理中心:对能源信息进行统一存储、集中管理,对任务请求统一管理和调度的计算机系统。包括数据库服务器、通信服务器和 web 服务器等。

经过节能量检测,建立能源监测管理信息化系统后,年节约电量 164.2 万 kW·h,年节约标准煤 541.9tce。

2. 项目实施进度

该项目 2016 年 7 月正式签订合同,2016 年 10 月正式进场,2017 年 6 月竣工验收完成,目前系统运行良好。

五、项目年节能量及年节能效益

1. 年节能量

以宁德新能源科技有限公司现有类似工厂能耗倒推预计该项目中央空调能源站年用电量为 6803.0 万 kW·h。经过节能优化后,系统综合节电率为 25.0%,年节省标准煤 5649.3tce。

2. 年节能效益

年节省电量 1711.9 万 kW·h,工厂电价 0.6 元/kW·h,年节能效益 1027.1 万元。

六、商业模式

该项目采用节能量保证型和能源费用托管型相结合的合同能源管理模式,项目合同期 10 年,节能服务公司负责整个高效冷站的投资及建设,并负责合同期内的运营维护。客户根据实际计量用量向节能服务公司购买冷量,高效冷站能效提升带来的节能收益将部分让利给业主。合同期内设备所有权归节能服务公司,合同期满后所有权无偿移交业主。

七、投资额及融资渠道

该项目投资额 2396.32 万元,均为节能服务公司自有资金。

江苏万邦生化医药集团有限责任公司空调节能改造合同能源管理项目

一、项目名称

江苏万邦生化医药集团有限责任公司空调节能改造合同能源管理项目

二、项目业主

江苏万邦生化医药股份有限公司是上海复星医药（集团）股份有限公司在医药工业领域核心控股企业，是其在医药制造、销售领域的行业投资并购整合的平台，公司专注于糖尿病、心血管、肿瘤治疗用药的研发、生产、销售，是国内最大的动物源提取胰岛素生产企业。

厂区的空调冷水机组共有两个机房，本次改造机房为二号机房，改造前机房内有3台约克螺杆式冷水机组，出厂日期为2008年3月，额定制冷量为1218kW，额定功率为252kW。

三、项目实施单位

江苏心日源建筑节能科技股份有限公司

四、案例内容

1. 技术原理及适用领域

采用高效的磁悬浮离心式冰机（见图1），其轴与轴承之间采用磁悬浮的原理，轴完全悬空，与轴承之间无接触，无摩擦，无须润滑油等，消除机械摩擦的同时，提高换热效率，提高能效。磁悬浮冰机的压缩机采用全变频设计，可在2%～100%负荷区间无极调节，负荷率越低，效率越高，全年平均能效可达9以上，较现有的普通离心机能效可提高一倍以上。

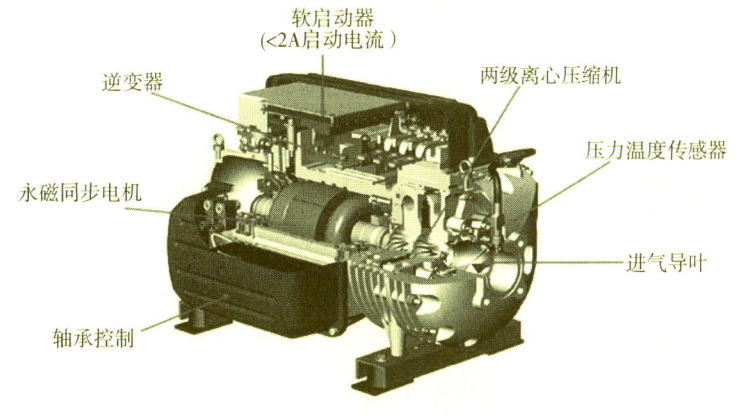

图1 磁悬浮离心式冰机

2. 节能改造具体内容

（1）改造前用能状况及存在问题。

机房制冷系统为厂区药品研发区供冷，末端为恒温恒湿空调风箱。

机房内3台螺杆机为并联系统，螺杆机组均不具备变频功能，为了维持车间的温度，冷水机组全年24小时运行，夏季高峰时全开，冬季根据负荷需求开启一台至两台。系统循环泵组均为一次系统，其中冷冻泵使用变频器启动，单定频率运行，冷却泵组均工频运行，系统包括2台500T方形横流塔，冷却塔均配置相应的储水池。原机组从2008年开始投入运行，迄今已运行12年，设备老化，效率低下，不能满足服务需求，且空调系统运行和维护成本较高。

全厂每年的总耗电量为1200万kW·h，蒸汽耗量3万t，电价0.86元/kW·h，蒸汽单价210元/t。

空调冷源部分，采用的是工频的常规螺杆式冷水机组，使用年限较长，效率衰减，且维护费用较高。机房冰水机的冷却侧的水中含有的杂质比较多，受到高温的影响，会迅速地分解并结合形成碳酸钙，沉淀于冷却塔底部与冷凝器侧，长时间积累就形成了水垢，冷却管程积垢严重。严重影响系统换热效果。

（2）节能改造具体内容。

①高效磁悬浮离心式冷水机组替换。

机房原螺杆式冷水机组，效率低下，维保费用高，本方案采用两台磁悬浮机组代替机房1号和2号螺杆式冷水机组，旧冷水机组拆卸，作为一号机房备用机。

空调新风系统是运行环境的保障，磁悬浮离心式冷水机组是将先进的磁悬浮技术应用于制冷压缩机，从而大幅提升制冷主机的性能。相比于普通的离心式冷水机组，磁悬浮离心式冷水机组具有摩擦小、能量输出效率高；机组尺寸及重量小；压缩机无油运行，不会因润滑油导致制冷量降低、运行维护成本低等优点。

②增设管理及能源管理系统。

监控管理系统是整体机房的神经中枢。该项目增设了管理及能源管理系统，包括空调能源管理、室内机柜温度湿度布点收集、室外环境温度湿度收集、能源设施的集中管理、运维等。

该项目此次节能改造，根据项目的实际需要，安装了分项计量装置、监测和控制系统，从而有效实现系统能耗监测与统计，该系统对整体管理有利。同时磁悬浮离心机实现单独自动控制，用PLC计算机自动控制水泵和主机投入的台数，并能实时监测换热器温度变化，通过软件分析诊断提供系统综合效率。

分项计量方面主要进行各楼层的能耗监测与统计，同时对空调系统实现自动控制。

整个系统由数据采集装置（仪表）、数据采集器、数据采集总站、数据中心机房服务器、用户端能耗采集管理系统软件和各种通信网络组成。能耗数据由各类智能仪表实时采集到数据采集器上，然后将实时数据汇总到工作总站（工控机），同时实时数据上报省数据中心机房的通信服务器上（如果纳入省建设厅数据中心的话），系统设计时留有建设部数据中心数据传输接口。

该监测系统可以建立建筑内部的能耗设备台账，清晰列明设备类型与参数，实时采集各类能耗设备的运行参数，自动保存在系统数据库中；并对所有的数据进行统计分析，经分析后得出各种形式的报表和图表；通过能源消耗的实测数据与能源财务的采购数据和库存数据的对比分析，可以分析得到较为科学的能源使用和管理建议；根据现场的实际运行情况，计算机可以自动预警各类能耗设备运行状况,达到最终管理节能的目的。

③增设环保水处理系统。

冰水机冷却侧的水中含有杂质较多,受到高温的影响,会迅速地分解并结合形成碳酸钙,沉淀于冷却塔底部,长时间积累形成水垢。结垢会造成冰机冷凝器换热效率的衰减。0.6mm的水垢能造成25%的效率损失。

该项目增设沃肯(Vulcan)水处理系统(见图2),能够保护管道系统和器具免遭水垢沉积物和水锈的影响。该脉冲技术建立在物理性水处理原则的基础之上,仅利用特殊电容式电脉冲改变液体钙的结晶过程使水垢失去附着力,无须使用盐或其他化学药剂,可以轻易地随水流冲走。

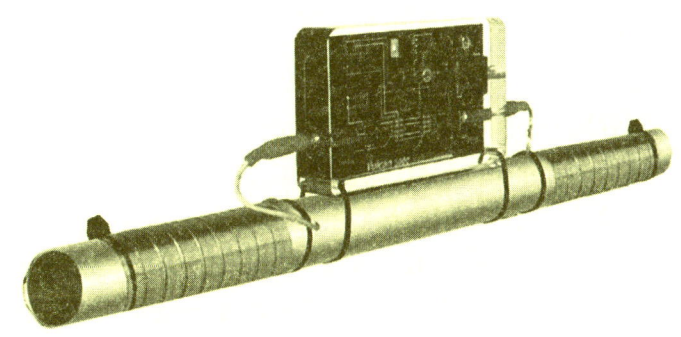

图2 沃肯(Vulcan)水处理系统

3. 项目实施进度

该项目建设期为2019年2月至5月,工程改造完成并交付业主使用,改造后两台350RT的磁悬浮冷水机组正常运行,完全满足夏季高负荷冷量需求。验收当日,机组运行平均能效为6.5以上。改造后机房如图3所示。

图3 改造后机房系统

五、项目年节能量及年节能效益

1. 年节能量

该项目邀请了第三方节能量审核机构通过检测确定节能量。

根据第三方机构出具的节能量检测报告：

改造前约克冷水机组的运行平均COP为3.31，基准总冷量为8959094kW·h，年用电量为8959094kW·h/3.31＝2706675 kW·h；

改造后磁悬浮冷水机组总用电量为1243868kW·h；

项目年节电量＝2706675－1243868＝1462807 kW·h

按照电力折标系数307gce/kW·h计算，项目年节能量为449tce标准煤。

2. 年节能效益

项目年节电量1462807 kW·h，电费单价为0.86元/kW·h，则项目年节能效益为125.8万元。

六、商业模式

该项目采取合同能源管理节能分享型模式。即全部投资由节能服务公司来出资，后期根据节能效益，双方按一定比例进行分成，节能服务公司的投资通过分享节能收益的方式来收回并获得相应的报酬，分享期满后，项目财产归属用能单位。

二号机房冷水机组单位冷量的能耗费用可降低0.19元，节能服务公司按照0.15元的单价根据实际用冷量来计费，用户每年用冷量不少于450万kW·h（或8年累计用冷量不少于3600万kW·h），合同期限8年，节能服务单位共计收费540万元。用户单位冷量可收益0.04元，每年可收益18万元以上，8年总收益144万元以上详见表1。

改造完成后，对上述改造范围内的所有能耗系统单独挂表计量，便于衡量节能量以及支付节能费用。考虑到产量的波动以及天气影响等因素，空调系统每年的开机时间和制冷量存在变动，如在8年合同期内总用量达不到约定的数值，则合同期限顺延，直至总用量达到约定的总量为止。如在合同期内提前达到约定的总用量，则合同提前结束，当合同提前结束时，乙方提供8年维保不变。

表1 合同期内双方的投资及收益一览表　　单位：万元

序号	改造项目	甲方年收益	合同期内甲方总收益	乙方投资	乙方年收益	合同期内乙方总收益
1	二号机房更换磁悬浮系统	18	144	239	67.5	540
2	维保费用	12	96	11	0	0
3	资金占用费、管理费等			61.7		
4	合计	30	240	300.78	67.5	540

合同结束后，改造项目内的所有设备及系统的产权无偿转移给甲方，所有节能效益全部归甲方所有。

七、投资额及融资渠道

该项目投资总计239万元，项目总成本300.78万元，全部投资由节能服务公司自筹。具体情况如表2所示。

表2 项目投资表

序号	改造内容	改造投资（元）	节能效益（元/年）	备注
1	二号机房更换磁悬浮	2100000	951091.2	350RT 两台
2	设备吊装安装调试费	110000	0	2 台磁悬浮机组
3	环保水处理系统	180000	—	
4	用户节省设备维保费用	0	120000	2 套水处理
5	初投资	2390000	1071091	
6	维护管理费	300000	—	8 年 30 万元
7	资金使用费	207300	—	
8	风险费	110500	—	
9	总成本	3007800	—	

松下冷链（大连）有限公司一工厂节能供暖合同能源管理项目

一、项目名称

松下冷链（大连）有限公司一工厂节能供暖合同能源管理项目

二、项目业主

松下冷链（大连）有限公司是松下电器全资子公司三洋电机株式会社、冰山集团出资企业大连冷冻机股份有限公司共同出资兴建的冷链设备研发制造基地。公司一工厂车间为钢结构建筑物，具体情况如表1所示。

表1 车间情况分析

厂房名称	松下冷链（大连）有限公司一工厂		
采暖面积	26611m^2	热负荷	936kW
厂房高度	5m	建筑结构	钢架结构
低于5℃采暖天数	150天	冬季室外风速（采样）	5.2m/s
保温状况	钢结构墙体复合岩棉保温板		
建筑物其他情况	顶部采光带、上下双层窗户，大门较多		
室外计算温度	-15℃	室内设计温度	15℃

三、项目实施单位

北京煦联得节能科技股份有限公司

四、案例内容

1. 技术原理及适用领域

根据业主厂房结构、厂房脊高及檐高、南北墙长度、柱距、东西跨度、行车高度、大门尺寸与数量、窗户尺寸与数量、墙体及屋顶材料面积、保温及隔热材料面积、顶部采光带面积、顶部无动力风机、自然通风等的具体情况，结合GB 50019—2015《工业建筑采暖通风与空气调节设计规范》及燃气辐射加热管技术设计要求和产品性能特点，考虑设备吊装高度对辐射角度的影响。考虑冬季室外极限温度对车间内的影响，对车间内的采暖设备进行合理布局，使室内温度满足设计要求的同时更加均匀、舒适。

采用燃气辐射采暖器直线型混合布置，设备用顶挂方式。为保证生产车间内分区域温度达到15℃，车间热负荷为936kW，需要单元式燃气辐射加热管25套，采用全自动智能模糊控制软件，不同温度、区域，分时段、工位实现远程集中控制、厂房内手动和自动控制，同时具备低温经济运行模式和舒适运行模式。单元式燃气辐射加热管燃烧所需的空气取自室内，燃烧产生的烟气收集并排放至室外。每台燃烧器进口处安装燃气减压稳压阀，确保稳定供气压力。

电脑远程集中控制系统，分区域控制，精确反映工作区域的实际温度（高度 1.5 米设感应器），温度均匀，覆盖区与非覆盖区温差<2℃；采用智能控制系统，可实现采暖季无人控制；配有微电脑程序，具有触摸液晶显示功能，可使厂房按日期设定系统的启停时间、转化温度（高低温）、工作温度和保温温度；设有人工强制开关，在紧急情况下可采用手动装置。

温度控制系统的控制核心要求采用 PLC，配备网络串卡接口，使用户的能源管理部门在必要的情况下，远程监测、控制。网络接口符合 TCP/IP 协议，提供原始数据以满足组态软件要求。

2. 节能改造具体内容

节能服务公司提供整套燃气辐射采暖系统的设备安装、调试、系统培训、售后服务。包括：燃气辐射供暖系统的燃烧器、辐射管、反射罩、风机等安装；配电及控制系统配电箱、控制器、温度黑球感应器、管线等（电源接口为从温度控制器就近配电柜开关开始）；全部辐射采暖系统的设备安装后调试、报验和验收等；系统培训和终身免费技术咨询服务；质保期内的免费售后服务。

五、项目年节能量及年节能效益

1. 年节能量

本项目改造前年能耗 377tce，通过对采暖系统进行上述改造，改造后年能耗量 87tce，年节能量 290tce，节能率 77%。

2. 年节能效益

每年可产生节能效益 57 万元。

六、商业模式

该项目采用能源费用托管型合同能源管理模式，节能服务公司提供整个项目的设计、施工及运维管理，每年采暖季业主向节能服务公司支付固定节能供暖服务费（不含燃气及电费等各项能源费用）。项目合同期为 2017 年至 2026 年。

七、投资额及融资渠道

该项目投资额 150 万元，全部由节能服务公司承担。

· 第三篇 ·

公共设施领域合同能源管理项目案例

集中供热

北京北燃热力有限公司观音寺供热厂 3 台 80MW 燃气热水锅炉烟气余热回收项目

一、项目名称

北京北燃热力有限公司观音寺供热厂 3 台 80MW 燃气热水锅炉烟气余热回收项目

二、项目业主

北京北燃热力有限公司成立于 2015 年 12 月 22 日,是由北京北燃实业有限公司和北京市热力集团有限责任公司合资组建的国有企业,注册资本 10000 万元。公司主要从事热力生产与供应、供热服务、机械设备维修以及专业承包等。公司设立六个职能部门、两个供热厂,共有职工 508 人。

公司目前主要以康庄供热厂、观音寺供热厂和五个区域锅炉房为热源,面向大兴区约 1000 万平方米的供暖面积开展运行管理和服务保障工作。此次改造锅炉房为观音寺供热厂,观音寺供热厂现有 3 台 80MW 燃气热水锅炉,采暖季主要耗能为水费、电费及燃气费用。

三、项目实施单位

北京华源泰盟节能设备有限公司

四、案例内容

1. 技术原理及适用领域

天然气的主要成分是甲烷(CH_4),其燃烧后排出的烟气中含有大量的水蒸气,其露点温度在 55℃ 左右。烟气中的水蒸气汽化潜热占天然气低位发热值的 10% 左右,若能将此冷凝热回收利用,则可使天然气的利用效率提高 10% 以上。通过计算,烟气的显热段排烟温度每降低 20℃,锅炉效率提高 1%,而潜热段温度每降低 3℃~5℃,锅炉效率就提高 1%。常规的烟气余热回收技术是利用烟气与热网水换热或者烟气与空气换热,回收余热量的多少受制于热网的回水温度和空气的进口温度。通常热网的回水温度高于 40℃,导致烟气很大一部分冷凝热无法回收;而空气与烟气换热,在潜热段空气每升高 4℃~7℃,烟气温度降低 1℃,且空气换热器换热效果较差,因此也很难回收烟气的冷凝热。

在此条件下,清华大学提出了"烟气余热深度回收利用技术",该技术利用吸收式热泵产生的低温冷水与烟气进行直接接触式换热,将烟气温度降至 25℃ 甚至更低再排放至环境中,回收的热量通过吸收式热泵供出,用于加热热网回水。热泵产生的低温冷水温度远低于烟气露点温度，因此，可以将大部分烟气冷凝热量回收，使天然气的利用效率提高10%以上。技术流程如图1所示。

烟气温度的降低可以有效解决烟囱冒"白烟"的现象，与此同时，烟气冷凝过程产生的冷凝水可以回收再利用，具有节水效果。余热回收系统中，设置有自行研发的水处理设备，且烟气、余热水接触部分设备本身采用防腐材料，解决了系统腐蚀的问题。

该技术的流程如下图所示（绿色虚线框内为本技术改造内容）：

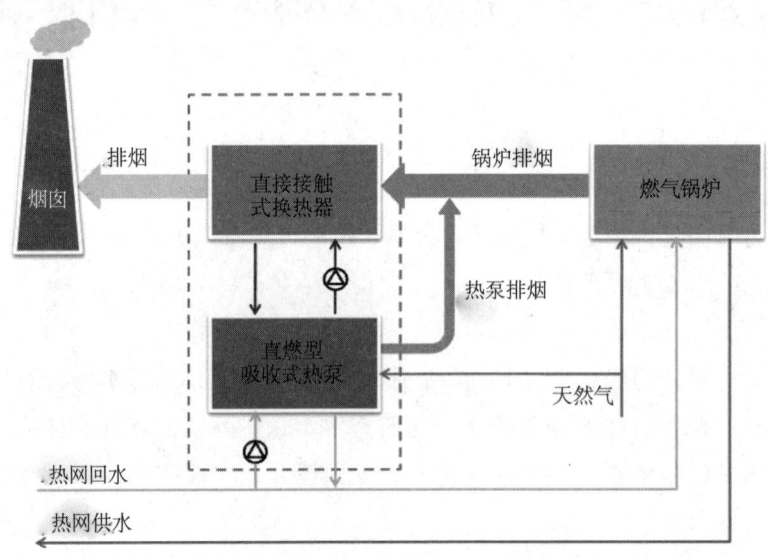

图1　烟气余热深度回收技术流程图

该项目的烟气余热回收系统是在锅炉节能器之后设置直接接触式换热器，对燃气锅炉尾部排烟进行余热深度回收，并通过中间介质（中介水），置换出烟气的低温余热。同时，采用直燃型吸收式热泵回收中介水的热量，经过机组内部循环，将热量用于加热锅炉热网回水，热网回水进一步加热后，进入锅炉继续加热到设定温度。

该技术可应用于燃气锅炉房烟气余热深度回收、燃气电厂烟气余热深度回收、燃煤锅炉房烟气余热深度回收和燃煤电厂烟气余热深度回收领域。

2. 节能改造具体内容

（1）改造前存在的问题。

项目未实施前，锅炉排烟温度为70℃左右，烟气中有大量的余热可以回收利用，且排烟温度较高，烟气中含水量较大，存在冒"白烟"的视觉污染。

（2）各改造系统的工艺流程。

烟气余热回收系统是在锅炉节能器之后设置直接接触式换热器，对燃气锅炉尾部排烟进行余热深度回收，并通过中间介质（中介水），置换出烟气的低温余热。同时，采用直燃型吸收式热泵回收中介水的热量，对锅炉热网回水进一步加热，最后通入锅炉将热网水加热到设定温度。

烟气余热回收系统主要包括以下分系统：热网水系统、烟气系统、集中控制系统、吸收系统、水处理系统。系统的设计及配置与锅炉运行负荷变化情况相匹配，达到最佳回收效果。

①热网水系统工艺原理。

热网回水通过热网循环泵加压后，进入锅炉母管，通过分支管道分别进入3台锅炉，锅炉设置了省煤器和节能器,进入锅炉的热网回水分三路:第一路进入省煤器,第二路进入节能器,前两路的出水通过吸收烟气的余热,可提高 2~3℃,升温后与第三路热网回水混合进入锅炉。常规运行时,第三路锅炉进水阀全关,省煤器和节能器分担了锅炉的全部进水。

通过烟气余热系统改造后,将各锅炉回水通过母管引入热泵加热,升温后的热网回水通过母管送回原热网回水母管,再送至各台锅炉。热泵的余热回收量即为系统新增供热量,保证了原有系统与新增系统运行各自独立,运行与切换均不影响原系统正常运转。

②烟气系统工艺原理。

天然气烟气通过省煤器和节能器两级降温后,经过倒流阀门引入喷淋塔进一步降温后再通过原水平烟道进入烟囱。热泵采用天然气驱动且自带喷淋塔,热泵喷淋塔喷淋降温后烟气也引入锅炉水平烟道后段,与锅炉烟气一同进入烟囱。

③中介水系统工艺原理。

中介水系统主要包括喷淋塔、中介水水箱、循环泵、喷淋泵及附属的管道阀门。

中介水系统为开式循环流程,在喷淋塔内与烟气逆流换热后,获得烟气余热的中介水通过管道汇集至中介水箱,循环水泵将水箱内的中介水引入吸收式热泵降温,降温后的中介水通过喷淋泵(锅炉、热泵)分别通入喷淋塔与烟气直接接触换热,换热后的中介水再汇集至中介水箱,此过程循环往复。因烟气经过喷淋塔降温后,烟气中大量的水蒸气冷凝成冷凝水,水箱中的水量会逐渐增大。系统配置了水处理系统,过量的冷凝水通过水泵输送至水处理系统进行处理,合格后的水根据业主不同的需求进行合理的再利用。

中介水箱采用多级设计,此设计具有多重作用,既是中介水的储存场所,又是杂质的沉淀场所以及 pH 调控场所。中介水水箱通过保持液位,防止循环泵出现汽蚀,同时将多余凝结水收集。

④控制系统工艺原理。

该项目控制系统,能够使烟气余热回收系统适应锅炉启停、锅炉切换、变工况等变化,来实施自动调节保证不同负荷下系统正常运行,系统所供设备中与控制有关的现场仪表和控制设备均可以自动控制,当自动控制系统不能启动时,采用手动控制。所供设备具有功能完善、易于操作的中文人机界面,用于就地显示系统的全部参数。

⑤水处理系统工艺原理。

中介水喷淋过程吸收烟气中的 SO_2、NOx 等酸性气体后,中介水呈弱酸性。水处理设备通过在中介水箱内加药的方式调节中介水呈中性或弱碱性,防止设备及管道的腐蚀。因凝结水量大,凝结水按照不同用途的处理标准经过水处理设备处理合格后,按照业主的不同需求进行再利用。将多余的凝结水处理按照达到环保要求的排放标准进行排放。

(3)改造后取得的效果。

进行烟气余热深度回收后,锅炉排烟温度由 70℃ 降低至 30℃,每小时回收的烟气余热量约为 8MW,大大减少了锅炉的燃气消耗量,天然气利用效率提高约 10%,烟气中含水量显著降低,消除了冒"白烟"的视觉污染。

3. 项目实施进度

2017 年 7 月完成招标,2017 年 9 月开始建设,目前已竣工验收并稳定运行。

五、项目年节能量及年节能效益

1. 年节能量

改造前用能情况:

根据供热厂2016—2017年运行数据,绘制整个采暖季锅炉供热负荷及烟气余热量曲线如图2所示。

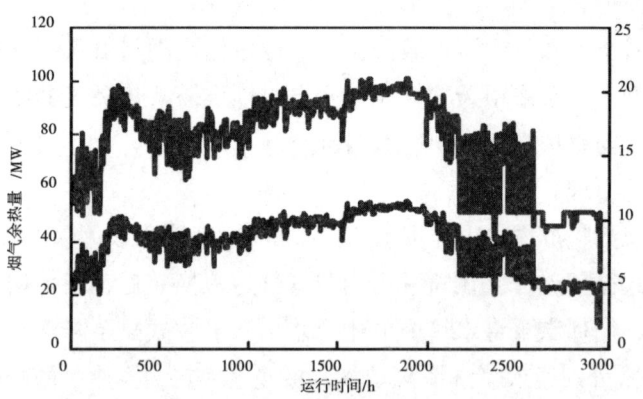

图2　锅炉供热负荷及烟气余热量曲线

根据上年锅炉运行数据可知,3台锅炉年耗气量为2534万Nm^3。

随着锅炉负荷的波动,烟气余热量也随之波动。

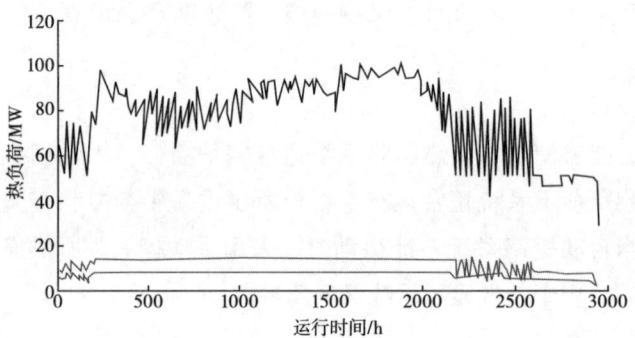

图3　改造后供热厂运行曲线

如图3所示,总供热负荷与热泵供热量之间的区域即为改造后的锅炉供热负荷,在供热厂增设两台4MW吸收式热泵后,热泵每年可回收烟气余热量7.75万GJ,热泵供热量为12.73万GJ。采暖燃气年消耗总量为2307万Nm^3,年节省燃气量227万Nm^3,年节约标煤2647吨(标煤热量按照29.3MJ/kg计算)。

2. 年节能效益

该项目通过烟气余热深度回收,每年可节约燃气耗量227万Nm^3,北京市采暖天然气价格为2.36元/Nm^3,则年节能收益为535.7万元。

六、商业模式

该项目采用节能效益分享型合同能源管理模式,项目实施单位负责项目的投资、建设及合同能源管理期内的运营维护，项目节能所得收益与业主按照约定比例分享。效益分享期为五个采暖季，质量保证期为两年。

该项目中计量烟气余热回收系统供热量，项目实施单位将系统供热量卖与业主单位。卖热单价见表1。

表1 合同期内卖热单价

第一个采暖季产热量单价	73.49元/吉焦（含税）
第二个采暖季产热量单价	73.49元/吉焦（含税）
第三个采暖季产热量单价	73.49元/吉焦（含税）
第四个采暖季产热量单价	49.50元/吉焦（含税）
第五个采暖季产热量单价	0.00元/吉焦（含税）

设备所有权：节能效益分享期内属于项目实施单位，效益分享期后属于业主。

运营维护：节能效益分享期内运营维护由项目实施单位负责，效益分享期由业主负责。

七、投资额及融资渠道

该项目投资额2066万元，全部为节能服务公司自有资金。

八、优惠政策

该项目获得北京市发展改革委对既有燃气供暖锅炉实施热泵系统改造项目的资金支持，且可享受相关税收优惠政策。

中国人民解放军军乐团供热系统投资运行管理项目

一、项目名称

中国人民解放军军乐团供热系统投资运行管理项目

二、项目业主

该项目业主为中国人民解放军军乐团。项目位于北京市紫竹院路100号院,院内除业主单位外,还有其他外联单位。现有供暖面积约为11.6万平方米,尚有1栋供暖面积约为2万平方米的住宅建筑正在建设,预计2018年竣工并进行入住。

院内建筑最早建设年代为1955年,老旧建筑均未进行外墙保温改造,占院内总建筑数量约90%。

三、项目实施单位

中嘉能源管理(北京)有限公司

四、案例内容

1. 技术原理及适用领域

低氮改造适用于锅炉烟气排放不达标的项目,目前供暖领域主要有更换低氮型燃烧器、增设FGR系统、更换锅炉(含燃烧器)等方式,该项目采用更换锅炉、配套低氮型燃烧器,并配置FGR系统的方式,使烟气中NOx排放降至30mg/m³以下。

低氮燃烧器具有独特的燃烧头设计,实现分级燃烧,在保持高燃烧效率的同时实现更低氮排放。精确的空燃比例控制和流体控制技术也是实现低排放的基础。

FGR外部烟气再循环系统可降低助燃风含氧量,降低燃烧温度。将部分烟气与空气混合后送至燃烧室助燃,混合后的助燃风可以降低炉内燃烧区火焰温度和氧量浓度,由于燃气与氧气的燃烧反应活化能远小于氧气与氮气的反应活化能,所以燃气首先与氧气发生燃烧反应,当氧气有剩余时,才进行与氮气的反应生成NOx,但较低的反应区温度使该反应变得缓慢,从而有效抑制热力型NOx的生成。

2. 节能改造具体内容

(1)改造前热源情况。

院内供热系统为间供系统,除为院区进行冬季供暖外,还为浴室全年提供洗浴热水。锅炉房内现有3台卧式内燃三回程燃气热水锅炉,设备清单如表1所示。

表1 改造前锅炉设备清单

炉号	型号	品牌	额定功率 MW	额定压力 MPa	额定温度℃ 出水	额定温度℃ 进水	制造年份	备注
1	WNS4.2-1.0/115/70-Q(S)	劲马	4.2	1.0	115	70	2001	
2	WNS4.2-1.0/115/70-Q(S)	劲马	4.2	1.0	115	70	2001	
3	WNS1.4-1.0/115/70-Q(S_2)	劲马	1.4	1.0	115	70	2001	

其中4.2MW锅炉作为采暖季供暖热源，1.4MW锅炉为洗浴热水热源。设备至今工作已逾15年，已至其一般寿命年限；锅炉辅机等设备也已运行超10年，工况很差，热效率低，耗能高。配备威索燃烧机。改造前烟气排放远达不到现行环保标准要求。同时该热源未配备集中控制系统、气候补偿系统等，不能根据气温对各个运行参数进行智能化、精细化调整，同样造成了能源浪费。

（2）改造前热网情况。

现有供热管网采用半通行/通行地沟敷设，部分区域利用防空洞内空间敷设。管道采用橡塑保温（楼前支管处无保温），现保温外护层已大面积脱落，管道沿程热损严重，造成能源大量浪费。

跑冒滴漏现象普遍存在，影响供暖运行的稳定性，且每天进行大量补水，浪费资源。

主管分支上设有关断阀门（闸阀或蝶阀），但已锈蚀严重，失去关断作用。楼前入口仅装有1套关断阀门（供回水各1个，闸阀或蝶阀），锈蚀严重，绝大部分失去关断作用。

院内建筑建设时代不一致，且未安装任何水力平衡装置，整体热网水力失衡，造成系统远近端冷热不均，远端用户普遍反映暖气不热。

（3）主要改造内容。

该项目存在不再提供洗浴服务区域内新增建筑需要增设换热设备等因素，因此现有锅炉房内系统布置需要改变。根据现有及后续增加的供暖需求，重新对设备参数进行复核，重新布置并安装热源系统。

配备低氮型燃烧器及FGR系统，使烟气排放达到北京市相关环保要求。增加水泵变频、集中控制管理系统、气候补偿系统、热计量数据中心等，大大降低人力，实现一站式智能化、精细化管理。

对锅炉房进行全新装修。

3. 项目实施进度

由于该项目建设年代较久，相关竣工资料都已缺失，前期节能服务公司花费大量人力进行了现场勘查，将现有锅炉房的建筑结构尺寸，外网各分段的敷设方式、规格、工况全部摸排清楚。自2017年7月开工，当年供暖季前基本完成项目施工、后续装修美化等收尾工作。

五、项目年节能量及年节能效益

1. 年节能量

（1）改造前后系统（设备）用能情况及主要参数。

一个供暖季平均120天，改造前供暖季用于供暖使用的锅炉总耗气量为121040m^3，平均每

天耗气 $9342m^3$；改造后，由于供暖季尚未结束，根据现有总耗气量与已供暖天数计算，考虑严寒期的高能耗误差（增加1%），平均每天耗气 $8540.56m^3$。

（2）节能量计算方法及项目年节能量。

日节约天然气量 $= 9342 - 8540.56 = 801.44m^3$；

年节约天然气量 $= 801.44 \times 120 = 96172.8m^3$；

项目年节能量 $= 96172.8 \times 1.3300 \times 0.001 = 127.91 tce$。

2. 年节能效益

主要节约能源品种为天然气，项目所在地燃气价格2.66元/立方米，年节能效益约25.58万元。

六、商业模式

该项目采用BOT模式，节能服务公司负责投资改造并新建供热系统，合同期内所安装的设备产权归属节能服务公司，业主方将小区供热系统全权交由节能服务公司进行管理，节能服务公司负责相应的水、电、气能源费用；负责设备的运行维护管理；承担相应的运行、财务及政策风险。合同期内节能服务公司直接向最终用户收取供暖费用，自负盈亏。

针对住宅小区，一般向最终用户直接对接收取费用，也可以与业主方协商，由业主方或其委托的物业公司等机构统一托收。

七、投资额及融资渠道

项目投资额约1200万元，全部为节能服务公司自有资金。

新疆天富能源股份有限公司供热分公司集中供热工程节能改造合同能源管理项目

一、项目名称

新疆天富能源股份有限公司供热分公司集中供热工程节能改造合同能源管理项目

二、项目业主

该项目业主单位为新疆天富能源股份有限公司，该公司是一家以电力、热力生产、销售及天然气销售为主体，发、供、调一体化的综合性能源企业。其中，新疆天富能源股份有限公司供热分公司为本合同能源管理项目的具体实施单位，主要承担石河子市区及周边团场的热力供应，市区工业用户的蒸汽供应，供热设施（特种设备除外）的建设、维护与管理，"三供一业"改造等。

石河子市区现有集中供热面积2545万平方米，300个换热站，500套供热系统。原有东热电、西热电、南热电、天河电厂4座热源，2017年为响应关停小热电的政策号召，关停东、西热电4台135MW机组，由南热电、天河电厂4台330MW机组和2台660MW机组提供城市集中供热负荷。

三、项目实施单位

同方节能工程技术有限公司

四、案例内容

1. 技术原理及适用领域

该项目结合石河子热网和热源的特点，通过网源匹配与水力计算结果，制定了环状管网下的多热源联网供热方案与分布式变频技术改善管网输配能力的供热运行方案，实现了"一城一网"的网源综合调度与调整。结合网源综合调度方案，通过多热源联网的水力交汇点可灵活调整的特点，实时匹配各热源之间的负荷分配，优先利用低品位余热，延长余热回收系统的运行时长，提高热源系统的综合能效，实现多热源联网绿色调度。通过网源解耦调节的手段，解决一次网热量均匀调配的问题，再通过负荷预测功能，结合室温采集器反馈的室温水平，对热源进行按需调度的调整。搭建同方物联网云平台，消除小区内水力失调和"大流量小温差"运行问题。

该技术主要应用于城市集中供热领域。

2. 节能改造具体内容

（1）存在的问题。

石河子供热管网存在"大高差、长距离、高温压"等特点，全市区管网最大高差达到

190m，两主力热源向市区输热距离长达15km，严寒期部分老旧管网及换热站压力达到1.3～1.4MPa（设计压力1.6MPa），一网供水温度达到125℃上限，网源综合调整能力已达上限。在东、西热电关停后，石河子市集中供热面临管网输送能力饱和、热源供热能力接近饱和等状况，需根据热负荷分布，重新规划热源、热网的热量匹配和运行调度等问题。

（2）改造内容与节能手段。

根据热源和热负荷的改变，通过对全市管网进行水力计算后，制定了多热源联网结合分布式变频的供热技术方案，利用全网平衡软件和EZ智能供热操作平台，优化热网调度调整，主要进行了以下方面的节能改造：

监控中心上位软件增设室温采集系统，以便更好地掌握用户供热质量，同时可作为热源调度的参考；

换热站内老旧和缺失的自控设备（温压变、变频器、自控柜等）进行更换；

换热站安装一次网电动调节阀和分布式变频泵，利用全网平衡分优软件和EZ智能供热操作平台进行均匀性调节，依据室外温度（同时参考放置到用户侧的室温采集器）进行精准调控，可在短时间内实现全网平衡的均匀调控；

多热源联网绿色调度，依据室外温度变化和供水温度要求，延长热源余热回收系统的供热时长，优先利用低品位热源用于集中供热，减少高品位蒸汽的浪费，提高余热回收率与热电系统的网源综合能效。整个采暖季为南热电增加40万GJ乏汽余热回收热量，为天河电厂增加1900万kW·h发电量，提高了热源经济效益；

对二次网水力失调较大的小区进行二次网平衡改造，搭建同方物联网云平台，消除小区内水力失调和"大流量小温差"运行等问题，提高用户的供热质量，降低供热系统能耗；

热源循环泵与换热站分布式变频灵活调整，提高管网输送能力，保证严寒期正常供热，降低管网系统的输送电耗；

在项目合作期间，节能服务公司派驻现场工程师，对运行人员进行专业知识培训，提高技术水平与培养节能意识，同时编制运行管理考核制度，提高热源调度及各站运行人员节能降耗的积极性。

（3）技术方案。

①供热系统智能化管理平台。

供热系统智能化能源管理平台是供热企业提升科学化管理水平不可缺少的工具。数字化、智能化是今后管理的必由之路。是通过管理节能的有效手段。是供热企业能耗计量、统计、分析的基础。只有充分了解各类分项能耗才能准确判断能量浪费在哪里。是采取节能改造技术措施的依据。

通过专家系统可以给出科学的负荷预测，制定低能耗的运行方案和运行参数。是指导供热企业安全、低耗、经济运行的有力助手。

供热系统智能化管理平台可以依据企业现有的热网监控系统经改造建立。

②热网均匀性调节控制。

供热系统智能化管理平台是一个管控一体化的平台。通过平台中"热网优化控制模块"，实现热网全自动运行，科学有效地解决一次网的水力失调，解决各个换热站的过量供热问题。

通过智能化能源管理平台获取热网数据，并进行分析、计算，得出实际温度的修正值，配合全网平衡软件,最终获得最适于石河子热网的均匀性控制策略。

③多热源联网集中供热技术。

为了持续推进城市综合能源的节能减排工作,满足国务院对大型热电厂发电煤耗的要求,在小型热电机组关停后,通过水力计算软件,综合考虑现有热源供热能力,结合环状管网输配特点、地势高差对管网水压的影响,重新分配热网的供热负荷。

多热源联网供热技术,可实现热源水力交汇点的动态平衡,减少各热源负荷区域调整时的阀门切换操作,减少管网运行的工作量;多热源联网后,全部热网联通,可实现"一点定压,多点补水"的补水稳压效果,极大地保障了管网运行的安全稳定性;相比各热源独立供热,多热源联网加强各热源之间的互备互补特性,在单一热源故障或管网故障时,可灵活转变负荷分配,降低供热故障对冬季居民用热的影响。结合不同热源供热效率和余热回收改造程度,多热源联网后,随着初末寒期至严寒期的负荷变化及水温变化情况,优先利用低品位余热资源和高效能热源,提高热源的负荷率和各个热源整体的综合效率,提高网源一体的综合效能,达到节能减排的目的。

④分布式变频泵改善末端供热质量。

分布式变频泵系统,即在一次网供回水压差不足的换热站的站内回水管上增设变频加压泵。分布式变频泵的方案,系统无用功消耗小,运行费用低。各站回水加压泵的运行,只需满足本站运行的资用压头即可。在部分负荷时,由于各用户负荷变化的不一致性,仍可调节本站回水加压泵的转速以满足网络运行需求,基本无阀门的节流损失。

分布式变频泵系统结合一次网调节阀系统,以有源式条件和节流式调节相结合的方式,利用全网平衡软件,综合调整一次网的水力平衡,达到均匀供热的目的,解决了传统集中供热系统一次网水力失调以及热源循环泵扬程高、输出流量不足、管网供水压力偏高等问题,达到了换热站一次网流量按需供应的目的。

⑤解决二次网水力失衡。

供热二次网平衡改造的目的在于消除供热二次网系统的水平热力失调,保证整个系统供热的均匀性,从而避免部分热用户室内过热而其他热用户室温不达标的现象,因此在同样满足用户的供热需求的条件下,可以大大节省二次网的供热量。如果各热用户的室内温度可以测量,那么使各热用户的室内温度彼此相同作为调节目标,由于不可能大范围测量室内温度,因此只能寻找反映室内温度的测量参数作为控制目标。由稳态下的热平衡方程可以得到,散热器向房间的供热量与房间向室外的散热量相同,即:

$$KF_r(\frac{t_g + t_h}{2} - t_s) = KF_b(t_s - t_0)$$

式中:KF_r:散热器的传热系数与传热面积的乘积,W/℃;

KF_b:建筑物的传热系数与传热面积的乘积(包括冷风渗入的影响),W/℃;

t_g、t_h、t_s、t_0:分别为二次网的供回水温度、室内温度和室外温度,℃。

由上式可解出:

$$t_s = \frac{1}{KF_b + KF_r}(\frac{1}{2}KF_r t_g + \frac{1}{2}KF_r t_h + KF_b t_0)$$

$$t_s = \frac{1}{(\frac{KF_b}{KF_r} + 1)} \cdot \frac{(t_g + t_h)}{2} + \frac{1}{\frac{KF_r}{KF_b} + 1} \cdot t_0$$

即在稳定供热工况下,室温为二次网供回水平均温度和室外温度的函数,权系数由建筑物的综合传热系数 KF_b 与散热器的综合传热系数 KF_r 之比决定,由于二次网所负责的建筑物的 KF_b 与 KF_r 之值相差不大,则各楼栋的二次网供回水平均温度 $(t_g+t_h)/2$ 基本上反映了各楼栋的供热平均室温,如果将各楼栋的二次网供回水平均温度调为一致,则可以近似认为各楼栋的室内温度是彼此均匀的。

以各楼栋的二次网供回水平均温度彼此一致作为二次网的调节目标,对各楼栋二次网回水调节阀进行调节,可以保证各楼栋间的均匀供热,避免由于冷热不均,为了保证偏冷用户达到室温要求而造成过热用户的能源浪费。因此二次网平衡调节是保证供热要求条件下的最节能的调节方式,也是使热力公司获得最大经济效益的调节方式。

⑥二次网变流量运行。

在采用平衡阀解决了二次网的水力失调的基础上,换热站的循环水泵可以采用随室外温度而变化的变流量运行。真正实现二次网的质、量并调。

由于二次网的流量与循环水泵的耗电成三次方关系,若流量减少20%,循环水泵的耗电就可减少50%。再加上解决了二次网的水力失调,总的额定循环流量可以减少,供回水温差可以加大,就可实现换热站的耗电大幅度减少。

从目前所给的资料来看,大部分换热站的耗电量已经很低,但也有一些换热站耗电量过高,通过改造可以完善。同时,在加入远传电表后,统计数据将比人工抄表数据更加精确。对于学校、办公楼、商场等公共建筑,可区别不同情况采用间歇供热或分时段供热的方法减少耗热量和耗电量。

⑦室内温度采集系统。

室内温度是衡量供热质量的关键参数,以往凭多年管理经验和主观猜测评估供热质量,加装室内温度采集系统,可实时掌握供热质量,为热源调度提供数据支撑。

通过在典型用户室内安装无线测量仪器并建立远程监测系统,对用户室温进行远程实时监测,并具备报警、历史数据查询,趋势分析、统计等多项功能。通过监测系统可以及时准确地掌握用户室温的变化,为热网的控制提供可靠的依据,同时,通过对用户室温变化曲线的分析对未来温度变化和燃料供给进行预测,可以有效提高供热行业的管理水平,对于保证供热系统优质供热、安全运行、经济节能、环境保护具有十分重要的作用,具有良好的社会效益和经济效益。

通过选择典型用户布置室温监测点,建立无线远程监测系统对部分小区供热用户室内温度进行实时监测,改变看天供热的传统习惯,指导热源调度,实现供热系统的智能化与供热系统管理水平的提高。

⑧完善能耗数据的采集。

通过改造各个换热站自控设备,通过通信方式获取热量表的瞬时量、累计量等关键参数,加装远传电能表、远传流量计并实现数据上传获取各个换热站的热耗、电耗、水耗等关键数据,通过供热系统智能化能源管理平台对数据进行统计与分析,并计算出关键参数,配合其他软件,实现精确控制与调节。

3. 项目实施进度

该项目自2017年开始施工,已完成换热站内自控设备(温压变、变频器、分布式变频、电动阀等）改造、智慧供热操作平台和 PLC 系统程序标准化改造、室温采集检测系统建设、部分二次网水力平衡改造等。

改造完成后，已达到 300 个换热站的安全稳定运行和 272 个已实施自控系统的换热站的无人值守，并进行远程数据监控，系统运行情况良好。

五、项目年节能量及年节能效益

1. 年节能量

（1）改造前后系统（设备）用能情况及主要参数（见表1）。

表1 改造前的热耗及室外平均温度情况

折算总耗热量（万 GJ）	供热面积（万 m²）	平方米热耗（GJ/m²）	采暖期室外平均温度（℃）
1343	1947	0.69	-4.30

表2 改造后（2018-2019 年采暖季）的热耗及室外平均温度情况

折算总耗热量（万 GJ）	供热面积（万 m²）	平方米热耗（GJ/m²）	采暖期室外平均温度（℃）
1509	2545	0.5931	-5.73

注：2018—2019 年采暖季实际供热面积为 2545 万 m²，但由于部分新建换热站不属于本合同能源管理项目改造范围内，故在节能效益计算中，以双方认定的节能效益结算面积 22797162.02 m² 计算。

（2）节能量计算方法及项目年节能量。

基准热单耗，是指依据前三个采暖季供热热单耗、采暖季室外平均温度推算出往年运行情况下本采暖季的热单耗。

根据合同公式：

$A_{R0} = 577.28 - 26.24 t_s$（MJ/m²·采暖季）；

式中：

A_{R0} 为基准热单耗；

t_s 为本采暖季室外平均温度，-5.73℃；

计算结果：

$A_{R0} = 577.28 - 26.24 \times (-5.73) = 727.6$（MJ/m²·采暖季）；

节热量计算：

每平方米节热量 = 基准热单耗 A_{R0} - 实际热单耗 A_R

$= 727.6 - 593.1$

$= 134.5$（MJ/m²·采暖季）；

节热量 = 每平方米节热量 × 结算面积 S_{R0}

$= 134.5 \times 22797162.02 \div 1000$

$= 3066218$（GJ）；

考虑锅炉效率 85%，节热量折合标准煤 123238 吨。

2. 年节能效益

2018—2019 年采暖季累计节省供热热量 3066218GJ，以项目改造前的能耗作为节能基准，节能率达 18.5%。按热源厂结算热单价 13.27 元/GJ 计算，总节能效益为 40688713 元。

六、商业模式

项目采用节能效益分享型的合同能源管理模式,合同期为 8 年,在项目改造完成后,每年的节能效益中,甲、乙双方前四年的节能效益合同分享比例为 10%：90%,后四年的节能效益分享比例为 40%：60%（此项目若能争取到国家节能补贴,甲、乙双方具体协商）。

在合同到期并且新疆天富能源股份有限公司付清本合同项下全部款项（包括但不限于投资款、节能效益款、可能发生的违约金等）之前,项目下的所有由同方节能工程技术有限公司采购的设备、设施和仪器等财产（简称"项目财产"）的所有权属于乙方。合同顺利履行完毕之后,该项目财产的所有权将无偿转让给甲方。

七、投资额及融资渠道

该项目投资额 8000 万元,为节能服务公司自有资金。

青岛沧海新城燃气锅炉余热回收及消白烟项目

一、项目名称

青岛沧海新城燃气锅炉余热回收及消白烟项目

二、项目业主

青岛沧海新城热力有限公司位于山东省青岛市李沧区四流北路78号,其供热范围主要是该站周边区域。沧海新城热力公司现有两台220吨的天然气锅炉,涵盖的供热范围有300万平方米,是全省目前最大的使用天然气锅炉集中供热的企业。改造前运行1台锅炉可满足供热需求,但热力公司周边后期供热需求旺盛,锅炉排烟温度为110℃,存在极大的余热回收潜力。

三、项目实施单位

青岛能安恒信科技有限公司

四、案例内容

1. 技术原理及适用领域

天然气的主要成分是甲烷(CH_4),其燃烧后排出的烟气中含有大量的水蒸气,其露点温度在55℃左右。烟气中的水蒸气汽化潜热占天然气低位发热值的10%左右,若能将此冷凝热回收利用,则可使天然气的利用效率提高10%以上。通过计算,烟气的显热段排烟温度每降低20℃,锅炉效率提高1%,而潜热段温度每降低3℃~5℃,锅炉效率就提高1%。常规的烟气余热回收技术是利用烟气与热网水换热或者烟气与空气换热,回收余热量的多少受制于热网的回水温度和空气的进口温度。通常热网的回水温度高于40℃,导致烟气很大一部分冷凝热无法回收;而空气与烟气换热,在潜热段空气每升高4℃~7℃,烟气温度降低1℃,且空气换热器换热效果较差,因此也很难回收烟气的冷凝热。

在此条件下,"烟气余热深度回收利用技术"利用吸收式热泵产生的低温冷水与烟气进行直接接触式换热,将烟气温度降至25℃甚至更低再排放至环境中,回收的热量通过吸收式热泵供出,用于加热热网回水。热泵产生的低温冷水温度远低于烟气露点温度,因此,可以将大部分烟气冷凝热量回收。技术效果有:使天然气的利用效率提高10%以上;烟气温度的降低可以有效解决烟囱冒"白烟"的现象;烟气冷凝过程产生的冷凝水可以回收再利用,具有节水效果;低温冷水对烟气的二次洗涤作用可将烟气中NOx降低8%以上。

余热回收系统中,设置有自行研发的水处理设备,且烟气、余热水接触部分设备本身采用防腐材料,解决了系统腐蚀的问题。

该技术的流程如图1所示(虚线框内为本技术改造内容):

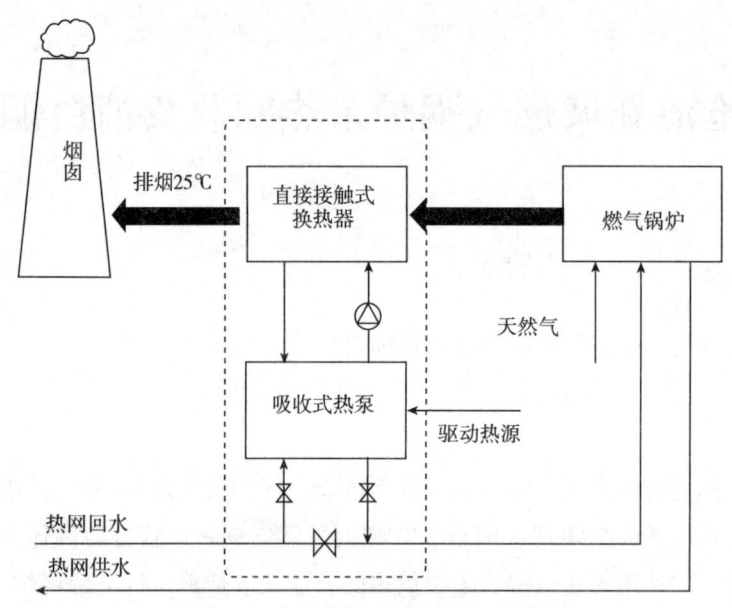

图1　烟气余热深度回收技术流程

2. 节能改造具体内容

改造前燃气锅炉的燃烧效率为90%左右，排烟温度在130℃左右，约有10%的热量通过排烟进入环境中，如果考虑到烟气中水蒸气的汽化潜热，燃气锅炉的排烟损失约占天然气高位热值的20%左右，若能将这部分热量回收将会节约大量的燃气和提高天然气的燃烧效率。同时，天然气的主要成分是甲烷，燃烧后生成 CO_2+2H_2O，二氧化碳是无色的气体，人类肉眼看是不见的。要想消灭白色烟羽现象就必须减少排烟中的水分，降低水蒸气在烟气中的相对湿度。

该技术充分利用锅炉燃烧产生的高温烟气，通过安装烟气余热回收专用机组（吸收式热泵机组）和直接接触式换热器（喷淋塔）回收烟气余热吸收式热泵采用蒸汽驱动，系统利用热泵机组产生的低温冷水（中介水）在喷淋塔中与烟气进行直接接触换热，将烟气热量带入热泵机组，机组利用驱动能源热量和烟气热量加热热网回水，从而实现烟气余热回收，变向降低锅炉排烟损失，提高燃料的利用率。

该技术可将烟气温度有效降至25℃以下，回收烟气热量，提高燃料利用率10%以上。降温后的烟气中水蒸气含量大幅度降低，从而达到消除白烟的效果，回收的烟气冷凝水可用作二次网补水。同时通过中介水对烟气的洗涤过程，可将烟气中 NOx 降低8%以上，最终实现节能、减排、消白烟的多重效果。

由于锅炉排烟温度较高达到110℃，因此，系统设计时对烟气梯级降温：

首先在节能器内，利用热网回水与烟气换热，由于热网回水温度为55℃，因此，只能将烟气温度降至60℃，此时回收烟气显热，可提高燃气利用率2.3%。

其次利用吸收式热泵+喷淋塔的方式对烟气进行深度降温，将排烟温度降至25℃，深度回收烟气中水蒸气汽化潜热，提高燃气利用率10.5%。

通过烟气梯级降温方式，最终可提高燃气利用率12.8%。同时，由于烟气中水蒸气含量大大降低，可基本消除烟囱"冒白烟"现象。

通过计算，当系统最大供热负荷维持不变，即最大供热负荷为154MW时，当烟气温度由110℃降至25℃时，共可回收烟气余热18.6MW。其中，通过节能器可回收烟气余热3.4MW（烟气温度：110℃~60℃）；通过吸收式热泵+喷淋塔的方式可回收烟气余热15.2MW（烟气温度：60℃~25℃）。为保证余热回收系统在较长时间内处于满负荷运行状态，实现系统最佳的经济性，最终确定吸收式热泵余热回收量为9MW。即系统总余热回收量为12.4MW。

3. 项目实施进度

该项目于2018年底准备进场，2019年初项目调试完成，2019年供暖季低负荷稳定运行。

五、项目年节能量及年节能效益

1. 年节能量

（1）改造前后系统（设备）用能情况及主要参数。

该项目设备包含烟气余热回收机组1台、节能器1台、锅炉喷淋塔1台、节能器热水泵2台、中介水泵2台、加碱装置1套。通过详细计算，设备选型，系统主要设备配置如表1所示。

表1 锅炉房系统主要设备配置表

项目	型号	数量	单位	备注
吸收式热泵	余热回收量：9MW	1	台	
节能器	余热回收量：4MW	1	台	锅炉对应一台
节能器热水泵	$Q=400m^3/h$，$h=12.5m$，$P=22kW·h$	2	台	变频控制，一用一备
锅炉喷淋塔	$H=10m$，$D=6.5m$	1	台	锅炉对应一台
中介水泵	$Q=850m^3/h$，$h=46m$，$P=200kW·h$	2	台	不锈钢泵，变频控制，一用一备
加碱装置	$P=0.5kW·h$	1	套	

（2）节能量计算方法及项目年节能量。

针对燃气锅炉燃烧产生的高温烟气进行余热回收，采用喷淋塔和吸收式热泵机组相结合的方式，余热回收效果显著，同时高效实现消除排放白烟的需求。该项目年平均余热回收量为10.3万GJ，折算节约标准煤0.35万吨，可减少$CO_2/NOx/SO_2$综合排放共计约0.9万吨；为企业节省燃气消耗量约324.75万Nm^3，节省燃气费用约7万元，所有回收的余热全部用于加热热网回收及补水。相关数据见表2、表3。

表2 经济效益分析（按平均负荷100t核算）

项目	单位	改造前	改造后	备注
锅炉供热量	万GJ	85.28	76.01	
回收余热量	万GJ	—	9.27	
节省燃气耗量	万Nm^3		283.5	
节省燃气费用	万元	—	836.3	
凝结水量	万吨		3.0	满足二网补水要求
加碱费用	万元		5.0	
新增电耗	万kW·h	—	89.5	热泵+中介水泵+节能器热水泵+加碱泵

续表

项目	单位	改造前	改造后	备注
电费	万元	—	73.9	系统负荷率0.7
净收益	万元	—	757.4	

表3 节能减排效益

污染物	减排量
减排 CO_2（吨/年）	4836.4
减排 NO_x（吨/年）	5.0

2. 年节能效益

该项目年节省燃气消耗量约324.75万 Nm^3，燃气单价2.95元/Nm^3，年节能效益764万元。

六、商业模式

该项目属于合同能源管理模式的节能效益分享型，效益分享期5年。双方受益按实际节能收益分配。合同期内，设备的所有权归节能服务公司所有，合同期满后，设备归业主所有。

七、投资额及融资渠道

该项目投资约2000万元，全部为节能服务公司自筹。

菏泽永恒热力有限公司集中供热工程节能改造合同能源管理项目

一、项目名称

菏泽永恒热力有限公司集中供热工程节能改造合同能源管理项目

二、项目业主

项目业主为菏泽永恒热力有限公司（原菏泽市恒达热力有限公司，于2017年3月公司名称变更），公司成立于2006年10月，注册资本8202.07万元，是一家专业供热企业。

公司目前承担着菏泽城区265家小区、单位和22家蒸汽用户的集中供热服务工作。现有供热、供汽管网长度约97公里，换热站288个，供热覆盖面积约923万平方米。

三、项目实施单位

同方节能工程技术有限公司

四、案例内容

1. 技术原理及适用领域

集中供热系统具有大惯性、长时滞、非线性的特点，而且是一种存在耦合的多输入—多输出系统。随着供热规模的不断扩大、居民采暖用户对供热水平要求的不断提高以及越来越严重的招工难问题，人工调节方式已经越来越难以满足供热公司运行管理的需要。为了解决目前供暖热网运行中的弊端，结合现阶段按照供热面积收费的体制，采用了均匀性控制策略的方案。其调节思想是，对各个热力站供水阀门进行调节，以各个热力站彼此之间供热效果相同为目标。

被调量选定热力站的二次网供水和回水的平均温度；该技术主要应用于城市集中供热领域。

2. 节能改造具体内容

菏泽永恒热力公司目前大部分热力站未安装自控装置，未实现全网的均匀性调节，运行人员通过对管网的了解对各个热力站进行人工调节，调节期限长且反复工作量大。虽然运行人员具有较高的调节水平，但过大的工作量无法使热网做到及时准确的调节。

通过对菏泽热力热网运行调度情况的了解发现，还有可以优化和改进的方面：菏泽热力公司管网已完成700万平方米的负荷建设，但后期发展规划较大，现有的管网条件很难满足菏泽市供热发展需求；热源调度以经验为主，供热质量凭感觉判断，主观因素偏多；管网调节靠运行人员凭经验调节，控制精度不高，调节缓慢；部分热力站的控制系统使用年限较长，已不能满足全网控制的要求；部分热力站循环水泵及管道加压泵已配套安装变频控制，但不能实现上位远程控制；二次网存在水力失调现象，且"小温差大流量"运行，存在热量浪费情况，水泵电耗偏高；自管站相对较多,影响供热运行调节;运行管理无考核制度,各站运行人员对节能无积极性。

项目实施主要内容为:

改造和升级原有系统,建立集中供热计算机综合监控系统一套,其中包括226座热力站的自动化设计、设备成套、安装调试;新建调度室监控中心;50万平方米二级管网平衡改造;室温采集监测系统;预留30座换热站新建换热站自控系统等。项目内容包括能耗诊断、系统设计、项目融资、设备成套、安装调试、人员培训、设备维护、全程运行指导在内的全系列节能服务。该项目投资改造内容双方约定分两年全部完成:合同签订当年完成一级管网热量节能及部分换热站变频节能工程改造,合同签订第二年完成二级网平衡及其他工程改造(不含预留站建设)。

该项目的顺利实施将产生以下效益:

(1) 提高热网的运行管理水平,保证热网的快速有效调节。

通过调度中心设置的集中供热计算机监控管理系统提供实时、准确的数据,使热网的调控有了可靠依据;可减少管网运行调节的工作量;适应管网变流量或者分阶段改变流量下的变化;可以及时、准确地控制和调节热网的运行参数;可针对不同功能的热力站所供应的区域功能的不同,合理安排集中供热的时间。

(2) 降低供热能耗指标,减少运行成本。

该项目成功实施后能够改变调节滞后、冷热不均的状况,达到节能降耗的目的;在满足热网中各用户室内温度20±2℃的前提下,指导热源的运行调节,达到最大限度的节能效果。同时热力站循环泵变频器实现自动调节,降低二级网电耗,部分热力站实现"无人值守、有人巡检"的运行管理模式,大大降低人工成本,为整个热网的无人值守运行积累经验。

(3) 解决一次网水力失调后能实现一定程度的扩供。

系统实现水力平衡,可以将原来室内温度偏高的用户的热量节省下来,当原系统存在较大水力失调情况时,改造后可实现较大节能空间,节省下来的热量可用于增加供热面积,实现系统扩供,获取更多经济效益。

3. 项目实施进度

项目于2016年8月开始实施,经两个多月的紧张施工,在2016年冬季供暖前完成智慧供热监控中心建设、换热站自控系统安装调试、室温采集检测系统建设等。经过一个采暖季的稳定运行,智慧供热系统达到安全、节能、均匀按需供热的目的。

五、项目年节能量及年节能效益

1. 年节能量

(1) 改造前后系统(设备)用能情况及主要参数。

表1 2015—2016年采暖季(改造前)的热耗及室外平均温度情况

折算总耗热量(万GJ)	供热面积(万m²)	平方米热耗(GJ/m²)	采暖期室外平均温度(℃)
253.3	484.85	0.5224	3.53

表2 2016—2017年采暖季(改造后)的热耗及室外平均温度情况

折算总耗热量(万GJ)	供热面积(万m²)	平方米热耗(GJ/m²)	采暖期室外平均温度(℃)
213.6	544.13	0.3926	4.70

(2) 节能量计算方法及项目年节能量。

基准热单耗，是指依据2015—2016年采暖季供热热单耗、采暖季室外平均温度推算出往年运行情况下本采暖季的热单耗。

根据合同公式：

$$A_{R0} = (637.2 - 35.4 t_s) \times \left(1 + \frac{T}{121}\right);$$

式中：

A_{R0}为基准热单耗；

t_s为本采暖季室外平均温度，4.7℃；

T为本采暖季总供热天数减合同标准天数121天，0天；

计算结果：

$A_{R0} = (637.2 - 35.4 \times 4.7) \times (1 + 0/121) = 470.8$（MJ/m²·采暖季）

耗热节能量：项目实施后与实施前供应同样面积相比所节约的热量。

根据合同公式：

$$\triangle Q_R = \left(A_{R0} - \frac{Q_R}{S_R} \times 1000\right) \times S_{R0} \div 1000 \text{（GJ）};$$

式中：

A_{R0}为结算采暖季基准单位面积耗热量，470.8MJ/m²·采暖季；

Q_R为结算采暖季总耗热量，2136388GJ；

S_R为结算采暖季菏泽永恒热力有限公司财务应收缴费供热面积加偷暖面积之和，5441284.72m²；

S_{R0}为菏泽永恒热力有限公司2015采暖季财务应收缴费实际供暖面积，即4848547.814m²。

节热量计算结果：$\triangle Q_R = (470.8 - 2136388 \times 1000 \div 5441284.72) \times 4848547.814 \div 1000 = 379032.0$（GJ）。

节能量折合标煤12932吨。

2. 年节能效益

2016—2017年采暖季共节约供暖热量379032GJ，菏泽电厂热单价为41.6元/GJ。总节能效益为1577万元。

六、商业模式

该项目采用节能效益分享型的合同能源管理模式，合同期为7年，在项目改造完成后，每年的节能效益中，甲、乙双方前四年的节能效益合同分享比例为（甲方：乙方）25%：75%，后3年的节能效益分享比例为（甲方：乙方）45%：55%。如在合同履行期限内乙方不能在节能效益中收回投资成本，甲方也不再支付乙方任何投资成本及费用。

合同到期并且热力公司付清本合同项下全部款项之前，该项目下的设备、设施和仪器等财产（简称"项目财产"）的所有权属于节能公司。合同顺利履行完毕之后，该项目财产的所有权将无偿转让给热力公司。

七、投资额及融资渠道

该项目投资额5147万元，融资渠道为节能服务公司自筹。

菏泽宁鲁供热有限公司高温水冷分离高低复合式循环流化床集中供热式锅炉项目

一、项目名称

菏泽宁鲁供热有限公司高温水冷分离高低复合式循环流化床集中供热式锅炉项目

二、项目业主

宁鲁公司位于山东菏泽市鄄城县经济开发区，是积极响应国家《关于加快发展节能环保产业的意见》《大气污染防治行动计划》《2014—2015年节能减排低碳发展行动方案》《燃煤锅炉节能环保综合提升工程实施方案》等法律法规，以及山东省的《关于推进燃煤机组（锅炉）超低排放的指导意见》《山东省2013—2020年大气污染防治规划》等纲要而依法成立的园区集中供热公司。公司现有20吨链条炉一台，水膜除尘，锅炉效率低，环保设施欠缺，出力不够。同时，园区企业大多自备燃煤小锅炉，热效率低下，没有环保设施。该节能技改项目在宁鲁供热公司现有设施基础上进行锅炉系统节能改造，将系统热效率从原来的58%提高到现在系统整体热效率82%。

三、项目实施单位

四川点石能源股份有限公司

四、案例内容

1. 技术原理及适用领域

高温水冷分离循环流化床锅炉系统系双汽包或单汽包自然循环锅炉，由燃烧室、水冷旋涡分离器及水冷物料循环回送系统构成。流化床燃烧室由上下两部分组成，下部分为密相床，上部为稀相床，此区域燃料燃烧释放的热量传给炉膛模式水冷壁和埋管，夹带着未燃尽气体与炭粒的高温烟气由燃烧室上部进入高温水冷分离器。由分离器分离下来的燃料经水冷回料道返回密相床循环燃烧。分离后烟气进入二级分离后通过过热器、对流束管、省煤器及空预期等环保系统。该技术适用于热水锅炉、蒸汽锅炉，尤其在蒸汽需求量150蒸吨以下的集中热电联产或企业自备供热（或供汽）锅炉的改造需要。

2. 节能改造具体内容

项目改造前园区锅炉及供热系统效率低，热损失高，环境污染严重，主要改造措施有：

第一，采用高效低温水冷复合分离循环流化床用以提高燃料燃烧效率，将原来不到80%的热效率提高到92%；第二，将原来水膜除尘或高空排放的环保设施改为高效SNCR+静电除尘技术，将排放降到超低排放水平；第三，公司对供热管网输送系统采用独家三层防护反射保温技术，使得管损由原来的25%降到5%的水平。项目建成后具备年供蒸汽50万吨的能力，小时最大蒸汽供应量达到60蒸吨。

节能系统技术改造后，经测算，整个园区用煤量由原来的每年10万吨下降到6.2万吨；环境排放达到超低排放标准；用户用气品质得到提高，园区经营环境得到提高。

3. 项目实施进度

项目开工时间2016年3月，项目竣工时间2017年4月28日，目前运行良好。

五、项目年节能量及年节能效益

1. 年节能量

项目改造后，综合效率由原来的58%提高到82%，整个园区用煤量由原来的每年10万吨下降到6.2万吨，合标准煤3万吨；整个园区年粉尘排放量减少2.04万吨，CO_2减排7.47万吨，SO_2减排0.22万吨，NO_x减排。

项目年减少5500大卡动力煤消耗30万吨，折合年节约标准煤3万吨。

2. 年节能效益

项目年减少5500大卡动力煤消耗3.8万吨，按当地不含税价格600元/吨计算，合计年节能效益达到1800万元（未考虑项目未来热电联产发电所带来的新增效益）。

六、商业模式

该项目采用效益分享型合同能源管理模式，合同期11年，合同期内双方按项目年节约效益1800万元为基数进行分享，其中节能服务公司分享比例为：第1~6年每年分享1300万元；第7至11年每年分享700万元。

合同期内，节能公司委托业主方代为运营和维护，但项目所有权属于节能公司；合同期满且业主方将效益分享款支付完毕后，节能公司将项目按照"1元"的对价转让给业主方。

七、投资额及融资渠道

该项目总投资约5900万元，全部为节能服务公司自有资金。

天津市杨柳青华电供热有限责任公司供热系统合同能源管理节能服务项目

一、项目名称

天津市杨柳青华电供热有限责任公司供热系统合同能源管理节能服务项目

二、项目业主

天津市杨柳青华电供热有限责任公司位于天津市西青区杨柳青发电厂院内，1999年在天津市西青区工商局注册成立，注册资本1000万元人民币。公司主要经营蒸汽、热水生产、供应和销售，热力工程施工。

现有供热入网面积500万平方米，热力站90座。主要负责冬季管网供热工作，年用热量20余万GJ。

三、项目实施单位

北京易普优能科技有限公司

四、案例内容

1. 技术原理及适用领域

热水供热系统节能优化运行技术，采用热源、一次网、二次网、热用户的四级联动，集按需供热、自动调节、分散控制、集中管理、科学决策等功能于一体，根据流体力学与热交换原理，结合气象温度，分析供热管网循环水系统输配与交换效率，采用先进控制方法与水力平衡技术，对系统中的水泵、阀门与管网及换热器等单元进行优化控制，提高供热系统整体能效，确保热网始终处于最佳运行工况，达到综合节能的目的。

2. 节能改造具体内容

（1）改造前存在的问题。

①换热站自控调整。

换热站通过阀门固定开度运行方式进行一次管网热量的分配，未能根据站点的建筑特性、用热特点和二次管网情况，制定相应的运行调整策略，热力站运行参数不能及时准确反馈到管理人员手中，影响信息的及时处理。

②二次管网水力平衡。

二次管网水力失调是项目管网输送效率低的根本原因，也是影响项目供热能耗的重要因素。水力失调的客观因素主要在于：

园区供热系统为老楼改造，户内系统和二次系统需要进行匹配性调整，同时建筑年代造成的用热量情况，需要根据实际用热数据进行分析，制定按需用热计划。避免二次管网运行调整过程中水力工况和热力工况不易调节的情况。

园区设计、施工遗留问题的处理及用热特点的快速分析，要求运维人员具有较高的工艺运行经验，同时结合理论基础才能进行正确分析判断。

园区受入住率影响，工艺变动比较大，原有安装的调节设备如不能及时调整，将无法满足工况现状。

二次管网供热半径大，不平衡率较高，在后期调整中难度加大。

二次管网水力失衡造成建筑多余耗热量增加，要保证末端温度，前端必须处于严重超过设计温度的状态，造成用热量增大。

③二次管网循环量。

二次管网循环量根据各园区负荷和供热参数确定，通过对循环泵运行频率的调整实现对二次管网循环量的控制，但在二次管网现状下，水力平衡条件较差，二次管网循环量为满足末端用户需求，实际运行功率比合理值偏高，同时由于缺少监督手段，只能依靠经验来判断循环泵运行参数是否满足二次管网循环量需求，在具备分段流量调整的条件下，仍保持单一状态运行，造成过量供热。

（2）改造内容。

①换热站自控改造。

使用西门子PLC进行数据的采集和传输，运行数据采集利用换热站现有仪表。

换热站内智能阀、水泵的多种运行策略输入自控程序，根据运行数据分析选择较为合适的运行控制方法，采集的运行参数以运行曲线的方式可进行查询，运行参数偏差超过设定报警值时进行报警，运行中对板换的动态健康度进行检测，人机界面的巡查签到功能，满足对巡查工作的监督。

运行数据就地存储可通过通信方式上传，也可就地导出数据便于对运行状况进行分析。

②一次管网智能控制阀。

换热站一次管网进行智能控制阀改造，智能控制阀自带温度、压力传感器，通过一台自带控制器，可测量一次网流量和热量，对用热量进行自平衡调整控制，也可以传输采集点信息给上位系统，进行远程控制。

智能控制阀采用无量纲计算方法，在调整过程中，不受管网压力波动的影响，保持调整的稳定性，同时特殊的阀芯结构，可以降低阀门流通阻力。根据设定的运行模式运行时，参考阀门开度即可了解管网热量的供需是否合理，便于全网的平衡调整。

③二次管网水力平衡及测控系统。

对各园区二次管网进行水力平衡分析，寻找管网调整的关键点，进行水力平衡改造。改造主要为安装我公司研发的智慧测控平衡阀，阀门具备良好的流量调节特性，在平衡调试时可精确地调节阀门的流量。

改造完成后，在供热系统运行调试阶段，对智慧测控平衡阀进行通流量测量和开度调节，使每个分支或采暖立管满足需求流量，调整分为初调和细调两个阶段，并在调整完成后，根据反馈的供热效果，进行特殊用户用热需求分析，根据用热特点进行定制化服务。

阀门测量任务可以通过平衡阀任务管理系统进行下发，并将测量数据在测量系统平台进行显示,以进一步分析园区水力平衡状况和各阀门控制管路运行中存在的问题。

智慧测控平衡阀可以完成水力平衡调整、供热质量问题辅助分析、建筑运行单耗分析、丢水查找等功能。

④二次管网流量监测。

在各换热站二次系统安装流量计,监测二次管网运行流量数据,便于对换热站水泵运行情况进行监督,分析水泵运行效率,降低换热站水泵能耗,同时流量数据对二次管网平衡调整状况进行监督,综合分析二次管网水力平衡调整的质量,并可以通过数据分析进行站点运行方式调整。如图1所示。

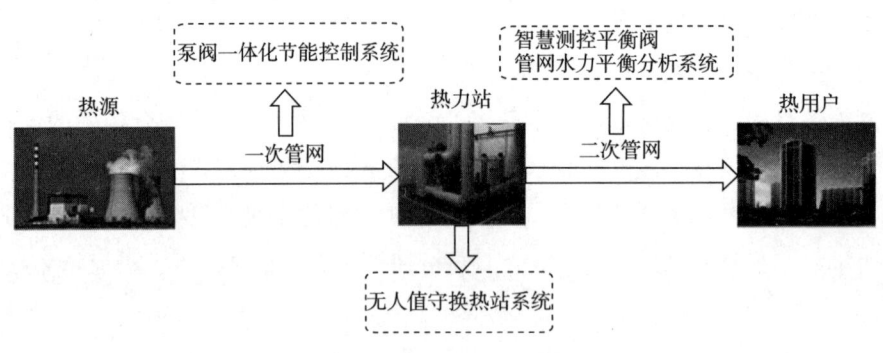

图1 改造系统工艺流程

3. 项目实施进度

项目于2016年9月21日开始施工,2016年10月25日竣工。2016—2017年供热季运行中,节能服务公司派驻10人运维团队进驻现场,负责改造项目的运行控制与调整,配合处理供热系统中存在的问题,保证用户用热质量,完成节能10%的工作目标。

五、项目年节能量及年节能效益

1. 年节能量

(1) 改造前后系统(设备)用能情况及主要参数。

项目改造前,合同站点基准用热量为$0.445GJ/m^2$,基准年度日数为$2183℃·d$。折算度日数基准能耗为$2.04×10^{-4}GJ/m^2·℃·d$。

2016—2017年,合同站点总用热量为412136.78GJ,供热面积为$1108724.79m^2$,法定供热期累计度日数为$2012.5℃·d$。项目完成度日数指标为$1.847×10^{-4}GJ/m^2·℃·d$。

(2) 节能量计算方法及项目年节能量。

项目年节能量 = $(2.04×10^{-4} - 412136.78÷2012.5÷1108724.79) × 2012.5 × 1108724.79$
= 43050GJ;

热量折标系数采用0.03412tce/GJ,则项目年节能量为1468.87tce。

2. 年节能效益

根据双方签订合同,核算节约能源为供热系统用热量,参照天津市热力供应价格1GJ=28元,2016—2017年供热季,共计节约热量43050GJ,年节能效益120.5万元。

六、商业模式

该项目采用节能效益分享型合同能源管理模式，合同期限 6 年，自 2016 年至 2022 年，节能分享比例为甲方 30%，乙方 70%，改造设备在合同期内产权归投资单位所有，合同期满后无偿移交给天津市杨柳青华电供热有限责任公司。合同存续期间，改造设备的运行及维护工作由北京易普优能公司负责，设备随合同到期移交后，由用户自行负责。

七、投资额及融资渠道

该项目投资 259.65 万元，全部为节能服务公司自有资金。

通化恒泰热力有限公司能源管理系统及管网系统优化节能改造项目

一、案例名称

通化恒泰热力有限公司能源管理系统及管网系统优化节能改造项目

二、项目业主

通化恒泰热力有限公司成立于1999年9月，由原通化市供热管理处和吉林省龙华热电股份有限公司（现吉林电力股份有限公司）共同组建，隶属于通化市建委。主营市区集中供热与管理服务，注册资金3700万元，固有资产25925万元，现有员工506人。

公司现辖12个供热管理所，拥有87座换热站，158千米的一次管网，327千米二次管网。供热面积1000余万平方米，承担全市供热面积总数的75%以上，占据着市区冬季居民及公企供热的主导地位。

三、项目实施单位

山西三水能源股份有限公司

四、项目内容

该项目主要改造内容包括：能源管理系统、锅炉DCS改造、加压泵站控制系统、换热站控制系统、首站及热源厂热量采集、能源监控系统、运行优化调节、一次网流量平衡、二次网流量平衡优化。

1. 供热管网系统

分区分时分温度按需供暖：在每个用户（或区）供暖管道上加装热量计，为合同能源管理提供计费基数，并将该数据通过通信方式传入主控中心。在每个用户（或区）供暖管道上分别装设自力式流量控制器，分区分温度控制流量。对在不同时段有不同采暖温度要求的用户（或区）供暖管道上分别装设一个自动力式流量控制器，由控制器按设定好的供暖方案分时分温控制流量。

一网优化：一次管网流量调节阀采用电动自力式流量控制器进行平衡调节，控制换热站一次网流量。

制定运行调节方案：二次管网采用定流量质调节方式，按制定好的供暖方案图表进行调节；控制器根据二次管网设定温度及室外气温调节换热器一次侧电动自力式流量控制器使流量实现调节。一次管网采用分阶段定流量质调节方式，按制定好的供暖方案图表进行调节。

2. 能源调度管理系统

远程采集：换热站远程数据采集采用巡检方式，可以实时采集当前运行数据。

远程控制：远程控制是无人值守换热站的重要环节，包括对阀门的控制（手动开关阀门）、控制策略的选择（经验调节、定温调节、手动调节等）、供水温度值的设定、循环泵的起停、补水泵的起停等。

远程调试：理想的通信方式不但解决了数据的远程采集和控制，还可以实现现场控制器远程维护，修改控制策略，修改报警参数值等。降低设备运行维护成本，并且可以迅速地了解现场控制器工作情况，大大提高了工作效率。

控制系统中的监控软件和通信组件采用模块化独立设计。换热站可根据实际的应用条件、使用环境选择最佳的通信方式，灵活配接不同的通信组件。由于换热站系统中无人值守系统需要对大量视频数据进行处理，热网监控中心集成的通信组件采用固定IP光纤接入方式，为视频的流畅提供了带宽的保证。

五、项目年节能量及年节能效益

1. 年节能量

（1）改造前后系统（设备）用能情况及主要参数。

改造前2013年10月至2014年4月企业能耗和热源来自电厂的外购热力和自身热源厂的燃煤消耗。改造前基准能耗的核实分为外购热力数据和实际燃煤数据。

改造前外购热力的基准能耗为465.9397万GJ。热源厂消耗热量为61万GJ。因此改造前基准能耗为526.9397万GJ。改造前供热面积为955.6万m²。改造前后用情况如表1所示。

表1 改造后用能情况及主要参数

名称	热量消耗（万GJ）	供热面积（万m²）
热源厂	102.53	197.67
外购热力	495.1	953.58
总计	597.63	1151.25

（2）节能量计算方法及项目年节能量。

$\Delta E = (E_{改造前} - E_{改造后}) \times$ 改造前供热面积；

式中：

ΔE——项目年节能量；

$E_{改造前}$——改造前单位面积能耗，GJ；

$E_{改造后}$——改造后单位面积能耗，GJ。

项目边界内总能耗一部分为热源厂能耗，另一部分为电厂外购热力。具体计算过程如下：

①热源厂总能耗估算。

考虑到热源厂主要起到调峰供热作用，总能耗变化较频繁，原始数据对节能量影响较大。现场依据换热站一次网侧的能耗数据计算换热站单位面积能耗。具体过程如下：

书香换热站连续四个供暖季的累计总水量744187.108吨，计算出单个供暖季平均水量744187.108÷4×1000 = 186046778；同时现场查阅了2017年2至4月换热站一次网运行记录。现场选取运行较稳定的2月运行记录，其中每天记录四次进回水温差。从现场112组数据整理得到2月进回水的平均温差为42℃。由此得到一次网供回水热量如下所示：

$$E_{热源厂总耗} = C \times M \times \Delta t \times 10^{-9} = 4183 \times 186046778 \times 42 \times 10^{-9} = 1074692.76 \text{GJ}$$

其中：$E_{热源厂总耗}$——热源厂的总能耗，GJ；

C——水的比热容，4183 J/kg×℃；

M——一次网总水量，kg；

Δt——一次网进出水温差，℃。

②电厂外购热量计算。

依据用能单位提供的数据，电厂供汽总热量为：

$E_{电厂供气总耗}$ = 482.7537 万 GJ；

$E_{改造后能耗}$ = 1074692.76GJ + 4827537GJ = 590.23 万 GJ；

$E_{改造后单耗}$ =（$E_{热源厂}$ + $E_{电厂}$）÷ 供热面积 = 0.513GJ/m²；

由此得到，项目年节能量：

ΔE =（0.55 − 0.513）×955.6 × 10000 = 356630 GJ。

考虑到改造后供暖面积增大对项目年节能量的影响，项目年节能量按照剔除这种面积的影响，采用乘以系数 955.6/1151.25 = 0.83 来修正，修正后节能量为：ΔE = 356630 × 0.83 = 296022.5 GJ，考虑到边界内热源以外购蒸汽为主，热源厂主要起调峰作用，其能耗所占比例较小。故节能量折算标煤时，暂不考虑锅炉效率。上述节能量按标煤发热量 29307 千焦/千克折算得到标准煤 10102.94 吨。

2. 年节能效益

根据基准年 2013—2014 年供暖季的数据：热源厂的供热面积为 108 万 m²，消耗热量为 61 万 GJ；电厂的供热面积为 847.6 万 m²，消耗热量为 466 万 GJ。故热源厂和电厂的单平方米能耗分别为：0.56GJ、0.55GJ。

2016—2017 年供暖季热源厂的供暖面积为 197.67 万 m²，消耗热量为 102.53 万 GJ；电厂的供暖面积为 953.58 万 m²，消耗热量为 495.1 万 GJ。故热源厂和电厂的单平方米能耗分别为 0.5187GJ、0.5192GJ。

综上所述，2016—2017 年供暖季热源厂单平方米能耗比基准年的单平方米能耗节能 0.0413GJ，电厂单平方米节能 0.0308GJ。热源厂的能源为购买原煤，电厂的能源来源为二道江电厂。根据用能单位当地购买能源标准：热源厂用能 42 元/GJ（当地煤价）、电厂用能 27 元/GJ（二道江电厂），计算出 2016—2017 年供暖季的节能效益为：892.2 万元。

六、商业模式

该项目采用节能效益分享型合同能源管理模式，效益分享期 4 年，甲乙双方按第一年甲方 70%、乙方 30%，第二年甲方 60%、乙方 40%，第三年甲方 50%，乙方 50%、第四年甲方 50%、乙方 50% 的比例分享节能收益。

七、投资额及融资渠道

项目总投资 1445.63 万元，资金来源为节能服务公司自有资金。

西乌旗富龙热力公司热网节能改造项目

一、项目名称

西乌旗富龙热力公司热网节能改造项目

二、项目业主

西乌珠穆沁旗市富龙城镇供暖有限责任公司于 2010 年 8 月 17 日成立,注册资本 3000 万元,由赤峰市富龙城镇供暖管理有限责任公司独家投资。经营范围为城镇供暖、销售,承担着巴拉嘎尔高勒镇全镇的集中供热任务。

西乌旗地区从 2003 年开始建设管网,经过多年建设,供热管网已覆盖绝大部分城区。截至 2016 年 5 月,西乌旗地区总供暖面积已达到 248 万 m^2,2015—2016 年度采暖期,西乌旗地区供暖耗热量 246.37 万 GJ,耗水量 26.09 万吨,单位面积耗热量 $0.99GJ/m^2$,耗水量 $105.18kg/m^2$。

三、项目实施单位

北京和然益华节能科技有限责任公司

四、案例内容

1. 技术原理及适用领域

西乌旗地区热网结构为低温水系统的混水直供方式,有热力站 42 个,各热力站结构简单,完全靠人工调节,调解工作量十分繁重,很难保证供热前或供热期间对其进行逐一调节。由于建设时间跨度较长,热源和供热管网均是根据不同时期热负荷发展状况独立设计和施工,缺乏整体规划,因此存在热网管网老化漏水、结垢,阀门漏水,结构不够合理,缺乏有效的监控及调节手段等问题,进而造成系统失水严重、用户冷热不均、大流量小温差等一系列影响系统安全、经济运行的问题,供热能耗居高不下,严重影响了供热质量和供热安全。与国内其他城市相比存在较大的差距。

西乌旗富龙热力公司热网节能改造项目的节能关键点在于末端热平衡优化、降低管网的补水量及管网输送时的热损失。针对以上问题,根据西乌旗运行多年数据及技术分析,提出解决方案:第一,解决管网老化问题,减少输送热损及降低管网补水量;第二,针对混水直供方式,末端采用庭网系统进行末端调节,减少末端用户近端过热、远端冷的冷热不均现象;第三,改造优化自控系统,加强对热网运行数据的检测,及时掌握运行现状,发现问题及时解决,以减少热量损失。

2. 节能改造具体内容

(1) 西乌旗地区现有供暖系统主要存在以下问题。

①热网结构不合理,基础设施差。

西乌旗地区热网结构为低温水系统(76℃/46℃)的混水直供方式,有热力站42个,数量大,而目前国内其他城市多采用间供方式。现有各热力站结构简单,基本不具有自动调节手段,完全靠人工调节,由于数目多调解工作量十分繁重,很难保证供热前或供热期间对其进行逐一调节。另外热力站各手动门多为闸阀,调节性能很差,很难起到调节作用,因而直供网供热质量较差,冷热不均现象十分严重。两个直供网均采用大流量小温差的运行方式,但效果仍然较差。

直供网老化严重,加之供热效果较差,普遍存在用户放水现象,因此直供网失水率较高,超过现有的软化水出水能力,因而不得不采用生水直接补入系统,使系统结垢和堵塞严重,换热效果降低,管道腐蚀加剧,且形成恶性循环。

②缺乏有效的热网监控手段及调节手段。

由于缺乏有效的监控手段,不能对供热系统的运行参数进行合理的预判与确定,从而不能根据用户的需求提供经济合理的运行参数,造成系统运行的高热耗、高水耗。由于没有自控设备,无法掌握系统的水力失调、热力失调的工作状态,因此无法对其消除与及时调整。同时,系统的事故不能及时地诊断报警,影响系统的可靠运行。

西乌旗热网在热网监控系统建设方面起步较晚,虽然委托富龙热力节能网络服务有限责任公司组建了一个小型的监控系统,但测点数较少,部分测点误差较大(尤其是流量测量),远远不能满足监控需要。西乌旗热网现有管理模式、手动热网调控手段已远落后于国内先进热网调控技术,能源浪费巨大;同时热网因为没有自动监测及控制,不能及时了解热网整体运行工况,严重影响到热网安全运行。

③热网老化,管道结垢、腐蚀严重。

2006年底至2007年初黑龙江省对该省12家热力公司一级网管道和元部件事故情况的调研表明,因管道结构、腐蚀造成的热网故障占到了热网故障总数的54.6%,阀门损坏及补偿器损坏分别占到了24.1%和12.7%,其他原因引起的故障仅占8.6%。热网老化,管道结垢、腐蚀造成的热网故障是国内热网存在的普遍问题,西乌旗地区部分老旧管网的结垢、腐蚀更为严重、问题更为突出,是目前威胁热网安全经济运行的主要原因,也是造成目前系统失水严重的重要原因之一。

(2)节能改造具体内容。

①管网优化改造。

对腐蚀、漏水严重的管道进行更换改造以便减少热损和水损;

更换锈死、无法调节的阀门以及在无法独立控制的分支上新增阀门以达到可调可控的目的;

优化管网、改进设备,最终达到理想水平。

②改善循环水水质,优化补水系统,增设水质软化站。

③完善系统监控系统。

建立信息全面、手段多样的热网监控系统,以达到对热网的有效调节,初步消除水力失衡,做到按需供热。

根据热网监控系统汇集的实际运行数据,可从全局的观念对热网的特性进行分析,发现系统及系统内设备(如热网混水泵等)存在的缺陷。

(3) 改造后效果。

西乌旗供暖面积248万 m², 改造后, 预计每年节热量为38.22万 GJ, 节水量5.04万吨。

3. 项目实施进度

西乌旗富龙热力公司热网节能改造项目于2016年初开始筹备前期的准备工作, 2016年4月14日签署了《西乌旗富龙热力公司热网节能改造项目(一期)合同能源管理项目合同》, 2016年5月10日开始施工, 2016年9月完工, 项目正式运行后, 供暖系统运行稳定, 在线监测监控系统运行正常, 供暖系统补水量及单位面积能耗显著下降。

五、项目年节能量及年节能效益

1. 年节能量

(1) 改造前后系统(设备)用能情况及主要参数。

用热量: 2015—2016年度采暖期, 西乌旗地区供暖耗热量246.37万 GJ, 本次节能改造后, 每年可节省热量38.22万 GJ。

用水量: 2015—2016年度采暖期, 西乌旗地区供暖耗水量26.09万吨, 本次节能改造后, 每年可节省耗水量5.04万吨。

(2) 节能量计算方法及项目年节能量。

改造后, 预计每年节热量38.22万 GJ, 节水量5.04万吨, 折合标准煤约13115.73tce/年。

2. 年节能效益

按热量成本价16.3元/GJ、水费5.5元/吨计算, 每个采暖季实际产生的节能效益为650.68万元。

六、商业模式

该项目采用节能效益分享型的合同能源管理模式。项目合同期自2016年4月14日始, 至2019年12月31日止。项目节能效益分享期的起始日自2016年10月1日开始, 至2019年12月31日终止。

效益分享期内, 甲乙双方对于节能效益的分享比例及额度如下:

2016年甲方分享10%, 折算资金为32.34万元; 乙方分享90%, 折算资金为293万元(因建设原因, 项目于2016年10月1日开始正式投入使用。因此2016年节能效益以650.68×50% = 325.34万元作为基准分享)。

2017年甲方分享25%, 折算资金为162.68万元; 乙方分享75%, 折算资金为488万元。

2018年甲方分享25%, 折算资金为162.68万元; 乙方分享75%, 折算资金为488万元。

2019年甲方分享50%, 折算资金为325.68万元; 乙方分享50%, 折算资金为325万元。

效益分享期内, 节能改造设备归属节能服务公司所有, 效益分享期后, 归属用能单位所有。效益分享期间, 节能服务公司委托西乌珠穆沁旗富龙城镇供暖有限责任公司运行维护。

七、投资额及融资渠道

该项目总投资1542.17万元, 其中一期投入资金821.6万元, 全部为节能服务公司自有资金。

葫芦岛锌业股份有限公司余热暖民工程项目

一、项目名称

葫芦岛锌业股份有限公司余热暖民工程项目

二、项目业主

葫芦岛锌业股份有限公司是东北和华北地区唯一的大型重有色金属冶炼企业，公司主产品锌的生产能力位居全国首位。公司产品广泛应用于冶金、机械、电子、医药、化工、军工等行业，远销20多个国家和地区，每年进出口总额在2亿美元左右。

三、项目实施单位

中益能（北京）技术有限公司

四、案例内容

1. 技术原理及适用领域

据调查，国内中、低温余热由于利用技术、设备不成熟，利用率较低。该项目以相变蓄能供热技术为核心，采用稀土相变蓄热产品作为蓄能材料，不仅能对高品质工业余热进行回收储存，还能对中、低品质工业余热进行回收储存。

适用于工业生产中产生的200℃以下的中低温余热资源回收利用。

2. 节能改造具体内容

葫芦岛锌业股份有限公司采用4台75吨燃煤锅炉用于园区供暖，采暖面积150万m^2。项目对厂区内粗排的余热进行回收利用，将生产过程中的冲渣水、烟气余热等进行回收。回收的余热直接输入园区供热系统首站，替代全部4台75吨大型燃煤锅炉。

该项目通过建立热源站收取工业余废热作为冬季采暖的热源，替代以往的燃煤锅炉，同时通过新建一次换热站，改造二次换热站，改造一次管网、二次管网，对原供热系统进行优化升级，匹配新的热源系统，并建立起整个供热系统的中控系统，实现系统的自动控制和远程监控，使整个系统安全、高效、节能运行。同时新建城市移动供热系统，利用厂内余热热源产出热水，用于市区常年的热水供应，实现工业余热的高效利用并实现最大化的运行节能。

热源点余热回收工艺：

（1）精锌厂烟囱烟气余热回收。

原精锌厂工艺锅炉在燃烧过程中产生大量烟气，烟气直接通过烟囱排放到大气中，排烟温度较高（约600℃）。本项目通过在烟道部位加装烟气换热器，通过换热及蓄热装置，回收高温烟气热量用于供暖。

项目应用蓄热装置对余热进行回收利用，然后采用气水换热器进行换热，换热后烟气通过烟囱达标排放，中温热水通过循环水泵进入采暖循环系统。该项目余热利用原理如图1所示。

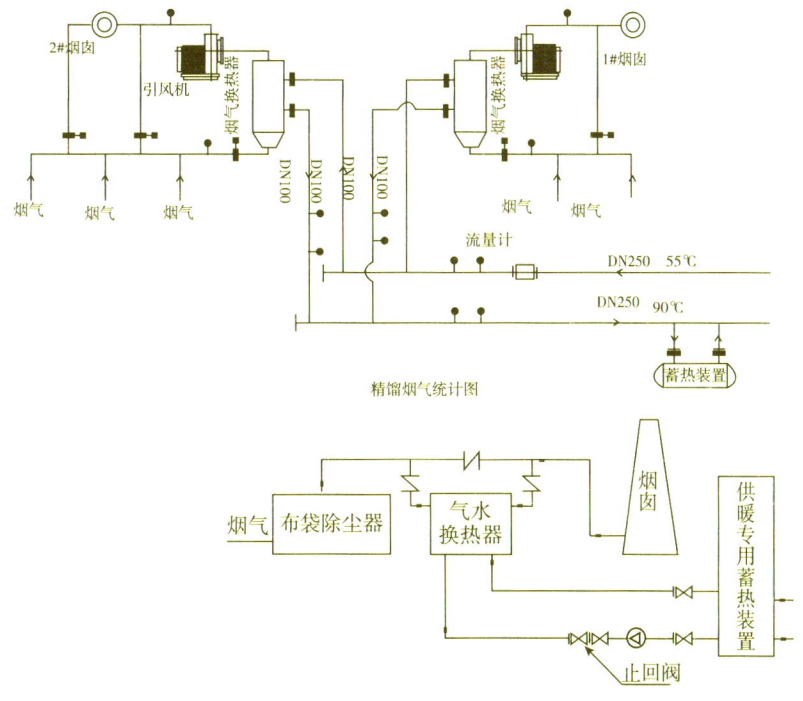

图1　项目余热利用原理

（2）硫酸系统酸冷器余热回收。

在烟气制取硫酸的工艺过程中，浓酸吸附酸气会产生大量的热量，各酸厂原工艺是通过酸冷器提取硫酸中的热量，再通过水侧的循环将提取出的热量通过冷却塔排放到大气中，冷却过程不仅需要消耗大量的水资源与电力，还造成了热量的白白浪费。本工程通过加装板式酸冷器，提取酸侧热量，通过管道输送到一次换热站，作为一次站的热源，用于冬季供暖，在降低现有冷却成本投入的同时，产生可观的经济价值和环保价值。

项目硫酸系统采暖工艺（如图2）采用双闭路循环系统，生产一套闭路循环水系统，然后由板式换热器连接一套采暖循环系统，通过换热，将原有凉水塔的功效取代，同时可以将中温热水中的余热充分利用，是目前在工业窑炉中应用非常广泛的工业窑炉水套外加换热器的循环水利用系统，系统成熟、可靠。

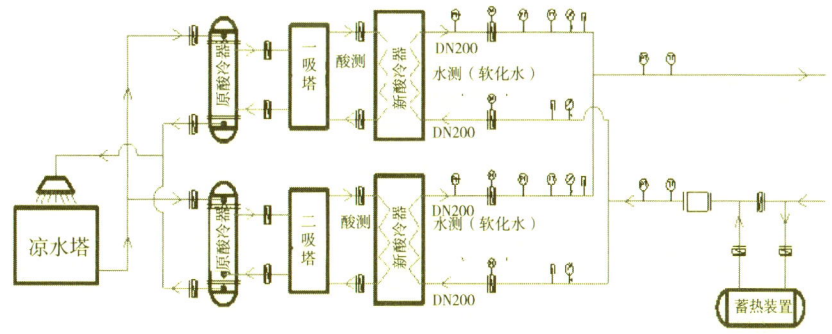

图2　硫酸系统余热回收工艺

（3）冲渣水利用系统。

炉渣在水淬过程中，产生大量的蒸汽造成"白龙"，浪费了大量的工业水，根据《炼铁学》渣水比一般为1∶8~1∶10，炉渣焓热为0.287kcal/℃·kg，1吨铁炉渣从1000℃降至70℃的总焓热为1.1GJ，这些热能一部分被冲渣水带走，另一部分产生蒸汽排放掉。一般水冲渣工艺的渣水比为1∶10。冲渣水余热大部分都是采取自然冷却的方式，将这部分余热浪费掉，项目采用相变蓄热材料，储存热量，用于供暖。冲渣水利用系统如图3所示。

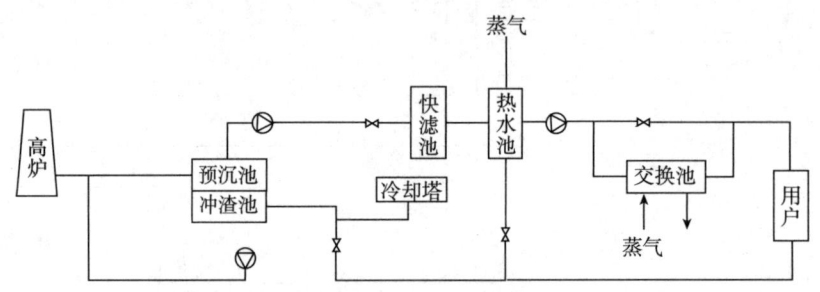

图3 冲渣水利用系统

3. 项目实施进度

开工时间为2016年9月，竣工时间为2016年11月。

目前项目运行状况良好。

五、项目年节能量及年节能效益

1. 年节能量

该项目将生产过程中的冲渣水、烟气余热等进行回收。回收的余热直接输入园区供热系统首站，替代全部4台75吨大型燃煤锅炉。各种类型余热回收年总回收余热量为548873.83GJ，折合标准煤18728.42t。各类热源类型预热回收节能减排计算数据如表1所示。

表1 各热源类型余热回收节能减排计算汇总

序号	热源类型	年回收热量(GJ/a)	年节约标煤(t/a)	减排二氧化碳(t/a)	减排二氧化硫(t/a)	减排粉尘(t/a)	减排氮氧化物(t/a)	年回收冷凝水(t/a)
1	大烟囱烟气回收	341951.3	11667.90	31153.31	280.03	28.00	28.00	80624.30
2	小烟囱烟气回收	131473.5	4486.08	11977.83	107.67	10.77	10.77	14877.07
3	烟化炉冲渣水	27333.2	932.65	2490.18	22.38	2.24	2.24	9242.46
4	热电厂冲渣水	16227.11	553.69	1478.36	13.29	1.33	1.33	3960.54
5	大窑作业区冲渣水	31888.71	1088.09	2905.21	26.11	2.61	2.61	10782.87
	合计	548873.83	18728.42	50004.88	449.48	44.95	44.95	119487.23

2. 年节能效益

该项目年节能效益约2100万元。

六、商业模式

热源端:与葫芦岛锌业股份有限公司采用节能效益分享型合同能源管理,节能服务公司与葫芦岛锌业股份有限公司分享比例为9:1,合同年限30年。

用户端:采用能源费用托管型模式,合同年限30年。

设备所有权及运营维护:从前期的方案、技术、设备、施工到后期的调试、运营、维护,全部由节能服务公司承担。

七、投资额及融资渠道

该项目投资5500万元,全部为节能服务公司自有资金。

军队安置住房北京香山统建项目供热系统投资运营管理 BOT 项目

一、项目名称

军队安置住房北京香山统建项目供热系统投资运营管理 BOT 项目

二、项目业主

该项目为军队安置住房北京香山统建项目。项目位于北京市海淀区香山南路，小区项目分批次建设，一期已建设完毕投入使用，二期已开始建设。项目总供暖热负荷约为 7062kW。原有系统能效水平较低，无法满足新建楼供暖面积，业主借低氮改造的机会，一并实施锅炉房节能改造及设备更新工程。

三、项目实施单位

中嘉能源管理（北京）有限公司

四、案例内容

1. 技术原理及适用领域

低氮改造适用于锅炉烟气排放不达标的项目，目前供暖领域主要有更换低氮型燃烧器、增设 FGR 系统、更换锅炉（含燃烧器）等方式，该项目采用更换（新建）锅炉、配套低氮型燃烧器，并配置 FGR 系统的方式，使烟气中 NOx 排放降至 $30mg/m^3$ 以下。

低氮燃烧器具有独特的燃烧头设计，实现分级燃烧，在保持高燃烧效率的同时实现更低氮排放。精确的空燃比例控制和流体控制技术也是实现低排放的基础。

FGR 外部烟气再循环系统可降低助燃风含氧量，降低燃烧温度。将部分烟气与空气混合后送至燃烧室助燃，混合后的助燃风可以降低炉内燃烧区火焰温度和氧量浓度，由于燃气与氧气的燃烧反应活化能远小于氧气与氮气的反应活化能，所以燃气首先与氧气发生燃烧反应，当氧气有剩余时，才进行与氮气的反应生成 NOx，但较低的反应区温度使该反应变得缓慢，从而有效抑制热力型 NOx 的生成。

2. 节能改造具体内容

（1）改造前热源情况。

改造前现场设备老旧，环境较差。系统未设置集控平台，设备多为就地控制，烟气排放不能满足排放要求，由于新建楼供热面积增加，总装机容量不足。

(2) 改造内容。

①基本路线。

由于锅炉房地处地下,且临近住宅建筑,出于安全考虑,采纳特种设备监督检查部门的推荐做法,本供热系统采用常压运行。采用燃气热水锅炉作为热源,间供系统,二次水侧分设高区系统及低区系统。

②锅炉选型。

项目总装机容量主要考虑:项目对用热稳定性要求高;后期建设可能增加的供热负荷;采用低氮燃烧器并配置FGR外部烟气再循环系统,将会降低小部分燃烧效率。

综上所述,将调整比例确定为15%左右,因此总装机容量应不小于8.2MW

根据德国菲斯曼锅炉厂家样本,确定为4台2.1MW燃气热水锅炉,三用一备,严寒期全部开启。

③热力系统。

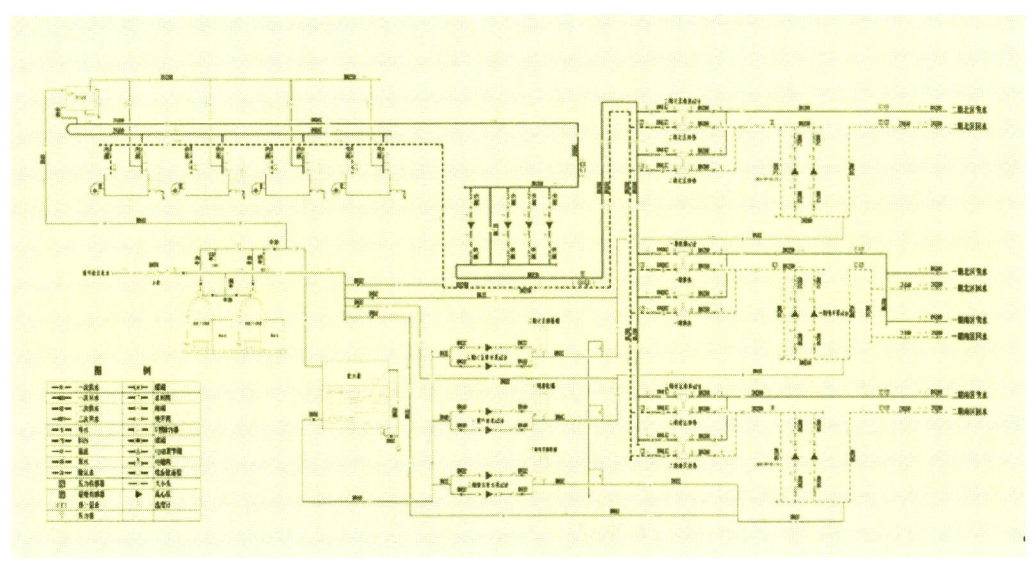

图1　热力系统

④建筑部分。

锅炉房位于地下1层,顶部设置一座高于地面的玻璃采光顶,用于地下建筑的采光及通风。

锅炉房设置锅炉间、集中控制室、π接室、水泵间、换热间、化验室、材料存放室、燃气计量间、配电室等。

⑤应用技术。

锅炉低氮燃烧及控制技术:该项目采用德国进口欧科低氮燃烧器,并配置FGR外部烟气再循环系统,确保废气氮氧化物含量在 $30mg/Nm^3$（@3.5%O_2）以下,环保达标。

燃烧器故障联锁措施有:熄火故障保护停炉,燃气压力高、低保护停炉,燃气泄漏保护停炉,执行器运行超出行程范围保护停炉,风压过低保护停炉,变频器故障保护停炉和风机失速保护停炉。

负荷控制主要控制各个负荷点位的各种执行器的运行。执行器包括主燃气阀门、风阀门、辅助燃气阀门、新风阀门、烟气再循环阀门、安全阀门（V1、V2）、点火电磁阀和风机变频器。

烟气余热回收：每台锅炉加装烟气余热回收装置，并由锅炉主控制器控制，当某台锅炉不运行时，二次水侧的回水不再进入该台锅炉的烟气余热回收装置内，避免造成热损失；烟气经过烟气余热回收装置后烟气温度降低至80℃；最大化回收烟气热能，提高锅炉效率5%左右，节约能源，消除热污染。

锅炉能效管理、集中控制及锅炉房内气候补偿控制系统：每台锅炉安装锅炉控制器；增加负荷自动控制系统，对供暖区域根据不同季节和时段设定不同供暖标准进行供暖，实现自动供暖调节，根据室外气候对锅炉负荷进行调整；在换热器一次侧安装电动三通调节阀；建立设备计算机管理中心。实现所有采集数据的报表传输和数据记录功能，生成运行数据曲线，如果实时环境变化曲线与实时能源消耗不符，说明系统存在问题，及时提醒运行人员排除故障。

水泵变频技术：根据压差信号作为变频控制依据，自动控制水泵的启停台数；具有水泵负荷优化功能，合理分配水泵运行负荷，使其始终处于最佳的工作状态。

计量技术：虽然能耗计量设备本身并不能直接带来节能效果，但是由于计量设备相当于给整个系统安装了"眼睛"，使得运行管理由原来的"瞎"管变成了"明"管，对运行时各个环节的实际运行工况一目了然，大大提高了运行管理工作的便利性和效率，因此从这个层面来说，对能耗进行计量、安装能耗计量设备也是节能技术的一部分，同时也是智慧能源所需的重要组成部分。

为便于日后计算锅炉运行效率、管网输送效率，了解供热量分配等情况，该项目的能耗设备的设置做到分项计量。

燃气表：每台锅炉燃烧机阀组前加装经过检定、具有数据远传功能的燃气表，瞬时流量及累积流量数据将自动上传。

电表：动力用电、照明用电、办公用电分别计量，并进行数据上传。

水表：二次水侧高区补水、二次水侧低区补水、非生产用水等设置带数据远传的水表，并进行数据上传。

热计量：系统一次侧总管上安装1块热量表、二次侧总管安装1块热量表，每个楼栋入口安装1块热量表，有效监控供热情况及换热效率。

户用热计量：在用户使用侧安装户用计量表，并进行数据采集上传，中控室实时监测用户的热量值，有效监控供热情况及换热效率，动态监测各个用户供热情况，为智慧供热提供基础数据。

智慧供热：智慧供热是基于移动互联网，集供热生产调度、管网监控、管网水力分析、能耗分析、计量收费、地理信息技术于一体的现代供热一体化综合解决方案。其实质是将供热进行量化管理：水、电、气、热能耗数据自动采集、分析、优化控制并自动存储，实现云存储、云计算；对热源、热网、热用户运行数据自动采集、分析，实现自动化运行。智慧供热系统由传感层、网络层、平台层和应用层四层架构组成。

表1 供热系统主要设备清单

序号	名称	型号/参数	单位	数量
1	菲斯曼锅炉	2100kW	台	4
2	低氮燃烧机	Elco EK EVO 7.3600G FGR	台	4

续表

序号	名称	型号/参数	单位	数量
3	格兰富水泵	TP100-240/2	台	4
		TP125-310/2	台	2
		CR5-8	台	2
		TP100-310/2	台	2
		CR3-15	台	2
		TP100-310/2	台	2
		CR3-7	台	2
4	ABB变频器	一次循环水泵变频器 7.5kW	台	4
		一期二次循环水泵变频器 22kW	台	2
		一期住宅二次补水泵变频器 1.1kW	台	2
		二期西区二次循环泵变频器 15kW	台	2
		二期西区二次补水泵变频器 1.1kW	台	2
		二期南区二次循环泵变频器 15kW	台	2
		二期南区二次补水泵变频器 0.55kW	台	2
5	阿法拉伐板换	M15-MFG 4500kW	台	4
		M15-MFG 2500kW	台	2
6	全自动软水器	TLB-400 单阀双罐，一用一备，交替连供	套	1
7	软水及膨胀水箱	有效容积 $10m^3$，外形尺寸 $2500\times2000\times2000$	台	1
8	高位水箱	有效容积 $1m^3$，$1000\times1000\times1000$	台	1
9	热计量表 M-BUS 远传	一次侧 250	台	1
		二次侧 150	台	1
10	电动调节阀	高区板换一次侧 ABQM DN250	台	2
	执行器	AME85 QM	台	2
	电动调节阀	低区板换一次侧低区 ABQM DN40	台	2
	执行器	AME435 QM	台	2
11	烟囱	水平管及垂直管	项	1

(3) 改造后现状 (如图2所示)。

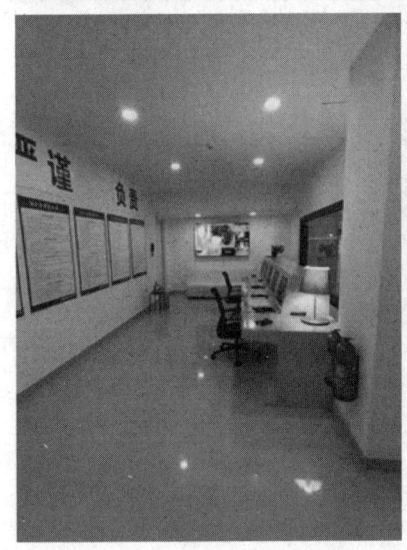

图 2　项目现状

项目改造后，住户室内温度均达标，给予较高评价。

3. 项目实施进度

项目全部"从零开始"，自 2019 年 9 月开工。在工程分项繁多、工序复杂、工期紧张、任务重的情况下，节能服务公司技术与施工团队发扬不怕苦，不怕累精神，于当年供暖季前完成锅炉房一期全部工程并通过军区锅检所验收，正式投入运营。

五、项目年节能量及年节能效益

1. 年节能量

(1) 改造前后系统（设备）用能情况及主要参数。

一个供暖季平均 120 天。改造前，供暖季用于供暖使用的锅炉总耗气量为 705192.62m³，平均每天耗气 5876.63m³；改造后，根据实际总耗气量计算，平均每天耗气 5082.45m³。

(2) 节能量计算方法及项目年节能量。

日节约天然气量 = 5876.63 - 5082.45 = 794.18m³；

年节约天然气量 = 794.18 × 120 = 95301.6m³；

项目年节能量 = 95301.6 × 1.3300 × 0.001 = 126.75 吨标准煤。

2. 年节能效益

该项目主要节约能源品种为天然气，项目所在地燃气价格 2.78 元/立方米，年节能效益约 26.49 万元。

六、商业模式

该项目采用能源费用托管型模式，节能服务公司负责投资改造并新建供热系统，合同期内所安装的设备产权归属节能服务公司，业主方将小区供热系统全权交由节能服务公司进行管理，节能公司负责相应的水、电、气能源费用；负责设备的运行维护管理；承担相应的运行、财务及政策风险。合同期内节能公司直接向最终用户收取供暖费用，自负盈亏。针对住宅小区，一般向最终用户直接对接收取费用，也可以与业主方协商，由业主方或其委托的物业公司等机构统一托收。

该商业模式具有如下好处：

节约资金：整个供暖系统建设投资较大，供暖运行过程中各种费用名目较多，包括燃料费、电费、水费、人工费、供暖系统维护维修费、设施设备检测费等，还可能发生很多不可预见的费用，由于管理不专业细化，许多单位年度取暖费超支现象时有发生。采取该模式后，业主单位将此部分交由专业的节能服务公司，全部费用由专业公司承担。

省力：供暖系统的设计、施工建设管理，供暖期间锅炉房、管网和楼内供热系统等的运行管理都需要投入大量的专业人员，消耗大量的精力，最终供暖效果还不一定能够尽如人意。如果以上全部由专业管理公司负责，供暖质量及供暖期间维修服务都能得到有效保障，业主单位仅负责监督检查即可，可免去大量的人力、物力。

省心：燃气锅炉是国家明令的安全管理特种设备，安全运行管理专业性强，要求必须由经安监部门考核的持证人员进行操作；超温超压、连锁保护，必须由专业的人员定期进行维护检查。一旦运行出现问题，往往后果严重，轻者影响供暖质量，重者出现锅炉爆炸，造成严重的人身财产损失。采取该模式后，上述问题全部由专业公司承担，业主单位仅负责监督检查即可，免去风险。

节能及增值：节能服务公司必须依靠一系列节能技术，提高燃料燃烧率，减少无效供暖和过量供热，才能实现收回成本并达到赢利，同时做好锅炉的日常维护，消除隐患、降低设备维修率，确保设备完好运行。因此，供暖系统的能源效率将得到大幅提升。

七、投资额及融资渠道

该项目投资额约1380万元，全部为节能公司自有资金。

肥城市城市热力有限公司
供热系统节能改造智慧供热项目

一、项目名称

肥城市城市热力有限公司供热系统节能改造智慧供热项目

二、项目业主

肥城市城市热力有限公司成立于2010年7月，注册资本金3200万元，位于肥城市高新区创业路东头，是集热力供应、施工为一体的国有企业，是当前肥城市集中供热支柱企业。供热覆盖面积870万平方米，实际供热面积620万平方米，城区换热站91座，供热管网总长度220公里，其中一级高温水管网130公里，二级低温水管网90公里，2012年实施了城区供热主管网及各换热站全面汽改水技术改造工程，顺利与石横国电和福宽生物高温水热源对接，实现了城区双热源联合供热格局，目前单年供热量约140万GJ，电量使用约1300万千瓦时。

三、项目实施单位

泰安市智慧能源科技有限公司

四、案例内容

1. 技术原理及适用领域

（1）供热系统节能方案设计遵循的原则。

不降低用户采暖质量，提高采暖舒适度，确保整个采暖期所有正常采暖用户室温都能控制在19℃~23℃之间。充分考虑供热系统的安全性、稳定性和经济性，保证系统节能改造后，能够稳定、安全、高效运行。智慧热网平台完善后，能够实现供热系统智能自动运行，减少供热系统运行期间对专业技术管理人员的技术经验依赖。重点解决供热系统中目前存在的主要问题和突出问题，保证供暖质量，解决供热企业与热用户之间的供需矛盾。

（2）节能改造方案。

基于以上原则，经过现场的考察及对2016—2017年采暖期运行方式、运行参数等数据的进一步采集分析，根据用能公司已实现换热站无人值守、一网热量分配及二网循环系统的相对自动控制、能耗数据部分采集远传的现状，该节能改造方案包括完善智慧供热系统和既有供热系统整体优化两个方面。通过对换热站的调节方式及运行参数的优化、管网水力平衡的改造、室温监控系统的建设，提升供热系统二次侧输配送效率。对换热站能耗数据的监测、统计、分析，完成供热系统大数据的深度挖掘，实现从热源热量生产到终端热用户需求的供需平衡，提高末端用户供暖质量，降低热损耗指标。方案实施后，可大幅提高热用户采暖舒适度和满意度，在不增加热源及供热主管网无需改动的前提下，可增加供热面积8%以上。

2. 节能改造具体内容

节能改造主要内容是构建一个智慧供热系统（Heating System）。其核心是根据用户的室温情况，并结合天气因素，准确地预测供热负荷，指导热源的生产，实现热量的生产与终端的负荷需求一致。从根据传统的历史数据进行经验控制转变为精细控制，在同样的天气情况下，单位面积热耗降低20%左右。智慧供热系统主要包括以下几个方面：

（1）全网平衡管理系统。

根据室外温度、用户室温、历史数据进行热负荷预测，指导热电厂按需生产；解决热网由于大惯性、长时滞、稳定性差和耦合性强等因素导致的热网失衡问题；通过均匀性控制策略，调节换热站一次网侧电调阀或分布式变频泵，把热电厂提供的热量按终端用户需求进行自动分配，使热用户室内温度大致相当，实现平台子系统间的互联互通，数据共享，按需供热。

（2）热网能耗管理系统。

热网能耗监测系统是对热网运行中消耗的水、电、热等能耗指标，建立能耗评价体系，为制定年度节能减排目标和发展规划提供依据，实现企业节能减排。通过对户用热表、站用热表、站用电表、站用水表等计量表大数据的深度挖掘和辨识，为全网平衡管理系统的运行提供数据支持，并为二级网侧循环设备的调节提供数据支持，实现二级网侧的变流量运行。

（3）室温远程管理系统。

室温监测系统可以让供热企业实时监测到用户室温，为供热企业在热负荷预测及热网调控中提供有效数据支撑。提供过热用户分布情况，提供不达标用户分布情况，提供用热纠纷解决依据。通过对室温大数据的深度挖掘和辨识，依托一级网水力平衡系统、二级网水力平衡系统，彻底解决热用户冷热不均问题。

（4）节能改造。

经过优化运行参数，实现一级网、二级网的热力平衡，彻底解决二级网系统水力失衡问题，提高末端用户供暖质量，降低热指标，真正实现按需供热，并减少用户放水现象，在降低能耗的同时，保证系统安全、高效的运行。

①一级网优化及改造。

一级网高温水采用传统集中输配方式，换热站采用电动阀门调节，进行热量分配，一级网的水力平衡调节属于被动式的，可考虑采用分布式输配方式，提供调节的响应速度及主动性。

②换热系统优化。

对二级网运行参数进行优化，合理控制二级网供、回水温度，减少二级网循环水量，合理控制二级网供回水温差。

对换热系统进行工艺优化，减少不必要的阻力设施，降低换热系统内部压头损失。

根据供热负荷及循环泵额定参数，确定二级网循环泵运行模式，并依托气候补偿功能，实现二级网循环系统的变工况运行，进行分阶段的流量调节，其中散热器系统二级网循环水量调控区间为 $3\sim4kg/m^2$，地暖系统二级网循环水量调控区间为 $4\sim5kg/m^2$。

对二级网进行水力平衡优化，根据二级网分阶段定流量运行的特点，采用静态水力平衡调试设备，实现二级网的热力平衡，确保用户室温均衡。

二级网进行输配方式改造，对水力失调严重的小区，采用分布式输配技术，实现二级网的热力平衡，确保用户室温均衡。

对换热站的热水管路及换热设备进行保温改造，减少热损。

③室内系统优化改造。

以换热站为单位建设室温监测系统，选择典型用户，布置室温测点，测点数量不低于采暖用户的2%。

五、项目年节能量及年节能效益

1. 年节能量

对热、电节能量分别进行计算。计算公式如下：

$$\Delta E_{0t} = (E_0/Q_0 - E_t/Q_{0t}) \times Q_{0t};$$

式中：

ΔE_{0t}：实施改造后，一个采暖季实际节热/电量；

E_0：系统改造前一个采暖季总热/电耗（2016年、2017年两个采暖季平均值）；

E_t：系统改造后一个采暖季总热/电耗（分别为2018年、2019年……2025年采暖季数值）；

Q_0：系统改造前一个采暖季实际供热面积（2016年、2017年两个采暖季平均值）；

Q_{0t}：系统改造后一个采暖季实际供热面积（分别为2018年、2019年……、2025年采暖季数值）。

根据上述公式，计算出2019年采暖季节电量、节热量分别为775.85吨标准煤、2571.62吨标准煤，合计3347.47吨标准煤。

通过改造，能大大降低企业生产成本，解决企业供热系统的水力平衡和热力平衡问题，且能在热源不增加的情况下，增加供热面积8%以上。

2. 年节能效益

当地电价0.65元/kW·h，年节能效益331万元。当地热单价0.65元/kW·h，年节能效益410.3万元。合计743.1万元。

六、商业模式

该项目采用节能效益分享型合同能源管理模式。效益分享期为8年。节能效益分享比例见表1。项目分享期结束后，节能服务公司将相关系统、设备、软件及技术资料无偿移交给用能单位使用。

表1 节能效益分享比例

年份	用能单位分享比例（%）	节能服务公司分享比例（%）
第一年	20	80
第二年	20	80
第三年	30	70
第四年	30	70
第五年	40	60
第六年	40	60

续表

年份	用能单位分享比例（%）	节能服务公司分享比例（%）
第七年	50	50
第八年	50	50

七、投资额及融资渠道

该项目投资额 816.65 万元，其中 666.65 万元为节能服务公司自有资金，50 万元来自山东农村商业银行，100 万元来自中国银行。

山东滨州鑫诚热力有限公司集中供热节能改造合同能源管理项目

一、项目名称

山东滨州鑫诚热力有限公司集中供热节能改造合同能源管理项目

二、项目业主

山东滨州鑫诚热力有限公司成立于2002年8月，隶属滨州公共事业集团。经营范围为建设热力供应管网、组建汽水交换站、供汽、供暖以及配套的有关服务及项目开发建设业务。

热源以滨州魏桥铝电公司电厂为主，大唐热电厂为辅，下辖西、南两座换热首站。其中西首站设计供热能力1000万平方米，二级换热站122座。南首站设计供热能力500万平方米，二级换热站51座。2019—2020年采暖季供热面积超过1200万平方米。近五年平均热单耗为：$0.3871GJ/m^2$，平均电单耗为1.91（kW·h）/m^2。

三、项目实施单位

同方节能工程技术有限公司

四、案例内容

1. 技术原理及适用领域

首先对热网的自控系统（软硬件）进行优化改造，利用全网平衡技术，解决供热输配系统水力失衡问题，实现热网均匀性供热。在消除冷热不均基础上进行负荷预测，优化调度，准确指导热源的运行调节，最大限度降低供热能耗，减少运行成本；上位平台对全网进行统一调节，实现供热管网自动控制，快速建立管网稳定的运行工况，保证热网的快速有效调节；同时在解决一次网水力失调后可实现一定程度的扩供。利用物联网、大数据、地理信息等新一代信息技术搭建智慧供热管控平台，提高热网的运行管理水平，实现精准供热。上述方案可应用于存在以下问题的供热企业：

集中供热一级管网无统一有效调节手段，热源热量调度依赖于人工经验，缺少准确的负荷预测及调度计划；

系统大流量小温差运行，失调严重，冷热不均现象较为突出；

运行管理无严格的考核制度，整体能耗水平偏高，尤其是热耗、电耗方面；

各热力站内大部分安装的是调节性能差的手动阀门，并未实现自动调节；

未建立集中智慧供热信息服务平台，无法实现对高效能源的统计与管理及供热智慧化。

2. 节能改造具体内容

改造前存在的问题：缺少统一调度平台；自控设备老旧；末端热力站流量不足；未建立集中

智慧供热信息服务平台；缺少能耗统计及节能降耗措施；管网设计问题及热源限制。

改造内容及服务：通过改造和升级原有系统，建立智慧供热信息化服务平台，其中包括：改造升级调度监控中心、西首站、南首站及124座热力站的自动化设计、设备成套、安装调试；全网系统运维、人员培训、设备维护，全程运行指导在内的全系列节能服务。

改造效果：保障施工质量，如期完成上位软件、智慧供热平台的搭建和180余套换热系统的自动化改造，在供热前上位软件和改造系统均已投入使用，效果良好。利用全网平衡技术，进行均匀性控制，大幅提升末端供热效果，用户室内温度显著提高，进一步提高两首站一次网供回水温差，解决了新增负荷多、调节难问题。另外，通过精准调节，调度优化，实施节热节电调控，节能效果较为显著。

3. 项目实施进度

项目前期：2019年8月21日中标，2019年9月20日签订合同。

建设期：分两期完成。第一期：2019年9月至10月31日前完成总调度室监控中心及换热站核心设备建设，具备供热条件，11月15日前完成系统调试；第二期：2020年8月至10月31日前完成首站热源SCADA页面优化，换热站计量设备等其他设备安装调试等，具备供热条件，11月15日前完成系统调试。

运行期：2019年11月10日至2020年3月20日。运行以来，全网控制有效，水力工况优化效果明显，管网末端站点压差显著提高，进而改善供热效果；调整快速，解决了北线新增负荷造成的供热调节难的问题；进一步增大高温水侧温差，提升管网输配效率。

五、项目年节能量及年节能效益

1. 年节能量

（1）改造前后系统（设备）用能情况及主要参数。

改造前用能单位前四年热单耗分别为0.40976、0.37825、0.37231、0.40305 $GJ/m^2 \cdot$ 采暖季，平均热单耗为0.39084 $GJ/m^2 \cdot$ 采暖季。改造前前四年电单耗分别为1.8141、2.0764、2.0573、2.0035 $kW \cdot h/m^2 \cdot$ 采暖季，平均电单耗为1.988 $kW \cdot h/m^2 \cdot$ 采暖季。滨州室外计算温度-7.6℃（惠民观测站），西城区建筑设计热指标45W/m^2。

用能单位向魏桥电厂和大唐热电购热单价为45元/GJ。

用能单位外购电平均单价0.7115元/$kW \cdot h$，2020年受疫情影响，电业局针对大工业和商业客户实行电价电费优惠政策，各换热站用电采用阶梯电价进行结算，平均电价调整为0.6元/$kW \cdot h$。

通过节热、节电调控优化，节能效果较为显著，2019—2020年采暖季总供热面积为12162739.37m^2，总耗热量4662800.14GJ，热单耗为0.383$GJ/m^2 \cdot$ 采暖季，总耗电量22258994.55$kW \cdot h$，电单耗为1.83 $kW \cdot h/m^2 \cdot$ 采暖季。

（2）节能量计算方法及项目年节能量。

根据《山东滨州鑫诚热力有限公司集中供热节能改造合同能源管理项目合同》附件一第三节节能量的计算方法约定：

节能量指项目实施后各类能源消耗量与基准能耗对比的减少量，包括热耗、电耗等。

①节热量计算。

项目实施后与实施前相比所节约的热量。具体计算参见公式：

$$\Delta Q_R = (A_{R0} - \frac{Q_R}{S_R} \times 1000) \times S_{R0} \div 1000$$

式中：

A_{R0}为结算采暖季基准单位面积耗热量，MJ/（m²·采暖季）；

Q_R为结算采暖季实际耗热量，GJ，与魏桥电厂结算蒸汽吨数，按3GJ/t折算；

S_R为结算采暖季用能单位财务应收缴费供热总面积，m²；

S_{R0}为结算采暖季用能单位财务应收缴费供热面积，不包括按热计量收费的新增面积和二网改造小区的新增面积，m²。

②节电量计算。

项目实施后与实施前相比所节约的电量。具体计算参见公式：

$$\Delta Q_D = (A_{D0} - \frac{Q_D}{S_D}) \times S_{D0}$$

式中：

A_{D0}为项目实施前单位面积电耗即基准单位面积电耗，kW·h；

Q_D为结算采暖季用能单位参与节电计算热力站的实际总耗电量，kW·h；

S_D为结算采暖季用能单位参与节电计算热力站的财务应收缴费供热总面积，m²；

S_{D0}为结算采暖季用能单位参与节电计算热力站的财务应收缴费供热面积，不包括按热计量收费的新增面积和二网改造小区的新增面积，m²。

通过以上计算确定2019—2020年采暖季节热量为212448.76GJ，折合7258.0938吨标准煤。节电量为1635884.65kW·h，折合502.2166吨标准煤。总节能量折合7760.3104吨标准煤。

2. 年节能效益

2019—2020年采暖季改造后节能总效益是1054万元，其中热价45元/GJ，节热收益956万元，电价0.6元/kW·h，节电收益98万元。合同约定本年度节能公司分享比例为70%，可获得结算收益为737.9万元。

六、商业模式

该项目采用节能效益分享型合同能源管理模式。项目合同期为6年，节能效益分享的比例为：用能单位分享30%，节能公司分享70%。

在该合同到期并且用能单位付清本合同项下全部款项之前，该项目下的所有由节能服务公司采购的设备、设施和仪器等财产的所有权属于节能服务公司。该合同顺利履行完毕之后，该项目财产的所有权将无偿转让给用能单位。

七、投资额及融资渠道

该项目投资总额约3280.3925万元（其中设备成本2264.7007万元），全部为节能公司自有资金。

市政照明

银川市城市照明节能改造与智慧升级项目

一、项目名称

银川市城市照明节能改造与智慧升级项目

二、项目业主

银川市路灯管理处是经银川市机构改革领导小组批准成立,直属市城乡建委领导,主要负责全市照明亮化规划的编制和实施及全市照明亮化工程的建设施工任务。该项目实施路段包括银川市兴庆区、金凤区、西夏区及银川市绕城高速,原道路照明主要采用高压钠灯,约37906盏,每年用能量达6069.357万kW·h。

三、项目实施单位

江西省通用节能科技有限公司

四、案例内容

1. 技术原理及适用领域

该项目采用了公司参与研发、具有自主知识产权且荣获国家技术发明奖一等奖的硅衬底LED技术,同时使用了智能回路控制技术,主要由产品设备节能与管理节能两部分组成。

(1) 产品设备节能。

该项目使用的是一款专为合同能源管理定制的LED路灯——硅衬底牛仔系列路灯,采用硅衬底LED作为发光源,硅衬底直涂技术对基板发射依赖性极小,即便是基板底部被污染发黑,光子损失也远低于同类产品,始终保证灯具的出光率,超高整灯光效达到110lm/W。

(2) 管理节能。

项目采用用于路段智能照明的LED智能监控管理系统,包括照明智能监控管理软件、智能控制台、单灯控制器、LED驱动四个部分。该系统能够自动或手动管理一个或多个路段内的数千到数万个LED照明设备,实现单灯远程精细化0~100%调光,真正做到"按需照明"智慧管理,在LED节能的基础上二次节能。

2. 节能改造具体内容

该项目主要是将现有的传统高压钠灯路灯灯头替换为带单灯控制器的LED路灯灯头,并在控制箱处加装智能控制系统,从而实现远程调光及故障报警等功能,不涉及现有的灯杆结构及线路等的变更。灯具改造数量约43110盏,主要对银川市兴庆区、金凤区、西夏区及银川市绕城高速进行节能改造。

（1）灯具布置方案。

在满足道路照明标准前提下，对原高耗能灯具以 LED 照明灯具进行替换，从而实现节约能耗的目的。原功率 100W、110W、130W、150W 钠灯或无极灯，替换 LED 功率为 60~100W；对原功率 250W、360W 钠灯或无极灯，替换 LED 功率为 120~200W；对原功率 400W、500、800W 钠灯或无极灯，替换 LED 功率为 240~320W。

（2）智能控制管理系统。

项目改造采用由照明智能监控管理软件、智能控台、单灯控制器、LED 驱动四部分产品组成的 LED 智能监控管理系统，可以实现自动或手动管理一个或多个路段内的数千到数万个 LED 照明设备。

改造使用的 43169 盏 LED 灯具采用硅衬底 LED 光源，灯具光效高，项目实施后，照明效果更好，经检测项目总体节电率达 79.81%。

3. 项目实施进度

该项目于 2018 年 10 月 10 日中标，11 月初完成合同签订，11 月 3 日开始施工安装，2019 年 1 月 12 日完成安装和调试工作，2019 年 1 月 17 日取得验收报告并正式启动节能服务运营，截至目前，项目运营情况好，光源运行平稳，使用状态良好。

五、项目年节能量及年节能效益

1. 年节能量

（1）改造前后系统（设备）用能情况及主要参数。

表1　改造前基准能耗电费计算表

序号	产品名称	改造前功率（W）	灯具数量（盏）	每天耗电量（kW·h）	每天电费（元）	每年耗电量（kW·h）	每年电费（元）
1	高压钠灯	100	44	53.24	28.64	19432.60	10454.74
2	高压钠灯	110	1032	1373.59	738.99	501361.08	269732.26
3	高压钠灯	130	60	94.38	50.78	34448.70	18533.40
4	高压钠灯	150	414	751.41	404.26	274264.65	147554.38
5	高压钠灯	250	24683	74666.08	40170.35	27253117.38	14662177.15
6	高压钠灯	360	592	2578.75	1387.37	941244.48	506389.53
7	高压钠灯	400	5202	25177.68	13545.59	9189853.20	4944141.02
8	高压钠灯	500	5078	30721.90	16528.38	11213493.50	6032859.50
9	高压钠灯	800	801	7753.68	4171.48	2830093.20	1522590.14
10	无极灯	250	6515	19707.88	10602.84	7193374.38	3870035.41
11	无极灯	500	584	3533.20	1900.86	1289618.00	693814.48
小计			45005	166411.78	89529.54	60740301.16	32678282.02

表 2　改造后年电费计算表

序号	产品名称	改造后功率（W）	灯具数量（盏）	每天耗电量（kW·h）	每天电费（元）	每年耗电量（kW·h）	每年电费（元）
1	LED 路灯	50	9059	4982.45	2680.56	1818594.25	978403.71
2	LED 路灯	80	4124	3629.12	1952.47	1324628.80	712650.29
3	LED 路灯	100	2492	2741.20	1474.77	1000538.00	538289.44
4	LED 路灯	120	7438	9818.16	5282.17	3583628.40	1927992.08
5	LED 路灯	150	11681	19273.65	10369.22	7034882.25	3784766.65
6	LED 路灯	180	4605	9117.90	4905.43	3328033.50	1790482.02
7	LED 路灯	200	1508	3317.60	1784.87	1210924.00	651477.11
8	LED 路灯	240	3182	8400.48	4519.46	3066175.20	1649602.26
9	LED 路灯	300	118	389.40	209.50	142131.00	76466.48
10	LED 路灯	320	456	1605.12	863.55	585868.80	315197.41
11	LED 路灯	120	238	314.16	169.02	114668.40	61691.60
12	LED 路灯	180	104	205.92	110.78	75160.80	40436.51
小计			45005	63795.16	34321.80	23285233.40	12527455.57

（2）节能量计算方法及项目年节能量。

第三方检测单位对该项目改造前后灯具进行了负载能耗对比测试，测试在稳定工况下进行，分别测出 LED 路灯、投光灯与高压钠灯（改造前测量）在相同时段内负载消耗的有功电量。经测试计算，照明节能改造前年总耗电量为 60740301.16kW·h（按照照明节能改造灯具数量和合同规定亮灯时间计算）；改造后年总耗电量为 23285233.40 kW·h（按照照明节能改造灯具数量和合同规定亮灯时间计算），年节电量 48422050.60kW·h，综合节电效率达 79.81%，相当于节约标准煤 15979 吨。

2. 年节能效益

该项目改造后年节电量为 48422050.60 kW·h，当地电价 0.538 元/kW·h，年节能效益约 2605 万元。

六、商业模式

该项目采用节能效益分享型合同能源管理模式，对银川市合同能源管理项目进行节能改造。项目合同服务期为 10 年，2019 年 2 月 1 日正式进入节能服务期运营。效益分享期内，节能服务公司分享 100% 的项目节能效益，期内节能服务公司负责所有照明灯具、调光系统等的维护并对业主的设备管控进行监督，合同期满后，项目所安装设备全部无偿转让业主。

七、投资额及融资渠道

该项目投资额 7890 万元，其中 1890 万元为节能服务公司自有资金，6000 万元为银行贷款。

宁波市大榭开发区规划建设局路灯合同能源管理项目

一、项目名称

宁波市大榭开发区规划建设局路灯合同能源管理项目

二、项目业主

宁波市大榭开发区规划建设局是大榭开发区管委会的重要职能部门之一，是负责全区的市政公用设施的管理、养护工作的唯一部门，负责全区城市道路、桥梁、地下通道的照明设施和部分广场、公共绿地及开放式公园等处已移交的照明设施和景观亮化设施的日常巡查、养护和维修等。

三、项目实施单位

广东荣文能源科技集团有限公司

四、案例内容

1. 技术原理与适用领域

该项目节能改造由改造企业提供符合相关要求的LED路灯进行整套更换，并应用路灯管理系统，通过建设管理基站，应用管理软件，以合同能源管理的合作模式对大榭开发区2450盏路灯实施节能改造，应用高效环保LED路灯替换现场使用的低光效路灯。

2. 节能改造具体内容

（1）灯具替换。

选用已进入广东省LED标杆目录产品、所有技术参数完全符合招标文件要求的物联网智能LED路灯，按照招标文件及国家相关的技术规范和照度标准要求，通过现场勘察并应用选用的灯具参数进行各道路照度模拟计算得出替换的LED路灯功率，然后在招标范围建设样板段安装样板灯具进行现场效果检测，确保改造后的LED路灯各项技术参数符合招标文件要求，路面照度满足《城市道路照明设计标准》的要求，再对本次招标的2450套路灯（具体数量以实际为准）按招标文件要求予以整灯更换，实际使用时再加上物联网智能路灯控制系统配套使用。

（2）管理系统。

增设物联网智能路灯控制基站，并使用具有自主知识产权的物联网智能路灯控制系统，实现大榭开发区改造的2450盏路灯的智慧化管理。具体实施和软硬件设备组成主要如下所述：

①每套LED路灯均配置一个基于IPv6 Mesh的无线照明控制器，可以实现LED路灯和物联网控制基站之间的良好通信，保证每套灯具的工作信息可以上传给控制基站，同时，控制基站将控制中心的所有指令下传给每套灯具，实现路灯信息化管理及控制的各项功能。

②以原有路灯配电控制箱控制的路灯作为单个管理单元,在每个路灯管理单元新装一套物联网控制基站,实现对每个路灯管理单元的独立管理,避免发生因小故障引发大面积路灯不亮的故障发生;通过物联网控制基站,采用 IPv6 Mesh 通信技术与中国移动、联通、电信等 3G 公共网络通信的组合,实现路灯总控制中心与每盏路灯之间的通信,从而达到对每一盏路灯实施精细化管理的要求。

③通过建立基于企业级云技术的物联网智能路灯控制系统数据库及监控中心,运用具有独立知识产权的系统软件,打造了功能强大、覆盖范围广的路灯智能控制管理平台;使授权用户随时随地通过使用 Windows、MacOSX、Android 等操作系统的上网终端登录系统即可以实施对管理范围内的所有路灯进行远程智能化管理。

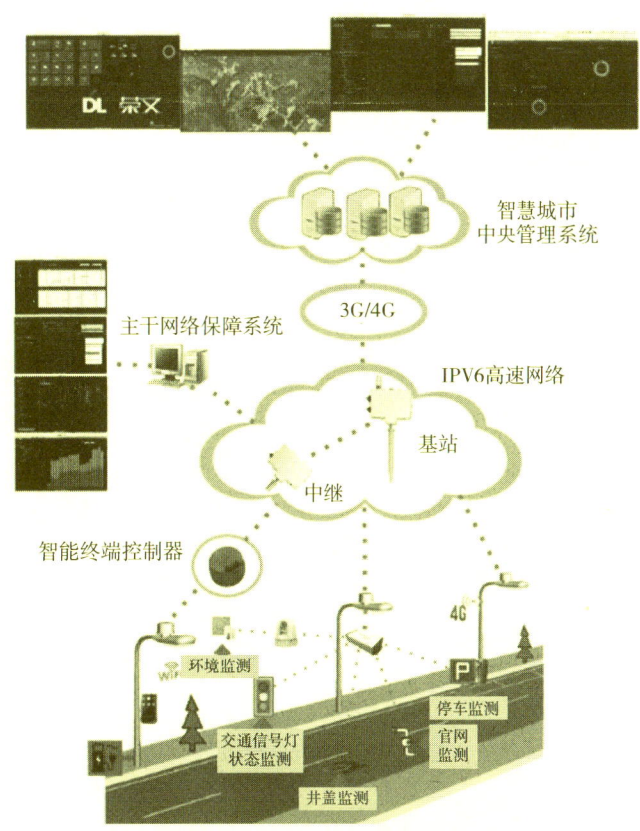

图 1　智能路灯管理系统总体结构示意图

项目竣工后经大榭开发区规划局建设局验收,验收结果为亮灯率不低于 99%,节能率在 70% 以上,符合项目要求。

3. 项目实施进度

该项目 2018 年 7 月 28 日开工,2018 年 8 月 31 日完工,试运行 2 周后在 9 月 14 日完成竣工验收开始收取节能收益。

五、项目年节能量及年节能效益

该项目实际需改造路灯 2450 盏,经项目优化,以物联网智能 LED 路灯低功率灯具替换原高功率传统钠灯,根据节能量确认单数据可知,2018 年 9 月至 2019 年 8 月,12 个月共节约电能

184万千瓦时，折算成标准煤为607.2吨。平均月节约电能15万千瓦时，平均节能率72%，年产生节能收益131万元。

六、商业模式

该项目采用节能效益分享型合同能源管理模式，合同期10年，合同期内节能收益10%归业主所有，90%归节能服务公司所有。

在该项目合同到期并且甲方付清本合同约定全部节能收益之前，该项目下的所有由项目实施方采购并安装的设备、设施和仪器等财产（简称"项目财产"）的所有权属于项目实施方。该合同顺利履行完毕之后，该项目财产的所有权将无偿转让给甲方，乙方应保证该项目财产正常运行。

所有灯具在合同约定维护保养期间内使用的维护、保养由乙方负责，并由乙方承担维护保养的费用。但因人为或不可抗力因素导致损毁的灯杆及供电电缆均不属于乙方免费维修的范围。

七、投资额及融资渠道

该项目投资额400万元，全额为节能服务公司自有资金。

泰州市路灯管理处泰州城区高效智慧 LED 路灯节能改造项目

一、项目名称

泰州市路灯管理处泰州城区高效智慧 LED 路灯节能改造项目

二、项目业主

泰州市路灯管理处管辖泰州市海陵区、高港区以及医药高新区范围内的路灯（含景观灯）69580 盏，目前使用 LED 路灯 59494 盏、其他灯具 10086 盏，年用电约 3960 万 kW·h。

三、项目实施单位

江苏华照节能服务有限公司

四、案例内容

1. 技术原理及适用领域

项目采用 COB 技术在高热导 AlN、Al_2O_3/ SiC 和 ZnO/Bi_2O_3 等纳米陶瓷散热基板上集成封装 LED，形成 $3×3$、$5×5$、$7×7$、$10×10$ 阵列大功率光源模块；并利用量子效率 >90% 的黄色和红色荧光粉混合形成组合荧光粉，转化蓝光形成高显色白光 LED，显色性 >85，制备 LED 芯片。此外，利用独特双对流通孔散热器和热管散热器散热，制备得到大功率 LED 灯具产品，灯具总热阻 <0.5 C/W。总灯具在色温 3000K 时，效率大于 135lm/W，LED 芯片防静电击穿性能佳，寿命大于 60000 小时。此外，采用 LED 智慧照明控制系统进行集中监控及控制。根据使用需求，分时对 LED 路灯、庭院灯进行调光，可节电 20%~30%，并延长灯具寿命。以上技术主要应用于筒灯、庭院灯、户外路灯、广场照明和车间照明等大功率灯具照明。

2. 节能改造具体内容

（1）改造前存在的问题。

地级泰州市组建于 1996 年，由于在原县级市道路建设基础上改造，当初道路照明设计标准较低；加之，市区大部分路灯建成于 2000 年左右，由于维护经费不足，经过 10 多年的运行一直未更换，灯具腐蚀、老化严重，灯具内反光铝板氧化变黑，整灯光效低，已不能满足区域中心城市道路亮化的需求。大量钠灯已到寿命期，亮灯率不足 95%，消耗了泰州市路灯管理处大量人力、物力，维护费用急剧上升。急需通过全面更换城区路灯来改善道路照明状况，减轻路灯处维护强度。

（2）各改造系统工艺流程及关键参数。

各改造系统工艺流程：LED 路灯安装单灯控制器→拆除原有路灯整灯→LED 路灯接线安装

到原来灯具的部位→配电箱加装集中控制器→通电系统调试。

关键参数：项目要求节能改造后 LED 灯具亮灯率保持 99% 以上；该项目范围同比条件下，LED 路灯节能率不低于 50%；LED 灯具寿命大于 50000 小时；所有节能改造路段必须按照道路标准及实际情况配置功率相符的 LED 路灯，照度等各项指标均能满足《城市道路照明设计标准》（CJJ 45—2006）、《道路照明用 LED 灯性能要求》（GB/T 24907—2010）等相关要求。

（3）改造后取得的效果。

泰州市通过采用能源管理方式实施道路照明节能改造，道路沿线亮化效果明显提升，路面黑斑不复存在，亮灯率常年保持 99.8% 以上。原先照度严重不达标的兴泰路、春兰路、吴洲路、328 国道等道路安装 LED 路灯后，照度已全部达到国家道路照明标准，广大市民出行更舒适、更安全，改造效果得到了社会各界的一致好评。

3. 项目实施进度

项目于 2013 年 12 月开工，2017 年 8 月竣工，共分九合同逐步实施，累计推广使用 LED 路灯（庭院灯）59494 盏，目前项目运营稳定，节能效益款按期结算。

五、项目年节能量及年节能效益

1. 年节能量

改造前路灯系统全年用电约 5435 万 kW·h，改造后年用电约 2446 万 kW·h。通过实验路段更换 LED 路灯前后功率、照度的对比测试，确认在满足国家道路照明标准的前提下某一 LED 灯具的节能量，然后将合同中不同 LED 灯具的节能量累加，计算理论节电量，通过后期的实际用电量审计来检验和校正理论节电量。项目累计使用 LED 灯具 59494 盏，年节电约 2989 万 kW·h（折合标准煤 9863.7tce）。

2. 年节能效益

泰州市公共照明电价 0.8033 元/kW·h，年节能效益 2401 万元。

六、商业模式

项目采用节能效益分享型合同能源管理模式，合同期为 8 年，节能服务公司分享节能效益的 97%，合同期内 LED 灯具所有权归节能服务公司，运营维护亦由节能服务公司承担，合同期满后 LED 灯具无偿移交路灯处。

七、投资额及融资渠道

该项目投资额 10500 万元，其中 4500 万元为节能服务公司自有资金，6000 万元来自南京银行节能项目融资贷款。

八、优惠政策

该项目累计取得国家和省合同能源管理项目财政奖励资金 279 万元。

享受的税收优惠政策：该项目免征收增值税，企业所得税三免三减半。

营口市鲅鱼圈区熊岳市政管理处路灯节能改造项目

一、项目名称

营口市鲅鱼圈区熊岳市政管理处路灯节能改造项目

二、项目业主

营口市鲅鱼圈区熊岳市政管理处主要业务范围是，为熊岳镇地区的生产生活正常提供市政工程设施管理以及维护保障，主要用能设备为传统高压钠灯，改造前年综合能源消耗量约为1906tce 标准煤。

三、项目实施单位

上海飞乐工程建设发展有限公司

四、案例内容

1. 技术原理及适用领域

该项目采用——替换法，用新型 LED 路灯替换传统高压钠灯路灯，并全部采用智能控制系统实时控制、监控灯具运行情况。适用于所有路灯领域。

2. 节能改造具体内容

采用高性能 LED 光源替换原有的传统照明设备，数量合计 3635 盏。具体改造方案如表1、表2。

表1 灯具替换表

道路名称	原照明设备	数量（套）	功耗（W）	替换设备	功耗（W）	数量（套）
熊岳河路（南环）	400W 钠灯	448	440	LED	180	448
沿河西路	400W 钠灯	117	440	LED	180	117
辽东湾大街	750W 钠灯（3 盏250W）	154	825	LED	180	154
	150W 钠灯	154	165	LED	60	154
望儿山大街	500W 钠灯（2 盏250W）	154	550	LED	180	154
	150W 钠灯	154	165	LED	60	154
平安大街	400W 钠灯	141	440	LED	180	141
山海大道	500W 钠灯（2 盏250W）	285	550	LED	180	285
火山大街	400W 钠灯	198	440	LED	180	198

续表

道路名称	原照明设备	数量（套）	功耗（W）	替换设备	功耗（W）	数量（套）
绅特路	250W 钠灯	53	275	LED	120	53
辽南大街	500W 钠灯（2 盏 250W）	185	550	LED	180	185
	150W 钠灯	185	165	LED	60	185
一线	250W 钠灯	107	275	LED	120	107
	150W 钠灯	107	165	LED	60	107
二线	500W 钠灯（2 盏 250W）	87	550	LED	180	87
	150W 钠灯	87	165	LED	60	87
三线	250W 钠灯	98	275	LED	120	98
农校路	250W 钠灯	28	275	LED	120	28
天沐路	250W 钠灯	62	275	LED	120	62
温泉路	250W 钠灯	58	275	LED	120	58
建设路	250W 钠灯	40	275	LED	120	40
生产路	500W 钠灯（2 盏 250W）	17	550	LED	180	17
	150W 钠灯	17	165	LED	60	17
育才路	250W 钠灯	44	275	LED	120	44
粮库路	250W 钠灯	38	275	LED	120	38
牌楼路	250W 钠灯	13	275	LED	120	13
自来水	250W 钠灯	18	275	LED	120	18
中华（百盛）	250W 钠灯	16	275	LED	120	16
忆江南	250W 钠灯	44	275	LED	120	44
滨城大道	880W 钠灯	263	968	LED	180	263
		263		LED	60	263
总计		3635				3635

表 2　其他设施

设施名称	数量	描述
灯杆	263	12.6m，壁厚 4.0m，法兰盘 400m×400m，双头
灯基	72	基础砼：长 0.7m，宽 0.7m，深 1.8m
路灯智能控制系统	1 套	实现所有改造道路 LED 灯具单灯控制

灯具均采用智能控制，前 5.5 小时全功率运行，后 5.5 小时半功率工作。

3. 项目实施进度

开工时间 2016 年 7 月 16 日，竣工时间 2016 年 12 月 1 日，工期按期完工，运行情况正常。

五、项目年节能量及年节能效益

1. 年节能量

前5.5小时全功率运行,后5.5小时半功率工作,改造前后系统用能量如表3。

表3 改造前后系统用能量

项目	总功率(W)	系统功耗(kW·h)
改造前	1466179	5886708.685
改造后	501120	1508997.6

项目年节电4377711.085kW·h,折合标准煤1444吨。

2. 年节能效益

当地电价0.86元/kW·h,年节能效益376万元。

六、商业模式

该项目采用节能效益分享型合同能源管理模式运行,项目合同期8年。节能服务公司分享的节能效益比例为82%;合同期内设备所有权为节能服务公司,合同结束后设备全部归熊岳市政管理处所有;合同期内所有设备的运营维护由节能服务公司负责。

七、投资额及融资渠道

该项目投资额2469.7296万元,全部为节能服务公司自有资金。

永安市城市道路 LED 路灯智慧照明节能改造项目
（一期工程）

一、项目名称

永安市城市道路 LED 路灯智慧照明节能改造项目（一期工程）

二、项目业主

该项目业主方为永安市市政建设工程管理处。

永安市市政建设工程管理处主要经营永安市城市道路、路灯、桥梁、下水道工程施工维护，在职员工 51 名。初步统计，永安市政管辖范围内金卤灯、钠灯、投光灯、节能灯及日光灯等照明灯具共 10306 盏，灯具总功率 1628.418kW，年耗电费为 4082902 元（业主提供数据）。其中：金卤灯 400 瓦路灯 680 盏、金卤灯 250 瓦路灯 483 盏、高压钠灯 400 瓦路灯 1876 盏、高压钠灯 250 瓦路灯 796 盏、投光灯 400 瓦 38 盏、日光灯 32 瓦 1292 盏、节能灯 24 瓦 1051 盏、节能灯 50 瓦 4090 盏。

项目原合同纳入改造范围共计 8385 盏，一期工程 3780 盏，二期工程 4605 盏。实际验收一期工程改造灯具为 2881 盏，总功率 901.38kW。

三、项目实施单位

厦门信达合同能源管理有限公司

四、项目内容

1. 技术原理及适用领域

（1）光源。

项目改造采用 LED 路灯照明灯具，采用低压直流供电、由 GaN 基功率型蓝光 LED 与黄色合成的高效白光，具有高效、安全、节能、环保、寿命长、响应速度快、显色指数高等优点。

（2）路灯照明控制系统。

该系统采用电力线载波通信方式，它将所有的路灯连接到计算机上，并通过计算机监视所控区域内的路灯工作状态，可随时设定开关时间、路灯开启比例或单独一个路灯的开与关。任一路路灯的工作电流和温度均可随时查询，路灯损坏时可实时报警，以便于快速维修；根据不同需求，调节路灯使用状态，这样既兼顾了照明需要，又减少了电力浪费。

2. 节能改造情况

该项目使用 LED 路灯对原有高压钠灯进行替换，一期工程通过验收的灯具有 2881 盏，总功率 901.38kW。使用的 LED 路灯技术性能应符合《半导体照明产品技术要求》（2010 版）标准。

路灯照明控制系统可按照光照度智能开关、能通过单灯监测自动进行亮灯率计算，可实现故障报警、自动巡检、数据报表等功能。

改造后照明标准要求应满足《城市道路照明设计标准》（CJJ 45—2015）中的相关要求。

永安市城市照明智能管理系统的建成，降低了政府的城市管理和服务成本，降低了照明设施维护费用，节约大量的电费支出。

3. 项目实施进度

项目一期工程于2016年8月8日开始施工，2016年11月8日竣工并验收合格，验收之日起至今运行情况良好。

五、项目年节能量及年节能效益

1. 年节能量

（1）每天开关灯时间，夏季18：30—次日5：00，冬季17：30—次日5：30

平均为11.25小时，本次节能改造项目路灯按11小时计算。其中200瓦、120瓦灯具后半夜实行50%功率运行，时间为4.5小时。

（2）节能效益计算说明。

经福建省产品质量检验研究院测试，400W传统灯具与200W LED灯具在220v/50H电源条件下连续测试10小时，400W传统灯具耗电4.226 kW·h，200W LED灯具耗电1.919 kW·h。即400W传统灯具改造后，该瓦数的单盏灯具每小时节省0.2307kW·h。

200W LED灯具替换400W传统灯具每年节省电量=0.2307kW·h×替换盏数×开灯时间×365天。

具体节能效益采用以下计算方式：

单种传统灯具每小时耗电量=（4.226 kW·h÷400W÷10h）×单种传统灯具的功率；

单种LED灯具每小时耗电量=（1.919 kW·h÷200W÷10h）×单种LED灯具的功率；

改造后单种LED灯具每年节约电量=（单种传统灯具每小时耗电量－单种LED灯具每小时耗电量）×改造盏数×开灯时间×365天。

改造后LED灯具每年节约总电量=改造后各种种类LED灯具每年节约电量之和（灯具种类及数量参考合同附件1，灯具数量以实际安装数量为准）。

改造后LED灯具每年节约总电费=改造后LED灯具每年节约总电量×标准电费。

（3）改造前后系统（设备）用能情况及主要参数（以实际改造数量计算）。

经计算，改造前每年耗电3823516kW·h，改造后每年耗电1367806 kW·h（后半夜调光计算），改造前后设备主要参数如表1所示。

表1 改造前后设备主要参数

改造前			改造后		
灯型	功率（W）	数量（套）	灯型	功率（W）	数量（套）
钠灯路灯	400	1251	LED路灯	200	1251
钠灯路灯	250	1072	LED路灯	120	1072
钠灯路灯	150	224	LED路灯	60	224

续表

改造前			改造后		
灯型	功率（W）	数量（套）	灯型	功率（W）	数量（套）
钠灯路灯	110	118	LED 路灯	50	118
钠灯投光灯	400	216	LED 投光灯	200	216
合计		2881	合计		2881

综上所述，永安市城市道路照明 LED 路灯节能改造工程一期项目每年可节约电量 2455710 kW·h，改造后灯具性能达到业主要求，路面照度满足《城市道路照明设计标准》（CJJ 45—2015）中的相关要求。

2. 年节能效益

永安市当地电价 0.7773 元/kW·h，项目一期完成改造后每年可节省用电 2455710 kW·h，年节省电费 190.88 万元。

六、商业模式

该项目采用节能效益分享型合同能源管理模式，项目合同期为 10 年，节能公司与用能单位的节能效益分享的比例为 89%∶11%。

七、投资额及融资渠道

该项目投资额 1200 万元，项目所需资金均由节能服务公司自筹。

苏州市吴江区 LED 照明合同能源管理服务项目

一、项目名称

苏州市吴江区 LED 照明合同能源管理服务项目

二、项目业主

苏州市吴江区市政设施管理处（苏州市吴江区路灯管理处）

三、项目实施单位

大唐电信（南京）节能信息技术有限公司

四、案例内容

1. 技术方案及适用领域

采用技术领先的 LED 道路照明对吴江区原有 10000 盏老旧高压钠灯路灯进行节能升级改造。LED 照明技术是公共照明领域最理想的节能改造方案。

2. 具体改造内容

（1）改造前存在的问题。

采用传统高压钠灯照明，效率低，能耗高，稳定性差。高压钠灯显色指数差，照明效果不好，不便于识别物体，舒适度差。高压钠灯寿命较短，需要较大的维护成本和较多的管理费用。

城区整体照明效果差，部分路段照度严重不足。高压钠灯属于气体放电灯，关闭后不能立即启动，适应性差，后半夜用电负荷减少时，电网电压大幅攀升，路灯超负荷运行，增加电能消耗，影响灯具寿命，浪费人力、物力。维护力量薄弱，无法及时发现照明问题，亮灯率不足。

（2）改造后取得的效果。

城区道路照明效果大幅提升，主干道平均照度高于 30lux，次干道平均照度高于 20lux，优于国家标准要求。改造后项目整体节电率接近 60%，节能效果显著。亮灯率达到 98% 以上，且维护工作量大幅降低。灯具寿命长达 10 年以上。

3. 项目实施进度

该项目 2017 年 4 月进行投标后，5 月底开工实施，9 月 26 日正式竣工，9 月 28 日完成验收。

五、项目节能量及年节能效益

1. 年节能量

（1）改造前后系统用能情况及主要参数。

表 1 改造前后系统用能情况

进度项目	项目实施前				项目实施后	
	灯具数量	开灯时间	运行功率	年耗电量	运行功率	年耗电量
参数	10000 盏	11.5 小时	3464kW	1454 万 kW·h	1474.9kW	619 万 kW·h

（2）节能量计算方法及项目年节能量。

项目年节电量 = 实施前年耗电量 − 实施后年耗电量；

项目年节电量 = 1454 万 kW·h − 619 万 kW·h = 835 万 kW·h；

项目年节能量 = 年节电量 × 0.314 = 8350000 × 0.314 = 2621900kgce = 2621.9tce。

折标系数按 0.314kgce/kW·h 计算。

2. 年节能效益

该项目当地电价为 0.84 元/kW·h，每年节约用电 835 万 kW·h，年节能收益为 701 万元。

六、商业模式

该项目采用节能效益分享型合同能源管理合作模式，项目合同期为 78 个月，节能服务公司每年分享 80% 节能效益。项目节能改造设施安装竣工验收后，项目设施所有权归业主所有，合同能源管理期内由节能服务公司进行项目运行及维护。

七、投资额及融资渠道

该项目投资额 2940.45 万元，资金为节能服务公司自有资金。

厦门市市区部分区域 LED 照明合同能源管理服务项目

一、项目名称

厦门市市区部分区域 LED 照明合同能源管理服务项目

二、项目业主

厦门市市政工程管理处是厦门市全额拨款事业单位，从事市政设施维护管理工作 30 多年，主要职能是为厦门市生产、生活正常提供市政工程设施管理维护保障，城市道路、桥梁、隧道、排水设施维护管理，城市街道与小区照明设施维护管理，是具备丰富市政施工技术水平和管理水平的市政管理机构。

三、项目实施单位

福建安信合同能源管理有限公司。

四、案例内容

1. 技术原理及适用领域

采用高光效、低色温 LED 智慧照明灯具，并配备远程控制装置、用电安全监测装置等对小区、道路、车行通道、人行通道进行照明节能改造。

2. 节能改造具体内容

厦门市道路、小区、车行通道目前普遍使用的仍是非常耗能的传统高压钠灯。高压钠灯不仅大量消耗宝贵的电力资源，而且钠灯寿命非常短，实际使用寿命平均不到一年。每年用于更换钠灯灯泡的材料费用以及由此而产生的人工、车辆台班费等数额巨大，路灯照明的日常使用和维修成本非常高昂，更换下的旧、坏灯具对环境的污染也不容小觑。

该项目分为四部分：思明南北路车行道及中山路人行道灯具改造；两个小区灯具改造；车行通道灯具改造；人行通道灯具改造。其中改造日光灯 690 盏、吸顶灯 601 盏、钠灯 1870 盏、无极灯 255 盏。

改造后灯具主要是将各种型号的钠灯、吸顶灯、日光灯、无极灯等更换为高效节能的 LED 照明灯，并配备远程控制装置、用电安全监测装置等。改造后灯具照度要求在满足国家标准基础上，相比路段照度设计值有所提高。

3. 项目实施进度

项目于 2016 年 3 月 29 日开工建设，2016 年 5 月 29 日竣工，已送电运行，自检合格，并于 2016 年 8 月 19 日通过验收。

五、项目年节能量及年节能效益

1. 年节能量

表1 改造前后项目灯具改造情况一览表

序号	区域	改造前灯具型号	改造前功率（W）	改造后功率（W）	初始投入功率（W）	设计调节功率（W）	改造数量（套）
1	金尚小区	250W 高压钠灯	265	150	120	84	297
		250W 高压钠灯	265	120	90	63	172
		100W 高压钠灯	105	60	45	31.5	277
2	金鸡亭小区	250W 高压钠灯	265	150	90	63	188
		250W 高压钠灯	265	120	90	63	144
		150W 高压钠灯	160	90	75	52.5	252
3	湖里大道—环湖里大道车行通道	250W 高压钠灯	265	150	120	100	72
4	云顶中路下穿仙岳路车行通道	150W 高压钠灯	160	90	75	/	178
5	莲坂北车行通道	150W 高压钠灯	160	90	75	/	12
6	思明南北路片区（包含中山路）	250W 高压钠灯	265	120	100	70	278
		150W 无极灯	150	90	75	/	255
7	云顶北路金山人行通道	32W 吸顶灯	32	13	13	/	50
8	云顶北路穆厝人行通道	32W 吸顶灯	32	13	13	/	50
9	云顶北路双十人行通道	32W 吸顶灯	32	13	13	/	50
10	云顶北路县后人行通道	32W 吸顶灯	32	13	13	/	51
11	环湖里大道软件园西1人行通道	32W 吸顶灯	32	13	13	/	50
12	环湖里大道软件园西2人行通道	32W 吸顶灯	32	13	13	/	52
13	环湖里大道前埔北区人行通道	40W 日光灯	40	18	18	/	76
14	环湖里大道前埔工业区人行通道	32W 吸顶灯	32	13	13	/	52
15	环湖里大道下湖人行通道	32W 吸顶灯	32	13	13	/	46
16	环湖里大道钟宅人行通道	32W 吸顶灯	32	13	13	/	54
17	环湖里大道城市大学人行通道	40W 日光灯	40	18	18	/	56
18	吕岭路奥网人行通道	30W 日光灯	30	10	10	/	7
19	仙岳路金山人行通道	40W 日光灯	40	18	18	/	78
20	仙岳路中医院人行通道	40W 日光灯	40	18	18	/	74
21	仙岳路七星路口人行通道	40W 日光灯	40	18	18	/	76
22	湖滨中路滨北小学人行通道	40W 日光灯	40	18	18	/	50
23	公园东路二市口人行通道	40W 日光灯	40	18	18	/	78
24	公园东路深田路口人行通道	32W 吸顶灯	32	13	13	/	36
25	镇海路双十中学人行通道	40W 日光灯	40	18	18	/	48

续表

序号	区域	改造前灯具型号	改造前功率（W）	改造后功率（W）	初始投入功率（W）	设计调节功率（W）	改造数量（套）
26	鹭江道和平码头人行通道	40W 日光灯	40	18	18	/	87
27	鹭江道开元路口人行通道	40W 日光灯	40	18	18	/	60
28	仙岳路国贸金融中心人行通道	32W 吸顶灯	32	13	13	/	58
29	仙岳路湖边花园人行通道	32W 吸顶灯	32	13	13	/	52
合计							3416

项目节能改造后，经过第三方测试，人行通道年节电量为 23.3 万 kW·h，车行通道与道路路灯合计年节电量为 135.8 万 kW·h，项目合计节电量达到 159.1 万 kW·h。折合标煤 532.9 吨（折标系数：3.35tce/万 kW·h）。

2. 年节能效益

该项目工程年节电量为 159.1 万 kW·h，电费为 0.8313 元/kW·h，年节电费用合计 132.2 万元。

六、商业模式

该项目采用节能效益分享型模式，项目合同期为 8 年，在效益分享期内，厦门市市政工程管理处分享 10% 项目节能效益，节能服务公司分享 90% 项目节能效益。

七、投资额及融资渠道

项目投资额 385.5 万元，全部为节能服务公司自有资金。

重庆两江新区城市道路照明LED路灯节能改造工程

一、项目名称

重庆两江新区城市道路照明LED路灯节能改造项目

二、项目业主

重庆两江新区市政园林水利管护中心是两江新区管委会负责市政设施、环境卫生、园林绿化、农林水利管理维护建设发展等职能的直属事业单位，在市政管理局的指导下开展工作。

该项目主要涉及两江新区城区各街道、城市公园、工业园区扩展区、火车站等区域共计路灯22859盏，原路灯采用的是高压钠灯，功率有150W、250W、400W、1000W等。每年耗电量为3281.18万kW·h，电费1822.23万元。

三、项目实施单位

重庆两江智慧城市投资发展有限公司

四、案例内容

1. 技术原理及适用领域

该项目主要考虑在不造成环境污染的前提下，采用新型的LED灯具替换原有高压钠灯并建设智能路灯照明管控系统。

LED灯特点：半导体照明因其可靠性高、功耗低、寿命长、污染少、抗震能力强等优点被世界公认为节能环保的重要途径之一。LED灯具有发光效率高、灯具反射损失低、寿命长、安全性高、启动快、安装维护简便等优势。

智能路灯照明管控系统特点：系统实现图形化编程模式，真实展现、直观表达照明设施状况，精准设置故障监测参数，达到故障智能分析，精确定位，动态反映运行状态，实现实时监控和操控。实现市政路灯单灯、回路的远程控制，统计分析能耗数据，还能够实现自动（手动）线路巡检，主动排查线路、灯具故障并报警，更好解决电缆防盗、灯具异常的问题，实现按时按需分组控制、人员高效调度等。

开关灯时间控制特点：开关灯控制结合时控、光控和经纬度控制，从而有效控制冬日大雾天、下雨天的开关灯的时间问题。确保夏日相对延时开灯，提前关灯，实现精准控制，高效节能，便捷管理。

高压直流集中供电方案特点：对用电集中的高杆灯采用高压直流集中供电方案，将电源故障率较高的AC/DC置于地面，将故障率相对较低的DC/DC置于灯具里，从而大大降低高杆灯灯盘的升降频率，大幅度降低维护工作量。

该方案适用于市政照明领域。

2. 节能改造具体内容

该项目按照技术方案实施灯具替换，并配套建设智能路灯照明管控系统，实现路灯回路、单灯的远程控制（开关、调光），统计分析能耗数据，还能够实现自动（手动）线路巡检，主动排查线路、灯具故障并报警，更好解决电缆防盗、灯具异常的问题，实现按时按需分组控制、人员高效调度。

3. 项目实施进度

该项目于2016年8月5日开工，竣工验收时间为2017年7月10日，竣工验收后正式进入运营阶段。截至2017年11月整个系统运行良好、故障率低，路面亮度及照度均达到并高于设计标准；智能路灯照明管控系统运行稳定，平均每月巡检到约300条故障信息，并及时派发工单，故障处理率100%；运营至今对发生的市电断电128次、灯杆倾斜23次及时进行报警。截至2017年11月共节约电费约300万元，同时大幅提升了维修效率，降低维护成本。

五、项目年节能量及年节能效益

1. 年节能量

（1）改造前后系统（设备）用能情况及主要参数。

改造前原高压钠灯总功率为7550kW。每年耗电量为3281.18万kW·h，电费1822.23万元。

改造后LED灯具总功率为3750kW，平均每天照明时间普通路灯按8.5h计算，隧道灯按20h计算，项目总耗电量为1182.58万kW·h，年节约用电2098.6万kW·h。

（2）节能量计算方法及项目年节能量。

改造后，总耗电量为1182.58万kW·h，年节约用电2098.6万kW·h。按电力折标准煤系数0.33kgce/kW·h计算，该项目年节能量为6925.38tce标准煤。

2. 年节能效益

年节约电量约2098万kW·h，按两江新区路灯用电平均单价0.54元/kW·h计算，年节能效益约1133万元。

每年可节省更换灯具等备品备件和运行维护人工费用约480万元。

六、商业模式

该项目采用节能效益分享型合同能源管理模式，合同期10年，节能服务公司分享节能效益94%，业主分享节能效益6%用于支付智能路灯照明管控系统建设费用。灯具及智能路灯照明管控系统所有权归业主。

在合同期内，路灯运营维护由业主委托节能服务公司按照市场化标准实施维护。

七、投资额及融资渠道

该项目总投资1亿元，其中实施单位自筹资金2000万元，占总投资的20%，银行贷款7000万元，占总投资的70%，申请中央预算内投资补助资金约1000万元，占总投资的10%。

八、优惠政策

该项目满足资源节约和环境保护领域中央财政补贴要求，获得2016年中央预算内投资补助资金1000万元。

湖北省交通运输厅鄂西高速公路管理处沪渝高速鄂西段隧道LED照明改造合同能源管理项目

一、项目名称

湖北省交通运输厅鄂西高速公路管理处沪渝高速鄂西段隧道LED照明改造合同能源管理项目

二、项目业主

湖北省交通运输厅鄂西高速公路管理处成立于2009年9月,主要负责沪渝高速鄂西段、三峡翻坝高速和沪蓉高速宜巴段三条高速公路收费管理、路政执法、公路养护、服务区监管等工作。

沪渝高速鄂西段于2004年8月20日开工建设,2009年12月19日试运营通车。共有44座隧道设有照明,全线共有约45000盏高压钠灯,照明用电能耗居高不下,2013年、2014年、2015年年耗电量分别为4396.31万kW·h、4420.06万kW·h、4336.47万kW·h,年均耗电量达到4384.28万kW·h。

三、项目实施单位

江西省通用节能科技有限公司

四、案例内容

1. 技术原理及适用领域

该项目采用了公司参与研发、具有自主知识产权且荣获国家技术发明奖一等奖的硅衬底LED技术,同时使用了智能回路控制技术,主要由产品设备节能与管理节能两部分组成。

(1) 产品设备节能。

产品采用硅衬底LED作为发光源,硅衬底直涂技术对基板发射依赖性极小,即便是基板底部被污染发黑,光子损失也远低于同类产品,始终保证灯具的出光率,超高整灯光效达到130lm/W。通过独创除静电平面透镜进行二次配光,提供舒适均匀照明环境;业内首创内自由曲面、外平面型透镜对光源适应性更强,表面积尘后更容易清洁,保持良好的光学性能,且出光面无凸出,减少眩光,提高安全性。

(2) 管理节能。

使用基于控制电缆的调光控制方式,同时在洞外加装光强检测器。智能模式下,根据洞外亮度值实时对加强照明灯具进行调光,实现了真正的"按需照明"智慧管理,在LED节能的基础上二次节能。

2. 节能改造具体内容

沪渝高速鄂西段隧道全线共有隧道44座,大部分采用高压钠灯照明,照度差、能耗高。该项目通过采用合同能源管理"能源托管型"模式,对42座隧道总长300多公里区域的高压钠灯进行改造,共计安装LED隧道灯近45000盏。同时通过智能照明控制系统,实现真正按需照明,在LED灯具节能的基础上进行二次节能。此外在项目实施前,所有与项目相关的照明回路均加装三相互感器和电能表,在正常管理模式下测算照明电费与其余电费的比例值,通过远程抄表系统完成测算。项目实施后,照明效果更好,显色性更强,同时在隧道洞口采用色温较高的黄色LED灯,确保了洞口灯光的透雾效果,经检测项目总体节电率达到73.78%。

3. 项目实施进度

节能公司于2016年4月21日同湖北省交通运输厅鄂西高速公路管理处签订节能服务合同书;5月通过采用"先期试验,后期推广"的方式,在父子关隧道进行试验施工;7月前完成了改造范围内隧道照明的多回路远程计量系统的安装;7月21日全面开始改造施工。经过近7个月的艰苦施工,灯具安装工作于2016年12月4日全部完成,调光系统与远程计量系统于12月17日完成。2016年12月31日项目验收合格完成,2017年1月1日正式启动节能服务期运营,项目运营情况良好,光源运行平稳,使用状态良好。

五、项目年节能量及年节能效益

1. 年节能量

(1) 改造前后系统(设备)用能情况及主要参数。

第三方检测单位对抽检隧道改造前后灯具的能耗进行现场测试,以实测平均功率值作为全县42条隧道改造前后灯具的能耗。测试结果见表1。

表1 单灯功率测试结果

灯具类型	额定功率(W)	实测平均功率(W)	灯具类型	额定功率(W)	实测平均功率(W)
高压钠灯	400	443.52	LED灯	180	178.3
高压钠灯	250	283.26	LED灯	160	155.52
高压钠灯	150	175.96	LED灯	80	79.3
高压钠灯	100	124.48	LED灯	50	49.24

项目改造前灯具能耗情况见表2。

表2 改造前用能情况及主要参数

名称	灯具类型	额定功率(W)	实测功率(W)	亮灯时间(h)	数量(盏)	日耗电量(kW·h)	合计(kW·h/天)
42条隧道	高压钠灯	400	451.32	12	4760	25779.40	125822.80
	高压钠灯	250	281.76	12	2861	9673.47	
	高压钠灯	150	182.84	12	4010	8798.02	
	高压钠灯(加强)	100	122.95	12	7260	10711.40	
	高压钠灯(基本)	100	122.95	24	24014	70860.51	

项目改造后（分未调光、调光）LED 灯具能耗情况见表3、表4、表5、表6。

表3 未调光状态下项目改造后 LED 灯具用能情况及主要参数

名称	灯具类型	额定功率（W）	实测功率（W）	亮灯时间（h）	数量（盏）	日耗电量（kW·h）	合计（kW·h/天）
42条隧道	LED	180	178.33	12	7208	15424.83	54494.86
	LED	160	156.68	12	3447	6480.70	
	LED	80	80.07	12	527	506.36	
	LED（加强）	50	50.33	12	8645	5221.23	
	LED（基本）	50	50.33	24	22238	26861.72	

表4 未调光状态下项目节电量及节电率

名称	改前日耗电量（kW·h）	无调光的改后日耗电量（kW·h）	日节电量（kW·h）	节电率（%）
42条隧道	125822.80	54494.86	71327.95	56.69

表5 调光状态下项目改造后 LED 灯具用能情况及主要参数

名称	灯具类型	额定功率（W）	实测功率（W）	亮灯时间（h）	数量（盏）	调光比例（%）	日耗电量（kW·h）	合计（kW·h/天）
42条隧道	LED	180	178.33	12	7208	65	10026.14	30049.31
	LED	160	156.68	12	3447	65	4212.46	
	LED	80	80.07	12	527	65	329.14	
	LED（加强）	50	50.33	12	8645	65	3393.80	
	LED（基本）	50	50.33	24	22238	45	12087.78	

表6 调光状态下项目节电量及节电率

名称	改前日耗电量（kW·h）	无调光的改后日耗电量（kW·h）	日节电量（kW·h）	节电率（%）
42条隧道	125822.80	30049.31	95773.49	76.12%

（2）节能量计算方法及项目年节能量。

该项目第三方检测单位进行了完整的节能量审核工作，审核工作随机选取金龙隧道、岩湾隧道、葛耳山隧道和香炉山隧道等4条隧道作为抽检隧道。现场审核了抽检隧道改造前不亮灯具功率及数量、非照明负载设备功率及数量、灯具能耗情况、隧道照明合规性等内容。通过实抄电表数据计算法和单灯功率现场实测法分别计算抽检隧道节能量。

取 4 条抽检隧道的改造前平均亮灯率及灯具能耗测试结果作为全线 42 条隧道的改造前亮灯率及灯具能耗测试结果，并计算项目整体年节能量。

检测结果见表 7、表 8。

表 7　条抽检隧道的节能量审核结果

边界范围	节能量计算方法	改造前日耗电量（kW·h）	改造后日耗电量（kW·h）	日节电量（kW·h）	年节电量（kW·h）	节电率（%）
4 条抽检隧道	实抄电表数据	13449.76	3690.44	9759.32	3562151	72.56
	单灯实测法（未调光）	21015.06	8559.24	12455.81	4546370	59.27
	单灯实测法（智能调光）	21015.06	4392.07	16622.99	6067395	79.10

表 8　项目的节能量审核结果

边界范围	节能量计算方法	改造前日耗电量（kW·h）	改造后日耗电量（kW·h）	日节电量（kW·h）	年节电量（kW·h）	节电率（%）
42 条隧道	单灯实测法（未调光）	125822.80	54494.86	71327.95	26034701	56.69
	单灯实测法（智能调光）	125822.80	30049.31	95773.49	34957324	76.12

2. 年节能效益

项目实施后，未调光状态下节电率 57% 左右，年节电约 2603 万 kW·h，相当于节约标准煤 8591.4 吨，节约电费约 2498.9 万元；智能调光状态下节电率达 76.12%，年节电约 3495.7 万 kW·h，相当于节约标准煤 1.2 万吨，节约电费约 3355.9 万元。

六、商业模式

该项目采用能源费用托管型合同能源管理模式，对沪渝高速鄂西段隧道照明进行节能改造。项目合同服务期为 33 个月，自 2017 年 1 月 1 日正式进入节能服务期运营。在托管期托管费用分固定和绩效两部分，固定费用由业主按季度考核后向节能服务方支付；绩效考核部分费用根据年度节能效益情况进行支付：对全部照明计量电表抄表，核算计量时间区间内总耗电量，低于合同规定的能耗量基准值部分的 60% 作为绩效考核部分费用合同。合同期内，节能服务公司负责所有照明灯具、调光系统、计量系统的维护并对业主的设备管控进行监督，业主拥有所有照明及机电系统管控权并接受监督。合同期满后，项目所安装设备全部无偿转让业主。

七、投资额及融资渠道

项目总投资 4300 万元，全部为节能服务公司自有资金。

河池市凤山县城区 LED 路灯节能改造（PPP）项目

一、案例名称

河池市凤山县城区 LED 路灯节能改造（PPP）项目

二、案例业主概况

凤山县住房和城乡建设局负责全县城市建设的综合开发和管理，包括承担城市市政公用事业建设管理的责任。整个凤山县共有 5085 盏路灯（含高压钠灯、中华灯、景观灯、金卤灯），均为传统灯具，且全年开灯，每天开灯时间为 11 小时。

三、项目实施单位

广西桂物金岸制冷空调技术有限责任公司

四、案例内容

1. 技术原理及适用领域

路灯是城市照明的重要组成部分，传统的路灯常采用高压钠灯 360 度发光，光损失大造成了能源的巨大浪费。开发新型高效、节能、寿命长、显色指数高、环保的 LED 路灯对城市照明节能具有十分重要的意义。LED 路灯以定向发光、功率消耗低、驱动特性好、响应速度快、抗震能力高、使用寿命长、绿色环保等优势逐渐成为最有替代传统光源优势的新一代节能光源。

2. 节能改造具体内容

通过现场考察，凤山县城区共有 5085 盏中华灯及高压钠灯等。2015 年用电量 259.76 万 kW·h，能耗较高。改造方案为：16W–LED 球泡灯具代替 65W 中华灯及 60W 节能灯；

100W–LED 道路灯具代替 250W 高压钠灯；200W–LED 道路灯具代替 400W 高压钠灯；

400W–LED 道路灯具代替 1000W 金卤灯；LED 球泡灯代替传统节能灯。

3. 项目实施进度

项目于 2015 年 9 月开始立项，走政府采购流程，节能服务公司 2016 年 2 月通过公开招投标顺利中标。项目于 2016 年 3 月开工，因施工期间有部分路灯电缆老旧损坏需更换新电缆，所以工期顺延，2016 年 8 月 20 日完工并完成验收。改造后路灯系统运行良好。

五、项目年节能量及年节能效益

1. 年节能量

（1）改造前后系统（设备）用能情况及主要参数。

表1 改造前凤山县城区道路路灯主要照明设备用电量

序号	灯具名称	数量（只）	额定功率（W）	单灯实际耗电功率（W）	改造前年耗电（kW·h）
1	中华灯	2460	65	65	641998.5
2	高压钠灯	509	250	298	609003.23
3	高压钠灯	1297	110	132	687384.06
4	高压钠灯	40	150	180	28908
5	高压钠灯	4	400	480	7708.8
6	节能灯	70	60	60	16863
7	节能灯	247	40	40	39668.2
8	节能灯	300	65	65	78292.5
9	金卤灯	40	250	298	47858.8
10	金卤灯	88	1000	1200	423984
11	金卤地埋灯	30	110	132	15899.4
合计			2597568 kW·h		

表2 改造后凤山县城区道路路灯主要照明设备用电量

序号	灯具名称	数量	LED灯具功率（W）	改造后年耗电（kW·h）
1	LED球泡灯	2460	16	158030.4
2	LED路灯	509	100	204363.5
3	LED路灯	1297	40	208298.2
4	LED路灯	40	60	9636
5	LED路灯	4	200	3212
6	LED球泡灯	70	16	4496.8
7	LED球泡灯	247	16	15867.28
8	LED球泡灯	300	16	19272
9	LED投光灯	40	100	16060
10	LED投光灯	88	400	141328
11	LED地埋灯	30	40	4818
合计			785382 kW·h	

注：夏季亮灯时间为：19:00至次日6:00，冬季亮灯时间为：18:00至次日7:00。

以上数据中"年耗电"是按全年365天，每天开灯11小时计算，实际情况以业主运行时间为准，此表仅为参考之用。

（2）节能量计算方法及项目年节能量。

改造前后用电量计算公式＝单盏灯具实际用电量×数量×11h/天×365天；

凤山县城区共有路灯灯具5085盏（含高压钠灯、中华灯、金卤灯），改造前灯具总功率646.966 kW，采用LED灯具后灯具总功率为195.612kW。

节能率＝（646.966－195.612）kW÷646.966 kW＝70%；

年节电量＝2597568 kW·h×70%＝1812186 kW·h，折合标准煤598吨。

2. 年节能效益

当地电价0.9005元/kW·h，年节能效益163万元。

六、商业模式

该项目采用合同能源管理节能效益分享型＋PPP模式运作。

PPP模式：由县人民政府授权相关职能部门开展项目立项、可研编制、勘察、设计等前期工作，县公共资源交易中心通过政府采购公开招标形式确定社会资本投资人，节能服务公司中标后与县人民政府授权相关职能部门签订特许权协议。特许权合同到期，县人民政府按合同支付完社会投资人的投资，合同终结，项目到期后路灯资产移交政府。

节能效益分享型合同能源管理：项目由节能服务公司全额投资，保证节能效果，县财政将节能效益分享款支付给节能服务公司。节能效益分享期为3年，节能服务公司与业主的分享比例为95%：5%。

节能效益分享期内，设备所有权归节能服务公司所有，节能服务公司全权负责设备的日常维护、保养、光源更换等，3年期满，所有权归业主所有。

七、投资额及融资渠道

该项目投资额838.18万元，全部为节能服务公司自有资金。

四会市 LED 绿色照明合同能源管理项目

一、项目名称

四会市 LED 绿色照明合同能源管理项目

二、项目业主

业主为四会市城市管理和综合行政执法局(原四会市城市综合管理局),是四会市市政公用事业的行政主管部门,负责制订城市灯光环境、公共灯饰的发展规划,组织城市灯光照明、公共灯饰的建设和指导、监督有关单位的路灯、灯饰维护和管理。

项目改造边界为 81 条路段共 7292 盏高压钠灯,其中 400W 高压钠灯 166 盏,250W 钠灯 3430 盏,150W 钠灯 1675 盏,85W 节能灯 459 盏,70W 钠灯 1372 盏,45W 节能灯 190 盏。灯具照明时间为正常模式(不调光模式)每天 11 小时(每年 4015 小时)。

三、项目实施单位

南方电网综合能源有限公司

四、案例内容

1. 技术原理及适用领域

发光二极管(LED)是一种能够将电能转化为可见光的固态半导体器件。它由两个半导体(P 型和 N 型半导体)和中间一个有源层组成。当它两端加上正负电压时,电子开始移动并和空穴(带正电的离子)结合产生辐射光,即直接把电转化为光。

LED 的核心部分是 PN 结(在 P 区和 N 区的交界面形成空间电荷区称 PN 结),P 区带过量的正电荷(通常称"空穴"),N 区带过量的负电荷(电子)。当正向导通的电压加在这个半导体材料的 PN 结上时,电子就会从 N 区向 P 区移动,空穴从 P 区向 N 区移动,在 P 区和 N 区的交界处电子和空穴发生复合,即电子和空穴就会被推向量子阱,在量子阱内电子跟空穴复合,复合过程中能量就会以光的形式从 LED 中发射出来。

LED 必须经过封装后才可以使用,封装一方面可以保护 LED 芯片,另一方面通过在封装材料中添加不同的荧光粉可以得到不同色温与显色指数的 LED 灯珠,根据使用的不同,LED 封装具有多种封装形式。

LED 光源通过一定的光学与结构设计并配上合适的电源可以形成不同类型的 LED 灯具。相比传统照明灯具,LED 灯具具有光效高、寿命长、绿色环保、颜色丰富、显色指数高、耐震动等优点。

2. 节能改造具体内容

项目改造前,道路照明采用的光源类型以高压钠灯为主,光源寿命短,灯具发光效率低,用电能耗大，更换成本高。

通过采用高光效的LED灯具对原有灯具进行整灯替换，解决了上述问题，LED光源芯片寿命在10万小时以上，确保了LED光源可使用时间达10年以上，低能耗使项目节省电费支出达60%以上，同时大幅减少了灯具运维费用支出，节能减排效果显著。

3. 项目实施进度

该项目自2015年6月开工，2016年11月通过竣工验收，据第三方节能检测评估机构检验，对项目现场12条路进行了路面平均照度、路面照度均匀度等关键质量指标进行的检验结果显示：改造后灯具运行情况良好，各项指标均达到国家相关标准（见图1）。

工业和信息化部电子第五研究所

中国赛宝实验室 赛宝质量安全检测中心

检 验 报 告

报告编号：T1505WT8888-00739-03　　　　第 3 页 共 16 页

产品名称	现场路面测试（LED路灯）	样品型号	/
		商　　标	/
生产单位	肇庆市宝丽光电科技有限公司	检验类别	委托检验
委托单位	四会市城市综合管理局	检验地点	详见本报告第9页"道路名称"
生产方地址	肇庆高要市白诸镇白诸工业园1号		
委托方地址	肇庆四会市会城新行政中心四会市建设大楼内		
送样数量	12条路	送样日期	2016年7月19日
送样者	委托单位	完成时间	2016年9月21日
检验环境	现场测试，详见报告第10-15页"现场测试温湿度"		
检验项目	路面平均照度、路面照度均匀度		
检验依据	(1) CJJ 45-2006《城市道路照明设计标准》 (2) CIE 140-2000《Road Lighting Calculations》 (3) GB/T 5700-2008《照明测量方法》		
检验结果	详见本报告第9页.		
检验结论	合格		
说　明	/		

主检：　　　　审核：　　　　批准：

职务：主任

日期：2016年9月21日　　日期：2016年9月21日　　日期：2016年9月21日

图1 检验报告

五、项目年节能量及年节能效益

1. 年节能量

（1）改造前后系统（设备）用能情况及主要参数。

改造前：共7292盏高压钠灯，其中400W高压钠灯166盏，250W钠灯3430盏，150W钠灯1675盏，85W节能灯459盏，70W钠灯1372盏，45W节能灯190盏。

改造后：共7070盏LED路灯，其中180WLED路灯1965盏，120WLED路灯2246盏，60WLED路灯838盏，40WLED路灯1831盏，20WLED路灯190盏。

（2）节能量计算方法及项目年节能量。

节能量计算方法采用单灯功率现场实测法，即对改造前各条道路所使用的传统光源的整灯功率（含用电损耗）进行实测，作为改造前的能耗基准。改造后采用同样的方法对各条道路所使用的 LED 灯具的整灯功率（含用电损耗）进行实测，作为改造后的能耗水平。两者之差即为项目的节能量。

据第三方节能检测评估机构审核，项目改造前能耗基准为 580.06 万 kW·h/年，改造后能耗为 223.49 万 kW·h/年，项目年节省电量为 356.57 万 kW·h，折合标准煤 1177 吨，年节电率为 61.47%。

2. 年节能效益

节约能源品种主要是路灯使用所产生的电力耗能，当地电价 0.8455 元/kW·h，通过项目的实施，年节能效益 301.47 万元，10 年合同期节能效益 3014.7 万元。

六、商业模式

项目采用合同能源管理节能效益分享型模式，由节能服务公司负责项目的投融资、灯具采购、工程实施以及售后服务，委托第三方节能检测评估机构对项目节能量、质量进行评估，节能服务公司分享项目 80% 的节能效益（业主 20%），合同期 10 年，按季度收取节能效益款，项目节电率不低于 50%。

设备所有权：10 年项目投资回报期结束后，节能服务公司将投资的 LED 灯具无偿移交给业主方。

运营维护：节能服务公司按合同约定要求提供备品备件，具体维护工作仍由业主组织开展。

七、投资额及融资渠道

该项目投资额 2433 万元，其中投资总额的 30% 为节能服务公司自有资金，投资总额的 70% 通过银行融资获得。

增城市中心城区荔城街、增江街 LED 路灯节能智能化改造合同能源管理项目

一、项目名称

增城市中心城区荔城街、增江街 LED 路灯节能智能化改造合同能源管理项目

二、项目业主

业主单位为广州市增城区路灯管理所。广州市增城区路灯管理所是广州市增城区城乡建设管理局下属的事业单位，主要负责区内城市路灯的建设、改造及维护工作。

三、项目实施单位

广州荣文能源科技有限公司

四、案例内容

1. 技术原理及适用领域

该项目采用基于电力线载波通信技术的物联网智能路灯，与公共无线网络紧密结合，形成物联网智能路灯控制系统，主要由设备节能与管理节能两部分组成：

（1）设备节能。

物联网智能路灯控制系统可兼容 LED、超级钠灯、白光钠灯等高效率光源。本项目采用物联网智能 LED 路灯及符合国家标准的小功率 LED 节能灯（玉米灯）。该路灯采用集成封装 LED 模组（COB 封装），色温 3100K 以下；超高光效，整灯光效 128lm/W 以上。采用 65W/120W/150W 的物联网智能 LED 路灯即可替代原 150W/250W/400W 普通高压钠路灯。设备部分可实现 40% 以上节能效果。

（2）管理节能。

在内置于 LED 智能路灯的智能通信模组中安装的智能芯片，为每一套灯进行命名识别，使用 LonWorks 电力线载波通信技术将它们连成可控的路灯网络，然后利用智能控制基站中的智能服务器，收集智能芯片中的路灯数据并加以处理，借助公共无线网络（3G/4G）与路灯管理中心通信，最后通过路灯管理软件，实时远程对每一套灯的智能控制、实时监控、故障预警、能耗分析等"按需照明"智慧管理。可实现路灯管理节能 25% 以上。

该技术适用于城市道路照明领域。

2. 节能改造具体内容

该项目对增城市中心城区荔城街、增江街 13364 套公共路灯进行升级改造。采用物联网智能 LED 路灯更换原有高耗能高压钠灯具，并在照明配电柜加装物联网智能控制基站，实现物联网

智能路灯控制系统的组网，无须重新布线，易执行。

被改造的路灯照明终端设备包括安装于照明电力线路终端、通过发光实现照明功能的设备，包括电光源、驱动、灯具及配件等与设备能效有关的部件组合，但不包括安装此终端设备需要的支架或装饰件等非能效部件，如灯杆、装饰性部件等。

3. 项目实施进度

该项目于 2015 年 2 月 1 日开工，2015 年 5 月 27 日完工，5 月 29 日完成竣工验收，6 月正式开始收取节能收益，目前项目正常运行。

五、项目年节能量及年节能效益

1. 年节能量

按照招标文件及项目合同要求，由合同双方共同确认项目边界范围，并聘请第三方能源审计机构确认本项目边界范围内的耗能基数为 1174 万 kW·h/年，全年电费总数近 1089 万元（电费单价暂按 0.9278 元/kW·h 计算），则平均月耗能基数为 97.83 万 kW·h。因每月实际亮灯时间不同，为更准确确定该项目能耗基准及节能收益，该项目节能耗能基准的确定如下：

月耗能基准 = 改造前标称功率 × 灯具数量 × 经第三方审核机构确认的电量折算系数 1.3 × 实际亮灯时间

根据节能量确认单数据可知，2015 年 6 月份至 2015 年 11 月份 6 个月共节约电能 3764835.36kW·h，平均月节约电能 627472.56kW·h，平均年节约电能 7529670.72kW·h，平均节能率 65%，折算成标准煤为 2485 吨。

2. 年节能效益

该项目电费单价为 0.9278 元/kW·h，平均年节能量 753 万 kW·h，实现年节能效益 698 万元。

六、商业模式

该项目采用节能效益分享型合同能源管理模式改造，合同期为 10 年，全部投资由节能服务公司负责，节能服务公司向用能单位提供的投资全部为实物及相关的技术服务，包括技术咨询、能源审计、发展规划、系统设计、智慧路灯供应、投资、施工安装到运营管理等。

该项目 10 年效益分享期，用能单位分享节能收益的 10%，节能服务公司分享 90%，平均节能率 65%、亮灯率 98% 以上。

七、投资额及融资渠道

该项目合同金额 1954.36 万元，实际固定资产投资 1926.33 万元，经广州农村商业银行股份有限公司增城支行申请，该支行对该项目贷款 1700 万元，用于支付采购 LED 智能路灯货款，该项目企业自筹资金 254.36 万元。

九江市城区道路路灯升级节能改造及和中广场亮化提升改造项目

一、项目名称

九江市城区道路路灯升级节能改造及和中广场亮化提升改造项目

二、项目业主

九江市市政公用设施管理局前身为九江市市政工程公司，成立于1973年，2012年更名为九江市市政公用设施管理局，是具有独立法人资格的副处级事业单位，专业管理、养护城市道路、人行道、排水、路灯、景观灯、桥梁、排污泵站、污水处理厂等市政设施。下设办公室、党宣办、技术科等9个职能科室和道路维护管理所、排水维护管理所、路灯维护管理所等12个下属部门。在职职工184人，拥有各类技术管理人员125人，其中工程类专业技术人才85人，拥有各种施工机械设备97台（套），同时配有近8200平方米办公大楼和若干生产基地。

随着城市的扩大，该局承担的市政设施管养量分别达到了车行道332万平方米、人行道131万平方米、排水管道414千米、路灯21000盏、景观灯17000盏、桥梁32座、泵站3座、地下通道2处。

三、项目实施单位

中节能晶和科技有限公司

四、案例内容

1. 技术原理及适用领域

LED是发光二极管的简称，因其是一种固态冷光源，具有工作电压低、耗电少、发光效率高、使用寿命长等特点，成为节能照明领域的主流。目前，白炽灯的寿命为1000~2000小时，LED灯的理论寿命长达10万小时；与白炽灯相比，LED灯在同样的亮度下节能80%以上，与荧光节能灯相比节能50%以上。项目采用的LED灯具适用于城市所有主次干道及支路道路照明。

光源方面：硅衬底LED光源中不含有汞、钠等有害元素，不会对环境造成污染；光谱中没有紫外线和红外线的辐射，同时废弃物可以回收，可以称为真正的绿色光源。

省电方面：对比改造前的传统路灯，功率方面有很大的减少，降低55%以上，配合数字控制，能在满足不同时段照明要求情况下最大可能地降低功率，节省电能，通过策略调光用电可再节省20%以上。按照我国火力发电的情况来看，每盏LED路灯10年可减少大量的二氧化碳和二氧化硫的排放量，也可以减少燃煤量。

维护方面：由于LED寿命长、可靠性好、散热强，在光源、电源、控制器等方面的更换次数会大大减少，防止资源能源的浪费。

智能控制方面：项目智能控制系统采用的是典型的物联网架构，其中应用层是基于 B/S 架构的软件系统，服务器端软件可以架设在云平台从而使客户端管理可以基于泛在网络的远程监控、远程开关、远程调光、策略控制、免人工巡检和故障自动报警功能；传感层采用的是 PLC 单灯控制终端，具备电流、电压、温度、有功功率、无功功率检测功能，有 1 路开关和 0~10V 调光信息输出的功能，具有过流保护、灯具运行状态检测、缺省亮灯功能，同时传感层还可以接入如照度传感器等传感设备采集如光照等环境数据，使系统能像人体的神经一样感知外界环境，这些数据被利用后可以通过策略联动实现系统开启、熄灭、调光等自主控制。

2. 节能改造具体内容

九江市城区道路路灯升级节能改造项目是硅衬底规模化应用项目之一，所用光源为自主知识产权的"硅衬底高光效 GaN 基蓝色发光二极管"技术所生产的硅衬底 LED 光源。硅衬底 LED 芯片散热好，产品抗静电性能好，寿命长，可承受的电流密度高，适用于大功率 LED 照明；硅衬底芯片应用于道路照明灯具平均光效可达 140lm/W 以上，光效可达 140~150lm/W，相较于老旧钠灯，光效提升将近一倍。

项目改造范围内的道路，设计照度值参照国家道路标准，未参照原有功率值，设计功率满足照度要求；对九江市区内的重点主干道：设计照度 30lx 以上；其余主干道：设计照度 20lx 以上；次干道：设计照度 15lx 以上；支路：设计照度 8lx 以上。在项目前期对改造涉及的道路进行细致的勘察，再通过专业照明设计软件 DIALUX4.13，结合国家道路照明标准，对道路进行照明模拟，对应设计照度，计算设计功率。

主要技术参数：光源采用硅衬底陶瓷封装 LED 灯珠，结温不超过 85℃，灯具平均光效 140lm/W，色温 3000K，显色指数 70，色品容差不大于 7SDCM，光学透镜采用半截光型、非成像二次配光透镜，独特的透镜与灯罩一体化设计，透镜阵列同时担当聚光与防护的作用，避免了光的重复浪费，降低了光的损耗，透镜能经受清洗，搬动不变形；隔离电源输入交流电压 90~305V，防浪涌等级达到 10kV，通过 3C 认证，并且此系列电源智能可调，支持 0~10V/PWM/时控三合一调光，灯体采用优质铸铝（或铝合金），保证耐高温、耐腐蚀、耐老化；鳞片式结构设计，可有效增加对流散热，降低灯具 Ts 温度，降低 LED 结温，从而为 LED 提供持续稳定的工作环境，控制 LED 寿命性光衰；有独立的电器腔用于安装电源；灯具功率因数≥0.95，整灯安全性能符合 GB7000.5（GB7000.1）要求，整灯防护等级 IP65 及以上，防触电保护型式 ClassⅠ，灯具在 -35℃~55℃，湿度 10%~90% 的条件下能正常工作，使用寿命 >50000h，10000h 光通维持率 >95%。

3. 项目实施进度

项目于 2020 年 3 月 27 日开工，2020 年 7 月 20 日竣工，包含九江市濂溪区和浔阳区主次干道及背街小巷路灯节能改造，约 140 条道路主次干道的路灯设施，通过设计、整合、优化，采用 LED 灯替换原有高能耗灯具，共计 16784 盏灯具。合同能源管理运营期 10 年，目前项目正常运行。

五、项目年节能量及年节能效益

1. 年节能量

根据招标文件给出的改造替换清单及灯具亮灯时间统计,九江项目改造范围内路灯改造前总功率2560.235kW,改造后总功率1345.824kW;因招标文件内要求杭瑞高速原有699盏150W钠灯改造后全部提升功率到200W,不纳入路灯节能率考核,故在此次理论分析中将杭瑞高速改造前后灯具总功率去除(改造前总功率115.335kW,改造后总功率139.8kW),具体数据见表1。

表1 项目节能量分析

序号	项目	改造前	改造后
1	项目范围内灯具总功率(kW)	2560.235	1345.824
2	杭瑞高速总功率(kW)	115.335	139.8
3	去除杭瑞高速后总功率(kW)	2444.9	1206.024
4	日耗电量(kW·h)(按每天亮灯时间11h计)	26893.9	13266.264
5	年耗电量(kW·h)(以365天计)	9816273.5	4842186.36
6	年节电量(度)	—	4974087.14
7	节电率	—	50.67%

由表1可见,在相同规模且同时达到城市道路照明标准的前提下,该工程每年可节约电能约497万kW·h,折合标准煤1525.79tce。

2. 年节能效益

该工程每年可节约电能约497万kW·h,电费0.7333元/kW·h,年节能效益364万元。

六、商业模式

该项目采用节能效益分享型合同能源管理模式,合同期10年。节能服务公司的节能效益分享比例为88%。合同期内设备所有权为节能服务公司,运营期满后,在保证设施完好的情况下全部移交给业主单位。质保期自该项目竣工验收合格之日起计算,质保期为10年。

七、投资额及融资渠道

项目投资额979.55万元,其中179.55万元为自有资金,800万元为银行节能贷款。

福银高速南平段隧道灯具 LED 节能改造合同能源管理项目

一、项目名称

福银高速南平段隧道灯具 LED 节能改造合同能源管理项目

二、项目业主

南平福银高速公路有限责任公司隶属福建省交通运输厅下属的福建省高速公路集团，对南平高速公路的投资、建设、收费、管理负责；实施高速公路道路养护、路障清理、机电系统和交通配套设施的管理维护，服务（停车）区综合开发、管理；建筑材料、机械设备销售，苗圃绿化；广告位租赁等。

三、项目实施单位

广东荣文科技集团有限公司

四、案例内容

1. 技术原理及适用领域

为推动节能改造、促进节能减排，对福银南平段隧道基本照明、加强照明以及隧道口路灯等高压钠灯具进行改造，全部更换为 LED 绿色节能照明产品，并实现智能化管理及市场化养护。

2. 节能改造具体内容

对隧道基本照明、加强照明以及隧道口路灯等高压钠灯具进行改造，全部更换为 LED 绿色节能照明产品，改造数量为 3742 盏。

（1）灯具替换。

选用进入广东省 LED 标杆产品目录、所有技术参数完全符合招标文件要求的物联网智能 LED 路灯，按照招标文件及国家相关的技术规范和照度标准要求，通过现场勘察并应用选用的灯具参数进行各道路照度模拟计算得出替换的 LED 路灯功率，然后在招标范围建设样板段安装样板灯具进行现场效果检测，确保改造后的 LED 路灯各项技术参数符合招标文件要求，路面照度满足《城市道路照明设计标准》的要求，再对此次招标的 3742 套灯具（具体数量以实际为准）按招标文件要求予以整灯更换，实际使用时加上物联网智能路灯控制系统配套使用。

（2）管理系统。

增设物联网智能路灯控制基站，打造完善的灯具管理平台，保证所改造的全部灯具纳入物联网智能路灯控制系统，并使用具有自主知识产权的物联网智能路灯控制系统，实现用能隧道改造的 3742 套灯具的智慧化管理。

(3) LED 路灯产品升级换代。

①LED 灯具采用模组化设计，灯具发光效率高，技术先进，性能可靠。

②LED 芯片光效在现有水平提升 20%，达到 180lm/W 时或在项目实施 4 年后在现有灯具上直接更换更高效的 LED 光源模组，提高节电率。

③智能 LED 灯具配有独立的控制节点，节能服务公司承诺终身免费升级控制软件；系统升级完全不影响项目的正常运行。

④智能化控制系统实现 LED 灯具光源全生命周期监测。通过物联网智能路灯控制系统光源寿命监测模块，对所使用的 LED 路灯进行全寿命精细化管理，实时了解每一盏 LED 路灯的运行情况，当出现光衰时系统自动报警，提醒维护人员进行灯具更换升级。

⑤合同期满后，在保证亮灯率 100% 系统运行正常的情况下移交业主。

3. 项目实施进度

该项目于 2019 年 3 月 1 日开工，2019 年 5 月 30 日完工，运行正常。经验收，亮灯率达 100%，符合合同要求的 99% 以上；节能率 70.77%，节能效果优；隧道照明系统运行稳定，各段面照度值符合 JTG/TD70/2-01—2014《公路隧道照明设计细则》规范要求。

五、项目年节能量及年节能效益

1. 年节能量

根据节能量确认单数据可知，2019 年 10 月至 2020 年 10 月共节约电能 231 万千瓦时，折算成标准煤为 694 吨。

2. 年节能效益

该项目年产生节能收益 113 万元。

六、商业模式

该项目采用节能效益分享型合同能源管理模式，合同期 8 年，合同期内节能收益 10% 归业主所有，90% 归节能服务公司所有。

该项目合同到期并且用能单位付清本合同约定全部节能收益之前，该项目下的所有由项目实施方采购并安装的设备、设施和仪器等财产（简称"项目财产"）的所有权属于项目实施方。该合同顺利履行完毕之后，该项目财产的所有权将无偿转让给用能单位，节能服务公司应保证该项目财产正常运行。

所有灯具在合同约定维护保养期间使用的维护、保养由节能服务公司负责，并由节能服务公司承担维护保养的费用。但因人为或不可抗力因素导致损毁的灯具及供电电缆均不属于节能服务公司免费维修的范围。

七、投资额及融资渠道

该项目投资额 500 万元，为节能服务公司自有资金。

其他公共设施

深圳地铁线路及所属物业照明和广告灯箱节能改造合同能源管理项目

一、案例名称

深圳地铁线路及所属物业照明和广告灯箱节能改造合同能源管理项目

二、案例业主

深圳市地铁集团有限公司注册资本29.9亿元人民币,经营范围为城市轨道交通项目的建设运营、地铁资源和地铁物业的综合开发。深圳市地铁集团作为深圳市国有资产监督管理委员会授权经营的国有独资大型企业,是承担深圳市城市轨道交通投融资、建设、运营和国有资产保值增值的独立法人实体。

三、项目实施单位

南方电网综合能源有限公司

四、案例内容

1. 技术原理及适用领域

随着近年来轨道交通运营里程和承载客流的增长,地铁运营能耗呈刚性上升的趋势,运营能耗作为为满足地铁服务所必需的能耗,在地铁总体运营成本构成中占到36.7%,地铁节能势在必行。

照明设备是地铁用能设备的重要组成部分,深圳地铁地下站点众多,白天也需要由照明系统提供人工照明,站点实际照明时间超过18小时,照明系统能耗较大。根据现场测试分析,照明系统能耗约占动力能耗的17%~28%,占地铁运营总能耗的10%~15.6%。

LED灯具作为新一代新型高效节能照明产品,和传统灯具相比,节能达50%以上。LED照明已经在地铁中得到了成功的应用,2012年广州地铁开始大规模进行节能改造,其核心内容即采用LED光源替换现有的传统照明光源。蛇口线是国内第一条全线车站、车辆段主照明采用LED光源的地铁,其照明系统能耗明显低于深圳地铁其他线路,站厅、站台照明的舒适程度和环境感观也优于其他线路,具有重要的指导意义和示范作用。

2. 节能改造具体内容

深圳地铁开工较早,改造前为传统照明光源,以T8荧光灯管、T5荧光灯管、紧凑型荧光灯为主。

该项目计划公共区照明改造、广告灯箱节能改造的灯具总数量约为207595套,高压钠灯和金卤灯数量约6283套,总计节能改造的灯具数量约213878套;1号线续建,3、5号线车站照明系统能源计量改造工程,改造现有照明配电箱与新增照明计量表箱约1838个。具体范围如下:

公共照明系统:地铁1、3、5号线的(站厅层、站台层、车控室和设备房及车辆段等区域)公共照明系统(含部分自有物业);

广告灯箱系统:地铁1、2、3、5号线非LED的广告灯箱;

计量改造系统:地铁1号线续建,3、5号线车站照明系统的计量改造。

3. 项目实施进度

项目于2014年8月4日正式开工,2015年11月竣工并通过验收。

五、项目年节能量及年节能效益

1. 年节能量

表1 改造前后系统(设备)用能情况及主要参数

序号	区域	现有灯具	测算功率(W)	灯具数量(盏)	替换后灯具	额定功率(W)	灯具数量(盏)
1	广告灯箱	T5 1.5m	39	89284	LED模组	23	89284
2	应急照明	T8灯管	40	11149	T8 LED灯管	15	11149
3		T5灯管	31	5160	T5 LED灯管	15	5160
4		筒灯	36	1287	LED筒灯	12	1287
5	公共区域非应急照明	T8灯管	40	23409	T8 LED灯管	15	23409
6		T5灯管	31	10033	T5 LED灯管	15	10033
7		筒灯	36	3862	LED筒灯	12	3862
8	设备区普通照明	T8灯管	40	10835	T8 LED灯管	15	10835
9		T5灯管	31	4643	T5 LED灯管	15	4643
10	地铁物业	T5灯管	31	34388	T5 LED灯管	15	34388
11		筒灯	32	8695	LED筒灯	12	8695
12		金卤灯	275	5632	LED工矿灯	135	5632
13	地铁物业应急灯	T5灯管	31	3890	T5 LED灯管	15	3890
14		筒灯	32	960	LED筒灯	12	960
15	合计			213227			213227

表2 节能量计算方法及项目年节能量

序号	项目名称	单位	改造前	改造后	节省
一	经济效益				
1	每年电费	万元	4073.30	2092.21	1981.09
2	年灯具更换费用	万元	106.61	0.00	106.61
	合计	万元	4179.92	2092.21	2087.71

续表

序号	项目名称	单位	改造前	改造后	节省
二	节能减排效益				
1	照明负荷	kW	9142.45	4544.11	4598.35
2	年电量	万 kW·h	4301.27	2209.30	2091.97
3	年节约标准煤	t	—	—	7321.89
4	年减排碳粉尘	t	—	—	4978.88
5	年减排二氧化碳	t	—	—	18241.96
6	年减排二氧化硫	t	—	—	550.19
7	年减排氮氧化物	t	—	—	274.05

由表 2 可见，完成项目改造后可以降低照明负荷 1598.34kW，每年节约电量 2091.97 万 kW·h，相当于节约标准煤 7321.89 吨。

2. 年节能效益

项目电价 0.947 元/kW·h，在灯具全开使用的情况下，预计每年可节约用电 2091.97 万 kW·h，每年可节约 1981.09 万元。

六、商业模式

该项目采用节能效益分享型合同能源管理模式运行，每半年为一个支付周期，节能效益分享期为 5 年。每两月双方共同对改造的车站（或其他改造单元）进行节能效果统计，并在下一个月的 5 日前完成对节能效果和节电量分成的确认。节能服务公司与用能单位分享比例为 7:3。

七、投资额及融资渠道

该项目投资额 7362.30 万元，全部由节能服务公司负责。

北京地铁 8 号线、9 号线地下车站通风空调系统节能改造项目

一、项目名称

北京地铁 8 号线、9 号线地下车站通风空调系统节能改造项目

二、项目业主

北京市地铁运营有限公司是大型国有独资企业,在职员工 3 万余名。所辖运营线路共计 15 条,运营总里程 554 公里,运营车站 278 座。

轨道交通系统是城市的耗能大户,主要用能设备分为列车牵引用电和车站动力照明用电。动力照明用电主要分为通风空调设备用电、照明用电、电扶梯用电、给排水用电、弱电系统用电。根据 2014 年的数据统计,北京城市轨道交通系统年能耗 14 亿 kW·h 电,约相当于 73 万户 3 口之家的一年耗电量。

三、项目实施单位

同方泰德国际科技(北京)有限公司

四、案例内容

1. 技术原理及适用领域

地铁节能专家系统是集节能控制、能源管理和节能诊断服务等多项功能于一体的中央空调控制系统,适用于轨道交通各类通风空调系统的节能控制与管理,7×24 小时值守的节能专家系统。该系统的核心技术包括自主的"机器学习节能控制工艺"与"KPI 指标体系能源管理"两项创新性节能技术:

(1)机器学习节能控制工艺。

系统可自动跟踪和学习车站的运行规律和负荷变化特点,以室内温湿度为目标,以室外干、湿球温度为边界,实时调整运行模式和设备出力,整体优化冷量输配链,在满足室内环境需求的前提下,有效降低环控系统的运行能耗。针对车站环控特点,该工艺经过专门优化,能够长期维持控制过程的稳定可靠,可实现综合节能率 30%~70%。

(2)KPI 指标体系能源管理。

车站通风空调系统的三级指标体系——精细化管理+能耗专家诊断

一级指标:车站总能耗水平

二级指标:车站分系统能耗水平

三级指标:能耗高关联的物理问题

KPI 指标体系将车站能耗数据转化为无量纲、无数量级差别的指标体系。基于总能耗与分项能耗计量数据，系统可自动计算地铁能耗指标体系中各项指标的实时值和历史值，同时，系统还可以给出各项指标的理想参考值。通过这些指标的实时分析、历史分析与横向对比，完成地铁车站用能指标的横向与纵向评比。节能专家诊断策略可以及时发现能耗问题，保证地铁环控系统长期运行在节能高效的状态。

2. 节能改造具体内容。

（1）改造前存在的问题。

系统运行能耗大：系统运行模式不合理、智能化程度低、节能手段单一。系统设置构成复杂、占地空间大；车站规模大，系统设置相互独立、系统集成度较低。缺乏运行数据及能耗监测手段，车站计量系统不完善、缺乏定量化考核指标，后期运维工作量大。

（2）改造工艺。

该项目施工改造工程包括三部分：

①工艺改造。

对北京地铁8号线、9号线增加室内外温湿度传感器、风管温湿度传感器、水管温湿度传感器、水管压力传感器、二氧化碳传感器。

北京地铁8号线：奥支线三站（奥林匹克公园、奥体中心、北土城）大系统风机、冷冻泵、冷却泵增加节能变频柜。霍营站换乘大厅对送排风机增加节能变频柜。

北京地铁9号线：对冷冻泵增加同方节能变频柜（除郭公庄站、六里桥东）。对小系统大于10kW风机的风机增加节能变频柜。

②增加车站节能控制系统。

在北京地铁8号线、9号线各车站增加一套地铁节能专家系统。

③建设线路节能中心。

为8号线、9号线分别建设线路中心集中监管系统。

3. 项目实施进度

开工时间2016年3月15日，投运时间2016年6月1日。系统运行稳定，节能效果显著。

五、项目年节能量及年节能效益

1. 年节能量

通过对每台耗能设备加装智能电表，采集电表数据，确认实际的节能量。

表1　北京地铁8号线、9号线在合同期内年节能量和节能效益

线路	改造前年耗电量（万 kW·h）	改造后年耗电量（万 kW·h）	改造后年节电量（万 kW·h）	改造后年节电费（万元）
8号线	2138.4	1283.1	855.4	735.2
9号线	2510.4	1580.5	929.9	799.2
合计	4648.8	2863.6	1785.3	1534.4

年节能量1785.3万 kW·h，折合标准煤5819.75tec。

2. 年节能效益

当地电价 0.8595 元/kW·h，年节能效益 1534.4 万元。

六、商业模式

该项目采用合同能源管理节能效益分享型的商务模式。合同自 2016 年 3 月 15 日开始生效，8 年分享期结束后终止。自节能效益分享期起始日起，甲方开始支付乙方节能效益，分享期共计 8 年。分享期内，甲方享受节能收益的 15%，乙方享受节能收益的 85%。到期后设备所有权及运营维护归属甲方。

七、投资额及融资渠道

该项目投资额 9161 万元，资金来源为节能服务公司自有资金。

西气东输一线延川压气站燃机余热利用 1×7.5MW 发电项目

一、项目名称

西气东输一线延川压气站燃机余热利用 1×7.5MW 发电项目

二、项目业主

中国石油西气东输延川压气站

三、项目实施单位

延川天壕力拓新能源有限公司

四、案例内容

该项目利用压气站燃气轮机压缩机排放的高温废气来实现发电，有效回收了外排的高温废气。

锅炉选用双压立式余热锅炉，汽轮机选用补气式汽轮机，提高热力循环系统效率，保证余热最佳利用。

合理布置尾气管道，主蒸汽管道、补气管道，有效降低压力损失，设备平面布置采取位差，减少输送泵设备，降低用电量。

汽轮机组采用双压空冷凝汽式汽轮机，具有运行稳定、耗水率低的特点。汽轮机的通流部分采用先进的三维流、四维流设计计算，对汽轮机内部的动、静叶片进行优化设计，减少汽轮机内损失。汽轮机的高、低压轴封采用迷宫式封轴，降低汽轮机的漏汽损失；汽轮机本体喷嘴采用全圆周或部分进汽，减少汽轮机的节流损失；选用的机电设备均采用高效率、低能耗节能设备。

高温废气余热回收利用的节能减排项目可广泛用于水泥、玻璃、钢铁、天然气、焦化等多个行业领域。

项目于 2016 年 3 月开工建设，2018 年 9 月竣工。2018 年 11 月 20 日正式投入运行，项目运行期间生产设施和环保设施运行正常。

五、项目年节能量及年节能效益

1. 年节能量

该项目利用中国石油西气东输延川压气站燃气轮机压机排放烟气废热来实现发电，年向电网输送电量 3000 万 kW·h，年节约标准煤 9900 吨。

2. 年节能效益

按陕西省标准煤单价 409 元/吨计算，年节能效益 753 万元。

六、商业模式

该项目为节能效益分享型的合同能源管理模式。

七、投资额及融资渠道

该项目投资额 4979 万元，全部为节能服务公司自有资金。

雄安高速铁路有限公司北京至雄安城际铁路房屋面分布式光伏发电新建项目

一、项目名称

雄安高速铁路有限公司北京至雄安城际铁路雄安站站房屋面分布式光伏发电新建项目

二、项目业主

雄安高速铁路有限公司于2019年8月26日成立，注册资本为972.5亿元。经营范围为京雄城际和京雄商、雄忻高铁的建设管理、铁路客货运输、物资供应服务、广告服务、餐饮服务、商业综合体物业管理服务、企业管理咨询服务、铁路土地综合开发利用。

雄安高铁站位于河北省雄安新区雄县城区东北部，站房采用水滴状椭圆造型，地上三层，地下二层，站房面积约13万平方米，总建筑面积45.29万平方米，站场总规模11台19线，已于2020年12月27日正式投入使用。

雄安高铁站用电设备主要包括空调、风机、照明、电梯等，近期负荷约10MVA，远期负荷约30MVA。

三、项目实施单位

国网雄安综合能源服务有限公司

四、案例内容

1. 技术原理及适用领域

该项目光伏发电系统由光伏组件、组串式逆变器、升压变、10kV开关柜等设备及电缆组成，采用分散逆变、一级升压、集中并网方案。太阳能经光伏组件转化为直流电能，由组串式逆变器汇集并逆变为交流电，然后由升压变压器进行升压，并经过光伏项目配套的10kV汇集站，最后以1回10kV线路接入雄安站枢纽4区10kV配电所的I段母线。

2. 节能改造具体内容

该项目光伏组件布置于雄安高铁站屋顶，布置容量为5.96568MW，采用335W多晶硅电池组件17808块，太阳能电池阵列由2个1.51956MW和2个1.46328MW固定式多晶硅电池单元阵列组成。

该项目选用225kW（1500Vdc）组串式逆变器，每台1250kVA升压变压器配套6台225kW组串式逆变器。配置4台户内柜式升压变压器，包含变压器隔室、高压隔室、低压隔室，集成在一个金属柜体内。变压器采用1250kVA的双绕组变压器干式变压器。

光伏发电系统配套建设1座10kV汇集站，站内配置7面GIS开关柜，开关柜为SF6气体绝缘户内金属铠装开关柜，其内部配三工位开关和真空断路器，额定电流及额定开断电流分别为630A、25kA。光伏电站除充分利用逆变器的调节能力以满足无功需求外，为保证区域供电可靠及无功需求，按照光伏装机容量的15%左右配置无功补偿装置，配置容量±1.0MVar SVG。

雄安高铁站屋顶每个组串式逆变器的发电量及各类装置故障信号、环境检测仪检测的气象数据信息均通过RS485通信电缆连接至升压变压器内的箱变测控装置中，然后通过光缆敷设至10kV汇集站内的核心以太网交换机。无功补偿装置、10kV开关柜及二次系统的相关信息将由公用测控装置采集，并最终汇集至汇集站内的核心以太网交换机中。该项目将配置计算机监控系统一套，全面监控开关站及光伏场的运行情况。

项目建设符合国家和当地的产业政策，对于当地的环境保护、减少大气污染具有积极的作用，并有明显的节能、环境和社会效益。可达到充分利用可再生能源、节约不可再生化石资源的目的，将大大减少对环境的污染，同时还可节约大量淡水资源，对改善大气环境发挥积极的作用。

3. 项目实施进度

项目于2020年6月24日正式开工，2020年12月25日正式并网发电，目前项目运行情况良好。

该项目创新采用联合体投标模式，由国网雄安综合能源服务有限公司、上海电力设计院、许继电气股份有限公司、晶科电力科技有限公司四家组成联合体承接。国网雄安综合能源服务有限公司负责联合体牵头和投资，为项目资产所有人；上海电力设计院有限公司负责工程设计；许继电气股份有限公司负责项目建设和设备维修、试验，晶科电力科技股份有限公司负责运维管理、运行监控等日常运营工作。通过创新合作模式，搭建优势互补合作平台，实现与国企、民企的合作共赢。

五、项目年节能量及年节能效益

1. 年节能量

项目站址所在地多年太阳能总辐射量为4820.4 MJ/m^2·a，太阳能资源属于3级丰富地区，适合建设光伏发电项目。项目装机容量为5.96568MW，年平均上网电量约580万kW·h，与相同发电量的火电厂相比，每年可节约标煤约1802.23吨（火电煤耗按2019年全国平均值307.6g/kW·h计）。相应每年可减少燃煤所造成的多种有害气体的排放，其中二氧化硫（SO_2）1.17吨，氮氧化合物（NO_x）1.11吨，烟尘0.23吨，减轻排放温室效应性气体二氧化碳（CO_2）4927.42吨。

2. 年节能效益

项目就地消纳电量与用能单位结算，价格按照当地供电单位执行的一般工商业电价（目前为平段0.5494元/kW·h、高峰0.7595元/kW·h）的90%折算，每季度结算一次；余电上网电费（标杆电价0.3644元/kW·h）通过国网雄安新区供电公司结算。政府调整电价时，该项目结算价格相应调整。光伏发电平均价格0.5138元/kW·h，项目年节能效益298万元。

六、商业模式

项目采用节能效益分享型合同能源管理模式实施，由节能服务公司独立投资，通过收取发电效益获得收益,运营期 25 年。期满后,节能服务公司将资产无偿移交给用能单位。

经与用能单位谈判,就地消纳比例达到 80% 以上时,用能单位分享项目年收入的 10%;就地消纳比例为 70%~80%、60%~70%、50%~60% 时,用能单位分享比例分别为 7%、4%、1%;低于 50% 时不分享。

七、投资额及融资渠道

该项目投资额 2401.08 万元,来源为节能服务公司自有资金。

基于供热变压器并网的 2.9 兆瓦户用分布式光伏合同能源管理项目

一、项目名称

基于供热变压器并网的 2.9 兆瓦户用分布式光伏合同能源管理项目

二、项目业主

项目业主为山西省清徐县水屯营村、闫家营村、成子村等村庄 100 余户自然人客户。上述业主均采用空气源热泵为供暖热源，户均热泵输入电功率在 10～20kW 之间，整个村庄供电变压器总容量在 5000～10000kVA 之间，并网接入消纳条件非常好。安装光伏电站总容量为 2.9MW。

三、项目实施单位

国网山西省综合能源服务有限公司

四、案例内容

1. 技术原理及适用领域

该项目为清洁能源发电，通过光伏发电与煤改电结合共建，一方面解决光伏发电消纳问题，另一方面有效降低供热用电成本。另外，该项目以大数据分析为基础，实现"源网荷储"就地平衡。促进光伏发电与煤改电项目等新能源的可持续发展及规模化、产业化，引领光伏产业进入分布式时代。

该项目适用于"煤改电"配套电网建成区域，与拥有自主产权屋顶的自然人合作，整合"煤改电"配套电网建成区域富余的供热变压器容量资源用于光伏电站并网。电站所发电量全部上网，由电网负责就近平衡消纳。发电收益由综合能源公司与自然人客户分享 20 年。

2. 节能改造具体内容

该项目方自然人所在村庄，2018 年以来陆续实行了清洁供热，主要采用户用空气源热泵作为热源分散供热，作为给空气源热泵供电的配套电源采用 380V 电源三相入户供电，以水屯营村为例，全村各类供电变压器合计供电容量为 9000kVA，供电可靠性和稳定性都达到了较高的水平，但客观上，农村缺乏刚性的稳定负荷，导致这部分变压器负荷利用率比较低。在村内完成 1MW 左右的户用光伏电站试点后，变压器的利用效率得到了明显改善，但距离理想的经济运行值依然存在较大的差距，该项目完成后，随着对运行参数的进一步测定，在试点经验的基础上，具备进一步开发拓展的潜力。

3. 项目实施进度

项目于 2020 年 6 月启动开发，2020 年 7 月开工，2020 年 8 月底竣工，光伏组件采用隆基单晶硅产品、并网逆变器采用固德威户用并网逆变器。目前项目发电量稳定，开始进入光伏发电与清洁供热源荷互补平衡运行阶段。

五、项目年节能量及年节能效益

1. 年节能量

光伏电站并网容量2.9兆瓦，清徐属于三类光照条件地区，根据当地太阳能辐射条件，保守估计每千瓦光伏装机容量年均发电量为1300kW·h，则所有电站年合计发电量为377万kW·h。

光伏电站所发电量全部可以计入节能量统计，按照0.307kgce/kW·h标准折算，项目年节能量为1157.39tgce。

2. 年节能效益

现阶段，山西省户用分布式光伏发电收益由两部分构成，一是上网电费收益，当前执行标准为0.332元/kW·h；二是户用光伏补贴电费，2020年内并网户用项目执行标准为0.08元/kW·h。两项电价合计为0.412元/kW·h，项目年合计发电量为377万kW·h，则年节能效益为155.32万元。

六、商业模式

该项目采用节能效益分享型合同能源管理模式，从项目并网之日开始分享项目收益，项目并网之日起计算，项目合同期为20年。

合作要点：

自然人客户提供自有屋顶、以自然人名义备案并网。

自然人每户向节能服务公司交纳1万元合作保证金；合同约定在并网运行达到10年后，一次性返还客户。保证金的主要目的在于促进自然人是有项目主人翁心态，增加其与项目的黏合度，在日常看护中能够尽心尽责。客观上，在项目合作的前十年，不论发电量水平如何，每年无条件支付客户收益1000元。

第11至20年，发电收益自然人获得40%，节能服务公司获得60%，20年之后，光伏电站无偿移交自然人客户。

设备所有权及运营维护：

光伏电站设备由节能服务公司全额投资，在合同能源管理合同执行期间，设备所有权属于节能服务公司，合同期结束后，光伏电站无偿移交自然人客户。运营维护按照"谁的设备谁维护"原则办理。

七、投资额及融资渠道

项目投资额952万元，建设资金来源为节能服务公司全额自筹投资。

八、优惠政策

2020年，国家发展改革委印发《关于2020年光伏发电上网电价政策有关事项的通知》，通知规定，纳入2020年财政补贴规模的户用分布式光伏全发电量补贴标准调整为每千瓦时0.08元。该项目以自然人名义办理备案、并网接入手续，符合享受上述补贴的条件，投资效益得到有效提升。

诸葛七律法律服务平台

诸葛七律是企业的线上法务部，帮助企业实现全流程风险防控，为企业内部管理、对外项目保驾护航。同时，律师团队核心成员与中国节能协会节能服务专业委员会达成共识，成立了协会内设的"EMCA法律服务中心"，招募来自全国的专业律师，并逐步建立核心城市的合作律师制度，帮助和推动行业发展。

自信来源于专业 站在业务引领的前端。

1. 受中国标准化委员会委托，参与编写国家标准《合同能源管理技术通则》；
2. 编写《合同能源管理技术通则理解与适用》一书；
3. 参与中国节能协会《PPP模式对建筑节能领域促进作用研究》课题报告；
4. 参与起草团体标准《热泵清洁供暖投资运营标准合同》；
5. 参与中国标准化委员会牵头负责的"能源测量、报告与核证（MRV）基本原则体系设计方案及方法学的开发和管理指南"法律部分的课题研究工作。

诸葛七律智能法律服务平台
节能行业专属法律服务团队

打造最懂节能公司需求的专业律师队伍，从而为企业提供全方位的咨询服务。

诸葛七律智能法律服务平台

平台通过法律服务行业发展的深度思考，依托"法律+互联网+大数据"对行业进行垂直细分，将法律服务与行业高度融合，与节能企业形成共生型组织。

1. 常年法律服务清单内容
①企业常年法律顾问：日常企业事务法律咨询、起草审查合同及商务函件、处理股权事务、劳动人事事务、法律风险防控、企业内训、前期的争端解决（诉讼、仲裁管理）。
②企业项目（合同能源管理项目）顾问：提供项目全过程的法律支持，在合同能源管理项目策划与节能诊断阶段、洽商签约阶段、改造施工阶段、运营管理阶段、移交阶段。

2. 合同能源管理项目全过程专项法律服务
合同能源管理项目往往合同周期较长，法律关系复杂，项目履行各阶段都有可能发生风险，尤其是节能服务费回款问题。鉴于合同能源管理项目中节能公司的这个痛点，合同能源管理项目全过程专项法律服务将诉讼解决争议的方式嵌入项目服务过程中，签约仅付基础工作费，节能服务公司回款后再付律师费，诉讼解决项目争议不再另行收费，与企业共成长，利益共享、风险共担。

3. 专项服务
诉讼/仲裁、诉讼担保、尽职调查、招投标、商务谈判、投融资、股权转让、并购重组、破产清算、股权激励、股改上市、知识产权。

公司简介
Company profile

中启能科技有限公司致力于能源与资源的高效利用，是集节能、智控技术研发、应用于一体的国家级高新技术企业。公司集聚了国内暖通、自动化、工业控制与过程模拟、通信、互联网/物联网、云服务等几大领域的顶尖人才，围绕医院、酒店、写字楼、商场、机场、地铁站、高铁站等大型公共建筑开展节能改造、能源托管、能源站投资建设运营等服务。公司总部位于北京，服务体系已覆盖全国60多个城市。

中启能本着落实国家节能减排政策，推动经济社会绿色健康发展的原则，胸怀"为国节能、为民节资"的使命，用心打造成为最具创新能力、综合服务能力、品牌影响力的建筑节能运营管理专家，为用户创造价值，为社会创造财富，应用科学及创新，应对全球最大的节能降耗挑战，全力打造低碳、节能的城市，努力改善中国环境状况。

项目分布领域
Project distribution areas

星际酒店	三甲医院	大型商超	写字楼	生产制造车间	交通枢纽

中启能科技有限公司
—— 建筑节能运营管理专家

经典案例
Classic cases

赛维LDK

保利时光里

居然之家泉州洛江店

汕头喜来登酒店

中山火炬医院

华夏明珠大酒店

昆仑大酒店

廊坊中医院

乐家购物中心

天一广场

居然大厦

中山大学学人馆

联系我们
Contact us

地址：北京市北京经济技术开发区BDA国际企业大道60幢6层
电话：010-67860365
网址：www.zhongqineng.com

▶ **北京煦联得节能科技股份有限公司**

成立于2008年，着力打造国际化公共建筑节能服务品牌，践行碳达峰、碳中和的使命。煦联得专注节能技术的场景应用，通过智慧能源投资、建设和运营，为客户提供全方位智能化节能管理服务。

- 13年专注于建筑节能服务
- 新三板创新层，代码430144
- 国家高新技术企业
- 国家发改委备案节能服务公司
- 建筑节能服务综合能力AAAAA认证企业
- ISO9001质量管理体系认证
- 拥有57项自有知识产权以及专利技术
- 获得多项国际环保项目奖励
- 首批"专精特新"企业
- 三大酒店国际集团推荐供应商

建筑综合节能

热水节能

辐射采暖

让用能

北京煦联得节能科技股份有限公司

地址：北京市昌平区TBD云集中心13号楼煦联得总部
网点：北京、上海、广州、成都
热线：400-6860640
www.warmland.cn

煦联得 WARMLAND 低碳能源智慧管家

60+ 服务城市　　**200+** 公共建筑　　**15万吨** 年碳减排

更智慧 节能更简单

- 星级酒店
- 体育场馆
- 大型工厂
- 仓储中心
- 商业综合体
- 高端写字楼
- 学校医院
- ……

(部分案例)

大连松下冷链(一、二、三)厂

北京太阳宫凯德Mall

首旅如家酒店集团

北京东方美爵酒店

成都瑞吉酒店

青城山六善酒店

厦门宸洲洲际酒店

常州新城希尔顿酒店

长春净月潭益田喜来登酒店

成都新希望高新皇冠假日酒店

中国节能协会节能服务产业委员会
ESCO COMMITTEE OF CHINA ENERGY CONSERVATION ASSOCIATION

中国节能协会节能服务产业委员会（EMCA）于 2003 年 12 月 30 日经国家民政部批准成立，是在国家发展改革委、财政部、世界银行、全球环境基金的大力支持下，致力于推广"合同能源管理"市场化节能机制，培育并引领全国节能服务产业发展而成立的节能服务行业组织。

EMCA 长期与国家发展改革委能源研究所、国家节能中心、中国标准化研究院、中国质量认证中心、中国科学院人才交流开发中心、国际能源署、国际金融公司、中美能源合作项目、能源基金会、美国环保协会、美国劳伦斯伯克利国家实验室、美国太平洋西北国家实验室、美国节能联盟、德国国际合作机构、法国开发署、瑞典环境科学研究院、芬兰能源俱乐部、亚太ESCO产业联盟、日本三井住友金融集团、华夏银行、浦发银行、北京银行、北京绿色交易所、国网综合能源服务集团、北京市乾坤律师事务所、中标合信（北京）认证有限公司、北京华通三可节能评估有限公司等机构保持着良好的合作关系。会员单位涵盖国有、民营、外资以及中外合资的节能服务公司 1200 余家。

立足六大公共服务平台+三个服务中心
引领、促进节能服务产业可持续发展

微信公众号ID：emca20031230

联系方式
电话：（8610）63600181　63600182
传真：（8610）63600459
网址：www.emca.cn
邮箱：emca@emca.cn
地址：北京市西城区黑窑厂街18号3层

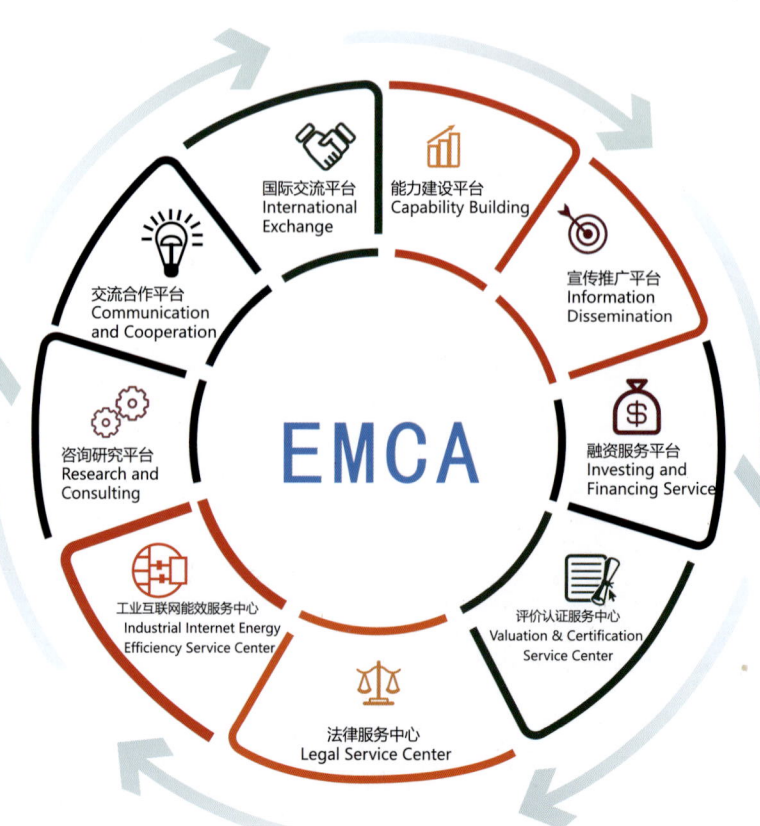